U0085251

修訂五版

Administration

行政學

張潤書　著

三民書局

修訂五版說明

　　張潤書教授所著之《行政學》，針對行政學作有系統的介紹，內容完整詳盡，為學習行政學的最佳教材。

　　本書自初版以來，承蒙讀者喜愛，已多次再刷。此次修訂除設計新式版面，使其更美觀大方；同時梳理文句，使字詞行文更臻完善，期望讀者在閱讀時更加舒適與流暢。此外，隨著時代的更迭，此次修訂亦針對書中部分資料加以更新，使本書能符合社會脈動而更加完善。

三民書局編輯部謹識

修訂四版序

本書自民國九十三年 (2004) 二月修訂迄今已達四年，這段時間行政學的發展也十分快速與充實，尤其國內對行政學的研究與大學院校的重視，其成果頗令人欣慰，目前國內設有公共行政相關系所的大學院校已多達二十所之多；而國家考試及公務員的培訓課程也多設有行政學有關的科目，因此，「行政學」早已成為學術界與實務界的顯學。

筆者鑽研行政學術已有四十餘年，期間任教大學也達三十五年，且多次擔任國家考試典試委員。拙著《行政學》自民國七十七年四月問世以來，蒙讀者及學子的厚愛，曾多次再版及修訂，而每次修訂均設法增加新資料並充實內容，務使本書能與時俱進，永保新穎。

行政學是針對公部門（政府）的人、財、事、物的有效管理作研究，其內容既多且鉅，一本教科書或入門的行政學絕不能作鉅細靡遺的全面敘述，僅能就其重要部分及新近理論加以論列，本書經過多次修訂後，內容共分七編，三十五章，六十萬字。此次修訂在不增加篇幅及變更章節的原則下，針對行政實務的新近措施及最新修訂的人事法規部分加以補正及充實。

此次修訂時間頗為倉促，除上述內容增訂外，其他章節並未作太多的調整，俟下次修訂時再予考慮，不周之處尚請讀者見諒。

張潤書

序於新店寓所

民國九十七年

行政學

CONTENT
目次

第三章　修正理論時期的行政學

第四章　整合理論時期的行政學

第 **2** 編　行政組織論

第五章　組織導論

第六章　組織結構

第七章　行政組織類型

第十六章　行政激勵

第十七章　行政計畫與行政決定

第十八章　行政溝通與行政協調

第 **4** 編　人事行政

第二十六章　公務人員的訓練

第二十七章　公務人員的保險、撫卹、退休

第 5 編　財務行政

第二十八章　財務行政概說

第 **7** 編　結　論

第 **1** 編

導　論

第一章　行政學的基本概念

第一節　行政學的意義與特性

行政學又稱公共行政學 (public administration)，是一門起步較晚但卻發展快速的社會科學，自一八八七年美國學者威爾遜（Woodrew Wilson，後來成為美國總統）提出了〈行政的研究〉(The Study of Administration) 一文以後，此一以政府的運作與管理為研究主體的學問，方始受到世人的重視，再加以工商企業界在此段時期發展成功的科學管理，更加速促進了行政學的興起與蓬勃的發展。

欲瞭解行政學的意義，必先解釋「行政」一詞的意義。簡言之，行政即是公務的推行，舉凡政府機關或公務機構的業務，如何使之有效的加以推行，即是行政，這是最廣義的解釋。但是，由行政學發展的歷程看，又可從四種不同的角度來剖析，即由最初的「政治」觀點，經歷「管理」的觀點，到後來的「公共政策」觀點，以迄最近強調的「公共性」觀點。

壹、政治的觀點

從政治觀點來解釋行政的人，又可分為兩派，一派是以「三權分立」為基礎，認為「行政就是政府行政部門所管轄的事務」(Willoughby, 1927: 1)。而我國學者亦有受此影響而作相同的解釋者，如《辭源》即謂「凡國家立法司法以外的政務總稱為行政」。其實，這只是非常狹隘的解釋，如果真是如此，則行政學豈不成為專門研究「行政院」的學問了嗎？要知道政府業務亦就是所謂的公務絕不只限於行政部門，其他的政府機關或公務機構亦有行政現象存在，像組織結構、財務管理、人事管理、辦事方法與手

續、文書處理、領導統御、計畫決策、溝通協調等，無不存在於任何一個
政府機關或公務機構。所以將行政看成為三權分立下的一權，是不符合真
正的行政意義。

　　另一派以政治觀點來解釋行政的人，係將行政包含在政治之內，政治
的範圍較大、層次亦高，而行政的範圍小、層次低，例如《世紀字典》
(*The Century Dictionary*) 即謂「政治就是人民經過其所組成的政黨或政團，
來影響政府政策的活動與指導；而行政乃是政府官吏推行政府功能時的活
動。」又如古德諾 (Frank J. Goodnow) 說：「政治是國家意志的表現；行政
是國家意志的執行。」(Goodnow, 1900: 3) 不過這些解釋仍嫌籠統含混，政
治與行政實在不易作嚴格的劃分，兩者可以說是相互包含，所謂「政府官
吏的活動」也好，「國家意志的執行」也好，根本不能脫離政治，一位行政
官員在做決定時，所作的種種考慮在本質上就是政治。相反的，很多所謂
政治問題亦不能不顧及行政事實與情況，即使議會在做決策時，亦必須與
行政官員保持良好的溝通，這樣所做的決策才具有可行性。

貳、管理的觀點

　　從「管理」(management) 觀點來解釋行政，則是比較新的觀點；也就
是從工商企業界產生了「科學管理」運動以後，政府鑑於工商界注重效率
及成本觀念，而使得生產力提高、利潤倍增，於是想到將這些觀念與方法
引進到政府，以使政府效率提高，達成組織的目標，這樣就有不少的行政
學家專以管理的觀點來解釋行政，茲舉出幾名代表性的學者：

　　李帕斯基 (Albert Lepawsky) 說：「行政是各組織（包含政府、事業機
構、社會團體、工會）於履行責任及執行方案時，所需運用的某些行政實
務與管理技術。」(Lepawsky, 1960: 2)

　　懷特 (Leonard D. White) 說：「行政乃是為完成某種目的時，對許多人
所作的指揮、協調與控制。」(White, 1955: 3)

　　費富納 (John M. Pfiffner) 說：「行政就是由一些人以協調的努力，使政

府的工作得以做成。」(Pfiffner, 1955: 6)

狄馬克夫婦 (Marshall E. Dimock & Gladys O. Dimock) 說：「行政是在研究人民期望政府做些什麼事情及如何使這些事情做得成功。行政特別著重於管理方法的程序與具體部分，所以，行政是在研究政府做些什麼及如何做。」(Dimock and Dimock, 1954: 2)

費堯 (Henri Fayol) 則認為行政就是：計畫 (to plan)、組織 (to organize)、領導 (to command)、協調 (to coordinate) 及考核監督 (to control) 等五大項目所構成的功能表現 (Fayol, 1949: 35)。

古立克 (Luther Gulick) 創造了一個 "POSDCORB" 的字來說明行政，它代表七個內容 (Gulick and Urwick, 1937: 187)：

> P=planning
> O=organizing
> S=staffing
> D=directing
> CO=coordinating
> R=reporting
> B=budgeting

根據這七個字的內容，我們可以這樣說：行政就是在釐訂切實可行的計畫 (P)，建立合理的組織 (O)，選拔及有效管理組織的人員 (S)，對人員施以正確的領導 (D)，協調 (CO) 各人員及各單位間的意見與行動，定期的向有關單位、人員及公眾作報告 (R) 以使之瞭解情況，並有效的運用金錢與經費 (B)。

綜合以上各家的意見，吾人可知行政實為對公務作有效處理的方法與技術，所以應該注重組織、計畫、領導、人事、協調、監督、及財務等方面的運用，也就是以最大的努力來完成政府或公眾團體的任務與使命。

我國行政學家張金鑑教授曾以「十五 M」來說明行政的意義，實為最周延、最具體的解釋，所謂「十五 M」即：

1. aim：目標，指機關或組織應先確立其目標。

2. program：計畫或方案，即根據機關之目標制定完備周密的計畫。

3. men：人員，依工作計畫選拔勝任之人員，並按其才能分配任務，訂定等級、薪俸及升遷、獎懲之制度等。

4. money：金錢，要執行計畫，必須有充分之金錢來支持，亦即如何籌措經費、控制預算等。

5. materials：物材，推行工作時必須有各種設備、工具、材料及物品等。

6. machinery：組織，將人、財、物、事等做合理的安排與分配，使成為有效的組織，這樣才能完成任務。

7. method：方法，工作進行時，必須注意採用何種方法方為有效，否則事倍而功半，不僅浪費時間、金錢、人力、物力，而且不易達成使命。

8. command：領導，在工作進程中，對工作人員應給予適當的指揮與領導，俾能把握方向，不偏不倚。

9. motivation：激勵，行政不能依靠強制與壓迫，必須激發人性的自尊心與榮譽感，這樣才能使工作人員產生自動自發的工作意願。

10. communication：意見溝通，機關人員之間必須構成一個心理團結的精神力量，而意見溝通即在於促成人員之團結，使上下之間、同事之間彼此瞭解，增加情感。

11. morale：士氣或服務精神，戰爭的勝敗每視士氣的高低為轉移，而政府業務之是否可以圓滿的推行，工作人員的服務精神的高低影響很大，所以行政要培養人員的責任心。

12. harmony：協調，使各人員、各單位的工作與活動能夠成為一整體，所以彼此之間要密切合作，行動一致。

13. time：時間，成功的行政要能及時採取行動，以免貽誤時機。

14. room：空間，行政要能因地制宜，要適應各地的環境與情況，不可一成不變。

15. improvement：改進，行政要日新月異的進步，如果故步自封，不求改

進，則必然形成落伍（張金鑑，民 68：91）。

對行政作較新的解釋則為「公共政策」的觀點，這派學者認為，政府是政策的釐訂者與執行者，其政策的規劃與執行的結果，這一連串的過程就是行政，所以行政與公共政策實為不可分割的一體兩面，無論在政策的認定與規劃，或是政策的執行與評估，在在都涉及到政府的行政效能，如何制定良好的政策，並保證其能貫徹實現，也正是每一個政府人員責無旁貸的責任。

參、公共政策的觀點

所謂「公共政策」(public policy)，論者說法不一，最簡潔的說法當推戴伊 (Thomas R. Dye)，他認為公共政策就是「政府選擇作為或不作為的行為」(Dye, 1975: 8)。因此，公共政策的概念實已包含了所有的政府活動，無論是積極的要推行某些政務，或是消極的不去作某些事（例如政府決定不製造核子武器）。就實質觀點言之，公共政策所要處理的問題包羅萬象，包括：國防、外交、教育、經濟、財政金融、交通運輸、社會安全與福利、公共衛生、都市發展、人口素質及治安維護等。如何有效的處理這些問題，自必涉及到政府的人、財、事、物的運用與方法的講求，這也與管理的內涵相結合起來，因此，從公共政策的觀點來解釋行政，只不過是從另一個角度來探究政府的效能問題而已。

由政策分析的基本架構中，我們可以瞭解公共政策的內涵，根據林水波、張世賢合著之《公共政策》一書，政策分析的基本架構共分為五個步驟（林水波、張世賢，民 71：60～64）：

一、問題之認定

當決策者面對一個決策情境時，他們必須首先認定他們真正所面對的問題及其產生的原因，才能對症下藥，解決問題，例如都市犯罪浪潮高漲問題，即非從其問題形成的原因開始瞭解不可。

二、政策規劃

政策問題經認定以後，主其事者就要規劃可能解決政策問題的行動方案，這是一項動態的過程，是在發展出適當且可接受的方案之行動過程。

三、政策合法化

政策的行動方案經規劃完成後，尚須經過有權限的機關（如立法機關），依照一定的程序，予以審議與核定，使之達於合法化的地位，政策因而具有拘束力、執行力，並取得政策執行對象的服從，進而達成政策的既定目標。

四、政策執行

這也是一項動態的過程，負責執行的機關人員，組合各種必備的要素，採取各種行動、透過適當的管理與激勵手段，來完成政策所期欲達成的目標。

五、政策評估

利用系統的、客觀的方法，評斷政策執行的過程，其目的在於提供現行政策運行的實況及其成果的資訊，以作為政策持續、修正或終結的基礎。

肆、「公共性」的觀點

除了「公共政策」的觀點之外，晚近也有學者從「公共性」(publicness) 的角度來解釋行政的意義。論者認為，不管是從「政治的」、「管理的」或「公共政策的」觀點來看公共行政，仍止於描述性的說明，往往忽略了行政本身的獨特個性，忽略了公共行政此一學科、專業和實務應該追求的重要價值。這也難怪行政學被視為一種「借取其他學科成果的學問」(Frederickson, 1980: 16)，必須依附在政治學、管理學、經濟學、心理學、社會學等其他比較成熟的學科之上。

公共性的觀點和一九六八年在美國發展的「新公共行政運動」有著密不可分的關係。七〇年代後期的美國，歷經越戰失敗和民權運動的洗禮，社會普遍彌漫疏離、無規範的氣氛。因此，一群年輕的公共行政學者開始

反省，認為當前的行政研究和理論已經逐漸偏離了民主社會所應關切的公平、正義、自由等倫理價值，不但無助於實現公益的目標，更喪失了使命感與方向感。所以藉著在紐約州雪城大學的一次研討會，討論公共行政學科當前面臨的重要問題與未來的發展方向；會後並將論文結輯出版為《邁向新公共行政》(*Toward a New Public Administration*) 一書，影響了八〇、九〇年代公共行政學術的走向，因而被稱為一次「新公共行政的運動」。新公共行政的主要論點包括：主張行政研究應和行政實務相結合，共同來解決社會實際的問題；行政學者不應強調「價值中立」，而應該主動伸張重要的價值觀點，引領社會的價值認同；行政人員不僅要效忠於抽象的國家或政府，更要積極的發掘民瘼，對民眾的需要負起責任 (Marini, 1971: 346～367)。

如果我們想要從根本性、規範性與價值面的角度來瞭解行政的意義，則必須先理解公共行政的獨特性質，即公共性的意涵。學者哈蒙 (Michael M. Harmon) 即謂「和其他各種社會實務相比較來說，公共行政還是滿特別的；畢竟這項社會實務的由來得自於公共目的，其所關切的重點也是公共目的，而他更應該為國家的意志負責」(Harmon, 1981: 13)。換言之，「公共性」作為公共行政的主要特質，在於公共行政為公共福祉與公共利益服務，其目標在實現公共目的，也就是對公眾的願望與需求負起積極的責任。所以公共性指的就是公共行政為彰顯公益、實踐公共目的，並積極負責的一種特性；這項特性不僅使行政的學科、專業與實務具備了「正當性」，有其固有的存在價值，更成為評判行政機關是否具有效能的唯一標準。

簡言之，在施行民主政體的國家中，行政固然是政府的主要職能之一，即對於公共活動計畫的管理；但是在單純的管理活動之外，不能片刻忘懷其根本的使命，即維護並創造公共利益、有效實現公共目的。所以行政人員一方面要考慮管理的效率和效能，另一方面更要關注公眾的需求與願望，積極發揮「效率」、「回應」及「前瞻」三種角色功能。

總而言之，「行政」是與政府或公共團體的一切活動有關，不論是從政

治的、管理的、公共政策的或公共性的觀點來看，都脫離不了政府或公共組織的範圍，這也正是行政與企業管理的最大不同。我們可以將行政的涵義歸納如下：

1. 與公眾有關的事務，須由政府或公共團體來處理者。
2. 涉及政府部門的組織與人員 (bureaucracy)。
3. 政策的形成、執行與評估。
4. 運用管理的方法（計畫、組織、領導、溝通、協調、控制等）以完成政府機關（構）的任務與使命。
5. 以公法為基礎的管理藝術。
6. 以達成公共福祉、與公共利益為目的。

　　從以上對行政一詞的解釋，就不難窺知行政學的意義。所謂「學」，就是一門有系統、有組織的知識體系 (body of knowledge)，因此，行政學就是對行政現象與事實作有組織有計畫的科學研究所獲得的原理、法則和系統的知識。它具有下列六大特性：

一、行政學是方法的、工具的

　　行政學是就複雜的行政現象與事實來探尋共通的條理與法則，根據這些條理、法則，可以作為治理機關業務，及解決機關問題的工具，所謂「執簡以馭繁，據一以止亂」是也，所以行政學是一種方法的和工具的知識。

二、行政學是系統的、組織的

　　行政學是以科學方法為基礎，即對各種行政現象與事實作有組織的觀察、實驗、比較、分析及研究所得到的系統知識，它是具有科學性質的學問，例如不少行政學者以社會調查、個案分析、統計方法及實地試驗等方法來研究行政現象，他們所得到的各種結論，可以共同構成一個整體的學問，不是支離破碎的理論。

三、行政學是實在的、客觀的

　　行政學所研究的問題都是各機關裡最常見的問題，而行政學所提出的解決之道則是經過詳盡的分析與客觀的印證，所以它是實實在在可以行得

通的一種學問。

四、行政學是進步的、創新的

行政現象是隨著時代的演進而改變的，因此行政學也是日新月異的在進步、在更新，二十年前所建立的法則，今天就不能適用了，必須提出新的理論，這樣才能符合時代的需要，才能促進政府效率的增加。行政學雖然只有不到百年的歷史，但是它的方法與理論，卻改變得非常迅速，幾乎每隔五、六年，就有完全創新的理論出現，凡是對行政學有研究的人就可以永遠保持進步與革新。

五、行政學是綜合的、科際的

行政學不可只從行政而言行政，它是一種包羅萬象的學問，研究行政學必須具有政治學、心理學、法律學、人類學、統計學、經濟學、管理科學、歷史學及倫理學等相關的知識，所以行政學是一種綜合性、科際性的學問。

六、行政學是正義的、公平的

行政學所追求的目的是在求公共利益與全民福祉的充分實現，其所運用的手段皆是為達成此等目的所設計者。所謂「效率」與「民主」其實並不衝突，效率是指手段的運用，民主是指目的的追求，在行政學的發展過程中，雖然十分強調效率，但其最終目標還是在求公共目的的達成，不管是過去的「大有為」政府的觀念，或是新近的「小而美」的行政理念，皆是如此。

第二節　行政學的範圍與內容

行政學既是對各種行政現象作有系統、有組織的研究所獲致的具體知識，那麼，行政學的範圍與內容可以就行政現象的種類作為分類的標準。下列五大部分即為行政學的主要內容。

壹、行政組織

行政現象最基本的問題就是組織，自有人類以來，組織就扮演了最重要的角色，從簡單的家庭組織到複雜的社會組織，人之所以成為萬物之靈，就在於會運用組織，而政府組織或企業組織（如公司、工廠）乃是人們為了完成特定目的時所共同結合而成的一個有機的完整體。行政學的一項主要內容就在於研究政府組織的各種現象與問題，包括：

一、組織理論

對組織的基本概念加以探討，研究組織到底是什麼的一套理論架構。從行政學的發展來看，有傳統時期及行為科學式人群關係時期的組織理論（又稱先系統研究法時期的組織理論，及系統研究時期的組織理論）。其主要的差異在於「先系統研究法」係以組織內在因素為研究重點，而系統研究則注意組織外在環境因素及其與組織的互動關係。

二、組織結構

就組織的縱向與橫向的分工狀態來研究組織問題，所謂「層級化」與「分部化」的現象，即為組織結構的基本面向，而傳統的結構在面對快速變遷的社會環境下，又將如何的適應？像「矩陣式」一類的組織的出現，即為一例。

三、組織動態

以組織人員的互動現象為研究重點，組織構成的最基本單位是「人」，但人是社會的動物，自必與他人發生互動的關係，尤以在同一組織中的互動最為頻繁，互動的結果有正面的，也有負面的，像合作協調的行為就是正面的結果，而衝突抵制的行為則為負面的結果，組織動態即在於研究這些問題。

四、組織發展

組織如何因應社會變遷而不斷的成長與發展？尤其在此科技衝擊與知識爆炸的時代，組織的人員必須時時吸收新知識並改進個人的行為，如此

方能使組織的目標及人員的目標均得以達成。

貳、行政運作

這一部分在研究行政的動態現象，也稱行政行為，即對政府政策的制定過程及人員的領導、溝通、激勵等加以研究，並涉及到公眾關係。包括：

一、行政領導與行政監督

一個健全的組織，不僅要有合理的權責分配關係，同時還要有正確而有效的領導與監督。但是領導所涉及的內容又有很多，例如領導的研究法、領導的基礎、領導的方式與技術、領導的條件等，這些皆是行政學者所樂於探究的問題。

二、行政計畫與行政決定

即一個機關於事前決定應做何事及如何去做的一套學問。凡有完善周詳的計畫者，其機關的使命必易於達成，但是如何作計畫卻不是一件簡單的事，它涉及到許多因素。

三、行政授權

機關的事務不可能由首長一人來完全處理，必須要授予各級人員以一定的事權與責任，這就是行政授權，它包含了授權的原則、時機、障礙及技巧等。

四、行政溝通與協調

溝通與協調實為一體之兩面，溝通在求思想、意見的交流與一致；協調則在求行動的配合，唯有在人員思想一致的情況下，才能消除本位主義，彼此互助合作、共赴事功，完成機關的任務。

五、行政運作的新觀念

自八〇年代以後，對於行政運作又有了新的觀念與作法，它們和原來的一些看法有著相當大的差異，例如新政府運動 (reinventing government)、組織再造 (organization reengineering) 等，特別注重政府功能的調整、公務人員工作態度的改變，及公務流程的重新規劃等；又如企業型政府、全面

品質管理 (total quality management) 及危機管理等，皆賦予行政運作以新的生命與力量。

參、人事行政或公務人力資源管理

人事行政亦可稱為公務員制度或文官制度，它是指政府為完成其使命時，對其工作人員作最適切、最有效的選拔、任用，以及管理的方法與知識，其目的在使「人盡其才」、「事竟其功」。人事行政所包括的內容也很廣泛，即：公務員的考選、銓敘、任用、薪俸、職位分類、考績、獎懲、訓練、升遷、福利、保險、撫卹及退休養老等項目。不僅內容複雜，而且處理特別困難，因為人是萬物之靈，有思想、有感情、也有理智，絕不能以管理事、物的方法來處理人事問題，必須運用心理學、倫理學，甚至經濟學的觀點，瞭解人性，尊重人格，所以人事行政已不再是一種單純的技術性的學問，它還要注重「人群關係」(human relations) 的問題。晚近以來，「人事行政」名詞已漸為「公務人力資源管理」所取代。

肆、財務行政

政府要推動政務、完成使命，除了要有健全的組織與優秀的人才外，還必須配備充分的經費，但是如何將這些經費運用得當，不致發生浪費或吝嗇的現象，則又必須有一套完善的制度來加以管理，這就是財務行政的內涵，它所包括的有四項內容：預算制度、會計制度、決算制度及審計制度等。

伍、公務及資訊管理

這一部分在研究行政機關辦公時的各種技術及其改進，包括：辦公廳的布置與安排、自動化、環境與空間管理、資訊管理、案卷管理等。其目的在提供一良好的工作環境以提高人員的工作情緒。

第三節　行政學的研究方法與途徑

　　前已述及，行政學是社會科學中的一門新興科學，其歷史雖然並不太久，但發展卻十分迅速。自十九世紀末葉以後，它始自政治學的附庸地位脫穎而出，經過將近一百年的發展，其內容豐富而充實，而其研究的方法更是日新月異的在進步，吾人可用傳統的研究法和新近的研究法作比較說明，以明瞭行政學的研究取向。

一、法則的研究法 (golden-rule approach) 與事實的研究法 (fact-finding approach)

　　早期的行政學家，著重「原則」的建立，即在對複雜的行政現象做系統的研究而建立所謂的理則或原則，以作為普遍的應用，其中心思想即為「金科玉律」的思想，他們認為只要依據他們所訂的法則去處理組織業務，則不論哪一種組織，均可獲得成功。這種研究法過分注重價值判斷──「應如何」，但是各組織各有其主、客觀的條件，更有不同的社會背景與歷史淵源，絕不可用千篇一律的方法來處理，更何況時代也在快速的變遷，三、四十年所謂的「法則」，現在已不能適用了，在行政學的領域裡，是沒有什麼「放諸四海而皆準、百世以俟聖人而不惑」的法則的。

　　新近的行政學者則注重事實真象的探求，不試圖建立所謂的法則，一切留給當事人自己處理，也就是凡能解決問題的方法就是實用的，不必拘泥於法則或定律，這正是注重「是什麼」的觀念，同時更強調情勢與現況的條件，正如醫生看病，不能給所有的病人吃相同的藥一樣，必須找出真正的病因並根據病人的體質，才能對症下藥。

　　「個案研究」也是新近的研究法中一項廣被採用的方法，這就是根據事實真象來加以判斷，如果以後再發生類似的情形，就可作為處理的依據。美國學術界出版了許多「個案研究」的書刊，例如史泰因 (Harold Stein) 在一九五三年出版的《行政與政策的發展》(*Administration and Policy*

Development) 一書中，就列舉了許多個案作為研究資料；又如《校際行政學個案研究》(*Inter-University Case Program in Public Administration*) 一書，有豐富的個案資料，甚受行政學者的重視。

利用統計方法或數量研究 (quantitative method) 對所搜集的資料作客觀的分析，也是近年來被普遍採用的方法，一個現代化的行政學者，一定要懂得統計方法，否則便不能有效的去分析與運用已有的資料；尤其電子計算機（又稱「電腦」）發明以後，已使行政學研究發生革命性的改變，過去行政的決定多靠首長作主觀的思考與判斷，今天則以電子計算機所表現的統計數字與結果作為決定的要素。

二、靜態的研究 (static approach) 與動態的研究 (dynamic approach)

早期學者對於行政問題的研究，僅注意組織結構、權責分配及法令規章等，所以也被人稱為「結構的」(structural) 研究，他們認為只要能夠建立完善的制度、合理的組織，機關的問題便可解決，殊不知機關的主體是「人員」，而不是法規；是功能 (function)，而不是結構，所以必須從機關人員的交互行為及活動中去瞭解，這也就是行為科學產生以後，對行政學所發生的影響，吾人應從人員的心理反應加以分析，人員之間所組成的「非正式組織」 (informal organization) 予以解剖，再如機關決策制定的過程 (decision-making process) 又是如何？它是否受到社會環境、政黨政治、歷史背景、文化傳統的影響？機關中的溝通 (communication) 系統如何建立？以及領導的功能如何表現等問題，都是要詳加研究的對象。

三、比較的研究 (comparative approach) 與生態的研究 (ecological approach)

早期學者對行政問題除在縱的時間方面作演變上的觀察外，並就橫的空間作異同的比較與檢討，因此可以就美國與英國的行政制度來作比較；也可以就法國的與德國的行政制度作比較，看看何種制度較優？何種制度較劣？並據之作為本國改進的參考。懷特所著的《各國文官制度》(*Civil Service Abroad*)、賽芬 (William J. Siffin) 所編的《比較行政研究》(*Toward the Comparative Study of Public Administration*) 等，皆為此類著作的代表。

　　但是，近期的學者認為不能單就國家與國家來比較，因為各國的國情不同，有歷史傳統、社會制度、地理環境、教育文化、生活習慣及民族性格等差異，對美國有利的制度，不見得對泰國有利；中國可以行得通的辦法，菲律賓不見得行得通，因為國情不同，所以要比較的話，應從生態觀點來看，即從整個的世界中尋求出若干種行政模式 (model)，再以此「模式」來衡量各國行政制度的特質所在。雷格斯 (Fred W. Riggs) 可稱為此派的代表人物，在他所著的《比較行政模式》(*Toward a Typology of Comparative Administration*) 一書中，提出三種行政模式，即「農業型」(agraria)、「工業型」(industria) 及「中間型」(transitia)，如果要比較的話，應就同一模式的國家相比較；雷格斯又進一步提出他著名的「鎔合模式」(fused model)、「繞射模式」(diffracted model) 及「稜柱模式」(prismatic model) 的理論，他認為在低度開發的國家，各方面皆告落後，所以行政制度是鎔合性的，並沒有顯著的專業化與分工的表現；但在高度開發的國家，知識與技術均有專精的研究，所以行政組織與行政功能亦有非常細密的分工，形成「繞射式」的行政制度；在半開發的國家，居於上述兩者之間雖有分工，但不如高度開發國家之明顯，所以它的行政制度是一種「稜柱型」的。雷格斯的生態行政學的觀點給比較行政的研究開闢了一條大路。

四、生理的研究 (physiological approach) 與心理的研究 (psychological approach)

　　前期行政學者多研究機關人員之生理需要與生理條件，即在於如何保持員工身體健康以增進工作效率，因此注重工作環境（如燈光、通風設備、座位、溫度、休息時間等）的改善、待遇的提高、福利的增進等，其目的在使員工滿足生理上的各種需要，認為只要使員工吃得飽、穿得暖就可以了。其實，人不是牛、馬，更不是機器，他們還有心理上（精神上）的需要，所以還要進一步研究如何保障他們的安全感，如何滿足他們的自尊心、榮譽感，以至於社會（愛慾）的慾望，最後還要使他們能夠「自我成就」

(self-actualization)。 員工的工作效率只有在生理與心理的雙重條件滿足之下，才能產生最高的工作願望與效果。所以新近學者多從心理學的觀點來研究機關人員的問題，而「激勵」(motivation) 法則的運用更是機關成功的條件之一，至於如何溝通，及領導方式等問題，也都是心理研究的重點。

五、間接的研究 (indirect approach) 與直接的研究 (direct approach)

　　前期行政學者多從已有的資料中來研究行政問題，他們根據別人所寫的書籍、文章、報導或現有的法令規章等，即埋首於故紙堆中來研究，這種抱著「秀才不出門，能知天下事」的研究方法很容易被別人牽著鼻子走，根本不容易有創見與發明，所以新近的研究方法注重直接研究，即直接投入於所要研究的實際情況中。例如要研究臺灣農村問題，就應該深入農村去調查訪問，甚至要生活在農村一段時期，與農民們共同作息，這樣才能獲得真相，同時，根據真相所作出的改進方案也才較為切實可行，否則就容易陷於「閉門造車」的毛病。此外如「角色扮演」(role-playing) 的方法，也是現在十分流行的研究法，美國大學行政學的課程，多使學生親自扮演某一角色，以解決某種行政問題，甚至派往某機關實習。

六、詮釋理論的研究 (interpretive theory approach)

　　詮釋理論的研究歷史久遠，而應用在行政學的研究，不過是一九七〇年以後的事。詮釋理論的本源可以遠溯古希臘的柏拉圖 (Plato)，他認為真正的知識來自於 「觀念」 (idea) 而非感官經驗。其後，以康德 (Immanuel Kant) 為代表的德國觀念論 (idealism) 主張：人類社會知識的基礎，並非感官經驗，而應該是觀念、精神或稱「人類意識」；在人與生俱來的意識之中存在著先天的組織原則，依靠這些先於經驗的原則，我們將感官所得的經驗材料加以整理安排，從而獲得理解。換言之，我們所瞭解的這個世界，是先驗觀念與後天經驗的互動產物，透過觀念架構的協助，我們對感官經驗所得的材料加以詮釋，然後掌握事物的意義。根據這個精神，社會科學基本上是「詮釋的」，是一種揭露或建構某一個特定行動之意義的科學。其所運用的方法為：從發現行動者的意向 (intention) 和欲求出發，賦予行動

者實踐內容的意義，而社會科學家把觀察到的行動和經驗安排到適當的詮釋架構中，說明其與人類生活本質及目的的關係。所以，詮釋研究的目的在促進人類相互溝通對話的可能性，說明人類行動與其生活各層面的關係，而這種整體性的觀點可以使人類更加瞭解自己和他人行動的真正意義（吳瓊恩，民 85：225～226）。

　　相對於實證論以經驗感官所得為知識的基礎，詮釋研究具有幾項特點，分述如次：

1. 詮釋研究將行動與行為加以區別，行動具有特定的意識與意向，而行為則是單純的刺激反應動作。詮釋研究的焦點在於對行動的意向進行詮釋，而實證研究的焦點則在於找尋行為的因果解釋。

2. 詮釋研究主張一種以「理解」為基礎的研究方法，藉以瞭解人類內在的精神與感受，以及這些內在感受如何表現在外的方式。

3. 行動註定是社會性的，其意義發生在與他人分享的價值、規範、期望所織成的網絡之中。詮釋研究即致力於瞭解個人如何賦予自身行動、他人行動及所處社會情境的意義。

4. 詮釋研究並非強加一個意義的架構在行動者的身上，而是希望引導行動者從自己的觀點來界定行動、價值、規範及所處情境的意義，並自行找尋改變現狀的方式。

5. 詮釋研究並非追求社會的通則性規律，而是嚮往「個例性」的知識。由於人是具有主動、自由性質的精神主體，並非被動遵循物理性的規律，所以透過分析來找尋共通律則的方法不再適用，而應從整體的、直觀的、同理心的、非理性的角度來加以探索。

6. 詮釋研究特別強調語言在社會互動過程中的重要性。人類的社會互動主要憑藉語言來進行，語言的運用隱涵了行動的價值與規範，而語言的形式表現了人類理解自身與他人，看待世界與生活發展的不同方式。所以，語言不但是詮釋研究的主要材料，語言的意義也必須放在特定的社會系絡中來加以理解。

　　詮釋研究對公共行政來說算是一個比較新穎的研究途徑，可資應用的研究方法包括：俗民方法學研究法 (ethynomethodology)、現象社會學研究法 (phenomenological sociology)、釋義學研究法 (hermeneutics)、實地理論研究法 (grounded theory) 等。

七、批判理論的研究 (critical theory approach)

　　批判理論和詮釋理論一樣，認為知識的基礎在於觀念而非感官經驗，實體的最終性質是精神的而非物質的；兩者的主要差異在於詮釋理論比較強調「理解」的知識過程，批判理論則偏重在「批判」的知識過程（顏良恭，民 83：164～166）。根據黑格爾 (Georg W. F. Hegel) 的概念，社會理論的工作就是透過批判去揭露妨礙自由發展的社會現狀，而理論不僅是解釋社會現象的工具，更應該是改變社會現象的工具。相對來說，傳統的經驗理論只是在維護既存的秩序狀態，無法達成改善現狀、開拓自由發展空間的目的；所以，批判理論研究的作用，就是要影響人們的意識，解放人們的思想，鼓勵人們追求另一種不同的生活方式。

　　批判理論對公共行政研究的影響，大約是一九七〇年代以後的事，到目前為止出現了多種相關論著，歸納其研究的精神有三：一是將重點放在各種研究方法限制的討論，二是著重於分析組織理論學術社群與其成員間的互動關係，三是同等看待所有研究方法的有效性。此外，批判研究相當關切行政學研究範圍的問題，茲綜合說明如次 （吳瓊恩，民 85：355～356）：

1. 個人與組織之間存在著利益衝突的緊張關係，隱涵各種權力政治的互動。組織理論研究的主要目的，並非企圖去整合雙方的對立關係，而是導引個人如何超越組織的控制，成就一個自主負責的個體。

2. 有關理性行為的假定基本上是錯誤的，因為它限制了我們對於個人行動、集體行動與其社會系絡的理解。

3. 是故，以「行為」作為分析的單元，並不適合用來說明社會的現象。社會科學應以「行動」為分析單元，關注人在日常社會生活世界中的主觀

意義。

4. 我們不應該區分「經驗的」和「規範的」理論，因為客觀的經驗描述和主觀的價值倫理是不可分的。

5. 組織理論的主要目的在於，揭發層級體制如何強化宰制現象的社會過程，並說明個人異化的趨向。而研究的切入點在於，針對其間的社會結構和言談關係進行瞭解。

6. 理論的基本目的在促進實踐的過程，從辯證與反思的行動中，找尋矛盾和不公正，進而修正錯誤、改善現狀。這種活動有助於人們對自己的理解，使人們成為真正自由、肯負責的主體。

7. 批判研究重視歷史演化的觀點，對組織理論來說，組織的未來不是命定的，有賴人員主動的創造；而組織工作的推展也不是刻板、設計妥善的，而是透過辯證分析，不斷針對政經環境的變化，進行前瞻性的思考與規劃。

8. 批判的行政學研究反對任何形式的操縱行為，包括管理者對人員的控制，研究者對研究情境的操控，委託研究者對於研究者的限制；研究過程應該是雙方創造反省空間的一種努力過程。

9. 批判的行政學研究並不執著於經驗性的、量化的客觀研究結果，反而以更小心的態度，審慎評估數據所呈顯的表面意義，進一步設法瞭解表象背後的深刻意義。

　　總而言之，批判研究特別重視理論和實務之間的關係，意圖透過批判質疑的方法，多樣的研究方法，找尋弊端和偏見，從而促進現狀的改善，拉近理論和實務間的距離。

八、行動理論的研究 (action theory approach)

　　除了詮釋研究和批判研究之外，還有行動理論的研究。哈蒙 (Harmon, 1981) 認為，公共行政的研究必須從基本的信念與假定出發，才能徹底瞭解公共行政此一理論與實務的真正本質，也才能從這些價值層面的探討中掌握公共行政本身具有的特性。這些基本假定有四：

1.人類自我的本質是主動的、社會性的。

2.所以，應該以人與人之間「面對面的遭逢情境」(face-to-face encounter) 作為研究的分析單元。

3.而且還要特別注意，人們在建構事物意義時的「交互主觀性」(intersubjectivity)。

4.在實務上應重視道德與倫理層面的考量，以發揚人文主義的關懷。

　　行動理論研究從人性的基本假定出發，認為人的本性是「主動」(active) 而非被動的，人類的行動必須在社會互動的系絡中，才能找到真正的意義。所以，人是管理制度的主人，而非被動受控制的對象，人是一切行政制度設計所必須考量的首要因素，行政制度透過人群的實際運作才能彰顯其價值。此外，我們不能單獨針對人的外表行為來研究，行為可能只是不具意義的「刺激－反應」動作，而從「行動」著手才能發覺行動者的內在動機意涵，探索其社會意義。

　　行動理論的研究希望從哲學和價值理論的角度來探討公共行政發展的可能性，並且圍繞四個主要問題來進行：

1.行政學術的研究能否改善行政實務？理論和實務間的差距能否消除？

2.公共行政到底是一門學術學科還是應用性的專業領域？這兩種觀點的優缺如何？

3.如果政治與行政的二分觀念不再適用，則行政學需要發展新的價值理論，作為政治性或價值性裁量的標準嗎？行政人員負責的行動標準又是什麼？

4.科學方法的應用和科學的原理是否有助於行政學理論的發展？是否有助於行政實務的改善？

　　總而言之，行動理論重新喚起公共行政有關價值的研究，並回歸到以人為本的行政精神，而其研究取向和過去的實證典範存在根本的差異，說明如表 1–1（吳瓊恩，民 85：103）。

表 1-1　行動典範與實證典範比較表

	行動典範	實證典範
主要目的	強調規範層面，企圖整合各類理論以改進實務	重視解釋和預測的作用，詳細描述研究的過程
基本分析單元	面對面的遭逢情境	個人、團體、組織到國家
自我的假定	主動的、社會的	被動、社會的，或被動、原子式的，主動、原子式的
認識論	交互主觀性	客觀性
描述的重點	行動者的主觀與社會意義	行為的觀察
解釋的方法	行動者預想的動機和計畫	行為的原因、目標或系統功能
動機來源	愛與相互滿足	自利與系統的存續

第四節　行政學的發展與定位

壹、行政學的發展

行政學的發展過程，從二十世紀以還，大體上可分為三個階段：

一、傳統理論時期 (traditional approach)

是以「科學管理」(scientific management) 為基礎，約自一九〇〇年至一九三〇年代。

由於工業革命的結果，形成工廠大規模的集中，諸如勞資糾紛、工人管理、市場競爭、成本控制等，皆為前所未有之大問題，如何解決此等問題乃成為人們極切的研究重心，因此乃有科學管理運動的產生，此一運動影響到公共行政的改進。而科學管理諸學者專家，由於其著眼的方式不同，又可分為三大派別：

1. **管理技術派**：以著重改進基層人員的工作方法為著眼點，他們研究如何減低成本、增進效率，其代表人物為泰勒 (Frederick W. Taylor)，他主張：(1)建立科學方法，以取代老式的經驗法；(2)以科學方法選拔員工並

訓練之；⑶人員之間應注意配合；⑷各專業部門應加以劃分；⑸將管理人員之權責明白劃分；⑹嚴格的實施獎懲辦法；⑺工作方法的簡化。另有甘特 (Henry L. Gantt) 者，發展出「工作進度控制表」，使得生產量大為提高。

2.**行政管理學派**：注重中、上層管理人員之管理方法之改進，以費堯、古立克等人為代表。費堯認為行政之要素有五：即組織、指揮、計畫、協調及控制，如何做到這五點正是管理人員之職責。此外，他又創造了十四點管理原則：⑴分工；⑵權威與責任的重要；⑶紀律；⑷指揮統一；⑸工作目標統一；⑹個人或小團體的目標不得超過團體的利益；⑺優厚的報酬；⑻中央集權；⑼金字塔形的層級結構；⑽平等對待各人員；⑾人人有定事，事事有定人；⑿人員之更迭不可過快；⒀使員工有創造性；⒁團隊精神。

3.**機關組織體系（科層型模、官僚體系）學派**：以德人韋伯 (Max Weber) 為代表，其重要理論為：⑴一切依法辦理；⑵嚴格的層級節制體系；⑶依功能不同而分工；⑷對事不對人 (impersonality)；⑸以工作能力決定任用及升遷；⑹工作程序的系統化及制度化。

二、修正理論時期 (modification approach)

是以「行為科學」(behavioral sciences) 為基礎，約自一九三〇年代至一九六〇年代。

此一時期主要在修正及彌補傳統理論的缺失與不足，主張以人類行為及工作動機作為研究的重點，此派被稱為「人群關係學派」(Human Relations School) 的學者，運用了心理學、社會學、統計學、人類學及政治學等方法，來研究管理中的人的問題，甚至透過了實驗的印證，確認了人是管理的中心，認為組織中的社會、心理等與人有關的因素，才是管理者應該重視的主要問題。此派學者的代表人物有：梅堯 (Elton Mayo)、馬師婁 (Abraham H. Maslow)、羅次力斯柏格 (Fritz J. Roethlisberger)、巴納德 (Chester I. Barnard) 及賽蒙 (Herbert A. Simon) 等人。

三、系統理論時期 (systems approach)

以「開放系統」及「權變途徑」(open systems and contingency approach) 為基礎，約自一九六〇年代開始，以迄目前。

行政學的發展，到了六〇年代以後，又有了新的方向，就是「系統分析法」(system analysis approach)，而最具代表性的人物是卡斯特 (Fremont E. Kast) 和羅森威 (James E. Rosenzweig)，他們合著《組織與管理》(*Organization and Management: A Systems Approach*) 一書，透過使用系統概念，而將傳統的管理原則和組織理論的發展整合起來，此整合的過程是依照各個次級系統 (subsystem) 加以整合，即：⑴組織的各種目標與價值 (goals and values)；⑵技術 (technology)；⑶結構 (structure)；⑷心理—社會 (psycho-social)；⑸管理的 (managerial) 等次級系統。經過整合以後，才能將組織的各種面向包含在內，而不致產生只知其一、不知其二的缺陷。

系統方法的另一要點是將組織視為與外在環境保持互動的開放系統，它自外在環境「輸入」其所需要的各種資源、能量與資訊，然後加以轉變而產生產品或服務向外在環境「輸出」，如此生生不息的循環，形成整個社會各組織間的相互依存關係；同時，外在環境的變化亦造成對組織的衝擊，它必須設法適應此等變化，因此，又產生了所謂的「權變途徑」與生態觀念，任何一個組織都有其自己的一套運作方法，巧妙各有不同，但達到成功的目的則並無二致。

以上三個時期可用「正」、「反」、「合」的觀念來表示，亦可用 "X"、"Y"、"Z" 三個字母來代表，傳統理論時期又稱「X 理論」，修正理論時期則稱「Y 理論」，而系統理論時期則為「Z 理論」。

貳、行政學的定位

前述行政學的發展是從研究的重點及研究途徑所歸納的時期，除此之外，還有學者應用科學哲學家孔恩 (Thomas S. Kuhn) 的典範 (paradigm) 概念來談論行政學的定位。簡單的說，典範是在某一個特定的時期，參與某

一個學科研究工作的學術社群,所共同接受的基本觀點與研究方法 (Kuhn, 1970)。亨利 (Nicolas Henry) 即謂,公共行政乃是由五個相互重疊的典範,延續發展所構成的一個學術領域 ; 不同的典範時期有其各異的研究定位 (locus) 與研究定向 (focus) , 例如早期的行政學定位在政府的官僚體制研究,而其研究定向為「行政原則」的確立 (Henry, 1989)。以下分別說明這五個研究典範的大要(顏良恭,民 83:18～26):

一、典範 I:政治與行政的分立,約自一九〇〇年至一九二六年

行政學術肇造,受三權分立與行政政治分立觀念的影響,學者認為政治是國家意志的表現,負責政策問題和方向的擬定,而行政是國家意志的執行,擔任政策的具體規劃和執行,所以,行政學的研究定位在於負責推動政策的政府官僚體制。例如懷特在一九二六年出版《公共行政研究導論》 (*Introduction to the Study of Public Administration*) 一書,確定了行政學和政治學是兩個不同的研究領域,也確立了公共行政學術的正當性地位。書中並提及:政治不能干預行政,行政學的價值中立性格,行政在達成經濟和效率目的等多項論點。典範 I 的行政學術藉價值與事實二分的概念,強化了政治應與行政區分的觀念,而行政學的科學性與事實性,也使學者紛紛投入行政機關組織的研究,為行政原則的發現奠下基礎。

二、典範 II:行政原則的確立,約自一九二七年至一九三七年

承續前一個典範的研究成果,行政學研究定位在於政府的組織體制,故典範 II 的行政學便把焦點放在研究定向的確立。認為行政學應有放諸四海皆準的行政原則存在,只要發現這些科學原則並加以應用,便可使行政人員成為真正的行政專家 , 這種行政的原則可以古立克的 "POSDCORB" 為代表。不過,由於行政學成為一門獨立學科的歷史甚短,到了一九四〇年代就遭遇到挑戰 , 以馬可士 (Fritz M. Marx) 所編 《公共行政的要素》 (*Elements of Public Administration*) 一書為例 , 即嚴辭批評政治與公共行政根本無法分離 (Marx, 1946)。賽蒙 (Simon, 1946) 更指出,行政學並沒有所謂的原則原理,反而充斥一些言人人殊的「行政諺語」,因為對任何一條行

政原則來說，我們都可以找到另外一條與之相反的行政原則。所以他認為，行政學的發展應該從兩個方面齊頭並行：一是以社會心理學為基礎的「純粹行政科學」，另一種是結合政治學、社會學、經濟學等學科研究成果，以解決實際公共政策問題為目的的「應用行政科學」。賽蒙的直言，粉碎了公共行政想要成為一門真正「科學」的美夢，同時，公共行政如果想要成為「科學」，似乎又要放棄規範性政治理論、公共利益等涉及價值議題的探討。

　　由是以觀，典範 II 時期的行政學者所遭遇的困境不難想見，這種困境有二：一是公共行政如何維持其與政治學的關係，而能確實掌握影響決策過程的外在環境因素；二是公共行政如何保有其獨立學科的特性，而能成為技術取向的純粹科學。這兩點對行政學者來說，都是很難取捨的。

三、典範 III：公共行政即政治科學，約自一九五〇年至一九七〇年

　　一九四〇、五〇年代的冷淡批評，迫使公共行政重回政治學的懷抱，不再奢望找尋行政原則，而回頭兢兢業業於政府官僚體制的研究。於是，公共行政成為政治學研究的重點之一，研究興趣範圍之一，瓦爾多(Dwight Waldo) 甚至將其形容為：公共行政處於一個尷尬的二等公民地位。不過，此一時期行政學者運用的「個案研究法」與「比較與發展行政」的研究主題，又重新燃起新希望。個案研究法可以有效取代賽蒙所謂嚴謹的行政科學研究，將政治學和行政學聯繫在一起，作為經驗與行為的研究工具。而比較公共行政研究可以用來處理行政原則「橘逾淮為枳」的跨文化限制，將行政學實用取向的研究，提升到理論建立的研究，從經驗中找尋律則性的、生態性的結果。

　　姑不待論比較公共行政是否能為行政學研究開創新局，但我們確知，行政學的中心價值與規範性基礎仍得自於政治學，故行政學似乎難以擺脫政治學的陰影。但如果行政學向商學院的管理科學取經，又會產生一個什麼樣的面貌呢？

四、典範 IV：公共行政即管理學，約自一九五六年至一九七〇年

在行政與政治兩者來回擺盪，使公共行政喪失了學科的獨特性與研究社群的認同感，於是有些學者開始向管理科學找尋新的出路。此一時期行政學者暫時放下研究定位的討論，而汲取了管理學科所提供的研究定向。他們認為，管理就是管理，沒有所謂的公共行政 (public administration) 和企業管理 (business administration) 之分，兩者可以 「一般管理」 (generic management) 的概念概括之，特別是強調科際的整合性管理研究。

典範 IV 時期行政學的處境仍舊是尷尬的，必須面對兩種選擇：一是走向以如何達成效率、效能目標，而偏重於管理技術層次的科際整合領域；另一是標榜道德風格，而以行政哲學、規範理論等主題為主要的探討焦點。雖然這兩條路線仍舊未竟其功，但卻提醒行政學者重新思考其與政治學、管理學在學術傳統上的密切關聯。

五、典範 V：公共行政就是公共行政，約自一九七〇年以後迄今

一九七〇年在美國成立的「全美公共事務與行政學院聯盟」(NSPAA) 可以說是公共行政獨立自主的里程碑，這個聯盟結合行政教育學家致力於改良政府管理人員的教育背景和技術能力。這段期間的行政學研究已經開始朝向組織理論、資訊科學等專業領域發展，而研究定位也有較明確的區分，包括地方政府、行政倫理與公共利益等。公共行政從此以後，開始具備比較明顯的獨立性格，並朝成熟的專業學科向前邁進，我們可以從美國公共行政相關研究所的課程中窺知一斑，例如民主政治中行政官僚的角色、公共預算與財務管理、組織理論與人事行政等。

第五節　行政學的目的

任何一種有系統的知識，基本上皆有其所欲追求的目的，行政學自亦不例外，我們從行政學發展的過程看，可知其目的之一是在於提高行政效率（效果）；同時更可以促進政府行政的現代化；在此分工細密的時代，公

務人員除具備專業知識與技術外，還應擴大領域，兼具通才的修養與條件，而行政學所研究的問題及所建立的知識體系，剛好可以提供此一功能。茲將行政學的目的分為下列四點來說明之：

一、提高行政效率（效果）

效率與效果是一體之兩面，所謂效率 (efficiency) 是指運用資源的程度與能力，凡是能夠將人力、物力、財力及時間作最妥善分配者即是效率；而效果 (effectiveness) 則為達成目標的程度，是指資源運用以後所產生的結果，凡是完全達成目標者即為效果。此處所說的提高行政效率，實際上已包括了效果在內。吾人可從下列三點來衡量效率的標準：

1. **就技術與經濟的觀點看**：凡是能夠以最少的「投入」(input) 獲得最大的「產出」(output) 者，就是效率。例如修路、造橋、蓋房等，皆可用此等標準來衡量，計算一下用了多少錢、多少人力、物力及時間等。

2. **就管理與計畫的觀點看**：凡是能夠按照機關或組織原訂的計畫完全促其實現者，就是效率；或者在既定情勢下作最佳的抉擇，能夠及時而有效的解決問題或困難者。

3. **就組織與系統的觀點看**：現代組織理論是採開放系統的理論觀念，因此對於效率的解釋又有了更高的層面，所以效率不只是達成組織的目標，而且更要顧及對社會的貢獻　（價值），一個企業組織只達成其賺錢的目的，卻未能考慮其產品或服務是否對廣大的社會具有正面的貢獻，則不能謂之有效率。例如為了省錢而不肯裝設防止公害的設備；或是產品粗製濫造，抱著撈一票的心理，皆為現代企業經營的大忌。此外，組織是與外在環境保持互動的體系，因此，組織因應外在環境變化的能力與程度也被認為是衡量效率的標準，凡是能夠迅速而適當的因應外界變化的組織，也必然是一個有效率的組織。

二、促進行政的現代化

一個現代國家必須有一個現代化的政府，而行政學的內容是可以促進行政的現代化，它不僅是科學的、系統的，而且更是實用的、人性的，只

要遵循行政學的原理原則去推行政務，那麼這個政府一定是一個現代化的政府。茲將行政現代化的條件論述於後：

1.科學化

這是指科學的思維方法與科學技術而言，而前者又是促成後者的原動力，沒有科學的思維方法，就不可能產生科學技術與發明。西方科技之所以能在十八世紀有所突破，實不得不歸功於英儒培根 (Francis Bacon) 所倡導的歸納法。這也就是科學方法，它是以可靠性、正確性、客觀性、驗證性及系統性等為基礎的，其目的是將人們「先入為主」的觀念加以消除，這與孔子所說的「毋意、毋必、毋固、毋我」的科學方法與精神不謀而合。

政府公務員在處理公務上要具有科學化的精神並運用現代科技，這樣才能使政府的業務現代化，所以公務員不能再像以前那樣的抱殘守缺、食古不化，對於任何問題應該以冷靜客觀的態度來處理，以可靠的資料、數字，透過精密的計算與系統的歸納，來尋求最可能的解決方案，如此才不會發生錯誤或浪費的現象。此外，科學化的行政還可表現在公務設備與器材方面，例如電腦的設備。

2.制度化

制者法也，度者標準也。所謂制度化是指政府及其公務員在推行政務或執行業務時皆有法令規章及標準為依據，不是隨心所欲、為所欲為，當然更沒有特權。

現代化的政府權威是來自於人民的授權，其方式是經由人民的代表加以立法，公務人員只是據之以行而已，這就是所謂的「理性－合法的權威」(rational-legal authority)，在此一權威結構下，政府行政的特性乃具備了下列幾點：

⑴公務人員皆有固定和正式的職掌，依法行使職權，不會發生爭功諉過或爭權奪利的現象，政府工作得以順利的推行。

⑵政府組織型態係一層級節制的體系，每一層的人員依其地位高低而賦予大小不同的權責，使在其直接主管的監督下工作，可收指揮運如、

命令貫徹之效。

⑶人員的工作行為和人員之間的工作關係是一種「對事不對人的關係」(impersonality relationship)，只講求辦事的合法性，不參與個人的喜憎、愛惡的情感，所以不會發生徇私舞弊與特權作祟的現象。

⑷公務人員的任用、薪資、獎懲及升遷等，皆依據法規，充分表現出公開、公正與公平的原則，人人皆能憑藉自己的能力與工作成績來發展自己。

⑸法規並非永不改變，應隨時代的進步而做適當的修正與改進，以符合時代的需要。

3.民主化

這不僅是一個國家所應具備的現代化特徵，也是一個政府所應追求的目標。就國家而言，現代化的民主國家表現出開放性、人民參與性、平等性與多元性等特徵，全國人民可以自由表達意見，不論出身與背景皆享有立足點的平等，政府的權力結構是由各種出身的人所組成，而政府權力是來自人民的授權與同意。

就政府行政所表現的民主化而言，包括公務員的民主修養、民主的領導方式、決策參與、行政授權及意見溝通等。公務員如果都有民主的素養，則不會玩法弄權，對人民作威作福，長官如果有民主的修養，則對部屬的意見能夠容忍與採納，在決策制定的過程中，不是獨斷獨行、意氣用事；在權力分配上是採取逐級授權的方式，使每一位人員都享有若干的自主權，這不僅可鼓勵人員的責任心，而且也能減輕上級人員的工作負荷。

4.專業化

現代政府的公務人員必須由具有專門知識的人來擔任，因為現代行政包羅萬象，性質複雜，絕不是僅具普通常識的人所能勝任的。政府為適應時代進步，分工也日趨細密，這與古代科舉制度下只憑一篇文章就可做官的情況大不相同，那時候考中進士的人可以分發到任何性質的機關去做官，根本談不上專業化。但現代政府的公務人員都是經過各種專業考試及格而

任用的，他們學有專長、富有經驗，同時還具有工作熱忱，因此使得現代政府的成就也比古代大得多了。

5.適應性

現代行政不再是墨守成規或閉關自守，而必須適應時代的變遷而作多種調整，從公務員觀念的革新到現代科技工具與設備的應用，都表現出行政的適應性。所以一個現代的政府，首先要有現代化的公務員，也就是公務員在心理上具有適應的能力，能夠隨著時代的變遷而調整自己的想法與作法，永遠不會落伍，所謂「革新必先革心」，就是這個道理。例如公務員必有「公僕」的觀念，而不再以「官員」自居，那就不會對人民有高高在上的態度；又因為現代社會是講求效率的時代，所以公務員不能再有「推、拖、拉」的作風，這就是適應，否則政府的工作便難於推動。

6.效率性

效率的意義前已述及 ，茲不贅述 。一個現代化的政府自必是一個有「能」的政府，不論是當年國父提出的「萬能政府」或是新近的「小而美」的政府的主張，皆是要促進政府的現代化。行政學的知識是科學的、合理的，只要據之以行，政府的效率一定可以提高，也就是一個有能的政府，各種計畫能夠完全實現，各項建設皆能「又快又好」的完成，而各種行政手續都是簡便快捷，如果政府無法完全承擔，則「民營化」也是一條解決之道，那麼，這個政府必然是一個全民擁護與支持的政府。

三、培養行政通才

現代社會的特徵之一是專業化，政府行政自不例外，公務人員皆須具備某一項專業知識與技能方能勝任，可是專家 (expert) 亦有其限制與缺點，專家只是對某一項問題或事物知道得最多 (to know everything about something)，但對整體卻不見得瞭解，常有「知偏不知全」、「見樹不見林」的偏見，同時，專家本身也都自視甚高，易犯「本位主義」的缺點，不能與人合作。

為了矯正此一專家時代的缺失 ，行政通才 (generalist) 的培養十分重

要，所謂通才是對各種問題或事物均知道些許 (to know something about everything)，他們的基本條件是：廣博的知識、平衡的思想、遠大的眼光及領導的能力，而行政學的知識剛好可以提供這方面的條件。

行政學的內容包羅萬象，同時也是一種實用、具體的科學，凡是精通行政學的人，必然對許多學科都有瞭解，更會注意整體的配合。因此，一個現代化的政府，對於它的公務人員，除了注意專業知識的灌輸與訓練之外，更重視通才教育的施行，在許多通才的科目中，行政學或行政管理為一不可或缺的科目，例如美國文官的訓練課程，就列有組織理論、行政領導、人群關係等課；而我國對公務人員的在職訓練，亦很重視行政學或行政管理。

四、促進行政的公平與正義

美國一批年輕的行政學者於一九六八年在行政學大師瓦爾多的領導下，在雪城大學舉行了一次革命性的行政學術研討會，會中對傳統行政學的目的作了反省與檢討，認為行政學不只是在「以最小的投入獲致最大的結果」的狹義效率觀，而更為重要的是在增進公部門的服務對象——全民大眾的福祉與利益，一切的行政投入與產出皆是以公平、正義為目的，凡不能謀取最大多數人的最大幸福就不是好的行政，同時還要考慮到弱勢團體的特別照顧，所以行政學的目的不應侷限在公部門本身的組織與管理，應放眼於顧客導向的公共利益。

第六節　行政與企業管理的比較

行政與企業是國家的兩種主要管理現象，也是推動社會繁榮、促進國家進步的巨大力量，行政組織與企業組織的管理有其相似之處，也有其不同之處，有加以探究的必要，何況從此項探究更可瞭解行政的精義。

壹、相似之處

一、管理的對象與方法相似

　　行政管理與企業管理，在目的上雖有「公益」與「私利」之分，但兩者所處理的對象同為「人」、「財」、「事」、「物」；且在處理這些問題時，所需運用的手段與方法，亦均係有系統、有條理的科學方法，這樣才能減少浪費並提高工作效率，而政府的性質也已由早期的權力統治，進入到以服務為宗旨，因此，政府的職能，不重在「管人」，而重在「治事」、「服務」，這些事務的具體內容，無非是「用人」、「用物」、「用錢」。而企業組織所處理的事務，同樣的是如何「用人」、「用物」、「用錢」，以達到其「賺錢」及追求「利潤」的目的。不過政府事務最為繁重，規模也最為宏大，「用人」、「用物」、「用錢」最為眾多，所以，處處必須運用科學的辦事精神與「新、速、實、簡」的科學方法，來處理行政事務，以期提高行政效率、治事功能，爭取人民的擁護與支持。企業組織因其以「追求利潤」為目的，當然也要精心規劃、精益求精的運用科學方法來處理業務，以期減低成本、增加盈餘，達到「賺錢」的目標。這些年來，政府在行政管理方面所作的制度化的努力與成就，促使工商企業界跟進學習；而最近趨勢，各國工商企業界所運用現代科學管理的方法，也使得政府的行政管理獲得大幅度的改進。

二、治事組織及其運用相同

　　政府行政機關的組織治事及運用，是以國民或公民為主體，政府各級機關在人民管理政府的原則下，依據國父「權能區分」的原理，將國家權力分為政權機關與治權機關。政權機關由人民選舉代表組織民意機關管理政府，並由人民選舉重要官吏推行政務，是為治權機關，使人民有權、政府有能，互相運作來治理國家。工商企業的組織，是以股東大會或代表大會為最高權力機關，居於主權的領導地位，再由股東或股東代表大會選舉公司的董監事會，代表股東為決策機關或監督機關，董事會聘請總經理、

經理及重要職員負責處理實際的業務，為公司「服務」、「賺錢」，追求利潤。這種組織原理與運用可以說與政府組織原理與運用是相同的。

三、行政效率與服務品質的提高相同

現代政府所行的組織，均要求各級公職人員要提高工作效率及服務的良好品質，各級領導人員亦繼續不斷的注重機關本身的行政效率的提高與服務品質的提升。依照國父的遺教，人民是主人翁，政府官員是公僕，本此精神，公僕理應對主人服務周全。工商企業組織的股東是主人，僱用的經理以及其他員工則是為公司工作者，任何工商企業組織無不要求工作者努力工作，提高工作效率，增加生產，並注意產品及服務品質的提高，而使消費者滿意。因此，兩者皆對顧客（服務對象）的滿意度列為最優先的考慮，而「新政府運動」的鼓吹者亦強調「顧客至上」的觀念，就是將企業管理的主要精神引進到公共行政中。

貳、相異之處

一、目的與動機不同

政府行政的推行，其主要的目的與動機，是在謀求社會的「公共利益」，一切的措施都在顧及全局公平、公正、公開的原則下，來為全體民眾服務，並以最好的服務來爭取民眾的擁護與支持。所以其目的在為公共利益，其動機在加強服務，便民利民，使民眾獲得最好的福祉。工商企業組織，其目的與動機，則在追求「個人私利」，而其追求的利潤是眼前的、有形的，以金錢計算的。且其行動決策以「物價」或其生產品的「價格」為決定因素。以達成其「賺錢」、「賺更多的錢」為目的。

二、一貫與權變的不同

政府行政必須具有始終一致的貫徹精神，政府行政的一切作為，必須注意「平等」，不能存有歧視的不平等待遇，例如貧民的濟助、災難的拯救，在相同情形下，均須作一視同仁的平等待遇。且政府行政的法令規章等較具有永久性及少變性，更不可前後矛盾，使民眾無所適從。而工商企

業經營，除須遵守政府的有關法令外，可以隨時變通、調整，交易可因人而異，早晚時價可以不同，其權變與機動性往往被人視為當然的事。

三、獨占與競爭的不同

政府行政是獨占性的，在其管轄區域內，政府對某一些行政活動，可以做集中統一的辦理，除非得到政府的許可或授權，其他團體或人民不能同時從事這種活動，政府是處於獨特的優越地位，亦即公權力的遂行者，他人不能與之抗衡或競爭，是以政府可做若干強制的措施，人民亦得接受，如義務教育、衛生消毒、兵役義務等。而企業經營是自由競爭，任何人都不得壟斷市場，不許操縱物價，在同一區域內，可以允許同類或不同類的工商企業，大家共存並營，自由競爭，公平發展。而顧客或工商企業的來往，則完全基於自由平等的原則，沒有任何強制性。

四、政治考慮與管理因素的不同

在民主政治下，政府行政措施必須受到民意代表及輿論的批評與監督，絕不能罔顧民意，為所欲為，所以行政措施的政治考慮甚為重要，民意與輿論的支持是不可缺少的行政要件。而工商企業經營，則比較不須考慮政治因素。因為賺錢或賠本都是經營者個人的事，經營者只知就其企業的需要作自求多福的經營，是以管理因素的考慮為重，例如成本的降低、財務的調度、產品或服務品質的創新等。

五、對外在環境因應的程度不同

無論政府組織或企業組織，皆是與外在環境保持互動的開放體，但是，由於兩者在本質上的差異，以及所受到的限制有別，對於外在環境變遷的適應程度亦就有了不同。一般而言，政府因受到立法監督與預算控制，自不能如私人企業那樣的迅速因應，其進步與革新也就較企業組織為緩了。

六、所有權 (ownership) 不同

行政組織係政府各級機關與機構，其所有人是全民大眾，一般俗稱的「公家」即為此意，既然行政組織是全民所有，所以政府的施政當以民意為依歸。至於企業組織則為私人所有，雖然有些股份有限公司規模甚大，

股票公開上市，是大眾的公司，但其本質上仍屬私人所有，此與政府組織顯有不同，正因為所有權的不同，兩者在實際運作與法令的限制也有不同。

七、管理的重點不同

行政組織與企業組織雖然在管理的對象上有相似之處，但因為兩者所追求之目的與動機不同，所以在管理的重點上也就有了差異。一般而言，行政組織所強調者為法令規章的訂定、組織權責的劃分、公共政策的制定、行政領導的運用、財政收支的分配與工作方法的講求等，這些都是為了達成為民服務所必須重視者。但企業組織的目的是在追求利潤，故其管理重點放在生產管理、成本會計、市場研究、廣告行銷、品質管制與財務管理等，此項差異可從大學的公共行政所系與企業管理所系所開設的課程看出，前者重視公法、政治、經濟與行政方面的科目，係以較為理論性的知識為基礎；而後者則重視商事法、會計、數量方法、財務與管理方面的科目，係以較為實用性的知識為主流。

八、組織目標的評估不同

政府行政的目的在於謀求公共利益，為全體民眾服務；然而所謂的「公共利益」、「公共目的」或「社會福祉」，其內容和意涵往往過於抽象，而顯得模糊不清。即使是某一特定行政機關的組織目標，也會因為文字敘述的限制，而顯得不夠明確、難以衡量。也因為政府機關欠缺明確的組織目標，施政績效不易評量，所以我們期望行政人員能夠體恤民情、發掘民瘼，行事公正公開，從道德面來要求其主動負責。工商企業的組織目標則以「利潤」、「獲利」為考量，可以明確的金錢數字來計算，衡量其績效，論斷其成敗。

九、決策的程序不同

在民主的政體之下，講究「正當程序」和「依法行政」的原則，所以政府的決策權力分散到不同的部會機關，不同層級的地方政府機關，而使決策的程序顯得過於冗長。從好的一面來講，權力分散的設計可以防杜專權濫權的現象；但相反的，由於事權分散，使得行政課責不易，也會釀成

爭功諉過的情形；再者，繁雜冗長的行政程序，更是行政效率不彰的主要
原因。相對的，工商企業組織，不是為個人所有，就是以公司的型態組成；
因此，事權得以有效集中，決策程序可依實際需要加以簡化。

十、受公眾監督的程度不同

在民主的社會中，政府的任何舉措都要秉持公開透明的原則，接受公
眾或輿論的批評監督，難怪有人說：政府行政就像是在透明的魚缸裡面活
動一樣，十目所視、十手所指。即使是某一項尚未定案的行政措施，在政
策形成的過程中都可能遭受到輿論和民眾的公斷；所以政府的行政作為，
不但要獲得機關內部的共識，更要贏取機關外部廣大群眾的瞭解與支持。
相對來說，現代的工商企業雖然已經開始讓外界瞭解其內部運作狀況，來
塑造企業良好的社會形象，但基本上，私人企業最多要向投資的股東報告
營運的狀況，而在不違法的範圍內可以毋待公評。

第二章　傳統理論時期的行政學

第一節　傳統理論與科學管理

行政學就其發展演進的歷史來看，大致可以分為三個時期。第一個時期是傳統理論時期（一八八七至一九三〇年），以科學管理的理論與方法為立論基礎，主要在於探討權力的合理分配、組織結構的健全、工作方法的標準化及行政管理程序的制度化，可說是一種靜態的行政學。第二個時期是修正理論時期（一九三一至一九六〇年），將傳統理論予以修正，以行為科學的理論與方法為立論主旨，著重於行政的互動性、互賴性、心理動機與反應、行為法則的尋求及人際關係的調整，可視之為動態的行政學。第三個時期是整合理論時期（一九六一年以後），以系統分析的理論與方法為立論主旨，著重於行政的整體性、開放性、反饋性、權變性、生態環境的適應及社會文化的配合，可稱之為生態的行政學（張金鑑，民 71：80）。以下即依據上述行政學發展的三大時期，分章個別闡述其思想內容及立論要旨。

傳統理論之行政學，乃是以「科學管理」(scientific management) 為發端而形成的行政學理論。而科學管理之產生，則可遠溯自十四、五世紀之歐洲文藝復興運動及十七、十八世紀之理性主義（又稱啟蒙運動）。由於文藝復興及理性主義之影響，人類思想發生了重大的轉變。擺脫以往宗教的桎梏與束縛，人們得以自由地思考。過去那種過分主觀的演繹法乃被客觀的歸納法及實驗法所取代。近世之科學研究方法於焉誕生，而造成了後來科學技術的大發明。這種發明的推演結果，導致了十八世紀的工業革命。而工業革命經過了不斷的發展，終於開創了人類文明的新紀元；先是機器

生產代替了手工，後來又發展到產業的高度集中和大規模工廠的出現，後者遂被稱為第二次工業革命。

　　但是工業革命後，整個人類社會（特別是西方社會）因受到它的影響而發生了重大的變化，例如社會制度及經濟結構均受到很大的衝擊。於是社會問題產生了，工廠管理的問題，諸如勞資糾紛、工人素質、產品品質、成本控制、市場競爭及生產量之提高等，更是紛至沓來。為了圓滿解決這些管理問題，許多專家乃潛心研究，於是產生了影響後世深遠的「科學管理運動」。科學管理本來只是針對工商企業界的問題提出解決的辦法；後來，政府基於行政效率之追求，認為科學管理的原則原理非常實用，於是亦將它引進於政府之行政管理上而產生了行政的革新。其後，由於不斷的研究，乃逐漸形成了一門專門而獨立的學問，這就是公共行政的傳統理論。

第二節　管理技術學派

　　此派之代表人物為泰勒，他不但是第一個提出科學管理觀念的人，更是成就非凡的科學管理專家。由於他的鼓吹及倡導，科學管理的思想及方法乃能迅速地普遍而為人接受，因此，人們為了表示對他成就及貢獻的崇敬，乃尊稱他為「科學管理之父」(father of scientific management)。

　　泰勒於一八五六年三月二十日誕生於美國賓州的費城。他的父親是一名律師，因此，家庭相當富裕。早年，曾隨母親到德國及法國讀書，且遍遊歐洲大陸。原來，他有意克紹箕裘繼承父業，因此在一八七二年進入位於新罕布什爾的飛利浦埃克塞特學院就讀。在他取得哈佛大學入學資格後，由於用功過度，害了眼疾，而被迫放棄。後來病癒後，他便到一家工廠當學徒。三年後，轉到米德威鋼鐵公司 (Midvale Steel Company) 擔任機器間 (machine-shop) 的工人。由於他曾受過良好的教育，因此很快便受到器重而不斷地獲得擢升，由工人而領班而製圖室主管，最後晉升為總工程師。在擔任領班這個管理職位後，他就竭力設法使手下將工作做得盡善盡美；

因此，他努力研究工人的工作方法、流程及合作等要素。同時，他也沒有忘記進修。他利用晚間在史蒂文司學院完成學業而取得了機械工程學士的學位。

一八九八年，泰勒轉到百利恆鋼鐵公司 (Bethlehem Steel Company) 工作。在此，他獲得了更好的試驗工作的環境及支持，使他能夠從事更多的研究與發明。他曾經得過四十項發明的專利。在一九〇〇年的巴黎展覽會上，泰勒所領導製造的一部工具機器，由於具有革命性的性能，贏得了當時領導全世界工具機械的英國工具鋼鐵生產家的讚賞。

一八九五年，泰勒在美國機械工程師學會 (ASME)，發表他的第一篇有關管理方面的文章，題為〈論件計酬制〉(A Piece Rate System)，深受當時工業界人士之注意。泰勒自己卻虛懷若谷，他說他只是一群研究改良方法的人們中的一員。他也謙虛地公開承認，他在許多方面採用了別人的意見，這正是他作為一位真正科學家之風範的表現（徐道鄰譯，民 41：25～30）。

一九〇三年，他發表第二篇論文〈工廠管理〉(Shop Management)，提出了他的管理哲學。在這篇論文中，他提出了下述幾點原則：⑴良好管理之目標在於給予較高的工資，同時獲得較低的單位生產成本；⑵為達此目的，管理階層必須應用研究及實驗之科學方法以建立生產作業之標準程序與原則；⑶工作人員之工作位置以及原料之選擇均需以科學方法為之，以便符合標準；⑷對工作人員應給予訓練以改進其技能，俾能獲致標準之產量；⑸管理階層與員工間應有密切而良好的合作 (George, 1972: 92)。

一九一一年，他的名著《科學管理原理》(*Principles of Scientific Management*) 正式問世。在本書中，泰勒提出四項主張：⑴對於個人工作的每一要素，均應發展一套科學，以代替原有的經驗法則；⑵應以科學方法甄選工人，然後加以訓練、教導及發展，以代替以往由工人自己選擇工作及自己訓練自己的方式；⑶應誠心與工人合作，俾使工作能做得符合科學的原理；⑷對於任何工作，管理階層與工人幾乎均有相等的分工和相等

的責任。凡宜由管理階層承擔的部分，應由管理階層承擔。而在過去，則幾乎全由工人承擔，且責任亦大部分落在工人肩上 (Taylor, 1947: 36～37)。

　　泰勒的管理方法起初並不受到歡迎。因為，管理人員認為他們的權威被剝奪，不能像過去一樣依自己的方法來挑選工人和教導工人。而工人們更是激烈反對。他們最恨被手持計秒錶的人來研究，也憤恨被視同機械只奉命照章工作，工人們彼此間的感情也被激烈的工資競爭制度所破壞。甚至工會方面也反對泰勒，他們認為他增強了雇主的地位，使工人喪失與雇主平等競爭的地位。

　　儘管反對的聲浪十分洶湧，但泰勒的科學管理方法仍然形成一股沛然莫之能禦的力量。這必須歸功於二件事。第一件事是：一九一〇年六月白蘭第斯 (Louis D. Brandies) 律師出席州際商業委員會 (Interstate Commerce Commission) 為「東方費率案」(Eastern Rate Case) 作證。他引用泰勒的理論，反對鐵路方面增加運費。他認為雖然工資增加，但可採用有效的管理方法來降低成本。他特別強調泰勒的「科學管理」(Nelson, 1980: 174～175)。第二件事是：泰勒於一九一一年十月至次年二月之間花了四天共十二小時在國會調查「水城罷工案」(Watertown Strike) 之特別委員會上作證，發表了他極具說服力的演說，提出他精闢的見解，闡明何謂科學管理及科學管理不是些什麼，他強調科學管理的精義包含於工作人員的一項完全的心理革命 (a complete mental revolution) (Wren, 1979: 145 & 152～153)。從此，泰勒便名噪一時。另外，甘特及基爾布勒斯 (Frank B. Gilbreth) 亦極力鼓吹、倡導，科學管理遂形成了一種運動，對美國的工業界發生了革命性的影響；同時也促使了政府行政的改革，而造成行政學研究的興盛。

第三節　行政管理學派

　　此派以法國人費堯為代表。它與泰勒之管理技術學派顯有不同，因為此派是以組織的中、上層的工作為研究重心，而泰勒一派則多注重基層工

作的改進。因為此派著重組織之管理，故稱為行政管理學派，而且以對政府行政的影響及適用而言，此派所提的理論也較前派來得深遠。

由於兩人出身背景及工作環境的不同，所以造成泰勒及費堯這兩位工程師對研究旨趣的差異。泰勒從最基層的工人做起，故比較關心直接從事生產人員的工作效率問題，而費堯則一開始便是高級管理人員。他在十九歲時畢業於法國聖太田市的國立礦業學校，取得了採礦工程師之資格，並且隨即受僱於科費德公司 (Commentry-Four-Chambault of Decazeville)。終其一生，未在他處服務。他從高級職員做起，一直升到了該公司的總經理。他在擔任三十年的總經理期間 (1888–1918)，以事實表現了他的卓越管理才華。最足以稱道的是，當他接任總經理那時，公司正岌岌可危，而等他卸下總經理轉任董事時，公司不但已經十分穩定，而且還擁有巨大的財力以及一大筆可觀的資產。

費堯在擔任總經理期間，一直不斷地從事管理的研究與革新。他乃是從組織的最高層，逐層往下研究的。一九〇八年，他在礦業公會 (Society of Mining Industries) 的一百週年紀念會上，發表了一篇名為〈論一般管理上的原則〉(A Discussion of the Principles of General Administration) 的演講。這篇講詞就是他後來在一九一五年所出版之名著：《一般管理和工業管理》(*General and Industrial Management*) 的主要基礎。這本書是費堯畢生心血的結晶，它為科學管理樹立了一個新的里程碑。費堯的這部曠世巨著，分為兩個部分，第一部分講管理的理論；第二部分則討論管理技術的訓練。

費堯首先將所有工商企業的工作分為六大類：(1)技術工作（如生產製造、裝配裝置等）；(2)商業工作（如購買、販賣及交換等）；(3)財務工作（如資金之爭取及最有利的運用）；(4)保全工作（如資產及人員的保護）；(5)會計工作（如存貨記錄及盤點、決算表、帳簿、成本計算及統計等）；(6)管理工作，接著他又將管理工作分為五種：組織、協調、命令、控制以及計畫（遠見）等（徐道鄰譯，民 41：40～41；許是祥譯，民 70：35）。

此外，他又列舉了十四項的管理原則：(1)分工；(2)權力和責任；(3)紀

律；⑷命令統一；⑸目標統一；⑹個人利益置於共同利益之下；⑺員工的酬勞；⑻中央集權；⑼層級節制；⑽秩序；⑾公正；⑿員工任期的安定；⒀自動自發；⒁團隊精神 (George, 1972: 113)。

　　費堯的理論及原則，不僅普遍的應用於工商企業界，而且政府機構也加以採用。法國政府就率先將費堯的管理原則應用到郵政機構，獲致良好的效果，其後更擴大到中央及地方政府。事實證明，費堯的理論對於一切的組織皆有應用的價值。這也正是費堯在管理方面的偉大貢獻，亦是他被後人尊稱為「現代管理理論之父」(father of modern management theory) 的原因 (Kast and Rosenzweig, 1974: 58)。

　　行政管理學派的另外二位著名學者為古立克及尤偉克 (Lyndall F. Urwick)。古、尤兩人於一九三七年合編了一本名為《行政科學論文集》(*Papers on the Science of Administration*) 的書，古立克在本書中提出了 POSDCORB 之公共行政管理的七大要項，歸納了當時公共行政學的內容和精神。這一見解雖對行政學理論之發展無甚貢獻，但對實際從事行政管理工作的人而言，卻極具實用的參考價值；因此至今，仍為一般人所樂道。

　　P 是計畫 (planning)：亦即擬出欲完成之工作的大綱及完成之方法俾能達成組織之目標。

　　O 是組織 (organizing)：亦即建立正式的權威結構以便透過此一結構來從事各個工作部門的安排、界定和協調以獲致預期的目標。

　　S 是用人 (staffing)：亦即全部的人事作業，包括選拔、任用、訓練及待遇福利等措施。

　　D 是指揮 (directing)：亦即權責之分配、指揮隸屬系統之設定，及所有命令與服從關係的確立。

　　CO 是協調 (coordinating)：亦即組織中上下左右之間工作的聯繫和協調等。

　　R 是報告 (reporting)：亦即使組織成員（包括上司及部屬）知悉組織之進展情況。報告之工作包括工作績效及業務進展之記錄、分析、研究、審

查、評估及報告等活動。

　　B 是預算 (budgeting)：亦即有關財務運用方面之活動，包括預算編製、運用、會計及審計等。

第四節　動態管理學派

　　此派以傅麗德 (Mary P. Follett) 為代表。最早有系統且深入研究組織中有關人的問題的人，竟然是一位女性。傅麗德與前面兩位大師之出身迥然不同，她既非工程師，也非企業家。她是研究政治、法律和哲學的。她生於美國波士頓，於一八九八年以最優異的成績畢業於雷克里福學院，並且曾到英國劍橋大學的紐哈姆學院研究過。在未從事組織與管理方面的研究以前，她已是一位鼎鼎大名的政治學家了。她的兩本成名代表作是一九二〇年發表的《新國家》(*The New State*) 及一九二四年發表的《創造性的經驗》(*Creative Experience*)。

　　她在管理方面的研究興趣，主要著重於人類行為的心理基礎，及集體工作時的情感反應的作用，可說是注意行政的心理因素的少數先驅學者之一。

　　傅麗德不是一位書生型的學者或作家，她對於實際政治及社會問題相當關心也很熱衷於社會參與。她在家鄉波士頓是一個非常活躍的人物，由於當時她目睹了許多因工業發達而帶來的社會病態，因而積極參加各種社會福利事業的活動以圖防止及救治。這些生活經驗遂成為她日後研究工業組織及管理問題的原動力。

　　她於一九二四年在人事行政局 (Bureau of Personnel Administration) 為工商界之經理人員所舉辦的一個冬季演講會上，發表了第一篇有關「工業組織」的論文。她一共發表了四篇以〈企業管理的科學基礎〉(Scientific Foundation of Business Management) 為總題目的論文，分別解釋和說明企業組織及企業行為中的心理因素；從發號施令、執行權威、企業中個人衝突

的發生及群體間衝突的發生等這幾方面加以深入探討（徐道鄰譯，民 41：
40～41）。她的著作大都是講演稿，其中絕大部分後來由麥卡福 (Henry C.
Metcalf) 及尤偉克收輯而編成《動態的行政》(*Dynamic Administration, the
Collected Papers of Mary Parker Follett*)。其主要學說可歸納整理如下：

一、額外價值論

　　傅麗德特別重視人類的團體生活。她認為團體生活能使人產生一種強
烈的情感，而影響到團體中每一個人的每一行動。故人在團體中的思想和
行動，無法再由他一個人控制，在經常與同伴的聯繫之情況下，人將全部
受團體所發生之影響的支配。這就是團體所具有一種「額外價值」(plus
value) 的生命，這種生命才是社會上人類行動的真正基礎。

二、團體中之衝突與調和

　　傅麗德認為，團體中成員間之意見或利益衝突，乃是必然的現象；不
但不足畏，反而更應該重視。她認為解決衝突的方法，應該透過整合
(integration)，而不能經由妥協或鬥爭。因為整合乃是尋找一項能滿足雙方
的解決辦法，而又不使用妥協或威力 (domination)。這項解決辦法便成了團
體的意見。她舉了一個實例說明整合的概念。有一次當她在圖書館時，她
要關窗子，但另一位坐在那兒的同學則要窗子開著，於是他們把隔壁沒有
人坐的房間的窗打開，而解決了他們彼此的需求。她說：「這不是妥協，因
為沒有任何慾望受到剝奪，我們兩人都得到了我們所真正需要的。我並不
要一個窗戶緊閉的房間，我只是不要北風直接向著我吹。同樣的，同室的
人也不是非要那一個窗戶開著不可，他只是要求房間能有多一點空氣而
已。」(Metcalf and Urwick ed., 1941: 31～36)

三、協調的原則

　　她認為協調是管理的核心，要做好協調應遵守下列四個原則：(1)直接
交涉原則：即協調應由有關的人直接接觸；(2)早期原則：協調應於剛開始
的階段即做好，如此整個方案的各方面才能適時的修改，而獲得大家的充
分支持與合作，使事情圓滿完成；(3)互惠原則：協調乃是在某一種情境中，

所有各方面彼此間相互調整自己以適應別人的一種活動，故協調應以互惠為基礎；⑷連續原則：協調乃是一種持續性的過程 (Metcalf and Urwick ed., 1941: 297)。

四、對權威的看法

對於組織中之所謂「權威」(authority)，傅麗德也有不同的看法。她認為人類是很敏感的，只有真的環境的邏輯和事實的需要，他們才肯接受權威。但是，以往組織中之上下屬關係卻多是以此為基礎，故容易傷到人們的感情，也必然會產生種種不良的反應和摩擦。因此，命令和權威一定要去除人的因素 (depersonalize)，純粹根據情勢的需要來運用權威。換言之，因為情勢需要，所以才發號施令（有權威）；並非由於命令，所以才有行動。這就是她著名的「情勢法則」(law of the situation) (Metcalf and Urwick ed., 1941: 58)。

此外，她對於一般人對企業界裡的所謂「最後權威」也有不同的看法。她說此種權威並不是掌握在公司的最高主管手中，因為大公司裡，每人在其工作的範圍內，都有他特定的責任與職權。他對於工作上的知識，他在職務上的服務，就是他對公司的貢獻，而他在這些工作範圍以內，他也具有最後的權力。所以，公司裡的真正權力，乃是這許許多多小權力的綜合。所謂「最後的決定」(final decision)，實際上只是整個決策過程的最後一刻；我們常把做最後決定的這一刻聯想到總經理身上，其實這個過程可能從公司裡的工友身上即已開始 (Metcalf and Urwick ed., 1941: 52～53)。

要言之，權威、領導及監督等一切問題，全部都應該建立在客觀的事實之上。能把事實當作一切權力的基礎──並且明顯而清楚地表示出來──那麼，一切命令與指示自然失去個人的意味，而變成純粹是客觀的。如此，權力大小的意識、管轄部屬的意味，也將自然消失，剩下的則是一種真正合作的精神。

傅麗德所講的這些大道理，對於企業界的意義，實在太重大了。她糾正了過去很多根深蒂固的老觀念。老闆與部屬的關係不再是命令與服從，

而是以「職能合作」(functional cooperation) 的精神作基礎。這樣可使每個人對於行政和管理，都有機會有效地貢獻一己之力。傅麗德的這些主張，為當時之企業界指引了一套新穎且較完整的組織動態的理論與方法。同時，她也認為這些理論和方法同樣可以普遍應用到其他性質的組織上去。雖然我們將傅麗德的理論列在傳統時期，實際上她的主張更接近修正理論，應視為由傳統到修正的過渡時期。

第五節　官僚型模學派

　　此派以韋伯為代表。這位與前述泰勒及費堯幾乎處於同一時代的德國社會學家、宗教家、經濟及政治學家，不僅為現代社會學奠下極穩固之基礎，而且也對公共行政的理論提供了不朽的貢獻。他所提出的「官僚型模」(bureaucratic model) 的組織理論，曾對政府行政及管理造成了巨大的衝擊，儘管此項理論有許多地方受到詰難。韋伯所說的「官僚」是沒有任何褒貶之意的，它只是一種組織的型態。為免於以詞害義，故有的人不願用官僚的字眼，而改稱之為「科層體制」或「機關組織體系」。

　　韋伯的「官僚制度」(bureaucracy)，依據他自己的說法是屬於一種「理想型」 (ideal type)。 此一理想型完全是建構在他對於 「合法權威」(legitimate authority) 觀念的基礎上。他認為合法權威的演變，依歷史的發展可分為三個階段， 即傳統權威 (traditional authority) 階段、 超人權威 (charismatic authority) 階段及理性－合法的權威 (rational-legal authority) 階段。

　　傳統的權威是來自對傳統歷史文化的信仰，故這是一種世襲的權威。這種權威的取得，不是憑個人自己的努力或才能，而是靠繼承的力量，因此，國王之子恆為國王，公侯之子恆為公侯。一般人民很自然地服從他們的權威，認為這是理所當然的事。傳統的權威被認為是至高無上的。

　　到了超人權威階段，領導者的至高無上的權威被懷疑、被打倒；代之

而起的乃是那些自恃為超人者。他們以「救世主」的姿態君臨天下。由於他們是經過一番奮鬥才取得這個地位，故與傳統權威係由世襲而來是大相逕庭的。不過由於人們信仰他們那種天賦的、近似超自然及超世俗的超人特質 (charisma)，故對於他們的權威也是絕對服從、忠心不二的。超人領袖 (charismatic leader) 的自由意志和行為是不受任何慣例約束的。

超人權威發展到某一階段後，必然地要趨向高度的組織化及制度化，否則他的權威便不容易繼續維持而受到傷害。由於社會的發展，民智漸開，人民乃不願重返傳統權威時期，當然也不願再接受超人領袖的控制；為了尋求解決之道，只有建立法制體系，使領導者的權威合法化。人們之所以服從某一領導者，並非因其人之故，而是緣於領導者地位所賦予他的法定權威，因此，在此一時期，法律即具有至高無上的權威 (Weber, 1968: 328)。

韋伯的「理想型官僚制度」就是建立在此一「理性—合法」權威的基礎上，因為：⑴它提供一項行政連續性 (continuity of administration) 的基礎；⑵它是「合理的」，即是說擔任行政職位的人乃是憑其執行職務之才能而獲得選任的；⑶領導者被賦予一種運用權威的合法手段；⑷所有權威均清楚地被規定，而且也只限於為完成組織任務所必要之職能的範圍 (Wren, 1979: 251)。

依照韋伯自己的說法，理想的官僚制度具有下述幾項特徵 (Kast and Rosenzweig, 1974: 64)：

1.組織裡面的人員有固定和正式的職掌，依法行使職權。機關係根據一完整的法規制度而設立的一種組織型態,這種機關組織須有其確定的目標，並靠著這一完整的法規制度，組織和規範人員的行為，使其能夠循法規的途徑，有效的追求，達到機關的目標；因為：⑴在此機關組織體制下，每個人有固定的職責；⑵以法規嚴格限制的方法，賦予命令的權威，以行使固定的職責；⑶人員的盡責任和享受權利，都有一定的方法可循，而且只有具備一定資格的人才能被雇用。

2. 機關的組織型態，係一層級節制的組織體系，在這一組織體系內，按照地位的高低，規定人員間命令與服從的關係，除最高的領導者之外，機關內的每一人員僅有一位上司 (one boss and one boss only)，而且須嚴格服從上司的命令，接受上司的指揮，除服從上司的命令外，不能接受任何人的命令；這樣一方面可以減少混亂的現象，另一方面對下屬較易控制，達到指揮運如的目的，提高工作效率。

3. 人員的工作行為和人員之間的工作關係，須遵循法規的規定，不得參與個人喜憎、愛惡的情感。換言之，人員間的關係，係一「對事不對人的關係」 (impersonal relationship)。

4. 專業分工和技術訓練。為了達到機關的目標所須做的各項職務，按照人員的專長作合理的分配，並且每位人員的工作範圍及其權責也須以法規明文予以規定。在這一明確的分工制度之下，人員的工作必趨向專門化，而這一職業的專門化又必然促進人員的專門知識，進而提高行政效率。

5. 永業化的傾向。人員的選用，係按照自由契約的方式，經過公開的考試，合格後予以任用，不合乎要求者則淘汰，務求人員皆能運用其才智，克盡其義務，有效的推行工作，故每一職位皆有其資格限制，或根據學歷成績，或根據畢業證件，或根據考選成績，藉以證明其的確能達到要求，不致因才學不足而影響工作效率。人員任用雖係根據自由合約關係，但除非人員犯錯，並依法律的規定加以免職，否則組織不能隨便結束這種契約關係。任期的保障，使人員能專心一意的處理事務，否則必存五日京兆之心，豈能安心工作？當然，非自主機關如軍隊，則不在此一範疇之內。

6. 薪資的給付，依人員的地位和年資。人員之工作報酬，也有明文規定，而且有固定的薪俸制度，使占有某種職位或從事某種工作的人，一定接受某種待遇。在薪俸制度的約束下，不能有所偏私，以免影響人員的工作情緒。除正常的薪俸之外，並須有獎懲制度和升遷制度，使人員能夠安心工作，培養事業心。獎懲制度係針對人員工作成績之優劣而設，至

於升遷制度，有時係根據人員之工作成績而設，有時係根據年資而設，有時或根據兩者。

若一機關組織具有上述六大特性，且其程度相當高，則這一機關較接近於韋伯理想型之官僚組織理論，反之在較缺乏理想型者，其所具備六大特性之程度較低。

韋伯認為，機關組織如具有上述這些特性，那麼一定可以達到高度理性化的標準，也必然是最有效率的，所以他認為這是一種理想型的組織型態。其理由如下：(1)依據層級節制的原則，上下之間的關係可以達到「指揮運如」、「命令貫徹」，使機關形成一個完整統一的有機體；(2)由於法令規章完備、工作方法及人員的權責皆有明確的規定，所以不會發生各自為政，或事權不清的毛病；(3)機關辦事完全「對事不對人」(impersonality)，可以破除情面，消除營私舞弊；(4)人員之選用皆依專長及能力而決定，可使工作效率提高，並使機關之業務達到高度專業化；(5)良好的待遇及工作的保障，可以使工作人員之工作績效提高。

然而，上述乃是韋伯一廂情願的看法，事實上卻有所出入，何況韋伯之理論為傳統時期之代表，當時情況與現在不同，他的理論是否能夠適用於變動快速的今日社會，便大有問題，於是就有許多人從更新的觀點與更精的眼光來分析與批評韋伯的理論，造成現代行政學的一股探究熱潮。如果沒有韋伯理論的出現，恐怕行政學還不會有今天這樣的發達呢。這一點功勞不得不歸功於韋伯。

研究者以理想型本身所具有正功能和副功能之結果來分析韋伯之理想型態，墨頓 (Robert K. Merton)、賽茲尼克 (Philip selznick) 及葛德納 (Alvin Gouldner) 和其他學者以嚴格的批判標準來批評此理論，認為：藉著理想型之正式關係，對組織之效率而言，必定會產生副功能，換言之，機關組織會受到行為因素之影響，這一點是韋伯所沒有考慮到的。墨頓認為：針對組織參與行為而言，官僚組織結構 (the structure of bureaucracy) 之結果必使目標之成效分裂，他認為，實施理想型之體制，會使其成員之個性和活力

趨於僵化，成員往往為了本身的好處而對法規百依百順，把服從法規視為首要目標，致形成了「目標轉換」(displacement of goals)。賽茲尼克認為：就韋伯之官僚組織模式 (the form of bureaucracy) 而言，是有修正之必要，特別是他強調權威的代表和一個組織之維持。葛德那以使用經驗之研究，來試驗機關組織體系廣度之合適性，並認為韋伯的概念是主要修正的目標，因為他只從事於維持組織的結構和效率：機關組織重視體制法規之後果，必使獨裁領導和控制具有一定形式，如此就造成組織的副功能 (Kast and Rosenzweig, 1974: 64～65)。

　　從上述學者批評看來，韋伯的理論仍有許多值得商榷之處，歸納起來以下列幾點說明之：

1. 過分強調機械性的正式組織的功能，而忽略了組織的動態面──人員之間交互行為所形成的非正式組織的影響力。組織成立的原意是要以成員共同的努力來完成組織既定的目的；組織的目的既須人員的協作來完成，而協作的過程中，人員之間就會產生互動的行為關係，而各個人的觀念、信心、忠誠及其他情操都藉著彼此互動的關係，獲得交流的機會，於是彼此間產生友誼和親密感，形成團體意識，促進或妨礙工作推行的效率。理想型組織完全忽略了人員的感情因素及工作團體內非正式組織的影響，不能不說是一個極大的缺點。

2. 專業分工固能促進工作效率，但專業人員只能適合於一定的工作環境，一旦工作環境改變，這些專業人員就會力不從心，無法適應新的環境。這就是所謂的「受過訓練的無能」(trained incapacity) 的現象。而且，由於人員每天做同樣的工作，人員逐漸養成特別的偏好 (preferences)、嫌惡 (antipathies)、歧視 (discrimination) 及特別強調某事某物的職業上的明顯心態 (occupational psychosis)，易形成本位主義 (suboptimization)。

3. 升遷依照年資，固可減少團體內的競爭，造成組織的穩定和良好的團體精神；但亦常使人員只注意如何保護其既有的利益而忽略了服務對象 (clientele) 的利益。尤其當下級人員發覺他們的地位和利益未為新的主管

所注意時，就不再將詳細的消息傳遞給他，因而導致他判斷的錯誤及工作的失敗。其次，當一個新的主管想完全控制其下屬，因而破壞了下屬自我完整性 (self-integrity) 的情操後，他們就會把一切責任都推到主管的身上，樣樣請示，使他忙不過來，這表示當有顯著的外力威脅團體的安全時，非正式組織就會自然的起來加以防衛。

4. 層級節制減弱了上級對下級的影響力。在層級節制體系下，必造成嚴密監督 (close supervision) 的現象，嚴密的監督不僅使下級人員缺乏自動自發的精神，甚至引起他們的不滿，於是陽奉陰違，做表面文章，掩蓋了事實，使上級長官成為一大傻瓜。

5. 由於過分重視法令、規章和強調組織的運作及人員的工作行為都必須受到法規限制的結果，使組織和個人的行為趨於僵化、缺乏彈性和應變力。又由於人員的行為處處須遵循法規的規定，日子一久，會養成他們膽小、保守和呆板的工作習性。本來，法規只是組織達到目的所使用的工具而已，但因對法規過分重視，遂使人員產生一種錯覺，認為遵守法規本身就是目的，因而忽略了組織的目的。這種將工具價值變成目的價值的現象，即墨頓教授所稱的「目標轉換」(displacement of goals) 的現象 (Merton, 1957: 155)。

6. 成員永業化的趨向，固有助於組織的穩定和維持，但當一個人或組織感到很安全以後，就會失去爭取更完美、更理想的奮鬥精神，停滯不求進步是韋伯機關組織體系之最大缺點。

7. 韋伯對於機關組織體系的分析，非根據實驗主義而來，只是憑主觀觀念的想像而構成的一種理想組織型態而已。換言之，即其理論的許多要點，如付諸實際的證驗，則不無矛盾之處。例如韋伯重視層級節制的權威指揮體系，認為是促進機關行政效率的依據；但同時又重視機關的分工制度，認為分工制度可以促進專門知識化，而專門知識化又可以促進行政效率。但權威指揮系統與專門知識化，兩者之間的基本矛盾，韋伯不但未曾討論到，根本也未曾考慮到。如重視權威的指揮系統，專門人才凡

事必須聽從上級的命令與指揮，但具有指揮與命令權的領導者，多欠缺專門知識，其對於專門知識人員的命令和指揮，以專門知識人員的立場言，多係外行，無法付諸實施，因而構成專門人員工作行為的障礙。但假若重視專門知識，那麼專門人員在從事工作行為中必須賦予以相當的自由裁量之權，上級領導者不能多所干涉，這樣一來，實必削弱上級的指揮權威。

第六節　傳統理論的檢討

壹、傳統理論的重要原則

我們在研究了上述各派的學說及理論之後，不難發現他們彼此之間有許多共通之處，這些共同點實際上可說就是科學管理的重要原則，茲歸納分述於後：

一、系統化

不論是私人企業或政府機關，都應當把握「系統化」這個重要的原則；因為這個原則乃是得自生理組織原理的啟示。生理組織是最有系統的，各種器官均有其不同的結構與功能，工作程序自然而準確，協調而配合。天下再也找不到一種組織能超過生理組織（例如人體）的奧妙。所以，機關組織如欲達成其任務，依據科學管理的理論，首先就必須組織系統化，也就是要做到下述四點要求：⑴自然而準確的工作方式及程序；⑵確實的事權分配，此即每一單位、每一人員皆有其特定而確實的工作內容，如此才不會發生爭功諉過的不良現象；⑶輕重緩急的先後次序；⑷適當安排事物的場所。

二、計畫化

從事機關之任何工作，首先均應有計畫，例如金錢收支應有預算，人事管理要先訂出用人計畫及聘僱標準。國家有各種施政計畫，同時還分別

訂有近程、中程及長程計畫，現代管理的成敗端視計畫的周詳與否。世界上先進國家皆有專司計畫釐訂的機構或人員，例如美國政府的預算局 (Bureau of the Budget)，實為總統的一個主要幕僚機關，對國家整體的發展，以「設計計畫預算」(planning-programming-budgeting system, PPBS) 的方式來完成。我國行政院之下設有「國家發展委員會」，辦理國家發展之規劃、協調、審議、資源分配業務。至於私人企業，那更不能沒有計畫，許多公司的倒閉，實係由於盲目擴充，毫無計畫所致。有遠見、有魄力的企業家，都非常重視計畫，甚至成立企劃單位專司其職。

三、協調化

科學管理要求系統化的結果，造成了組織上的分工 (division of labor)。既有分工就必須協調合作，否則各自為政，必無法達成機關的整體使命。協調化就是要求各單位、各人員必須以齊一的步伐、異事同功的共同合作，完成任務。在團體之中，個人的努力固然重要，但整體的配合更為重要。球隊是一個最好的例子，球賽時，如果球員之間彼此沒有團體的默契與合作，那麼，即使球員個人的技術再好，終必無法贏得最後的勝利。我國過去青少年棒球隊曾屢獲世界冠軍，其最主要的原因就是「團隊精神」高度發揮。

四、效率化

最初倡行科學管理的目的，即在於提高效率。所謂效率，意義甚多。就最狹義的觀點來看，效率就是以最經濟的手段獲致最大的效果，故無論人力、物力、財力及時間均不能有絲毫的浪費。但就廣義的效率來看，它是指成功地完成組織原訂的計畫，或者有效的解決組織的問題，或者制定最佳的行政決策等。因此，一個組織不論其性質為何，必須講求效率，始能稱得上是現代化的組織。

五、標準化

標準化是指製造產品或處理事務時，將每一重要過程或動作，均預先設定某種標準，以供所有人員遵循。例如工廠之生產線上有標準的製造流

程及動作，辦公室之業務有標準作業程序及工作流程的規定。由於工作人員在工作時均有一定之工作步驟及方法，故做起事來，速度便容易快而且不易發生差錯，因而達到了前述效率化的目標。所以，標準化乃是效率化的前提，而效率化則是標準化的結果，兩者乃是互為因果的。

　　上述科學管理的五大原則，正是一個組織，甚至是一個國家走向現代化的基本條件。雖然這些原則現在看起來好像是理所當然的事；但是，在五、六十年前，能有人想出這些原則可就不簡單。何況，現在我們還可以看到有許多機關尚未做到，以致事權不清、各自為政、浪費怠慢、毫無計畫（頭痛醫頭、腳痛醫腳）、漫無標準之情事，時有所聞，真令人扼腕嘆息。當然，科學管理也不是萬靈丹，它也有許多不足與缺點，需要藉其他方法、途徑來修正、補充，才能變得更加充實、更為完美。

貳、傳統理論的缺失及補救

　　行政學的傳統理論確實有過許多貢獻，它為行政管理訂出了許多原理原則，甚至方法與步驟；但是它也同時顯示出了若干的限制。我們在檢視其中的原因時，發現了它具有以下幾項重大的缺失：

一、過分強調「機械」的效率觀念，以致抹煞了人性的尊嚴

　　傳統理論（如泰勒之科學管理）的出發點是如何從作業的方法上，如工人之動作等，求改進以提高生產量、降低成本，故追求的只是無情的效率。他們不考慮工人的意願，一味地要求達到生產標準，並以利誘，將工人視同機器。殊不知，人畢竟不同於機器，人有思想、有感情，更有尊嚴，如果全然置這些因素於不顧，那麼終究會引起不滿與抗拒。

二、過分著重組織的靜態面，而忽視組織的動態面

　　傳統理論的諸位拓荒者，除傅麗德一人外，幾乎無人注意到組織的動態面。他們只關心機關組織的結構應如何分工、如何建立層級節制體系、如何訂定完備的法令規章和工作標準。偉大的思想家如韋伯，竟主觀地將他的官僚制度稱之為理想型的組織。但是，組成機關的乃是人，換言之，

無人即無組織；結構、制度、規章都是人創造出來的，因此，如果只研究人所創造的東西（靜態的）而卻不探討「人」本身的行為，如思想觀念、交互關係、心理狀態、工作士氣等動態面，則其結果必然是事倍功半，成效不彰。

三、將機關組織視為「封閉系統」(closed system)

傳統理論的學者在研究機關組織與管理的問題時，均將它當作是一個獨立的完整體，而不談其與外在環境的相互關係。事實上，這是錯誤的；因為，任何機關組織都不可能遺世而獨立，它不但會受外在環境的左右，有時它也會影響外在環境，所以它是一個「開放的」系統 (open system)。傳統理論的「封閉型系統」之假定，其目的無非是想藉此降低外在環境之「不確定性」(uncertainty) 所加諸於組織的影響，但結果反而導致它實際運作時的困難，因為缺乏周延的考慮。例如假設我國有一汽車製造廠，完全依據前述傳統理論的五原則來管理，那麼是否就能保證一定賺錢呢？答案是：未必，因為如果我們把它當作一個開放系統來研究，那麼我們必可發現它會受到公司以外種種不定因素的影響；如外幣幣值的升降、汽車是否全面開放進口的政府政策、競爭廠商的有無等，這樣一來，其賺賠就不全然決定於該公司本身營運的好壞了。

四、對人類行為做了不切實際的假設

傳統理論誤解人性是好逸惡勞的，故管理方法應該嚴密監督、嚴格制裁；又認為人都是只為錢而工作，故只要以利作為獎懲手段，人們就會聽從使喚。事實上，情形可能都不盡然。人是喜歡工作的，並視工作為生活上不可缺少的一部分。人之所以不愛工作乃是工作環境不良所致。如果他們有合理的報酬、好的工作環境、受到應有的尊重，以及有升遷的機會，那麼人們是會自動自發地工作並且做得很好，不必嚴密監督。人也不是僅為餬口而工作，這樣假定是不瞭解人性之故。人除了有生理上的需求外，尚有心理上及精神上的需求和慾望，所以，僅靠威迫利誘是無法控制員工的工作行為的。

五、憑個人的知識、經驗以及有限的觀察所得即立下的原理原則，經不起普遍的考驗

　　傳統理論的學者，大多僅就其本身所服務的工廠及所受的專業知識為基礎，來研究組織的問題，所以難免視野有限而且主觀太深。如此所創出來的原則或理論，可能只有部分適用而無法放諸四海而皆準。一旦有人以科學的方法做嚴格的實證性研究 (empirical research)，傳統理論就更經不起這種事實的無情考驗了。

　　為了彌補上述的缺失，乃有修正理論的出現，這項以行為科學為基礎的理論，曾經為行政學的研究開創新局。吾人於研究行政事象時，必須重視人員的行為、人格的尊嚴、人性的激發、組織與外在環境的關係，同時要努力探求普遍而可行的「一般理論」(general theory)。進一步說，修正理論並不是用來否定傳統理論；相反的，它是用來補充及修正傳統理論的。因此，兩者不可偏廢；只講傳統理論而不顧修正理論，則組織無法獲致最高的績效；但拋棄科學管理而只注重修正理論，則將如沙灘上建屋，基礎不牢，根本不能持久。唯有兩者兼顧，始為上策。

第三章　修正理論時期的行政學

第一節　修正理論產生的背景

　　自一九三〇年開始，行為科學 (behavioral science) 在美國興起，各種學術研究都受到它極大的影響。行為科學乃是應用文化人類學、心理學、社會學、其他有關學科的知識，以及自然科學的研究方法（如數理方法、實驗法等），對人類行為作有系統的客觀觀察與分析，而求得有關人的行為的法則。具有行為科學素養的行政學家在研究行政的過程中，發現傳統行政學者所信持的理論及所使用的研究方法，均有很多的缺失；於是便加以批評，同時提出了一些修正的理論，使行政學的研究發展得以更向前邁進。

　　有關傳統行政理論的缺失，我們已在前一章做了詳細的論述，於此再做一點補充。從傳統行政學者所提的一些行政組織與管理的原理、原則中，我們不難發現，都是屬於規範性的 (normative)，亦即是說都在講「應如何」或「不可如何」，而絕少談「事實是如何」。然而，大家都知道，人類社會的行為，往往在「應如何」與「是如何」之間有極大的差距；從管理上而言，法令規章規定的應如何，與實際運作所產生的是如何之間，經常都是不一致的。因此，如果只一味地強調應該如此，而不去研究事實是如何以及兩者之差距的大小，並探討其所以產生誤差的原因，那麼，這些看似很完美的原理、原則便會窒礙難行。行為科學即是針對此一缺憾，強調社會事象之「實然」的研究。

　　當然，行為科學並非專為行政學而發的，它是一種非常廣泛的社會科學研究，故也有人稱行為科學是「新社會科學」（張金鑑，民 62：155）。以往社會科學的研究，都是從法律、制度、組織結構等方面著手，很少觸

及人員的心理面，因為研究者認為心理學是屬於自然科學，它與社會科學相去甚遠。但是，後來研究的結果發現，社會科學中所涉及的人的問題（特別是行為的問題），並不是單純的法制研究所能解決的，尤其是對人與人之間所發生的交互行為（interaction，亦有稱為互動），必須從另外的角度來研究，始能得到確實而深入的瞭解。所以，我們可以說，行為科學的產生，並不是某一位偉大的學者的發明，而是許多社會科學的研究者因採取異於傳統的研究方法去研究人類行為所集體形成的一股潮流。這些異於傳統的研究方法，主要是來自自然科學，如心理學、精神病學、生態學、生理學，甚至物理、化學及數學等。他們相信自然科學中的許多方法一樣可以應用到社會科學的研究中。

由於科學進步，分工細密，以致學術研究也日趨專門化，因而形成支離破碎的局面，「見樹不見林」、「知偏不知全」，使得各學科彼此之間存在著「空隙地帶」（也稱「無人地帶」(empty zone)）。行為科學研究者乃起而提出「科際整合」(integration of disciplines) 的主張，試圖消除上述之空隙地帶。此一整合運動也是促成行為科學產生的背景之一。

此外，行為科學所試圖建立者，為社會科學中之通則 (general principles)，因為他們鑑於社會科學缺乏像自然科學中之原子、數學公式等通用的原則；社會科學既然脫離不了「人」的因素，所以也可從「人的行為」或「人的分析」中去尋求這些共同的原則。運用這些共同的原則，便可對社會科學中任何一門學科，如政治學、行政學、社會學等，做更深入與更徹底的瞭解。

再者，許多靜態的描述以及法制的研究都不見得和實際的政治或行政現象相符。例如單就文字的表面來看，菲律賓的憲法與美國的憲法幾乎沒有不同，但兩國實際的政治情況卻大相逕庭。其中原因主要是由於兩國人民的教育程度、經濟狀況、地理環境，以及人民個性等不盡相同之故。何況，民主政治發展的結果，有形的政府往往受到無形的政府 (invisible government) 的影響，如壓力團體 (pressure group) 及大眾傳播工具等；這些

都使得研究的領域大為擴張，這也是造成行為科學興起的原因之一。所以像投票行為就成為現代政治學中非常重要的一章。

最後，我們知道整個人類社會文化環境，自二十世紀中期以後就發生了劇烈的改變。人們的教育文化水準普遍提高，組織對成員的鼓勵必須運用新的方法，才能保持員工的有效參與，而不能再如以往一樣，僅用經濟的手段來滿足員工的慾望、需求。何況，人們對於社會交往的要求比以前更為殷切，對於工作伙伴及工作組織 (work organization) 的依賴性也較以前大為增加，這是人們為尋求心理上的安定點 (psychological anchor point) 所必然產生的現象。因此，管理問題就不能不從人的行為上來著手了 (Kast and Rosenzweig, 1974: 75～76)。

第二節　行為科學的意義

行為科學雖然在美國風靡一時，並於一九六〇年代前蔚成社會科學界的研究主流，但是，學者之間對於行為科學的確切定義卻眾說紛云，莫衷一是。茲引述有關學者的意見如後，以見一斑：

貝里遜 (Bernard Berelson) 與史坦奈 (Gary A. Steiner) 在他們所合著的《人的行為》(*Human Behavior*) 一書中，對於行為科學是這樣說的：「行為科學和社會科學並不相同，後者通常包括六大學科：人類學、經濟學、歷史學、政治學、心理學及社會學；但是行為科學卻只是指：人類學、心理學及社會學；不過要多一些，也少了一些。減少的是幾個太專門的學科，如生理學中的生理心理學 (physiological psychology)、人類學中的考古學 (archeology)、技術語言學 (technical linguistics) 及大部分的體質人類學 (physical anthropology)；增加的是社會地理學、一些精神病學，以及政治學、經濟學和法律學中的行為部分。總之，我們是從事直接與人類行為有關的科學研究。」(Berelson and Steiner, 1964: 10～11；另可參閱陳少廷編譯，民 57)

因此，我們知道，依據貝、史兩人的看法，一門學科要有資格被認為是行為科學的一部分，必須同時具備二個條件：(1)它必須是研究人類行為的；(2)它必須要用「科學方法」來研究問題。行為科學的目的在於明瞭、解釋及預測人類的行為，正如自然科學家們對物理或生物現象之瞭解、解釋及預測一樣。

米勒 (James G. Miller) 認為「行為科學乃是集合許多人類行為的各方面的一種聯合努力及綜合知識。」

杜魯門 (David B. Truman) 認為「行為科學是指採用自然科學的方法，證明有關人類行為的原理與法則。」

韓第 (Rollo Handy) 與寇茲 (Paul Kurtz) 則以行為科學一詞代替社會科學，不過這種代替不是混用，而僅就社會科學中有關人類行為方面給予特殊的意義（《雲五社會科學大辭典》，民 59：5～6）。

行為科學的名詞是由美國芝加哥大學的一些教授們在一九四九年左右喊出來的。當時美國福特基金會 (Ford Fundation) 撥出巨款供該校從事一項名為「個人行為與人群關係」(Individual Behavior and Human Relations) 的研究計畫，他們將這項研究計畫的名稱簡稱為「行為科學」，從此，此一名稱與學科乃告流行。當然名稱的確定並不表示在此以前沒有人以科學方法來研究人類的行為；例如芝加哥大學的馬瑞安 (Charles E. Merriam) 在一九二四年著《政治的新面向》(*New Aspects of Politics*)；芝加哥大學教授拉斯威爾 (Harold D. Lasswell) 在一九三〇年著《精神病理學與政治》(*Psychopathology and Politics*) 等著作，都是從社會學、心理學、地理學、人類學等觀點來研究政治現象。至於以行為科學的方法從事行政學及管理學方面的研究者，更是不勝枚舉，我們將於下節詳細介紹。

賽蒙是行為科學之行政學的健將。他於一九四四年就在美國《公共行政評論》(*Public Administration Review*) 期刊上發表了一篇〈決策與行政組織〉(Decision Making and Administrative Organization) 的論文，這是他後來那本成名巨著《行政行為》(*Administrative Behavior: A Study of Decision-*

Making Processes in Administrative Organization) 的基本架構 。 他對於行為科學的意義（特別就行政學的觀點來討論）的看法是這樣的：

1. 傳統行政學的研究不夠科學，他們雖試圖建立「行政原則」(administrative principles)， 但那些原則只不過是一些「行政諺語」(administrative proverb) 罷了。

2. 區分事實因素 (factual factor) 與價值因素 (value factor)，並以此來區分政策與行政。

3. 行政學與各社會科學及自然科學相同，都是以事實問題為對象的實證研究。

4. 建立科學原則，必先發展概念工具 (conceptual tools)。

5. 重視以心理學、社會學、經濟學的發現去研究行政行為（《雲五社會科學大辭典》，民 59：45～46）。

　　從以上諸位學者的解釋，我們可以對行為科學的涵義做下述幾點綜合說明：

1. 行為科學是以科學方法來研究人類行為問題的科學。

2. 行為科學是運用某些自然科學的研究方法來研究社會現象與社會事實的科學。

3. 行為科學是多學科性的 (multi-disciplinary)，但並非屬於多種科學的空隙地帶，亦非指需要許多代表不同學科的學者來會同研究；而是指行為科學的研究者，應具備一種高度的多學科訓練，也就是說，他們應具有「對於一個以上學科的經驗，及對於好幾個學科的熟悉」。

4. 行為科學目的在建立社會科學中能夠共同使用的 「一般理論」 (general theory)，依據這種理論，我們可以對現有的具體知識做一番統一的工作，同時這種理論亦可提供我們研究的指引 (guideline)。

5. 行為科學是以驗證 (verification) 的方法來進行研究的學問 （哈佛、芝加哥、 史丹福、 密西根及北卡羅萊那州大學等， 皆設有行為科學實驗中心。） 它是以徹底的科學態度，就事論事，實事求是，無私無蔽，站在

價值中立 (value-neutrality) 的立場做研究。所以，它是一種事實的研究而非價值的研究的學問。

6. 行為科學有時與行為研究途徑 (behavioral approach) 通用。所謂行為研究途徑，就是用科學態度，以行為為題材去研究社會科學。這一定義正好與行為科學的兩大條件——必須用科學方法和必須研究人類行為——相吻合，故行為科學便常被視為一種方法論 (methodology) 而改稱為行為研究法（或行為研究途徑）。

第三節　胡桑實驗學派及其理論

　　胡桑實驗 (Hawthorne Experiment) 原來是美國國家科學院 (National Academy of Sciences) 所屬之國家研究委員會 (National Research Council) 於一九二四年至一九二七年間在西方電器公司 (Western Electric Company)，設於伊利諾州芝加哥之西塞羅附近的胡桑工廠 (Hawthorne Plant)，為研究工廠照明對產量的影響所做的一項研究計畫。這項實驗未能產生具有結論性的結果，因為研究人員一直不能斷定工廠照明和產量之間是否確有某種關係。但是公司當局卻認為此項研究很有價值，希望能繼續推進。於是聘請哈佛大學的三位教授：梅堯、羅次力斯柏格和懷德海 (T. North Whitehead)，於一九二七年起加入此項研究計畫。本項研究到一九三二年因經濟大恐慌而停止。但在已經試驗的五年當中，卻有了很大的收穫，他們發現了許多前所未見的因素，這些因素都直接或間接的影響到生產量。梅堯等三位學者乃根據胡桑實驗的結果，分別撰寫了許多文章及著作。他們的研究乃是組織中人的行為的實證性研究 (empirical study)，在這方面稱得上是最有貢獻的拓荒者。由此，他們開創了行政學中的「人群關係」(human relations) 學派。他們的重要著作如下：

1. 梅堯：《工業文明中人的問題》 (*The Human Problems of an Industrial Civilization*)。

2. 懷德海：《工業界的工人》(*The Industrial Worker*)。

3. 羅次力斯柏格及狄克遜 (William J. Dickson) 合著：《管理與工人》
(*Management and the Worker*)。

　　從他們的研究報告（著作）中，我們可以瞭解到下列問題對於組織與管理的重要性：

一、人格尊重

　　工人在工廠做工，並不能以「機器」視之，因為每人皆有其人格的尊嚴。此項尊嚴的維護並非決定在物質條件的改進上，在精神的條件還要設法滿足，這樣才能產生激勵的作用。在第二階段「繼電器裝配試驗室實驗」(relay assembly test room experiment) 中，被試驗的六位女工被安置於單獨的工作室，由一位觀察員以友好而親切的態度來觀察、記錄她們的工作狀況及產量。在物理條件上曾改變燈光的強弱、調整休息時間及次數、改變工作天數等，結果發現工人的生產量有顯著的增加；即不論每週工作時數及休息時間如何改變，生產量仍舊提高，工作情緒也很好。起先以為是分紅制度的鼓勵作用，後來將試驗的女工調至另一實驗室來研究，既不採用鼓勵工資制，也不改變各種物理狀況，結果產量仍然在增加。

　　於是他們得到了一個結論：工人的態度與情緒的改變，才是增加產量的原因。而影響工人態度與情緒的原因是：⑴監督方式由嚴厲而和緩，監督者以和藹可親的態度來監督工人，使工人感到人格受到尊重，不再像過去那樣的「冷酷無情」；⑵女工們感到受「重視」，這些被選派來參加試驗的女工覺得被選來做試驗是一件光榮和驕傲的事，可以滿足她們精神上的「榮譽感」。同時在試驗過程中，大家都重視她們，重要人物也時常來看她們，這種被重視的感覺也能發生激勵的作用；⑶女工們可以自由交談，由於小組人數很少，所以很快地大家便建立了一層遠比在外面工作時更為親密的關係，產生了團體意識和忠於團體的觀念。

　　這些發現推翻了過去科學管理所認定的許多事實。他們認為只有金錢的鼓勵、物質條件的改善才是提高效率的不二法門。但是現在胡桑實驗證

明了社會及心理的因素才是決定工人生產量及滿足感的重要原因。

二、參與及情緒的發洩

一九二八年，開始另一項試驗，名為「面談計畫」(the interviewing program)。參加人數高達二萬一千人。此一面談計畫的進行，起初是由訪問者就預先擬好的問題來做面談，結果發現工人都不敢坦誠相告，不是遮遮掩掩，便是陳腔濫調言不由衷。於是改變方式，由工人們海闊天空地任意發表意見，訪問者只是恭聽。當然工人們的發言以怨言最多，但是這些怨言有的並非事實，有的也不一定與抱怨者有直接關係；但每一次工人發洩過怨言之後，工作情緒便會轉好，生產量也會增加。原因是：(1)面談可減少人員的緊張與不滿的情緒，進而提高士氣。因為工人認為他們被訪問，即表示被重視，而心中的一些怨言經過發洩之後，就心平氣和了；(2)面談可以滿足部屬的參與感；(3)面談可以發現工人的慾望及要求，作為改進管理的參考。

三、小團體及其約束力

一般而言，在一個機關組織中，除正式之組織外，尚有非正式的組織(informal organization)。此亦即一般所稱之小團體。關於這個問題，過去幾乎沒有人注意到。科學管理的學者們，大多只關心和研究組織的正式結構及法令規章。由於彼此之交往及因生活背景、興趣嗜好等相同而形成之小團體，通常均有一套行為規範，作為小團體成員的行為準繩。這些規範有的是合乎正式組織的要求，有的卻不一致。但是如果小團體之成員對於他們的行為規範信守不渝，那麼，正式組織往往只有默許，甚至修改自己的規定以適應情勢。

在胡桑實驗的最後一個階段中，研究人員即以非正式組織為研究重點。一九三一年十一月，他們建立了一個由接線板接線工作部門的十四位工人所組成的小組從事「接線工作室的觀察實驗」(bank wiring room observation experiment)。結果發現，他們之間的確有大家共同遵守的規範，也有泰勒所說的有系統的「偷懶」(soldiering) 現象。他們只按照他們自己所訂的標

準來工作，這些標準比廠方所訂的要低。本來也有些工人想按照廠方的規定標準來工作，但因受到小團體的約束或壓迫，而不敢超越小團體所訂的標準。他們甚至還多方設法來破壞依據科學管理原則所定的生產記錄方法，造成一個經常不變的生產率，這種限制產量和偽造紀錄的現象，有些監督人員竟予以容忍，甚至同流合污。

胡桑實驗的研究人員，解釋這種現象認為完全是由於正式組織與非正式組織之間的需要有一段距離所致。依據他們的看法，非正式組織對個人行為有下列幾項約束：(1)你不應生產太多，否則便是馬屁精 (rate buster)；(2)你也不該生產太少，否則便是滑頭鬼 (chiseler)；(3)你不可告訴監督人員任何有損於同仁的事，否則便是告密者 (squealer)；(4)你不應遠離大家，孤芳自賞，也不得打官腔，一本正經。即使你是檢查員，你也不應該做得像是一位檢查員。總之，個人在團體中的行為，除了受正式組織的法令規章所限制外，還可能受到其所屬之非正式組織（小團體）的約束，所以，研究組織的問題即不能光看正式組織 (Wren, 1979: 297～314)。

四、社會平衡與士氣

梅堯等認為組織中尚有所謂「社會平衡」(social equilibrium) 的狀態。當這種狀態可以維持時，縱使受到外來的逆境，工作人員之間仍能繼續合作的運行。他們在胡桑實驗中也得到了這樣的證明。例如，那些被試驗的六位女工，能夠不顧外在的變化，繼續工作，即因她們有了「心情的內在平衡」所致。羅次力斯柏格也由此而提出他的「士氣」(morale) 的觀念。他認為士氣乃是個人與其服務的機關之間的動態平衡 (dynamic equilibrium) 的關係。只有瞭解個人與他人同為社會體系的一部分的關係，才能瞭解士氣。整個社會也和小團體一樣，人與人之間的合作關係要能維持，端視規範人與人及其相互態度的非邏輯的社會律則 (non-logical social code) 的演變而定。而工業界所堅持的片面的、生產的經濟邏輯，違反了這種社會律則，因之在工廠中造成限制生產數量的現象，在社會上造成社會解體、犯罪及精神病的現象。所以我們要改善人員的生產效率，不能只從

經濟方面著手，還要注意到人員之間、人員與機關間的需要是否能保持平衡，所以我們要保持較高的生產量，就要研究提高士氣及維持社會平衡的方法。

第四節　動態平衡理論

此派以巴納德為代表。這位曾任美國紐澤西貝爾電話公司 (New Jersey Bell Telephone Company) 總裁多年的管理學家，對於管理問題有獨到的見解。他一反過去科學管理專家們所慣用的法則，而從機關人員的心理及行為方面去研究。但是有一點是和費堯一樣，就是他也從組織高階層研究。他曾在一九三七年十一月及十二月應聘於波士頓的羅威爾學院發表了八次演講。他的名著《主管人員的功能》(*The Functions of the Executive*)，就是上述演講內容的擴充 (Wren, 1979: 336)。茲依據該書將巴納德之重要理論敘述於後：

一、互動體系論 (system of interactions)

他對組織的看法與傳統的觀點不同。他認為組織不是單純以人為內容者，而是人群間互動的關係所組成的系統。此一系統是由人們的：⑴共同的目標；⑵貢獻心力的意願；⑶相互溝通的能力等三項因素所結合起來的 (Barnard, 1938: 82)。

二、非正式組織 (informal organization)

巴納德特別重視組織中的非正式組織。他認為正式組織是「有意識的協調行動的體系」 (a system of consciously coordinated activities or forces of two or more persons)，故有固定的結構型態，即層級節制的體系。但是非正式組織則是無意識、是不定型的，是自然因素（如個人接觸及互動）使人們結合在一起的組織。非正式組織與正式組織兩者間有密切的關係，因為有正式組織，才有非正式組織，後者因前者而生，但亦轉而賦予前者以活力，或加以限制，或甚至在目標及工作方法上與之作對。但非正式組織

卻能為正式組織擔任三項積極的功能，使正式組織更穩固與健全。這三項功能是：(1)可以從事正式組織所不便溝通的意見或傳遞資料、消息；(2)藉培養員工的服務熱誠及客觀權威的安定 (stability of objective authority)，而維持機關的團結；(3)藉非正式組織的互動關係，避免正式的控制，而保持個人自尊、人格完整與獨立選擇 (Barnard, 1938: 122～123)。

三、貢獻與滿足的平衡

人之所以為組織貢獻所能，乃是因為該組織能給他各種滿足（包括物質及精神方面）。故貢獻與滿足是相對待的，因此，組織的生存與發展，有賴於確保貢獻與滿足的平衡。巴納德指出：貢獻就是各種活動之表現；就組織人員而言，他們是提供「工作」；而顧客、投資人或原料供應者，則是轉交金錢、資本或物質。從組織的觀點看，滿足永遠是誘導 (inducements)或誘因 (incentives)，其種類如：(1)物質的誘因（金錢、物品）；(2)名望及個人權力；(3)所追求的物理的工作條件 （如空氣調節設備）；(4)心理的享受（如工作上的驕傲感、成就感等）。在討論各種誘因的關係時，巴納德認為，維持生存以上的物質報酬，只能對極少數人有效，多數人不會只為多得一點物質的報酬而貢獻得更多些，所以誘因不能只靠物質條件，更要重視非物質條件 (Barnard, 1938: 142)。

四、權威的接受論 (acceptance theory of authority)

組織中，上級對下級所發出的命令通常被認為是具有「權威」，但巴納德卻認為權威不在發令者，而是在受命者，即視受命者接受或同意的程度大小而定，這種接受程度的大小又依下列四個條件而有所不同，亦即完全接受命令必須：(1)受命者確已瞭解；(2)合於組織的目標；(3)不違背受命者的利益；(4)受命者有能力加以執行。他說由於上述這四項條件，通常總是存在，況且每個人均各有一個所謂 「無利害區」 或 「冷淡地帶」 (zone of indifference)，凡落在此區裡之命令必被接受無疑，因此，取得部屬的同意和合作，通常是很容易的 (Barnard, 1938: 165～170)。

五、責任的道德觀

巴納德認為機關裡人員的責任，乃是特定的私人道德觀，是在各種強烈相反的慾望或衝動前，用以控制個人行為的力量。責任非由某種單一的規律所決定的，而是由道德的、法律的、技術的、職業的以及組織的各種規律所共同決定的。這些規律的效力，主要不在於外在的制裁，而在於人的內在義務感，即當其違背該項義務時，內心感到歉疚的苦痛 (Barnard, 1938: 263～264)。

六、溝通問題

巴納德認為「溝通」(communication) 是行政工作中極為重要的要素之一。主管人員應該多加注意並有效的建立溝通管道 (channels)，這樣才能增加組織成員的團結與合作意識，而行政主管人員就是實際的溝通管道的中心點。但是組織規模愈大，溝通的困難與障礙也愈大，巴納德認為要做好溝通工作應：⑴溝通管道明確為人員所知，故對各職位及人員之權力應予規定並公告周知；⑵為使溝通管道正式化，應規定部屬與主管間的溝通關係；⑶溝通路線應盡量直接而簡短；⑷溝通路線應循序進行，不可繞道；⑸主管人員之能力應足以勝任溝通中心之重任，必要時可請幕僚人員加以協助；⑹溝通路線在工作進行時不能中斷，在職者因故不能視事時，應有人代理；⑺應給予溝通者具備正式之溝通權威的確認 (Barnard, 1938: 175～181)。

七、主管的職能 (the functions of the executive)

巴納德認為在一個正式的組織中，主管人員是最關鍵的人物，他就像身體中的神經系統（包括大腦）。他認為主管具有三項最重要的職能：⑴建立一套溝通系統：在做此工作時，主管必須界定組織之各種職務、劃清權力與責任，考慮正式及非正式溝通；⑵積極取得必須的努力：這項工作有賴下述二項步驟：①必須將員工導入於「合作的關係」(a cooperative relationship)；員工的延聘，須有一定的方法。②激發員工對本機關之認同；⑶制定並界定 (formulate and define) 本組織的目的和目標：此包括決策

和授權 (Barnard, 1938: 217～234)。

第五節 理性決策理論

此派以賽蒙為代表，這位於一九一六年出生在美國威斯康辛州米瓦基的行政學大師，係芝加哥大學的哲學博士。芝加哥大學當年是美國行為科學的重鎮，例如開行為科學先河之大師馬瑞安及其大弟子拉斯威爾均係芝加哥大學的著名教授。出身於這樣的背景，賽蒙之治學方法當然亦深受影響。所以，他在行政學方面的主要貢獻，就是以行為科學的方法及觀點使行政學獲得新生命、新方向，將行政學的領域開拓得更加遼闊。

賽蒙的著作中對行政學而言，最為重要者即是《行政行為》(*Administrative Behavior*) 一書，這本巨著奠定了他在行政學中的崇高地位，也使他獲得了一九七八年諾貝爾經濟獎的最高榮譽。賽蒙學說的基本理論都包括在此書中，茲將其重要學說列述於下：

一、決策理論 (decision-making theory)

賽蒙認為所謂行政行為，根本就是組織中決策制定的整個過程。他之所以如此認定是想藉此來建造他自己對公共行政研究上的有用工具；因此，必須先在文字上能描述行政組織是什麼以及如何運行，才能對行政問題有進一步的瞭解。所以「決策理論」實際上是賽蒙研究行政學的一種新工具而已。他的理由如下：

1. 傳統的行政學只注意「執行」(executing)，而忽略執行前的「決定」(deciding)。其實任何活動（包括行政活動）都包括決定與執行兩方面。因此，要全面瞭解及解決行政問題，必須同時注重決定與執行，兩者是相互關聯不可分割的。甚至只談行政決定就夠了，因為執行仍是一種決策活動。組織決定一個政策，而執行這政策的人員又要做許多決定來完成此一政策，所以執行政策只是做更細密的政策的決定而已。

2. 組織目標的達成，實際上是由組織的最低層（即實際工作人員）與最高

層（即政策決定者）的配合的結果，因此，工作人員的執行結果固然可以影響組織目標的達成，但政策決定者的「決定」是否合理、有效，對於組織目標的達成，其影響將更大。

3. 傳統的行政學者對於組織，只限於描述組織的結構、權責分配或指揮系統，但從這些描述中卻看不出決定係在何處做，也不知道上級對下級權力實際運用至何種程度。另外，對於溝通系統、協調過程等也未能清楚表達，所以，傳統的說明過於簡單且不切實際。真正要瞭解組織就必須對組織中每一個人做什麼決定，與做決定時受到何種影響加以研究才行。

4. 傳統行政學者所認為「好」的或「正確」的行為，在本質上就是指有效率的行政行為，而決定效率程度最簡單的辦法，就是看行政組織中每一個人決策的理性 (rationality) 程度。

5. 行政活動是用多數人的力量去完成某種工作的活動，這一活動的過程實際上就是決策過程，也就是劃分組織中每一個人應做哪一部分決定的程序。

　　就一個行政組織而言，決策活動包括下列三項活動：

1. **情報活動** (intelligence activity)：即觀察與探究文化、社會、政治、經濟、技術等各方面的情況，這樣在對整體的情況有深入的瞭解之後，制定的政策將比較適合。例如一個汽車工廠必須瞭解國內外的各種情況，諸如政治、經濟、國際市場、工業技術等，才能做是否應製造某種產品或擴充設備的決定。

2. **設計活動** (design activity)：基於情報活動的結果，再進一步深入研究問題，擬定同時並評估各種解決問題的可能方案 (alternative) 以及方案中的各種細節。

3. **抉擇活動** (choice activity)：基於設計活動所提出並經研判後的各種可能解決方案，最後選擇一種予以實施。

　　行政人員及行政組織各階層都從事這三方面的決策活動，但花在何種活動方面的時間較多，則由於地位的高低而有所不同。就全部決策活動而

言，則耗在「抉擇活動」方面的時間最少。

　　賽蒙的決策理論並不僅在研究決策的過程，而且還要探求行政組織各成員在決策時如何獲致 「最適的」 (optimal or maximizing) 或滿意的 (satisfactory) 決定的步驟、方法和技術。「最適的」是最高目的，不能獲致「最適的」時，則退而求「滿意的」。通常，一般的行政人員多由於理性能力不夠，只能做出「滿意的」決定。但如果能做出「最適的」決定時，就不應以「滿足」為已足。賽蒙的決策理論就這一點而言，是超越了一般行為科學的原則，因為他們不講求「應如何」，只講「是什麼」，所以賽蒙決策理論的前半部分是較少受到批評的，但「最適的」、「滿意的」決策則帶有價值判斷的意味 (Simon, 1957: 3～4, 8～9, 37～39 & 50)。

二、組織平衡論 (organization equilibrium)

　　賽蒙承襲了巴納德的理論，認為組織的存在，實有賴於組織與成員之間彼此保持「貢獻」與「滿足」的平衡。此即組織提供若干使成員感到「滿足」的條件，而成員則「貢獻」其心力給組織，同時只有在組織的「激勵」作用（即所提供的滿足條件）大於貢獻時，成員才繼續參與；亦只有在貢獻的數量和種類，足夠維持誘導的需要時，組織才能繼續發展，否則便將萎縮以至於消滅。所謂「貢獻」包括組織所需之一切有形無形的資源；所謂「誘導」也包括一切有形無形的事物 (Simon, 1957: 110～112)。

第六節　需要層級理論

　　此派以馬師婁為代表。對於組織與管理的研究，馬師婁特別重視人員需要的滿足。他提出了他著名的「需要層級」(hierarchy of needs) 理論。在他發表於《心理學評論》(*Psychological Review*) 中的一篇題為〈人性激勵的理論〉(A Theory of Human Motivation) 的論文，以及其後來的名著《激勵與個性》(*Motivation and Personality*) 的書中，都闡釋了他的中心思想。他認為人類有五種基本的需要，分別是：生理的需要 (physiological need)、

安全的需要 (safety need)、 愛的需要 (love need)、 受尊重的需要 (esteem need) 及自我成就的需要 (self-actualization or self-fulfillment need)。 後四項可合併稱為心理上的需要 (psychological needs)。這些需要的排列由低而高、循序漸進。組織必須設法滿足成員的這些需要，才能使成員發揮最高的工作績效；換言之，先要滿足他們的生理需要，使他們吃得飽、穿得暖，亦即國父民生主義中所說的食、衣、住、行、育、樂之需要。當人們的生理需要得到滿足後 (不一定是完全滿足)，他們還會追求更高的心理需要。茲以圖 3-1 表示馬師婓的「需要層級」。

圖 3-1　人類基本需要的層級

一、安全的需要

組織應保障員工之工作不受剝奪及威脅，使他們能毫無憂慮恐懼地在機關裡工作。

二、愛的需要

人們在組織中要與同仁打成一片，不但是正式組織的一員，也希望成為某一個非正式組織的一員。他愛別人，也渴望別人喜歡他，承認他是團體中的一分子，這即是所謂的屬同感 (belongingness)。所以他要結交朋友，彼此互相照顧、感情融洽。

三、受尊重的需要

人們皆有自尊心及榮譽感，人們皆希望得到別人的稱讚、誇獎、尊敬。所以，在組織中會注意良好人際關係 (interpersonal relations) 的維持，不論

是對上對下或對同事。

四、自我成就的需要

這是指個人在組織中的自我成就，即希望能憑自己的力量，在機關所賦予的職權範圍內，將自己的能力發揮到極致，而獲致工作上的最大成就。例如發揮個人的創造力以及自我表現 (self-expression)。

當然，需要之所以由下往上排，只是為了分析及說明的方便，並不表示那五種需要不會同時發生；其實每個人都會同時產生生理及心理的需要，況且，就生理需要而言，人是不可能會完全滿足的。馬師婁特別糾正一個錯誤的觀念：以為人們必待低層的慾望百分之百的滿足後，才會產生較高層級的需要。他認為就一般正常的人而言，他對他的需要同時會有部分滿足、部分不滿足的現象。馬師婁還舉出需要滿足程度的百分比，以說明人的基本需要層級並非是低層達到百分之百的滿足後，才會產生較高層次的需要。他認為一般人 (average citizen) 的需要滿足的比例是這樣的：生理的需要百分之八十，安全的需要百分之七十，愛的需要百分之五十，受尊重的需要百分之四十，自我成就的需要只有百分之十。至於需要與激勵的關係，馬師婁認為一旦一種需要得到了相當的滿足後，此項需要對該人而言就不再具有那麼強的激勵作用；換言之，需要的滿足程度與該需要成為激勵因素 (motivator) 的強度恰好成反比 (Maslow, 1943: 320～396)。

第七節　人性本善理論

此派以麥克葛瑞格 (Douglas McGregor) 為代表。這位美國麻省理工學院的教授，在其一九六○年出版的巨著《企業的人性面》(*The Human Side of Enterprise*) 中，提出了他對人性的兩種不同的基本假設 (assumptions about human nature)。他認為由於管理人員對人性的不同假定，乃造成管理上的差異。他將這兩套不同的人性假定分別以 X 理論 (Theory X) 及 Y 理論 (Theory Y) 名之。

一、X 理論的假設

1. 一般人生性厭惡工作，故盡可能設法逃避。

2. 由於上述原因，領導者必須用強迫、控制、指揮，甚至以懲罰威脅，使大多數的人出力以便達成組織的目標。

3. 一般人都寧願被領導而不願負責任，對什麼事都沒有雄心或抱負，他們最重要的是企求安全（林錦勝譯，民 58：24～25）。

　　麥克葛瑞格認為，上述這些假設與今日社會科學研究所發現的事實有所牴觸，應予修正。上述假設最主要的一點是，把人當作「壞人」來看，認為他們好逸惡勞，只追求物質需要的滿足。於是，他便提出了他的 Y 理論。

二、Y 理論的假設

1. 工作所需花費的生理及心理的力氣，與遊玩或休息所需的一樣自然。一般人並非天生就厭惡工作。工作視所能加以控制的環境之不同，可以是樂趣之源（人們將樂於工作），也可以為痛苦之源（人們將盡可能避免）。

2. 外在的控制和處罰的威脅，並非使人達成組織目標的唯一方法。人們為達到其所獻身的目標，會自我指揮及自我控制。

3. 「人們是否致力於目標的達成」這件事乃是其報酬及成就的函數。（換言之，一個報酬大成就高的目標，會使人們終身都致力於它的達成）這種報酬中最有意義的（例如自我滿足及自我成就）可能是為達成組織目標所做之努力的直接結果。

4. 一般人在適當的條件下，不但願學習接受責任而且還尋求責任。

5. 一般人都具有運用高度想像力、機智以及創造力來解決組織問題的能力。

6. 在現代工業生活的條件下，一般人的智慧只獲得了部分的發揮（林錦勝譯，民 58：33～34）。

　　根據 Y 理論，麥氏主張採用人性激發的管理。在這種管理方式下，個人與組織之目標可以相結合，不僅達成了組織的總目標，同時也可以達到個人的目標。其所採用的管理原則及方法不外是：民主領導、人人參與、

積極溝通、滿足需要、潛能發揮及適當授權等。

第八節　激勵保健理論——兩因理論

　　此派以何茲柏格 (Frederick Herzberg) 為代表。一九五〇年代的後期，何茲柏格和他在匹茲堡心理學研究所的研究人員，做過一項大規模的訪問研究。他們訪問了匹茲堡地區的十一個事業機構的工程師和會計人員，受訪人數多達二百餘人。他們請受訪者列舉他們在工作中有些什麼因素使他們覺得滿意和不滿意。分析的結果，發現受訪者覺得不滿意的項目，多與工作的「外在環境」有關。而受訪者感到滿意者，則一般均屬於工作的本身。對於能夠防止不滿的因素，何茲柏格稱之為「保健因素」(hygiene factors)，而對於那些能帶來滿足的因素，則稱之為「激勵因素」(motivators)，這就是何氏著名的「激勵保健理論」(motivation-hygiene theory)，又稱兩因理論 (two-factor theory)，這一理論促成了管理界的革新，使管理的境界向前邁進了一大步。

　　保健因素是消極的，亦即在於維持原有的狀況，所以對進一步改善並無幫助，可是保健因素也最易於導致人的不滿，故也稱「不滿因素」(dissatisfiers)。這些因素的變化可以使人員的工作態度產生短期的改變，例如如果人們對這些因素不滿，那麼工作態度可能馬上變壞，效率降低；相反的，人們對這些因素如果感到滿意，那麼就可維持原有的工作水準，但是卻無助於水準的進一步提升。故又稱為「維持因素」(maintenance factors)。

　　「保健因素」有五項：⑴機關組織的政策與管理；⑵上司的監督；⑶報酬待遇；⑷人際關係；⑸工作環境與條件 (Herzberg, 1966: 72～74)。事實上，這些因素的確可以對人員產生很大的影響作用。試問一個機關如果政策不良、管理不善、監督不公、待遇偏低、人員之間彼此鉤心鬥角，人事傾軋，而工作的環境又很惡劣，那麼會有員工願意待，或者好好做嗎？

因此，任何一個機關，要想使其人員維持某一個工作水準，就必須使這五項因素維持在讓員工滿意的水準。

但是，保健因素只有不讓工作水準降低的消極作用而已，並不能促使人員發揮潛力為機關賣力。要這樣，必須運用具有積極作用的「激勵因素」；因為這些因素可以激發人員的工作意願，產生自動自發的工作精神，所以也稱為「滿意因素」(satisfiers)。它們是：⑴成就 (achievement)；⑵賞識 (recognition)；⑶工作本身 (work itself)；⑷責任 (responsibility)；⑸升遷與發展 (advancement) (Herzberg, 1966: 72)。

這些激勵因素可以在心理上產生激勵作用，使人覺得十分的滿足。試想每個人若都能在工作上得心應手、有機會施展抱負，還有發展的前途，在這種良好的條件下工作，誰不願意發揮自己最大的潛力？所以，一個機關不能僅以提供「保健因素」，維持一定的工作水準為已足，應該進一步增進「激勵因素」，使組織績效達最高境界。

第九節　修正理論的檢討

壹、修正理論──行為科學對行政學的影響

行為科學無疑對行政學產生了極為深遠的影響，我們可以分成下述幾點來加以說明：

一、在基本觀念上的影響

傳統行政學一向是強調所謂原理原則的建立，帶有濃厚「價值判斷」的意味。可是自從行為科學產生後，影響所及，行政學者不再侷限於「應如何」，他們開始潛心用科學方法來搜集事實，分析原因，提出驗證。最多亦只不過是提出一些「工作假設」(working hypotheses) 而已。所以，行政學的研究者在基本觀念上已經從研究「應然」而轉變為研究「實然」。

二、在組織理論研究上的影響

1. **由靜態的研究到動態的研究**：以往研究組織問題，大多只從形式結構、法令規章、制度及權責分配來探討；但現在則特別重視組織中的人員的研究，包括他們的交互行為、慾望與滿足、意見溝通、權力運用以及小團體的關係及活動等。

2. **非正式組織的理論**：過去只看到機關組織的表層，而未深究到裡層。現在則發現，在正式組織之外還有非正式組織，並且其特性與活動，對正式組織發生極大的影響。例如人員不僅受正式組織的約束，同時也受制於非正式組織；甚至有時人們對非正式組織的「順從」會超過正式組織。

3. **組織平衡論**：組織與成員有一種互相需要、彼此滿足的關係，這在過去是不被承認的。以往學者認為人一旦加入組織便是屬於組織的，所以人員的個人利益絕不能優於組織的利益。但是巴納德及賽蒙等人都否定此種說法，他們認為只有在雙方利益都得到合理的平衡時，組織才有發展，個人才有前途。所以，組織對成員提供「滿足」其慾望之條件時，成員才會將其心力「貢獻」給組織。

4. **群組角色的重視**：傳統的學者認為，組織中一個成員的地位就是組織法規上所賦予他的責任與工作；其實一個人在組織中縱然有地位的高低，但他們所扮演的角色都是一樣的重要，正如好花還要綠葉陪襯一樣，只有長官而無部屬則工作無法推動，只有部屬而無長官則缺乏適當的領導，部屬容易迷失方向。所以組織中人人皆有其重要性，不能因地位的高低而有不同的對待態度。

三、在管理方式上的影響

1. **由監督制裁到人性激發**：科學管理者從 X 理論出發，認為人性是不好的，所以要用嚴格的監督制裁的方式來管理，只有這樣人員才會努力工作。但行為科學家則持相反的看法，他們抱持人性是善良的 Y 理論，主張尊重人格、滿足人員的需要，只有在這種管理方式下，才會產生較高的工作效率。

2. **由消極懲罰到積極激勵**：過去對人的管理是以消極的懲罰為手段，所以人之努力工作是為了免於被罰。但新的管理方式則採積極的激勵，不僅要滿足人類的基本需要，更要依據個別差異給予適當的、不同的激勵，使個人發揮最大的潛力。

3. **由專斷領導到民主領導**：以往主管對部屬的領導多採專斷式的領導，即一人做決定，一人發號施令，令出必行不可稍變，部下只有服從，不可表示意見。但行為科學下的領導方式是民主式的，亦即決策由大家參與共同制定，命令有錯誤可以更改，下屬亦可反應，上下關係和諧融洽。

4. **由唯我獨尊到意見溝通**：以往機關的長官均有唯我獨尊的觀念，即長官是最聰明的、最能幹的，故長官的意見是最好而絕對的，部下不可提任何意見。但行為科學家們主張建立上下之間、左右之間的溝通，同時還要透過非正式組織的溝通，使組織成員打成一片，增強團結，俾圓滿達成組織的任務。

四、對權力觀點的影響

過去認為權力乃源於職位，不容置疑，更不可違抗。現在的觀念則認為權力的大小，主要要視下屬對上級之權力的接受程度而定。因此，職位權力固然可以使部下接受命令，但接受程度不見得很高，唯有憑主管的學識、能力、智慧、經驗、風度、品行來贏取部下之「尊敬」，才能發揮權力的最大效果。

五、在人事行政上的影響

人事行政乃在於建立人員管理的重要規則及理論。行為科學興起後，改變了人事行政的想法與作法。過去人事行政是「管人」的學問，現在則是一種「治事」的學問。過去人事行政的目的在於「製造」一個有效率的工作員，現在則為培養一個快樂的工作員。因為只要人是快樂的，他自然就會有效率。基於這些看法，行為科學下的人事行政即注重如何建立工作人員與工作的調適關係（人、事之理想配合——大才大用、小才小用）、工作人員間的合作關係以及機關與其成員間的平衡關係（機關給成員以合理

的報酬、工作的保障、合理的地位、升遷的機會；而成員則應給機關以勤奮的工作、熱誠的精神、忠心的奉獻）。

貳、行為科學的缺失及補救

　　行為科學是突破傳統社會科學的一門新興學問，當然有其值得稱道的許多優點與長處，同時對社會科學的發展也具有極大的貢獻。但是，行為科學在歷經數十年的發展與研究過程中，也顯現了若干值得探討的缺失，下面即擇其與行政學研究最有密切關聯的幾點加以論述：

1. 行為科學重視事實真相的研究，故強調資料的搜集與分析；結果，事實也許知道了很多，可是卻陷於支離破碎，不能加以貫通，到頭來仍對問題的解決束手無策。

2. 行為科學過分偏重組織中人員行為的研究，甚至根本否定組織結構及法令規章的重要性。其實人員行為與組織結構對整個組織的運作皆發生密切的關係，所以行為科學只能作為對科學管理的修正及補充，不能完全加以取代，否則就形成了一偏之見，但是若干行為科學家就持有這樣的偏見。

3. 社會科學本來就是注重「好」與「壞」的，以便提出最好的方法以解決社會問題。就行政學而言，早期學者所試圖建立的許多原則，目的即在於解決行政問題以提高行政效率，雖然這些原則不一定完全合乎現代的要求，但至少在當時卻是有其作用的。而行為科學家一味追求「客觀性」，極力避免「價值判斷」，實有違社會科學的研究宗旨。社會科學與自然科學不同，後者可以只研究事實而不講「好」「壞」的價值判斷，但前者卻不能以研究社會及人員的行為問題為滿足，因為既然找出病症之真相，便應提出治病的藥方，而行為科學卻極力逃避這件事。

4. 行為科學所研究的對象雖然是人，但卻僅以組織內部的人員為主，絕少涉及外在環境對人員的影響。事實上，不但組織內人員有互動關係，他們與外在環境也有著互動的關係，外在環境的變化，隨時都會影響到組

織內部人員的行為，進而引起組織本身的改變。所以，行為科學家們雖然很用心的在研究人員的行為，但卻忽略了外在環境的因素（即未注意到組織與其環境的相互關係），未嘗不是一大缺憾。

　　總之，行為科學是整個學術界的一種革命，它使社會科學的研究有了新的方向。行為科學家們想藉著對於人類行為研究所獲得的結果，以建立能夠應用到各種社會科學的通則，但是此種嘗試並未得到最後的成功。而最新的研究法，是將科學管理與行為科學的長處加以整合 (integrate)，此種新的方法被稱為「系統途徑」。不過這種方法尚在蓬勃發展之中，將來或可彌補行為科學中的某些缺失，使行政學的發展邁入另一個嶄新的境界。

第四章　整合理論時期的行政學

第一節　整合（系統）理論產生的背景

　　社會科學的研究，自一九六〇年代起，進入了另一個嶄新的紀元——整合時期 (integration era)。整合時期亦可稱為「系統時代」(systems age)。對此，阿克夫 (Russell L. Ackoff) 曾有如下的描述：「第二次世界大戰代表一個始於文藝復興的西方文化紀元——機器時代 (machine age) 的結束，同時象徵另一個新紀元——系統時代的開始。在機器時代裡，人類試圖將世界拆開，將這個世界中的事物以及人類對事物的經驗，分解到最後不可再分為止：例如原子、化學元素、細胞、本能、原始知覺等。這些因素受因果律的支配，這些因果律使世界活像一個『機器』。這種機械的世界觀使自由意志、目標追求以及目的等的研究，無法在科學中立足。由於第二次世界大戰，我們開始邁入了系統時代。一個系統是一個整體，只要一被拆散，就會損失它的一些重要的特性，因此必須以整體來研究它。故研究一個系統，不以部分來解釋整體，而是以整體來說明部分。」(Ackoff, 1972: 40)

　　系統理論的崛起，我們在探尋其中的原因時發現，實由於下述兩個因素所促成：第一是為同時改進傳統理論及行為科學的缺失。傳統理論的若干缺失，固然被行為科學加以修正與補充，然而，令人遺憾的是，行為科學似乎自身亦犯了一些錯誤。因此，為了謀求一舉解決這兩種理論的缺陷，乃產生以系統方法來整合的系統理論 (systems theory)。第二，人類社會自二十世紀後，便日趨複雜，且變動快速；人類的知識同樣不僅擴展迅速，而且更變得高度的專化 (specialized) 及分化 (differentiated)。以往許多科學都致力於分析性的、發現事實的以及實驗的研究方法方面。這對於知識的

發展以及若干特殊學科之精微 (details) 的瞭解固然有所幫助，但是卻只侷限於少數的主題，故無法建立普遍的理論架構 (theoretic framework)。但是，知識到了一定時期便必須有一個綜合 (synthesis)、調和 (reconciliation)以及整合 (integration) 的時期，以便將這些分析的、發現事實的元素統一而變成更廣泛的以及多面向的 (broader, multi-dimensional) 理論。二十世紀六〇年代，這種學術整合的需求正達到了顛峰，因而具有整合作用的系統理論乃應運而生。

　　近十幾年來，系統理論已普遍地為各種學科（如物理科學、生物科學以及社會科學）提供了理論架構。更重要的是，它提供各類科學家溝通的基礎，因而乃能產生科際整合。系統方法的應用對社會科學尤其重要，一般系統理論 (general systems theory) 與社會科學中功能主義 (functionalism)的發展具有密切的關係。雖然功能主義有各種不同的涵義，但它主要強調整合各種相關系統及次級系統 (subsystem) 成為一個功能的整體 (a functional whole)。功能主義試圖從結構 (structure)、過程 (process) 及功能的幾個角度來看社會系統 (social system)，並且更要瞭解這些組成分子間的關係。它強調一個文化或社會制度 (social institution) 的每一元素 (element)在其較大的系統中均有一種功能。

　　功能主義為許多科學提供了一個普遍適用的架構。例如在人類學方面，它強調每一社會行動 (social action)，如婚姻儀式或犯罪的懲罰，在整體社會文化中均具有一種功能，因而有助於社會結構的維繫 (Kast and Rosenzweig, 1974: 103～104)。在社會學方面，美國社會學大師帕深思(Talcott Parsons) 首先採用功能主義和一般系統理論，並以開放系統研究法研究社會結構。他不但發展一個廣大的社會系統架構，並且將它應用於組織理論上 (Parsons, 1960: 60)。在心理學方面，系統研究法更顯得卓越。形態心理學 (gestalt psychology) 不只說明行為主義 (behaviorism)，且將性格(personality) 視為一種動態系統 (dynamic system)，它是受環境所影響的動態系統，因此整合了複雜的社會結構因素。在經濟學方面，系統理論的平

衡觀念是分析經濟系統和次級系統的基礎。現代經濟學已從過去的靜態平衡的模式，發展為動態平衡的觀點 (Kast and Rosenzweig, 1974: 105)。其他如操縱學 (cybernetics)，亦以系統理論為基礎，強調複雜體系中的溝通與資訊 (information) 的流動與吸收。雖然操縱學多應用於機械工程方面，但其反饋 (feedback)、控制以及調節 (regulate) 的模型 (model) 卻大大的應用在生物及社會系統上，尤其在組織的研究上。

第二節　系統的意義

要瞭解系統方法（或理論）的真諦，首先應對系統的意義有確實的認識。系統一詞用法非常廣泛，例如它可以表示宇宙間任何一種相互有關聯的事物的結合。我們試舉一些學者的說法，以明系統的真正意義。

《韋氏新國際字典》 (*Webster's New International Dictionary*) 對 「系統」 作如下之定義，「系統乃是規律化的交互作用或相互依存的事物之結合。此結合乃是為達成共同目的的整體。」《社會科學百科全書》(*Encyclopedia of Social Sciences*) 對「系統」所下的定義是：「系統係指部分與部分之間，及規律化活動之間的相互依賴，彼此影響所造成的一種結合體。同時亦指此結合體與外界環境的相互依存關係。」由此可知，系統是指一個有目的、有組織的許多不同部分的複合體，系統的構成分子或次級系統各有其特定的功能和目標，但各個次級系統必定相互關連，而且分工合作以達成整體之共同目標。系統整體之效益，必定超過各部分效益之總和；此種整體觀念，我們稱之為「系統觀念」（劉一忠，民 61：11）。

拉波帕特 (Anatol Rapoport) 對 「系統」 所下的定義 (Sill ed., 1968: 453)：⑴一套東西所組成的元母（有限的或無限的）；⑵其中的關係可以列舉；⑶可以從一種關係推論他種關係，或從其中之間的關係推論系統的歷史或行為。

根據拉氏的看法，「系統」的觀念非常廣泛，它可以是語言、符號、數

學語言、生物，以及各種自然現象。拉氏對系統所下的定義可為一般系統理論的代表。首先提出一般系統理論者為生物學家貝特蘭菲 (Ludwig Von Bertalanffy)。拉氏認為，現代科學各分科都朝向相同的觀念不斷的演進；這種觀念上的相同性，提供了一個形成一般系統共通的原則的機會。他更進一步認為，現代科學各分科基本的問題，乃是科際間的交往，所以不得不在一般系統理論中形成若干原則。有關貝氏之理論將在下一節中做詳細介紹。

卡斯特和羅森威兩位是系統理論的健將，他們對「系統」所下的定義是：「系統是一個有組織的統一體，由兩個或兩個以上的相互依存的個體或構成體或次級系統 (subsystem) 構成；存在於其外在環境的高級系統之內，與外在系統 (suprasystem) 之間具有明確的邊界。」 (Kast and Rosenzweig, 1974: 101)

帕深思對「系統」所下的定義是：「系統乃是一種概念，它是指涉部分與部分之間以及規律化過程之間的相互依賴性所形成的一種集合體，同時也指涉此一集合體與外在環境的相互依存性。」(Sill ed., 1968: 45)

帕氏將社會看成一個系統，這個社會系統是由固定的行為或行為關係所構成。由於成員在系統內的行為經常重複，而且有一定的規律或模式。這種行為模式 (pattern of behavior) 稱之為角色 (role)，亦即是一種社會所期待的行為的結合。因此，我們可以說，社會系統是由許多社會角色所構成的。在一般情形下，一個系統中成員的行為，以及與其他成員間的行為關係，常有規律脈絡可循，並多少可加以預測，因為有了這種特性，系統分析法才得以成立。

第三節　一般系統理論

整合（系統）理論所涵蓋的範圍相當廣泛，因此，要確切瞭解其要義，必須先對各種系統理論有一認識，其中最重要者為一般系統理論。

　　一般系統理論可說是所有系統理論的基礎，過去數十年來，它不但為科學知識奠下了整合的基礎，並且提供其概念，使社會科學能加以普遍應用。「系統」這個名詞所包括的範圍極其廣闊，如宇宙中有各種系統，包括銀河系統、地球物理系統、分子系統 (molecular systems) 等。生物中的有機體 (organism) 是一個具有各種相互依存的各部分的系統，且每一系統又包含一些次級系統，如循環系統、神經系統及其他次級系統。平日我們也會接觸一些較為熟悉的系統，如運輸系統、溝通系統及經濟系統等。

　　在宇宙中，因有各類系統，因此也產生了系統層次 (level of systems)。提出這種觀念的是鮑丁 (Kenneth E. Boulding)，他將系統分為九種層次 (Boulding, 1956: 197～208)：

1. **靜態的結構** (static structure)：是系統的第一層次，又可以稱為「架構層次」(level of frameworks)，是其他系統的立論基礎。

2. **可預定的簡單動態系統** (simple dynamic system)：機械性及規律性的運轉屬之，故又可以稱為「鐘錶裝置層次」(level of clockworks)。

3. **自動控制的調整系統**：如「操縱術」(cybernetics) 的運用，係以自我調節來維持平衡，故又可以稱為「恆溫器層次」(level of the thermostat)。其應用於組織理論，則是反饋及適應和調整的觀念。

4. **開放系統** (open system) **或自我維持系統** (self-maintaining system)：這是生物開始與無生物發生區別的層次，故又可稱為「細胞層次」(level of the cell)。

5. **遺傳及社會的層次** (genetic-societal level)：植物是最典型的代表，它支配了植物學家的經驗世界。

6. **動物系統層次** (animal system level)：其特徵是有目的的行為，流動性 (mobility) 增大及具有自覺 (self-awareness)。

7. **人類層次** (human level)：即把人類個人當作是一完整的系統，有自覺及運用語言和符號的能力。

8. **社會系統** (social systems) **或人類組織系統的層次**：在這個層次中，其

特點是注意訊息的內容和意義，注意價值系統的性質和面向 (dimension)，注意將一切意象轉變為歷史紀錄，注意藝術、音樂與詩歌的象徵意義，以及注意人類複雜的情緒。

9.形而上系統或 「超越性系統」 (transcendental systems)： 它是終極 (ultimates)、 絕對 (absolutes) 以及無以逃避的不可知 (the inescapable unknowables)，並且表現出有系統的結構和關係。

由上面九個系統層次，我們可以看出，前三個層次屬於物理或機械的系統，故可以提供物理科學（如物理學、天文學）之知識的基礎。其次的三個層次為生物系統，因此是生物學家、植物學家或動物學家最感興趣的。最後的三個層次，則是有關人類及社會的系統，是社會科學及藝術、人文學及宗教所關心的。

一般系統理論乃貝特蘭菲所創，用以解釋生物現象，鮑丁更加以發揚光大，使上述之系統層次的觀念，對以後的組織理論提供了很好的架構。況且，貝特蘭菲還提出平行論 (parallelism)，認為吾人不能侷限於某一層次的研究，而必須將各層次整合，觀察平行現象，以求得普遍法則，應付高度互動的動態系統 (Von Bertalanffy, 1951: 302～361)。另外，他更提出「封閉系統」(closed system) 及「開放系統」(open system) 的見解。物理和機械系統是封閉系統，但生物和社會現象則為開放系統。傳統行政理論將組織視為封閉系統，而今則視之為與環境保持互動的開放系統。所以，上述之一般系統理論可以說提供了我們一個解釋所有組織現象的概念架構 (conceptual framework)。

第四節　開放系統理論

環境被認為是所有組織系統的外在系統，此一概念提醒我們在瞭解與研究各類系統或次級系統時，必須考慮到外在環境的因素，例如社會因素、系統的背景，甚至將來可能發生的某些情況，或者是目前可能產生的偶發

事件 (contingency)。簡言之，即組織與其外在環境乃是具有一種互動的關係，彼此影響。

　　以組織而論，環境和組織及其界限 (boundaries) 皆有密切的關係。環境和組織之間雖有界限存在，但界限具有可滲透性，可將環境與組織有關的因素加以聯繫。因此，組織受到外在環境系統的影響，乃是一件必然的事。故我們在研究組織與管理問題時，即必須注意這些環境系統的因素，否則便無法徹底的解決組織與管理上的各種問題。

　　環境系統可以分為兩大類 (Kast and Rosenzweig, 1974: 135～138)：

一、一般（社會）環境系統 (the general (societal) environment)

　　就最廣義的觀點來看，凡是組織系統界限以外的各種事物皆為組織環境，這些環境因素對組織的影響是普遍的，故稱為「一般環境」而非「特定環境」，其所包括的內容又可分為九項：

1. **文化環境**：即一個社會（國家）的歷史背景、意識型態、價值標準、行為規範 (norms) 等，包括對權威關係的看法（例如我國五倫的社會文化傳統，形成人們敬畏權威的心理，對長上服從，不願（敢）提出不同的意見，以免「犯上」）、領導方式、人際關係、理性化程度及科學技術等。

2. **科技環境**：一個社會（國家）的科學及技術發展的程度。包括科技知識的基礎、物質條件（如設備）的水準，以及發展與應用新科技的能力程度等。

3. **教育環境**：一般人民識字的程度、教育制度專業化及成熟化 (sophistication)，以及接受職業或（和）專業訓練者所占人口的比例。

4. **政治環境**：一個社會（國家）的一般政治氣候 (general political climate)，如政治權力的集中程度、政治組織（如政黨）的性質（如分權的程度、功能多樣化的程度）等。

5. **法律體制**：對憲法尊重的程度、法律制度的特性、政府各部門的管轄區分、對工商企業的管理法律等。

6. **天然資源**：包括天然資源的性質、數量、可開發量，以及水土氣候等。

7. **人口特質** (demographic)：一個社會（國家）可供運用的人力資源有多少？性別、年齡、數量、分布狀況。人口的集中及都市化乃是工業化社會的一個特徵。

8. **社會環境**：階級結構和流動性、社會角色之定義、社會組織的特性（如中國傳統的家庭制度對中國社會的影響）及社會制度的發展等。

9. **經濟環境**：一般經濟結構、銀行制度、財政政策、經濟計畫制度（分權或集權）、對開發天然資源投資的程度及消費的特性、經濟組織之型態（公營或民營）等。

二、特定的（任務）環境 (specific (task) environment)

任何一個組織皆受到外在環境的影響，但是它卻不必對所有的環境因素都加以反應 (respond)，它也無法如此做，因為它只須選擇對其決策與運作特別有關的因素來加以反應即可。這些因素就是「特定的環境」因素，包括：

1. **顧客（服務的對象）的因素**：他們的喜好與特質。

2. **供應者的因素**：物料、設備、零件、人員的供應情況應加考慮。

3. **競爭者的因素**：包括對顧客與供應商的競爭者，例如選擇報價較低的物料供應商或素質較佳的人力資源。

4. **社會政治的因素**：政府對各種組織的管制法規、公眾對組織及其產品或服務的一般看法與態度，及影響組織的其他組織（如工會）等。

5. **技術的因素**：對某一組織的工作程序、生產方法、產品或服務產生特定影響的新技術，以及應用新技術以改進與發展新產品。

以上所列舉的一般環境系統與特定環境系統，都對組織及其管理產生重大的影響。當然，組織也會影響外在環境，這就是交互行為的關係。組織系統可以從環境中得到好處、利益，使組織得以成長、發展；但也會從環境中得到壞處，因此環境的改善對各系統是很重要的。以組織而論，雖必須重視社會因素，但組織系統所可能給環境系統製造的惡果，如空氣污染、水污染等公害，亦必須設法消除，亦即致力環境的改善，以求從環境

中得到更好的輸入 (input)，進而提供其良好的輸出 (output) 給環境。另外，各系統必須具有學習和適應 (learning and adapting) 環境的能力，始不會遭受環境之動盪或巨變之影響而趨於瓦解。這就是環境系統理論之所以受到現代學者重視的理由。 圖 4–1 表示一般環境和特定環境與組織系統的關係。此圖亦指出了組織的三個次級系統：策略系統、協調系統及操作系統 (Kast and Rosenzweig, 1974: 130～153)。有關此三個次級系統之功能，我們將在下節中詳細說明。

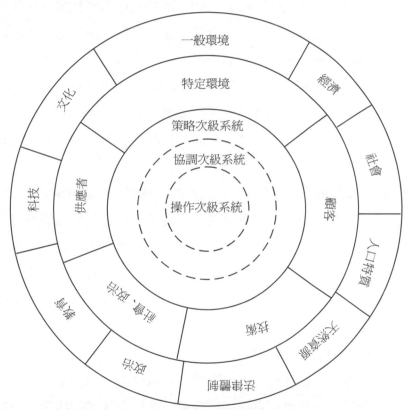

圖 4–1　一般環境與特定環境對組織系統的關係

第五節　社會系統理論

　　美國社會學大師帕深思認為，任何一種組織，其本身就是一個社會系統，而這個社會系統之內又包含了許多的小社會系統。他認為任何社會系統均具有四個基本的功能：⑴適應 (adaptation)：當內外環境變動時，系統必須具有妥當的準備和相當的彈性，以適應新的變化，減輕緊張、摩擦的不良後果；⑵達成目標 (goal-attainment)：所有社會系統都擁有界定其目標之功能，並且會動員其所有能量與資料來達成其所追求的目標；⑶模式的維持 (pattern maintenance)：一方面按步補充新成員，另一方面又以社會化使成員接受系統的特有模式；⑷整合 (integration)：維持系統內各部分間的協調、凝固與團結，以保護系統並對抗外來重大的變故 (Parsons, 1960: 16～96)。但是如何履行上述之功能呢？此即有賴於社會系統的三個次級管理系統：

一、策略次級系統或階層 (strategic subsystem or level)

　　如企業公司的董事會、行政機關的首長等，皆處於組織的前鋒地位，而和客觀的社會環境直接發生關係。其功能是模式維護及適應。所以，我們研究機關的行政行為時，必須把這一階層視作開放式，即有許多因素是無法預測和事先掌握的，因而策略階層，無論在組織形式上或作業程序上，必須保持高度的彈性，才能有高度的應變能力。

二、管理階層 (managerial level)

　　此階層之主要任務在於協調組織內部各單位的工作活動，使組織成為一完整的工作體，同時也負責維持組織與外在社會團體的接觸，故其功能是整合及適應。因而此階層又稱為協調階層 (coordinative level)。管理階層對內的協調活動，可以從封閉的觀點來分析，也就是說，組織內部的協調活動所牽涉到的許多因素是事先知道而可以掌握的，可以用理性的原則來分析。至於它和社會上許多團體的接觸所涉及的因素，則屬於無法事先預

測和掌握的開放因素 (uncertainty)，故應該以開放系統的觀點來分析。在分析過程中必須考慮客觀環境的不定因素，因此，管理階層係處於半開放及半封閉的狀態。

三、技術階層 (technical level)

此階層的任務是達成目標。例如企業公司的生產部門的主要任務是利用技術和生產工具從事製造工作，與社會環境不直接發生關係，故可以說完全處於封閉狀態。由於此階層之工作內容屬日常操作之性質，故又稱操作階層 (operating level)。

根據帕深思的理論，組織中的這三個階層之間，權力關係相當脆弱，各自有獨立的職業權威 (professional authority)。策略階層除負制定決策之責外，不負其他責任。將制定的決策交與管理階層後，他的責任便算完成了。至於決策如何執行，乃是管理階層之責，決策階層不得干涉，因為一經干涉便使影響決策階層的所有外在環境因素又不免影響到管理階層。同樣，管理階層，接受到決策之後，再將決策授與技術階層去執行，至於如何執行決策，又係技術階層之責，管理階層也無權去干涉。

圖 4–2 表示組織為一個由策略次級系統、管理次級系統及技術次級系統所組成的開放系統。

整合時期的組織與管理理論乃是從系統理論衍生而來；因此，我們似有必要將傳統時期的理論作一追述，以印證此一時期的組織與管理理論的觀點。

傳統理論係採高度結構的、封閉的系統研究法，而現代組織理論則進展至開放系統的研究法。這種系統研究最特殊的性質是它的概念分析基礎 (conceptual-analytical base)，並且依據經驗研究資料 (empirical research data) 做綜合以及整合的研究，以期能建立一個理論架構 (theoretical framework) (Kast and Rosenzweig, 1974: 106～125)。早期的人群關係學派，如巴納德、賽蒙等人已應用此種研究法以創設決策過程的模型。社會學家霍曼斯 (George C. Homans) 利用系統研究法以研究社會團體，並創設一個

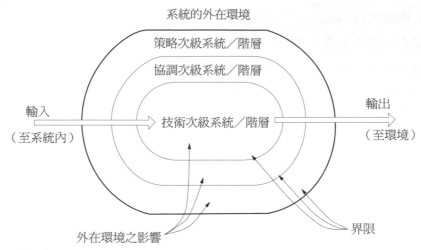

資料來源：Kast and Rosenzweig, 1974: 120.

圖 4-2　社會系統下的組織結構

社會系統的模式，可應用於大組織和小團體。霍氏認為組織應包括內在與外在的環境系統，並且兩者相互依存，交互影響。社會系統有三個因素：⑴活動 (activities)：人員所執行的工作；⑵互動 (interactions)：人員執行工作所產生的交互關係；⑶情緒 (sentiments) (Homans, 1950)。

另外，社會學家賽茲尼克利用功能－結構分析以及系統研究來探討組織。他認為組織是動態體系，經常變遷，必須適應內外在的壓力，它是連續演化的過程。組織是一個正式系統，經常受內在社會結構之影響，同時也受制於制度環境 (institutional environment) 的壓力。至於個人互動和正式系統的關係，則重視正式與非正式的組織的各面向之交互作用結果 (Selznick, 1948: 25～35)。賽氏利用此種系統方法從事政府機構及其他大型組織的實證研究。其他如社會心理學家卡茲 (Daniel Katz) 和卡恩 (Robert L. Kahn) 等用系統研究法提出組織的綜合理論 (comprehensive theory)，認為純心理的研究不能涵蓋組織之理論。倫敦塔夫人群關係研究所 (Tavistock Institute of Human Relations in London) 的一群社會科學家們在英國及其他國家從事礦業、紡織業及許多製造業的研究結果，發展一套組

織是社會－技術系統 (socio-technical system) 的理論，強調組織是和環境互動的開放系統。以上均足以說明早期以系統研究法探討組織理論的成果。晚近在工業上的自動化 (automation) 亦是系統研究法的應用。自動化提示一個包括輸入、輸出以及控制機構 (mechanism of control) 的自足系統 (self-contained system) (Kast and Rosenzweig, 1974: 108)。

另外，兩位著名的組織理論及管理學者卡斯特和羅森威，對組織也採取系統的觀點，他們認為組織是一個開放的社會系統，它具有：⑴目標導向 (goal-orientation)：組織人員皆有其目標；⑵社會心理系統 (social-psycho system)：人員在組織內工作；⑶技術系統 (technical system)：人員利用知識和技術完成目標　；⑷結構性活動的整合 (an integration of structured activities) (Kast and Rosenzweig, 1974: 109～113)。

第六節　生態理論

組織既然與其外在環境保持互動的關係，所以任何的組織及其管理應考慮到與外在環境的適應 (adaptation)，否則組織便不能有效的運作。同時，組織不僅是權責分配的體系，而且更是一個隨著環境與時代的變遷而不斷調整其內部結構與工作方式的有機體 (organic whole)。

生態理論可以說是由開放系統理論（即環境系統理論）演化而來的。因為傳統或行為科學時期的學者們，對於行政現象的研究，只限於組織的內部，例如組織結構、事權劃分、層級節制、法令規章、人員行為、基本需求及領導激勵等，未嘗涉及到組織外在環境的因素，因此使得組織與管理問題不能獲得圓滿的解決。當系統方法的概念及理論逐漸形成之際，學者們研究的取向 (research orientation) 乃有了轉變，他們開始注意到組織外在環境的因素。

另外，二次大戰結束後，許多殖民地紛紛獨立，而另外一些國家也開始湧向現代化。於是，西方民主國家的一些行政制度、官僚組織以至行政

方法、行政技術乃大量地被移植到這些國家來，如菲律賓仿效美國、越南學習法國、印度抄襲英國等；但實行結果並不理想，且有「水土不服」的現象發生，於是有識之士便展開研究，檢討其中的原因所在。研究結果得到了一個寶貴的啟示：制度不能生硬的移植──在美國有效的方法或制度，拿到東方國家來用不見得會同樣有效，這是因為彼此國家的生態環境不同的緣故。

　　生態學 (ecology) 本來是自然科學中研究生物與其環境間之關係的一種科學，亦即在於發現與瞭解何種自然環境有利於何種生物之生長。以植物來說，亞熱帶型的氣候才會生長香蕉、鳳梨、甘蔗、柑橘等，如果把這些植物（果樹）移植到寒帶或溫帶，則是否仍能生長便大有問題，即使可以活下去，但也結不出可口的果實來。有一句諺語說：「橘逾淮為枳」就是生態學的通俗說明。淮河是南北的分界線，淮河以南的風土人情與北方大不相同；南方人民以米食為主，北方則以麵食為主（因為北方的氣候、土壤適於小麥的生長）。著名的比較行政學者認為，研究開發中國家的行政時，必須採取一種生態學的觀點，他說：「在現代的、過渡的社會裡，一直有一種建立正式的 (formal) 政治及行政制度的趨勢，但是這些制度卻仍只是一種形式的 (formalistic)。這就是說，有效的行為仍絕大部分取決於傳統的結構和壓力、家族、宗族，以及一些繼續存在的社會和經濟成規 (socio-economic practices)。因此，只有以生態的觀點才能瞭解這些國家的政治和行政，亦即從非行政的因素 (non-administrative factors) 去觀察行政。」(Riggs, 1962: 9～15) 生態學的觀點被引用到行政學後，使行政學術的研究大放異彩，同時也為組織與管理的瞭解與改進指出了一條正確的方向。

　　美國學者高斯 (John M. Gaus) 是使用生態觀點來研究政府行政現象的第一人，他早在一九三六年就以〈美國社會與公共行政〉(American Society and Public Administration) 為題發表了一篇論文 (Gaus, 1936)，一九四七年又發表了〈政府的生態學〉(The Ecology of Government)，認為政府組織與行政行為必須考慮生態環境的因素 (Gaus, 1947)。同年，政治學者戴

爾 (Robert A. Dahl) 亦提出行政之生態研究的主張 (Dahl, 1947)。其後，如前述之社會學家帕深思及比較行政學者雷格斯等，皆應用生態理論來說明社會組織的現象。帕深思所說的組織適應問題便是生態理論。而雷格斯更是行政生態理論的集大成。他所創造的生態型模 (ecological model) 被認為是解釋開發中國家行政現象最權威的理論。雷氏所寫的〈農業型與工業型：一個比較行政的類型〉 (Agraria and Industrial: Toward a Typology of Comparative Administration) 論文，以及兩本學術論著：《行政生態學》(*The Ecology of Public Administration*) 和 《開發中國家之行政 ： 稜柱社會的理論》(*Administration in Developing Countries: The Theory of Prismatic Society*) 等都是這個領域的權威性著作，後者更是廣受推崇而成為一部行政生態理論的劃時代巨著。

第七節　權變理論

　　整合理論時期的行政學研究，注重開放性、生態性、整體性以及層次性，因此，所形成的各種理論乃與傳統時期及行為科學大不相同，前面我們已介紹了許多不同派別的理論。近十年來，學術界更發展出了一套更具前瞻性以及實用性的理論——權變理論。

　　組織是由若干次級系統所構成，彼此之間存在著相互依存的關係，而組織又與其外在環境保持互動的關係 (輸入－轉變－輸出)，於是組織就形成了各種的關係模式 (patterns of relationships) 或變數型態 (configurations of variables)。權變理論的目的即在於瞭解與界定這種關係及其所形成的各種型態。它特別強調組織的多變性 (multivariate nature)，同時也試圖瞭解組織如何在特定的環境及不同的條件下來運作，所以權變理論的最終目的就在於設計及應用最適合於某些特定情況的組織設計與管理方法 (Kast and Rosenzweig, 1974: 505)。

　　權變理論可以作為研究組織與環境的主要變數，以及彼此間之交互行

為的一般型模 (general model)，近年來，在瞭解組織中的各次級系統間的
關係上甚有創見。權變理論的學者們研究組織之運作時發現，由於變數關
係的交互影響，使得組織發生變化，再加上外在環境的衝擊，因此，組織
及其管理不可能有一套絕對最好的方法，所謂「萬靈丹」(panacea) 是不存
在的。任何方法都不見得絕對的有效，但也不見得絕對無效，應視各組織
的實際狀況與環境條件而定。主張這種論點的學者專家及其主要著作為：

1. Edmund P. Learned et al., *Business Policy: Text and Cases*, rev. ed., Irwin,
   Homewood, Ill., 1969.

2. Rensis Likert, *The Human Organization*, McGraw-Hill, N.Y., 1967.

3. Edgar H. Schein, *Organizational Psychology*, 3rd ed., Prentice-Hall,
   Englewood Cliffs, N.J., 1970.

4. Harvey Sherman, *It All Depends: A Pragmatic Approach to Organization*,
   University of Alabama Press, Alabama, 1966.

5. Fremont E. Kast and James E. Rosenzweig, *Contingency Views of
   Organization and Management*, Science Research Associates, Palo Alto,
   Calif., 1973.

6. Jay W. Lorsch and Paul R. Lawrence, *Studies in Organization Design*, Irwin
   and Dorsey Press, Homewood, Ill., 1970.

7. James D. Thompson, *Organizations in Action*, McGraw-Hill, N.Y., 1967.

8. Tom Burns and G. M. Stalker, *The Management of Innovation*, Tavistock
   Publications, London, 1961.

9. Fred Luthans, *Introduction to Management: A Contingency Approach*,
   McGraw-Hill, N.Y., 1976.

10. Fred Luthans and Todd I. Stwart, "A General Contingency Theory of
    Management," in *Academy of Management Review*, April, 1977.

　　茲依據前述這些學者的看法，將權變理論的主要論點說明於後：

一、否定「兩極論」(polarization) (Kast and Rosenzweig, 1974: 509)

對於組織及管理的研究，一般的學者多採兩種極端的看法。在傳統時期，論者認為組織是封閉的、穩定的、機械的 (closed/stable/mechanistic)，而對人性的基本看法則是消極的，認為人天性好逸惡勞，故要用嚴格監督制裁的方法來管理，完全把人視為機械一般，這即是所謂的 X 理論。但是後來的學者則採完全相反的看法，認為組織是開放的、適應的、有機的 (open/adaptive/organic)，至於對人性的基本看法則是積極的，認為人天性喜歡工作，故應採民主激勵的管理方法，這就是所謂的 Y 理論。這二種論點很顯然都是走極端。然而，根據權變理論的看法，任何社會組織絕沒有完全封閉或完全開放的，應視其內部的次級系統而定；即使所謂的結構的或技術的次級系統，事實上亦受到外在環境的影響而必須加以調整與改進。同時，組織內部的各單位，由於其工作性質的不同，其開放或封閉的程度也就不同，這完全是一種比較的結果，例如一家工廠的銷售部門就比生產部門來得開放與較有適應力，因為前者與外在的接觸較密切。

既然對於組織不能採取兩種極端的看法，就應視組織為一個由封閉到開放的連續體 (continuum)，任何社會組織都具有這種特性，只是在封閉或開放的表現程度上有所不同而已。以軍隊而言，我們亦不可將其視為完全封閉的、靜態的與機械的，而應就其內部作業的不同來分析，例如基本訓練方面就表現出高度封閉等特性，而對高級武器的設計、研究與發展方面，則表現出相當程度的開放。

至於在管理方面，同樣也不能採用兩極理論。因為人有個別差異性，每個人的思想、觀念、個性、態度、愛好、興趣等都不盡相同。而工作的性質與人員在組織中的地位也有不同，有的人從事高深的研究工作，有的人從事簡單的機械操作，有的是高層經營管理主管，有的是基層作業人員。他們的慾望、需求各有不同，因此管理的手段就應有所不同，絕不是單純的「制裁」或「激勵」所能奏效。人並非絕對的壞，也非絕對的好；有其人性面，也有其獸性面，所以在管理上不能僅僅固定採用某一方法，而應

因時、因地、因人、因事而有所不同。

二、彈性的運用 (flexibility)

既然不可以從兩極的觀點來看組織與管理，那麼便須進一步發展出一種較為周延的理論，因此權變理論對於組織的設計與管理的實施，即與傳統時期或行為科學時期有所不同。

首先，權變理論認為並沒有一套絕對的組織原則 (organization principles)，任何的原則只有在某種情況下才有其效用，否則便無效。所以組織的設計不能死守某些原則，如果這樣，其結果只造成外表（結構上）的華麗而已，可能不切實際。更不能抄襲其他的組織結構或工作方法，因為每一個組織的成員不一樣，外在環境也不盡相同。某種組織形式在甲公司可能運行得很有效，如果乙公司完全倣效，其結果很可能造成「畫虎不成反類犬」之譏。這表示一種制度的移植性是大有問題的。

其次，我們來探討一些所謂的組織原則。例如在組織理論中有所謂的「控制幅度」(span of control) 的原則，其要點是：任何主管所指揮監督的下級人員（或單位）不可過多（一般主張三人至七人），以免超出首長的能力與有效駕馭的範圍。這一原則仔細研究起來，不見得絕對正確，有些首長的控制幅度很大，但仍然管理得很好，這是因為還有其他條件。例如倘若一位首長能力很強，或者善於授權，或者很會運用幕僚人員，那麼即使多指揮一些人也無礙於組織業務的推展。再如所謂的「命令統一原則」，在目前專業分工日趨細密的時代，此項原則是否仍有存在的價值也頗成問題，而是應該視社會環境及工藝技術的發展情況而定。

再來，就領導管理方式而論，領導有所謂的專斷式、放任式及民主式三種類型，也有以工作為導向或以人員為導向的領導型態。一般的結論是：民主式的領導最好，以人員為中心的領導最有效。但權變理論卻否定這種說法，認為世界上根本沒有「一種最好的方法」(one best way) 來解決所有的問題，對人員的領導亦同。人員的教育程度、文化水準、工作性質等都影響到領導的運用，不能一成不變，必須「通權達變」；對於知識水準高的

人，較宜採取參與式、民主式的領導，對於文盲或知識水準很低的人，則宜採專斷式的領導。當然這也不是絕對的原則，因為權變理論並不強調原則，只是關心是否能管理有效。

最後，管理方式尚須考慮到時代背景，不同的時代要採取不同的管理方式，在平時安定的狀態下，管理是溫和的、民主的；但在緊急狀態下，管理就應該嚴格一點，甚至要專斷一點，「亂世用重典」就是這個道理。

三、效率與效果 (efficiency and effectiveness) 並重

管理的目的主要在於達成組織的目標，但是在達成目標時所運用的手段亦必須注意，所謂「為達目的，不擇手段」的觀念已經過時了。在權變觀念下的效率問題，應當考慮到兩點：就是效率及效果，前者是指為達成目標所運用資源的能力及情況 （手段問題），而後者是指達成目標的程度 (Kast and Rosenzweig, 1974: 174)。

最理想的管理乃是效率與效果兼顧，缺一即表示管理的失敗，而衡量或測度組織的績效 (organization performance) 也可以用這二個標準。如果一個組織雖然達成了它的目標，但在資源運用方面（物力、人力及金錢等）卻是浪費的或吝嗇的，則這種組織的績效便可以說是不很好。例如美國太空總署 (NASA) 雖然在一九七○年完成了登陸的目標，但卻在完成此任務的過程中，花費了巨額的經費，燒死了三位太空人（模擬飛行時），可見運用資源的能力有問題，當然也說明組織的績效是有問題的。相反的，有些組織雖然能夠有效的運用資源，但並不能達到目的，當然也不是理想的組織。

四、殊途同歸性 (equifinality)

以往研究組織的學者總在試圖建立所謂的「最佳法則」，認為組織如要達到目標，必須遵照一些固定的組織原則，例如傳統時期重視法令規章的完整、層級節制的系統、事權分工的清楚；到了行為科學時期則強調交互行為的重要、民主領導的原則以及貢獻與滿足的平衡等，他們都很樂觀的認為，只有遵循這些原則，組織才能達到既定目標。再說得明白一點，即

是他們認為組織的目的和手段只有一個單純的絕對的因果關係，只有這樣的「因」，才有這樣的「果」。

但是整合理論時期的學者則不同意這種說法，他們否認有所謂的「唯一最佳方法」。他們認為組織的生態環境不一樣，所採用的方法亦應不同，對甲組織有效的法則，對乙組織不見得有效；對企業組織適用的理論，對行政組織卻不一定行得通。組織應經充分研究後選擇最適合於它本身情況的各種方法，不必也不應拘泥於某一原則，所謂「條條大路通羅馬」，任何的方法都能達到組織的目的。圖4–3所示者上面為以往「唯一最佳的方法」，下面則是權變理論的「殊途同歸性」。

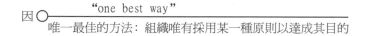

因○————————"one best way"————————
　　唯一最佳的方法：組織唯有採用某一種原則以達成其目的

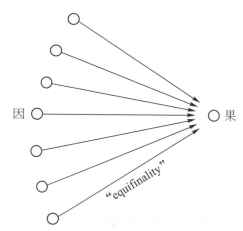

圖4–3　殊途同歸性：組織可運用各種方法以達成其目的

五、管理的階層 (managerial level)

組織不僅由許多次級系統所構成，而且組織的管理也具有階層性。一般而言，管理有三個階層：技術核心 (technical core)、協調階層 (coordinative level) 及策略階層 (strategic level) (Kast and Rosenzweig, 1974: 120)，這三個階層的管理方法與運用手段不盡相同。對於技術層的管理應

注重技術、設備及物質條件的改善；至於協調層的管理則應注意法令規章是否合理、組織結構是否健全、管理方法是否有效、溝通協調系統是否暢通等；而策略層則應重視決策的制定（理性化）、對外在環境的適應、領導能力的提高及目標與價值的追求等。

　　此外，對於不同層級的人員，其激勵的方法也要有所區別，雖然人員的基本需要都是一樣，但由於人員的教育水準、工作內容及團體個性 (group personality) 的不同，其所追求滿足慾望的程度也就不同。基層人員（技術層）對於金錢及安全感的追求比上一層人員要來得迫切，如果在薪水上稍加調整，他們便能得到很大的滿足；但是對於高層主管人員卻不能採用相同的方法，而應該著重「自我成就」與「自我發展」，如此才能積極激發其工作意願與士氣。因此，金錢的獎勵與精神的鼓舞皆有其功效，但必須視人員的水準而定，不同階層的人，使用不同的激勵手段。

六、管理人員的職責 (managerial task)

　　權變理論下的管理人員，其職責相當複雜且富技巧性，具體而言，計有下列五項 (Kast and Rosenzweig, 1974: 515)：

1.策略制定 (strategy formulation)

　　管理人員應負責釐訂組織策略，其所應考慮之因素為：

⑴客觀環境機會 (environmental opportunity)：組織所可能做的 (might do) 是什麼？

⑵能力與資源 (competence and resources)：組織實際所能做的 (can do) 是什麼？

⑶管理的利益與期望 (managerial interests and desires)：組織所希望做的 (wants to do) 是什麼？

⑷對社會的責任 (responsibility to society)：組織所應做的 (should do) 是什麼？

　　上述這種制定策略的途徑，反映了系統的概念和權變的觀點，因為它確認了組織不同部分間的相互關係。評估上述四種策略制定因素所可能造

成的衝擊，是一件複雜且須慎重的事。權變理論雖不能使管理工作變得較容易，但卻有助於對複雜性的瞭解，並且能幫助組織的主持人更實際地處理問題。

2.組織設計 (organization design)

這是指合理的安排組織的技術及結構的次級系統 (technical and structural subsystems)，組織的目標及綜合策略一旦確定後，接著就是決定該組織的主要運作及協調活動。例如基本的技術系統及人員之間的結構關係應加確定，這包括了各層級或（及）功能之間的專業分工，以及各種專業化工作之間的協調，其目的在於將組織的活動集中於組織目標之達成上。

其次，管理人員應對每一情況加以分析，以便設計出一種最合適的組織結構，同時還要注意到組織的其他系統的設計，如計畫及控制制度、薪酬制度以及資訊決策系統 (information-decision systems) 等。

3.資訊決策系統之設計

本系統本身就是一種權變觀點，因為所謂「資訊」（消息、資料）是指與管理決策有關的才是，否則便不是「資訊」。因此，管理人員在開始設計此一系統時，首先應確定組織中各功能部分或層級的決策型態。此一系統應能提供有意義的資料以作為計畫工作及績效評估之用。不過發展運作績效評估的標準是吃力不討好的，因為我們常只去衡量我們所能衡量的行為，因此往往形成「重量不重質」的現象。例如只考慮一個單位的近程利潤，結果使組織的遠程效益遭到危險，這是因為組織的物力或（及）人力資源沒有得到正確的運用的緣故。對於複雜的系統而言，健全有效的績效評估標準應該加以建立，這樣才能使組織的計畫與控制過程表現出功能。

4.塑造影響力系統及領導 (shape influence systems and leadership)

此一工作的主要功能在於滋潤組織中的心理社會系統 (psycho-social system)，其中最重要的是發展一種獎懲制度以增強我們對組織人員所期望的行為。因為基本人性論、內心與外附獎酬的平衡以及領導者與情境的配合等，都對情境的分析及組織次級系統間的各種變數關係的重要性予以確

認。例如在設計薪酬制度時，管理人員應將不同的激勵理論放在心上且加以適當運用。對什麼樣的人給予什麼樣的獎勵，有的人愛錢，有的人好名，管理人員應視情況來決定最好的獎勵方式。

5.**組織改善** (organization improvement)

　　管理人員應使組織逐漸變得更為有效，同時也更能滿足人員的需要。因此，要分析組織、發掘組織的問題並加以解決。此一工作牽涉到特殊的方法與技巧，如「作業研究」(operations research) 或「管理科學」(management science) 中的分析技巧可以用來解決許多重大問題。組織改善的一般步驟是：⑴診斷 (diagnosis)；⑵問題解決 (problem solving)；⑶採取行動的步驟 (action steps)；⑷追蹤或再診斷 (follow-up or rediagnosis)。

七、「若……即……」(if...then...) 的解釋

　　權變理論也可用「若……即……」的論點來加以解釋。其中「若」是獨立變數，而「即」則是相依變數，例如「若將二分子的氫與一分子的氧結合，即成為水。」根據此一論斷，我們可知在管理環境中將有許多「若……即……」的關係，這是常道，否則將行不通，管理的效果也談不上，因此，管理人員必須確實清楚瞭解所處的情境而做適當的處理與運用。

第八節　整合理論與權變理論的評價

壹、系統理論的功用

　　整合（系統）理論的確為組織與管理的研究開創了一條康莊大道，使得人們對於行政現象的瞭解更為深入，也使管理方法與組織理論有了新的生命。當然，系統理論的出現並不是偶然的，而是長期孕育與發展的結果；更何況有科學管理（傳統理論）與行為科學為先鋒，系統理論乃得以集其大成並加以修正，使組織理論與管理實務更為周延與完整。

一、能夠更明確的解釋組織的現象

傳統時期或修正時期對組織的研究均採取封閉型的觀點，而忽略了許多外在環境的因素，這些因素往往是無法預料與控制的，它們對於組織產生滲透作用，對組織造成各種不同的影響，因此組織實為一個內在確定因素與外在不確定因素的一個混合體 (a mixture of certainty and uncertainty)。從這個觀點來解釋組織現象就比過去的理論來得明確多了，使我們對於組織的瞭解更為深刻。

二、能夠對組織的研究產生整合作用

系統理論注重組織的總體分析，不像過去那樣的支離破碎。現代的理論一方面採取開放的觀點，將環境因素納入組織，而成為主要的研究項目之一；一方面又研究組織內在的次級系統，並且將這些內容加以整合，這樣就形成了完整統一而有系統的組織與管理理論。

三、能夠使組織的管理具有彈性

管理本來就不是一成不變的，我國早有所謂「通權達變」的說法。但是傳統的管理學家或是行為科學家卻都固執己見，認為組織與管理有其「萬變不離其宗」的原則，只要根據這些法則來管理組織，就能達成組織的目標。

系統理論不主張這種絕對論，他們認為世間並無絕對的好壞，一切要看情況而定。該採制裁則不要用獎勵，否則效果適得其反，而人群關係學派所強調的民主式、參與式的管理方法，在知識程度很低的團體裡，恐怕不見得有效。故管理應有彈性，不能膠柱鼓瑟、一成不變。

貳、系統理論的限制

系統理論雖有許多優點，但並非絕對的真理，只不過是提供我們以更客觀、更整體的方法來研究行政現象罷了，其本身當然也有若干的限制，造成研究上的困擾。歸納言之，計有下列幾點：

一、心理及社會次級系統無法加以理性化控制及掌握，不能像結構或

技術的次級系統那樣方便的來界定。就組織的整體關係或交互影響來看，心理及社會系統所產生的問題，最難加以處理，因此，增加了管理上的困難。但系統理論對此問題並不能提供很好的解決方案，只是要我們對此問題多加注意而已。

二、系統理論所提出的各種相互關係理論（如組織與環境、組織與次級系統、次級系統之間）並未獲得經驗的證明，只是一種合理的推論而已，何況組織與環境之間的關係太過於動態，使得研究的人幾乎無法建立法則以說明它們之間的關係。學者可以做到的，只是在許多的變數中去指出某些關係模式 (patterns of relationship) 而已 (Kast and Rosenzweig, 1974: 509)。

關於這個問題，張金鑑教授認為應該遵守美國社會學著名學者墨頓所主張的「中程理論」(middle-range theory) 的原則 (Merton, 1957: 5)，研究的範圍不可過大或過小，選用的變數不可過多或過少，我們不必試圖追求建立什麼普遍永久性的社會定律，那涉及範圍過廣，很難得到定論；但若研究範圍過小，所選變數不足，則失掉了統計學上的代表性或可靠性，其結論亦必然不具備正確性。

三、系統理論所提的界限問題，實在是很抽象的觀念，因為社會系統不像生物或機械系統的界限那樣明顯，我們如過分強調界限觀念，則易陷於自相矛盾或治絲益棼的困境，反而增加了研究上的困難。

四、系統理論雖然提出整合的架構以提醒我們去考慮各種可能影響組織行為的環境因素，但卻容易陷入於「決定主義」(determinism) 的論斷之中，誤以為所有組織的行為，僅是一些外在環境的交互壓力下所激盪而成的結果而已。

五、系統理論將所有的組織系統，一律看成為有秩序、有目的的互動體系，而否認了組成分子之間有個別目標的存在。事實上，任何一個次級系統都是有目標的，甚且有些個別的目標常和整體的目標不盡完全相符。由於有了此現象的存在，乃有強調次級系統的必要。惟問題就在於此種強調次級系統的過程中，是否能夠遂其初衷而達到整合的目的？尤有進者，

藉由系統理論來研究組織，大致都僅限著眼於「開放系統的觀點」(the open system view)，此種論點，事實上也僅解釋組織系統的一個面向而已。因為在整個組織的運作過程，如就其內部的各種規範及其自我控制 (self-control) 的一面來說，則又屬於一種「封閉迴路的系統」(closed loop system)。此種兩分法上的確定既有所偏，當然會導致概念上的模糊；尤其是當系統的界限無法完全勾劃出來時，那麼它的投入與產出間更是無法轉換，從而所謂系統「效能」的確定問題，自然是一種奢望。

六、系統理論有「物化」(reification) 的嫌疑。所謂物化，是哲學的名詞，意謂將虛幻不存在的事物擬人化、具體化。系統理論將組織視為具有人類思惟能力、動機和行動的集合體。這種以「有機喻象」(organic metophor) 為比擬的方式，本身即是謬誤；因為，系統理論忽略了「組織行為應從個別行為者的外在行為」來分析其意義，一味以「整體不等於部分的加總」的整體論 (holism) 作為分析單元，對於組織成員的主觀價值、行為意圖都略為不談。這種方式，無異忽視了「組織是以人為主體」的事實。

七、系統理論隱含偏袒管理者的意識型態。系統理論主張「生存」是組織的首要目標；因此，凡是與預先規劃的結構角色不一致的行為，皆視為負面的偏差行為。系統理論強調「均衡與穩定」，組織的目標是一種「既存的共識」(given consensus)，由管理階層訂定，負責組織成員達成各次級系統的單位目標。

系統理論對目標的處理方式，顯然與民主參與的精神不符。系統的目標是既存的共識，組織成員毫無置喙餘地；集思廣益，固不可得，即使是歸屬感和參與感的滿足，亦屬緣木求魚。更有甚者，系統在既定共識的目標下，強調穩定、均衡的特質，凡與系統規劃的角色不一樣的行為，不問是非，均以負面眼光看待。如此一來，組織系統的「內部同質性」會愈來愈高，活力創意會逐漸遞減。這種傾向與系統理論所標示的「新陳代謝作用」(negative entropy)，形成極具諷刺性的弔詭。最後，系統理論所強調的穩定特質，有助於既得利益階層的維護，系統論者很少討論「民主參與」

及「大眾諮商」的重要性。

八、系統理論高估「同形主義」(insomorphism) 的適用性。同形主義原為生物學的概念，意指成功存在的有機體，其活動模式會為其他有機體所仿效。仿效成功的程度愈高，生存的機率愈大。在系統理論中，同形主義可以說是最重要的核心概念：組織的內部結構，若能依外在環境的變遷，進行調適，則可增加生存的機會；組織結構調整的方向與幅度，愈能與「外在環境的變遷方向與幅度」趨同一致，則其生存、成功的機會愈大。

晚近的組織論者，對於系統理論的同形主義多所質疑，尤其是組織文化論者與組織政治論者。組織文化論者指出，每一個組織都有特殊的歷史與傳說，很難經由模仿過程完全移植到另一個組織。從組織文化和組織生態的角度來看，同形主義確實存有限制。諺云：「組織是成長的，而非移植的」，即為最佳寫照。

九、系統理論是基於成長假設 (growth-based) 的思維方式，顯然有過度簡化組織生命週期的分析。從方法論的觀點來看，系統理論是借用生物學的有機喻象，來建構其理論內涵。有機喻象固然有擴展組織分析的視野，但也令人容易陷入「危險謬誤」(dangerous fallacies)；亦即，是分析層次的轉換問題：有機的生命體是單一現象，而社會整體則為整體現象；不同的分析單位，在轉換過程中，容易產生「以偏概全」或「以全概偏」的錯誤（江岷欽等，民 84：109～114）。

參、權變理論的評價

提出管理權變理論的美國兩位學者在其所著的一篇題為：〈管理一般權變理論〉(A General Contingency Theory of Management) 的論文中，對權變理論提出了下面的評論，他們說：「系統的方法無疑有統合的作用；但此一方法的實用色彩過濃，似不足成為管理的瞭解、研究和實務的理論架構。而管理程序學派 (Management Process School)、計量學派 (Quantitative School) 以及行為學派 (Behavioral School) 三者又還稱不上無所不能，也已

是日益為人所知的事。雖然在特殊情勢下，每一學派對於管理均有用途，可是計量學派人士因應不了行為因素，行為學派對於較宜於計量方式的課題，幾乎英雄無用武之地。但是一般權變理論，卻可能應付這類困難；因為權變理論提供的理論架構，能有如下的作用：(1)可以將程序、計量及行為三個學派的不同概念，統合為一項相互關聯的理論系統；(2)可以融合組織和管理的系統觀念；(3)對於當前的管理知識的分析和解釋，可以提供一項實用的基礎；(4)可以提供一項架構，作為系統性和協調性的新的研究方向；(5)可以建立一種方式，俾將理論概念和經驗研究，轉化為可供現代管理人運用的技術。」（許是祥譯，民 70：585～586）

　　總之，權變理論比系統理論更具前瞻性，其出現無疑是行政學術中的一大突破，使組織與管理能夠得到較以往更為周延的研究。但是，時代永遠不停的在前進，今天我們認為有用的理論，明天可能變成無用。所以，權變理論只能說是目前最新、最周延的一種理論；也許過了一段時期，權變理論又會被其他更新的理論所補充或取代。無論如何，行政學術理論的日新月異，代表了人類智慧的結晶，也表示了人類追求至善至美的精神永遠存在。我們在探討行政理論的發展過程中，即可發現此一事實。

第 **2** 編

行政組織論

第五章 組織導論

第一節 組織的意義與要素

　　人是社會動物，不能離群索居，為了共同的方便與保護，自然而然的形成了各種組織，以便藉集體的力量來達成共同生活的目的。因此，所謂組織至少應有兩人以上之結合，並且應有他們的共同目的，否則的話只能稱之為「人群」或「群眾」，不能稱為組織。

　　關於組織一詞的意義，由於各學者專家所採取的研究途徑不同，故所作的定義亦有差異，不過這種差異是大同而小異的，有的從靜態的觀點來解釋組織，有的從動態的觀點來討論，更有的從心態（精神）或生態（發展）的觀點來說明，但是這些意義如果單獨來看的話，都失之過偏，不能完全把組織的意義解釋清楚，所以應將他們的解釋綜合來看才比較完整。

一、靜態的 (static) 意義

　　這是從組織的結構上 (structural) 來研究組織的意義，這一派的人認為組織就是由許多不同的部分所共同構成的完整體，正如一個沒有發動的機器一樣。而行政組織就是機關權責分配的關係或層級節制體系 (hierarchy)，亦即權力的運用，命令與服從的關係，可以用「組織系統表」來表示的。

　　組織至少要有下列四項要素：⑴目的：任何組織必然有其目的，目的是人員工作行為的憑藉，如果缺乏此項因素，組織人員的工作行為失卻了憑藉，無所遵循，形成一片散沙；⑵目的必須為全體人員所同意：假如一個組織所追求的目標不為人員所同意，或被認為毫無價值，那麼人員便不會為達成這個目的而全力以赴；⑶人員必須予以適當的調配：否則組織人員成為一群烏合之眾；⑷權責必須合理的分配：這也就是合理的分工制度，

不但使人人有責，更須有權，這樣才能運用自如，有效而如期的達到目的。

二、動態的 (dynamic) 意義

這是從組織人員的交互行為上來說明組織的意義。所謂動態的組織意義是將組織看成一個活動體，乃一群人為完成工作時的一致行動或動作，所以這也是一種功能的 (functional) 觀察，而行政組織就是指機關人員在執行其職務時，分工合作的工作狀況或情勢。這正如人的身體一樣，靜態的結構有各種器官與系統，但是這些器官與系統是為了共同的目的而協調一致的工作著，我們要對人有瞭解，不能只研究他的身體結構，還要研究各器官的功能、心理現象及行為上的種種問題。根據這個道理，我們對於行政組織也不能只從其結構上來觀察，還要研究其人員之交互行為。

三、生態的 (organic) 意義

組織不僅有靜態的結構，動態的功能與行為，而且還是一個有機的生長體，乃是隨著時代環境的演變自求適應、自謀調整的團體。西諺有云：「制度是生長起來的，不是製造出來的」，正足以說明組織的發展性。社會學大師帕深思認為組織必須能解決下列四個基本問題，否則便不能稱之為組織：⑴如何適應環境 (adaptation)；⑵如何決定目標並動用所有可供利用的資源來完成它 (goal achievement)；⑶如何協調和統一各個成員的關係與努力，使組織成為一個單一的整體 (integration)，共赴目標；⑷如何維持組織成立之原意於不墜 (latency) (Parsons, 1960: 16～96)。

由於組織乃不斷的依環境的需要做適當的修正與改變，且由於組織的人時時不同，故組織的性質可能與原設計的本意有所出入，基於這個認識，我們對於組織應有下列的看法：

1. 只研究法令規章、人事編制等，無法使我們瞭解組織的真正含義，我們必須考慮到現實環境的因素。

2. 組織既然必須適應環境與時代的需要，因此絕不會有一套「放諸四海而皆準，百世以俟聖人而不惑」的組織理論與原則。

3. 管理當局不能墨守成規，以不變應萬變，必須隨時依情況的需要作適當

的處理與運用。

四、心態的 (psychological) 意義

　　這是從心理或精神的觀點來解釋組織，所以行政組織不僅是權責分配關係，或工作推行時的運作情況，或是一種不斷適應與成長的有機體，同時亦是機關人員對權責觀點的認識，感情交流與思想溝通所形成的一種團體意識。因為組織有了這種團體意識，所以大家才能牢固的一起工作，也才能以協同一致的步伐來完成共同的目的。如果只有結構、權責分配或行為準則，這只能構成組織的表面形象，不能表現出組織的精神，由於這種精神要素的存在，所以才能形成許多不同表現的組織，往往許多結構相同，性質相同的組織，但卻有著不同的效率，給人的印象也不同，這就是因為組織的精神要件所產生的結果。

　　從上面四種不同的角度的解釋來看，吾人可以知道組織乃是一群人為了達成共同目的時，經由權責的分配，層級的結構所構成的一個完整的有機體，它是隨著時代及環境的改變而在自謀調整與適應，同時人員之間建立了一種團體意識，不過它的範圍僅指政府或公眾的而言。

　　行政組織也是整個社會系統下的一種系統而已，它是一種「事物」(thing) 或「存在」(being)，它正如任何其他的事物一樣，包括了心 (mind)、物 (matter) 兩方面的要素，如以「唯心論」來解釋組織則失之有偏，必須兩者兼顧才算合理。行政組織的「心」、「物」的要素可以作如下的說明：

1. **物質的要素**：指機關所用的人員、所需要的設備、經費、物材、房舍等。
2. **精神的要素**：指機關中人員行使權力的過程、領導的方式、合作的關係、職責的劃分及團體的意識等。同時我們還可以用亞里斯多德所說的「物體四因說」(doctrine of the four kinds of causes) 中的另外兩種因素來說明組織的要素（除了心、物兩因外）。
3. **效率的或機緣的要素**：即行政組織所形成的原因、時間、地點及所遭遇的有利環境。
4. **目的的要素**：即行政組織或機關所要達成的任務或所抱持的宗旨。

　　若將行政組織分析至最後，則構成行政組織的基本元素是「職位」(position) 與「職員」(officer)，亦即「工作」(work) 與「工作員」(worker)。行政組織猶如一座建築物，這些職位與職員便是構成建築的「磚」與「瓦」。同時，行政組織也如人體，「人員」便如「細胞」，正是組織或人體的最基本的單位，這些細胞由於工作性質的相同乃形成了纖維或工作單位，然後幾個纖維或工作單位構成一個器官或功能機關，再由幾個器官或功能單位構成了一個生理系統或行政系統；最後則由這些系統構成了整個的人體或行政組織。茲依人體生理構造與行政組織的構成要素作一比較如表 5-1（張金鑑，民 62：93）。

表 5-1　組織構成要素表

人體的生理構造	行政組織的構造要素
細　胞 (cell)	職位與職員 (positions and officers)
纖　維 (tissues)	工作單位 (operating unit)
器　官 (organs)	功能機關 (functional machinery)
生理系統 (organism system)	行政系統 (administrative system)
人的身體 (body)	行政組織 (organization)

第二節　組織的分類

　　在研究組織問題時，分類 (classification) 是一項不可缺少的過程，因為不同的組織適用不同的管理方法，例如軍隊的組織與學校的組織在性質上不同，不僅結構型態不同，而且功能也不同，所以研究組織理論者，遂致力建立標準以區分組織的類別，作為研究組織的比較架構。不過分類標準

的建立卻非常分歧，有以人數之多寡來分者（大型組織、中型組織、小型組織）、有以機關所有權的歸屬為標準者（私人組織、公營組織）、有以能否自由加入或退出為標準者（自主組織、半自主組織、非自主組織）。

　　上述分類標準皆缺乏系統化的特性，對於組織理論的建立貢獻不大。嚴格的講，組織分類的標準應從社會功能、人員特性及受惠對象等方面來研究，這樣才算得上比較具體而系統。

一、以組織的社會功能 (social functions) 分

　　帕深思認為組織中的每一次級系統對社會皆有獨特的功能，因此形成不同的組織，要言之：

1. 以經濟生產為目標的組織 (organization oriented to economic production)：即以動員其資源，解決適應環境問題為功能的機關，此類型機關主要從事經濟的生產，如企業公司等。當然，經濟的生產除產品之外，還有勞務性的生產，因此這一類型的機關包括範圍很廣，有企業公司、飯店及娛樂機構等。

2. 以達成政治目標為目的的組織 (organization oriented to political goals)：此類組織在於達成社會的價值目標，並以權力的產生與分配為運行重點，如政府的各部門。

3. 整合性的組織 (integrative organization)：此類型的機關普遍存於社會各階層，其主要的功能在協調衝突，完成機關的期望及鼓動人們行動的方向，如法院、律師公會、政黨及利益團體等均屬之。

4. 模式維持的組織 (pattern-maintenance organization)：此類機關的功能在解除合法價值間的衝突，維持價值模式的不墜，故可視為教育及文化方面的功能，如學校、教會及一些文藝或藝術性質的機構均屬之 (Parsons, 1960: 16～96)。

二、以人員的順從 (compliance) 為標準分

　　艾桑尼 (Amitai Etzioni) 以機關人員下級對上級的「順從」程度，以及上級對下級權力運用的關係來建立組織分類的標準，他認為機關長官皆掌

握了三種權力，即：強制權力 (coercive power)、功利權力 (remunerative power) 及規範的權力 (normative power) (Etzioni, 1961: 4～6)。因此根據這種權力來加以運用就形成三種不同類型的組織。

1. **強制型的組織** (coercive organizations)：以鎮壓或威脅等強制的手段，作為控制部屬的主要方式，而部屬對上級強制的權力亦抱著漠不關心的介入行為，這種類型的機關如監獄、集中營、勞工營、監禁式的精神病院、青少年管訓中心等，必須依強迫控制的手段來達成其目標，故特別重視「紀律」、「懲罰」等。

2. **功利型的組織** (utilitarian organizations)：以功利或物質報賞的方式，作為管理部屬的主要手段，部屬對機關則抱著計較的行為，此類型機關在工商企業界最普遍，如銀行、保險公司、合作社、製造工廠等。

3. **規範型的組織** (normative organizations)：以榮譽的報賞作為管理部屬的方式，部屬對機關也抱著承諾的態度，此類型的機關如政黨、教會、學校等 (Etzioni, 1961: 8～10)。

三、以主要受惠對象 (cui bono-who benefits) 為標準分

布勞 (Peter M. Blau) 及史考特 (W. Richard Scott) 以組織的主要受惠人為標準，將組織分為四種類型 (Blau and Scott, 1962: 42～57)：

1. **互利組織** (mutual-benefit organizations)：此種組織是以機關的一般參與者或成員為主要的受惠對象，如政黨、工會、商會、宗教團體等均屬之。互利組織的主要受惠者既為機關全體成員，則此等組織成立的目的，亦即在於維護及促進全體成員所追求的利益。

2. **服務組織** (service organizations)：此種組織是以該組織所服務的對象——特定的社會大眾為主要受惠者，如大學、醫院、社會福利組織等均屬之。如學校的學生、醫院的病患及福利組織的窮苦百姓等，都是這些組織所服務的對象，他們正是主要的受惠者。

3. **企業組織** (business concerns)：企業組織的主要受惠者是組織的所有者或股東及經理人員。如企業公司、銀行、製造公司等均屬企業組織。既

然以所有者為主要的受惠對象，則如何以最小的成本謀求股東的最大利潤，即是「效率」問題，便成了組織的中心課題。

4. **公益組織** (commonweal organizations)：公益組織的主要受惠者為整個社會民眾，如警察機關、行政機關及軍事機關等均可稱為公益組織，它的主要目的在謀求社會全體的利益，保護社會的安寧，使其不受外來的侵略及內在不良因素的騷擾。公益組織的主要受惠者既為社會全體，那麼它所面臨的主要課題，為如何加強外在民主的控制。我們深知，公益組織完全操縱在政府的手裡，假若外在民主的控制不夠堅強，必會造成政府假民主之名行獨裁之實，損害社會大眾的利益，故為加強外在民主的控制起見，在公益組織之上，成立一經由社會大眾選舉出來的民意代表所組成的團體，代替社會大眾，負責執行監督公益組織的責任。

　　此種分類標準雖然也有人批評，但比較起來，還算周延，其理由如下：

1. 此種分類可以概括現有的各種社會組織，不論是政治性、宗教性、經濟性、社交性及文化性的組織均可包括在此一分類範圍之中。

2. 此種分類考慮到政府組織與非政府組織之間的平衡問題。

3. 此分類以組織的主要受惠者為標準，使我們容易瞭解此組織設立的目的。組織的受惠者固然很多，如企業組織的顧客、成員、原料供應者等均屬之，但主要的受惠者只有少數的股東或老板，這就很容易讓我們瞭解企業組織設立的目的是為著這些人的利益。

4. 依主要受惠者為標準所分出的組織類型，並非一成不變，而是隨主要受惠者的轉變，而改變組織的類型。例如工會原是為全體成員的利益著想，但當某些寡頭分子操縱及控制工會之後，常藉著工會之名，以飽私慾，使工會成為少數人謀求私利的工具時，則工會將從互利組織轉變為其他類型的組織 (Blau and Scott, 1962: 44)。

5. 這種分類使得每種類型的組織均有其研究的重點及中心。例如互利組織著重在如何維持機關內部的民主程序；企業組織著重在謀求最大的效率；服務組織在協調專業人員與行政人員之間的衝突；公益組織則在加強外

在的民主控制。這種重點便利了組織的研究及分析。

第三節　組織的目標

壹、組織目標的意義與性質

　　組織的基本要素之一就是目標，否則組織便無存在的價值。但是何謂組織的目標，卻又成為學者討論的中心問題，由於學者專家們所具備的知識或觀點不同，對於組織目標的意義也有了差別的看法，有人認為目標是用來調整組織在社會中的角色的一種標準；有人認為目標是促使組織活動的動力；也有人認為目標就是組織特定的成就；或者有人認為目標乃是組織所必須滿足的一套價值體系（包括成員的利益、政府的要求、外在人員的需要及顧客的滿足等）(Kast and Rosenzweig, 1974: 156)。同時，目標又和下列名詞發生關係：任務 (mission)、目的 (purpose)、標的 (target)、數量 (quota) 及時限 (deadline) 等。可見目標所包括的範圍很廣，有抽象的，也有具體的。

　　組織所期欲達成的最後結果 (end results) 就是目標。這裡所謂的最後結果是指組織的成員所共同設定而努力奮鬥的方向。組織目標實際上就是人員的目標，因為組織是由人員所構成的一個完整體，人員經由組織才能達成他們所欲追求的目標。當然，由於人員參加組織的動機並非完全一樣，所以如何設定能夠滿足共同願望的目標就不是一件簡單的事。例如高階層的管理人員與基層的操作人員之間就有著很大的差異。

　　同時，組織的性質不同，其目標也就不同，政府組織與企業組織的目標在某些方向來看，是有著顯著的區別，一般言之，政府的目標在為人民提供最佳的服務，以完成公眾的需要為前提；企業的目標則在於賺取最大的利潤，以滿足員工的需求為重心。雖然如此，所有組織的目標也有其共同性，這就是組織目標的性質，要言之，有下列幾點：

一、目標的一致性

　　組織的總目標是組織中各單位、各人員所努力奮鬥的方向，所以各人員、各單位在訂定其本身的目標時，要彼此保持一致，這樣才能達成總目標，這一性質也說明了組織中的各次級系統不能抱持本位主義，必須相互尊重、體諒與合作，否則大家都會失敗。

二、目標的社會性

　　組織目標並非僅僅滿足組織本身的需要，尚要顧及到社會的利益，接受法律的管轄。任何組織均為外在社會系統之一環，彼此的關係是互動、互助、互利的，這也是促成社會進步的主要動力，因此組織的目標不能侷限於本身，必須考慮到整個社會的和諧。現代企業組織亦不再以單純的追求利潤為其目標，企業的社會責任 (social responsibility) 亦十分重要，所謂「取之於社會，用之於社會」正是現代企業所應注重的原則。是以組織在設定目標時，不得不考慮到此一因素。

三、目標的層次性

　　組織目標具有層次性，就時間而言，有長程目標、中程目標與近程目標；就內容而言，有總目標、分目標及個人目標，這些目標是由下而上、由內而外的、層層包含的，每一內層的目標實際上是為了實現外一層目標而設，總目標絕不能一蹴可幾，必須層層漸進。

四、目標的差異性

　　組織的目標每因其性質之不同而不同，如軍隊的組織和宗教的組織，其目標當然不一樣；而政府組織與企業組織的目標也有差異，所以很難建立一套為各種組織都適用的目標特性。

五、目標的明確性

　　目標本身就是組織人員努力的方向，所以必須明確，否則人員將無所適從。訂定目標的時候，應清楚的指出組織所欲達成的任務是什麼？同時還要以具體的數字說明時間、數量等。

六、目標的參與性

目標是組織全體人員所共同努力的指南針，每一個工作人員都要深切的瞭解目標，同時，組織是大家的，不是少數人的，所以目標的訂定必須有大家的參與，這樣不僅目標合理可行，而且人員心理的慾望得到滿足，當然更能為完成目標而努力。

貳、組織目標的作用

組織之所以要有目標，無非是提供給組織成員以奮鬥的方向，但具體言之，則組織目標之作用可以歸納為下列五點：

一、使組織合理化

一個組織是否能夠完成其使命，其主要因素之一是在於組織本身是否合理、健全，而這些條件則又決定於目標之是否正確、可行。所以，一個組織首先要設定其正確與可行的目標，根據目標來分配工作、進行業務，這樣組織才能運行得有效。

二、作為考核的依據

組織的目標包括總目標、分目標及個人目標三大類，依照這些目標，各人員、各單位皆有其正確的工作方向與準繩。當工作完成後，有關人員即可依據原訂之目標加以考核，視其工作成果是否與原訂目標相符，這樣的考核最為客觀公正，也最能使被考核的人員信服。以往的考核工作，常常不切實際、不夠公平，往往僅憑主管人員平日的印象為考核的依據，以致產生主觀臆斷、籠統含混的情形，影響工作人員的情緒至為重大。

組織如能訂定理想、合理的目標，則對工作及人員之考核可以產生實際的效果，這些考核包括：工作執行的程度如何？所使用之資源及成本代價如何？時效是否把握？品質是否合乎原訂目標？數量有無增減？有了這些客觀的標準，則考核一定公平合理。

三、增進組織的協調

組織各單位之間往往存在著本位主義，這種現象的發生主要是由於組

織的目標不夠確實。如果組織能夠確立目標，則各單位、各人員就有了工作的依據，大家在工作進行時可以知道自己的進度，同時也知道應該與那些單位配合。在現代管理中，組織多利用計畫評核術來控制工作進度，並保證目標之完成，此一計畫評核術其實就是促成各單位協調與配合的圖表說明，也是目標管理觀念下的產物，其基本要件是必須先確立組織目標。

四、成為部屬自我引導的標準

人員是否能夠自動自發的工作，端視其是否有工作的目標，否則就像大海中的孤舟，迷失了方向。組織的目標訂立以後，每個人員皆有了工作的依據，人員可以根據目標來自我控制、自我引導，而首長或主管人員也不必為指導部下而浪費太多的時間，減輕了首長的負擔，可以使首長放手去開創更重要的業務。

五、激發員工的合作意識

組織的人員如果是一片散沙，則組織及人員皆無法達成其願望，所以組織首要的工作即在於確立目標，以使人員有所遵循，當所有的人員皆能在同一目標下共同工作時，人員的團結力也必加強，產生了合作意識與團隊精神，組織的工作自然可以做好，而所追求的目標亦必可以達成。

參、組織目標的類型

組織的種類很多，而組織內部的層級與分工也不同，所以組織目標也可以分成若干類型來看。例如一般的社會組織，大致可分為：⑴企業組織（公司）；⑵政治組織（政黨）；⑶服務組織（農會）；⑷聯誼組織（同學會）；⑸文化組織（博物館）等，這些組織的性質不同，因此其目標也就有了差異，當然，這裡所謂的目標是指「主要」目標而言。因此我們可以很清楚的瞭解到，企業組織的目標是營利；政治組織的目標是實現政治理想（取得政權）；服務及聯誼組織的目標是整合成員的願望；而文化組織的目標則在於維持模式 (pattern maintenance)。

如果就組織內部的構造及次級系統來看，組織的目標可以分為下列三

大項：

一、總目標

即組織整體之目標，包括：

1. **社會目標** (social goals)：是指組織與外在環境的關係而言，因為組織是一個開放體系，對外在環境具有互動作用，因此組織目標不能僅以其本身的利益為限，還應當考慮到對社會的貢獻及和諧，這也是所謂的「策略層次」的目標 (strategic level goals)。

2. **管理目標** (managerial goals)：是指組織在內部管理上是否可以達成理想而言，如分工是否合理、協調是否密切、溝通是否暢通、決策是否合理等。一個組織的管理目標即在於使上述這些工作能夠做得好，這也是所謂的「協調層次」的目標 (coordinative level goals)。

3. **技術目標** (technical goals)：是指組織的具體工作技術是否可以達到效率的要求，是在於以最少的代價獲致最大的成果，所以組織要從事「工作簡化」、「生產工具標準化」等措施，這也是所謂的「作業層次」的目標 (operating level goals)。

二、分目標

即組織各分工單位之目標，茲以企業組織為例，說明如下：

1. **生產目標**：從事生產之各單位所追求的目標，如生產電扇若干臺，其成本、品質、數量等皆應考慮到。

2. **財務目標**：即財務單位的目標，包括財源的調度、分配與控制，其最終目的是盈餘。

3. **人事目標**：即人事單位所應達成之目標，包括人員是否能夠發揮工作潛力、人員與工作是否可以配合、有無人員浪費或不及的地方。

4. **銷售目標**：即銷售單位的目標，如產品的銷售量應是若干？是否可以達成？

三、個人目標

人們參加組織必然有其目標，是以組織不僅要能完成其整體之目標，

而且還要滿足個人目標，否則組織的目標亦不能實現。研究個人目標的學者專家很多，不過以馬師婁所說的最為管理界所接受，個人的目標也就是滿足個人的需要，包括：⑴生理的需要；⑵安全的需要；⑶愛的需要；⑷受尊重的需要；⑸自我成就的需要 (Maslow, 1943: 370～396)。

第四節　組織理論概說

組織理論 (organization theory) 乃就組織的各種現象提出一套有系統的看法。也就是將組織的各種現象與事實加以搜集資料，並對這些資料從事歸納比較與分析，或提出解釋，或提出預測，並從而設法予以控制。換言之，組織理論即是一種瞭解、說明、預測或控制組織各種現象的觀念架構 (conceptional framework)。

雖然組織的現象早已存在，但對組織現象作有系統之研究與闡述者，殆為二十世紀以後的事，而且還是二十世紀中期才有的，即以一九三〇年所出版的 《社會科學大辭典》 (*Encyclopedia of the Social Sciences*) 一書而言，其中並無「組織理論」一條，直到一九三七年古立克與尤偉克合著的 《行政科學論文集》 中，始有 〈組織理論簡說〉 (Notes on the Theory of Organization) 一文，其後討論組織理論專書乃日漸增多，大有汗牛充棟之勢。

組織理論的種類甚多，布勞在 《國際社會科學百科全書》 (*International Encyclopedia of the Social Sciences*) 所列舉的組織理論共有下列四種：

1. 官僚制度 (bureaucracy) 的組織理論：韋伯之主張。
2. 政治及工業組織理論 (political and industrial organizational theory) ： 邁可斯 (Robert Michels) 的寡頭統治鐵律 (Iron Law of Oligarchy) 、 杜文齊 (Maurice Duvenger) 的政黨制度理論、泰勒的生理組織理論 (physiological organization theory)、古立克的傳統行政理論。

3.非正式組織理論 (informal organization theory)：巴納德等人之主張。

4.平衡系統理論 (equilibrium system)：巴納德及賽蒙之主張、帕深思的主張。

　　但根據卡斯特及羅森威所著之《組織與管理》一書中，則將組織理論分為三個時期：

1.傳統的組織理論時期 (traditional organizational theory, 1900–1930s)。

2.行為科學的組織理論時期 (behavioral sciences, 1930s–1960s)。

3.系統理論時期 (systems approach, 1960s) (Kast and Rosenzweig, 1974: 52～126)。

壹、傳統時期的組織理論

　　傳統時期的組織理論又分為三個主要學派：

1.**科學管理學派** (Scientific Management School)：以泰勒、布蘭德斯 (L. Brandies)、甘特、吉爾布斯 (Lillian Gilbreth)、愛默生 (Harrington Emerson)、郝德威 (Horace Hathaway) 等人為代表。

2.**行政管理學派** (Administrative Management School)：以費堯、古立克、尤偉克、傅麗德、穆尼 (J. Mooney)、雷利 (A. C. Reiley) 等人為代表。

3.**官僚模型學派** (Bureaucratic Model School)：以韋伯為代表。

　　此一時期的組織理論比較偏重於靜態的組織研究，是以經濟及技術 (economic-technical) 的觀點來觀察組織。綜合上述諸人的理論，可以得到如下的要點：

一、組織是一個分工的體系 (system of departmentation)

　　依計畫性質與執行性質之工作而分工，還要依工作程序、工作地區及工作人員之不同而分部 (departmentalization)。

二、組織是一個層級節制的體系 (system of hierarchy)

　　以便達成指揮統一，命令貫徹的目的。

三、組織是一個權責分配的體系 (system of authority and responsibility)

組織中每一個職位 (position) 皆有明確的工作分配，使人員在執行職務時明瞭其所擔負的任務。

四、組織是一個法令規章的體系 (system of rules)

組織是人們設計出來的，所以一定有許多的法令規章來規範其工作程序與組織結構，形成一個完整的法令規章的體系。

五、組織是目標指向的 (goal oriented)

任何的組織皆有其目標，否則便不成為組織，而組織的基本要務就是達成目標。

六、組織是一個協調體系 (coordinative system)

由於分工與層級節制的關係，組織各部門間保持協調狀態。

貳、行為科學時期的組織理論

此一時期的代表學派是人群關係學派 (Human Relation School) ，其代表的學者有：梅堯、羅次力斯柏格、懷德海、狄克遜、史考特、馬師婁、巴納德、賽蒙、麥克葛瑞格及班尼斯 (W. Bennis) 等人。

他們是以動態的觀點來建立組織理論，認為組織不僅是一種「經濟及技術的系統」 (economic-technical system)，而且也是一種「心理及社會的系統」 (psycho-social system)，他們研究組織中「人」的問題。以實證的 (empirical) 研究法來證明人的行為 （心理反應） 對於組織的影響及彼此的關係，這也是一種以「人性」(humanistic) 對抗「機械性」(mechanistic) 的理論，與傳統的組織理論有了顯著的不同。綜合上述諸人的理論，可以得到如下的要點：

一、組織是一個心理及社會系統 (psycho-social system)

它不僅規範人員的地位與工作標準，同時也是人們為達成了共同目的時所組成的一個完整體。人們參加組織是為了滿足社會慾望（友情、同屬

感等)。

二、組織是一個平衡系統 (equilibrium system)

人之所以參加一個組織,提出其貢獻(能力、知識、忠心、熱誠),即因該組織能給他最大的滿足,而組織之繼續存在,因為人員貢獻了他們的心力,兩者保持平衡狀態。

三、組織是一個提供合理決定的機構 (decision-making process)

組織為了達成其目的,在日常運作的過程當中,一定會遭遇到許多問題,要解決這些問題,就必須制定許多決定,於是組織本身便具有一個特性:制定合理決策的社會系統,此一主張為賽蒙所強調 (Simon, 1957)。

四、組織具有非正式的一面 (informal aspect)

傳統的組織理論僅著重於正式組織的分析與研究,認為組織是所謂的層級節制體系,事權劃分的體系等,但事實上組織不僅是職位 (position) 的分配,而且更是人們為了共同目的所作的結合,此一結合促成了人員的交互行為,由於交互行為的結果,又促成了人員更緊密的來往,增進了彼此的瞭解,於是就產生了非正式組織,它對於正式組織具有正、反兩方面的作用。吾人研究組織,必須考慮到它的非正式的一面,這樣才能對組織有較為深刻的瞭解。

五、組織是一個影響力的系統 (influential system)

組織並非只是權責關係的結構系統,由於人員的交互行為,組織中就產生了影響力 (influence),此種影響力貫穿在整個組織之內,不僅上級可以影響下級,而且下級人員也能影響上級,如果下級人員的意見或建議具有價值,則上級人員加以接受或採納,便構成了影響力;同時,平行人員之間也彼此具有影響力,所以組織便是一個影響力系統。此一影響力是建立在對方接受程度的大小上 (zone of acceptance),凡是對方接受的程度愈大,則表示自己的影響力愈大,而權力只是構成影響力的許多因素之一,上級人員如果只依恃權威來命令部屬,則其所具備的影響力實在很小,因為部屬是因恐懼而接受,並不心悅誠服。

六、組織是一個溝通系統 (communication system)

由於組織的基本構成單位是人，於是組織中便產生了溝通問題，人員彼此有著正式法規所規定的權責關係，更有著非正式交往所形成的社會體系，這些關係與體系的表現，都需要以溝通的手段來達成，所以組織本身就是一個溝通系統，沒有溝通的組織就不能稱為組織。

七、組織是一個人格整合的系統 (system of personality integration)

組織是由許多不同人格的人所構成的，他們由於家庭出身、社會背景、血型氣質、教育環境等因素的差異，於是形成了各種人格，這裡所謂的人格並非道德上的人格，而是心理學上的人格，不同人格的人對於事物的認知 (cognition)、理解 (perception) 與解釋 (interpretation) 也不同，所以組織中的人員往往會有衝突 (conflict)，但是這種衝突是必然的而且並不可怕，組織的基本功能就是將這些衝突加以調和，而人員也願意接受這種調和，否則便不能達成他們所共同追求的目標，所以組織本身乃是一個人格整合的系統。

參、系統理論的組織理論

傳統的組織理論與行為科學時期的組織理論，兩者皆有所偏，所以於一九六〇年前後，就有一些學者主張採用兩者之長，認為既不能純以靜態的觀點來研究組織，也不能只從動態或精神上來分析組織，除了這些條件以外，還要注意組織與外在環境的關係。組織為適應環境的需要，往往要改變其內部組織與工作程序，所以組織不應再被視為「封閉型的系統」(closed system)，而是一種「開放型的系統」(open system)，他們根據此一觀點來研究組織現象，就形成了更為進步的組織理論。

此一時期的組織理論學家有：卡斯特、羅森威、席斯克 (Henry Sisk)、黎特文 (George L. Litwin)、李克特 (Rensis Likert)、阿吉利斯 (Chris Argyris)、帕深思、何茲柏格、邱吉曼 (C. West Churchman)、貝特蘭菲、賽茲尼克及西里士 (Leonard Sayles) 等。

　　茲將系統理論時期的組織理論介紹如下：

一、組織是一個外在環境系統中的開放系統 (open system)

　　系統可從兩方面觀察，即封閉系統與開放系統，封閉系統的組織理論認為組織和外在環境隔離，置於自我包含的運作條件之下，因此僅從內部結構和權責的正式關係以分析組織，但無法建立普遍適用的架構；且封閉系統理論將靜態平衡和熵 (entropy) 的增加視為當然，熵是熱力學的一函數，用以量度一個系統完成其未來工作之能力，即當一個系統的潛能減退時，熵即增加，亦即沒有熵的系統具有大量潛能，而封閉系統被視為走向熵的趨勢。但是開放系統的組織理論認為組織和社會系統一樣，其和環境之動態關係是交互影響的，組織能自外界接受各種輸入（input，包括資源、物料、能源、資料消息等），然後加以轉變 (transformation) 而輸出（output，包括產品與服務），這種輸入以及輸出的循環足以抵銷熵之增加。因此開放系統不僅和環境有關，且和本身相連，它將內部分子之互動影響整合成一個完整體，同時也藉著外在體系 (external system)——環境系統來改變內在體系，以適應環境，因此組織是一個環境中的開放系統 (organization as an open-system in environment) (Kast and Rosenzweig, 1974: 109～112)。

　　組織既是一個開放系統，則學者乃試圖建立一個模型 (model) 以應用於組織理論。一般說，這種模型實源於政治學家伊斯頓 (D. Easton) 及阿蒙 (G. Almond) 的貢獻，且系統理論和結構功能分析是相合的（江炳倫，民 62：15～18），其主要概念及假設如下：體系是由一些具有相當穩定和可預測的行為模式 (patterns of behavior) 或互動行為，以及這些行為互動的後果所構成的，此種行為模式謂之結構，而結構對體系內外所產生之後果，謂之功能；可見結構與功能是受體系影響的，並且影響體系。而且每個體系皆有其特殊目標，其目標之達成，必須從環境輸入各種物質和非物質資源，稱為輸入 (input)，另一方面對環境提供貢獻，謂之輸出 (output)，其間過程是為轉變 (process of transformation)，大致言之，輸入和輸出必須保持適度

平衡與連續，才能生存，否則組織即崩潰，故體系之功能，端賴內部結構之分化功能是否健全而定，分化程度愈高，愈能輸入有用的資源，並加以有效的轉變，以完成產出。至於互動行為在某種可觀察到的範圍之內，彼此關係較為密切，超過此範圍則與其他行為模式的關係較為疏遠，此一可見的範圍就構成體系的界限 (boundary)，而此界限是可滲透的 (permetrable)，因此界限之外可能與組織系統發生關係之種種因素，便是環境或邊緣因素 (environmental or parametric factors)（江炳倫，民 62：140）。

二、次級系統理論 (subsystems theory)

在前兩個時期對組織的看法都各有所偏，傳統理論認為組織就是結構的 (structural)、層級的 (hierarchical) 和分部的 (departmentalizing) 系統；而行為科學的理論則認為組織是心理的 (psychological)、社會的 (social) 和交互行為的 (interactional) 系統。其實，這兩種看法都未能說明整個組織的特性，於是到了系統理論時期，學者就試著將前兩個時期的理論加以整合 (integrating)，並且賦予新的論點。在此一整合觀念下的組織系統，組織不僅與外在環境有著互動的關係，同時它的內部也包含了若干「次級系統」(subsystems)，這些次級系統各有其功能，而且彼此影響、環節相依，構成一個完整統一的連鎖體系（參見圖 5-1）。

根據卡斯特與羅森威所著之《組織與管理》一書中的敘述，組織系統包括了五個次級系統：

1. **結構的次級系統** (structural subsystem)：這是指組織中人員權責分配、上下關係、平行關係的正式化的說明，任何組織必然有此種結構的次級系統，否則人員（職位）的法定地位無從表現，權責運用也無法實施。通常此一結構的次級系統可以經由組織系統表 (organization chart) 加以建立，此外像工作說明書、辦事細則、組織規程等法令規章都是規範結構的次級系統必要的條件。組織結構使得組織中的技術的次級系統，與心理－社會的次級系統之間的關係得以正式化 (formalization)。

2. **技術的次級系統** (technical subsystem)：組織要能達成其目的，必須有

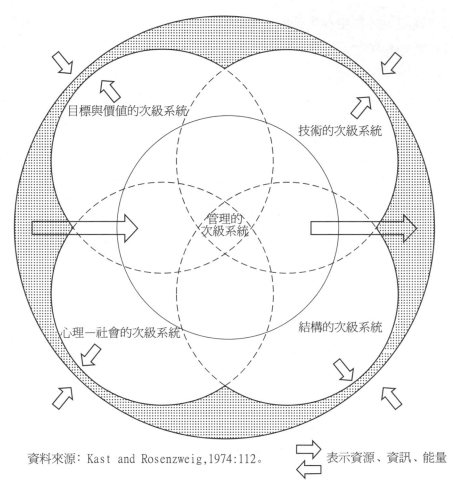

資料來源：Kast and Rosenzweig,1974:112。

表示資源、資訊、能量

圖 5-1　組織為一開放系統及內部次級系統圖

效的運用各種技術與知識來進行其日常工作 (tasks)，例如組織到底應該「輸入」哪些資源、能量和資料消息 (materials/energy/information)？怎樣把這些「輸入」加以轉變 (transformation) 後再產生「輸出」（包括產品、服務等）投入到外在環境去？這些問題都需要組織運用高度的技術才能達成目標。當然，不同性質的組織所需要的技術也不同，一家汽車製造廠與一家石油煉製廠的技術不一樣；教育機構與企業組織也不一樣。同時，技術的次級系統對組織中其他的次級系統也會產生影響（例如結構的、心理—社會的次級系統）。

3. **心理－社會的次級系統** (psycho-social subsystem)：任何的組織都是由人員所構成的，既有人員，就產生了組織的心理－社會次級系統，因此，此一系統是由個人之間，團體之間，及個人與團體之間的交互行為所構成，它包括了個人的行為與動機、地位與角色的關係 (status and role relationships)、團體動態性 (group dynamics) 及影響力系統 (influence systems)。人員的情緒、價值觀念、態度及期望等都在在的影響到此一次級系統。當然，外在環境的因素及組織內部的結構、技術、工作等因素也會對此一次級系統造成影響，而上面所列舉的這些因素最後就形成了「組織氣候」(organizational climate)，在此一氣候中，人員表現了他們的角色與活動。因此，不同的組織也就有不同的心理－社會的次級系統，如生產線上的工人（工廠）所形成的組織氣候，就與科學實驗室中的科學家們有著顯著的差異。

4. **目標與價值的次級系統** (goals and values subsystem)：組織既然是一個開放系統，則必然要考慮到對社會的貢獻，所以組織不僅要達成其所追求的目標，而且要能符合社會的需求，這就是「價值」問題，一個現代化的企業組織，不再以追求利潤為唯一的目標，它還要具備社會責任感，例如生產過程不能造成公害，產品不可有副作用，人員的社會地位得以維護等。

5. **管理的次級系統** (managerial subsystem)：此一系統貫穿整個組織，其主要的作用是整合、協調、設計及控制，例如組織目標的訂立、策略的運用、結構的設計、工作的分配、控制過程的安排等。

　　三、組織具有界限性 (boundaries)：組織與外在環境系統保持了一種「界限」，此一「界限」主要是用來方便的說明、瞭解其與外在環境的關係，尤其在於區分「封閉系統」與「開放系統」的組織理論時，此一「界限」就顯得十分重要。雖然「界限」是一種抽象的觀念，但是卻有助於吾人瞭解組織的各種現象。

　　在封閉系統理論下，組織的界限是剛性的、不可滲透的 (rigid and

impenetrable)，這說明了組織是一個自我封閉的系統，它和外在環境沒有任何的關係。但是在開放系統理論下，組織的界限具有三項功能和意義：

1. **過濾** (filtering) **的功能**：組織自外界輸入它所需要的東西，界限就發揮了過濾的功能，它准許組織所需要的東西進入，排除不需要的東西於組織之外，使得組織可以有效的運作。

2. **確定組織活動的範圍** (domain)：此等範圍的確定有助於瞭解和分析組織，例如我們要研究組織中的某一個小團體，於是我們將此一小團體劃入在某一界限之中，對於其成員的活動、與界限以外其他團體的交互行為等問題，便能夠很方便的加以研究。當然，社會組織的界限不像生物或機械組織那樣的具體、明顯和不變，它是不時的隨著組織的功能與活動在變動。

3. **「交切面的觀念」** (concept of interface)：以交切面的觀念來瞭解組織界限的關係是十分有用的，所謂「交切面」是指某一系統與另一系統所接觸的範圍 (area of contact)，因此，一個企業組織就與其他系統為物料供應者、工會、顧客、有關的政府組織等形成許多交切面，有許多的交互過程在組織系統界限之間的交切面來往穿梭 (Kast and Rosenzweig, 1974: 114)。

四、組織是一個「反饋系統」(feedback system)

此一理論也是基於開放觀點而來，這對於瞭解組織為何能夠保持動態的平衡甚為重要，經由此一反饋過程，組織可以繼續自外界輸入訊息 (information) 而有助於組織的調整 (adjust)。

反饋理論曾用以研究生物現象，生物為了要維持其穩定 (homeostasis) 或平衡，必須對於外界的訊息（刺激）作持續的反饋，例如我們身體如受到溫度下降的影響（刺激），於是馬上「反饋」到神經中樞，使身體上的「造熱」系統產生活動，這樣才能保持我們正常的體溫。又例如我們騎自行車的時候，一定會遇到許多路況（訊息、刺激），如紅綠燈、十字路口、坑洞等，於是我們馬上產生「反饋」去作適當的調整，這樣才能使我們安

全到達目的地。

　　行政組織也是一樣，反饋系統是必要的條件與現象，它可以使組織避免走入錯誤的方向（脫軌），這對於一個複雜的組織來說尤其重要，組織必須繼續的自外界作訊息的輸入，以調整組織的方向，因此，「組織控制」(organizational control) 便成為管理人員的主要功能之一 (Kast and Rosenzweig, 1974: 117)。

五、組織是一個新陳代謝的系統 (negative entropy)

　　前文曾經提到過熵的意義，不過在系統理論時期，對於熵的看法卻與傳統時期不一樣，這主要的是基於封閉的或開放的觀點的不同，前者認為組織是封閉的，本身將逐漸趨於「熵」而死亡或解體；但後者卻認為組織是開放的，與外在環境有互動的關係，可以輸入它所需要的資源、能量與訊息，使得組織得以永不墜落，這種現象被系統理論家們稱為「反熵作用」(negative entropy)，吾人將之解釋為「新陳代謝」更為恰當。任何的組織都具有此種系統與作用 (Kast and Rosenzweig, 1974: 115～116)。

六、組織是一個系統交錯重疊的體系 (hierarchy of systems)

　　組織可以用層級節制的意義來說明，它本身是由許多次級系統所構成，而它又是外在環境系統之一環。越是規模龐大的組織，越是具備這種特性，人員被組合為若干個團體 (groups)，若干個團體又被組合為若干部門 (departments)，若干部門又被組織為若干單位 (divisions)，最後組織成一個公司或政府機構。由此觀之，組織本身實為一個「房中有房」的結構 (rooms-within-rooms structure)，而且還有著工作程序上的層級體系 (Kast and Rosenzweig, 1974: 115)。

七、組織具有適應與維持的裝置（作用）(adaptive and maintenance mechanisms)

　　這兩種作用看起來是衝突的，但實際上是必要的。組織為了維持整個系統的平衡，就必須有一種「維持裝置」以保障各次級系統間的平衡，同時也才能使得整個組織與外在環境保持一致，這種作用是被動的、消極的

和保守的，其目的在避免組織內部過快的改變而使得組織不能保持平衡；但在另一方面，組織必須具有「適應裝置」（作用），以促進組織與外在環境的一致，這可以使組織具有應付內在及外在條件改變之能力，它是主動的、積極的和前進的 (Kast and Rosenzweig, 1974: 117～118)。

此一理論也正好來說明一個國家的發展，如果某一國家只有「適應」能力，而沒有「維持」作用，則將被外國文化所同化，失掉了該國的國格，甚至不能維持內部的安定而造成「亡國」之痛，所以不能太「前進」。反之，一個國家只有「維持」作用，而不去適應世界潮流的變化，則將顯得落後而沒有朝氣，最後恐怕亦將不能生存於世上。所以這兩種力量必須同時具備，才能使得一個國家得到最理想的發展。

八、組織的開放系統具有殊途同歸性 (equifinality of open system)

因為組織是「開放的」，不是「封閉的」，所以組織雖然受到各種不同的外在因素，以及不同的內在活動的影響，但是組織仍然能夠達成其任務與目的。它不像某些「封閉系統」，僅有一種最簡單的因果關係。由於這種「殊途同歸性」，使得對於組織問題的研究與改善不再局限於「唯一的最佳方法」(one best way)，管理人員可以運用各種不同的方法來使組織達到最大的效率 (maximum efficiency, satisfactory output)，他不必再去尋求「一種毫無彈性的最佳方法」(a rigid optimal solution)，而是可以運用各種不同的方法來解決其決策問題 (Kast and Rosenzweig, 1974: 118～119)。

九、組織的成長是經由內部精心的設計 (growth through internal elaboration)

封閉系統下的組織因為強調熵的作用，所以有日趨解體的傾向；但開放系統理論卻認為組織因為能夠保持與外在環境的互動關係，所以它在不斷的調整其內部組織、工作過程與管理方法，使得組織日趨成熟、完整與成長。例如組織的分化程度 (differentiation) 愈來愈高，形成了組織的新型態 （如多國性的公司、多元產品的公司等） (Kast and Rosenzweig, 1974: 118)。

第六章　組織結構

第一節　組織結構序說

　　組織乃是「為便利達成某些大家同意的目標，經由分配權力與責任，而對人員所做的人事安排與配合」，是故人事安排與配合必須有所歸依，組織結構 (organization structure) 正是這種人事安排與配合的歸依所在。儘管當前研究組織理論的學者們，對傳統組織理論學派之偏重於組織結構的探討有所批評，但迄今似乎還無人反對組織結構的存在，他們非但不反對機關組織應有組織結構的存在，而且認為「機關組織唯有組織結構的設置，才能表達出機關中許多重要變項之間的關係，諸如權威、責任、分工、專業化及各部門之間相互依賴的關係。……亦唯它才能使我們瞭解機關組織成員間相互運作的情形，所以組織結構最大的優點，乃在它可以決定成員的權威及其角色的認知 (perception)。」(Davis, 1967) 故探討組織理論，非強調組織結構不可。

壹、意　義

　　結構 (structure) 一字原是生物學上的名詞，依照《世界百科全書大字典》(*The World Book Encyclopedia Dictionary*) 的解釋是：「就生物學觀點言，結構乃是一個有機體所有部分──器官或組織──的一種特定安排。」因此結構亦可說是一種「已經建立的關係模式」，準此，組織結構即「機關組織各部門及各層級之間所建立的一種相互關係的模式」，通常所指的組織結構乃是正式的，至少包括下列二點意義：

1. 它是指「正式關係及職責的一種模式──即機關組織的組織圖

(organization chart) 再加上工作說明書或職位說明書 (job description)」。

2.它是指「正式的法規、運作的政策、工作的程序、控制的過程、報酬的安排及其他一些引導成員行為的設計」 (Kast and Rosenzweig, 1974: 170～172)。

結構與功能 (function) 可說是組織的兩個最主要部分,脫離功能固然結構毫無意義,然不談結構則功能亦屬空言,因此結構與功能可視為是一個組織中靜態和動態的兩個特性。在組織中,結構與功能是相互關聯,相互作用,而不是相互對立的。

貳、性質與地位

機關組織的組織結構與其他社會系統一樣,乃是抽象而無形的,因此無法見其內部結構,但我們卻可以藉組織圖來表達整個機關組織的結構,而且亦可藉著它來推論組織結構的實際運作行為及情形,所以還是可以將抽象的組織結構加以具體化,用來作為研究組織理論的對象。

當今研究組織理論的學者對「組織結構」有所指責,認為:「組織結構僅是機關組織的靜態面,它就像一張地圖,對我們去瞭解機關組織的動態運作情形功益不大。」(Davis, 1967: 181) 亦有些學者認為:「組織結構限制了機關組織成員的行動,阻礙各層級及各部門之間的溝通。」 (Blau and Scott, 1962: 139) 當然無可否認地,組織結構是有這些缺點,但我們若缺少了它,則失去了行動方向,尤其它在訂定工作目標與分配工作、解決衝突與糾紛等方面則功多於過。而卡斯特的話,道出了組織結構的本質,他說:「機關組織的組織結構雖不能代表整個組織系統,但它卻是機關組織的最重要一部分,因它乃是機關組織的架構 (framework),唯有它才能顯示機關組織活動的功能及關係。」(Kast and Rosenzweig, 1974: 172)

同時,在系統理論的觀點下,機關組織恆被視為一個系統狀態存在著。依鮑丁的說法,組織系統的九個層次中,最基本的第一個層次即是結構層 (structure level),而系統論學者卡斯特及羅森威兩人也認為,每個組織系統

乃由五個次級系統 (subsystems) 所構成，那就是：⑴目標與價值次級系統 (goals and values subsystem)；⑵技術次級系統 (technical subsystem)；⑶結構次級系統 (structural subsystem)；⑷管理次級系統 (managerial subsystem)；⑸心理社會次級系統 (psychosocial subsystem)，可見組織結構乃是組織系統中一個重要的次級系統，實居一不可忽視的地位 (Kast and Rosenzweig, 1974: 111～113)。

參、組織結構的類型

組織結構除了上述所言的正式結構外，尚有一種非正式結構，因為非正式結構亦具有「一種已經建立的關係模式」（只是非正式的），故吾人當認其亦為組織結構的一類型。說明如下：

一、正式組織結構 (formal organization structure)

是一經過正式設計的結構，是有意設立的一種各部門間的關係模式，用意在於有效地達成組織的使命。正式結構常是明顯的決策之結果，具體的表現常是些印刷的組織圖表、組織手冊、職位說明書等正式的文書。雖然正式結構並未包括組織系統的全部，但主要的部分可說皆已概括。正式結構可說是描述組織各部分活動功能及關係的一個主要架構。

二、非正式組織結構 (informal organization structure)

是未經正式規劃，但卻發生於組織成員間的一種活動關係型態或模式。此種非正式組織結構常扮演組織中最有效的功能，例如小團體的自發性發展，以及處理重要活動的一些非正式手段，常對組織全盤的政策執行造成影響的作用。

傳統的管理學者均集中於組織的正式結構關係，而人群關係學者則著重於組織的非正式關係。事實上，正式結構與非正式結構兩者乃是相互交織於實際的組織中，無法截然分開。不過，本章的重點仍然是以探討正式組織結構為主。

肆、組織結構的形成要素

所謂形成要素 (elements) 即指成分 (components) 而言，這些成分中，有些是有形的，有些是抽象的，不過兩者不可或缺其一。

卡斯特認為組織乃由下列成分所建立：⑴組織圖；⑵職位；⑶工作說明書；⑷法令規章；⑸權力關係的模式；⑹溝通網路；⑺工作流程等，這些乃是正式方面的成分；而在非正式方面尚應包括⑻技術與社會及心理系統所產生的互動關係 (Kast and Rosenzweig, 1974: 111～112)。

麥克法蘭 (Dalton E. McFarland) 在其所著 《管理：原則與實務》 (*Management: Principles and Practices*) 一書中，更提出了五個具體而微的基本要素：⑴縱的層級；⑵平行的單位及部門；⑶職位的任務、責任及義務；⑷直線與幕僚單位；⑸變態結構 (structural abnormalities)，即暫時性且非經常性的結構。同時，在正式結構方面，亦提出了四種結構型態，即：⑴直線組織；⑵幕僚結構；⑶機能結構；⑷委員會結構，吾人亦認為屬於組織結構的成分 (McFarland, 1970: 109～120)。

伍、組織結構的功能

組織結構能夠同時滿足許多功能，但無法使這些功能同等滿足，因為組織結構若為某一目的設立，當然無法滿足其他目的；不過，一般的組織結構皆能明顯地完成下列四項功能：

一、效率 (efficiency)

組織結構之所以必須建立，便是要使組織能夠有效地運用資源，以最小的輸入，求得最大的產出，因此組織結構便應具有效率的功能。

二、溝通 (communication)

良好的組織結構，不論上行溝通、下行溝通或側面溝通皆能使其達至暢通無阻的狀態，因為良好的組織結構具有溝通的孔道，發揮溝通的功能。

三、工作滿足 (job satisfaction)

組織結構既提供人員的任務、責任、權力關係，並提供人員以地位及歸屬關係，則大部分人員皆能致平生之力於組織中，為組織效命，原因是組織結構使人員具有工作滿足感。

四、齊一組織 (organizational identity)

組織乃是一群個人為既定目標的完成所集結的組群，為了完成目標，必須透過有效的溝通及協調，斯能群策群力。組織結構之功能便在於經由分工及權責的安排，使個人之努力及行動齊一，為目標達成而效力 (McFarland, 1970: 105～108)。

然而，上述的功能，並非組織結構的終極目的，而是一種過程中所應產生的結果，因為組織結構乃是人們為達成組織目標所運用的技術或工具而已。

陸、組織結構的分化與整合

分化 (differentiation) 是組織結構分工的具體表現，其理由乃是作為達成目標的手段，通常是基於工作的特性及人員的特性而分化；分化的具體事實則是垂直分化 (vertical differentiation) 而形成各層級；平行分化 (horizontal differentiation) 而形成各個部門與單位，從而各有所司，促進管理效能，達成組織目標。

然而，分化也造成了組織各層級和各部門的孤離狀態，以致彼此衝突，抵銷管理成果，因此，在相互依存的組織各支系統及各部分間，整合 (integration) 極為需要。整合可以說是將組織的各類活動聚合起來，或將每一組織成員或單位的努力聚合起來的一種表現。就組織言，一個分工愈精細，分化程度愈高的組織，其整合的必要也就愈大。

組織在求得整合的過程中，固然可經由許多不同的方法而達致，如對分支目標的明確化、具體化，層級節制體系的運用，職位角色的清楚確認，上下內外意見的溝通，以及個人意識的自我控制等，但就一般而言，組織

賴以整合的途徑可有下列四端：即領導、協調、溝通與監督。

一、領導 (leadership)

　　組織的成立有其一定之目標，至於如何達成該目標，除了力行分工之外，尚須靠成員的合作，而使成員彼此合作無間的最有效方法，唯有「領導」是賴。換言之，領導可說是獲致組織結構整合的一個最直接、最有效的途徑。在領導的方式中，民主式的領導較為有效，專斷式領導或放任式領導則不獲普遍採用。

二、協調 (coordination)

　　協調是使組織內各單位及各成員間，能以分工合作而協同一致的步調，達成共同使命，主要是在講求行動上的一致。因為現代的組織結構日趨複雜，內部分化的程度易趨細密，因此，除了領導一途外，尚須藉協調來達到組織結構的整合。李特爾 (Joseph A. Litterer) 曾提出三個基本的協調途徑，即：層級節制體系 (hierarchy)、行政管理系統 (administrative system) 及各種志願性活動 (voluntary activities) 以達致協調的效果 (Litterer, 1965: 131)。

三、溝通 (communication)

　　組織常依靠溝通去促進成員活動的協調，特別是在遭遇到無可預期的環境狀況時，溝通即成為達到協調整合的最重要設計了。溝通之於組織結構，即如同血液循環之於人體生理組織結構一般，若無溝通活動，組織結構必然崩潰瓦解，若不是如此，亦不能發揮作用。就組織及其結構言，溝通乃在使各關係人對共同的問題，產生彼此心心相印的瞭解，亦即把組織內各個不同單位和人員連繫起來的線索，是相互的、雙向的。不管運用何種溝通方式，上行溝通、下行溝通或平行溝通，總要消除溝通阻礙，才能使溝通孔道流暢而收溝通的效果。

四、監督 (supervision)

　　促使組織內部合作的另一途徑，即是監督。監督的作用在求達成兩項目標：⑴使組織的各部分能夠彼此相互瞭解，在充分協調下，以和諧一致

的步調努力工作；(2)使每一工作單位或成員，皆能勝任所指派的職務。此外，監督應有層次觀念，基層監督重在如何有效地完成工作，中層監督重在設計、協調及溝通，而高層監督則重在發動、督導與賞罰 (Kast and Rosenzweig, 1974: 214～222)。

由上可知，組織結構的整合對於組織及個人皆產生了影響。從組織的觀點看，當不同的結構分化與活動能在有效的途徑下成功地加以整合，組織便求得了某些控制或影響其外在環境的工具，因此對組織言，整合乃是必需且有利的。復就個人言，整合亦是一件好事。因為經由整合的途徑，個人可以以本身有限的能力去求得超越個人的成就，並得到與他人合作所得到的好處。不僅能達成組織的目標，同時亦能達成個人的目標。

柒、組織結構的原則

組織結構是組織的首要部分，故結構的良否，直接影響組織之成效，因此，若干原則應為組織結構建立及安排時所應遵循。孔茲 (Harold Koontz) 曾提出下述諸原則：

一、組織結構的目的方面

1. 目標一致的原則：即組織結構的建立乃是以完成組織目標為目的。
2. 效率原則：即組織結構乃是為追求組織的效率而建立。
3. 控制幅度原則：組織結構之建立是為了控制幅度能夠適切合宜。

二、組織結構本身方面

1. 階梯原則：即建立層級節制體系。
2. 授權原則：使組織的成員或單位能盡其所能。
3. 絕對責任原則：部屬必須對主管負責績效是絕對的。
4. 權責同等原則：即責任與授權應該相等，不可多亦不可少。
5. 指揮一致原則：避免因兩人指揮而使部屬無所適從。
6. 權力同等原則：同一階層的人員或職位，其權力應該相等。
7. 分工原則：使人員依工作性質及專業能力就事。

8.機能明確原則：各單位或人員之職能應該明確，亦即事權確實而不相混。

9.分離原則：即控制部門應和一般部門分開，以收考核之效。

三、組織結構的建立過程方面

1.平衡原則：如層級節制體系和控制幅度的平衡；功能分部化與產品分部化的平衡。

2.彈性原則：組織結構於建立時，應考慮是否能因應未來時勢的需要而作變遷。

3.促進領導方便的原則 ： 組織結構的設計應能方便領導以收管理之效 (Koontz and O'Donnell, 1972: 410～414)。

至於其他學者對組織結構所提的原則，將於下節詳論。

捌、組織結構的動態面 (the dynamics of organization structure)

由於組織環境的變遷、人員價值觀念的遞變、知識條件的進步，以及事實的需要，致使大多數組織在結構方面力求合宜的改變。改變的趨向便是朝動態、彈性的結構方式邁進以脫離傳統的固定而靜態式的組織結構。過去的組織結構乃是一種 「機械的結構系統」 (bureaucratic-mechanistic systems)， 現在的組織結構則為 「有機的結構系統」 (adaptive-organic systems)。前者偏向於固定、嚴密、制式化；後者則彈性化，且在職位與角色上有較大的變動性，以應變遷中環境的需要 (Kast and Rosenzweig, 1974: 240～241)。有關此兩種組織結構的特徵，請參閱表 6–1。

很明顯地，有機的組織系統需要一動態的、變動的組織結構。然而，這並不是所有組織所易實行的，有許多組織只有在機械的結構下方能有效運作。因此，上面兩種組織結構的型態是代表了一連續體的兩個極點。就大部分組織言，在研究、發展部門，似應採用有機的組織結構；而在生產、作業部門，則宜採較機械的結構；同時，後者的整合較易，前者較難，更需管理人員的努力與發揮管理功能。

表 6-1　有機的組織結構與機械的組織結構特徵對照表

組織特徵	組織結構的類別	
	有機的	機械的
1.控制幅度	寬	狹
2.權力層級	低	高
3.管理人員與生產人員比率	高	低
4.決策制定的集權程度	低	高
5.不同單位人員之互動比例	高	低
6.正式法令規章之數量	少	多
7.工作目標的明確性	低	高
8.必要活動的明確性	低	高
9.意見溝通的內容	忠告及消息	指令及決定
10.報酬的差距範圍	狹	寬
11.技術層級之範圍	狹	寬
12.知識權力基礎	高	低
13.地位權力基礎	低	高

資料來源：Kast and Rosenzweig, 1974: 241.

第二節　組織結構的基本原則

　　組織結構乃是構成組織的首要部分，而組織結構的原則乃是為解決如何建立良好而健全的組織結構所提出的法則。因此，若干組織原則常為組織結構的原則所適用，但不管如何，組織結構的原則必須針對下列各點予以建立，斯能產生健全的組織，茲列舉如次：

1. 組織結構不論就整體言或從其部分言，是否能為達成組織的目標予以安排？
2. 職能的劃分是否明確？劃分基準是否有不明之處？有無過度分化的缺點？
3. 組織結構是否以職能為中心而建立？

4.同一的或類似的職能，有無集中的現象？

5.組織結構的各部門和各階層是否劃分清楚，各部門和各階層皆做著合適的工作？

6.對組織結構的各部分是否賦予適當的權限和職責？

7.命令系統是否一元化？

8.是否確立一種防止錯誤的互相牽制的制度？

9.組織結構之間是否具有良好的溝通網路以利於協調？

10.作業部門與幕僚部門之職責是否明確？

11.組織結構是否彈性，能適應環境變遷而容易重新安排以應事實需要？

12.各部門和各階層的成員是否過多而不利管理？

13.部門的設置是否浮濫？是否必須精簡？

14.委員會是否依事實需要而設立？

　　為解決上述的問題並且建立健全的組織結構，發揮組織結構的功能，達成組織使命，茲列舉若干組織結構的基本原則，俾供參考：

一、穆尼與雷利提出的「組織原則」，可為組織結構的原則所適用

1.**階梯原則** (the scalar principle)：指組織應有層級節制 (hierarchy) 的組織結構，同時各層級之事權和責任應該明確，使上下有序，命令貫徹。

2.**機能原則** (the functional principle)：指同階層之間的分工，即依工作性質的不同劃分為若干個平行單位。

3.**幕僚原則** (the staff phase of functionalism)：組織中的單位有的是實作的，有的是輔助性的，兩者應明確劃分，亦即作業部門和幕僚部門應各有明確的權限和職責。

4.**協調原則** (the coordination principle)：各部門和各單位應有良好的溝通網路，以利協調的進行 (Mooney & Reiley, 1947: 35～47)。

二、古立克與尤偉克所提的原則

1.**目的原則**：不管是怎樣的組織，其意圖必有目的，組織結構之建立自須符合組織的目的。

2. **專業化原則**：組織結構中的成員應盡可能職司等一的職能和工作。

3. **協調原則**：組織結構的建立之目的是便於協調與努力的統一更加容易。

4. **權限原則**：每個組織結構中，皆要設置一個擁有最高權限的人。從這最高權限的人到各人之間，應具有一明確的權限系統。

5. **職責的原則**：單位主管對於部屬的責任是絕對的。

6. **定義的原則**：各職位的內容、職務、責任、權限，以至於與其他權限間的關係，應以文書加以明確化。

7. **一致的原則**：各職位的責任、權限必須一致。

8. **控制幅度的原則**：一個主管不能有五人以上的部屬，最低限度，相互在工作上有關聯的直屬部屬，應以六人為限。

9. **平衡的原則**：組織的結構間必須保持平衡。

10. **繼續性的原則**：再組織是一個繼續的過程，特定的改變組織結構，應求有利於這個過程（陳秋帆譯，民 61：294～295）。

三、阿福特 (L. P. Alford) 提出若干組織的原則，同樣能適用於組織結構的建立和安排

1. **目標的原則**：組織的各部門須具有與全部事業一致的目標與方針。

2. **權責一致的原則**：凡課以執行責任者，必賦予指揮的權力。

3. **權威系統的原則**：正式權威由上而下的控制系統，必須明確規定。

4. **控制幅度的原則**：在組織結構與管理上，須對一首長報告的部屬，不應超過五人或六人。

5. **指派任務的原則**：每一人的職務當限於主管一個主要職務。

6. **權責確定的原則**：在組織結構內，每人的任務、權限和責任及其關係，應有明確的規定。

7. **業務類同的原則**：類同或相關的任務和活動，應交付一人或一單位負責執行。

8. **組織成效的原則**：組織結構的建立，在於使工作圓滿無礙的得以進行並獲得成功（陳秋帆譯，民 61：294）。

　　當然，上述的組織結構原則，難免遭受訾議，例如有的說控制幅度不符合實際需要，非建立組織結構所應考慮者，有的認為階梯原則減低了上下之間的溝通效果，不過組織結構既以人、職位、權力、責任等為構成要素，階梯系統自然形成，而階梯原則亦自然適用。因此，批評雖有，一般情形下，原則應能存在。

四、我國行政學教授張金鑑先生於《行政學典範》中所歸納之組織原則

　　實是說明組織結構的基本原則的典型，其中各點無一不與組織結構有關：

1. **完整統一的原則** (the principle of integration)：即使組織結構間能巧適配合布置，使成為脈息相通，休戚相關不可分離的完整有機體或統一體。完整統一的組織結構具有簡單緊湊，事權集中，消滅重複與衝突及技術人才易於延攬與集中等優點。

2. **協同一致的原則** (the coordinative principle)：當若干人作聯合的努力去達到一定任務時便是組織的開始。由此開始建立成有效的組織，便必須遵守協同一致的原則。所謂協同一致的原則就是一個機關的工作人員在完成共同的使命的進程中，使集體努力得到分工合作的有秩序安排，因而能產生和諧一致和團結無間的行動與工作。而欲達此目的，則組織結構的安排成為首要，亦即組織的各單位與各部分間的合作和溝通皆能力求完滿而達到協同一致的目的。

3. **指揮運如的原則** (the scalar principle)：組織是權力分配的型態，組織結構則是權力分配的歸依所在，故當權力進入實際行使階段，便發生領導與服從問題，凡此欲求適當解決，更須配合組織結構進行，亦即配合層級節制體系及職務、工作、權責的性質與內容而求上下的彼此溝通和呼應以及腦之使臂，臂之使指之效，換句話說，組織結構之安排應力求指揮運如而無所障礙。

4. **管理經濟的原則** (the principle of managerial economy)：為配合組織的

有效性 (effectiveness) 及效率性 (efficiency)，組織結構應力求達到管理經濟的目的，方法便是：⑴單位或部門設置應完全適應事實需要及事務的繁簡為大小取捨標準；⑵組織結構應力求「事權稱適」，即責任與權力的對等、工作與人員的對等、事業與經費的對等；責任重者權力大，工作繁者人員多，事業廣者經費多，兩者配合，雙雙稱適；⑶首長所管轄的單位或人員應有一定限制，各依本身能力高低，單位的大小，成員的能力予以睿智決定，斯能使組織結構發揮配合管理經濟的功能。

5. **事權確實的原則** (the principle of functional definition)：健全的組織及其結構必然是事權確實的，只有在事權確實的組織結構中才能收致綜覈名實，因任督導和信賞必罰之功。做到事權確實的方法，不外下列諸端：⑴本機能一致原則，劃分各部事權，建立權責分明的組織結構；⑵本分層負責及逐級授權精神，使人人有定事，事事有定人，發揮組織結構階層安排的效用；⑶業務與幕僚單位須明確劃分，釐定關係，切不可含混或雜亂；⑷各單位的職掌、權限除以法令規章明定外，配合「辦事細則」或「處務規程」作具體說明；⑸各單位的對外責任應明確規定；⑹各單位之採行委員制或首長制，應妥詳考慮，以防止推諉或傾軋；⑺職務應以分工，做到專業化、標準化、簡單化以提高效率（張金鑑，民 59：175～184）。

第三節　組織結構的分化㈠——層級化

在一個高度複雜的組織中，高度分工與專業化乃是不爭的事實。其實，任何一個規模較小的組織中，分工現象仍是不可或缺，當組織愈趨複雜時，這種分工的程度即愈顯明。此種分工現象的具體表現，即是組織結構的職能分化 (differentiation of functions)。所謂分化，乃是將組織結構系統分割為若干分支系統的一種狀態，每一分支系統皆與外在環境發生特定的關係。通常在組織中，分化表現於兩方面：即平行的分化 (horizontal differentiation) 與垂直的分化 (vertical differentiation)，前者建立了組織的各部門，可稱之分部化或部門化 (departmentation or departmentalization)；後者又可稱之層級節制體系或層級化 (hierarchy)，因為它建立了組織的層級節制和梯階系統。兩者合起來，即成為組織的正式結構 (formal organization structure) (Kast and Rosenzweig, 1974: 214～216)。

一、垂直分化的意義

　　垂直分化乃以層級節制體系為代表。所謂垂直的分化，即依據組織的垂直面向 (vertical dimensions) 進行分化，所須注意的是：個人對組織活動所具權力之大小，對組織活動所具責任的程度，及他所監督或管轄的部屬數目——控制幅度等因素。易言之，垂直分化乃是依各人工作的寬廣度而產生，愈高的職位就具有愈大的寬廣度。

　　一般言之，在一些大規模組織中進行垂直分化，造成四個主要的活動組群 (groupings) 或階層：

1. **高層管理職位** (top management positions)：負責總目標的制定及有關資源分配政策的釐定。

2. **中層管理職位** (middle management positions)：與分目標的制定及完成上級政策、協調下級活動計畫有關者。

3. **低層管理職位** (lower management positions)：與完成高層的決定及協調指導組織基層員工有關者。

4. **基層員工職位** (rank-and-file positions)：與執行特定工作活動有關者 (Peter et al., 1975: 247～273)。

　　垂直的分化，建立了組織的層級節制體系，以及組織的層級數目。儘管組織在垂直分化程度上所表現的明確化及正式化的程度有所差異，但皆具有層級節制的特性。在較正式的組織如軍隊，垂直的分化是以各種不同的職位及角色的特殊意義而建立的，同時在不同層級之地位，也有重要的差異性。例如軍官與士兵的基本劃分是，即使是在軍官層級中，也有一由少尉直至上將的顯明之身分及職務之區分。其他組織或許不會有如此清楚

明確的職務及地位上的層級區分，如大學的教師層級，但層級節制體系多少存在。

在正式組織中，此一層級節制體系乃設立了基本的溝通及權力結構，即所謂之指揮命令系統 (chain of command)。在層級節制體系中，若向上升遷亦可得到實質的報酬。在垂直範圍內的職位，通常就決定了在位者的權力、影響力、聲望、地位及待遇。就理論上言，愈高層級所考慮的範圍就愈寬廣，所做的決定也就愈具重要性，此種活動的垂直差異，也就造成了組織的金字塔 (pyramid) 型態。

在組織的垂直分化上有兩件事必須加以注意：

1. 它與「手段目的連鎖」的關係 (relations to means-end-chains)。對組織中職位從事垂直分化的結果，使得不同職位的人在各自的「手段目的連鎖」，具有獨特的角色，各個活動組群，各以完成自身的目標為定向，如居高層職位者，將以目標政策的制定及分配有關資源為定向，換言之，即較高層級目的的達成係以較低層級為手段。

2. 不同的心理及角色條件，使得個人在組織中獲得不同層級的職位。亦即，一個在某一層級職位上表現得頗具效能者，並不一定會合乎其他層級職位上所需要的條件。這多少是與分工、專業化、個人才識能力有關（嚴愈政譯，民 62：9）。

二、階層化與控制幅度的關係

組織結構的垂直分化（階層化）既是造成層級節制體系，並注意到個人對組織活動所具權力之大小，對組織活動所具責任的程度，及其所監督或管轄的部屬數目等因素，則階層化自然與控制幅度具有密不可分的關係。在已形成的組織中，其最重要的原則即是階層的「控制幅度」了。

所謂控制的限度或幅度，是指一個主管，直接所能指揮監督的部屬數目，是有一定限度的。超過了這個限度，不但不能充分管理部屬，部屬也會感到不滿，於是在工作的推行上，會招致許多障礙。部屬的人數究竟以多少為宜的理由，可以舉出下列幾點：

1. 部屬的人數增加時，不但與部屬的各個直接關係會變多，同時部屬與部屬間的關係亦會擴大。

2. 一個人的注意力，總有其限度，超過了一定的限度，就無從發揮有效的監督功能。同時，時間的因素亦須考慮。

　　所以，問題就在於一個主管，其所直屬的部屬，到底以多少人為宜？但學者間的意見又甚分歧，如費堯主張不超過五人或六人；古立克主張當工作具例行性、重複性、可度量性及同質性時，甚至可達十人；漢彌爾頓將軍 (Sir General L. Hamilton) 則認為以三人至六人為妥，即高階層以三人為宜，低階層不超過六人；其他有認為四人至六人或八人至十二人者，真是不一而足。同時，葛列卡納斯 (A. V. Graicunas) 認為：「一位主管人員之管理幅度（控制幅度）應不超過六人。」其所以如此主張，主要是因為主管與部屬的關係十分複雜，並非單純的上下關係，其中尚包括平行的關係，以及個人與團體的關係，所以部屬人數雖呈算術級數的增加，但上級與部屬的關係卻呈幾何級數的增加，如部屬人員為一人時，上下的關係只有一種，但為兩人時便增為六種關係；增為三個部屬時，關係人數便增為十八人；增為四個部屬時，關係人數則為四十四人；五個時便增至一百人。其計算之公式如下（嚴愈政譯，民 62：100～103）：

$$f = n(\frac{2^n}{2} + n - 1)$$

　　在層級數目的多少方面，一樣不易解決。因為如果嚴守控制幅度的原則，直屬部屬的人數，勢必要加以限制，組織的階層數因而增加，造成高架式的組織結構 (tall organization)，使溝通困難，人情味缺乏，經費增加及導致員工士氣之低落；而若採用較廣的控制幅度，則造成平架式的組織結構 (flat organization)，雖可消除高架式的缺失，卻違反了控制幅度的原則，因此兩難狀態一樣存在。無論如何，控制幅度的原則既然存在，而其道理亦屬正確，故謀求解決並提出合理之道，乃在於控制幅度並非一成不變，而是視各種條件予以決定。孔茲為此提出下列幾點，作為決定部屬人數的

要素：

1. **部屬的教育、訓練**：訓練健全時，需要指點的地方即少，做事也不會浪費時間，下級階層的工作比上級階層更專門化，而少複雜性，容易教會，故不妨放寬控制幅度。

2. **授權的程度與性質**：應該要做的事，規定得清清楚楚，而權責劃分又很明確時，監督的範圍也就可以擴大。

3. **計畫的程度與性質**：方針、計畫皆規定明白，而且又很徹底時，控制的幅度自可擴大。

4. **充滿活力的組織**：歷史久、富安定性、工作內容變化少的組織，其控制幅度應可寬些。

5. **業績標準**：若業績標準非常明確，所指望的成果又非常一定，工作的管理也就容易，當然可放寬控制幅度。

6. **傳達指示的技術**：溝通網路若良好而充分，傳達技術若佳且能有效運用幕僚時，控制的幅度自然可以擴大（嚴愈政譯，民 62：114～115）。

　　紐曼 (W. H. Newman) 也舉出六個可以作為決定最適度的控制幅度的要素：

1. **在監督工作上所費的時間**：在計畫等方面所費去的時間愈多，監督的界限就愈狹窄。

2. **要看所監督的工作種類是否複雜及其重要程度如何**：所監督的工作種類既多而又重要的話，在監督上所費的時間就多，控制的幅度即愈減少。

3. **工作的反覆性**：對於所監督的工作一再反覆其經驗，養成習慣後，幅度即放大；則開始監督時，管理當然要困難些。

4. **部屬的能力**：部屬若受過良好訓練，且具有良好的判斷力及創造力，並有義務感的話，監督工作較為輕鬆。

5. **權責劃分的程度**：如果權責劃分清楚明確，微細的瑣事即不須監督者勞心勞力。

6. **幕僚的襄助**：若幕僚很得力，控制的界限自然可以擴大（嚴愈政譯，民

62：115～116）。

　　此外，管理者本身的知能，亦是考慮的主題。管理者的能力若很強，控制的幅度可以因而擴大；還有，組織目標若很明確，則可以擴大控制的界限。但不管控制的幅度也好，組織結構的階層數也好，主要注意之點總是在平衡問題。若能妥善安排組織結構，使控制幅度與階層數保持平衡，則組織的目標才容易達成。

三、層級化與溝通、協調的關係

　　組織中任何消息及資料的傳遞，均有一定的孔道或傳達路線，而此路線在組織中就是正式的層級節制體系，亦即階層化的組織結構，它非但是上下間最主要的溝通路線，抑且是用得最多的溝通路線之一，因此階層化的組織結構和溝通具有影響的關係，茲分幾方面說明：

1. 任何機關組織皆有層級結構，而層級結構的存在每意味著成員的身分與地位之高低，此種差別即形成人員間的差距及限制其溝通的範圍，使得地位高者與高者交往，低者與低者互動。層級間的溝通乃大為減少，久而久之，造成下級人員的自卑感，畏於和上級交換意見；而上級人員則易產生驕傲態度，不肯輕易向下級溝通以保持其尊嚴，因此行政距離加長，隔閡愈深，造成溝通的阻礙。

2. 社會心理學家指出，人因身分地位的不同，其對相同事物或問題的看法也就不同，因此成員因層級結構所造成地位高低的不同，對事物的看法也就不一致。而且地位的不同，也影響其心理狀態的不同，上級人員自認無事不知，權威感作祟，造成下級人員的厭惡及不合作，這也阻礙上下級人員的溝通。

3. 機關組織上下之間的命令及消息，經層級結構的逐級輾轉傳遞，非但曠時費事，且容易因層級的傳遞而有意或無意地把原意曲解，造成有效溝通的阻礙。

　　因此，為了解決溝通的阻礙並避免其不良後果，通常層級結構之階層數目應盡可能減少至最低程度，平架式之組織結構似可採用。此外，非層

級結構的溝通方法，如諮詢制度、建議制度、座談會及意見調查等亦可配合運用（郁曉如，民 62：64～66）。

在協調方面，由於層級結構造成溝通的阻礙，自然不容易協調成功。因此層級數目的多寡每決定協調的需要程度之強弱。一般說來，凡層級數目愈多，則愈迫切需要協調；層級少者則需要的程度較弱。準此，為了促進協調的方便，自以層級數目較少的組織結構為宜，平架式的組織結構又擔當了協調方便的角色。不過，縱使是平架式的組織結構中，層級節制的協調 (hierarchical coordination) 仍是必要，方法便是透過層級頂端主管的層層指揮及控制而聯繫整合各層級和各部門於一起。此種方式的協調既是經由層級節制的結構而達成，故某些條件自應具備：

1. 在機關組織的層級尖端，必有一位強有力的領導者，負責統籌全局，調解糾紛，機關組織唯有在他的引導下，才能使成員產生協同一致的行動。
2. 各層級之權責必須劃分明確，上下的命令系統及服從關係必須肯定，如此才能使地位低者服從高者，權力大者指揮小者，從而使機關組織全體的行動密切配合，以收協調之效（郁曉如，民 62：66～67）。

當然，這種協調乃是偏重於層級結構上，若能配合行政系統的協調，自願方式的協調以及委員會式的協調，自能獲致較大的效果。

第四節　組織結構的分化㈡──分部化

在機關組織中，分化既見諸兩方面：一為工作的垂直分化 (vertical differentiation)──亦即劃分機關組織中的層級節制體系或梯階體系 (hierarchy or scalar level)；二為工作的水平分化 (horizontal differentiation)──即所謂之「分部化」(departmentation or departmentalization)。垂直的分化形成了管理層級，水平的分化乃界定了機關的基本部門，如將一個企業機關水平地劃分為財務部門、生產部門、銷售部門、人事部門、企劃部門等。因此這兩種分化即構成了機關的整個正式結構 (formal structure)，此節

專論水平分化，亦即機關組織的分部化。

壹、分部化的定義

有關「分部化」之界說，學者所論甚多，茲舉數例以明其旨：

海曼 (Theo Haimann) 認為：「『分部化』乃係一種將各式各樣的活動類歸到個別單位之中的過程，俾使各單位皆有明確的工作範圍，而每一工作範圍的主管皆有管轄的權力和負責的義務。」(Haiman, 1962: 156)

阿爾伯斯 (Henry H. Albers) 認為：「分部化乃係將機關中的工作劃分成許多半自治的單位或部門。分部化的結果可使主管的責任及運作的活動有個詳細明確的說明；在層級結構體系中，尖端的層級即採行分部化，而往下的每一較低階層更採進一步的部門分化。」(Albers, 1969: 120)

泰瑞 (George R. Terry) 認為：「分部化乃是機關同一層級中各主管人員權力和責任的劃分；在此組織中最高主管之下的每一層級皆採分部化，而順而下之的每一較低層級更採進一步的分部化。」(Terry, 1962: 382)

孔茲和奧丹尼爾 (Cyril O'Donnell) 認為：「分部化是指如何將機關組織按照各層級的業務與權責劃分為許多部門，例如將組織劃分為生產部、財務部、人事部、銷售部等。」(Koontz and O'Donnell, 1968: 245)

麥克法蘭 (McFarland) 認為：「分部化乃指將組織按功能、活動或工作建立許多部門或單位的過程，其目的乃在使這些部門或單位能夠成為特殊之人或職位負責的對象。簡言之，分部化即為機關組織水平擴張的過程。」(McFarland, 1970: 342)

史考特和海曼在其合著之《現代組織管理》(*Management in the Modern Organization*) 一書中更認為：「分部化乃是分工及協調需要的結果，它是一種將活動類歸到各種自然單位的過程。」(Scott and Haiman, 1970: 175)

席斯克認為：「分部化即係將工作予以分析、分割並安排到可以管理的單位上。」(Sisk, 1969: 264)

日本學者幸田一男認為 ：「分部化是指企業如何來劃分必須完成的工

作,並將這些已經分劃的工作分配給各單位去做的問題。它包括各種活動的分類,各種活動的集團化以及集團化活動的分配問題等。」(陳秋帆譯,民 61:71～74)

古立克認為:「在由下而上地建立機關組織時,吾人將面臨一個問題——如何分析欲作的工作及如何將其分配給各單位而不違反同類原則的問題;在分配單位及類歸活動時必須依據四項因素:⑴目的 (purpose);⑵過程 (process);⑶人物或事物 (person or thing);⑷地點 (place)。」(Gulick, 1937: 15)

綜合以上學者的界說,可知「分部化」之要義具有下列幾點:

1. 分部化是一種機關組織水平擴張的過程。
2. 分部化是一種依工作的性質,將許多活動類歸到各單位的過程。
3. 在分部化組織中,同一階層的各部門都是平行的,而且各部門皆有明確的工作範圍和適切的權責劃分。
4. 分部化的主要目的,乃在藉分工以求取更大的組織利益和工作效率。

貳、分部化的原因及主要因素

分部化自從古立克及尤偉克首創以來,迄今備受機關組織的採用和重視。促成分部化的主要原因,可歸納幾點:

1. 由於機關工作的日益複雜以及組織的日益龐大,促使機關組織必須按照工作的性質分設單位,將繁雜的工作分別類歸到各個部門,才能適應事實需要。
2. 為求行政效率的提高,必須經由分部化的手段和過程,使各部門皆有明確的職掌及權責關係,乃能職有專司,克奏其功。
3. 為期「管理幅度」(span of management) 的適切,故須分部化,俾使主管人員有效地指揮其屬員從事分工和協調,以免因工作劃分不當所造成的困難。
4. 為期達成「工作專業化」(task specialization) 的利益,故須分部化,將工

作性質相關的活動予以類歸，並適才適所，以發揮成員專才，妥善完成
目標之效。

5. 為期獲致一個大小適度，便於管理的工作單位並妥善運用管理的技能，
故須分部化。

6. 因為分部化是機關組織水平擴張的必要過程，且為機關組織結構建構的
首要步驟，故欲使機關組織健全擴張並減少上下層級間的行政距離，避
免組織溝通和協調的困難，分部化乃廣受採用和重視 (Sisk, 1969: 265)。

　　至於分部化之主要因素，紐曼指出下列六項為分部化時首應考慮者：
(1)利用專業化的優點；(2)促進控制；(3)易於協調及溝通；(4)獲得充分注意
及重視；(5)適合因地制宜及事實情況；(6)節省開支並避免浪費 (Newman et
al., 1972: 35～37)。

參、分部化的基本原則

　　不論政府機關或企業組織，均有其基本的分部化原則，務使組織能妥
善利用分部化的功能，成功而有效地完成機關組織的目標和使命。茲將分
部化的基本原則概論如次：

1. **一定的職掌**：機關組織在實施分部化時，必須確定每個單位的職掌，採
行機能一致的原則，嚴格建立明確系統，任何事權決不劃歸兩個以上的
單位辦理，俾免貽誤事機，彼此牽制，爭功諉過，浪費公帑。

2. **明確的責任**：機關組織在分割單位或部門時，必須具體而確切地分配各
單位的責任，俾免發生工作重複和功過不明的困擾。

3. **階層結構單位設置的一致性**：機關組織內，各階層的結構，應採用一致
性的分部化原則予以設置，期能達到如下之目的：(1)使機關組織中各單
位間的相互關係和處理事務的程序得以簡化；(2)使機關組織中各單位各
階層間的結構，盡量標準化以達到最有功效的組織型態；(3)以簡單形式
表達機關組織內各單位之職責所在，使人易於認識和瞭解。

4. **確切的從屬關係**：任何機關，由上至下，皆應知道他須向誰負責，及誰

須向他負責，亦即所有成員皆須瞭解其單位及本人之隸屬系統和從屬關係，以免產生上下系統混淆之弊端。

5. **單一指揮原則**：各單位人員不應向兩個以上的長官負責，俾免造成命令的衝突而使部屬無所適從，導致行政效率低落。

6. **權責相稱**：每一單位的職責及權力應確切把握「事權稱適」原則，即「責任與權力對等，工作與人員對等，事業與經費對等」。

7. **分層負責**：在不影響機關的目標原則下，上級主管或單位應盡量授權於下，實施分層負責制度。

8. **適切的管理幅度**：主管人員所轄之單位或人員應以其能有效地指揮、監督、協調者為準則。俾期主管人員能有充裕的時間和精力，成功而有效地領導部屬善盡職責。

9. **幕僚單位與實作單位的配合**：幕僚單位係以輔佐實作單位為職責，雖不可干涉實作單位的活動，但兩者應密切配合，斯能相輔相成，發揮效能。

10. **適切的單位數**：單位不宜過多過細，以免妨害工作之推行。否則，機關組織便缺乏彈性，違反管理經濟原則並難以適應環境變遷。

　　其他例外原則是：⑴將活動分割在最能有效利用它的單位上；⑵依實際需要和特殊性質，將某一活動分割在兩個單位上共同負責；⑶分部化後的單位必要有合理的競爭，發揮潛能；⑷分部化後的單位間應充分協調合作，俾免衝突與傾軋；⑸分部化時應尊重每一位主管的利益和建議，以免遭受埋怨或阻力，期能形成團隊的合作精神。

肆、分部化的基礎（方式）及其優劣

　　分部化的基礎，學者間的見解不一，當視機關組織的事實需要而定；同時，有逕稱分部化之方式者。但無論如何，分部化既是為建立機關組織的一種過程，則基礎或方式的互異，並不互相排斥，而卻可以相互配合運用。綜合歸納之，分部化的基礎或方式以及優劣利弊可論述如次：

一、按功能分部化 (departmentalization by function)

即是將相同或相似的活動，歸類形成一個組織單位。換言之，乃係將同一性質的工作置於同一部門之下，由該部門全權負責該項功能之執行。例如製造、推銷、人事、總務、採購皆是各項不同的功能，在機關組織中可按此等功能劃分部門（圖 6–1）。

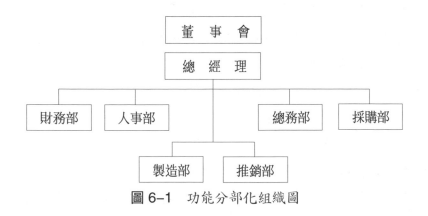

圖 6–1　功能分部化組織圖

根據功能來劃分部門，是最普遍的分部化方式，不論在企業組織或政府機關皆可常見。尤其是所有政府機關在成立之初幾乎皆採功能性之分部化方式。但此並非意味著此種分劃即是機關組織唯一的分部化方式，當組織漸形龐大時，功能性分部化方式必須與其他方式聯合應用，始易奏功。通常，在以功能為基礎所作分部化時，多能涵蓋每個組織所從事的各項基本活動。

根據基本功能分劃部門後，每一部門各負責一項功能，後因部門功能擴大，工作數量增加，為達專業化的目的，不得不在各部門以下分劃許多分支部門，於是在主要功能部門之下又產生許多次要功能部門（圖 6–2）。可見，只要具有健全的再分部化基礎，功能性的分部化在機關組織中可以繼續發展到好幾個層次。

以功能作為機關組織分部化之依據時，有其優點，亦有其缺點，分述如下：

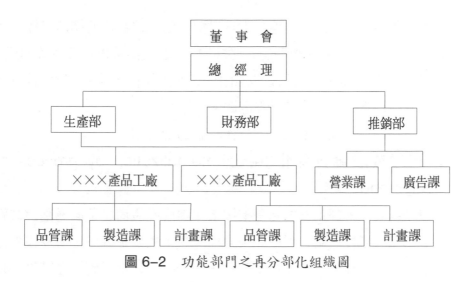

圖 6-2　功能部門之再分部化組織圖

1.**優　點**

　　⑴合乎邏輯且為人所沿用：各單位依功能設置，對問題之考慮較為周詳，對於單位所處理的業務與所擔任的角色，可以在其職能內加以合理的安排。

　　⑵符合專業分工的原則：按功能分劃，每一部門僅負責某項工作，切合專業化之原則，可藉專業化之優點以提高行政效率及經濟上之利益。

　　⑶工作更易協調：因同一類工作均歸由部門主管負責，其在同一功能之下的工作必然更易協調。

　　⑷經營更合經濟原則：功能型態組織在經營上可以對現有之設備、器材、人力等作更經濟運用。

　　⑸事權劃一、職責明確：以功能為基礎的分部化，係將所有性質相同或相關之事務，分配一個單位全權處理，故不論計畫、執行和管制均歸該單位負責，容易使事權劃一、職責明確、力量集中。

2.**缺　點**

　　⑴權責過分集中，易導致集權，無法適應變遷需要。

　　⑵倘功能單位分劃過多，容易導致協調困難。

(3)本位主義濃厚，各部門為達成本身目標，常忽略組織的總體目標。

(4)業務一經擴張，則功能部門層次必然增多，導致溝通緩慢及決策遲緩。

(5)經理人才不易培植。因此種型態的組織乃以專業化為主，故培養專業人才易，培養通才經理則甚為困難。

(6)有些業務之目標混淆不清，不易作明確的權責劃分。

二、按程序或設備分部化 (departmentalization by process or equipment)

　　按程序或設備分部化方式乃是指按工作程序或設備之不同為基礎或對象而設置部門或單位之謂。採取此種分部方式，主要是基於經濟及技術方面的考慮，因此此種分部方式在生產及操作階層中較常見到，尤其是在政府專門性機關及企業組織的製造業中更可多見（圖6–3）。

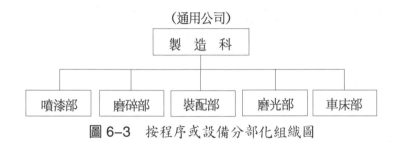

圖 6–3　按程序或設備分部化組織圖

1.優　點

(1)對現代之技術知識能作高度的利用，並且能夠有效地運用分工和專業化之優點。

(2)由於從事工作時是用同樣的機器設備、技術和動作，故可節省人力、物力、財力並可進行大量生產。

(3)便於單位成本及工作效率的分析。

(4)可以促成有效的技術合作。

2.缺　點

(1)大多重視技術而輕視政策，崇尚手段而忽略目的。

⑵過分重視專門技術及知識，因此容易養成專業人才的傲氣，不易接受民主領導。

⑶倘若普遍採用此一方式，容易破壞首長的領導和控制功能。

⑷專門技術人員知識範圍較狹窄，知偏不知全，見樹而不見林，僅對其專業單位忠心，而忽略其他單位之重要性，協調困難。

⑸在龐大而複雜之機關組織中，倘欲單獨採用此一方式來分割所有的工作，有事實上的困難。

三、按人、顧客或物分部化 (departmentalization by person, clientele or material)

　　係指機關組織根據所服務的人群、所管轄和處理的事務和物材為基礎來設置部門或單位。此種分部化方式，在政府機關及企業機構中皆可常見，而其見用於私人企業者要比政府機關普遍得多。

　　此外，在企業組織中亦常按其不同產品的類別來分割單位，亦即以產品分部化 (departmentalization by product)，例如將產品分成電子部、衣衫部、傢俱部等，俾使製造與推銷容易配合專業化的知識，以發展出一套更新的管理技術。同時藉此來確切衡量及評估每個單位之運作及管理績效。

　　此種分部化方式所用名稱不一，有稱按顧客分部化者，有稱按服務分部化者 (departmentalization by service)，不論如何，其性質本義則無二致，皆以「實用目的」為依歸。

1.優　點

⑴由於與所服務的人群發生直接的接觸，以致工作簡化，並使行政與大眾的關係簡化。

⑵易使對特定服務對象而為的工作，獲得協調，各部門可從各種不同角度來考慮其服務對象的需要，而謀求完美的解決方策。

⑶可以減少交通往返的不便，減少交通費用。

⑷容易因地制宜並符合顧客的需要。

2.缺　點

⑴容易犧牲技術專業化所帶來的效果。

⑵易與工作程序的分部化方式相衝突，並且不易維持有效的分工。

⑶倘若管制或應用不善，有遭受特種壓力團體控制的危險。

⑷容易造成職業之衝突和重複，並且各自為政，協調困難。

四、按地區分部化 (departmentalization by place or territory)

即機關組織按地區或處所等為基礎而設置單位者。當一個組織中的諸活動散在一個廣大的區域時，經常採用此種分部化方式。原因是考慮：⑴市場的遠近；⑵原料取得的難易；⑶交通之便利與否；⑷都市化情況；⑸人口的移動；⑹社區的服務；⑺政治制度的變遷等因素。

1.優　點

⑴便於一地區內各種工作的協調與監督。

⑵便於因地制宜，決定政策，以適應各地區不同的需要和差異。

⑶能就地解決問題，避免層奉呈示，曠時費日，影響工作效率。

⑷提供地區主管一種磨練和發展的好機會。

2.缺　點

⑴各單位易各自為政，挾地自重，忽略組織總體目標。

⑵易產生地域觀念，發生離心現象。

⑶不利於舉國一致政策的執行。

⑷派出單位為圖在派出地區生存與發展，易與地方勢力相結合，忽略機關利益 (Koontz and O'Donnell, 1968: Chap. 14)。

上述分部化的方式，只是一般情形。劃分的方法，各有其長處與缺點，不能謂為唯一的適當方法。應用時並沒有一定的基準，通常必須考慮組織的種別、規模、管理者的意圖、構成人員的性格以及其他情形來決定而混合使用，但無論如何，必以達成組織的目標及總體利益為依歸。惟一般的傾向是，第一層次採用功能分部化為主，第二層次以下則混合使用，視事實需要而定。同時，依上述的分部化方式劃分部門，只是決定了組織的基

本結構，至於部門化的最後決定及工作分配則尚須依照下述原則歸類所屬部門的工作：

1. 根據工作的同一性、類似性劃分。
2. 根據工作的關聯性劃分，必須考慮組織的政策方針，結構的調整以及時間的配合。
3. 其他情形（陳秋帆譯，民 61：80～94）。

第五節　組織結構圖

組織圖 (organization charts) 係表現組織結構的一種典型而有效的方法，它不但是一個現代機關組織的必要管理工具，同時亦可以表現組織的長期擴展。

一、作　用

組織圖的作用或優點，計有下述諸端：

1. 組織圖的本身，可以顯示出組織的概要。
2. 組織圖能表示出組織結構的各種基本正式關係，各職位及其所掌管的職能之劃分情形，各部門的組織要素，以及與各職位的直接關係（命令、報告系統）。因此，根據實際調查所繪製的組織圖，可以顯示出組織結構的現狀或實際情形。
3. 透過組織圖的分析，可以將呈報關係或職位的重複，以至職位的不平衡情形或一切混亂形式，予以消除，藉謀補救。
4. 透過組織圖的分析，即可以瞭解各階層在計畫、協調、管制等管理活動上，是否皆位於安排的職位上；管制的範圍是否太廣，階層數目是否過多？
5. 組織圖可作為溝通各方面意旨的工具。
6. 組織圖亦被用於人事管理上，如人事異動方面所應用的升遷圖表 (replacement charts)，即具此方面的作用（陳秋帆譯，民 61：263～264）。

二、類　型

　　組織圖有各種不同形式，實際被應用得最為廣泛的，可以組織結構為中心的組織結構圖 (organization structural chart)，與指出各組織部門所分擔職能的組織機能圖 (organization functional chart)，以及指出職員姓名、職銜、職位來的組織職位圖 (organization position chart) 等三種。就表現方法來分類的話，則又可分為縱型 (vertical type)、橫型 (horizontal type) 與梯型等三種傳統型 (traditional type organization chart) 以及較新的聚合型 (concentric organization chart)（Brech, 1969: 436～439；陳秋帆譯，民 61：263）。茲繪數圖以便於瞭解，並比較其優劣。

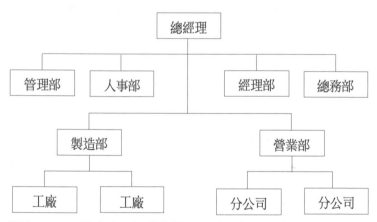

（註）　1.用一覽式表示組織機構，用階段表示組織階層。在美國，
　　　　　所有使用組織圖表的公司，95% 都用此種圖表。
　　　　2.很容易看懂，主管與部屬的關係、各部間的基本關係、職
　　　　　位、授權的路線，都非常清楚。
來源：採自陳秋帆譯，幸田一男原著，《經營組織之體制與改善》，
　　　　頁二五八。

圖 6-4　組織結構圖：縱型

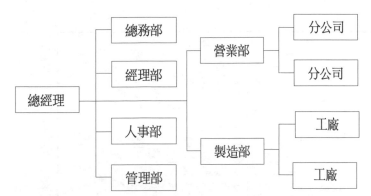

（註） 1.從左向右看過去，階層數少而基層組織多者可用此式。

　　　 2.看起來比較不容易，可是從製作技術上說來，比較方便。

來源：同圖 6–4。

圖 6–5 組織結構圖：橫型

股份有限公司　製作所
組織機能圖

董事長
總經理
124　39

製造部 70 19				營業部 40 4		總務部 14 16	
製造課 58 16	倉庫課 5 0	採購課 3 1	企畫課 3 2	銷售課 36 0	事務課 3 4	經理課 5 6	總務課 (男)8 (女)10
第1工廠 零件的製造	倉庫事務	採購事務	生產計畫事務	銷售活動	銷售事務	財務事務	庶務事務
第2工廠 1.小裝配 2.大裝配	出入庫業務 1.進貨驗收 2.入庫 3.出庫	採購業務 1.採購數量 2.採購 3.估價 4.契約 5.訂購 6.督促 7.收貨	1.生產數量 2.生產工數 3.材料計畫	1.接受訂貨 2.貨款收回 3.代理店關係	1.銷售計畫 2.估價 3.契約 4.接受訂貨 5.交貨 6.貨款收回	1.資金計畫 2.資金調度 3.預算編制 4.預算統制 5.決算	1.收發 2.接電話…… 3.郵改、文書 4.會議 5.秘書 6.警備 7.用度、營繕 8.汽車
第3工廠 1.髹漆 2.裝飾	清庫業務 1.期末清點	外購事務 1.採購	工程管理事務 1.作業傳票 2.出庫傳票	地區主管 1.關東地區 2.甲信越地區 3.東北地區 4.北海道地區	廣告宣傳 1.代理店的公共關係 2.新聞、電視	會計事務 1.現金出納 2.支票　成本事務 1.成本計算	人事事務 1.人事企劃　接待

（註）1.組織機能圖（縱型），指示出各組織單位所負擔的職能。不但表明了機構構造，同時職能分配的狀況，也很清楚。

2.在各課上面所列的數字，是表示職員人數，左邊是男，右邊是女。

來源：來源同圖6-4，頁二五九。

圖6-6　組織機能圖

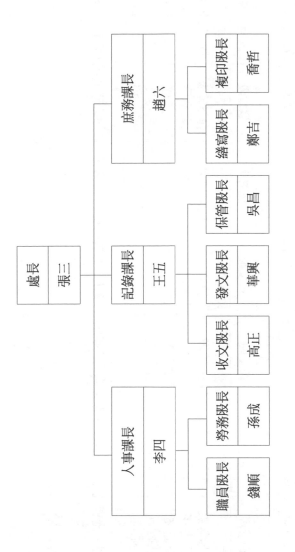

（註）表示職位的劃分，明列人與職位的關係。
適於組織計畫與變動之場合的適用。

來源：來源同圖6-4，頁二六○。

圖 6-7 組織職位圖之一

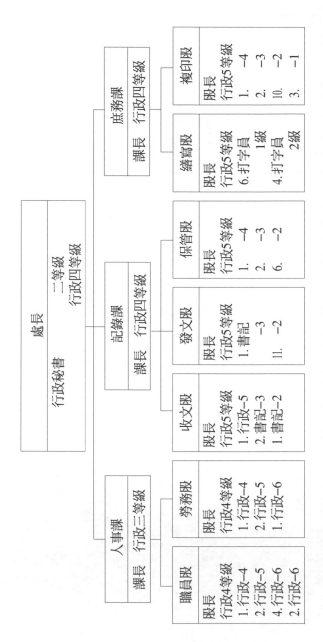

圖 6-8　組織職位圖之一

（註）從與現任的特定職員的關係，到與職名、職位、等級的關係，都表示了出來，用在組織計畫上，頗有方便之處。

來源：來源同前，頁二六一。

3. 在那狹小的位置內，可以表現很多的職位，所以在製作詳圖的計畫階段，大可以使用此表。

2. 只表示不出各職位的比較與命令系統，並不是從本表展望整個組織系統的。

1. 雖在組織各階段，只表示出職位名稱，但可以稱為基本的組織圖。

來源：來源同前，頁二六二。

圖 6-9　組織結構圖：梯型

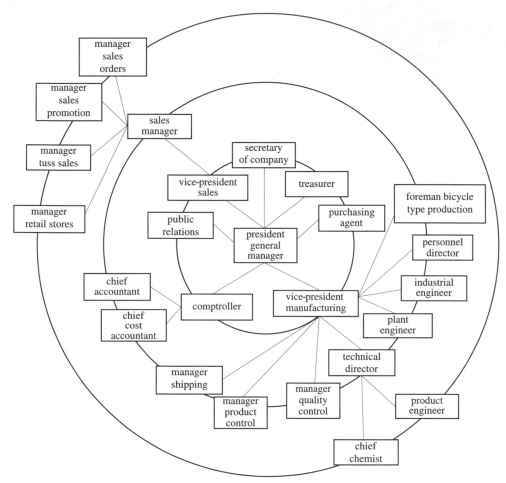

採自 E. F. L. Brech, *Organization*, 2nd ed., Longmans, Green & Co., London, 1969, p. 437.

圖 6-10　聚合型組織結構圖

　　傳統型的優點是：(1)縱型組織結構圖用一覽式表示出組織結構，用階段表示出組織階層，使人容易看懂，且主管與部屬的正式關係、各部門的基本關係、職位、授權的路線，皆非常清楚；(2)橫型組織結構圖可用於階層數少而橫裡寬闊者，並且在製作技術上比較方便；(3)縱型組織機能圖，指示出各組織單位所負擔的職能；不但表明了結構的構造，同時職能分配狀況亦很清楚，故廣受採用；(4)組織職位圖表示職位的劃分，明列人與職

位的關係，適於組織計畫與變動之場合之應用；⑸梯型組織結構圖表示出各職位的比較與命令系統，且各狹小的位置內，可以表現很多職位及職能，故在製作詳圖的計畫階段，大可採用。

　　然而，傳統型有甚多缺點：⑴僅表明一切正式關係，非正式關係則無由表達；⑵製作時，部門愈多，層級愈多，則繪製的空間安排愈困難；⑶不容易表現整個組織系統，尤以梯型為然；⑷難以適合時間或事實變遷的需要；⑸橫型圖使人看起來比較不容易；⑹結構的繪製以及層級的高低，容易顛倒混淆；⑺容易使人員有階級高低的觀念；⑻無法表現組織的動態關係。

　　為了改進並消除傳統型的缺失，故有聚合型的出現，其優點如下：

　　⑴聚合型採用圓形圖繪製，一圈比一圈大，不因部門或層級與人數的眾多而有空間難以安排之虞；⑵因是圓形繪製，故能消除人員的高低階級觀念，促進部門或人員的和諧、協調與溝通，從而改善人際關係；⑶較能表現組織的動態關係，充分顯示組織各部門及人員間的相互依賴性及相互影響性；⑷由於圓圈由內向外擴張並且由外向內聚結，故可表現各部門與人員的向心力，共同為組織的目標賣力；⑸簡化設計並促進人員瞭解，因聚合型不似傳統型的設計複雜；⑹顯示一個結構合理且自我包容的組織，不似傳統型結構之鬆弛和漫無心境。

　　誠然，聚合型似已改進傳統型的若干缺失，但其本身仍有困難：⑴聚合型和傳統型一樣，只能顯示組織結構的正式關係，非正式關係則無法表達；⑵人員的權限、責任和義務亦無法表達；⑶不易表現組織的機能或機能分配情形；⑷某單位與其他單位在共負責任時不能同時表示出來。由此可知傳統型與聚合型之優劣利弊了。

三、缺　失

　　組織結構圖的類型以及優劣利弊，已見前述；姑不論類型如何，凡是組織圖，必有下面的缺失，所異者只是程度的多少而已：

　1.組織圖只是一張圖表而已，其意義到底有限，其所能表現的無非只是某

一個時期的剪影，難以使之經常適合時間上的需要。

2.從性質上來說，也只能瞭解表面的情形，非正式的關係、責任、權限、義務等，自然無法從組織圖中獲得充分瞭解。

3.方格子的大小與線段的粗細，容易使人誤認為地位的象徵。

4.組織圖無法表示出管理的過程和管理責任的內容與權限的大小及其來源。

5.組織圖的繪製，雖可於某些部分著以顏色以資醒目，然對其複雜性仍無助益 (Brech, 1969: 433～435)。

四、製圖要領

　　製作組織圖的用意及好處，是可使整個組織的情況一目瞭然，因此，在製圖作業上有許多值得注意的地方，其要點如下：

1.**框格**：指明職位的框格，原則上是以職位高的框格較大，隨著職位的趨低而逐漸縮小，同一職位的框格當然必須同樣大小。

2.**相互關係**：屬於同一階層的職位，除框格須同樣大小外，應在圖中的同樣階段上表示出來。通常，幕僚部門可放在上段，業務部門放在下段，至於事業機構則置於最下段，同時，各部門及其直屬部門，可用實線連結起來，但在表示出那是幕僚部門的機能關係時，可用虛線表示。

3.**業務幕僚**：業務關係不妨用粗線連結，幕僚則不妨在框格線上加一道紅線，以資醒目。

4.**委員會**：常設的委員會應在圖中加以明確表示，通常以圓圈繪之。

5.**人數**：原則上，所有配屬於各組織單位內的人數，應記載於組織單位的框格內，男性放在左邊，女性放在右邊，人數的合計，則在其上級單位的組織人數中表示。

6.**分等職能**：最末端的組織單位所分掌的職能，應列舉於其下面。列舉時應注意下列各項：(1)擇其要者列舉；(2)一定是實際所分擔的職能；(3)要以重要的程度為次序而列舉；(4)職能應記入職能的最小單位的框格內，其在上級單位內，並無記入必要，除非上級單位有其保留的職能。

7. **空間**：為使人看了容易瞭解，應在各組織單位間留出充分的空白，可使表內顯得非常清晰。

8. **調查記錄**：組織圖不管製作得如何完美，不外是一種限於某一時期內的靜態表現，所以，另外尚有一些不能在組織圖上表示出的事項，應另外加以記錄，諸如人事關係、工作情緒、非正式組織等（陳秋帆譯，民61：264～269）。

第六節　組織結構的型態

組織在正常情況下，均會隨著時間的推移而成長與發展。在此過程中，除規模的擴大外，一項明顯而必然的變化就是組織結構的改變。

關於組織型態的演進，美國知名學者、賓州大學華頓學院的魏伯 (Ross A. Webber) 教授，曾在其《管理導論》(*Management: Basic Elements of Managing Organizations*) 的巨著中，提出了相當精闢的看法，廣受國內外學者的引用。本節即依據其見解，說明組織型態的類型 (Webber, 1975: 445～455)，並另補充專案組織。

壹、傳統的組織型態

任何一個初創的組織（特別是企業組織），其組織結構絕大部分屬於此一類型：其型態猶如一個小球直立在一個大橄欖之上（圖 6-11）。一般而言，剛創立不久的家族企業都類似此種型態，故至今仍可見到（在臺灣尤其屢見不鮮）。小球代表掌握所有權的經營階層，他們主宰整個組織，也決定組織內的大小事情。在組織中，專業幕僚和中層管理人員極少，圖中介於經營層和員工（即橄欖球部分所代表者）間的細線部分，便是指這個階層的人。至於底層的大多數員工，他們都沒有專門技術，故談不上有何升遷機會。

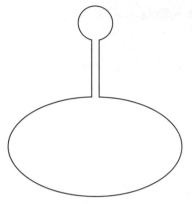

圖 6-11　傳統的組織型態

貳、理性的官僚體制

在工業化的社會中,傳統的組織結構逐漸演變成大家所熟知的金字塔型結構 (見圖 6-12),此即德國社會學大師韋伯所創之官僚體制 (bureaucracy) 的型態。這種組織型態常見於現代的、規模較大的組織中。其與傳統組織結構最大的不同在於中級管理人員和專家的增加,以從事規劃、控制和維護日趨複雜的技術。

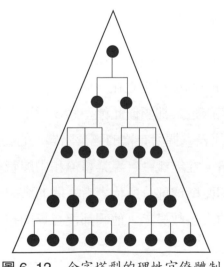

圖 6-12　金字塔型的理性官僚體制

同時，組織中的所有職位均予以明確的界定，彼此之權責關係亦均納入一定的結構中。待遇、獎賞及升遷等都有一定的制度，低層人員可據以逐漸在此一組織的「金字塔」上爬升。

這種理性的組織結構之主要理念是：決定一個人能否獲得組織的任用及升遷的主要標準應該是個人的能力與工作績效，而不再像以往只憑家世和背景。在理想的狀況下，一個年輕人只要具有良好的教育與優異的能力，應可經由長時間的歷鍊，由基層逐漸升至金字塔的頂端。

此種組織結構的理性 (rationality) 亦表現在其目標的特定化 (specificity) 和無人情化或對事不對人 (impersonality)，此即組織目標變得更加的特定而明確和更不受個人的意志所左右。因此，所有組織的成員，無論其地位之高低，均應將個人目標置於組織目標之下。任何人如果利用其在組織中的職位，或使用組織資源以謀取私利，將被認為是非常不道德的。甚至，只要個人利益和組織利益有衝突之虞，亦被認為是不當的。

另外，做事不應考慮人情因素以及要求絕對的客觀也是另一種理性的表現，亦可說是另一項道德標準。因此，組織對待個人，不可因個人的地位和私人的關係而有所不同，主管人員亦被要求以平等對待部屬、客戶和供應商。

參、雙層金字塔型結構

儘管現代組織結構大都是金字塔型，但是目前在許多組織（特別是企業組織）中，常見的型態卻是大金字塔上加一個小金字塔（見圖 6–13）。大金字塔是由作業人員及其頂頭上司（如領班等）所構成，其上之小金字塔則是由管理人員及專業人員所組成的另一個「層級」。以往一個未受過良好教育的年輕人，可從組織的基層幹起，經過多年的歷鍊及自我發展而爬升至金字塔的上端。然而，此種事例在今日社會中已不易復見。今日社會，由於教育水準的普遍提高，要想進入管理層級（即上層的金字塔），幾乎都須要大學以上的學歷。

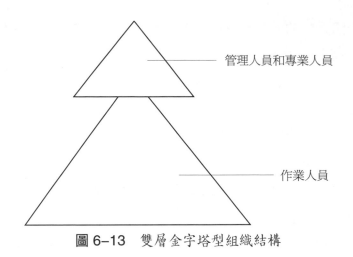

圖 6-13　雙層金字塔型組織結構

肆、新的組織型態

　　長久以來，金字塔型結構一直被認為是理想的指揮結構 (ideal command structure)，而當代的組織亦大部分均採此種型態，因為沒有其他更好的方法可以確定每一個人的責任，而將命令逐級傳下去。例如一位將軍可經由其下的三個層級，以三個簡單的步驟（一次傳給十個部屬）而將作戰命令很快地告知一千人。

　　儘管金字塔型組織有此種優點，但大部分對於未來組織的預測都認為，金字塔型的優勢將日趨減少。教育水準的提高、專業化及科技複雜性等增加，勢必導致一些新組織型態的出現。這些組織降低了金字塔型獨尊一人的獨斷性質 (autocratic nature)。

一、專案組織 (project organization)

　　專案組織乃肇始於美國航空及太空工業之產品研發策略所形成的彈性組織結構，是一種將專業分部化與自給自足兩項原則交互運用的混合體制，它兼顧依功能分部化及產品分部化的優點而將兩者結合起來。

　　此種組織形式又稱為「矩陣組織」或「欄柵組織」(matrix organization)，通常是指若干部門之間的團隊組合，用以達成某種特定性的工作，亦即為

解決某項特殊問題所採取的團隊或工作小組之途徑（見圖6-14）。

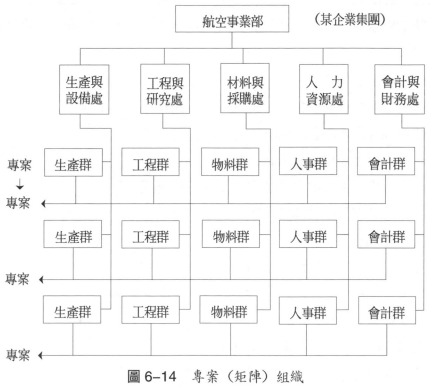

圖6-14　專案（矩陣）組織

　　這類組織的人員是自功能部門借調而來，以完成某項特殊工作或任務，當任務完成後，工作人員歸還原來部門。

　　專案組織的特性有下列數點：

1. **是一種臨時性的動態組織**：其結構並非為傳統組織的上下節制型態，而是具有彈性，隨時接受變遷的臨時組合，其人員係各個專業化功能部門人員暫時組合，一旦完成任務，專案組織即予裁撤。

2. **是一種開放性的團體**：一般永久性的團體較具封閉性，組成分子之變動甚為緩弱，而開放性的團體，人員可隨時增加或減少，專案組織的人員隨專案性質及規模可多可少，並無一定之限制。

3. **人員之間的互動頻繁**：專案組織的人員主要係任務結合，且係平等之地

位，故交互行為較傳統式的組織頻繁，溝通網路也比較複雜。

4.為特殊目的而成立：專案組織之出現，是由於原來的組織結構無法完成某項功能或目的，因此必須將有關的專家及人員加以組合，而為特殊之目的而工作。

1.專案組織的優點

(1)每一專案主管完成負責目標之達成，任務十分明確。

(2)能夠訓練通才的管理人員。

(3)專案人員更能夠發揮所長。

(4)具有彈性，可適應實際情況，任務易於達成。

(5)可消除各部門間的本位主義。

2.專案組織的缺點

(1)專案主管與功能部門主管間容易產生職權的衝突。

(2)組織設備不可能完全由一專案所占用，即使能夠，時間亦不能過長，且易妨礙原有部門的工作。

(3)人員變動大，造成心理的不安。

(4)部分人員產生了雙重忠貞問題，造成人員的徬徨感。

二、極端集權的集體領導 (extreme centralization in collective leadership)：鐘型組織

組織由於依賴愈來愈多的具有高等學位的電腦及資訊系統專家，而可能變得異常的集權化 (ultracentralized)。重要的少數決策者居於最頂端而成一個實施集體領導的「首長群」(executive team) (如圖 6-15 的橄欖球頂端部分)。具備了所須學經歷的人，將可直接進入此一決策權力中心的某一專業部門，在上面 (即圖 6-15 橄欖球型內) 的規劃及控制中心將直接下命令給底部 (圖 6-15 鐘型內) 的白領及藍領操作人員。這些下層人員的工作將高度的程式化 (highly programmed)，因而可能顯得枯燥無味。這些人的工作時間也可能縮短，以致使他們的生活更能截然劃分成工作內與工作外兩部分。

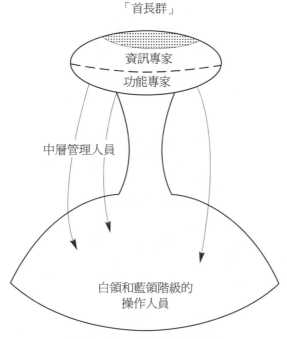

「首長群」

資訊專家

功能專家

中層管理人員

白領和藍領階級的
操作人員

圖 6–15　鐘型組織結構

　　上述這個未來的組織模型顯示，中層管理人員的數目將會萎縮（圖 6–
15 在中間凹進去的狹長部分即為中層管理人員）。理由是：決策知識及權
威均集中於上部，大部分的溝通均可直接越過此一層級而往下傳達。組織
中只須維持少數的中級管理人員從事人為及其他非技術性的工作。

三、專家的擴增：直立橄欖球型組織

　　當科技不斷改變且生產工作不斷自動化時，知識工作者在數量方面將
愈居於領先的地位。這種現象將使組織結構變成一個直立式的橄欖球型（見
圖 6–16）。

　　在頂層為少數具備通才的高級主管及具有高等學位的功能專家，其下
則為一大群大專程度的知識工作者，最下層則為作業人員。如此，組織劃
分成了三個互不流通的部分。

　　組織的最頂層與上述鐘型結構的首長群類似：以集體方式做決策，依
賴其下的專家提供幕僚作業。這些專家不隸屬於上面的這個首長群。高級

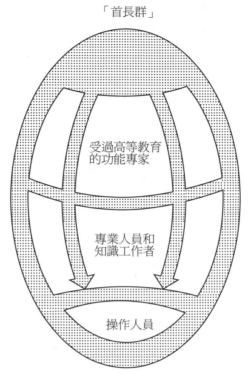

圖 6-16　直立橄欖球型組織結構

主管們可隨其需要而直接找這些專家，不必考慮地位或指揮系統 (chain of command) 的問題。

四、組織民主化：同心圓型組織

　　未來的組織將逐漸走上民主化，因為組織成員的教育水準及專業技能不斷提升，權力及地位也就逐漸分化，最後將導致傳統層級結構的式微。儘管此種發展所可能塑造的組織尚不確定，但一個同心圓 (concentric circle)（圖 6-17）的型態可能是其中的一種代表性結構。

　　此種型態顯示，主管人員之間不論地位高低，均有十分頻繁的溝通。有些組織則是由絕大多數的人選舉有任期的主管人員，並掌握最終權威。這些主管人員如傳統結構時期一樣，享有比一般人較高的地位和較佳的待遇，只是程度上已不如往昔來得顯著。更重要的是，他們均已體認到一件

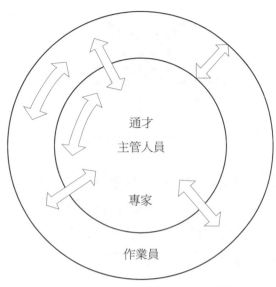

通才

主管人員

專家

作業員

圖 6-17　同心圓型組織結構

事：在許多組織裡，上司與部屬乃是相互依賴而無分軒輊。所以，組織應建立一種制度，使組織成員具有決策的發言權，同時也擁有決定主管人員去留的權力。具有這些特點的組織，目前業已存在，主要是在政治方面。例如民主國家的政治結構即為顯著的例子。在學術機構中，有些大學的院長和系主任也是經由選舉產生的。在企業組織方面，歐洲某些國家已有此種發展的趨勢，廠商即由員工所有，而經理人員亦由他人所選舉產生。

五、自由式組織 (free-form organizations)

　　自由式組織結構，就像阿米巴（amoeba，又稱「變形蟲」）一樣，隨時因其需要而變形（如圖 6-18）。此種型態的最佳寫照是：它是一個多重型態的組織 (multiform organizations)。中央是一個常設的管理小組和各種專家，外面圍繞的則是一些常設的層級結構、臨時小組以及矩陣結構。這些單位乃是依據權變觀點 (contingency views) 而設計的，目的在適應生產技術、服務程序及外在環境的需要。

　　綜合以上有關組織型態的演進，並參考權變觀點，吾人可以確信以上各種組織型態，在未來將沒有任何單獨一種會占優勢，因為組織乃是隨其

圖 6-18　自由式組織結構：變形蟲式

目標、科技、情境及人員而改變的。有些組織可能繼續採行古老的傳統型、官僚體制型或當代型的結構，但在確認金字塔型結構所具有的限制後，大部分組織可能都會設法加以修正而非完全拋棄。總之，任何組織都應有成敗責任與最後權威的存在；最重要是，我們應兼顧穩定與彈性，理性與感性；同時我們應學習如何設計一些能公平、有效而富人情味地對待員工、顧客及服務對象的制度。

第七章　行政組織類型

第一節　首長制與委員制

壹、意　義

　　就機關最高負責者的人數為標準，行政組織可分為首長制 (department form) 和委員制 (commission or board form)。首長制亦稱獨任制或部長制 (single head organization)，即部處或局的組織；委員制亦稱為合議制或者稱為會的組織。一機關的事權交由一人單獨負責處理者為首長制的組織；若交由若干人共同負責處理者為委員制的組織。美國的總統最足為首長制的代表，行政實際大權掌握於總統一人，國務員只是其部屬，國務會議僅備諮詢而已。林肯 (Abraham Lincoln) 有一次召集七位部長開會，他們均反對總統的主張，林肯卻說：「七人反對，一人贊成，贊成者勝利。」瑞士的聯邦政府可為委員制的代表。所有決策經由開會決定，總統並無權決定任何大政方針，他是名義上的國家元首，聯邦行政委員會才是真正有實權的機關，七位委員共同負責。

貳、兩制的優劣

　　這兩種形式的組織在實際的運行上各有其優點與缺點。首長制的優點是：⑴事權集中，責任明確；⑵指揮靈敏，行動迅速，易於爭取時效；⑶易於保守秘密；⑷易於減少不必要的衝突與摩擦。賽蒙即曾認為首長制的最大優點就是效率高、責任明 (Simon et al., 1950: 48)。一九三七年美國行政管理委員會 (President's Committee on Administrative Management) 曾基

於這種理由，建議將聯邦文官委員會改為首長制組織。首長制同時也具有以下的缺點：⑴首長個人易於操縱把持，獨斷獨行，不符合民主原則；⑵一人知慮有限，每囿於管見，對問題的考慮欠廣博周詳；⑶一人精力有限，日理萬機，有不勝繁劇之苦；⑷無人牽制監督，易於營私舞弊，造成私人勢力。

委員制亦有其優點與缺點。論其優點則為：⑴能容納各方之意見，所謂集思廣益；且易於反映人民的意見，獲得社會的有力支持；⑵在彼此相互牽制監督下，不易營私舞弊；⑶多數人分工合作，減輕負擔，能勝繁劇；⑷不受上級長官的過分干涉，而有較多的自主與自由，合乎民主主義的精神。論其缺點則有以下數端 (Pfiffner & Presthus, 1955: 109)：⑴責任不確定，事權不專一，功則相爭，過則相諉；⑵委員之間，以地位相同，權責相若，易形成彼此的傾軋與排擠；⑶力量不能集中，行動遲緩，每致效率低減，貽誤事機；⑷討論研究，多人參加，每難於保守機密。總之，責任分散，行動遲緩，可說是委員制組織最常受人詬病的兩大缺失 (Kast & Rosenzweig, 1974: 813)。

參、兩制的比較

由上所述可知，首長制與委員制實各有其長短優劣。儘管委員制組織的運行在過去曾留下很壞的印象，但是此種形式的組織仍然是普見於今天，主要原因之一乃是因為人是社會動物，樂於去發生面對面的群體關係。因此委員制的組織形式在現代來講似已有其必要及重要性。於此，我們就以個人決策及團體決策作為首長制與委員制組織的兩個表徵，進行深一層的比較分析，這種比較將有助於加強我們對該兩種形式組織的瞭解。我們可以分就效能、效率、開放度及理性度四個面向進行比較 (Kast & Rosenzweig, 1974: 423～427)：

一、就效能言

若效能的著眼點只是就決策制定的迅速與否以為定的話，團體決策的

確較個人決策缺乏效能。然而事實上個人決策者在遭遇到複雜困惑的問題時，也會發生遲緩停滯猶豫不決的現象。就事實觀之，歧異反而會有助於團體決策之運行，因為這樣能有較廣泛的消息及意見，同時也能有更大的機會獲致較適當的解決途徑。因為就效能言，除了注意其速度之外，似乎更應注意到其與精確性、創發性的關係。如此一來，實不可驟言個人決策之一定比團體決策有效能。

二、就效率言

團體決策在時間及人力的花費上的確要比個人決策來得大，但是個人決策者在問題的分析及資料的搜集上，可能花費更多的時間與精力。由這一觀點言，團體集中注意力於一個問題上，在人力及時間的立場上，可能較有效率，分工專業的效率觀的確也能適用到問題的承負之上。況且，效率也應以決策與執行的長期觀點來衡量之。如此一來，實無法斷言個人決策之一定比團體決策有效率了。

三、就開放度言

由於團體決策能涉及更廣的意見與觀點，因此就能比個人決策具有更開放的價值系統。團體決策較不易發生孤注一擲的斷然式決定現象，其決定的作成總是逐漸形成的。

四、就理性度言

此處所指理性，主要是指決定的選擇及做決定的程序而言。韋伯提出的理想型官僚模式，其主要作用之一，即是在用以去彌補個人決策者做決定時的變幻無常性。韋伯的概念認為，明確的組織程序可消除或多少可減輕個人決策者因為靠經驗常識做決定所產生的問題。當組織的程序已成，步驟已定時，團體決策的確要比個人決策更能符合理性的要求。

肆、兩制的運用

任何機構或組織本身並未具有絕對的優劣性，端視其運用的情形以為定。例如藥物本身並無優劣，總在以其能否對症下藥而定其價值。行政組

織的形式其優劣亦復如此。一種組織形式用以辦理此事則成功，辦理他事
則失敗，故不可不審慎選擇運用之。所以說，首長制與委員制的優劣並非
絕對的，端視如何善為運用。西諺曾云：「做事是一人的事，議事是眾人的
事。」(To act is the function of one, to deliberate is that of several.) 張居正亦
說過：「天下之事，慮之貴詳，行之貴力，謀在於眾，斷在於獨。」(張金
鑑，民 62：224) 行政學大師懷特也曾認為：執行與指導的事務應採首長
制，政策的尋求與決定應採委員制 (White, 1955: 90)。民主的社會乃是基於
集體的智慧以計畫及控制各項活動，雖然集體的程序往往會令人覺得冗長
而無效，但是集體智慧總比個人的表現要來得好。因此大體說來，凡行政
的、行動的、執行的、事務的、技術的、軍事的、速決的、紀律的一類性
質事務之辦理，宜採用首長制；至於顧問的、討論的、立法的、調節的、
政策的、設計的一類性質事務之辦理，宜採用委員制。

在一般情形下，固可視事務性質的不同而決定組織形式的運用，但是
一機關的事務有時兼具兩種性質，或者有時不能明白劃分時，則可採取部
與會的混合組織。即就一機關之事權，按其性質分由首長制或委員制的組
織辦理之。這可名之為部與會的混合制。

混合制的配備方法計有四種：第一種是先由委員會決定政策與方案，
再交由一個人負責執行。執行人多是所謂的秘書長、執行長或總經理。這
是一種混合的形式，實際上包括兩種組織，董事會司決策，是委員制的組
織；總經理掌執行，是首長制的組織。第二種是先由設計或顧問機關，以
討論或研究的形式提出方案，然後貢獻於負責的首長去執行。設計或顧問
機關是種合議制的組織，首長便是獨任制的組織。第三種是部與會立於平
行的地位，即執行者與立法者平行並立。例如美國總統之於國會，國會是
委員制的組織，總統便是首長制的組織，兩者彼此獨立，並無上下的管轄，
只有牽制聯絡而已。第四種是混一式的，各委員集體開會決定政策，共同
負責，同時各委員分兼各部首長，個別負執行責任，一人兼具兩種資格，
以不同的身分擔任兩種任務。例如瑞士聯邦行政委員會屬於此一類型。

第二節　業務部門與幕僚（輔助）部門

機關組織為求達成既定目標，常將內部活動加以分化，以求能分工專業而共赴事功。有些機構是專責直接的執行職能，有些則擔負協助工作推行的間接職能。通常前者即稱為業務部門，後者即稱為幕僚部門或輔助部門。雖然這乃是該兩種部門設置的原始目的，但由於社會環境的日趨複雜，組織規模日益擴張，使得業務部門與幕僚部門在實際的運行上，發生了一些始所未料的不尋常關係，且直接間接地影響到了機關組織整個的運行。以下乃分就業務部門與幕僚部門的意義、性質、條件及兩者之相互關係作一闡述，以明其梗概。

壹、業務部門

一、意　義

業務部門又稱實作部門，乃行政組織中實際執行及推動工作之部門。是擔任直接完成組織目標的工作單位。業務部門是對外的，對社會及人民發生直接的關係與來往，直接對服務對象提供服務及執行管制。如以教育部為例，高等教育司、社會教育司、國民教育司、國際文教處等皆屬業務部門。

二、工　作

業務部門對於組織目標的達成具有直接的責任與權限，因此它有以下幾項具體的工作（《雲五社會科學大辭典》，民 60：36）：

1. **對上級提供意見**：業務部門應隨時將實際之工作情形、所遭遇之困難、及執行之利弊得失報告上級長官，以供決策及工作之參考。

2. **對業務設計執行**：可循五步驟進行：(1)依據法律及上級政策決定遠程及近程所擬做的工作；(2)研究所做工作的詳細內容及相互關係；(3)研究工作進行的程序；(4)估計工作數量；(5)準備人力財力及一切設備。

3.**對工作實際進行**：應注意三點：⑴規定工作標準，以此考核工作人員之能力及各單位之效率；⑵有效利用現有人力並發展其潛能；⑶在工作上必須要有系統、有秩序、有紀律、能合作，以提高生產效率，並注意到態度及士氣，使能愉快地努力工作。

4.**對組織與方法的改進**：使組織及工作方法更有效率。

三、組織要則

業務部門若欲健全有效、成功達成任務，在組織上應遵守以下諸重要原則：⑴其組織應採首長制，避免委員制，以期事權統一，責任集中；⑵應本機能一致的原則，將性質相同的工作完全交由一個部門掌理，以免工作重複，事權衝突；⑶應採層級制或系統制的組織 (hierarchical and line organization)，以期指揮靈活，命令貫徹；⑷應遵守管理經濟的原則，首長所直接管轄的工作單位不宜過多，致超出可能有效的控制之外；⑸應遵守事權稱適的原則，使機關的權力足以擔負其責任，人員及經費足以應付其業務上的實際需要；⑹確定每個工作員的事權與責任，實行分層負責與分級授權。

四、人選條件

業務部門的負責人選，一方面須具通才的管理能力，一方面須具專業的知識技能。因就其所主管的單位言，他是一位主管，故不能不具有通才的管理能力；而就其所主管的專門業務言，他又非具有該項業務的專門知識或技能不可。兩者的比重乃依其地位的高低及單位的大小而定。地位愈高、單位愈大，所需的通才知識就愈多；反之，地位愈低、單位愈小者，所需的專門知識就愈多。通常業務部門的高層主管，所需的知識技能計有下列五項：⑴所工作部門的專業知識；⑵指揮他人工作的方法；⑶本機關中各單位及其他有關機關之職掌；⑷所服務的社會及人民；⑸將政策化為實際計畫及付諸實施的方法。地位稍低的分支機構主管，只需前四項知識即可。地位再低的主管只需前三項知識即可。地位再低的基層主管則只需前二項知識即可。而地位最低的科員及辦事員，則只需處理本身工作的專

門知識即可。再就機關單位的大小而言，單位大者所用人員較多，其單位主管所需的領導才能較專業技能為大；如其單位小所用人數少，則單位主管本身自宜有較大的專業技能（《雲五社會科學大辭典》，民 60：37）。

貳、幕僚（輔助）部門

一、意　義

　　幕僚部門是對業務部門而稱的。本來行政機關在業務單純、職員不多的時期，首長個人在時間、精力及知識技能方面均可直接指揮監督或領導所屬，而無庸借助他人，這時行政機關便只有業務人員而無幕僚之設。迨機關業務日益膨脹，職員增加，超出了首長個人的時間、精力及知識技能的限度，無法獨力指揮監督或領導所屬，因此不得不請助於他人，這些人即是所謂的幕僚。而當幕僚人員增多時，便須組成部門，是即成為幕僚部門。幕僚部門的工作是對內的，與組織目標不發生直接的執行關係。因此，凡不屬組織中的層級節制體系，而專司襄助或支援業務部門的單位，皆可稱為幕僚部門。例如機關中的人事單位、總務單位、企劃單位等是。

二、功　用

　　幕僚部門的設置，主要作用是在經由建議及協助去推動機關活動，具體言之，有以下幾個主要功用：⑴協助首長瞭解組織性質、職掌活動、工作分配及推行方法等；⑵替行政首長搜集供給各種有關資料，使之藉以明瞭各部門單位現時的工作狀況，以便決定在何時使用何種方法防止或解決其工作上的糾紛與衝突；⑶代替行政首長釋答各單位提出的諮詢及疑義，並發布合理的指導；⑷協助行政首長搜集充分的資料與可靠的事實，以為首長作行政決定的合理依據；⑸輔助行政首長隨時研究各項行政措施，期能適應現代變遷迅速的社會，以求與時代並駕齊驅；⑹輔導或代表行政首長去辦理融合公共關係及大眾溝通的工作。

三、性　質

　　幕僚部門的功用雖甚為重要，然其所處之地位與具備的性質既非發動

領導的行政首長，亦非直接推行機關業務的業務部門，但有其本身一定的責任與權限，若非如此，則不但不能發揮本身之功能，且可能對其他單位發生不良影響。因此不能不有明白的認識。就一般的說法，幕僚部門的地位與性質乃是：⑴是輔助單位而非權力單位；⑵是事務部門而非實作部門；⑶是調劑性質而非管轄性質；⑷是參贊性質而非決定性質。

四、種　類

對於幕僚部門因為看法的不同，以及業務本身性質的不同，而有不同的分類方法：

依幕僚在職務工作上所作的貢獻，可分為個人幕僚 (personal staff) 與專門幕僚 (specialized staff) (Allen, 1958: 216)。在機關組織發展之初期，性質單純業務簡化，常有專屬首長個人的幕僚之設置，他們所協助的對象只限於首長一人。由於是對特定首長作襄助的職位，故凡是有關襄助首長的一切工作都要去做，因此其工作範圍較為廣泛。當機關組織日趨複雜，工作性質及範圍日益繁劇之時，個人幕僚顯然已無力應付，必須有專門知識及技術能力的協助，因此便促成了專門幕僚的設立。例如人事、主計、法律、會計、總務等方面，都須有一定的專人來提供專門知識、技術以至建議，供首長及各部門參考應用。

依幕僚業務之性質，可分為一般性幕僚、輔助性幕僚、技術性幕僚、報導性幕僚、諮議性幕僚及監督性幕僚六種（張金鑑，民 62：255）。一般性幕僚如各部的常務次長、政務次長、主任秘書、秘書、秘書處等屬之，美國各大機關的行政長 (chief administrative officers) 及副行政長 (administrative assistants) 亦屬之。他們的責任與功能，是替首長經由過濾及選擇之作用而解決瑣細及不重要的問題。此種幕僚是通才而非專家，必須具高度的適應力及綜合力。輔助性幕僚如各機關的總務處、人事處、會計處等均屬之。它們的活動乃在輔助首長，同時經由首長的授權而對業務部門行使若干控制和指揮的權力，目的在於促進業務部門的協調與合作。技術性幕僚是為解決某一特殊問題或工作而設置的幕僚部門。他們乃是專

家而非通才，在利用其特殊知識、技能及經驗解決問題或改進工作。如各機關的參事室、法制室、技術室、研究室等單位均屬之。報導性幕僚如各機關的統計處、新聞處、發言人辦公室、公共關係室等單位均屬這一類型。此乃是機關首長的耳目及喉舌，作用在搜集事實與資料，以為首長決策之參考與依據，並溝通內外，宣達政令，博得人民的瞭解與合作。諮議性幕僚的主要功能在諮詢及建議，嚴格來講，所有幕僚部門均屬之，實際上很少有這種專設的幕僚部門。各機關雖多有參議、諮議、顧問一類職位之設置，但多未能真正發揮作用。監督性幕僚如各機關的督察室、視察室、考核室等單位均屬之。其作用在代替首長考察工作實際狀況，視其是否按照原定的計畫標準與進度切實執行，以為督策、調劑、糾正的依據。

五、人選條件

幕僚工作和業務工作的性質顯有差異，因此勝任裕如的幕僚人員就須具有特殊的條件。一般而言有以下幾個：⑴細密準確：幕僚人員在資料的搜集處理，及設備的準備提供上，均須確實而無疑義，俾便首長作正確的決策及有效的執行；⑵完備周到：幕僚人員在作人處事上必須細心委婉，有條不紊，面面俱到，以切實達成人事聯絡與調劑之任務；⑶任重耐煩：幕僚人員在處理繁瑣雜務之時，必須能身體任重，性情耐煩，努力完成工作；⑷機警靈敏：幕僚人員在與各方接觸與觀察之中，務須能見微知著，防微杜漸，或從容以挽大勢，或一言以定九鼎；⑸系統條理：幕僚人員對繁瑣事務之處理自必本諸科學方法作有系統有條理之處置，期能使工作效率達至最高（張金鑑，民 62：257～258）。

參、業務部門與幕僚部門的關係面

一、原始關係

由前述可知，傳統對於業務部門與幕僚部門之劃分，乃是以其是否直接與完成機關目標有關為標準而劃分的。因此，業務部門的功能包括指揮命令、負責決策、產生成果或服務，而直接對服務對象提供服務。幕僚部

門的功能則是計畫、研究、顧問,不具有權力與命令 (Stahl, 1958: II～IV)。亦即,幕僚部門的功能,是給業務部門提供服務與建議,在本質上只是一種諮議性的助力,故幕僚職能必須依附於業務職能,本身不能單獨存在。

二、實質關係

業務部門與幕僚部門原始關係的觀念,近來已受到修正。由於傳統的權力觀念已有改變,由集中趨於分散,由權力演變為影響力。再加上幕僚職權的日益擴張,因而使得幕僚部門也與業務部門一樣地漸漸享有了權力,造成了此兩者關係的混淆 (Dimock & Dimock, 1954: 286～288)。近代人群關係 (human relations) 與行為科學 (behavioral sciences) 的發展,對於傳統的權力觀念產生了改變。巴納德因此提出了「無異區域」(zone of indifference) 的學說,認為主管人員命令之所以具有權威,乃在於屬員對該命令的接受 (Barnard, 1938: 165～170)。賽蒙亦曾避免以法律觀點來看權力,而將之視為一種心理現象。且由於專門人才及技術專家的重要性日益增加,使得職員們已逐漸習慣於接受專家的意見,同時也覺得應該接受這些專家的意見,因而使得合法性權力已不再是層級節制體系所專有的權力了(雷飛龍譯,民 54：214)。而幕僚人員亦每經由下述五種途徑獲致權力:⑴經由優越的表達力;⑵依靠技術能力;⑶依特殊身分地位;⑷經由制裁;⑸因為業務人員的缺失。由於上述原因使得業務部門與幕僚部門的原始關係產生了改變而趨於混淆,兩者之間的衝突現象也就勢所難免了。

三、衝　突

就業務部門與幕僚部門間衝突原因之分析,可有以下幾方面:

1. **社會背景的差異**:可由年齡結構的差異、教育背景的不同及專業意識的分歧三方面來說明。首先就年齡而言,一般機關中的幕僚人員總比業務人員要年輕,由於年輕,所以無論是財富累積、職業地位、工作穩定性方面都不能與業務人員相比,使得彼此間難以產生認同感,因而他們的建議也就時常遭受到業務部門的否決。其次就教育背景來看,幕僚人員大多在其專業領域上工作,通常有本身的獨特語言,而這些常是業務人

員所不能瞭解的，因而被摒於門外，同時業務人員也會因此而泛起一種無知與低能的挫折感 (Litterer, 1965: 362)。最後就專業意識而言，業務人員與幕僚人員專業意識差異的造成，固然可因社會活動及工作性質之不同而造成，但最主要因素還是在於教育訓練。由於幕僚人員所受的教育較多，使他們重視理論與知識，恰與業務人員重視實際經驗而不重理論的習性相悖，因此也就成為造成衝突的一項重要原因。

2. **組織結構的因素**：至於組織結構方面的原因，有三方面：一是功能分化的差異。就機關組織業務單位與幕僚單位間的原始關係可知，幕僚與業務乃各自發展出他們本身的工作類型及心理過程，造成所謂功能的偏差，使得此二團體難以和諧共處。二是服務變成控制。行政首長每利用幕僚控制下屬的工作。機關主管不得不授權於下屬，但卻又怕完全失去控制，而機關組織中只有幕僚可以不依賴權威而能保證下屬循規蹈矩，因此首長們都喜歡利用幕僚協助他去擬定政策及控制下屬。三是幕僚對首長的主動爭取。幕僚人員每樂於擔負首長所付託之任務。因為他們可以利用此機會打進最高層級的圈子裡去，而開始與業務人員擔負同等的功能 (McGregor, 1960: 147～155)。

　　至於業務部門與幕僚部門衝突的現象，我們可以用該兩團體相互間的指責批評來作說明。

1. **業務人員對幕僚人員的批評**：⑴幕僚人員總要侵犯業務人員的權限；⑵幕僚拿不出健全完善的見解；⑶幕僚喜歡竊取別人的長處；⑷幕僚常保留對業務部門應該通知之事；⑸幕僚看問題缺少整體性的眼光；⑹幕僚人員都只是會出主意而自己不做，只提建議而不顧能否實行。

2. **幕僚人員對業務人員的批評**：⑴業務人員不能適切運用幕僚人員的主張；⑵業務人員只知墨守成規，保守古板，排斥新的思想觀念；⑶業務人員倚老賣老，重視權威，追求權力，只知維護自己地位；⑷業務人員不肯將充分的權限交給幕僚人員，是不顧整體的不合作者。

四、調　和

　　針對業務部門與幕僚部門兩者間所發生的衝突現象，或可經由下諸途徑得到調和：

1. 加深對業務與幕僚關係的瞭解。任何一位業務單位及幕僚單位的人員，都應清楚地瞭解本身的工作，同時應確認業務單位負有制定決策及將決定付諸實施的最後責任，而幕僚單位則僅限於提供建議或諮詢意見。

2. 業務單位主管必須聽從幕僚之意見而善加利用。由於業務單位每僅負責部分專門職務之執行，因此對整個機關的目標無法作全盤的瞭解，加以終日埋首工作，無暇研究與進修，故對於由專家所組成的幕僚單位應加重視。

3. 業務單位必須對幕僚單位提供資料，使之瞭解全盤業務狀況。

4. 幕僚工作必須完整，以便受用採行。幕僚工作應求其詳盡完備，使業務部門主管在根據幕僚之計畫上，只須做「可」或「不可」的裁決即可，否則必將浪費業務主管的時間與精力。

5. 幕僚人員必須瞭解全局，其建議亦必須注意到環境的適應要求。幕僚人員最常受到的指責，就是眼光狹窄，所提建議或方案僅限於專家之見，而未顧及機關之目標。所以幕僚人員必須對機關的總目標要有所明瞭，且所提建議也須顧到業務單位的各別環境之適應。

6. 幕僚人員須能說服業務單位以接受變遷。業務人員最無法與幕僚人員合作者，乃心中存有一種反對變遷的心理。抗拒變遷可以說是吾人常有的一項心理習性，因此幕僚人員必須注意到說服的方法，誘導業務人員去順應變遷。

第三節　中樞機關與派出機關

壹、意　義

國家設置政府或機關的主旨在為人民服務，由於人民散居各地，因此不得不分別在各地設置機關，以便就地就近為民服務。故各國在首都地區所設置負責領導與統籌的總機關即稱為中樞機關，而在各地分設的分支機關即稱為是派出機關。換言之，派出機關乃是中央總機關為服務各地人民，在各地分設的業務機關。這種機關有的是在各地普遍設置的，如郵局、電信局、警察局；有的則只是為辦特定事項而在特定地點設置的，如外交部在國外特定地方所設的使領館。

派出機關很容易和地方政府混淆，在中央集權的國家，地方政府本來也就是中央行政機關的派出機關。但是普遍的派出機關在性質上與地方政府有三點不同：(1)地方政府是地域性的行政組織，派出機關則是功能性的業務組織；(2)地方政府是綜合性的統治組織，概括管轄一般行政事宜，派出機關則是單純的管理組織，經指定辦理某種特別業務；(3)地方政府普遍皆具有法律規定的本身權力，而派出機關則僅是上級的委託機關或代理人而已，無本身權力，須以上級之意志為意志。

貳、派出機關的組織方式

派出機關常有兩種類型，一種是具體而微的總機關，也有首長、幕僚和業務單位，只是規模較小，另一種只是一個專業單位。故其負責人選，前者需有較高之領導能力，後者較需具有專業知識。而在形式方面，亦應視業務的繁簡不同而分不同的等級，並且按其等級配置不同的人員經費，使成為運用自如的統一體。例如交通部所轄的各地郵局、電信局，財政部所轄的海關及稅務局，地位輕重及事務繁簡，各有不同，故各地局所的組

織自不能不因地因事之異，為分等級之編制，務使權與事稱，職同地合。派出機關的編制雖宜有一等、二等、三等之分，然其層級不可過多，以減少溝通承轉之煩。普通只宜設一個層級，直隸於中央。等級劃分不但應依據可靠的客觀事實，同時各等局所的組織、編制、人員、經費等，皆應有標準化的統一規定。

派出機關的區劃應否與地方政府相同，是一頗值研究的問題。首先我們須知各種派出機關是為服務人民而設，故其設置地點多在人口集中的通都大邑，而且也不一定要和地方政府同其服務地區，尤其是各種不同的派出機關的服務地區更可能相互歧異，但是為協調地方政府和各派出機關的業務，及便利地方民意機關對各派出機關盡其利益表達功能，各派出機關又最好和地方政府共其服務地區，而設在同一地點（《雲五社會科學大辭典》，民 60：38）。

參、中樞機關對派出機關的控制途徑

中樞機關為了確保各地人民能由派出機關獲得同等的服務，或為避免地方對派出機關施予不合理的壓力，或為防止派出機關的不法行為，均需對派出機關保持相當的監督與控制。惟所謂的監督與控制，應著重積極性的領導與幫助，不可過分重視消極的牽制與防範。控制的途徑有以下諸途：(1)以訓令方式頒發各種規章，任免獎懲人員，指撥和核銷經費；(2)報告。由派出機關定期向中樞機關提出週報、月報、季報、年報之類的定期報告，以使中樞機關瞭解派出機關的工作情形；(3)視察。即中樞或上級機關隨時派員至各派出機關作實際的視察，以瞭解其實際工作狀況及遭遇困難情形；(4)召訓。召集派出機關工作人員至中樞機關接受訓練，一以介紹新的工作方法或技術，一以增進派出機關人員的向心力及團體意識，而減少其本位主義地方觀念的傾向。以上四途徑以報告與視察為最普遍見用的兩種控制方法。

肆、權力關係

就法律而言，派出機關的權力皆出於中樞機關之授與，本身無任何獨立的自治自主權，但就其實際的運行而言，派出機關究竟應具有何等權力，論者不外兩種意見。一為集權派的主張：認為派出機關乃中樞機關的代理處，一切秉命上級行事，固無自主自動之權，即其內部的人事、經費、採購等，亦須秉命上級方能辦理；且以現代交通益便、工具益多，實行集權控制並無困難。另一為分權派的主張：認為派出機關要有效地處理事務，在其職權範圍內應有完全的自主與自動權，上級不能隨意干涉或牽制之；且認為交通雖便利，仍不若面對面的能切實解決問題，尤其在解決歧見及獲致集體的決定上，電話與公文實在不能代替當面會談（雷飛龍譯，民54：228）。

集權說與分權說實各有其利弊。維持政策的統一、標準的一致、步伐的整齊、政令的貫徹及事務的統籌，是集權說的優點。然集權說亦有以下之缺點：⑴公文承轉需時，行動滯阻遲緩；⑵手續繁重，勢必虛耗行政支出；⑶中樞機關每昧於地方情勢，難為因事制宜的適應；⑷由於通案的限制，行政上失卻彈性（張金鑑，民62：269）。

派出機關應具何等權力，自應斟酌集權與分權的優劣利弊，而為折衷至當的措施。中樞機關與派出機關在事權的劃分上及運用上，宜遵循以下諸原則：⑴中樞機關在法律範圍內決定政策及方針，派出機關則依照政策及方針作實際的執行；⑵重要性達某種程度以上的決定，以及有關全局及通案的事務由中樞機關統籌辦理之，有因地制宜性質之事務，分由派出機關全權處理之；⑶中樞機關規定工作標準與進度，派出機關依照標準與進度如期完成之；⑷派出機關依據指示的方針與政策擬訂工作計畫或實施方案，經中樞機關核准後付諸實施，其人事與經費亦須經中樞機關之核准，在執行過程中可不必加以干涉，但於事後仍有考核獎懲之權。

第四節　公營事業機構

壹、意　義

　　所謂公營事業機構，乃是政府在職能日見擴張的趨勢下，除了憑藉科學知識與技術，為人民提供直接的服務工作外，更進而經營工商交通金融業務，所設置的公營企業機構 (government corporation)，以交易方式供應勞務或商品為人民服務。這種公營企業機構我們可稱之為公營事業，其與一般行政機關在性質上有兩點不同：⑴公營事業與人民交易，基於商業平等與自由之原則，並無權力關係存於其間。公營事業向人民出售一定的商品或為之服務時，接受此商品或服務的人民便依據市場價格支付一定的價款以為報償。彼此授受完全出於自願，不含強迫性。如有法律糾紛，悉依民法處理，公營事業機構不得依行政法處罰人民，人民亦不必提起訴願或行政訴訟；⑵行政機關的維持經費殆全仰賴政府的撥款，而公營事業機構的維持，則不能依賴政府撥款，須以自身的營利所得支應開支。

　　對於公營事業的意義，雖然有許多的說法，但亦可就該事業體的「所有權」、「控制權」、「交易權」及「自主權」等因素作為衡量的基礎，因此，吾人可將公營事業作如下的解釋：凡事業之所有權及控制權為政府所有，其以私法人的地位從事農礦、工商、交通、金融、保險、文化等業務，依特定公共利益從事有形財貨或無形勞務之事業。茲再分述如下：

一、經營主體為各級政府

　　中央政府或地方政府所投資經營之事業屬之，有國營事業（如中鋼、中油）、省（市）營事業（如臺灣省合作金庫）及縣（市）營事業（如公共汽車）。

二、經營權力以私法人之地位為原則

　　公營事業係根據平等關係依法從事交易行為者，其與民眾的關係是平

等的,不是一般行政機關的統治權力。

三、經營的目的為特定之公共利益

如國防、國庫收入、社會服務、文化教育等特定之公益。

四、經營產物為有形財貨或無形勞務

公營事業之產物 (output) 有有形之產品,如鋼鐵、汽油、肥料、砂糖等;也有無形之勞務,如金融保險業之服務。

五、政府握有控制的權力

政府有權任免各事業機構的高級主管人員(如董事長、總經理);有權審核預算及投資計畫。

貳、公營事業的範圍

公營事業的範圍並沒有嚴格的界限,但一般西方國家的公營事業多係以「公用事業」(public utilities) 為範圍,如水電、瓦斯、交通等公眾所必須使用之財貨或服務,而我國的情形則不然,整個公營事業(包括國營、省(市)營、縣(市)營)所涵蓋之事業類別已超過公用事業的範圍,據行政院主計總處的分類,公營事業所涵蓋的共有九大類:⑴農業及漁牧業;⑵礦業及採石業;⑶製造業;⑷電力、瓦斯、自來水及衛生服務;⑸營造業;⑹批發零售業、旅館及飯店;⑺運輸、倉儲及交通事業;⑻銀行、保險及房地產業;⑼社會及個人服務業。

我國公營事業的範圍,有下列的依據:

一、國父遺教中有關的主張

1. 不能委之個人及有獨占性質者,應由國家經營之。
2. 規模過大為私人之力所不能舉辦者,如鐵道、航路之屬,由國家經營管理。
3. 社會福利、衛生等公共需要之事業。

二、中華民國憲法規定之公營事業

1. 公營原則:第一四四條規定對於公用事業及其他有獨占性之企業,以公

營為原則。

2.列舉事項：第一○八條、一○九條及一一○條列舉之事項：航空、國道、國有鐵路、航政、郵政及電政，國營經濟事業、幣制及國家銀行、森林、工礦、航業、公用事業、合作事業、省縣財產之經營及處分、省縣公營事業、省縣銀行、省縣農林、水利、漁牧及工程等事項。

參、公營事業之目的

政府投資經營事業，自然有其目的，而我國公營事業範圍之廣已遠超過國父遺教所主張者，由此可見其目的也是多方面的，茲分述如下：

一、不宜由私人經營的事業

對於某些攸關民生的重要產品，若任其掌握在私人手中而形成少數人獨占之經濟勢力、壟斷社會之富源，則非國家之福，更非民眾所願，此等事業最好由國家經營，電力、石油即屬此類。

二、發達國家資本

國父認為要解決民生問題，單靠節制私人資本是不夠的，還需要設法發達國家資本，而國營事業在「以事業養事業」的原則下，透過良好的管理與經營制度，來發達國家資本，是可以達成此目的的。

三、促進經濟發展

經濟發展在公、私經濟配合的條件下得以穩定成長，公營事業擔負了若干民營企業所不願或不能投資的事業，例如某些投資報酬率甚低之事業（成本遞減或成本不變之生產），或資金龐大、回收時間長且風險較大之事業，私人殊少對此等事業有投資意願者，政府必須擔負此一任務，如水庫、高速公路、大型鋼廠、機械、港口碼頭等，這不僅是國家所需要者，且經由此等事業的投資，亦可帶動其他經濟活動，促進經濟的繁榮。

四、增加政府收入

《國營事業管理法》第四條規定，國營事業係以事業養事業，力求有盈無虧，增加國庫收入。一般而言，國庫收入除租稅外，其較大者莫過於

國營事業之盈餘繳庫,如臺電、中油等每年皆有巨幅盈餘,對國家財政頗有助益。

五、維持物價安定

公營事業提供各種財貨,得視經濟變化及政府政策,機動調整價格,以維持物價之平穩,防止暴漲暴跌。民營企業完全以利潤為導向,則不可能做到這一點。以中油為例,在能源危機中,即擔負了此一穩定物價的功能。

六、增加就業機會

政府直接從事投資經營若干事業,可以創造許多就業機會,美國當年成立「田納西河域管理局」(TVA),其目的之一即在於增加就業。我國公營事業的就業人數多達二十餘萬人。

七、充實國防力量

若干與國防有關的事業一方面不宜掌握在私人手上;一方面又由於投資過大,回收緩慢,甚至根本無利可圖,因此應該由政府投資經營,如兵工廠、航空工業、造船工業等,許多國家皆將之列為公營範圍。

八、培養經建人才

公營事業涵蓋範圍甚廣,各種人才皆有,可在現職人員中為國家培育或造就高級科技及管理人才,蔚為國用。

肆、公營事業的種類

一、政府獨資經營

即資產與資金完全為政府所有,政府對之有完全的控制權,直接受主管官署的指揮與監督。依其組織型態的不同又可分為:

1. 行政組織式的公營事業:即設一行政機構如局、處等,納入政府的組織系統內,在行政首長直接或透過其他機構或人員的監督下,執行某項事業營運的營業機關。例如自來水廠、公共汽車管理處、公賣局、鐵路局等。其組織、人事、財務、工作均與其他行政機關相同,須受上級機關

的嚴密監督，不具獨立地位。至多為適應事業上之需要，在某種限度內賦予較大權力，使以半獨立地位從事經營。如採用企業化預算制度或另訂人事制度等；但距自給自足之程度尚遠。

2. **特別組織式的公營事業**：有些國家常設置一種專營機構經營某項事業，雖不隸屬於行政系統成為其行政組織之一部分，但在行政上仍受其節制。其特點是較具獨立性，在人事、預算各方面得自成一體，不與其他行政部門並立或相混。例如在美國，逐漸有增加使用各種管理局 (authority) 來作為政府經營公營事業組織型態的趨勢，此種管理局即屬一種特別組織 (ad hoc)，在一獨立性的委員會下，完全以自給自足的方式營運 (Pfiffner, 1946: 495)。

3. **公司組織式的公營事業**：此種公營公司組織 (public corporation) 與其他的行政部門完全分離，可不受到諸如其他行政部門的一些嚴密法令規章的限制，它具有自己的會計、人事及監督機構，可說具有完全的獨立性。例如國營的臺灣電力公司、臺灣糖業公司、臺灣鋁業公司、中國石油公司等皆依國營事業管理法受主管機關的監督。其項目為：(1)機構的組設、合併、改組或撤銷；(2)業務計畫及方針之核定；(3)重要人員之任免；(4)管理制度之訂定；(5)業務之檢查考核；(6)資金之籌措。

二、公私合營的公營事業

此種營業機關是由政府與人民合資經營，若政府資金超過百分之五十者，亦與政府獨資經營之營業機構受到同樣的控制與管理，其中政府資金若不足百分之五十者，即私人資金占優勢者，則政府只能依《公司法》之規定予以管轄，或透過政府股東依其股權而為管理。

伍、獨立性問題

政府之所以設置公營事業，主要是在求其較具獨立性，以便在管理上富於彈性、因應商機。因此對於公營事業不宜加諸過多的限制，否則易產生下列流弊：(1)組織不合企業化的原則，每陷於行政型態的舊窠臼，不切

實際需要，運用上每有扞格不入之苦；⑵政治勢力與影響常打進公營事業，引起摩擦傾軋，破壞了企業效率；⑶政府的人事標準與制度不夠健全，以之應用於公營事業，致不足以與私人企業相競爭；⑷財政控制過嚴，審計等手續失之繁瑣，不能適應業務需要，作靈活自如的運用，爭取機會與時效；⑸立法控制過嚴，種種限制缺乏彈性，不能為因事制宜的有效措置。

如果公營事業能具有適度的獨立性，那麼就能夠獲致以下的成效：⑴在營業的管理上足以鼓勵自動自發的創造與發明精神，且能適應需要作巧妙靈活的運用；⑵排除或減少政治勢力的干涉與影響，使能本企業原則與科學方法經營業務；⑶人事財務不受政府法規的繁瑣限制，可以提高標準，簡化手續，為切合事實的技巧與靈活運用，期能與私人企業作有效的競爭；⑷公營事業具有法人地位，為法律上控訴主體與被控訴對象，負有明確的權利與義務，不受政治庇護或豁免，須以平民身分，認真服務與工作；⑸經濟上須力求自給自足並追求盈餘，不能藉口政治控制而推諉虧損之責任。

經由以上之分析可知，公營事業為求一定的效率與效能，必須要有相當的獨立性，但完全獨立實亦非公營事業設置之本意及其企業化經營之道。究其獨立程度如何方稱適度？一般的說法如下：

⑴**政治上獨立**：即隔絕政治勢力的影響。立法機關只能透過部長或主管單位加以監督，而不與公營事業直接發生關係。

⑵**法律上獨立**：即公營事業為一法人地位，可以本身名義對外借貸款項、締結契約，為訴訟之主體，並與同類民營事業享有同等之權利義務。

⑶**業務上獨立**：即公營事業對其業務之經營，盡量任其自主，但亦應有一定之監督。如每年業務計畫之呈報主管機關核定，或超過一定數量或長期購售契約應先經批准等是。

⑷**財務上獨立**：此與公營事業所需之彈性關係最為密切。諸如資金籌措、費率的訂定、盈餘的處置等方面的規定是。

⑸**人事上獨立**：這包括公營事業人員一方面不屬政府文官系統，他方面亦不必遵守一般人事規定之限制，除重要人事的任免由主管機關辦理外，

餘可自主。

第五節　公營事業民營化

壹、民營化的世界潮流與目標

公營事業民營化（privatization，或稱私有化）的潮流始於一九七九年英國柴契爾 (Thatcher) 政府所推動的民營化政策，其目的在於藉由開放社會大眾對公營事業股份的持有，將公營事業納入市場自由競爭的規範，以促進公共服務效率和品質的提升。其後，更形成一股世界性的民營化風潮，廣為各國政府採用，用來解決政府財政赤字問題、提高國內產業競爭力、改善公共服務品質、減低公共支出的不必要浪費。

公營事業民營化的潮流除了受一九七〇年代兩次石油危機的影響之外，私營企業的運作效率高於公營事業的觀念也是重要的影響因素之一。一般而言，政府採行公營事業民營化政策的主要理由包括（戴金龍，民85：19～21）：

一、公營事業的經營欠缺績效和生產力

由於公營事業的設置在於滿足特定的政策目標，而較少考量其成本效益；加以公營事業的經營受國家法令保障，享有獨占甚至壟斷的特權，使其免受市場競爭的壓力，而在資源的運用上欠缺效率，生產力益形低落。此外，公營事業所有權屬於政府，在政府財政的挹注保護下，事業經營不必承擔市場淘汰的風險，因此欠缺改善圖存的動機。再者，公營事業之經營常受政治因素的干擾，各項改革措施推動不易；公營事業的運作亦受各項法令規章的限制，欠缺應變的彈性。總之，各國公營事業的經營大多乏善可陳，因此有另謀他途的需要。

二、改善政府財政問題的需要

隨現代政府職能的擴張與人民需求的增多，各國政府莫不面臨財政短

絀的窘境，而有撙節開支的必要，公營事業民營化正是可供選擇的良方。以一九八〇年以來的美國為例，長久以來的財政赤字不但困擾政府，更為民眾所詬病。既然公共服務無法縮減，而稅捐又無法增加，則政府必須認真面對國家資源分配與使用的妥適性。公營事業民營化的策略適足以改善政府生產力，調控政府支出費用，並能創造社會總體財富。

三、意識型態的改變

公營事業民營化的作法和近代政府行政觀念的改變大有關係。在過去福利國家的時代，以濃厚的社會主義色彩為主流，政府被期望扮演萬能的「大政府」角色；而近世在新自由主義的影響下，「小就是美」取代了大政府的觀念，公共服務的提供亦需考量市場機能的效益，私部門應該在公共事務方面扮演更積極的角色。由於民主行政觀念的改變，社會價值觀的移轉，人民不再單純相信政府能夠無所不為的提供最好的公共服務，因此有向市場機能訴求的傾向，這種意識型態的改變正是公營事業民營化的重要基礎。

四、政治與經濟的互動影響

隨著政經狀況的發展，社會活動的重心亦將隨之轉移，這種改變對國家的制度與政策產生一定的影響；故近來政治經濟互動的情勢，也是促成公營事業民營化的背景之一。本質上，公營事業之設置即為政治體系對經濟活動的直接介入，對經濟體系內的資源分配將產生一定的影響，而這種影響亦將反過來左右政治體系內權力資源的消長。而公營事業民營化即代表經濟體系和民間力量，對政治體系和政府政策的互動結果。

根據漢客 (Steve Hanke) 的整理，公營事業民營化的主要目標有五項 (Hanke, 1987: 2)：

1. 改善公營事業資產與服務功能的經濟績效。
2. 減除經濟決策不必要的政治影響 (depoliticization)。
3. 透過出售公營事業的資產來挹注公共財源。
4. 藉以降低公共支出，降低政府對賦稅、借貸的需求。

5. 開放公營事業資產所有權，增加消費者參與機會，以促進公眾資本的收益。

貳、公營事業民營化的意義及類型

「民營化」一詞最早出現在一九六九年杜拉克 (Peter Drucker) 所撰《斷續的年代》(*The Age of Discontinuity*) 一書。《韋氏英文辭典》第九版，將民營化定義為：公共部門私有化的動作，係指公營事業之所有權或控制權，由政府部門移轉到私人部門的一種過程。

薩維斯 (Emanuel S. Savas) 認為，民營化是指針對政府部門所擁有的資產及資產經營的相關活動，逐步降低政府的影響力，增加私人影響力的一種過程；代表政府重新思考其角色定位，以反映社會需求的一種努力 (Savas, 1987)。

薩拉門 (Lester M. Salamon) 則認為，以「民營化」一詞來說明現代政府角色的改弦更張並不夠，我們應該以更廣泛的公共行動概念來理解，而民營化不過是政府改革行動的應用工具之一。他認為，政府的公共行動包括六種類型：(1)由政府直接提供服務；(2)由政府以專款補助的方式來推行；(3)由政府以借貸保證的方式來推行；(4)由政府以稅賦支出的方式來推行；(5)政府透過管制的方式進行；(6)政府藉由創設公營事業來推動。民營化即針對上述第六種行動工具，所進行的有效改革 (Salamon, 1989)。

國內學者詹中原（民 82）認為，民營化係指政府減少直接涉入生產和提供公共財貨勞務的活動，轉而透過政策規劃、監督、服務能力的強化，以促進社會中私有機制的發展，進而滿足公共需求，提升公共服務品質。也就是以「領航者」來代替以往「操槳者」的角色。

廣義的來說，民營化係指政府部門降低其對國民經濟干預的所有活動，包括政府將國營事業的經營權或所有權，部分或全部轉移給民間，透過市場機能以改善經營體質、提高產值，使企業發揮其最高的效率。而狹義的民營化則指「公營型態的解除」(divestiture)，將公營事業的部分股權或資

產出售給民間，政府將收入回繳國庫或另行運用，使國營事業的所有權得以順利移轉（戴金龍，民85：22）。

　　民營化可以區分為「撤資」(disvestment)、「委託」(delegation) 及「替代」(displacement) 三種類型，說明如次（詹中原，民82：15～19）：

1. 撤資係指將公營事業的資產移轉給民間的一種作法，可以透過出售、無償移轉、清理結算等策略來進行。

2. 委託係指政府將部分或全部公共財貨勞務的生產活動，委由民間辦理，而政府擔負起監督的責任。政府委託民間的方式包括簽約外包、給予特許權、財務補助、發行抵用券 (voucher) 及授予強制權等。

3. 替代係指民間私人部門代為辦理原由政府所提供的各項生產或服務活動，此乃政府原先提供之產品或服務未能滿足社會需求，而由民間透過企業型態的效率經營代為提供的一種作法。替代的情況又可區別為政府功能不足情況下的替代、政府全盤撤離之替代、政府為解除管制所進行之替代。

　　就前述三種民營化類型的性質言，政府在「撤資」與「委託」類型上扮演比較積極主動的角色，而「替代」類型則係政府受迫於實際狀況，所為不得不然的決定。就民營化的時程進行來說，「撤資」係由政府說了就算，可以當機立斷、即時辦理；而「委託」和「替代」則需由政府擬訂民營化時程，循序漸進的來推動。理論上雖然如此，但實際上不管是哪一種類型的民營化皆非一蹴可幾，政府必須妥善擬具計畫，逐步解除對市場的干預，誘導民間共同擔負起提供公共財貨與服務的職能。

參、公營事業民營化的限制

　　民營化固然可以透過市場機能效率最大化的作用，改善公共部門的經營體質和績效，但並非所有事務皆可由市場來決定，亦非政府所有的事務都可以民營化，民營化的策略有其一定的限制，說明如次：

一、主權與正當性的問題

牟 (Ronald C. Moe) 認為，從公共行政的「公法」性質言，凡涉及國家主權與政府正當性之相關事務，如外交事務、法律制定、司法審判、稅賦徵收等，不能納入民營化的範圍，凡屬於公共行政特有性質之事務無法由私人部門來代理。反之，政府應強化本身的能力，以免斲傷政府威信 (Moe, 1987)。

二、攸關國民生計之事務

即使如崇尚自由經濟理念的美國，亦非將所有關於國民生計的重要事務任由市場來決定，或委由私人來辦理，特別是有關兒童及老人照護、都市公共交通、公共醫療的提供、最低生活水平的維持等事項。

三、公共責任的追究

民營化的政策使私人部門開始扮演起公共服務提供者的角色，也使公、私部門的界限愈益模糊，政府功能角色更有退居第二線的可能性。這種現象造成公共責任的模糊，及課究責任的實際困難，所以政府如何透過法制化來規範民間「準政府」(quasi-government) 的義務和責任，也是民營化的限制之一。

隨著民營化的趨勢、公私部門界限的模糊，政府的公共角色有退居第二線之虞，所以如何課究公共責任乃成為民營化過程中的重要課題。黎文 (Marvin J. Levine) 認為，雖然大部分的公共服務可以假私人部門之手，而不一定要政府親自來做，但對於所需提供服務種類的選擇權，公共資源的分配規劃權，則仍為政府無可旁貸的權責 (Levine, 1990)。換言之，隨著民營化的政策潮流，政府並未從公共服務的市場中撤退，而是徹底檢討服務工作的內容與作法，並轉移適當的工作重點，將民營化所節省下來的人力及財源，投入服務品質的提升與政策規劃能力的強化。

肆、經濟效率與民主行政的取捨

民營化政策可以透過市場機能，提高社會資源運用的效率，但在經濟

效率的價值之外，卻也可能危及社會普遍的公平正義。民營化的過程中，有關公共事業資產所有權的開放，公共服務的提供委由民間來辦理，基本上應該分別予以考量。政府固然可以藉由民間資金的參與，引進企業的經營活動，來降低成本、提升效率；但同時，卻不能任由市場競爭的優勝劣敗、自然淘汰原理，妨礙或限制了社會弱勢團體獲得公共服務的機會。即如羅斯 (John Rawls) 的正義論觀點，政府有必要考量社會弱勢者的基本需要，創設法規制度使弱勢者有轉好的機會，擔負起濟弱扶傾的責任。

質言之，在推動民營化的同時，我們必須認真考慮：民營化是否為解決社會問題的萬靈丹？市場機能是否能夠有效解決公共問題？以可見的實效來說，民營化固然可以節省政府開支，使社會資源的利用最大化，但相關的非經濟因素，及民營化所造成的非經濟影響也是不能輕忽的問題。換言之，除了經濟效率之外，我們還有公平正義、公共利益、憲法保障的諸種權利價值。摩根 (David R. Morgan) 和英格藍 (Robert E. England) 即認為，私有化或私人部門活動的極度擴張，將危及公部門的存在價值，甚至有危及公共利益、公民福祉、社區價值的可能性 (Morgan and England, 1988)。在民營化的同時，我們必需兼顧經濟效率與民主行政兩者，特別是在公共服務的分配和傳送活動上，政策規劃者尤應費心思量。

第六節　集權制與分權制

壹、意　義

就行政權行使的性質與範圍為標準，行政機關可分為集權制與分權制兩種類型。集權制的行政組織可用以下兩個觀點說明其意義：(1)凡一機關的事權由本機關自行負責處理，不設置或授權下級或派出機關者為集權制；(2)下級或派出機關處理事務須完全秉承中央或中樞機關之意志者，為集權制。反之，分權制的行政組織亦可用以下兩個觀點說明其意義：(1)為要完

成一定任務或使命，特設置不同的上下層級機關，如中央機關、中間機關、基層機關，或中樞機關與派出機關，使各在其權責範圍內獨立自主的處理事務者為分權制；(2)各機關為適應各地區的需要，分別在各地成立或設置之，並且有獨立的法律人格，有處理其事務的全權，並不受上級機關之指揮與監督者為分權制（張金鑑，民 62：235）。

貳、優　劣

集權制與分權制就其制度本身的價值言，實各有其優劣。大體言之，集權制具有以下的優點：(1)政令統一、標準一致，無分歧互異之弊；(2)力量集中，能統籌全局兼籌並顧，政府效能易於加強與提高；(3)層級節制、指揮靈便，命令易於貫徹；(4)運用自如，易於應付急變，統籌靈活，亦能收截長補短之效。然而集權制亦有以下的缺點：(1)一切行政措施，每只見及全體而忽略部分，圖整齊劃一的外表，失因地制宜的實效，偏枯刻板，扞格不入；(2)各級機關，層級節制過嚴，一切秉命而行，態度消極，奉行故事，失卻自動奮發的積極精神，且公文往返，遲緩拖延，費時費事，最足貽誤事機；(3)在集權制下，各級機關構成一頭重腳輕的狀況，基礎不穩固，有顛撲傾覆之危險，且易形成機關專斷與個人獨裁；(4)地方利益與需要易被忽視，地方事業趨於凋敝。

分權制足以消除集權制下所發生的各種流弊，獲致以下諸成效：(1)下級自動自發，符合民主政治的精神，並有鼓勵下級奮發圖強的積極作用；(2)分權分工，可避免上級的專斷與個人的獨裁；(3)分級治事，分層負責，可使各級機關及人員實事求是，以充分發展本身之事業。但其缺點亦甚顯著：(1)過度分權足以傷害行政的統一，因為分權以分工為基礎，而分工必須合作，倘只有分工而無合作，則分工便是分裂，其在機關為支離，其在地方則為割據；(2)行政權力分散過甚，上級因受下級的牽制，不易完成應有的使命，下級亦因人力與財力之不足，不易達成固有的任務；(3)各機關彼此分立，無上級統一的監督，可能引起相互對立與衝突，其在地方則更

易發生特殊勢力或壓力團體，操縱把持，形成地方派系，與真正的民主精神相去益遠。

參、集權與分權的原因

上級機關採行集權的重要因素，亞倫 (Louis A. Allen) 認為有以下幾個：為了便利個人的領導，為了提供整合的基礎，為了促進行動的整齊劃一，及為了處理緊急事故 (Allen, 1958: 159～162)。具體而言，集權的原因有以下四個：⑴機關因內部之擴張而擴大；⑵首長獨裁；⑶部屬柔弱；⑷時機困難或遭遇危機。而下級機關將行分權主要則是因於下述諸原因：⑴機關由合併數機關而擴大；⑵機關地域分布較廣；⑶工作性質分歧；⑷首長柔弱；⑸部屬能力高強；⑹實際上無法控制（《雲五社會科學大辭典》，民 60：26）。

肆、集權的趨勢

衡諸事實，近來各國的行政組織及措施多採集權的趨勢。集權發展要不外兩種方式：一是擴張上級機關對下級機關的指揮控制權力；一是上級機關將下級機關的事務收歸自己直接辦理之。促成集權發展的原動力，約有五端：

1. **經濟制度的改變**：「第二次產業革命」完成後，社會經濟發生變化，地方經濟單位被打破，相互依需的國家經濟代而興起。都市化現象開始出現，工商業復發生大規模的聯合經營，政府為因應此種新情勢，自不能不採權力向上的集權措施。

2. **科學知識技術的進步**：政府行政隨科學的進步而日趨專門化技術化。在較小的單位難於延攬此項專門人才，難於充實技術設備，由較高、較大的機關主持則輕而易舉，經濟有效。

3. **交通運輸的發達**：自現代新式交通運輸工具興起普遍應用之後，空間距離大為縮短，彼此來往接觸大為容易，一個機關管轄較廣大的地區已無

甚困難。

4. **政府職能的擴張**：政府職能日趨擴張，支出浩大，人員增多，組織龐雜，分工細密，各單位間的相互依需至為迫切，在較高較大的集權組織下，則易於求得合作與統一。

5. **心理因素的推動**：人類的心理因素中，有所謂「權力慾」和「一致感」者，上級機關的首長和人員每受這兩種心理因素的支配與推動，在行政上要求更多的權力，在行動上希望更多的一致，於是便把下級機關的事權漸次提歸上級掌管，或對下級施以更嚴密的控制（張金鑑，民62：237～238）。

　　賽蒙曾具體地分析出行政機關集權化趨勢的主要原因如下：

1. **費用的龐大**：政府支出不斷增加的結果，有關分配國家資源的決定，就被推向更高的層級，行政預算的集中和政府經費的擴大乃是同時發生的。

2. **法律效力的信仰**：以為中央制定法令，即可統一標準發生預期效果。

3. **對於特定工作的注意**：重視某項工作的結果，便提高了將執行該工作的單位層級。

4. **上級單位的權力要求**：自原組織單位劃分出之工作，加以集中後所成立之新的上級單位，往往希望獲得更多的權力與職掌。

5. **整齊劃一的要求**：為使某項工作能整齊劃一地進行，常將之集中於一最高級單位，由其制定統一的標準頒行。

6. **模仿**：一項工作的集中常易引起他項工作的模倣，亦予集中，逐漸地也就集中至更高的層級了（雷飛龍譯，民54：295～298）。

伍、兩制的運用

　　國父嘗謂：「中央與省之權限採均權制度，凡事務有全國一致之性質者，劃歸中央；有因地制宜之性質者，劃歸地方，不偏於中央集權或地方分權。」行政機關上下級之關係亦復如此。由前所述可知，無論是集權制或分權制都是利弊互見的，端視實際需要而定。雖然晚近行政組織漸有集

權制的趨勢，但並非在實行集權制之後，中央或上級便可為所欲為，罔顧地方或下級的利益。為避免發生流弊，無論在理論上或實際上應受下列各種限制：

1. 行政事務的劃分，應以獲得有效的利益為原則。注意均權制度的運用。凡事務有關全體人民之利益者，可劃歸中央管轄，僅涉及地方局部之利益者，則宜劃歸地方管轄，當地方力量不足推行某種事務時，中央可協助之。

2. 行政活動的程度，應以不傷害下級的責任心為原則。中央如過於集權，地方處於被動地位，將失去責任心，僅視自己為上級命令的執行者，反使國家政策不易為有效的實現。

3. 行政權的行使，應以民主主義為基礎。中央能否或應否將人民最有關係或最為重要的地方事務，完全收歸中央直接辦理，應以民意為依歸。

4. 行政區域的劃分應以適中為原則。行政區域不能過大亦不能過小，過大則事繁人忙，難為精密之處理，過小則事簡人閒，徒增國家的負擔。

5. 行政手續的釐訂，應以簡化為原則。行政組織愈集中，管轄的層級亦愈多，公文的傳遞必愈繁，經濟時間兩蒙損失，欲除此弊，惟有於行政系統力求簡明，行政手續力求簡化，汰除不必要的繁文縟節（左潞生，民53：16）。

第八章　組織文化與組織氣候

第一節　組織文化的概念

壹、組織文化的意義

　　早期的組織理論偏向於有形的組織制度與行為面研究，對存在於組織內部無形但影響重大的信念、價值等思想性問題則較少著墨。其間，巴納德有關非正式組織中團體規範、工作價值，以及主管人員管理道德的探討，已為組織文化的研究開啟了先端。其後，因為一九七〇年代日本式管理的風潮席捲歐美管理學界與實務界，再加上全球跨國企業的逐步增加，使得組織理論研究的重點轉向組織文化的探討，想要瞭解組織管理的模式是否適用於不同國家的文化型態，文化的差異是否會影響組織的運作管理，而其根本問題為：組織文化究竟為何？組織文化的影響為何？

　　簡單的說，文化是一群人表現在外的共同行為樣式，以及支持行為何以如此表現的信念、價值與規範，這種特殊的行為表現與思想傾向是這群人生活的意義所在。而組織文化就是以組織為範圍，所表現出來特定的文化風格。茲舉數位學者的定義，分別說明之：

　　辛錫亞 (Nirmal K. Sethia) 和葛里諾 (Mary A. Von Glinow) 認為，組織文化乃是組織成員持續共有的一組基本價值、信念與行為假設 (Sethia & Van Glinow, 1985: 402)。

　　彼得格魯 (Andrew M. Pettigrew) 認為，組織文化是組織成員共同分享的一種感受，而在日常生活中以意識型態、語言、符號、信念，乃至禮俗與迷思的形式加以表現 (Pettigrew, 1979: 570)。

　　唐斯陶 (Marion D. Tunstall) 認為，組織文化就是組織所特有的共通價值、行為模式、習俗象徵、態度意見與處事規範所揉成的混合物 (Tunstall, 1985: 45)。

　　卡斯特與羅森威認為，組織文化是維繫組織統合一致的社會規範，是透過人際互動所產生出來共同的價值信念與社會理想體系，通常以象徵的機制表現在外，如迷思、禮俗、典故、傳奇或特有的語言，對組織成員的行為表現具有規範控制的作用 (Kast & Rosenzweig, 1985: 661～663)。

　　有關組織文化的意義可以席恩 (Edgar Schein) 的說明為代表，他認為組織文化是由特定的組織團體發明或發展出來的一種行為基本假定，用來適應外在的環境，並解決內部整合的問題。這組假定如果被證明有效，將透過社會化的過程傳授給新進的人員，使他們的思考、認知及感覺有所遵循，不致犯錯。組織文化指的是：可以觀察到的人員行為規律、工作的團體規範、組織信奉的主要價值、指導組織決策的哲學觀念、人際相處的遊戲規則、組織中瀰漫的感覺或氣候 (Schein, 1985: 6～9)。

貳、組織文化的內容

　　進一步來說，組織文化的內容包括器物 (artifacts)、信念、規範、價值與前提五種，分別說明之（吳瓊恩，民 85：344）：

1. 所謂組織文化的器物層面，指的就是可以明顯觀察得到的人員行為，組織的結構、程序、制度、規則及各種硬體設施。
2. 信念層次則包括組織的理念、知識、迷思，和名言、傳說等。
3. 規範則指規約人員行為的準則，說明哪些是適當的行為，哪些是不合宜的舉措。
4. 組織文化還包括共通的價值觀念，普遍被接受的是非對錯標準。
5. 所謂前提係指組織成員共同的思考模式，理解事物的認知架構，或是無法言傳說明，但確能指導決策作為的組織潛意識。

　　若從組織管理的機能來說，組織文化常表現在以下各項具體活動當中

（黃囉莉、李茂興譯，民 79：432～433）：

1. **個體的主控權**：成員個人的自發性，成員的責任感、自主性和自制的能力。

2. **風險的容忍度**：組織鼓勵人員進取、創新及冒險的不同程度。

3. **指導**：組織對目標導向行為與績效要求的不同程度。

4. **整合**：組織內各部門單位彼此協調整合的程度。

5. **上司的支持**：管理者進行溝通，提供協助與支持部屬的態度。

6. **控制**：組織創設法規，監督控制人員的程度。

7. **認同**：人員對組織整體的認同與承諾的程度。

8. **酬償制度**：組織獎懲升遷制度、薪資、加薪的考量面向。

9. **衝突容忍度**：組織容忍衝突、處理衝突的不同作法。

10. **溝通型態**：組織內部的溝通受到職權層級限制的程度。

　　若就組織文化的層次性與動態性言，席恩將組織文化的構成區別為器物與創造物、價值觀念和基本假定三個層次 (Schein, 1985)。「基本假定」是組織文化的內在精髓，而創造物與價值觀念是基本假定的外在表現。組織根據基本假定對外在環境進行價值判斷，價值判斷的結果，產生決策的行為與執行的動作；而行為的結果的好壞將回饋到價值觀念，產生支持或推翻價值觀念的效果，如此往復循環，經過長期的考驗與內化就會形成組織的基本假定，其關係如圖 8-1 所示。

一、基本假定

　　指的是組織成員對周遭人、事、物，以及組織本身所持有的一種潛藏的信念，乃係人員受組織社會化的影響，在長期的處事待人經驗中、依規辦事經驗中，潛移默化累積所得，又可分為五個面向：

1. 與環境的對待關係，將組織與其環境的關係看成是和諧的、穩定的，還是衝突的、變動的？

2. 對事實、真理本質的看法，事實的真假如何判定？真理的判準又是什麼？如何掌握真理，並促進其實現？時空的條件又扮演何種角色？

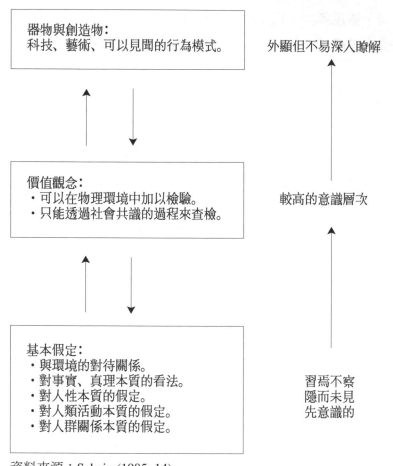

資料來源：Schein (1985: 14)

圖 8-1 組織文化的層次及其互動關係

3. 對人性本質的假定，人類的原始本性為何？性善還是性惡？主動還是被動？如西方人對人性的 X 理論、Y 理論，中國儒、法兩家的主張。

4. 對人類活動本質的假定，人類活動所欲追求者為何？其意義何在？人類發展的前景是什麼？是被決定的，還是可以主動創造的？

5. 對人群關係本質的假定，人與人之間的交往互動所為者何？應該如何？是合作互助的，還是競爭衝突的？是真誠相待的，還是虛偽欺瞞的？

二、價值觀念

指的是個人或團體社會所偏好的事物、行為方式，或有關生存的終極目標。不同的價值觀念將會影響組織所採行的管理方法、管理制度，也會影響到組織決策的著眼點。

三、器物與創造物

所謂組織的器物與創造物，包括言辭的創造物，如旗徽等象徵符號、組織的歷史典故、流傳的迷思與特定使用的語言。行為的創造物，如精心設計的儀式、慶典等，用以表彰特定的意義。物品的創造物，如組織建築物的風格、器具的形式色彩、人員的服裝款式。

第二節　組織文化的類型

我們將組織文化因其不同的特色加以分類，不但可以執簡御繁，藉以深入理解組織文化的內涵，還可以明瞭組織文化對組織運作的實際影響，從中找尋恰當的改革之道。以下將組織文化區分為內發式的組織文化 (internal-induced)、外引式的組織文化 (external-induced)，再加上奎恩 (Robert E. Quinn) 和麥克葛雷斯 (Michael R. McGrath) 的分類，分別說明之。

壹、內發式的組織文化

一、哈理生的分類

哈理生 (Albert Harrison) 根據組織決策過程的不同特性，將組織文化分為四類 (Harrison, 1972)：

1. 權力取向的組織文化：組織強調「控制、競爭」的信念，人員為求己利，甚至可以不顧道義，組織崇尚弱肉強食的「叢林法則」。

2. 角色取向的組織文化：組織重視合法性、正當性與責任歸屬的價值，一切職務工作與權責範圍皆有明文規定，並予嚴格執行。所以，層級地位和個人尊榮成為組織文化的主要表徵。

3. **工作取向的組織文化**：組織內部以能否達成上級交付任務為最高的價值美德，一切不合時宜、妨礙工作推行的法規制度皆需檢討修訂。

4. **人員取向的組織文化**：組織一切皆以人員為中心，倡導關懷、互助、體恤的價值，偏好集體共識的決策型態。

二、雷曼和韋納的分類

雷曼 (Bernard C. Reimann) 和韋納 (Yoash Wiener) 將組織價值觀念的焦點區分為「功能價值」與「菁英價值」兩種，將價值觀念的由來區別為「得自於個人領導魅力」和「來自於組織傳統」兩類，形成四種不同的組織文化型態，如圖 8–2 所示 (Reimann and Wiener, 1988)。其中，所謂「功能價值」係指組織對於外在環境意義的判別，主要基於該環境因素對相關功能部門運作所造成的影響，而「菁英價值」係指組織對於外在環境意義的判別，悉由組織內的菁英分子、高層領導者主觀決定。

		組織價值的來源	
		得自於個人領導魅力	來自於組織的傳統
組織價值判斷的焦點	功能價值	企業家型文化	策略型文化
	菁英價值	盲從的文化	排他型文化

圖 8–2　雷曼和韋納的組織文化分類

1. **企業家型文化**：此類組織的主要價值觀念來自於組織的創辦人或最高領導者，所以人治的色彩較濃，決策判斷的焦點放在部門功能的發揮與適應環境的問題之上。組織比較能夠掌握環境動向，並做適時調整，所以短期的績效容易達成，但是以人為主導的文化風格較強，容易造成「人亡政息」的危機。

2.**策略型文化**：此類組織的價值觀念已經透過制度化的過程加以確立，所以文化型態比較穩定，決策作成主要依循經驗例規，以理性來進行策略性的規劃。對環境的變動狀態亦較敏銳，能夠被相關部門即時處理解決，可以日本企業為代表。

3.**盲從的文化**：此類組織的價值體系係反映少數幾位菁英領導者的價值觀念，對環境的判斷取決於菁英的洞見，而少做理性之分析。人員表現出對組織領導者的盲目崇拜，對儀節的過度重視，所以長遠的體制不易建立，容易形成團體盲從的現象。

4.**排他型文化**：雖然組織價值來自於經驗傳統，但並非源自於成員的互動交流，而是由少數領導菁英操縱。由於領導菁英汲汲於維繫其一手導演的文化風格，所以有強烈的排他傾向，決策過程獨斷、不容異議，一切皆以領導集團馬首是瞻。

貳、外引式的組織文化

迪爾 (Terrence E. Deal) 和甘迺迪 (Allan A. Kennedy) 側重在外部環境對組織文化的影響，根據組織運作的環境風險程度，和組織所能獲取環境回饋的速度兩項因素，將組織文化分為四類，如圖 8–3 所示 (Deal and Kennedy, 1982)。

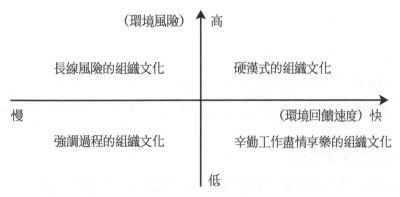

圖 8–3　迪爾和甘乃迪的組織文化分類

一、長線風險的組織文化

此類組織面對的環境風險高,而環境回饋所能獲得的利潤或績效肯定,其速度較慢。因此,組織對環境因素抱持著戒慎恐懼的態度,一切作為趨於保守,這一類型的組織比較重視層級的權威、過去的歷史經驗與專家的意見判斷。

二、硬漢式的組織文化

此類組織面對的環境風險雖高,但卻能獲得即時的回饋,決策的成敗立見。組織內現實主義和個人主義的價值觀念流行,一切皆以成敗來論英雄,以績效高低來論賞罰。因為成王敗寇是組織文化的主要特色,所以在位者必須以硬漢強者的姿態出現,在重賞重罰的獎懲制度下,致力於績效目標的達成,以保有職位。

三、強調過程的組織文化

由於決策的風險較低,做好做壞的回饋速度較慢,所以組織充分表現出官僚因循的作風。組織重視形式、程序,一切但求穩定、無過,個人意見不必太堅持,一切但求平安無事。

四、辛勤工作盡情享樂的組織文化

決策的風險雖低,但環境回饋的速度快,成敗立竿見影。所以組織強調的是即時的行動,要求「先去做、再修正、不斷嘗試新方法」。

參、奎恩和麥克葛雷斯的分類

奎恩和麥克葛雷斯對組織文化的分類,是一種較為人所接受的分類。他們以組織對環境認知的確認程度為縱軸,以組織所需採取行動的迫切程度為橫軸,將組織文化分為四種類型,如圖 8–4 所示 (Quinn and McGrath, 1985)。

一、層級的組織文化

對環境的確認程度高,而所需決策行動的迫切性低,故重視組織權力的集中與內部的整合工作,人員行為深受法規的約制,強調組織的穩定性、

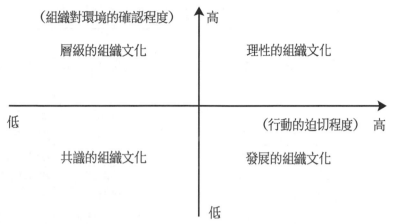

圖 8-4　奎恩和麥克葛雷斯的組織文化分類

行為的可預測性、協調合作與責任感等價值。

二、理性的組織文化

所面對的環境雖然比較穩定、容易掌握，但行動的迫切程度仍高，所以需要強調權力的整合，集中力量應付競爭對手。這是典型的績效取向文化，強調利潤、效率、生產力與成本控制的價值。

三、共識的組織文化

環境的特性複雜易變，不易把握，但所需採取的行動並不急切，所以組織偏好以授權、分權的方式，維繫內部的穩定和諧。這種組織文化強調人員的參與、共識的達成、團隊合作，以及友善信任的價值。

四、發展的組織文化

組織對環境的確認程度低，而且急迫需要採取因應對策，所以組織一方面透過分權的方式來解決問題，另一方面必需培養危機的意識。由於環境的不確定性高，組織必需以抽象的遠景和領袖的個人魅力來維持人員的工作士氣。

以上這四種組織文化，在管理制度與權力運用等方面還表現出不同的特色，試以表 8-1 比較說明之。

表 8-1　奎恩和麥克葛雷斯組織文化類型的比較說明

文化類型 / 比較項目	理性的組織文化	發展的組織文化	共識的組織文化	層級的組織文化
組織目標	客觀的標準	廣泛的目的	團體的維繫	法規的執行
績效標準	效率、生產力	外部資源的取得	凝聚力與士氣	遵循法規的程度
權威所在	主管人員	個人領導魅力	成員共享	法規職權
權力基礎	個人能力	價值觀念	非正式影響力	專業知能
決策型態	果決的判斷	直覺與洞察力	人員參與	事實的分析
領導風格	目標取向的	創新、冒險取向	關懷、支持取向	保守、謹慎的
人員順服	契約式的合意	特定價值的承諾	參與過程的滿足	監督與控制
人員考評	明確的產出	努力的程度	人際關係的和諧	固定的工作標準
動機誘因	個人成就	個人成長	社會交誼	基本安全

資料來源：Quinn & McGrath (1985: 327)

第三節　組織氣候的概念

　　對於組織的研究有許多不同的方法，因此也就形成不同的理論。近年來，哈佛大學教授黎特文與史春格 (Robert A. Stringer, Jr.) 倡導以「整體」與「主觀」的環境觀念，來研究組織成員的行為動機及他們所表現的行為，於是形成了所謂的「組織氣候」(organizational climate) 理論。這是行為科學產生以後，對組織研究的較為具體的方法之一 (Litwin & Stringer, 1968)。

　　人員參加組織，不僅要追求各種需要的滿足，而且也會主觀的對其所處的環境產生察覺 (perception) 與認知 (cognition)，因此，在一個組織中，各人員對環境的察覺差異愈小，則人員對於達成組織目標的可能性愈大。換句話說，人員對組織的看法與感受一致的程度如何，就決定了組織的目標是否可以達成。基於此一前提，學者乃試圖建立一套「組織系統變數」(organization system variables) 與引發人員動機 (aroused motivation) 間之

「中介變數」(intervening variable) 來測定組織的「氣候」，這種氣候足以提供給管理人員作為管理的參考。

當然，這些「變數」的選擇是煞費周章的，因為人員對組織的主觀「察覺」的看法可能是無數的，因此必須做一番歸納整理的工作，前述黎、史兩氏就是採取這種方法來建立他們的組織氣候（許士軍，民 61a：103～106），其他學者亦採相同的方法，最後以若干個「度間」(dimensions) 來代表「組織氣候」。研究人員以這些度間來向各組織人員徵答，並且在每個度間上列有不同的尺度，以具體衡量組織或環境，將這些徵答表格收集、整理、歸納、分析，就可說明某一組織是屬於某一組織氣候的類型。

職是之故，研究組織氣候的主要工作是在確立「度間」，它可以幫助吾人對某一事物的瞭解及觀念化。例如吾人要瞭解某一種水果，可以從大小、形狀、色澤、甜度、水分等數個「度間」來衡量。因此，度間在組織氣候中，具有下列的作用：⑴可藉此以準確描述組織的狀況；⑵可以將各度間與具體的動機作用及動機行為進一步的加以關聯；⑶可藉以衡量組織情況的改變（許士軍，民 61b：42）。

組織氣候是一種主觀的心理層面，所以必須加以具體化，以作為作業的工具，而「度間」的設定便是此一目的。不過如何使得度間不以偏概全、如何更為科學化，確是需要進一步研究的問題。

目前，度間的選定主要是依據「形容詞句選清單」 (adjective checklists)、「描述性的說明」 (descriptive statements) 或「語意差異尺度」(semantic differentials) 等，將這些文字加以歸納分析而整理出若干度間，然後據以衡量各組織的「氣候」（許士軍，民 61a：103）。

組織氣候的簡單定義是：「在一特定環境中各個人直接或間接地對於這一環境的察覺 (perception)。」 (Litwin & Stringer, 1968: 1) 由此可知，組織氣候是組織人員與環境交互影響所構成的，尤其是人員的心理反應與動機作用是構成組織氣候的一個主要變數。因此，組織氣候與人員的士氣、激勵、文化背景、領導態度、溝通等因素皆具有相關的關係和重疊性。吾人

甚至可以認定，組織氣候和存在於周遭環境的某種氣氛狀態相類似。此外，吾人亦可認定，組織氣候是指組織中人員的個性、目標和組織目標的融合與一致的一種變化過程。

　　塔古里 (Renato Taguri) 對組織氣候所下的定義是：「組織氣候代表一機構內部環境的一種較具持久性的性質：⑴來自其成員的經驗；⑵可影響他們行為；⑶可利用一系列組織特色（或屬性）之數值加以描述。」（許士軍，民 61b：40）此一界說比較清晰，同時也指出了組織氣候的三大特質，使吾人對組織氣候可以給予較深切的印象。

第四節　組織氣候的理論

壹、黎特文、史春格之理論

　　黎特文及史春格設計衡量組織氣候尺度的步驟及度間 ，可簡述如下 (Litwin & Stringer, 1968: 66～92)：

1. 收集有關一組織內部環境之描述性文字多條：所採方法為將一開放式問卷分送給奇異電器公司 (General Electric Co.) 各部門中大約二十五位經理及人事專家，以及二十位曾在其他機構（如軍事、研究等）服務人士。分析他們答案，歸納出較具有代表性質的文字，共計四十四條。

2. 根據已有之各種管理理論，黎史二氏歸納出代表「組織氣候」之八個度間：結構 (structure)、責任 (responsibility)、風險 (risk)、獎酬 (reward)、人情 (warmth)、支持 (support)、衝突 (conflict)、績效標準 (performance standard)。並由三位對於「內容分析」(content analysis) 具有豐富經驗之專家，將上述四十四項目分別歸入這八類度間中。

3. 根據分類結果，基於三位專家所表示意見之一致及重複程度，初步決定採用三十一項文字，分歸六類氣候度間，此即：結構、責任、風險、獎酬、人情及支持、衝突。此外，鑑於在組織氣候中，有關獎懲度間之重

要性，特別列舉若干不同工作表現，詢問被訪者，在所服務機構中如有此種行為可能獲得獎懲之程度。這一度間被稱為「期待獎懲」(expect approval)，故共有七個度間。

4. 將上述尺度嘗試應用於一試驗性研究中，根據研究結果，再將上述尺度予以改進。具體言之：(1)減少各氣候度間尺度所包括項目之重複程度；(2)增進各尺度在觀念上及定義上之清晰程度；(3)根據研究結果，增加具有意義之新度間尺度。經此改進後所發展之組織氣候尺度，共包括九個度間五十項目，此即：

(1)結構（八項）：代表一人在團體中所感到拘束的程度，如法規、程序等限制之類。一組織內，究係強調官樣文章成例；或是充滿著一種較放任和非形式化之氣氛。

(2)責任（七項）：代表一人在團體中感到自己可以做主而不必事事請示的程度。當他有任務在身時，他知道怎樣去做完全是他自己的事。

(3)獎酬（六項）：代表一人在團體中感到做好一件事將可獲得獎酬之程度。機構內一般是偏重獎勵，或是偏重懲罰。對於待遇以及升遷政策，認為是否公平合理。

(4)風險（五項）：代表一人感到服務機構及工作上所具有之冒險及挑戰性之程度。究係強調計算性冒險 (calculated risk) 行為，或是偏重安全保守。

(5)人情（五項）：代表一人感到工作團體中人員間一般融洽之程度。彼此間是否強調相處良好；組織內是否存在有各種非正式之社會群體。

(6)支持（五項）：代表一人在團體中感到上級及同僚間在工作上互相協助之程度。

(7)標準（六項）：代表一人對於組織目標及績效標準之重要性程度之看法。是否重視一人之工作表現；個人及團體目標是否具有挑戰性。

(8)衝突（四項）：代表一人所感到經理及其他人員願意聽取不同意見之程度。對於不同意見，究係願意讓它公開以求解決，或是設法將大事化

小，或乾脆加以忽略。

(9)認同 (identity) （四項）：代表一人對於所服務之組織具有的隸屬感程
度。作為團體成員之一，是否感到具有價值，並加珍惜此一地位。

貳、李克特之理論

李克特著有 《人類組織》 (*The Human Organization*) 及 《管理的新型
態》(*New Patterns of Management*) 兩書，對於組織與管理有著新穎的見解，
在《人類組織》一書中，曾以四種不同類型的組織來說明組織氣候，他將
組織分為：(1)系統一 (system 1) 的組織；(2)系統二 (system 2) 的組織；(3)系
統三 (system 3) 的組織；(4)系統四 (system 4) 的組織。其中以系統四的組織
最好，而系統一的組織最差。根據李克特調查的結果，凡是生產量高的組
織，都是屬於系統四或系統三的組織；而生產量低的組織，則屬於系統一
或系統二的組織（李序僧，民 63：199）。

李氏設計出一套有關組織變數的問卷，用來徵求各組織人員對其組織
的看法，將這種看法加以歸納整理以後，就是這個組織的組織氣候，這些
變數也就是黎特文等人所謂的 「度間」， 包括七項變數： (1)領導過程
(leadership processes) ； (2)激勵力量 (motivational forces) ； (3)溝通過程
(communication process) 的特徵 ； (4)互動－影響過程 (interaction-influence
process) ； (5)決策過程 (decision-making process) ； (6)目標設定或命令 (goal
setting or ordering) 的特徵 ； (7)控制 、 考核過程 (control process) 的特徵
(Likert, 1967: 4～10)。

系統四的組織被認為是最好的組織，因為管理者的手段注重：(1)運用
支援關係的原則 (principles of supportive relationships) ； (2)運用團體決策
(group decision making) 與團體督導方法 (group methods of supervision) ；(3)
為組織設立高度業績目標 (high performance goals)。

茲將李氏所建立的組織氣候的模式列表介紹如表 8–2。

表 8-2　李克特組織氣候模式表

組織變數 (organizational variables)	「系統一」組織 (system 1)	「系統二」組織 (system 2)	「系統三」組織 (system 3)	「系統四」組織 (system 4)
一、領導過程 1.上級對下級的信任程度	對部下無信心、不信任	對部下有少許信心	實質上有信心，但仍對部下的決策有所控制	有完全的信心
2.部下與上司談論其工作的自由程度	完全不能自由談論	較少的自由	尚有若干自由	完全自由
3.部屬的建議如果有價值，上級是否採用？	很少採用	有時採用	經常採用	總是採用
二、激勵力量 1.激勵人員的方法是……	恐嚇、威脅、懲罰，偶爾也用獎勵	獎勵及某些程度上的懲罰	獎勵為主，懲罰及參與為輔	參與及獎勵為主
2.何種人員最能感受到組織目標的達成？	大部分是上級人員	上層及中層	十分平均	各階層皆能
三、溝通過程 1.資料、消息流傳的方向如何？	由上向下	大多是由上向下	上、下均有	上、下、平行均有
2.下行溝通被接受的程度	部屬懷疑	部屬可能懷疑	接受，但有警覺性	欣然接受
3.上行溝通的正確性如何？	（下情不能上達）經常錯誤	（經過了一番過濾）報喜不報憂	有限度的正確	完全正確
4.上級對部下面臨的問題知道多少？	完全不知	部分瞭解	大部分瞭解	非常瞭解
四、互動—影響過程 1.互動行為的特質和數量	很少，且心懷疑懼	略有一些，由上向下，部屬有些懷疑	中庸程度，具有相當的信任	十分頻繁、高程度的信任
2.團隊合作的程度	沒有	少許一些	還算不錯	非常好

五、決策過程 1.決策在何層級制定？	大部分由上級制定	上級制定政策，少許授權	上級制定更廣泛的政策，更多的授權	各階層皆能制定而且十分完整
2.部屬對於其有關的工作是否可以參與決策？	完全不能	偶爾諮詢一下	常被諮詢	完全參與
3.決策制定過程對激勵是否有作用？	不但沒有，反而有損害	相當少	具有某些作用	有實質上的作用
4.決策者對問題的瞭解程度	常常不知道	只知道少許	差不多都知道	普遍而清楚的瞭解
六、目標設定或命令 1.組織目標設定的方式	以命令行之	命令為主，但允許某些批評	經由討論，再發布命令	經由團體行動來建立目標（除了緊急狀態）
2.對組織目標隱含的抗拒有多少？	（陽奉陰違）強烈的反抗	溫和的抵制	偶爾有少許的抵制	很少或根本沒有抵制
七、控制、考核過程 1.管制考核的功能集中在何處？	高度集中於上層	相當的集中於上層	授權給下層	廣泛的由各階層分享
2.有無非正式組織抗拒正式組織？	有	部分抗拒	部分支持、部分抗拒	非正式組織與正式組織的目標完全一致
3.各種資料的作用何在？	用作懲罰	獎勵和懲罰	獎勵及自我引導	自我引導、解決問題

參、席斯克之理論

　　美國北德州大學企業管理教授席斯克認為 X 理論注重「制度」，Y 理論注重「人」，兩者均有所偏，必須制度與人同時兼顧。因此，他在《管理的原則》(*The Principle of Management*) 一書中，採取系統途徑來研究組織

與管理，他舉出了六個交互影響組織的情境變數，來衡量組織結構與組織過程是否適當。席氏所提出的六個變數是：⑴組織人員的多寡 (size of organization)；⑵員工的交往程度 (degree of interaction)；⑶員工的個性 (personality of members)；⑷目標的一致性 (congruence of goals)；⑸決策層級的高低 (level of decision making)；⑹組織的狀態 (state of system)。茲分別介紹於後 (Sisk, 1969: 282～284, 359～363, 501～506)：

一、組織人員的多寡

　　組織成員愈多，結構就愈趨複雜、正式化，因此，對於員工的激勵方式也愈趨向正式化，在這種情況之下不易實施參與管理（也就是 Y 理論）；但如果是小單位，結構簡單，就可以適用 Y 理論，讓員工參與決策。

　　就領導方面言，組織的結構龐大、複雜，而且正式化，權責規定明確詳細，往往會使上級的授權受到限制。例如一家小公司只有一個工廠，那麼，工廠的工頭很可能自行決定採取員工參與的方式來決定工廠生產設備的安置方法；但如一家大公司同時擁有多個工廠，則所有工廠生產設備的安置方法，就可能完全由公司的生產工程部門來做統一的規定，工廠裡的工頭毫無置喙餘地，更遑論其屬下員工的意見。

　　就分權方面言，組織成員的多寡和決策的數量具有相當直接關係。成員一多，決策就多，而且愈來愈複雜。決策數量增加以及分析複雜問題所需花費的額外時間，導致高級管理階層負擔過重，並可能造成決策過程的遲延。因此，分權的主要用意之一就是在於建立一個有效的決策單位。將決策權力分別授予低級的單位有其優點——高級決策單位的決策數量較少，因此對每一問題可以有較多考慮的時間。各小型決策單位較接近操作階層，亦可以縮短溝通路線，減少每一決策所需時間。

二、員工的交往程度

　　員工為達成既定工作目標而增加互動的需要時，組織應允許意見與消息的自由流通，激勵的方式也應更趨於非正式，如果員工互動的需要程度較低時（如處理例行性的事務），則可用 X 理論來管理。

就領導方面言，如果所需解決的問題，超越員工的專業知識範圍，比較不需參與，領導可以傾向於使用正式權威。但如果管理的對象是研究發展單位就須採取不同的方式。研究發展單位是由許多具有高度技術的專家所組成，管理者若以平等的身分參與一般問題的解決，經常可以產生高度的效率。但當問題相當複雜的情況下，決策權可能保留在管理者手上，因為只有他對於整個工作各方面的知識有全盤性的瞭解。組織是否有效的衡量標準有三：⑴解決新問題的能力，以及因之而獲得的樂趣；⑵解決例行問題的效率；⑶員工互動需要的多寡。顯然的，如果需要解決的問題，是大多數公司行號每天必須處理的例行性問題，就比較不需要互動。如果問題經常變動，需要有新的觀念來解決，就比較需要互動，領導的型態也就因之而有所不同。

就分權方面言，當員工彼此溝通的需要增加，或許多人在一起解決一共同問題，使用相同的情報、資料時，互動的需要就因之而增加。因此員工互動的需要程度可以決定最適當的分權程度。決策過程的改善若係由於組織內某一階層或單位的員工互動所致，則應將決策之權授予該一階層或單位，例如銷售部門之所以得到授權，乃因上級認為顧客、銷售員和經理之間必須有密切的互動，始能對某一共同問題達成滿意的解決方法。但當決策須牽涉到許多不同的單位或不同的層級時，則決策應集中在組織的較高階層，始能獲得各方面的情報與資料。

三、員工的個性

組織結構和組織過程是否有效，深受員工的個性和期望的影響。如果員工個性內向、沉默寡言、不願參與，應該採用正式結構和正式激勵；但是員工若積極參與，注重內在激勵時，應採用參與管理和非正式組織結構。若單就員工個性這個變數觀之，人群關係理論在吾國不見得能實施見效，因我國民族性較為保守，員工大部分不願積極參與。但近年來由於民主政治的施行，國民教育程度普遍提高，員工的個性可能漸漸轉為積極。

就領導方面言，管理人員對員工個性和能力的看法可以影響到領導的

型態，管理人員如果認為，員工具有發展潛能，自我導向，就可能採取民主參與的領導方式；如果管理人員認為大多數員工的參與能力以及對於組織的貢獻相當有限時，就可能採取「仁愛的專制」(benevolent autocracy)，席斯克認為它雖與 X 理論相似，但仍有其不同。「仁愛的專制」不僅滿足組織的需要，同時也滿足員工個人的需要，它假定人類基本上是企求安全和需要他人領導，這種需要可以由正式組織來滿足。中級管理人員的權力要有明確的界定，因為他們大多數缺乏領導能力，只有在金字塔頂的一小撮人可以指導整個組織。

就分權方面言，從行政首長的個性可以測知分權的程度及其是否有效，因為分權的第一步，乃是行政首長授權給予其下屬，假使行政首長具有不安全感或基於其他理由不能授權，那麼所謂「分權」的概念就無法被瞭解或受到鼓勵。反之，假使行政首長能夠授權，而且情況允許他授權，則分權的第一步就有了保證，因為他對授權過程有所瞭解，使他能夠鼓勵屬下亦儘可能授權。但是也有例外情形，儘管高層管理當局願意分權，有時低級階層缺乏有能力的管理者，而使分權的實施受到嚴重的限制。採取高度集權管理的公司，雖然瞭解分權的優點，但往往缺乏有能力的管理者，這亦使得分權的可能受到限制，而必須自公司之外招募人員來負責分權的運作。分權的本身提供了一個良好的基礎，它能培養有能力的管理人員。通常，在採取分權的公司設有許多中級的管理職位來激勵、挑戰員工。中級管理職位具有挑戰性，因其職責範圍相當廣大，又有明確的界定。它的激勵作用在於管理者若表現優良，很可能晉升更高級的職位。

四、目標的一致性

員工的目標和組織的目標一致，員工基於利害，自然會好好規劃，努力工作，此時可採用 Y 理論；如果員工的目標和組織的目標分歧很大時，就要用 X 理論──依靠外來控制和正式組織結構，採取適當的控制措施。

就領導方面言，員工的目標和組織目標的一致性可以影響到組織內不同的層級採取不同的領導型態：在高級管理階層，成員和組織的目標通常

是一致的，所以造成一種高度參與的非正式關係；中層管理階層有各種委員會、幕僚會議、訓練計畫使他們瞭解組織的目標，以及他們所應扮演的角色；但在大部分的按時計酬的工作階層，個人的目標和組織的目標有相當大的分歧，因此在這個階層的領導就傾向於集權和正式的控制。

就分權方面而言，席斯克認為獲致目標一致的方法有二：就橫的分權言，組織應明確陳述其目標，以及達到目標所採取的政策，以使各不同單位獲致目標一致；就縱的分權言，最高階層和最低階層之間應有繼續不斷的雙向溝通，始能維持組織內各階層目標的一致。

五、決策層級的高低

低級工作單位如在技術上足以勝任決策的功能，應實施參與管理，讓員工參與決策，決策的層級愈高，遠離低級的工作單位時，就須依賴正式組織和命令控制。

就領導方面言，組織決策層級的高低，受以下兩者的影響：⑴組織的情報系統；⑵組織的政策。

低級工作單位可能本身具有作成決策所需的資料，如一生產部門要解決品質控制問題時所需的知識資料，該生產部門本身已有，可不假外求，在這種情形之下，由生產部門直接參與決策來解決問題可能最為有效。但是公司政策的改變，也可能設立高度集權的品質管制單位。這種品管單位的作業可能會影響到低級工作單位的領導型態（參與→集權）和參與決策的權力。

就分權方面言，適當的決策層級隨主要的企業功能（生產、銷售、財務、人事）之不同，而有所不同，茲分述之：

1. **就生產言**：工廠都被視為一種組織，而且具有相當程度的自給自足，能夠運行各種功能以達其任務。地理上的原因，經常使公司和工廠不在同一地點，同時也導致分權。

2. **就銷售言**：銷售功能之所以分權，除了與生產功能分權的兩種原因相同之外，尚有一因素：有些決策是屬於立即性的，須對某特定顧客有特別

瞭解，故就時效和正確來看，最佳決策層級應歸之於地方層 (local level)。因此，銷售的決策也傾向於分權。

3. **就財務言**：大多數公司的財務功能都趨向於高度集權，其因不外乎有關資本的取得和利潤的分配，應由組織的高階層來決定較為適當，這些功能是公司生存的憑藉，不應授權給分權的單位。

4. **就人事言**：雖然許多人事決策可能授權給生產和銷售部門，但是重要的人事決策仍趨向於高度集權。例如業務單位通常有權自行僱用員工（低階層），但是薪水的多寡，假期以及其他薪水以外的福利都由公司高級管理階層的人事政策所決定。

六、組織的狀態

員工熱誠、努力、效率高，能圓滿達成組織目標，應適用 Y 理論；如果員工情緒、效率低落，組織本身就處於不平衡狀態（貢獻與滿足的不平衡），這時，應適用 X 理論。

就領導方面言，如一公司在會計報告上顯示出賠本很大，老板很可能傾向於集權領導，雖然他對於增加公司利潤已有了一遠程計畫，但他對賠本的立即反應，可能是減低公司的變動成本，而減低變動成本的最有效方法就是減薪。減薪的決策請屬員來參與是不切實際的，所以這種決策的作成是沒有參與的，而且決策作成之後的溝通也是正式的、指導的。

就分權方面言，組織的狀態可包括：達到組織目標的程度、組織成長的階段、組織的特性、控制的有無。茲分述其與分權的關係：

1. **達到組織目標的程度**：當一個公司成功的達到其財務上的目標，很可能會採取一種更積極的參與式領導，此種領導型態鼓勵分權。雖然參與式領導與分權並非同義詞，但是兩者具有相當關係，因為分權就是決策權的授予，表示部屬有權參與決策。

2. **組織成長的階段**：組織成長的階段有所不同，其組織狀態自亦不同，故各階段分權程度不同。一般言之，公司成立初期多採集權方式。這一階段的公司的特性為嚴密控制，股票持有者為公司創立人，並兼任行政首

長。另一階段為公司的成長階段，有些公司的成長乃由公司內部逐漸擴充，有些公司則接收或購買其他既存的廠商。第一種成長較不需在管理上採取分權，因為許多新的產品和程序都具有同質性，而且已為現行的作業方法所同化。第二種成長乃經由接收或購買其他既存的廠商而來，這意味著產品和過程的不同，而且被接收的廠商，可以有它自己的一套管理方式，假如管理頗為有效，它可能有高度的自主權。

3. **組織的特性**：雖然組織的規模和發展階段指向分權的管理型態，但公司本身的特性亦可能使公司傾向於高度集權。公司的特性包括顧客的需要，原料的來源和種類，生產設備的地點和型態。如一多工廠的公司，每一工廠的地點不同，但又生產相同的產品或生產原料購自許多不同的來源，凡此皆須公司的高階層在決策過程中從事協調。

4. **控制的有無**：可為系統發展程度的指標，它可以決定分權是否能夠成功。授權和分權並非棄權，管理者不能將決策權授予低級階層而無適當的控制。適當的控制乃是系統的反饋圈，它可以提供採取正確行動所必要的情報資料。

席斯克承認他所提出的六個組織情況變數並不是「唯一的最佳方法」，但卻可以用來分析每一個組織的情況，進而設計出最合乎特定情況需要的組織結構和組織過程。

肆、白萊克、毛頓之理論

白萊克 (Robert R. Blake) 及毛頓 (Jane S. Mouton) 於一九六四年合著《管理格道》（*The Managerial Grid*，又譯《管理柵極》）一書，提出了他們所建立的組織型態，雖然稱為「管理格道」，但事實上就是一個組織的氣候。他們以兩項變數來衡量與測度組織的氣候，這在各學者所運用的變數中是最少的，但他們將這兩項變數加以配合並區劃為九種程度上的差別，因此產生了八十一種（即九乘九）不同的組織氣候或管理型態，他們為了方便起見，以其中最具有代表性的五種型態來加以說明，如圖 8–5 (Blake

& Mouton, 1964: 10)。

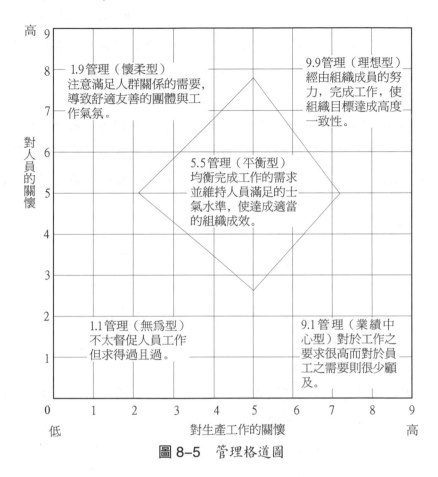

圖 8–5　管理格道圖

　　從此圖 8–5 中我們可以看出，組織的管理人員有兩種不同的管理方式，一種是以關心工作（生產量）為主的管理（橫軸）；一種是以關心人員為主的管理（縱軸），兩軸各劃分為九格，因此產生了八十一種的組合，其中最基本的有圖上的五種型態：

一、1.1 型

　　此種組織對人員及工作都不關心，所以也稱為「無為型」。領導者不求有功，但求無過，對於團體目標及人員目標只作最低程度的努力，放任部屬，敷衍塞責，這種型態當然是最差的。

二、1.9 型

此種組織對工作漠不關心，只求對人員作最大的關心，所以稱之為「懷柔型」。領導者重視人群關係，忽略團體目標，認為提高工作效率會妨礙人員的需求，所以只設法滿足部屬的需要，而組織的目標卻不能達成。

三、9.1 型

此種組織最重視工作（業績），不關心人員，所以可以稱為「業績中心型」。為了提高工作的效率，必須犧牲或壓制個人的需求，領導者是屬於機械效率主義者，毫不顧及人員的個人尊嚴及價值，此類組織會引起人員的反感，甚至消極的反抗，結果並不見得對工作有利。

四、5.5 型

此種組織對人員及工作的關心程度恰好適中，不偏不倚，所以稱為「平衡型」。領導者一方面體恤人員，一方面又考慮工作，希望在一種「妥協」的狀態下來達成組織的目標，但由於兩方面都未能盡其全力而為，所以目標也不一定能夠達成。

五、9.9 型

此種組織對人員及工作皆表現出高度的關心，認為組織目標與人員需求之間並不矛盾，只有在組織工作與人員需求同時獲得最大的注意時，組織目標與人員目標才能實現。此一類型的組織被稱為「理想型」。當然，在實際從事管理工作的人看來，這似乎是一種陳義很高的理論，不過今後要想使自己的組織日益強化，如何朝著 9.9 型的理想去努力，實為每一個管理人員所應當深切思考的事。

第九章　組織的社會動態

第一節　團體與組織的動態面

　　行政學是研究機關業務處理及領導眾人辦事的方法與知識，也就是在研究如何使機關有效達成其使命的一種學問。由於行政現象錯綜複雜，尤其它無不與人或人群發生密切的關係，所以處理也特別困難。過去研究行政尚未注意到此一關鍵所在，因而僅從行政組織、法令規章、權責劃分等方面來研究，結果發現這些問題即使完全解決，亦不能保證機關可以百分之百的完成其使命，所以乃有以行為科學為主的人群關係學派產生，他們特別重視機關中人員的心理與人員交互行為的因素，這些因素就牽涉到「團體」(group)，更與組織的動態面有不可分離的關係。

　　現代社會中有各式各樣的團體，而我們人便是這些團體的一分子，譬如我們是家庭、學校、同鄉會或某機關中的一員，而正式組織中的各種小團體對於組織中的心理與社會系統 (psycho-social system) 的建立，更扮演了重要的角色，如果沒有這些社會團體的話，那麼地位 (status) 與角色 (role) 都將變得毫無意義。由於團體中人員之間的交往，使得人員的社會需要如同屬感、尊榮感等得以滿足，因而引發了人員的強烈工作意願，成為強有力的激勵因素 (motivator)。各種小團體的動態力量可以將個人的活動加以整合而成為一種集體的成就，所以團體與團體的動態面就成為現代行政學中非常受重視的問題。

　　團體乃是人們由於共同的利益或關係而結合成的，但是就心理學和社會學的觀點來看，團體是指組織人員之間的交互關係 (interrelationships) 而言，並不強調人員的結合 (aggregation)。例如席恩在其所著之《組織心理

學》(*Organizational Psychology*) 中，就認為「團體乃是人們之間：(1)交互行為；(2)心理上彼此注意；(3)他們瞭解是屬於一個團體的。」(Schein, 1965: 67) 從這個解釋，我們可以知道：彼此注意 (mutual awareness) 及交互行為 (interaction) 就成為團體的要素，因此，像排隊買票的人群、公共汽車裡的乘客，或者全國性的組織，就不能被認為是心理上的團體。本章所強調的「團體」即指人們面對面的關係 (face-to-face relationships) 所形成的「小團體」而言。

「團體」此一名詞又可概括許多相關的名詞，例如：

一、臨時性─永久性的團體 (temporary-permanent groups)

一個被任命從事某項臨時任務的委員會，其壽命不會很長，可以被認為是臨時性的團體（例如行政院經濟革新委員會）；但是一個家庭卻是永久性的團體。

二、開放性─封閉性的團體 (open-closed groups)

永久性的團體往往是封閉性的，此種團體的人員之參加或退出要經過一段很長的時間；但是開放性的團體的人員卻可隨時的增加或減少，所以家庭也可被視為封閉性的團體，因為人員之增減唯有依據出生或死亡。封閉性的團體是一種比較穩定的組織，甚至有點靜寂，此等組織的成員變動性很少。

三、初級團體─次級團體 (primary-secondary groups)

初級團體是指人員之間經常以面對面的方式從事交往，並且可能包括團體中所有的人員，吾人所稱之「小團體」可以算作是初級團體。至於次級團體則指在共同利益或關係之下的個人所結合而成的團體，但是所有人員之間並沒有經常的及直接的交互行為，他們只是「法規或政策明文規定的有系統的關係」而已 (Brown, 1954: 94)。

從前面所述各點來看，團體──特別是小團體──的定義特別強調了「面對面的關係」及「人員之間的交互行為」。這些關係與行為的表現就是「溝通」(communication)，不論是以口頭或文字，甚至以手勢或面部表情

來表現都可以，因此溝通的行為就使得團體虎虎有生氣，否則將變得十分沉靜，僅可以算作是「個人的結合」(collection of individuals) 而已。吾人所稱之「組織動態」的「動態」一詞實指上述之交互行為而言，同時也指團體中人員不斷的改變與調整他們之間的關係，所以團體行為 (group behavior) 就成為組織的整個心理及社會系統 (psycho-social system) 中的一個關鍵要素，如果不對團體行為加以研究，則對組織根本無法瞭解。

組織中的小團體將個人與組織融合在一起而表現出它的調和功能 (mediating function)，每個人在組織中皆是某些正式或非正式團體之一員，他被正式派在某一工作團體 (如教育部高教司第一科)，可是在執行工作的過程中，該一工作團體的人員便會形成若干非正式的小團體 (informal subgroups)。

小團體理論已經發展成為行為科學中一項單獨研究的學問，根據小舒爾 (Fremont A. Shull, Jr.) 的說法，小團體理論對組織與管理具有非常重要的地位，因為小團體是：(1)複雜的社會系統中不可避免與無所不在的一項要素；(2)人格發展與形成的重要部分；(3)社會化與控制過程中的一個主要因素；(4)與許多大規模的社會系統相似；(5)可以被運用而成為一種有力的激勵力量 (Shull, Jr. et al., 1970: 313)。

個人行為受到團體之約束與影響很大，因此個人行為在團體中至少有三點需要加以瞭解：(1)活動；(2)交互行為；(3)情感。個人在團體中所參加的活動愈多，他與別人所從事的交互行為也愈多；而具有相同情感的人交往也比較多，同時也易於從事聯合的活動；至於從事相同活動及交互行為日漸增加以後，人們的相互情感的程度也會隨之增加。換言之，個人在任何的社會團體——特別是小團體——會逐漸演變成相同的價值系統 (Homans, 1950: 43)。

個人的工作表現 (performance) 受到許多因素的影響，除了物質的工作條件外 (如待遇、安全設施等)，還有許多社會因素 (如聲望、受重視的程度等)，而社會因素的主要來源就是他所處的工作團體，在團體中他受到多

少的重視？他扮演什麼角色？他受到競爭的影響有多大？他與別人合作的程度又如何？在前面我們所提到的「胡桑試驗」，就曾經指出這一點，人們在良好的工作氣氛與受到重視與尊重的情況下，會產生較高的工作效率，而最主要的還是小團體的作用，工人們因形成了共同意識的小團體，他們彼此瞭解，互助合作，同時更有競爭心理，所以每個人的生產量都增加了，可見小團體對組織的影響有多麼大。

組織要想達成其有效性 (effectiveness) 與效率性 (efficiency)，管理人員就必須努力使組織的小團體能夠具有 「附著力」 或 「同一性」 (cohesiveness) ， 及 人 員 對 組 織 目 標 具 有 融 匯 力 (internalization of organizational goals)，這兩種力量（即附著力及人員對組織目標的融匯力）對組織有莫大的影響作用。就附著力而言，人員在團體中所產生的附著力的程度高低，是一種複雜的現象，這種現象乃是每一個人員之間所表現出的吸引力 (attraction)（或排斥力 repulsion）的結果，也就是說，凡是團體中人員相互的吸引力愈大，其附著力（或同一性）就愈大，反之則愈小。再就人員對組織目標的融匯力而言，這也是一項非常複雜的組織現象，乃是人員對組織目標融匯態度傾向的一種組合，這種傾向也有大小不同的程度 (Kast & Rosenzweig, 1970: 284)。

因此，吾人如欲衡量一個組織的功能與行為是否健全，只要根據前面所述的兩種力量就可以很清楚的瞭解， 可以圖 9–1 來加以說明 (Kast & Rosenzweig, 1970: 284)。

在圖 9–1 中，我們可以發現，在右上方的方塊是最佳的狀況，因為組織的功能方向既能保持，而組織的行為也是處在一種協調的狀況之上，所以我們用兩個正號 (+) 來表示；但是在左下方的方塊卻是最壞的狀況，因為組織的功能方向既不能保持正確，而組織的行為又是處在一種不協調的狀態之下，用兩個負號 (–) 來表示；至於左上方與右下方之方塊，則各有所長，也各有所短，因為一個是反功能，一個是不協調。我們再探究一下原因，就可瞭解最佳的狀況之所以形成，主要的原因是因為人員的附著力

人員對組織目標的融匯力
(internalization of organizational goals)

人員的附著力(Cohesiveness)

＋、－ 反功能方向中的協調行為 (coordinated behavior in 　dysfunctional directions)	＋、＋ 功能方向中的協調行為 (coordinated behavior in 　functional directions)
－、－ 反功能方向中的不協調行為 (uncoordinated behavior in 　dysfunctional directions)	－、＋ 功能方向中的不協調行為 (uncoordinated behavior in 　functional directions)

圖 9-1

與人員對組織目標的融匯力最強；而最壞的狀態之形成，則由於這兩種力量最弱；此外，在附著力強而人員對組織目標融匯力較差的情況下，組織人員的行為是協調的，但是組織的功能卻是反功能的 (dysfunctional)；而在融匯力最強，附著力差的情況下，組織的功能是正面的，但是組織人員的行為卻是不協調的。

　　由於團體動態學的產生，人們對於管理問題有了新的觀點與新的辦法，過去研究生產量（效率）多從「工作簡化」、「自動化」、及「專業分工化」等方面著手，而現在除了注意這些機械性與制度性的問題之外，還要特別注意到人員的行為、小團體及組織的激勵性，也就是組織中的「心理及社會系統」(psycho-social system)。尤其在大規模的組織中，人員之間的感情被繁重的工作及機械性的操作給沖淡了，人們對於生活的價值表示懷疑，對於工作發生厭倦的現象，所以新的管理方向，已開始尋求找回人性的尊嚴與人格的價值，他們（如「胡桑試驗」）發現人們在組織中要試圖建立友誼、情感，因此形成不少的小團體，這些小團體可以滿足他們許多心理上的慾望，進而產生激勵的作用，組織的目標因而可以達成。團體動態學的日益受到重視，實為管理科學的一大革新。

　　既然人與團體的關係如此密切，所以在處理組織的問題時，就不得不

考慮到人的因素，甚至有「牽一髮而動全局」的影響作用，尤其對於一個小團體（或工作團體，如軍隊中的一個班或一個排）的人員，要特別顧及到他們的附著力，不應隨便對該一團體的人員加以調動，以免影響彼此的感情。美國的陸軍就曾作過試驗，他們發現一個戰鬥單位中的人員，由於經過一段時期的親密的面對面的交往 (intimate face-to-face contacts) 之後，他們之間便形成了彼此的忠誠與緊密的團結的現象，如果將此一單位中的某一人員加以更換的話，往往造成極端的分裂，所以在第二次世界大戰期間，美軍寧可抽調整個單位而不去抽調或更換單位中的某些個人，以免影響此一單位的士氣，其抽調辦法往往是調訓整個單位，然後加以整編 (Kast & Rosenzweig, 1970: 288)。

總之，組織的功能受到團體力量的影響很大，而團體力量的表現又以人員的行為為基礎，所以要使組織能夠圓滿的達成其既定的目標，就必須研究人的行為及團體的動態面，本章將就這些問題提出探討。

第二節　組織動態的心理分析

心理學家指出，人的行為皆有原因，原因起自需要，而需要則屬於人格系統的一環。因此，我們若要激勵一個人的行為，歸根究底，要先瞭解人格的構造及其特質。今日，一般的管理人員多能清楚的瞭解機器的結構與性能，但對於引起人類行為的最基本原因的人格卻鮮有瞭解，這不能不說是一件憾事。我們對於人格的結構若能有清楚的認識，實有助於個人行為的把握與預測。而且，我們僱用一個人，並不是只僱用他的一雙手而已；一個人進入組織時，連帶的將他整個的人格結構及過去經驗所累積的「認知態度」帶進組織。因此，我們若想要充分瞭解組織的動態面，就要先瞭解人格特質。

何謂人格 (personality)？這是一個非常複雜的問題。有的從形上學的觀點來立論；有的從宗教的立場來解說；有的從倫理的觀點來下定義；有的

則從心理學和社會心理學的立場來說明人格的性質和含義。由於立論的角度不同，因此對於「人格」一詞所下的定義也就各有千秋。愛爾坡 (Gordon W. Allport) 曾把人格的定義列舉了四十九種之多 (Allport, 1937: 27～50)。由此可見瞭解人格的困難。這裡所謂的人格，是指心理學及社會心理學上的人格而言。構成人格的因素很多，在此不能一一細述，只能選一些與組織較有關聯的因素來討論。簡而言之，它是指個人內在真正的自我，包括個人的動機、思想和習慣。它也是一種生活的型態，表現於個人種種的行為上 (Allport, 1937: 47)。雖然心理學家對人格的界說仍有不同的看法，但大多承認人格的形成固然一部分受先天因素的影響，而絕大部分是後天學習而來。行為學派認為人格是個體在環境中正常適應的過程，亦即個人的經驗繼續發展的過程。決定人格發展的因素，一方面是個體內在的生理組織與動機；一方面是外在環境的影響。人格賴學習而成長。任何行為反應，無不受過去經驗所形成的「認知態度」(perceptual sets) 的影響。

　　構成人格的因素有下列幾點：⑴生物的機能：即從事各種不同工作的能力；⑵行為的動機：使他能與別人接觸並吸收新的經驗；⑶生理上、心理上和社會適應的能力：包括理解能力、區別力、認清關係的能力、評價能力、選擇能力、解決能力和感應的能力。個體運用這些能力來發展其行為的前提和假設；⑷屬性和偏好：如習慣、態度、偏見、信心和情操。而這些因素時時在變動和修正之中，一個人由於環境和經驗的影響，養成他自己一套的看法和作法，他希望能實現其理想和抱負，希望獲得同僚的尊敬與稱譽，能控制自己的工作，瞭解工作的性質及工作環境，能與他人保持密切的關係。

　　人格結構就發展及活動的程序言，可分為三個階層，即動機階層 (motivational level)、知覺階層 (perceptual level) 和行為階層 (behavioral level)。動機階層居於人格的中心部位，即中心價值及自我範圍，人類一切的動機皆居於此層，為人格行為最基本的動機組織，一切活動的本源皆由此引出。人類的行為皆受認知及學習的影響；支配個人行為的主要力量，

亦在知覺層。人格在某種意義上可說是個人統一認識自我與環境的型態，亦是知識行為的一種型態。在學習的環境中，個人都隨著自己的習慣、需要、興趣，來認識自我世界，並保持知覺的持續性。個人對外界事物的刺激皆具有預知的作用因而影響行為。此種知覺態度，即所謂的參考標準 (frame of reference)、人生觀及一貫的行為方式。總之，知覺層是居於動機與環境之間，有解釋與補充的作用。個人的行為受動機及知覺的影響，而個人的知覺經驗每不相同，故行為表現乃各有差異 (Stagner, 1948: 70～78)。

由於人格的特質因人而異，因此乃形成組織人員之不同的行為，但是這些行為的產生卻有共同的原因，不管是誰，其「行為」皆有下列三點相關的特性：⑴行為是有原因的 (behavior is caused)；⑵行為是動機的 (behavior is motivated)；⑶行為是目標指向的 (behavior is goal-directed)，這就是說，人受到某種刺激，便產生某種需要，因此便有某種行為以達到其所追求的目標，此一「行為過程」(behavior process) 的基本模型可以應用到每一個人的身上，但是由於人的「知覺」(perception) 與人格的不盡相同，所以就造成人員之間行為的差異，團體的作用就在於將這些不同的行為加以整合，因此產生團體的拘束力，這樣才能使人員的行為不致相差太遠。

人在任何一種情況下，其行為的產生受到許多因素的影響。現在試以圖形來說明 (Kast & Rosenzweig, 1970: 216)。如要瞭解一個人的行為，就必須根據圖 9-2 所列舉的各項因素加以研究。

人的態度實為一種心理狀態，是一個人對某特定對象式問題所採取的持續而一致的習得性的行為趨向，因此工作態度的良好與否，實取決於他對工作的認知的程度而定。任何行為在發動之前，必有一種精神的定向，為未來的行為作準備，這就是所謂的態度，它具有指示及決定行為方向的性質。

態度影響意見 (opinion) 和信仰 (belief)，再透過意見與信仰來影響行為。它是從小就養成的，是透過父母及學校的教化而習得，深受父母及學

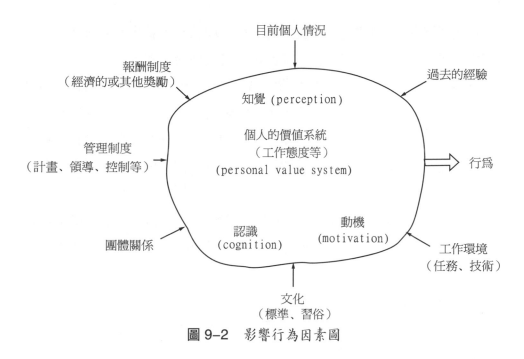

圖 9-2　影響行為因素圖

校的觀念與感覺的影響。此外，一個人的態度、意見和信仰，常與所屬的團體一致，團體的附著力愈大，人員之間的交互關係愈多，成員之間的態度、意見和信仰愈易趨於一致。一個人的態度深受所敬愛的人，及有地位者的態度的影響，「近朱者赤，近墨者黑」，及「風行草偃」的說法，就是這個意思。由於態度是一種習得性的行為傾向，而每個人成長的歷程與生活的經驗各不相同，所以態度每因宗教、社會階級、種族、地理、國家環境、性別、貧富、年齡與教育等之不同而有所差異 (Berelson & Steiner, 1964: Chap. 14)。

　　最先研究員工的工作態度與生產效率的關係者，首推梅堯所主持的「胡桑試驗」，他利用「接力裝配實驗」、「面談法」及「小團體觀察法」等研究員工的工作情形，發現工人的態度是工業關係中的主要原因，凡是具備良好工作態度的工人，其生產效率往往很高，反之則低。態度雖然是一種習得性的行為傾向，但也會暫時受到情緒 (mood) 的影響，當人員的情緒不佳或低落之時，其工作態度也必然不良，而生產效率自然很低。所謂情緒是

以個人所受到的刺激或壓力所產生的一種心理狀態，就生理狀況而言，如生病、失眠、飢餓或感情的挫折等都會影響到情緒；就外在的環境而言，如機關的獎懲制度、天氣的變化（陰、晴、寒、暑等）、同事的批評、待遇的高低，甚至世界局勢的演變等，也都能影響到一個人的情緒。所以我們對一個工作態度的研究，除了要瞭解人員的背景之外，還要注意到客觀的條件，絕對不要讓人員因為情緒問題而影響到工作態度。態度具有如下的作用：

1. **決定意義** (determine meanings)：由於態度可以影響一個人經驗的反應，故態度可決定刺激反應的意義。同一事物，每因態度不同而有不同的意義。

2. **協調矛盾** (reconcile contradictions)：個人或團體的意見常有矛盾的現象，這種矛盾的現象不是缺乏智慧，而是態度不相適調所致。適宜的態度具有協調矛盾的作用。

3. **組織事實** (organize facts)：人對客觀事實的解釋，並非完全依據事實的本身，而是受態度的影響，即態度往往對於事實加以主觀的組織使其能符合自己的要求。因組織的方式不同，事實的意義也不一樣。語言、文字、思想和情感亦因組織的方式不同而有不同的意義。

4. **選擇事實** (select facts)：人往往選擇與其態度一致的事實，而捨棄與其態度相違背的事實。人都有好逸惡勞，趨利避害的天性，人都希望聽所願聽，看所願看的東西，故一個人對外界事物的認識實受其知覺所左右，而知覺復受態度的影響。例如某一主管對某部屬有好感，想提拔他，於是盡量列舉他的優點而掩飾其缺點。又如某一主管若想開除某一部屬，往往盡量往壞處著想，列舉其缺點而忽視其長處。員工的態度既然對工作效率有很大的影響，所以管理人員應盡量設法改善員工的工作態度。

第三節　組織衝突的管理

在前一節中，吾人已經對於人格、行為與工作態度等加以分析，由於人格的差異乃形成行為與工作態度的不同，組織的管理人員應注意設法調和這些差異而使之趨於和諧，但是無論如何，組織的衝突行為仍然是避免不了的。因為組織本來就是由於人員的交互行為所構成的系統，在交互行為中，由於人們的思想模式與價值觀念的不同，而衝突 (conflict) 行為乃成為必然的現象。

衝突行為包含的範圍至為廣泛，大規模的衝突如國際戰爭與國內戰爭，屬於國際政治與政治學研究的範圍；小規模的衝突如家庭成員間的意見相左；個人目標的衝突則屬社會學與心理學研究的重點之一。因此自然無法對整個衝突行為予以研究，本節係以組織衝突行為為主要論點，對於組織中的個人、團體及組織間的衝突行為，作一概括性的論述，並說明解決組織衝突的途徑。

一、衝突的定義及要素

對於衝突的解釋，論者的說法各有不同，其主要原因是由於各人的學術背景不同所致，有人從社會學觀點來看，有人從政治學或經濟學的立場來討論，茲舉兩個例子：

政治學家蘭尼 (Austin Ranney) 對衝突一詞的界定是：「人類為了達成不同的目標與滿足相對的利益所形成的某種形式的鬥爭。」(Ranney, 1971: 11) 此一定義強調目標與利益兩個概念，指出人們為了追求其目標與利益的過程中所發生的一種鬥爭的形式就是衝突，很扼要的說明人們為何發生衝突的原因。

我國社會學家龍冠海說：「衝突是兩個或兩個以上的人或團體之直接的和公開的鬥爭，彼此表現敵對的態度或行為。」（龍冠海，民 56：322）此一界說強調直接和公開的鬥爭，事實上衝突尚有間接和隱含的。

由上述兩家的說法看，可知衝突可以發生在個人與個人之間，個人與團體之間，及團體與團體之間，其所包括的要素有四項：

1. **敵對者** (opponents)：不論是個人或是團體的衝突均有相互的敵對者，若只是單方面的行動則不能構成衝突。

2. **競爭或鬥爭** (competition or struggle)：衝突是一種敵對的行動，競爭或鬥爭是與合作相對而言，彼此合作就無衝突的產生，因此衝突必須彼此相互的競爭或鬥爭。

3. **目標或利益** (goal or interest)：發生衝突的敵對者之間必有其不同的目標或利益，如彼此利益或目標一致，則衝突無由產生。

4. **交互行為** (interaction)：衝突之產生必然由於人員之間的交互行為，若人與人之間根本沒有接觸，則不會發生衝突。

二、組織衝突的原因

1. **賽蒙的論點** (Simon et al., 1950: 297～330)

　⑴建立王國 (empire building)：組織由於分工的結果，造成了許多不同的功能單位，這些單位都想擴充其職權，爭取更多的經費，增加更多的人員，努力於自己王國的建立，在這種情形之下，不同的單位便發生衝突，人員之間也因此而有衝突。

　⑵背景不同 (differences in background)：在一組織中由於個人的背景不同，在發生接觸時，經常因為價值觀念與對事物的看法不同，就會發生衝突。保守分子與激進分子、學有專長者與不學無術者、普通行政人員與專門技術人員之間常會因背景之不同而意見分歧，難以溝通協調。

　⑶不同的團體意識 (differing group identifications)：團體意識的不同亦會發生衝突，通常在一組織中的各個專業單位都會將自己的工作目標認為比其他單位的工作目標對整個組織目標來得更融合，人事單位認為其工作目標較重要，而財務單位認為其工作目標更重要，彼此就有衝突的可能發生。

2.小舒爾的論點 (Shull, 1970: 238～246)

(1)功能主義 (functionalism)： 功能主義即工作專門化 (specialization of tasks)，組織由於專業分工而造成一層級節制的機構 (hierarchical structure)，不同的層級 (levels) 之間溝通常有障礙，衝突就難免發生了。

(2)部門化 (departmentalization)：組織的成長，除了增加上下層級外，平行間的部門亦加多，業務上亦會有衝突產生。

(3)非正式組織的影響 (informal bases)： 正式組織中的工作團體 (work group)，由於心理的認同而形成非正式組織，它與正式組織合作時，組織效率提高，若與正式組織對抗時，組織效率降低。

另一學者路聖斯 (Fred Luthans) 則認為有四種組織的衝突 (Luthans, 1973: 472)：即層級間的衝突 (hierarchical conflict)、職能的衝突 (functional conflict)、實作與幕僚間的衝突 (line-staff conflict)、正式與非正式組織間的衝突 (formal-informal conflict)，因與前兩位學者所見大同小異，不再贅述。

綜合上述三學者的意見，可以歸納出三點組織衝突的原因：一為個人差異的影響，二為專業分工的影響，三為非正式組織的影響。

三、組織的個人衝突

1.個人角色的衝突 (role conflict)

角色是人員行為的一個概念，它代表了一套有關的行為標準與期望，每一個人在不同的地位 (position) 扮演不同的角色，是個人在一特定地位上有關的活動；它也說明個人在社會或組織系統中所占有的某一特定位置上所被期待或禁止的行為，也就是個人在特定地位上所被期望的行為標準。

人在社會生活中常扮演了不同的角色，他是家庭中的家長、丈夫、父親或兒子，對家庭中不同的成員而言，他的角色也就不同；同樣的道理，一個人在機關中也具有不同的角色身分，他是長官，又是部屬；他是正式結構上的一個職位，也是非正式組織的一個成員。這些不同的角色，使得個人產生了角色衝突。

　　角色衝突原為心理學上的名詞，但自從行為科學產生後，就將此一名詞應用到組織上，當個人扮演的角色，不能符合他人預期的要求或社會的行為標準時，就會產生角色偏差，心理學者稱之為角色衝突。通常，當角色的期待不一致，或是一個角色有數種期待時，或是角色變換，或是促進角色的動機降低時，都會導致角色的衝突（龔平邦，民 61：156）。

　　組織中角色的衝突又是如何存在呢？最典型的例子是工廠裡的工頭角色。一個工頭，在管理層級人員的眼光中被認為是屬於管理人員，是第一線的監督者，他所扮演的角色應該要符合管理人員的目標與期望；在另一方面，他監督之下的工人，將工頭視為其工作團體的一分子，他所扮演的角色應該要能反映工人們的利益。而工頭本身對自身亦有其角色知覺，他認為自己是介於上下兩者之間的地位，如此，有數種期待集於一身，當其期待不一致時，就會產生了工頭的角色衝突。身為工頭的地位，他應該明瞭他的工作是屬於管理的一環，同時他也應該從工人的觀點來看其工作，此種介於管理層級與工人層級之間的雙重身分，就形成了他的角色內衝突(intrarole conflict)。而由於他的工作性質，他必須滿足管理層級與工人層級雙方面的需求，而往往造成兩面不討好的現象，可能雙方面都不信任他，如此將造成管理級、工頭、工人級三者之間的角色衝突，是為角色間衝突(interrole conflict)。每一組織之中的個人在其角色扮演的過程中，經常發生其個人的角色內衝突及與他人之間的角色間衝突。再如一位科長既要滿足局長的要求嚴格督促部屬，又要滿足其科員的要求不要管理得太嚴格，此時的科長將會左右為難，其角色內衝突也就產生了，若他滿足一方而開罪另一方，則發生角色間衝突。

　　由此可知，角色衝突在組織中是很普遍的存在著，工作愈複雜的單位角色衝突就愈多，工作愈專門化導致了更狹窄的工作指向，分工愈細，角色衝突愈密。因此，站在管理的觀點，對於角色衝突不能不加以妥善處理，要如何同時滿足多方面的需求，如何去調解彼此的衝突是現代管理的一大使命。

2.個人目標的衝突 (goal conflict)

　　人類的行為，除了一些簡單的基本反應外，都有一定的目標。目標與需求有不可分的關係，李威特 (Harold J. Leavitt) 在其 《管理心理學》 (*Managerial Psychology*) 中提出一個行為的基本模式 (Leavitt, 1964: 9)。

　　由此一模式可以說明個人接受刺激，產生需求，欲達成此需求（即其目標）就產生行為。個人的需求是什麼呢？馬師婁的需要層次論可以作最佳的說明，馬氏認為人的需要有一定的層次，由低而高依次為生理的需要、安全的需要、愛的需要、受尊重的需要及自我成就的需要。個人為了滿足這五種需求，就會去追求目標，若中途遇到了障礙，就會產生目標衝突。

圖 9-3　行為產生圖

　　個人在組織中的行為表現，亦是如此，個人參加一個組織有其需求亦有其目標，當其需求滿足，目標達成時，就無所謂衝突的發生，但事實上，人類的需求是永遠無法滿足的，需求的不滿足就產生了心理學上所說的挫折行為 (frustrative behavior)，我們以路聖斯 (Fred Luthans) 的挫折模式來解釋組織中的個人目標衝突的行為 (Luthans, 1973: 463)。

　　個人追求目標的過程遭受障礙，受了挫折，產生了四種反應方式，也是四種衝突的方式。以下分別說明之：

⑴攻擊反應：個人在組織中行為遇到挫折後，第一個反應方式就是攻擊，或是對人或是對物，攻擊行為是由情緒的憤怒所引起。因表現的方式不同，又可分為直接的攻擊與轉向的攻擊。所謂直接的攻擊 (direct aggression) 就是對構成挫折的對象予以直接攻擊。例如一位主管下令部屬限期完成一項工作，而部屬並沒有依限完成時，此主管可能對其

部屬大肆責罵。所謂轉向的攻擊 (displaced aggression) 就是對於構成挫折的對象，當發覺不能予以直接攻擊時，就將憤怒的情緒發洩到其他的人或物上。例如上述被苛責的部屬，其情緒的不滿，不敢直接反駁其上司，就轉向同事或更下層的人員發洩。如無法對人發洩時，就轉向物發洩，或是摔公文、或是拍桌子等種種不同的行為。

⑵退讓反應：退讓可能是嚴重的心理問題的徵候，它亦有兩種不同的表現方式，其一為退化 (regression)，其一為情緒孤立 (emotional insulation)。所謂退化，可以說是回復原始的反應傾向，亦即個體遭遇挫折時的反應要比應有的反應為幼稚，表現一種欠成熟的行為。例如學生受老師責備後失聲痛哭，或一題數學題無法解答時竟將書本亂塗。所謂情緒孤立，是因為遭受挫折後，不表露自我情感，將之壓抑在心裡，久而久之造成情緒上的冷漠，壓抑過甚時往往容易造成嚴重的心理疾病。

⑶固著反應：個體在生活環境中遇到挫折時，需要有一種隨機應變的能力，始能順利的解決所遭遇的問題，在某些情形下，如個體一再遭遇同樣的挫折，他可能學習到一種一成不變的反應方式，即使以後情況改變，此種已有的刻板性反應方式仍然會盲目的繼續出現，此種現象稱之為固著。在兒童的行為上表現更為明顯，例如兒童吸吮手指與口吃兩種行為，通常父母愈以懲罰的方式加以阻止，便愈會出現。

⑷折衷反應：個人動機遭遇挫折後，既不能採取攻擊行動，也不能表示退讓，就產生了折衷反應的兩種方式，一是文飾作用 (rationalization)，一是補償作用 (compensation)。文飾作用是個人遇到挫折後往往自圓其說或自我解嘲，對於未達到的目標自我寬恕，在心理學上所說的酸葡萄作用與甜檸檬作用即指此而言。補償作用是個人目標未能達成時，可以改用其他方式代替，以彌補因挫折而損傷的自信與自尊。

上面我們簡單的分析個人追求目標過程中遭遇挫折後所引起的四種反應方式。至於目標衝突在心理學上又可分為三種主要的類型（楊國樞與張

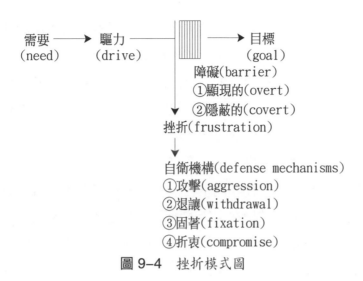

圖 9-4　挫折模式圖

春興，民 60：458～463；龔平邦，民 61：128～130)：

(1)雙趨衝突 (approach-approach conflict)：係指個體在有目的的活動中，同時有兩個並存的目標，而且此兩者皆有同等的吸引力，當個人因事實的限制而無法得兼時，心理上自然會產生一種「魚與熊掌」難以取捨的衝突心境。

(2)雙避衝突 (avoidance-avoidance conflict)：與雙趨衝突剛好相反，兩個目標對個人具有威脅性，兩者皆想避免，但迫於情勢，個人必須接受其一方而能避免另一方時，在抉擇時就會遭遇雙避衝突的心理困擾。

(3)趨避衝突 (approach-avoidance conflict)：對於單一目標同時具有趨近與躲避兩種動機，形成既愛之又恨之，欲趨之又避之的矛盾心理。例如想參加考試獲得一官半職又怕榜上無名損傷自尊、想追求異性又怕碰壁。此類心理衝突在日常生活中遇到最多也最難以解決。

上述的分析著重於個人心理衝突情境的描述，在組織中個人目標衝突的部分，應該還要涉及個人目標與組織目標的衝突。

古典的經濟理論與傳統的管理理論假定，組織中的個人參與組織是經由金錢與其他的誘因而獲得滿足，如此個人的目標與組織的目標即可趨於一致，這種簡單的假設與事實並不相符，其缺點是：(1)人是比假定的理性

經濟人來得複雜得多，人有許多的需要與期望，不是用簡單的純經濟術語可以涵蓋；(2)組織本身就具有多重的與複雜的目標。

另一為早期人群關係學派所主張的觀點，將人員需要的滿足看成與技術上的效率同等重要，他們認為使人員需要獲得更大的滿足是獲得組織更高效率的手段，增加人員的滿足感就能更有效率地達成組織的目標。這一觀點與上一學說一樣有缺點，由許多實例顯示，提高組織效率可能產生人員的不滿足感。高度的工作專門化在技術上可能有效，但會造成人員的厭煩與冷漠；嚴密的權威結構在組織的觀點來看也許是必要的，但會造成人員對抗的心理。因此組織與個人的目標不會完全融合也不會完全分離，往往是部分融合部分分離的混合型態，衝突就在此型態中一直存在著。

賽蒙與馬奇 (James G. March) 在其合寫的名著 《組織論》 (*Organizations*) 一書中，提出五個基本假設去衡量個人對團體 （或組織） 的認同程度，亦即個人目標與組織目標的一致程度，五個假設是：

1. 對團體的特權認知愈大，個人認同於團體的傾向就愈強，反之亦然。
2. 團體中的分子對目標共享認知的程度愈大，個人認同此團體的傾向就愈強，反之亦然。
3. 團體中的個人與個人之間交互活動的程度愈大，個人認同於團體的傾向就愈強，反之亦然。
4. 團體中個人需要獲得滿足愈大，個人認同於團體的傾向就愈強，反之亦然。
5. 團體中的分子之間競爭的程度愈小，個人認同於此團體的傾向愈強，反之亦然 (March & Simon, 1958: 65～66)。

賽蒙提出的五個假設，可以作為衡量個人對組織目標認同程度的指標，認同程度愈高，個人目標與組織目標就更融合，認同程度愈低，表示個人目標與組織目標衝突愈大。

四、組織中的團體衝突

組織中的團體間的關係非常錯綜複雜，一個團體致力於它的目標與規

範的達成時，與其他的團體常形成衝突，造成競爭，企圖阻擾對方的活動，成為組織的一大困擾。

1.影響團體衝突的因素

一般而言，影響團體衝突有三個主要因素 (March & Simon, 1958: 121～129)：即參與決策的需要、目標的差異及個人認知的差異，分述如後：

(1)參與決策的需要：一個組織的次級單位之間為了參與決策的需要而常起衝突，參與決策的需要，依賽蒙的看法有兩種因素，即資源的分配與時間的配合。前者是指各單位對資源依賴程度愈大，就愈感到需要參與決策。因為一個組織的資源是有限的，各個單位為了爭取更多的資源，就必須參與決策的制定，如此在決策的過程中就會發生衝突，各單位間的衝突表現特別尖銳的是在預算－財務的分配上。後者是指各單位對參與決策的時間配合的依賴感愈大，就愈有衝突的可能，若參與決策的時間次序各個單位互不相同，則衝突較不易發生。通常而言，一組織中各單位分享一共同利益比不分享共同利益者為多，而衝突就集中在此共同利益的焦點上。在流程圖 (flow-chart) 上互相毗鄰的單位比不相毗鄰的單位之間衝突為多。

(2)目標的差異：組織由於分工制度的結果劃分成不同功能的各個單位，每個單位在組織設計之初即確定其目標，各個單位的目標集合成組織的總目標。各下級單位的工作行為自然以其本單位的利益為中心，忽略了組織的總目標與其他單位的目標，使得各單位之間變成一種絕緣狀態，彼此溝通越形困難。

(3)個人認知的差異：指不同的個人對組織決策認知過程所發生的差異，它在一單位中發生作用時，亦會導致單位間的衝突。例如甲單位的首長認為 A 案最可行，而乙單位的首長則認為 B 案才是最好的方案，由於彼此認知的差異往往就會導致兩個單位意見難以協調。

關於個人目標與認知間實質的互動關係，賽蒙亦提出幾點看法 (March & Simon, 1958: 127～128)：(1)個人目標差異愈大，個人認知的差異亦愈

大；(2)獨自的資料來源數量愈大，在組織中的認知的差異就愈大；(3)資料輸送過程的路線愈多，在組織中的認知差異亦愈大。

　2.團體衝突的功能

　　團體衝突對組織而言，誠然有其破壞力，但亦有建設力，吾人分析組織衝突行為時，應該從正反兩方面的觀點來研究，或許能夠使我們獲得更明晰的瞭解。團體間的衝突雖然經常是弊多於利，但是有時會利多於弊的。衝突與合作同樣具有社會功能，某種程度的衝突是團體形成與團體生命持續的一個重要因素。

　　(1)團體束縛 (group-binding) 的功能 (Coser, 1956: Chap. 2)：所謂團體束縛的功能就是經由團體的敵對，使團體中的分子對團體自我認同感 (self-identification) 加強了，亦即團體的自我意識 (self-conscious) 增加，團體中的分子對團體的向心力更大。從反面來說，亦即團體的拘束力加強了，個人在團體中所受的束縛亦較大。簡言之，團體間的衝突有助於團體意識的增強。

　　(2)團體凝聚 (group cohesion) 的功能 (Coser, 1956: 87～95)：團體間的衝突，往往造成衝突的雙方都更加團結一致，成員對團體更為盡忠，距離拉近，內在差異去除，團體的工作效率自然提高了，為了勝過對方，爭取成績，就必須團結一致對外方有勝利的把握。這也是為什麼有許多管理者有意造成下屬之間的競爭的道理。

　　衝突雖然有增強團體意識與團體聚合力的功能，但此一功能應該用在整個組織的強調上，若用在組織中的各個次級單位，徒然增加組織的負擔，對整個組織而言並無好處。

　　組織中的團體衝突是難以避免的，為了降低各單位之間的競爭，使各單位更能合作起見，史安 (Edgar H. Schein) 提出四個方法 (Schein, 1965: 120)，是有助於此目的的達成：(1)強調整個組織效率；(2)增加團體間的溝通與交互活動；(3)各團體間員工輪換；(4)避免造成輸贏的場合。

五、衝突的利用與解決

1. 衝突的利用

衝突誠然有其破壞的一面，但站在管理的觀點，若能予以妥善的運用，亦能使衝突轉變為具有建設性。所以賽蒙說：「衝突，不但不足怕、不足恨，而卻可愛。若從領導者的立場而言，衝突乃是獲取內部控制的主要工具。」(March & Simon, 1958: 131)

在羅斯福總統主政時期，他的管理方針，頗足資借鏡者，乃是：⑴授權而不完全；⑵賦予權力，但不予明確的指示；⑶命令的發布，每彼此重複；⑷本身保留最後決定權，其目的無非是在充分化衝突為力量，藉以考驗並發展其部屬的才能而已 (Schlesinger, 1958: 535～539)。因此，衝突之所以不但不足懼而且能變成合作的基本力量者，乃是因為：⑴承認個人差異的存在；⑵每一個衝突——內在的或外在的——俱包含著複雜的興趣；⑶而每一種興趣，全可以置於連續性興趣行列的各個不同點上。

2. 解決衝突的途徑

衝突的現象在組織中既難以避免，因此如何去解決或降低衝突就是管理者的一大任務。以決策的觀點來看組織，組織是一套問題解決環 (problem-solving circle) 的組合物，組織中不斷產生問題，問題產生後，必須制定決策以謀解決，解決問題以後，再有新的問題產生，因此組織變成：問題產生－制定決策－解決問題－問題產生……的一循環體。衝突亦就是問題產生的一環，組織必須不斷地面對衝突－決定－解決等固定的循環路線。

解決衝突的方法，學者間的意見很不一致，例如：

1. 勞倫斯 (Paul R. Lawrence) 認為解決組織中部門間的衝突有三種方式：⑴面對問題或解決問題 (confrontation or probleming-solving)；⑵滑潤歧異 (smoothing-over differences)；⑶強迫決定 (forcing-decisions) (Lawrence & Lorsch, 1967: 73～78)。三種方式中以第一種方式最有效果，因為面對衝突，由上級居中協調，使衝突的雙方不再各執己見，消弭紛爭。第二種

方式只能減少雙方的摩擦，猶如潤滑油可以減低機器間的摩擦一般，但實際上衝突只是暫時隱形，仍然有再爆發的可能。第三種方式雖可收一時之效，但強制手段終難持久，非到不得已不要使用。

2.賽蒙認為組織欲解決個人或團體間的衝突，組織必須經由四種過程來反應衝突，這四種過程，賽蒙稱為：⑴問題解決 (problem-solving)；⑵說服 (persuasion)；⑶協商 (bargaining)；⑷政治 (politics) (March & Simon, 1958: 129)。

　　問題解決是假定目標可被共享，並且決定問題 (decision problem) 被當作一種解決方法且足以滿足共享的標準。因此，問題解決的過程中，資料收集的重要性被強調了，研究行為也增加了。說服是在個人目標差異引發衝突時使用，使個人放棄己見，不再堅持個人目標，以整個組織目標為重。bargaining 一字原為交易的意思，交易時經常要討價還價，因此可以引申為談判、協商的意思。

第十章　非正式組織

第一節　非正式組織理論的產生

　　早期學者對組織的研究多偏重於正式的、結構的和法制的，但是自從行為科學的方法被運用在組織的研究以後，就發現了許多過去所沒有瞭解到的問題，而這些問題對組織的影響很重大，其中有一項，就是非正式組織 (informal organization)。

壹、非正式組織的發現

一、胡桑試驗 (Hawthorne Studies)

　　首先將行為科學的觀點與方法應用在組織與管理的研究上，便是由哈佛大學教授梅堯等人所主持的胡桑試驗，其詳細經過已在本書第三章第三節中介紹過了，在此不再贅述，但必須要強調的一點，胡桑試驗第五階段所作的小團體的研究，奠定了後來非正式組織的理論。此項研究是以觀察與記錄工人的團體行為為主，梅堯等人發現人員的行為深受非正式組織的影響，而這些非正式組織是由於人員的情緒、感情、地位、角色和社會互動的關係所造成的。他們認為：人員在組織中受到非正式組織的影響而造成下列的情形（《雲五社會科學大辭典》，民 60：32）：

1. 不應生產太多，否則你便是高產量的怪物 (rate buster)。
2. 不應生產太少，否則你便是滑頭鬼 (chiseler)。
3. 不應對監督者說不利於工作同志的任何事情，否則你便是個告密者 (squealer)。
4. 不應與大家保持社會距離，好管閒事，例如監督者不應該像監督者那樣

的行為。

人員在團體中的地位，多半受到上列四種行為的要求，否則便不易在團體中立足而成為一個孤獨者。雖然胡桑試驗發現了非正式組織的存在與作用，但並未作進一步的探究。

二、塔夫研究所試驗

這是英國塔夫研究所對英國煤礦工人的工作行為所作的研究。英國採煤工人原採「短牆法」(shortwall method) 採煤，由二至八人組成工作小組，彼此照應，與其他團體隔離，採煤的範圍固定，自己負責裝載、運送，各小組有充分之自主權，小組的人員由人員以是否合得來而自由組合，所以彼此感情深厚，生產量也能保持一定的水準，雖然與別的小組有競爭、衝突，但仍然保持了基本的社會體系（吳洋德譯，民 62：41～43）。

但由工程學之立場，因煤層厚薄不同，宜以機器代替，即改為長牆法 (longwall method)，需較大團體，以適應此種新方法之採用，在一領班下有四五十人之多，每人距二百呎左右，在一寬廿呎，高一呎之隧道內分三班工作，不同班內各班間須協調，同一班內，各人間亦須協調，只要任一部分稍慢，即會影響工作進行，減低產量，而這時產生之小團體，其成員因從事的工作不同而享有不同之地位。因此，在新方法下，不僅班與班間溝通困難，同一班內之人，也因工作產生之不同地位而減低彼此之溝通。

在此情況下，人人情緒緊張，團體關係解體，且無有效之管理方法（因工作分散得太厲害），凡此種種因素，導致了低生產量，工人覺得工作無意義，遺世孤立，被動，暮氣沉沉。由此可知，學理上很站得住腳的技術改革，因為破壞了工人的社會組織，使得新的工作方法失敗，此一研究提醒了工業社會心理學對於非正式組織的重視。

三、賽里斯尼克 (Abraham Zalesnik) 之研究

賽氏對不同的組織中對不同種類的工人團體做觀察研究，在一家中型製造工廠的一個為數五十人的部門中的研究中發現下列的結果（吳洋德譯，民 62：68）：

1. 工人的生產量與是否滿意他所得的薪酬和工作地位無關，但卻與他是否加入團體有關。
2. 正常的團體分子通常都能符合團體的生產標準以及管理人員的期望。
3. 乖僻、孤立的人 (deviants and isolates) 常破壞團體的規範。
4. 那些乖僻、孤立但渴望加入團體成為其一分子的人，其生產量常低於團體的標準。
5. 而不想加入團體的人其生產量高於團體的標準。

　　由賽氏的研究，可見非正式組織對人員及正式組織都發生了重大的影響，所以研究組織問題，不能不對非正式組織加以瞭解。

貳、非正式組織的理論

　　巴納德及賽蒙對非正式組織理論曾作了有系統的研究，前者所著的《主管人員的功能》及後者與馬奇所著的《組織論》中對此問題皆有詳細的描述。事實上，賽蒙大多承襲了巴納德的論點，所以巴氏實為研究非正式組織的先驅學者。

　　巴納德將組織區分為正式與非正式兩種，他認為正式組織是有意識的協調與互動的系統，有固定的結構，是層級節制的；而非正式組織則是無意識的、不定型的結合。兩者如影之隨身，後者因前者而生，但可賦予正式組織的活力或加以限制 (Barnard, 1938: 122～123)。

　　他一再強調正式組織中有非正式組織的存在，其非正式組織理論至少顯示三項重要的組織概念：

1. 任何正式組織內都會產生非正式結構 (informal structure)。
2. 任何正式組織的目標，都會由於其自身的運行而被修正或補充 (modified)。
3. 任何正式組織的目標被修正或補充的過程，深受非正式結構的影響。

　　上列三項概念，業經過許多學者的研究而得以更為闡明，同時巴氏之非正式組織理論的提出更有助於吾人對組織現象的進一步的瞭解。當今組

織理論能夠如此蓬勃興起，巴氏之功不可滅。

第二節　非正式組織的意義

在討論非正式組織之前，我們首先要對正式組織的定義加以說明。所謂正式組織 (formal organization) 是經過 「計畫的結構」 (the planned structure)，同時是為了有效地達成目標而建立的成員間的固定關係 (patterned relationships)。申言之：正式組織乃是經過精心設計與計畫而建立的個人地位與權責關係，它是人們所精心設計下的產物。通常經過合法程序的組織與地位，在正式組織下的人員，均有法定的職位與權責，並依據法定規章行事。

至於非正式組織 (informal organization) 乃是與正式組織相對稱的，因之而生，附隨在正式組織中而存在的。而非正式組織的定義，各家之說法不一，茲將各學者的說法介紹如下：

羅次力斯柏格與狄克遜認為非正式組織乃指存在於正式組織的分子間，其構成個人的交互關係 (personal interrelations)，並且此種關係，是正式組織所難以表示或不適合去表示的。此一界說，特別強調非正式組織與成員間，所必須的接觸與交互關係 (Roethlisberger & Dickson, 1939: 565～567)。

巴納德認為非正式組織，乃是由機關組織中個人的接觸交互影響，自由結合所造成的聯合體，此結合純屬於偶然或意外而不帶目的 (incidental or accidental association without purpose)。此一界說，只強調非正式組織是發生於正式組織內，無意識不定型的結合，此一特性，顯然是與正式組織形成明顯的對比 (Barnard, 1938: 115)。

戴維斯認為非正式組織，乃是基於人與社會關係所建立的交往系統 (a network of personal and social relations)，並非建立或取得於正式的權威，而是居於人的結合自發地形成 (Davis, 1972: 252)。此一界說，無疑地指出非

正式組織是工作者基於互動關係所產生的一種自然結合，著重在個人和人與人間的關係，可藉著親密的交往和感情的交流，於不知不覺中形成了人際關係。同時戴氏指出非正式組織的權力是贏得而非法律規章所賦予的，因此非正式組織的權力常依附個人，是來自團體的分子之認可，這對於正式組織與非正式組織，更有明確的界限與劃分。

卡斯特和羅森威認為非正式組織，乃是相對於正式組織而言，是指所有非經正式設計而自發地形成的參與者的互動關係 (Kast & Rosenzweig, 1974: 208)。

蘇伯顯認為非正式組織乃為人員間非正式交互行為所形成的社會關係網，這種關係網表示組織並非循著法定程序建立，而是基於人與社會關係所建立的交往系統，是任何由多數人所構成團體中人員之間所必然形成的關係（蘇伯顯，民 61：101）。

從上述各家的界說來看，吾人可知非正式組織是正式組織的副產品，也是一種必然的現象，因為人在組織中會產生交互行為，彼此間就有了瞭解與認同，這些認同的關係乃自然而然的使人員結合成為團體，這就是非正式組織。所以非正式組織是由於人員交互行為下所產生的認同關係所形成的結果，此一認同關係包括許多共同點，凡共同點愈多者其非正式的關係亦愈密切，例如同學、同鄉、同宗、同好、同事、同個性等，吾人可將此共同點稱為「六同關係」，凡具備此六同關係者必然是組織中最緊密的非正式組織。當然，並不是非具備此「六同關係」才足以形成非正式組織，只要具備任何一項共同點，即可促成人員間的「認同」，然而共同點愈多，則凝固力愈強，非正式組織的成員愈團結。

現在試將此六同關係解釋如下：

1. **同學**：一個機關中，凡是同一個學校的畢業生，自然而然的就會來往得較為密切些，於是形成了非正式組織。吾人常聽說某某機關有「×大」派，即屬此類型。

2. **同鄉**：在我國同鄉的觀念尚屬濃厚，於是一個機關的人員由於同鄉的關

係相互援引，形成了非正式組織。

3. **同宗**：凡同姓或有親戚關係者，在一個機關中也就很自然的結合起來。

4. **同好**：凡愛好、興趣相同者，其交互行為亦必密切，於是形成非正式組織。如喜歡橋牌者，就形成了「橋牌社」；愛好登山者，就組成了「登山隊」。

5. **同事**：凡工作接觸頻繁，朝夕相處的同事，也比較易於結合成非正式組織，例如一個機關的會計室的人員，由於工作在一起，經常接觸、溝通，就形成了一個非正式組織。

6. **同個性**：俗語說：「人心不同，各如其面」，人與人之間雖然有不同的個性與性向，但仍然可以歸類，如內傾型、外向型、冒險型等，於是個性屬於同一類型者也必然彼此易於接近、來往，經過了一段時間以後，就自然的形成了非正式組織。

　　由上述各點可以引申得知，人員之所以形成或參加非正式組織有下列的原因：

1. **滿足友誼** (friendship)：人皆有友情的需要，尋求友誼，建立社會關係乃是人的通性，人們既屬於一個組織，其生活圈與社交活動範圍就很自然的使他們彼此來往，人們就從這些交往過程中發現誰可以交往，誰不可以交往，最後就形成了非正式組織。

2. **追求認同** (identification)：經由非正式組織，人們可以取得社會地位、得到承認 (recognition)，扮演角色 (role-playing)，使得人們產生同屬感。

3. **取得保護** (protection)：一個人的力量是有限的，人們必須藉著團體的力量來維護自己的利益，這種尋求集體的力量來保護自己的心理，也是促成非正式組織的產生因素，不過這種動機是消極的、防衛的 (defensive)。

4. **謀求發展** (exploitation)：人們在組織中還要謀求發展，地位要高升，影響力要擴大，但如果孤立無援，就很難有發展，於是人們就要結合成團體，相互援引，彼此吹噓，來達到升官發財的目的。這種動機是積極的、進攻的 (offensive)。

5. **彼此協助** (assistance)：人是群體的動物，也只有藉著組織的力量才能達成人們的願望，所以人在組織中必須互助，為了這個目的，非正式組織乃應運而生。

第三節　非正式組織的特性

一、順乎自然 (naturalness)

非正式組織完全是人們自願結合而成的，所以它是順乎自然的，沒有人強迫，也沒有人去故意安排、設計，它完全是「經由人們在組織中的互動所產生的瞭解與認同，彼此進而產生感情後所自然結合成的團體」。

二、交互行為 (interaction)

人們在組織中彼此來往、溝通、相互瞭解，於是形成非正式組織。此種來往、溝通、與瞭解的過程就是交互行為。

三、感情移入 (empathy)

由於人員之交互行為，而使組織中的人員，彼此認識與瞭解，進而產生情感，所以非正式組織中的人員，彼此的情感比較親密，相互之間關係比較相近。它的形成，既以「人」為中心，人員由於彼此間親密交往的結果，便從心理上將各人在某些方面融合成一整體，其團體之歸屬感，包含著同情與相互間認同，因而以團體的情感為依據，故其行為缺乏客觀的標準。

四、社會距離 (social distance)

在正式組織中，由於層級節制或功能分工的關係，人員之間多多少少存在著一些社會距離；但在非正式組織中，人員之結合是由於相同的背景，所以彼此的距離就縮短了。例如有兩位職員，一個地位高，一個地位低，在正式組織中就有上下的距離，但如果他們兩人是同一個非正式組織的成員（因為是同學），那麼他們的距離就會縮短。

五、民主指向 (democratic orientation)

　　非正式組織的成員是自由結合的，沒有法律限制，也沒有地位的高低，大家在一種平等的原則下彼此交往，任何的行為都是大家同意後才產生的，充分的表現出民主的氣氛。

六、以影響力來領導 (leadership through influence)

　　非正式組織中如果有領導的話，那不是靠權力，而是靠影響力，這種影響力人人皆有，端視其所發生的時機與性質而定，正如孔子所說的「三人行必有我師焉」。這個「師」字便可當作影響力來解釋。

七、團體壓力 (group pressure)

　　雖然非正式組織是自由結合、是民主指向，但既然已形成一個團體，就有團體所公認的「行為規範」，這雖不是明文訂定的，但存在於每一個成員的心中。大家為了同一目標而結合，自然要放棄一些「我行我素」的觀念，而跟著大家一齊行動，這就是團體壓力。

八、附著力及統一力 (cohesiveness and unity)

　　非正式組織的存在主要是由人員之間有一種共同的認識，這種「認同」的力量把大家緊密的團結在一起。正如在外國的中國人就比在自己的國土內較為團結一致，因為他們在外國產生了認同的作用。

九、成員的重疊性 (overlapping membership)

　　非正式組織在正式組織中的數目絕不止一個，因此其成員也就表現出重疊性，某甲由於同學的關係與某些同事形成非正式組織；但他又因為同好的關係同另外一批人結合起來。

第四節　非正式組織的類型

壹、達爾頓 (Melville Dalton) 之分類

一、垂直集團 (vertical cliques)

　　由同部門內不同層級地位之人員所組成者，如一些工人，兩、三個工頭，及一、兩個較上級的管理人員所形成的垂直集團，彼此間在正式組織上有一種從屬關係，又可分為兩類：

1.**垂直共棲集團** (vertical symbiotic clique)：此種非正式組織，人員之間具有高度的依賴性，長官多維護其下屬，助其掩飾錯誤，並幫助提拔他們，至於屬下也維護長官之利益，遇有謠言威脅主管地位時，則盡可能堵塞謠言或建議上級採取措施對抗謠言，此種非正式團體較他種非正式組織鞏固，又能持久，其構成雖循著正式機關中之層級節制體系，但因其中只包含一部分人員，故屬非正式團體。

2.**垂直寄生集團** (vertical parasitic clique)：此種團體人員彼此提供的相互協助並不相稱，下級人員多寄生於上級主管，只享權利而不盡義務，這種團體的成員，多係主管的親戚朋友，憑著與主管的血親關係，透過主管的權力，設法榨取機關的利益。

二、水平集團 (horizontal clique)

　　乃由地位差不多，工作範圍相近的一群人（工人或經理）之結合，跨越部門界限，可包括多數部門的地位平等者，又可分為兩類：

1.**水平防守集團** (horizontal defensive clique)：此集團形成之因係由於組織隨其業務之發展或技術之不斷更新而重新改變其內部權力關係時，對某一類型人構成了一項威脅而被迫不得不借用團體之力量，以維護本身的權力地位，其採取態勢乃係防守，可隨威脅的消失而消失，但當威脅嚴重時，其內部互動量頗為驚人。

2.**水平攻擊集團** (horizontal aggressive clique)：此種集團與前者之主要不同點乃在其目的及其所採的行動方向，其目的在改變組織內現行的不合理狀態，其採取的態勢是積極的影響改變而非消極的抵抗。

三、混合集團 (mixed clique)

　　此種集團是來自不同地位，不同工作地點的人們所組成，常是因為共同興趣、友誼及社會滿足感或為了完成與組織無直接關係的功能需要而產生的。例如生產部的負責人可以和保養部的最好工人建立起良好的關係，而當機器故障時，他可以不經由正式的溝通路線而獲得他所最需要的修護（即所謂溝通捷徑 short-cut），組織外之關係可能是形成這種集團最重要的原因，諸如住宅地方之接近、上同一教堂、參加同一俱樂部，此種在外的聯結，可以帶到組織之內 (Dalton, 1964: 58～65)。

貳、賴格羅 (Felix A. Nigro) 之分類

一、水平內部團體 (horizontal intra-unit groups)

　　乃由組織中同等級的人所組成，組織的等級往往是人員互動的障礙，因此，在組織中，同等級的人較具認同感，因地理位置上的接近，使他們彼此不斷地接觸，不但工作在一起，住的接近，休閒娛樂也均在一起，這種團體在成員有困難時予以保護或支持，團體有社會的實際面，使成員能為共同之目標而盡其職責。

二、水平部際團體 (horizontal inter-unit groups)

　　由不同組織單位中同等級的人所組成，不同組織單位人員產生朋黨關係乃因：⑴兩個或兩個以上單位之間工作關係上不可避免的接觸，假如有些人是組織之間特定的聯絡人，他們之間產生友誼的機會就大些，甚至一部門人員與他部門人員因在一起開會也會產生牢固的關係；⑵同等級的兩個或兩個以上的人為達成共同的組織目標而結合，此即是達爾頓所說的水平防守集團及攻擊集團。

三、垂直內部團體 (vertical intra-unit groups)

乃同組織中不同等級的人所組成，接近是形成這種團體的有力因素，但個人及職務利益上的一致，更加強了這種友誼，因為等級總是種障礙，因此為了結合高等級與低等級的人員，就需有一種強烈的個人需要的感覺，此即是達爾頓所說的垂直的共棲集團，這種團體關係也可能產生不好的結果，即當只有一個或兩個部屬與其長官組成此種團體，那麼其他部屬，便會排除他們參加水平集團，達爾頓所說的另一種垂直寄生團體。

四、垂直部際團體 (vertical inter-unit groups)

由不同組織中不同等級的人所組成，其形成的方式，有如達爾頓所述的混合集團，也有提升某一單位的人至另一不同單位的高職位，也有是純粹社會友誼所形成 (Nigro, 1965: 159～163)。

第五節　非正式組織的功能

壹、非正式組織的正功能（優點）

一、維護團體所抱持的文化價值 (perpetuate cultural values)

非正式組織的成員彼此抱持了相同的觀念與價值，他們為了這個目的而精誠團結，人員的關係密切，增強了團體的內聚力。

二、提供人員以社會滿足感 (social satisfactions)

非正式組織能給予其屬員地位之承認，及與其他人員聯繫之機會，尤其在現代大規模組織中，個人的地位自覺渺小，因之非正式組織應運而生，給予人員有歸屬感和地位的滿足。由於組織規模愈來愈龐大，人員愈增加，人員與人員之間的關係，又趨於複雜，個人愈不能從正式組織中，獲得到精神上的滿足，而對正式組織產生一種失望。而非正式組織正可以彌補這些缺陷，提供人員對機關組織產生歸屬感 (the feeling of belonging) 和地位的滿足。

三、有效的溝通 (communication)

非正式組織的另一功能，乃是建立迅速傳播消息之網狀體系，足以使參與者能夠瞭解管理當局所做的各種措施之真正意圖。當組織規模日益擴張時，存在於團體與個人間的種種複雜關係，亦隨之激增，每成幾何級數的增加。此等複雜關係之增加，自必阻礙正式組織的正式溝通，而非正式組織亦因之應運而生，俾能迅速建立消息的傳播網。

四、社會控制 (social control) 的作用

這是一種約束成員的力量，又包括兩種：一是內在的控制 (internal control)，一是外在的控制 (external control)。前者是引導成員順從團體的文化價值之力量；後者是指非正式組織以外之團體所加諸於其成員之力量，這種外在的壓力可以促進非正式團體成員之團結。

這種社會控制力量足以影響和規範人員的行為，所以又稱為團體的拘束力。其行使的方式有：對於遵守團體行為規範的人給予讚揚、支持、友善及方便，使他們有一種尊榮的感受；對於那些不遵守的人員，則加以鄙視、不友善及不方便，使他們有一種被排斥的感覺，於是就會改變自己原來那種不遵守團體規範的行為而與他人一致，使團體成員能夠保持和諧與一致感 (Davis, 1972: 254～256)。

五、高度的伸縮性 (flexibility)

正式組織的工作計畫和工作程序，多為事先制定，缺乏伸縮性，常無法預測推行時所可能遭受到的困難，更對動態環境所發生的問題，尤其缺乏臨機應變的能力。而非正式組織則往往不受工作程序的約束，具有高度的彈性，對於臨時發生的急迫問題，常能循著非正式的途徑謀求解決，所以可以保持組織的完整，不致因人員盲目服從組織的政策、法規和程序，使組織因缺乏應變能力而趨於瓦解。

六、非正式組織可以分擔正式組織主管人員領導的責任，減輕其負擔

主管人員如與非正式組織保持良好的關係，則人員必與主管採取合作

的態度，能夠自動自發的工作，積極的提供意見，這樣可以使得主管不必「事必躬親」，節省了許多的時間與精力，讓主管能有更多的時間與精力來從事更為重要的工作。

七、非正式組織可以彌補正式命令之不足

八、非正式組織可以安定組織

使正式組織的人員離職率大為減少。

九、非正式組織可作為員工的挫折行為或遭遇困難問題時的發洩通道，進而使員工在精神上得到補償

十、非正式組織能矯正管理措施

使主管人員必須對若干問題作合理的計畫與處理，改變過去領導的錯誤，不再濫用職權，因而產生一種制衡作用。

貳、非正式組織的反功能 (dysfunction)（缺點）

一、反對改變 (resistance to change)

機關有時因為技術的改良或法律的修改，不得不改變工作程序，這種改變又往往會影響到人員工作崗位的調整，進而改變人員間的交互行為關係，所以非正式組織的成員為了保持現狀而不願改變，這就是為什麼在推行某一種新制度時會遭遇到很大的阻力的主要原因。

同時，非正式組織雖不能從組織系統表上顯示出來，但其存在多少受到組織內傳統習慣或文化之影響，形成很堅強的組織堡壘，因此，凡是與傳統習慣或文化有所變異的事物，往往受到一種維持現狀或慣性作用的抵制，非正式組織也具有這種特性。

二、任務上的衝突 (role conflict)

人員受僱於組織，被賦予若干任務並達成之，但非正式組織的形成，能使人員在工作外獲得另外一種社會的滿足，人員為尋求這一種滿足感，往往忽視組織的目標。在這雙重角色的關係下，往往使人員產生一種左右為難的僵局，因為有利於人員的事情，並不一定同時有利於組織；如欲達

到正式組織的要求，必遭非正式組織的排斥，如想達到非正式組織的要求，必會妨礙到組織目標的達成，因此，正式組織與非正式組織間往往發生衝突。

三、傳播謠言 (rumor)

在非正式組織之內，人員既有頻繁的溝通，一旦消息幾經輾轉相傳，往往失去真實性而變成謠言，尤其在正式組織與非正式組織間處處矛盾衝突的情況下，謠言的流傳更為迅速。

至於謠言的滋生，大多數是因為工作人員情緒不穩定，無法滿足個人要求，以及正式溝通不能暢流之故，而且一旦牽引附會，極易以訛傳訛，所以防止謠言最好的辦法乃是使人員情緒能夠穩定，滿足其需求，並使意見溝通能暢流。若一旦不幸發生謠言，除要尋找並解決謠言的原因外，更應真誠公布真相，聆聽員工意見，並提供有力的事實，以證明謠言之荒謬，切忌攻擊產生謠言的非正式組織，那樣只有更增強人員的不滿情緒。

四、順適 (conformity)

由於非正式組織具有「社會控制」的作用，非正式組織中之成員為順應團體的行為標準，不得不把自己的一些特色收斂起來，因此造成下列的不良現象：⑴抹殺了人員的創造性；⑵抹殺了人員的個性；⑶使人員的行為脫離機關所需要的行為型態。

第六節　非正式組織的表達方式

非正式組織的表達方式，就是企圖將機關組織中的人與人、人與團體的動態關係，作為管理上或研究上的瞭解與運用的一套管理圖表 (managemental chart)。此種圖表乃是一種執簡馭繁，化複雜為簡單的方法，它可以清楚地反映出組織各種複雜的相互關係，有助於對組織動態的瞭解與控制。通常有兩種方法，以表示描述組織中非正式關係：

一、墨里諾 (J. L. Mereno) 的社交測量圖 (sociogram)

　　在一九三〇年，墨里諾曾以小團體分子之間相互吸引的關係，產生了所謂社交測量法 (sociometry)，在這種測量法下，盡力研究小團體的非正式關係。其方法是要求每位分子，依照個人的感覺列出他最喜歡與最不喜歡的工作伙伴，某些人獲得最多人所喜歡的工作者，可能對組織產生較多之影響，當然，這種影響對組織並非絕對有利，但有助於瞭解人員的情緒，同時，更可觀察每一分子對選擇喜歡伙伴與否的感覺，加以整理，並繪製成圖表即構成非正式組織的社交測量圖，如圖 10–1。

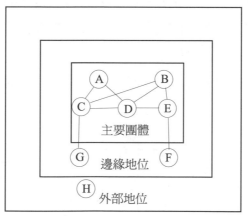

圖 10–1　非正式組織社交測量圖

　　在圖 10–1 中，主要團體的分子 ABCDE 等五人，全部為其他團體分子所接受。至於 GF 是邊緣分子，所處的邊緣地位是不穩定的，因而可和主要團體的分子聯繫，亦可完全分離。而 H 是處於可能孤立的外部地位，不屬於非正式組織的分子，縱使其在正式組織中亦是成員之一而已。

　　這種社交測量圖之功用，有助於管理者相互交往關係的瞭解，工作情緒與工作士氣的衡量，以致在實際管理上如何去安排工作團隊，解決實際發生的衝突，或利用參與管理，目標管理而滿足工作者的社會需求與心理的需要（蘇伯顯，民 61：109～110）。

二、戴維斯 (Keith Davis) 的組織交互作用圖 (interaction chart)

他認為組織交互作用圖，乃是指以工作人員相互實際接觸的關係來繪製圖形，以表示出工作人員與誰的接觸次數最多、時間最長，以及工作者不願意與其監督者公務上的接觸之時，將與誰解決。這種相互關係在正式組織體系圖上，予以連結而成的圖形，則稱為組織交互作用圖。在圖 10-2 中顯示出：一個機關內的工作人員，在正式組織中的公務上接觸，並非皆按正式組織圖上的關係而進行。依據戴維斯之研究結果，說明某些管理階層 (the levels of management) 常規避 (by-passed)，而工作者常跨越聯繫 (cross-contact)。由於某些工作者——27 和 234，所作的非正式聯繫，可說是相當多，這些非正式聯繫的活動，大部分皆是在正式指揮系統之外進行的，他們兩位可說是這個機關中較受大家歡迎的人物，亦即非正式組織的領袖人物，無疑的多數人都表示願意與之作非正式的溝通。

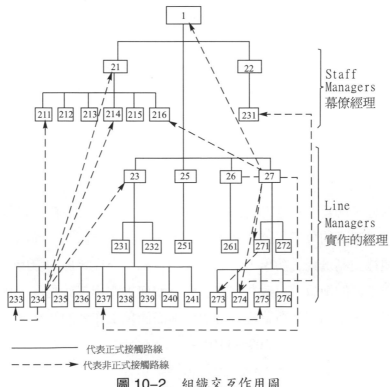

圖 10-2　組織交互作用圖

　　此種組織交互作用圖的功用，有助於管理者及研究者對正式溝通以外的溝通路線之瞭解，工作者如何利用正式活動以外的各種接觸與聯繫，以解決工作上的困難，而達成正式組織目標。藉此瞭解使管理者知道如何去設計一套更健全的溝通制度，並有效作為工作者，彼此交互利用，而利於決策的擬訂及推行，同時更可防範謠言的破壞組織。由此可知，非正式組織，在組織中產生複雜的關係與作用，雖有時阻礙正式組織的運轉，但如領導者能善加利用，不僅可增加人員的滿足感，且可使正式組織的目標易於達成 (Davis, 1972: 259～261)。

第十一章　非營利組織

第一節　非營利組織的基本概念

八〇年代福利國家過度擴張，致使政府在財政上不堪負荷，加上官僚體系 (bureaucracy) 的無效率，反應緩慢，導致政府在扮演公共服務之提供者的角色上，並不稱職。近來公共行政學者強調「民主行政」、「公共性」(publicness)、「民營化」等理念，皆是強調「小而美」(small is beautiful) 及「社會優於國家」(social is better than state) 的觀念。

因此，一些普遍存在於我們生活周遭的組織，諸如各種公益團體、學術研究組織、醫院、各種類型的基金會等不以營利 (non-profit) 為目的之組織，在此適時填補了政府與民眾之落差，稱之為「非營利組織」(non-profit organization) 或「第三部門」(the third sector)。

事實上，非營利組織，諸如慈善、社會福利事業等，存在的時間已相當久遠，因規模、影響力較小而未受重視。而今日之非營利組織則不同於往昔，早已深深介入公共事務且影響人民的生活甚鉅（許世雨，民 81：1）。例如在社會服務、政策倡導、教育文化、醫療衛生及社區發展等，皆扮演了相當重要的角色。因此，非營利組織，漸漸為公共行政學者所重視，而成為一新興研究主題 (topic)（陳金貴，民 80：80）。

壹、名詞界定

一、志願組織

志願組織之名稱，係強調其成員加入組織的方式。志願組織之成員為志願投入組織之工作，以促成組織的管理和運作。但是事實上，許多組織

的工作並不是完全由志工來執行，而是由支薪員工來工作。

二、非營利組織

非營利組織之名稱，係強調其組織成立之目的是在於非創造利潤，而係為公共服務之組織。非營利組織的成立其目的雖非是為其擁有者生產利益，但是在某些情況下，其年度收入會高於支出。

三、免稅組織

免稅組織係以是否能享受稅法上之免稅待遇而論；此強調這些組織在美國稅法中，可以免除國家的所得稅及所在地的財產稅。但是那種特定的組織可享有免稅之優待，則必須視其特別法的規定；因此，免稅組織在不同的稅法上，具有不同的意義，缺乏一致性。

四、慈善團體

慈善團體係強調組織財源的獲得方式，為私人或慈善的捐款。但是，在許多非以營利為目的之組織中，這些捐款並非是唯一或主要的收入來源；因此有其應用之侷限性。

五、非政府組織

此名詞常用在開發中國家，這組織有助於經濟和社會發展之提升，特別是在草根性的層次，例如臺灣的農田水利會即是。

六、獨立部門

獨立部門係強調此組織扮演在政府和民間企業組織領域外的第三勢力之重要角色；此組織之管理、運作及經費皆不受政府與企業之干涉。但是事實上，這些組織很難說是完全獨立於政府與企業組織之外，因為其財務深深依賴政府或民間企業的支持（陳金貴，民 82：30；Salamon & Anheier, 1992: 125～151）。

上述之各種不同名詞，乍看之下毫無關連，其實係描述同一類型之組織。此係由於觀察面向之不同，而有不同之見解；因此，各有所長，各有其短。諸如志願組織似乎只意含提供志願服務之組織；獨立部門、非政府組織則包含過廣，涵蓋了法院、銀行、州、非營利組織；慈善團體、免稅

組織則過於強調其財源籌措的方式及免稅的待遇，忽略其組織目的。職此之故，本文以非營利組織 (non-profit organization) 稱之，以其包括許多私人非營利組織，在現今國家所發揮的巨大貢獻，即對公共行政理論、實務上的影響者，作為本章研究的對象。

貳、非營利組織的意義、角色、分類與特徵

一、非營利組織的意義

美國《聯邦稅法》：非營利組織是一種組織，該種組織限制將盈餘分配給任何監督與經營組織的人，如該組織的成員、董事會與理事等。

譚哈德 (Robert B. Denhardt)：非營利組織為那些法律禁止將剩餘收入或利潤分配給個人會員的組織 (Denhardt, 1991: 42～43，轉引自陳金貴，民 82：31)。

韓斯曼 (Henry Hansmann)：禁止將組織盈餘分配給組織領導者、成員，組織的盈餘運用於其未來服務或所欲資助的對象。此即所謂之「不分配盈餘限制」(nondistribution constraint) (江明修，民 82：13)。

伍夫 (Thomas Wolf)：非營利組織為那些合法組成的非政府實體，在國家法制下，組成慈善或非營利的法人團體，以公共服務為目的，並根據稅法而給予免稅的條件。其應具備下列五種特徵 (Wolf, 1990: 6)：⑴具有公共服務的使命；⑵為不營利或慈善的法人組織；⑶排除自利營私的管理結構；⑷免除聯邦稅；⑸捐助者享有減稅的優惠待遇。

希爾 (Peter Hell)：認為非營利組織應具備三項目標 (轉引自江明修，民 82：12)：⑴執行政府委託之公共事務；⑵執行政府或營利組織所不願或無法完成之事務；⑶影響國家、營利部門或其他非營利組織之政策方向。

二、非營利組織的角色

根據克拉馬 (Ralph M. Kramer) (轉引自許世雨，民 81：29) 的看法，非營利組織扮演下列角色：

1.**先驅者** (vanguard)：即非營利組織常先會有豐富創意或示範性的構想，

再被政府接受採用。

2. **改革或倡導者** (improver or advocater)：即組織被期待成為批評者、看守者、或給予壓力者，以促使政府改善或建立合乎需要的服務。

3. **價值守護者** (value guardian)：非營利組織被期待本著倡導、參與、及改革的精神，來改善社會，並能主動關懷少數團體。

4. **服務提供者** (service provider)：非營利組織的服務是有彈性的，經常是選擇政府未做、不想做或較不願意做但符合大眾需要的服務來做。

三、非營利組織的分類

1. 韓斯曼的分類

⑴依財源籌措方式分為

　①捐贈型 (donative) 組織：其財源來自捐贈或補助，如紅十字會等慈善機構。

　②商業型 (commercial) 組織：大部分所得來自財貨或勞務的銷售收入，而組織的贊助人亦是消費者，如醫院、療養院。

⑵依組織控制的方式分為

　①互助型 (mutual) 組織：贊助人擁有選舉董事會的權力，如俱樂部。

　②企業型 (entreprenurial) 組織：組織的運作不受贊助人正式的監督或控制，通常是由一永久設立的董事會所控制，例如醫院即是（轉引自江明修，民 82：10～11）。

2. 比特 (B. J. Bitter) 等人的分類

⑴公益類 (public benefit) 組織：係以提供公共服務為目的之非營利組織，包括：①慈善事業；②教育文化機構；③科技研究組織；④私立基金會；⑤社會福利機構；⑥宗教團體；⑦政治團體。

⑵互益類 (mutual benefit) 組織：係以提供組織成員（會員）間互益目的之非營利組織，包括：①社交俱樂部；②消費合作社、互助會及類似組織；③商會及職業團體（轉引自許世雨，民 81：31～32）。

3.我國法律的分類

依據我國《人民團體法》之規定，人民團體可區分為職業團體、社會團體與政治團體。其分類如表 11-1 所示。

表 11-1　我國人民團體之分類

種　類	目　的	性　質
職業團體	以協助同業關係，增進共同利益，促進社會經濟建設為目的，由同一行業之單位、團體或同一職業之從業人員組成之團體	互益性
社會團體	以推展文化、學術、醫療、衛生、宗教、慈善、體育、聯誼、社會服務或其他以公益為目的，由個人或團體組成之團體	公益性
政治團體	以共同民主政治理念，協助形成國民政治意志，促進國民政治參與為目的，由中華民國國民組成之團體	政治性

註：《人民團體法》有關政黨之規定，自《政黨法》施行日起不再適用。

此外，依據我國《民法》之規定，則可分為社團法人與財團法人兩種。前者是以「人」為基礎為多數財產的集合（鄭玉波，民 79：32）。社團法人又可以區分為營利與非營利法人，財團法人則一律為公益法人。法人種類可例示如圖 11-1。

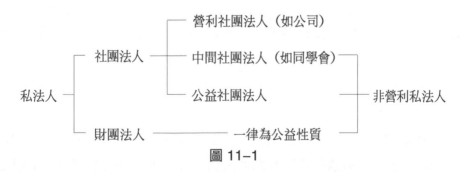

圖 11-1

無論是哪一種分類的方法，皆無法涵蓋所有非營利組織的特性，因此各類型間的界限亦日趨模糊（江明修，民 82：12）。組織為因應外在環境的變遷，提供的服務也日趨多元，資金的籌措因組織型態的不同而有極大的差距。然而，透過分類的探討，可以瞭解非營利組織實具有彈性、多元的本質，以及深入基層的潛力。

四、非營利組織的特徵

　　非營利組織除顧名思義其「非營利」之特徵外，還具有許多與一般民間企業組織及政府官僚組織不同之處。茲將其特徵一一分述如下：

1. **正式組織**：非正式組織必須有某種程度的制度化，臨時組織和非正式的民眾集合並不被考量為非營利部門，即使這種集合對民眾的生活是極為重要。非營利組織必須同時得到國家法律的合法承認；這種法人團體才能為了團體的託付訂定契約和保管財務。簡言之，非營利組織必須向有關官署辦理登記並取得成立許可證書者，亦即具有法人資格者。

2. **民間組織**：非營利組織必須與政府區隔開，即不是政府組織一部分，也不由政府官員充任的董事會所管理。但這並不意味非營利組織不能接受政府的支持，或政府官員不能成為董事；最主要的關鍵因素在於非營利組織在基本結構上必須是民間組織。

3. **非利益的分配**：非營利組織並非專為組織本身生產利潤，非營利組織在特定時間內聚集利潤，但是要將其使用在機構的基本任務上，而不是分配給組織內的財源提供者，這是非營利組織與其他私人企業最大不同之處。

4. **自己治理**：非營利組織能監控他們自己的活動，他們有內部管理的程序及章程，除受政府相關法令的約束外，不受外在團體的控制。

5. **志願性團體**：非營利組織包括某些程度的志願參與機構活動的導引或事務的管理，特別是志願人員組成負責領導的董事會。

6. **公共利益屬性**：非營利組織為公共目的服務，並提供公共財 (public goods)。因此，組織的目標在關心成員本身的非經濟性興趣，如助人之樂、成就感之獲得。

7. **組織收入依賴募款能力，而非組織績效**：非營利組織的資金來源較少依賴顧客，主要的資金來源是捐贈；而組織收入係根據組織募款之能力，並非其服務績效。因此，組織收入之多寡與其提供公共服務間，並非是一正相關之關係。

8. **服務取向、行動取向**：非營利組織多直接提供服務予服務對象。

9. **扁平式組織、層級節制少**：非營利組織本身為一正式組織的架構，但其相較於其他正式組織（政府組織或私人企業組織）而言，其組織層級通常較少或甚至全無層級節制體系。因此，非營利組織多具有高度的彈性 (flexibility) 的特性，能迅速做出決策，並能因應環境而做適當改變。

10. **低度手段理性與高度團結一致**：非營利組織在組織原理上，存在著低度手段理性 (means rationality) 與形式化 (formality)，及高度團結一致 (solidarity) 與直接交易形式 (direct exchange type)。

第二節　非營利組織的理論基礎

非營利組織存在之原因，牽涉歷史文化與社經背景，若單就某一面向探究，實無法涵蓋所有組織型態。因此，吾人可就經濟面、政治面及社會面三個層面加以探討。

壹、經濟面的理論基礎

從經濟的角度分析非營利組織，最具代表性的看法為市場失靈與政府失靈理論。

一、市場失靈 (market failure) 理論

韓斯曼提出「契約失效」理論，以解釋非營利組織產生之原因。此種契約失效理論類似私人部門之「市場失靈」現象，使得私有市場機能運作受到限制。市場失靈理論立基於競爭市場的運作問題，分析議題引自完全的經濟制度理論。

市場失靈之原因，有以下兩種情形（江岷欽等，民 84：363）：外部性 (externalities) 與市場不完全性 (market imperfections)。所謂「外部性」是指任何一位行為者影響另一未經同意的個體，而其行為是具有價值效益的影響；或某一經濟主體的經濟行為，無償影響到另一經濟主體的現象。外部

性所涉及的利潤或成本，並非專屬生產之企業，亦非由價格系統所掌控之因素。

所謂「市場不完全性」則是包括財貨、服務及市場中導致違反完全競爭模式的因素，其形成原因有：

1. **資訊不全** (imperfect information)：消費者對於品質與價格沒有完善的資訊或不具判斷能力。

2. **參與障礙** (barriers to entry)：因巨額成本或管制性條件，使新企業無法參與競爭。

3. **風險** (risk)：產業計畫隱藏了大規模的風險 (large-scale risk)，使得一般民間部門不願承擔風險，拒絕進入此市場。

4. **規模漸增** (increasing returns to scale)：當產量漸增，成本降低，則會產生大規模生產、獨占或寡占的情形發生。

5. **不穩定性** (instabilities)：市場因經濟景氣與否，產生恐慌，增加市場混亂與瓦解的可能。

上述之原因，皆是源於追求利益極大化的結果；但是非營利組織之目的則並非追求本身之利益，其具有「不分配盈餘」之特性，即使消費者無法評斷服務品質及數量，也能認識到非營利組織這種不以追求利潤為目的的本質，故不會降低品質以求組織利益，因此較為人民所信賴。

二、政府失靈 (government failure) 理論

政府失靈，即是政府在提供公共服務上不足或無效率之現象。其原因為（江岷欽，民 84：370）：

1. **類別的限制** (categorical constraint)：政府係根據一般公眾之需求，提供公共服務，無法針對某一特定對象，施予特殊之公共服務。

2. **多數主義的限制** (majoritarian constraint)：由於政府資源的有限性，反映了公共財多元衝突的可能性。因此，政府不可能提供所有之公共服務或解決所有的公共問題。

3. **時間的限制** (time horizon constraint)：此係指政務官的任期有限，因此

可能忽略公共政策與社會問題應從長計議的重要性。

4. **智慧的限制** (knowledge constraint)：此係反映政府固守單一信念的特質，無法有完整連貫的資訊與研究。

5. **規模的限制** (size constraint)：係指政府龐大、非人情化 (impersonal) 及難以接近等特質。

　　根據以上論點，非營利組織可針對特殊對象提供公共服務；並可協助政府解決部分公共問題，解決政府資源有限之事實；而非營利組織來自於人民，易於和人民接近；因此，政府失靈可視為非營利組織存在之原因。

貳、政治面的理論基礎

　　政治層面的分析，吾人擬就第三者政府理論 (the third party government theory)、組織位置理論 (the niche theory of organization) 兩個理論分析。

一、第三者政府理論

　　薩拉門（1987: 99～177，轉引自江明修，民 82：39）批評市場與政府失靈不能解釋非營利組織存在的原因，而提出「第三者政府理論」。

　　第三者政府理論認為，針對政府行動的轉變和多樣性，在公共服務的輸送上，必須仰賴非政府的機構，即政府透過代理人來運作。第三者政府的產生，係源自一方面要調和人民對公共服務的渴望，一方面又懼怕政府權力過度擴張，而企圖透過第三者來增進政府提供公共服務的角色與功能，使政府的權力無法恣意擴張。

　　薩拉門認為，市場失靈、政府失靈理論，視非營利組織的存在是次要的，為彌補其缺失；但是第三者政府理論則不認為非營利組織僅僅是反映政府與市場的失靈，而是一種優先機制 (preferred machanism)，藉以提供集體財 (collective goods) 與服務。

二、組織位置理論

　　任何組織在面對市場競爭壓力之下，都有可能選擇迴避競爭與不確定結果的風險。例如要求法律的保護，反對其他競爭者。從組織與環境的關

係而言，此種迴避現象，即稱之為組織惰性 (organizational inertia) 現象。換言之，亦即組織缺乏回應性及效率。漢南 (Michael T. Hannan) 與佛理曼 (John Freeman) 認為，任何組織都應維持惰性的通道，藉以維持組織的彈性與穩定性，而此正表現在組織生態中的合適位置（利基）(niche)。但是如果組織長期缺乏應變能力，也會面臨生存淘汰的危機（江明修，民 82：39～40；江岷欽，民 84：10～11）。

西貝兒 (Wolfgang Seibel) 認為第三部門的組織行為較不重視效率及回應性，因此使得第三部門能緩和民主政治系統之合法性的困境，而這也正代表非營利組織的適當位置。換句話說，非營利組織能在不助長組織惰性的危險下，得以降低其組織的回應及效率取向的風險。相對的，政府或市場失靈，可能危及市場經濟與民主政府系統，尤其當公共福利相對損失或政府不能滿足公共財貨的需求情況下，將導致統治的危機。因此，一般皆認為具有回應能力與效率之政府，是民主系統合法性的基礎。

但是在某些情況下，因意識型態或政治禁忌的顧慮，效率與回應可能阻礙現存的民主政府與公共行政。為解決此一隱藏性的合法危機，政治與社會需要一種組織型態，具有政府組織的特質，可以調節市場失靈，且不會妨礙民主政府的合法性。顯然的，非營利組織正符合上述條件，亦即組織能提供公共財貨，但與政府的關係卻是鬆散的，並能應付政府無法解決或爭論不休的社會與政治需求，而表現出比公部門更大的彈性。

參、社會面的理論基礎

從社會面探討非營利組織存在之原因，最重要者為「志願主義」(voluntarism)。史拉姆 (Vicki R. Schram) 認為人們參加志願組織之原因共有七點，其中最為重要者為「利他主義」、「需要滿足理論」、「社會化理論」（許世雨，民 84：66）。其中，利他主義 (altruism) 是種助人為樂的胸襟，即類似「助人為快樂之本」的思想；需要滿足理論 (need fulfillment) 則是個人在基本需要滿足之後，對個人成就感、自我實現的一種追求；社會化

理論 (socialization)，係指在人與人的互動之下，個人行為受到周遭環境之影響，公民意識 (citizen conscience) 覺醒，而瞭解其所應為社區、國家盡之責任，而加入志願服務之行列。

再者，由於現代國家資訊流通快速，傳播媒體發達，更加速社會化的過程，也促成現代社會志願主義的發展。

第三節　非營利組織與公共服務

在討論非營利組織公共服務上之功能與角色之前，吾人先分析為何公共組織在提供服務上，不能滿足人民所需。

壹、政府官僚體系提供公共服務的限制

現代行政具有十項特質：(1)規模龐大；(2)性質複雜；(3)利害錯綜；(4)專業化；(5)相互依存；(6)對事不對人；(7)法律限制；(8)社會目的的重視；(9)公眾批評；(10)國際影響。茲就其中影響政府組織提供公共服務較鉅者，分述如下：

一、法律限制 (legal restriction)

政府官僚組織最重要的一項特徵，即是嚴密的法規限制。法律規章設立之目的，本是為了政府在從事職務工作時，能有一標準的形式規則，以期政府官員積極上能更有效率的為民服務，消極上能避免公務人員違法侵害人民之權利與利益。因此，嚴密之法律規章，實為一種手段，而並非是一目的。但是由於過分重視法令、規章和強調組織的運作及人員行為都必須遵守法規限制的結果，使組織變得缺乏應變能力、趨於僵化而無彈性。甚者，更反客為主，造成遵守法規命令成為組織成員行為之目的，因而忽略組織真正的目的。此即所謂之「目的轉換」(displacement of goals) 現象。

因此，官僚組織之成員往往忽略現代政府行政的特質為「服務」，以致未能及時瞭解人民的需求為何，而適時提供適當之服務，最後導致人民對

政府行政組織的不信任及無效率的刻板印象。

二、專業化 (specialization)

現代政府組織的行政人員必須由具有專業知識的人來擔任,因為現代行政事務包羅萬象性質複雜,絕非僅具有普通知識者可以擔任,再者,政府分工也日趨繁細,例如美國公務員分類下的公務員職系,共有四四七種之多,而我國曾經實施過的職位分類也有一五九種職系。

由此可知,專業化之目的是為借用其專業知識,提供人民更好之服務。然而,此舉卻也常常導致一些問題的產生,諸如本位主義的問題。學者漢姆 (Christopher Ham) 及希爾 (Michael J. Hill) 在討論專業知識的運用時,就曾提出:主要的專業制度所發展出來的倫理典則 (ethical codes),保障團體成員免遭受其他同類受到不公平的競爭,要比提供大眾的服務來的多了。再者這類專業制度所提供的各種公共概念 (如良好的健康),係就其主要活動加以自我界定,因此其措施,大多維護本身的專業制度,而忽略了該組織中亦相當重要之生活型態的其他面向 (Ham & Hill, 1993: 146)。

貳、非營利組織在公共服務上扮演之角色

一、發展公共政策

非營利組織廣泛地運用影響力,塑造政府的決策,對於長程政策,尤能持續地研究並分析,並提供資訊與觀點,具有釐清並協助地方、區域及全國性公共事務的功能。例如人本教育基金會即致力於改革發展新的教育政策;消費者文教基金會即致力於消費者的保護行動,並促使政府重視此一問題,進而成立消費者保護委員會。

二、監督市場

在政府或立法委員無法充分發揮功能的範圍內,非營利組織即可扮演市場的超然監督者。在許多方面,非營利組織可以直接提供選擇方案,並成為其他方案的評比標準。例如消基會時常檢測市面上銷售之物品,並公布其檢驗結果,給人民作為購買該項產品的參考。

三、監督政府

政府最根本的限制是在於組織上的限制。雖然組織內部有制衡的作用，但難保公正無私。非營利組織則不斷刺激民主政府與社會公民，使政府與公民在「社會責任」下能夠表現得更好，更關心並投入社會的服務。例如各類型的環保團體，對政府的環保措施，就常發揮監督的功能，如山坡地之開發、水源地之保護。

四、提供政府不能提供之服務

有些領域，例如宗教，政府能介入之處不多。這些宗教性的非營利組織能提供人們心靈的歸屬，強化社會道德的價值，並有穩定社會的功能，而這是政府所不能做到的。

五、支持地方利益及少數團體

對於多數決或偏見所排斥的社會運動及公共利益，例如人權運動、消費與環境運動等，非營利組織都能給予支持。而政府高層決策在決定地方事務上，往往缺少決策判斷之基礎。相反的，非營利組織卻能在小規模的問題上，更具敏感、效率與運作能力。

六、創造新的想法與變遷

政府部門習以現有的策略解決問題，不易採用新的問題研究方向與分析模式。但對社會系統的生存而言，新的理念與創新的決策則占有相當的地位。是以，非營利組織在沒有選民壓力的情況下，得以不斷獲得充分的機會與經驗，而成為新理念的開拓先鋒。

七、溝通各部門

由於非營利組織不具有政府型態與不營利之特性，非營利組織更能協助溝通政府部門與企業部門的活動，追求公共利益。

八、促進積極的公民資格與利他主義

非營利組織最重要的功能，不是作了多少慈善事業或活動，而是他們提供了更多的參與機會。換言之，非營利組織提供了公共精神的創造與活動的出口，在利他活動上扮演相當有效的媒介，持續鼓勵利他主義，積極

介入公共目標，代表了健康的民主社會中最重要的精神。

參、非營利組織提供公共服務之主要途徑

一、傳統途徑

　　傳統上的非營利組織多是以宗教名義為之，少部分亦有地方具有名望之鄉紳為之。而其提供公共服務之途徑，亦多為直接布施，或是為鄉里造橋鋪路。其種類及途徑相當有限，不似今日之式樣多元。

二、現代途徑

　　在現今社會中，非營利組織提供公共服務之途徑，與傳統大不相同。譚哈德指出「公共服務領域目前最重要的趨勢之一，便是有愈來愈多的公共服務透過私人，特別是非營利組織來輸送……，這個趨勢與民營化活動有關」(Denhardt, 1991: 82)。

　　公共服務民營化的途徑，可分為契約外包 (contract out)、特許權 (franchise)、補助制 (grant)、購買券 (voucher)、市場 (market)、志願服務 (voluntary service)、自助服務 (self-service)（Savas, 1987: 63，轉引自江明修，民 82：27）。其中以契約外包及補助制最為人們所熟悉，就此兩者分述如下：

1. **契約外包** (contract out)：所謂契約外包係政府機構與其他機構的一種契約關係，由政府機構提供經費，而由其他機構對於政府機構所要求服務的項目或標的團體提供服務。該策略係將經費與供給分開，亦即政府為經費之提供者而其他組織為服務之提供者。此其他組織可能為政府的、非營利的或商業的機構，但就民營化而言，當然為後兩者來承包。契約外包可說是最有效的供給轉移方式，其優點有：

   ⑴鼓勵競爭、有效率。由於市場可免除繁雜的行政手續，遠比政府自己做來得快速、簡便。

   ⑵能使政府獲得專業技巧。

   ⑶可以配合需要的變動與經費的多寡，調整服務方案。

⑷可以較快的速度，反應新的需要。

⑸可預估成本的多寡，避免投入大量金錢。

⑹減少人民對政府之依賴，降低罷工、減產的可能性。

⑺限制政府用人的幅度。

2.**補助制** (grant)：政府為保障一般人民某些基本民生需求與財貨服務的消費，經常以補助的方式，以降低財貨服務生產的成本，提供較低廉的價格，以利人民消費。主要以現金補助、租稅減免、低利貸款等。根據薩拉門 (1987: 103) 等人之調查，發現民間非營利組織接受政府經費補助，比例高達百分之五十五。一九八〇年美國聯邦政府對非營利組織的補助金額即高達四〇四億美元，占聯邦社會福利支出之百分之三十六。

由以上之論述，可知民營化的競爭效果有益於革新，與減低生產成本，促使政府能重視服務品質與成本。其次，由於私人部門的參與，將可共同承擔原由政府所獨立負責之工作，減輕政府負擔。

肆、非營利組織在公共服務上之限制

一、性質上的限制

非營利組織之民間色彩，使其在提供公共服務上有限制。例如警察業務就不適於由非營利組織來提供。再者，由於非營利組織之成立之目的，多是為了某一單一目的而成立，其組織成員也並非皆是具有專業知識之專家，例如環保團體成立之目的為關心並推動環境保護；教育團體為關切教育改革事宜；消費者團體關切消費者權益之保障，因此非營利組織基於本身能力之限制，不可能面面俱到。

二、範圍上之限制

非營利組織多為草根性團體發展而成，組織成員的能力、經費來源的多寡，不可能與政府官僚並駕齊驅，因此，非營利組織所關切的議題、提供的公共服務多有其一定的範圍，且多以與本身息息相關者為優先考慮對象。

三、組織本身的限制

非營利組織是一民間組織，不具有公權力。因此，非營利組織提供的服務範圍便受相當的限制，在面對許多需要公權力之業務時便顯得有些捉襟見肘。

職此而論，非營利組織較能發揮影響力者有：(1)特定經濟發展政策、公共投資政策、財政支援政策、區域發展政策、勞工政策、鄉村政策、環保政策、消費者保護政策；(2)福利政策、社會救濟政策、衛生健康政策；(3)一般社會政策、教育政策、公共建設政策、治安政策。非營利團體較不能發揮影響力者為：(1)預算政策、財政改革政策、稅制改革政策；(2)國防政策、預算政策、都市計畫政策、都市行政改革政策、土地政策；(3)外交政策、種族政策、民權抗爭問題（江明修，民 82：34）。

第四節　非營利組織與公部門的互動

非營利組織與公部門的關係十分密切，兩者之間一方面具有「互補關係」，但另一方面又是「非零和關係」。就前者而言，是指非營利組織往往可以填補政府與人民之間的差距，進而促使政府以更有效率及民主分權的精神來發展行政，根據薩拉門 (1992) 等人的研究，西方先進國家無論其社會福利制度是如何的完善，非營利組織依舊存在，而且愈是進步的國家，其非營利組織愈發達、愈多元；再就後者而言，是指非營利組織與公部門之間並非有我無你或有你無我，因為兩者並不能全然取代對方，各有其不能被對方取代的獨特功能，所以兩者實為相輔相成的互補關係。

次就非營利組織對公共行政發展的啟示言，非營利組織的若干精神與作法頗值得公共行政的發展參考，要言之，有下列幾點：

一、加強公共服務

現今福利國家時代的公共行政的特質就是公共服務，而非營利組織的主要精神之一厥為無私無我的提供公共服務。因此吾人應學習此一精神而

為人民提供最佳的服務，否則，只一味強調層級節制、領導統御、法令規章等，而忽略了公共行政的真正意涵，則不僅使公共行政淪為管理學之附庸，失去了研究之定向 (locus)；更重要的是，如果忽略了人民的基礎，則如何能為人民提供更多更好更需要的服務？

二、掙脫經濟效率宰制

公共行政長久以來皆未能掙脫經濟學上效率之宰制，以致吾人皆習於運用效率之觀點分析公共政策，誠如上面所說，公共行政之目的是為人民提供更多人民所需要之服務，因此，效率只是一種評估方法，而非目的；然而，現今許多人皆視效率為首要目標，實倒果為因。職此之故，公共行政的理論與實務者，應掙脫以經濟效率狹隘的眼光觀察、評估政策之良窳，而改以公共利益之角度、公共服務之提供作為新的考慮重點。

三、設計更民主、更開放的公共組織

非營利組織的成員多係基於共同信念及理想而結合，其互動行為是平等民主的，對外在環境的瞭解是深入的、徹底的，而組織的領導更是轉換式的民主領導，人員對領導者的接受是無條件的，是心悅誠服的，在這樣的組織氣候下，人員會自動自發的為組織目標去奉獻，因此公共組織如何學習這種精神以提升服務品質，則是應加努力的方向。

四、提升公務人員志願服務的意願

雖然公務人員是受雇於政府的薪水階級，但所從事的工作卻是為民服務，所以應該仿效非營利組織成員志願服務的精神，不斤斤計較物質條件（如加班費）的多寡，而以民眾福祉為優先考慮。

最後就非營利組織與公部門之間如何進行合作來加以探討，試看圖11-2（引自許世雨，民 81：165）。

由圖 11-2 可知，政府需非營利部門對公共事務的參與、輸送公共服務；而非營利部門亦需政府之經費補助，並透過兩者之合作，來提高公共服務之品質與效能，非營利組織所發揮的小規模、人性化、地區性的優點，正可避免政府部門官僚體制遲緩、無效率的缺點；而政府藉由相關法令的

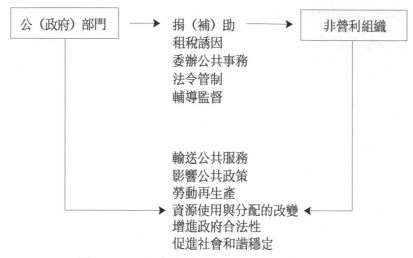

圖 11–2　政府與非營利組織的合作關係圖

訂定、適時的輔導與監督來導正非營利部門之運作；同時，政府對非營利部門作適當的補助，俾發揮非營利部門之更大正面功能。

　　總之，非營利組織如慈善、社會福利事業等，存在時間已頗久遠，因規模影響力較小並未引起太大注意，然今日之非營利部門卻大大地介入公共事務，影響人民生活至鉅。在我國，非營利組織之活動因政治解嚴、多元社會的發展，近幾年來亦逐漸興盛，擺脫了傳統頒發獎學金，補助研究或慈善事業唯一的角色，直接涉入社會各重要議題，不論在政策規劃、政策合法化、政策執行等過程皆扮演不容忽略的角色，是以政府應善用非營利組織的資源，規劃出具體有效的整體性非營利組織參與服務方案，以發掘、匯集民間人、財、物力投入公共事務之捐助與興辦；同時，發展政府部門與非營利部門之良性互動模式，使彼此能夠相互支援補足，共同促進社會福祉。

第十二章　組織發展

第一節　組織發展的基本概念

　　傳統組織在變動緩慢的環境中，尚可運用自如，發揮功能，但面對二十世紀中期以後的社會變遷快速的情況，就顯得有氣無力，幾乎已無法適應環境的需要；而組織的成員在此高度動態的時代，其所抱持的價值觀念也產生了改變。例如人們希望在工作時有更多的獨立性，以彌補傳統組織下的分工過細的相互依存的缺失；又如人們不喜歡在過分制式化或壓力下工作，而希望在工作上尋求挑戰性或多樣性。

　　基於上述簡單的敘述，對於組織的研究就必須設法另謀途徑，如何使組織一方面能維持本身功能的運作，以與外在變遷的環境保持動態的平衡；另一方面，則在實現組織目標的前提下，如何提供個人以自我實現的機會。在這樣雙重的要求與事實的考慮下，許多組織理論學家，乃設法著重組織績效的改進，強調「計畫性的變遷」(planned change) 策略的運用，並在功能運作的過程中，重視個人與組織目標的協調，以及人際關係的改善等，而組織發展理論乃於焉形成。

壹、組織發展理論的形成

　　組織發展理論 (organization development, OD) 在最近幾十年來受到重視，其原因固如上述，但進一步研究，則是受到兩項相關衝力的影響，一是應用在企業組織方面的「實驗室訓練」(laboratory training)；一是「調查研究與回輸方法」(survey research and feedback) 的應用。這兩項工作的主要推動及先驅者乃是麻省理工學院的李文 (Kurt Lewin) 教授。

　　實驗室訓練又稱為敏感性訓練 (sensitivity training) 或感應訓練，它是使參與訓練的人員在一種無結構的安排下，彼此在交互影響中學習，利用團體討論以達成行為改變的目的。一九四六年夏天，李文教授率同麻省理工學院的團體動態研究中心 (Research for Group Dynamics) 的工作同仁，應康涅狄克州種族委員會 (Connecticut Interracial Commission) 以及全美猶太人大會的社區關係委員會 (The Committee on Community Interrelations of the American Jewish Congress) 之邀，協助從事領袖訓練的工作。他們首先嘗試以感應訓練的方式對社區領袖進行訓練，其訓練的方法是將參加訓練的人分成若干團體，每一團體有一個觀察員。在訓練過程中曾發現兩種現象，一種是同一個團體的人，對於實際發生的情況有不同的認識；另一種是參加訓練的人，對實際情況的認識，又會出現令人驚異的交互影響（吳定，民 68：34）。其獲得的初步結論是：團體組成 (group building) 與團體互動 (interactions) 的程序，以及資料反饋的程序，乃是一種具有極大效果的學習辦法。

　　在第一個訓練團體試驗成功後，李文從海軍研究中心 (Office of Naval Research) 與全美教育協會 (National Education Association) 獲得贊助，而在緬因州貝索的高德學院 (Gould Academy) 作進一步的試驗工作。於是第一個正式的基本技巧團體訓練 (basic skill group) 就在一九四七年夏天舉行，此次試驗又告成功。卡內基基金會 (Carnegie Foundation) 遂決定對一九四八年與一九四九年的同樣訓練給予經費支持。在這兩三年之間，組織發展理論可說已由孕育而開始萌芽了。而從一九六〇年代之後，組織發展理論可說成長茁壯了。

　　另一項促使組織發展理論快速成長的衝力，就是行動研究，也就是傅蘭琪 (Wendell L. French) 等人所稱的「調查研究與回輸方法」，這是指態度研究與資訊回輸在工廠訓練的應用 (French & Bell, 1973: 25)。此研究仍以李文為先導，但他不幸於一九四七年去世。他去世後，本來跟他在麻省理工學院團體動態研究中心的大部分研究人員，便前往密西根大學的調查研

究中心 (The Survey Research Center) 工作，該中心後來改為社會研究所 (The Institute for Social Research)。這一批行為科學家從一九四八年開始從事許多態度調查及資料回輸的研究工作，其研究成果逐漸成為組織發展理論與技術的基礎（吳定，民 68：34）。

綜上所述，組織發展理論的緣起，一方面是因為組織要適應不斷變遷的環境，而強調「計畫變遷」策略的運用，以及在實現組織目標的前提下，能提供個人自我實現的機會，使個人目標與組織目標相協調。另一方面則是由於受到李文教授所領導的「實驗室訓練法」及「調查研究與回輸方法」兩項衝力的影響。因此組織發展乃漸成為一門學科，組織發展理論遂為大家所重視。

至於以「組織發展」為名而從事的發展計畫，則為一九五七年麥克葛瑞格為聯合碳化物公司 (Union Carbide) 所從事者，從此組織發展成為一快速成長的學科，普遍應用在各類組織之中。

貳、組織發展的意義

對於組織發展的意義，學者所述者頗多，茲先引證幾位：

班尼斯認為：「組織發展乃是對組織變遷的一種反應，是一個複雜的教育策略。其目的在改變組織的信仰、態度、價值觀念和結構，以求適應最新技藝及市場的挑戰，並適應本身千變萬化的高度變動率。」 (French & Bell, 1973: 45)

傅蘭琪及貝爾 (Cecil H. Bell, Jr.) 則謂：「組織發展是增進一個組織解決問題與更新過程的一種長遠努力，特別是透過一種更有效的及更合作的組織管理方式，以組織中的正式工作團體為重心，在內部的或外來的革新提倡者、推動者的協助下，運用行為科學的理論與技術，包括行動研究 (action research)，以改善組織解決問題的方法與革新的程序」 (French & Bell, 1973: 15)。

所謂組織更新，李彼德 (Gordon L. Lippitt) 認為：「組織更新觀念，是

一種注入新知識，具有創造性與尋求改變的過程，旨在使組織增強或保持活力，適應新環境，解決問題，從實驗中學習……。」(Lippitt, 1969: 1)

勃克 (W. Warner Burke) 及史密特 (Warren H. Schmidt) 認為：「組織發展是一種藉著整合個人對組織目標成長與發展的意願，以增進組織效率的過程。」(Burke & Schmidt, 1971: 45)

葛德那 (John W. Gardner) 則將組織發展與組織更新視為同義詞，他認為組織的自我更新，是要避免組織上的腐化與衰老，恢復活力、創造力，與革新、增進組織適應環境的彈性與能力，從而建立足以鼓勵個人動機、發展與滿足的環境，以使變遷之結果與目標一致。這樣，連同增進解決問題與更新程序的觀念，就成為組織發展活動的中心 (Gardner, 1965: 1～7)。

根據上述諸家的說法，吾人可以對組織發展歸納出一個基本的大意與內容，茲分為三點說明之：

一、從目的言

組織發展是為增進組織效能，提高組織自存的能力和與外界環境保持動態平衡的活動。申言之，組織發展的目的是：(1)形成具有人文性和創造性的組織，使其能尊重個人，以提高組織成員對組織信任和支持的程度；(2)增加組織內橫向、直向以及對角線溝通的開放性，促進個人與組織目標調和一致，提高組織成員的工作熱忱，和增進人際關係的和諧；(3)透過適切的革新策略，將組織革新的理論付諸行動，帶動組織的整體革新，以增進組織之健全與效能，提高組織瞭解並解決本身內外在問題的能力；(4)增加組織成員對外界和組織問題識別的能力，與解決問題的技術，以提高組織應付內外在變遷與內部腐化諸問題的能力，使組織能隨外界環境的變遷而保持組織功能的正常運作。

二、從內容言

組織發展是組織各次級體系有效分工協調的結果。發展是屬於基本組織的變化，成長指運作績效的遞增；發展是因，屬於結構的範疇，成長是果，屬於功能的範疇。再者，由於系統觀念的影響，認為組織不僅與外在

環境有著互動的關係，同時它的內部也包含了若干 「次級系統」
(subsystems)，這些次級系統各有其功能，而且彼此影響，環節相依，構成
一個完整統一的連鎖體系。

　　由以上的論述，可知組織發展所要維持或更新的主要對象，包括了構
成組織的各個次級系統。為了確保組織目標的有效達成及維持組織內人際
關係的和諧，這些次級系統必須隨環境的改變而作有效的適應，因此就組
織發展的內容說，組織發展是組織各次級體系有效分工協調的結果。

三、從方法言

　　組織發展是以行為科學的理論與技術為基礎的一種教育性策略，也是
組織為實現其目的的一種 「訓練」 方式。白卡德 (Rechard Beckhard) 認為
組織發展是一種預先計畫的變革措施，班尼斯認為組織發展是一個複雜的
教育策略，其目的在改變組織的信仰、態度、價值觀念和結構，以求適應
最新技藝及市場的挑戰，並適應本身千變萬化的高度變動率。以上兩人都
將組織發展視為是一種有計畫的變遷，亦即組織發展是要透過組織成員的
行為之改變及組織本身各種規範之改變，以適應外在環境之挑戰，增進組
織之效率。

　　就社會學的觀點而言，基於規範之行為改變，可以透過再教育的過程
而達到此目的。行為模式由社會規範支持之，而社會文化規範則由個人的
態度與價值體系而維繫之。因此個人行為模式之改變，首須改變個人的價
值取向，而價值取向之改變，則又須改變個人的態度、價值、技術、社會
關係等。換言之，個人行為之改變，應先從心理改變著手，然後再改變社
會文化規範，規範再改變行為，於此，整個改變過程，卒底於成。至於組
織本身規範之改變，包括溝通、決策、計畫、實務等方面之檢討與更新（張
承漢，民 66：186～187）。

　　為有效達成個人行為之改變及組織本身規範之改變，必須以行為科學
的理論與技術為基礎。其應用理論包括溝通理論、衝突理論、決策理論、
小團體理論、激勵理論、組織行為、管理理論等。至於其應用之技術，也

有多種，如程序諮詢法 (process consultation)、資料搜集反饋法 (data collection and feedback) 等都是。

　　總之，組織發展是指組織為適應變遷社會的需要，運用行為科學的理論與技術，有計畫地促進組織自我更新的活動。

參、組織發展的特性

　　依傅蘭琪等在《組織發展》一書所指出者，組織發展特性是 (French & Bell, 1973: 45～63)：

一、組織發展是一種進行中的互動過程 (OD is an ongoing interactive process)

　　組織發展的特性之一，是其變動不居，永無休止的動態現象。其目的在使各種彼此關聯的組織成分，共同運作，向著目標而邁進。組織發展過程是一種動態的與變動的行為，如人員學習了新的技術，可能遺忘了舊的技術；問題解決了，新的問題隨之而生。因此組織發展過程是一種改進組織，達成目標的適宜程序。

　　組織發展過程的互動性質，也包含一連串的行動與反應，以及活動所引起之反響。蓋組織行為頗為複雜，目前尚無一完整的理論能夠概括一切。然而把組織發展視為一系列之複雜互動，對於組織動態現象之瞭解，必有助益。

二、組織發展是應用行為科學的一種形式 (OD is a formal of applied behavioral science)

　　組織發展計畫，應用了許多行為科學的原理、原則與實務。其中包括社會心理學、社會人類學、社會學、精神病學、經濟學及政治學等。組織學者的任務，在使此等科學的原理、原則或理論轉變成為種種實務，以容於組織過程的發展之中。

三、組織發展是一種變動的規範性的再教育策略 (OD is a normative-reeducative strategy of changing)

組織發展是改進組織效能的過程,這就意味著要變動組織的某些特性,通常是指過程與文化方面的特性。有關變動的策略,有些學者把它分為三種型態:(1)經驗的理性策略:這是基於人是理性的動物,追求合理的自利,對他們有利時就會變動;(2)常規性再教育策略:這是基於規範是形成行為的基礎, 變動可以成功地經由再教育過程而獲致 (舊規範將由新規範取代);(3)權力強制策略:這是基於變動就是服從的結果。以上三種變動的方法,組織發展可以說是屬於第二項常規性再教育策略。

因為就社會學的觀點言,基於規範之行為改變可以透過再教育的過程而達到。行為模式由社會文化規範支持之,而社會文化規範則由個人的態度與價值體系而維繫之。因此,個人行為模式之改變,首須改變個人的價值取向,而價值取向之改變,則又須改變個人的態度、價值、技術、社會關係等。換言之,個人行為之改變,應先從心理改變著手,然後再改變社會文化規範,規範再改變行為。於此,整個改變過程,卒底於成。

四、組織發展是以系統方法來觀察組織 (OD views organizations from a systems approach)

系統方法注重組織及其環境的交互關係、聯繫與互賴的動態性,同時便於應用行為科學於組織發展之中,所以組織發展應用系統觀念實有幾項重要的意義:(1)問題、事件與影響不是孤立現象,它們的發生是和其他的事件、問題和現象相互關聯的,所以需要瞭解現象的全體;(2)系統的方法有助於事件因果關係的分析;(3)一個系統中任何一部分的變動,都會影響到其他的部分;(4)組織發展是整個體系之發展,並非僅其中的一部分。

五、組織發展是以資料為基礎而作有計畫之改變 (OD is a data-based approach to planned change)

組織發展涉獵廣泛,其過程須以一定方式進行,其進行須以充分資料為基礎。傅、貝二氏認為組織發展之資料,與其他變遷活動之資料,有其

顯著不同之處：⑴有關組織的人群與社會過程之資料，要比其他的如技術、財務與市場資料更為重要；⑵須有第一手的資料，如從「態度調查」所獲得的資料；⑶在組織發展的過程中，矛盾的資料是無價之寶。因為它們可能反映實際情況，代表著知覺、動機與態度的差異性；⑷重視資料所反映的事實，少作評價；⑸在組織發展計畫中，資料多用作解決問題的助力，而非增進某種行為之工具。

六、組織發展是以經驗為基礎 (OD is experienced-based)

在組織發展之過程中，成員的一切行為與解決問題的方法，多從經驗學習而得。如當人們經驗到衝突所給予不利影響時，他就知道學習，以應付衝突的需要。

七、組織發展強調目標設定與規劃 (OD emphasizes goal setting and planning)

組織發展在增進組織的功能，提高其效率，達成其目標，是故目標本身之性質、安排、計畫等，乃不可忽視之主要因素。為了在組織達成目標的過程中，能同時滿足組織成員的個人目標，因此在目標設定的過程中，須採用參與管理 (participative management) 的技術，使組織目標與個人目標相調和。

八、組織發展集中於完整的工作團隊 (OD activities focus on intact work teams)

組織發展的基本信念，是組織透過各種工作團隊，以達成本身的工作任務。而此等團體中之文化、過程、關係，以及達成任務方式之改變，乃促使組織長久進步的方法。因為大多數個人的行為表現，建立在其工作團體的社會文化規範與價值的基礎上。如果團體改變其規範與價值，則對個人行為之影響直接而持久。此外，個人對組織過程的知識，如溝通、決策、目標確立等，皆以工作團體為其主要來源。而這些過程對個人行為之影響，深具意義。因此，就組織發展而言，改進工作團體之社會關係、過程及任務之執行，乃其重點之一。換言之，組織發展在改進個人的社會環境，由

環境影響個人，則其工作效率必可提高，組織目標必可達成。

第二節　組織發展的策略與方法

所謂組織發展策略，乃是指提高組織效率，達成組織目標之整體計畫而言。依勞倫斯及勞西 (Jay W. Lorsch) 的說法，一個良好的組織發展應包括三個方向：個人與組織、團體與團體及組織與環境 (Lawrence & Lorsch, 1969: 54)。因此，組織發展的策略與方法有：⑴發展個人；⑵發展團體；⑶發展組織。

壹、發展個人

發展個人技術與態度的訓練方法，已經有許多項目，包括在職訓練計畫、工作輪調、工作豐富化及技術研討會等。可是我們所重視的是發展行為，特別是組織發展中影響個人行為的三項技術：感應訓練、管理格道訓練及工作豐富化。

一、感應訓練：發展個人

感應訓練又稱小組團隊訓練 (T-group training) 或稱實驗室訓練 (laboratory training)。它是指在由一群人（通常為十至十五人）所組成的訓練團體中，其成員有學習瞭解自己及對他人影響的機會，特別是學習在面對面溝通中如何更有效的產生功能。訓練員在訓練過程中僅偶然介入，大部分時間則保持被動。訓練的討論主題為團體中的領導和參與，以及成員彼此行為感覺的比較。換言之，感應訓練乃是藉訓練來改變人際關係的品質，認清自己的特性，提高自覺與洞察他人的能力，清除情感的緊張，增進情感交流，在專家協助下，經由「交談」，心靈的交匯，意見、觀點、經驗和知識的交換，而使理論與實際相結合，進而改變行為（吳定，民 68：38）。

感應訓練依其參加者彼此關係可分成三大類：

1.**陌生人實驗法** (stranger laboratories)：成員來自不同組織，彼此不相

識，訓練結束後，彼此也沒有工作上的關係。

2.**堂兄弟訓練法** (cousin laboratories)：成員雖來自同一組織，但彼此並無直接工作關係。

3.**家庭實驗法** (family laboratories)：成員來自同一組織，且具有上下屬的工作關係（吳定，民 68：38）。

二、管理格道訓練：發展管理者

管理格道 (managerial grid) 的觀念係白萊克與毛頓所創導，這本來是用於組織氣候（見本書第八章）的一種測量方法，但亦可同時用於發展管理者，其基本理論是以兩項變數來衡量組織的管理型態，這兩項變數是以關心工作為主的管理及以關心人員為主的管理。他們將這兩項變數加以配合並區劃為九種程度上的差別，因此產生了八十一種不同的管理型態。為了方便起見，他們以最具代表性的五種型態來說明：

1. 1.1 **型**：無為型的管理，對人員及工作皆不關心。
2. 1.9 **型**：懷柔型的管理，對人員最為關心，但對工作卻完全不關心。
3. 9.1 **型**：業績中心型的管理，對工作最為關心，但對人員卻完全不關心。
4. 5.5 **型**：平衡型的管理，對人員及工作的關心程度恰好適中，不偏不倚。
5. 9.9 **型**：理想型的管理，對人員及工作皆表現出極大的關心。

管理人員用以上的各種管理型態來自我品評，就可以發覺自己對人和生產的管理型態。管理格道訓練的目的，就是要幫助管理人員將自己的管理型態轉變為 9.9 型，不但重視人員間的承諾感和互信，同時使生產達到高度的績效。

三、工作豐富化：發展個人及管理者

工作豐富化 (job enrichment) 是透過良好的工作設計，賦予員工更具挑戰性的工作內容與自主性，擴大員工個人的工作效率及工作滿足感，進而使員工在工作中有更多的發展與成長的機會。

何茲柏格的兩因理論可作為工作豐富化的理論基礎，也就是以「保健」及「激勵」兩因素作為運用之焦點，當保健因素未能在工作中表現出來，

則人員即產生不滿足的狀態，即使表現出來，只能使不滿足的程度減至零點，但卻不會產生積極的滿足狀態。因此，為使人員產生高效率的工作績效，則必須運用激勵因素（工作自主性、挑戰性、責任感及成就感等），當這些因素在工作中表現出來，則員工可產生滿足感與高度的績效。

　　兩因理論就其適用於工作設計而言，是藉直接改變工作本身而實施，亦即以該理論的「激勵因素」為重點。何氏以為有關工作豐富化的重要因素包括下列各點 (Herzberg, 1974: 72)：

1. **對資源的控制**：人員於可能時對其任務應有控制力。
2. **責任擔負**：工作人員對其績效應有責任並擔負之。
3. **反窺**：績效的評估應是直接、明確，並經常舉行。
4. **工作速度**：工作人員應能在組織目標範圍內自定其工作速度。
5. **成就**：工作特性應使人員有一種值得去完成的感覺。
6. **個人成長及發展**：工作本身應該提供給人員以學習及嘗試新穎而不同程序的機會，俾發展新技能。

　　工作豐富化是對過去的工作擴大化 (job enlargement) 作了大幅度的修正，後者只在工作上作橫的擴張，但前者卻在工作上作縱的擴展與加載 (vertical job loading)，此等加載可以使人員獲得激勵因素的滿足，茲以表12–1 來作說明 (Scanlon, 1973: 330)。

表 12–1　縱的工作加載及工作豐富化激勵因素

縱的工作加載	工作豐富化激勵因素
增加個人對自己工作的責任擔負	責任及褒獎
取消工作上的若干控制	責任及個人成就
派予人員一個完全的自然的工作單位	責任、成就及褒獎
賦予更多的權力及自主	責任、成就及褒獎
使定期報告可由工作人員直接利用	褒　獎
納入新的及較困難的任務	成長及學習
不時指派新而專業化的任務，使工作人員可成專家	責任、成長及進展

貳、發展團體

在討論組織發展技術中有關個人發展之後，現在要討論發展團體的觀念與技術，團體的形成是正式組織中必然的現象，如何使團體之間消除隔閡，增進瞭解，進而使之彼此合作，相輔相成，以完成組織的使命，乃是組織發展中有關發展團體的主要目的。

一、團隊的建立 (team building)

組織乃是經由各種不同的團隊來完成其目標，許多活動的推展和問題的解決，不是單憑個人所能為的，在適當的情況下，由群體的力量來處理事物，總是較易獲得其效益。如果我們忽略了團體的行動，而單求一、兩人的合作，則或許會有嚴重的後果發生。費立及休斯 (Filley & House) 認為：「當許多人聚集在一起時，如果其中一人見識特別高明時，你會受到他的指引。……假如一個人離群獨處，他將會思慮枯竭，而機智亦微弱平庸。」（蔡麟筆譯，民 69：101）因此，在每個組織中為了使其目標能順利達成，各種不同性質的團隊，也就因任務目的的不同因應而生。但不論這些團隊為何而建立，它都必須具備兩種功能：完成工作的正式功能，以及滿足成員情感上需要的心理功能（龔平邦，民 66：51）。

團隊建立的方法：

1. **利用團體會議**：團體中的每一成員討論本身的工作，其他成員提出批評與建議，這樣將會使所有成員充分瞭解整個團隊的任務與目標。如能有效運用不同型態的團隊發展，將有助於團隊目標的達成；同時，由於團隊成員共同參與和合作，其個人的需要也能獲得滿足。

2. **應用委員會型態**：委員會是由組織各階層具有代表性的人員所組成，依不同的需要與目的而機動設立之，此舉有助於增進瞭解，共同解決問題。

二、增進小團體間的關係法

團體與團體的衝突，在今日龐大而複雜的組織中是不可避免的現象，而管理的目的就在於消除此一衝突，並進而轉化為建設性的力量。

一般言之，團體衝突可分成下面四種型態：⑴層級間團體的衝突；⑵功能性團體間的衝突；⑶業務與幕僚團體間的衝突；⑷正式與非正式組織間的衝突。管理這些衝突的方法很多，此處我們僅提出「改善團體關係訓練法」來說明。改善團體關係訓練法是聘請諮商者或顧問主持訓練會議，由衝突團體的所有成員或代表參加。諮商者站在輔導的立場協助衝突團體，找出衝突原因，解決問題，改善彼此間的關係。簡言之，以善於溝通的專家來針對敵對的雙方從事徹底的溝通，以消除誤會，建立團隊精神。

參、發展組織

組織發展不但是將不同的個人及團體發展的技術做整合的運用，它也包含整體組織發展的方法與技術。這些技術包括：團隊間的討論、組織協調會議，及組織內部組織發展人才的培養。他們是用來解決組織內部的衝突現象，維持生產力與個人滿足之間的均衡，以因應持續的成長和變革的需要。

一、團體間的討論 (intergroup discussion)

雖然有時團隊之間的競爭，能使組織的效能增進，但彼此競爭的結果，易於演成衝突現象，互相傾軋，形成組織內部的緊張氣氛，往往不利於問題的解決與實施共同的工作。所以，如何促成團隊間彼此能協調合作，也就成為組織發展的一大課題。

白卡德在《組織發展》(*Organization Development: Strategies and Models*) 一書中，認為組織發展策略是基於兩項基本假設：⑴組織的中樞是團隊，因此變動的基本單位是團隊，而非個人；⑵有關變動的目標，是在謀求減低組織各部門之間不適當的競爭，和發展更為合作的環境 (Beckhard, 1969: 26)。因此，如果團隊之間有了衝突，就組織發展技術而言，通常是採取公開討論的方式，使競爭團隊彼此相互溝通，開誠布公的談論問題，進行時，可由組織的顧問從旁引導。

二、組織協調會議 (organizing confrontation meeting)

　　組織協調會議這種技術，通常只有管理人員和幕僚人員參加，它主要是把整個管理系統的人員召集在一起，在短時間內從事計畫和設定先後秩序，以施行重要的組織變遷。

三、組織內部組織發展人才之培養

　　許多組織其內部缺乏組織發展人才，而須藉助於組織外部的顧問人員。但是發展僅憑外部的顧問人員推動，畢竟不屬於組織內部的人力資源，而且只依賴外來的專家，很可能難以和組織分子建立融洽的關係。如此一來，使一切有關的資料搜集、討論、規劃變動，以及改變行為等活動也都將難以順利進展。因此，發展組織內部變動的力量，以協助外來的顧問專家，是有必要的。

　　另一方面，組織之設立，並非僅為短期目標而已，它乃是要持續永存的，為了誘發組織內部中成長的力量，使組織能適應不斷變動的環境，也為了組織發展的長遠目標，則發展組織內部人員來擔當此一任務，將成為組織發展永續發展的必要工作。

第三節　組織發展的檢討

壹、組織發展的優點

一、就組織發展的目的言，可以說是治標與治本兼顧

　　就治標層面說，組織為了適應外在環境變遷的需要，必須調整組織的結構，以保持正常的運作功能；再者，成員個人須經由各種行為改變的訓練——如感應訓練，以增進其解決問題和參與團體過程的能力與技巧。

　　就治本層面說，組織發展在培養組織自我更新的能力，以及組織創造的氣氛，以與外在環境保持動態平衡，進而提高組織的效能。此外，組織發展重視組織文化的改進，因此將教育與訓練相結合，以改變個人的態度、

認知和動機，並培養人際交往的能力和態度，以創造出一種有利於組織效率的文化，提高組織的效能。

二、就組織發展的手段言，可以說是理論與實際結合

組織發展理論強調運用革新策略、行動方案，以及人事程序等有利於組織的諸種因素，以促使組織目標的實現，這些因素與方法實採用了許多管理學家的理論與主張，例如何茲柏格的兩因理論，因此，組織發展的手段是將學術理論實際應用在組織上的最佳範例。

三、就組織發展的精神言，可以說是科學與藝術的調和

組織發展的基本精神是基於理性與科學性，其一切的策略、技術與方法都是合乎科學的原則和精神，例如感應訓練是源自於實驗室的實驗結果，俟其證明有可行性及效果性時，再予以擴大推行。但從另一角度觀之，組織發展又顧及到權變和殊途同歸性，進行組織發展的時候，要因人、因時、因地而制宜，充分表現出藝術的精神。

貳、組織發展的缺點

一、過分強調彈性結構

有些組織的特性並不適合於組織發展，例如在大量生產的組織，人員必須嚴格遵守特定的工作程序，否則便不能確保產品的一致品質。如果以組織發展者所強調的彈性與變動的結構安排，將會造成情況的混亂。

二、實施效果缺乏可資公評的標準

組織發展主要是人員行為改變的策略，人員在經過訓練或發展的程序以後，其行為表現雖可由實驗、控制、比較等方式來加以評估，但結果總不能令人完全信服。

三、過分迷信規範性的改變策略

組織發展的論者多有本位主義的色彩，他們總認為他們的策略是一種規範性的，組織要發展就必須運用這些策略。事實上，也有許多組織從來就沒有採用過組織發展策略而仍然運行得很好；此外，這些策略是否能夠

使得成年人在短短的時間內就產生人格改變，也不無疑問。

參、組織發展的未來

一、權變理論的強調與重視

權變理論自六〇年代提出以後，已為絕大多數的組織與管理學者所同意。不同的環境應有不同的組織設計與型態、以及管理方式。因此，組織發展的應用亦應特別重視權變理論，到底哪些發展策略適合於哪種組織？何時採用何種方法最好？對不同層級或不同部門的人員是否應採不同的策略？這些問題都是今後在運用組織發展策略時所應加以考慮者。

二、組織發展理論應發展共同理論

過去組織發展的成就多是技術方面者，因此，如何建立一套組織發展的共同理論 (meta-theory) 應係今後研究組織發展者的努力目標，也就是將各種應用技術結合起來，進行系統性的研究，以確定在何種情況下，應採何種改變計畫。

三、擴充組織發展人才的知識領域

從事組織發展的人員，多係心理或諮商方面的專家，他們也許對組織發展的技術十分熟練，但如果知識的領域不夠豐富，則工作進行將不會太成功，他們應該在社會學、管理科學、文化人類學、人事管理學及社會心理學等方面有所充實，這樣在從事各種組織發展時才會得心應手。

四、組織發展的前途光明

組織發展是一門方興未艾的學科，尚有很大的發展潛力，一方面由於其基本目標可以適合組織與個人的需要；一方面又由於各種發展策略與技術，不斷的推陳出新，相信未來組織發展必能以新型態、新技術、新觀念為組織提供一套完善的發展策略，其應用面將更形擴大。

第十三章　組織學習

第一節　組織學習的基本概念

壹、組織學習的意義

　　從一九七〇年代開始，組織變遷一直是組織與管理理論重要的研究課題之一，在快速變動的社會、經濟、科技環境下，任何類型的組織必需強調「計畫性變遷」的策略運用，以處理相關問題，求取組織的賡續發展。組織計畫性的變遷，簡單的說就是「應用關於人類事務之系統與有效知識來引發、創造出智慧的行動與改變」(Bennis et al., 1961: 3)。過去在組織適應 (organizational adaptation) 的研究觀點下，著重在組織對環境變化的被動調整，欠缺對現狀主動的反省評價，而以例行性的策略來謀求漸進適應，無法做到防患未然、未雨綢繆。再者，現代組織環境變動的屬性已非往昔可比，干預活動不但會製造出新的問題，干預進行的同時新的事件亦復產生。環境與組織的狀態隨時都在改變，而變化與計畫間的關係也是不可逆料的，因此，適應的觀念似乎無法導引吾人智慧的行動與改變。

　　就行政學研究來說，傳統的行政適應 (administrative adaptation) 是在固定的價值與目標下進行：行政與立法間的權力折衝和體制建立業已確立了價值目標，而行政人員所能做的無非是誠實公正、行政中立，消極的「依法行政」、「照章辦事」，彷彿公共利益自然能夠在政治與行政過程中被充分實現。然而在現代的行政環境下，相應的行政革新必須強調權力均衡的觀念，以互助共存、開放對談來滿足公民對權力均享的要求；強調人際間的互信溝通，以感同身受的心境，真誠服務的態度來理解、容納多樣化的民

眾需求；強調道德觀的重塑，以「愛」、「信心」、「學習」來重建社會的公道原則 (White, 1971: 79; Crenson, 1971: 83～89)。換言之，針對現代組織環境的特性和行政問題，亟須找尋另一套更適用的思考觀念與理論架構，組織學習的概念及理論乃應運而生。

「學習」一詞最早出現在組織理論文獻，當推賽蒙於一九五三年《公共行政評論》上一篇探討美國經濟合作管理局 (Economic Cooperation Administration) 組織成立的文章。賽蒙認為政府組織重組的過程就是一種學習的過程 (1953: 236)，政治、科技環境對組織的影響係以人們之心靈為媒介，藉由吾人對問題洞見的持續增長，來重新認定問題，並表現為組織結構的反省及改變。而希爾特 (Rechard M. Cyert) 和馬區 (James G. March) 在他們經典之作《商業組織的行為理論》(*Behavioral Theory of the Firm*) 一書中，更將組織學習一詞列為探討組織理論（行為）的基本概念。不過，正式將組織學習當成「理論」來研究的，要算甘吉洛西 (Vincent E. Cangelosi) 和迪爾 (William R. Dill) 兩人一九六五年在《管理科學季刊》(*Administrative Science Quarterly*) 一篇名為〈組織學習：對理論之觀察〉(Organizational Learning: Observations toward a Theory) 的文章。自此以後，以組織學習為核心概念的討論陸續出現，其中又以阿吉利斯和熊恩 (Donal A. Schon) 兩人在一九七八年所著《組織學習：行動理論之觀點》(*Organizational Learning: A Theory of Action Perspective*) 一書之探討最有系統、最具代表性。而自八○年代以後到九○年代，組織學習彷彿成為新一代組織理論研究的「定向概念」。

「學習」是物種生存的本能，根據學習心理學的解釋：學習是刺激與反應反覆施行多次後所產生的一種聯結歷程。當吾人經驗多次相同的刺激後，適巧的反應恰能滿足或抵減因刺激所產生的需欲或痛楚，久而久之即習得某一特定的行為模式（張春興與楊國樞，民 69：213～214）；這就是從嘗試和錯誤的經驗中習取教訓的通俗說法。不過，主張認知論的學者卻認為，學習聯結的產生只能用來說明簡單的習慣性動作，並不足以解釋人

類較複雜的學習智能活動（張春興與楊國樞，民 69：217～220）。蓋個體的學習不是盲目而是有目的的，憑著人類知覺和認知的本能，在過濾相關的刺激符號後，才能確立此等刺激訊息與期欲目的間的關係。然而這種認知線索的圖式 (cognitive map) 直接和個體所處的生活情境有關，每個人隨著自己特殊的生命經歷而形成不同的認知架構（即個人對外在世界的特定看法或賦予意義的方式），只有觸動那個內在的信念、觀點或想法時，才會產生學習的效果。從心理學的角度來理解「學習」的意義，再應用到組織活動的說明，基本上是一種「隱喻式」(metaphorical) 的用法，但我們不能單純的相信組織學習的活動會和個人學習行為一模一樣。

回顧組織學習的相關文獻，可以發現組織學習概念的意義不斷地在擴充。早期的組織學習只是一個附屬的次級概念，其意義雖未甚明確，但大概是用來說明「組織受外界環境的刺激，所引發內部結構與人員行為改變的一種反應過程」。這種改變與反應的目標是績效，而組織學習是改善組織績效的手段。理論內涵充實期的組織學習則被納入組織變革的探討範疇，逐漸擁有一些獨特的討論主題，被用來說明「組織變革中，人員對變革需求、變革標的、變革策略之認知形成的過程；而此一共識係變革行動有效開展的前提」。組織學習針對的不僅是當前的績效目標，更指向組織長期的效能和發展；組織學習是卓越組織必具的能力之一。近來的研究，視組織學習為解釋組織變革的重要概念，並藉此一概念發展出多種干預理論；如此，組織學習乃成為變革干預措施的總體思考架構。就此而論，我們可以大概掌握到組織學習的意義：「組織學習是為了促進長期效能與生存發展，而在回應環境變化的實踐過程中，對其根本信念、態度行為及結構安排所為之各種調整活動；這些調整活動藉由正式與非正式的人際互動關係來實現。」（盧偉斯，民 85a：258～259）

從目的言，由於環境複雜易變的特性，使組織發展各階段所面對的問題都不一樣，而組織學習指的就是組織能夠面對各種問題持續改善的一種能力。這種能力不只是促進短期績效目標實現的一種能力，也和長期效能

的維繫有關。

從內容言，組織持續改善解決問題的能力，與下述五個方面有關：

一、就組織的精神面來考量

成員是否認同組織目標，而能在價值觀念、思考邏輯、行動取向形成上下共通的認識；並基於這種一貫的精神來落實組織的改善。

二、就組織的心理面來考量

任何的改變或調整都會構成個人心理上的某種威脅，或代表既得利益的剝奪；對組織也是一種風險性的取捨決定。因之，在組織學習的過程中，勢必面臨相關人員和決策高層在心理上的抗拒與反對。

三、就組織的結構面來考量

組織依功能和權責區別為不同的次級體系與主從層級，結構安排不但規定了部門間、層級間的互相依賴關係，也約束了人員的思考範圍與行為表現。組織學習的內容包括結構的調整，組織結構也會影響信念、行為改變的學習過程。

四、就組織的社會面來考量

組織不僅是結構的構成，也是一種社會的構成，係由各種正式、非正式的人際互動關係架構出來的關係體系。這些互動關係影響人際間的感情交流與意見溝通，也會形成特定的文化氣候與團體規範，拘束個人的思想、態度及行為。所以組織學習受到這些社會關係、社會規範的影響，而組織學習也和這些社會關係、社會規範的改變有關。

五、就組織的行為面來考量

組織學習具體可見的內容不外人員行為的改變，舉凡工作的態度、方法與技巧皆是。個人行為模式的改變和組織精神面、心理面、結構面、社會面的因素都有密切的關係。

從活動過程言，組織學習是一種從個人、團體到組織整體的社會過程。組織學習以個人為發端，影響部門團體，進而擴及組織整體；而這種影響力的產生必需依附在正式和非正式的社會關係之上，透過人際間的接觸互

動而能發揮影響的效果。此一社會過程可能是基層人員由下往上發展,可能是主其事者由上往下推行,也可能由中層管理人員向上、向下或橫向產生影響。重點是,這種社會過程雖以個人為發端,但若未能形成影響組織全體的勢力,亦未能稱做組織學習;充其量只停留在個人學習或團體學習的層次。理論上假設,完整的組織學習係指藉由社會關係網絡,個人與其所屬功能單位或接觸密切的同儕團體成員分享彼此的學習心得,而能形成團體的學習共識;團體的學習心得亦藉由社會關係網絡,與其他部門、團體交流,進而形成組織全面的學習。

貳、組織學習的義辨

與組織學習相近的概念有「組織適應」和「組織發展」兩者,以下分就其關係與異同加以說明(盧偉斯,民 84):

一、組織適應與組織學習

一般而言,組織「變革」、「適應」與「學習」都是指:組織伴隨環境之異動所為一連串的調整過程。但黑德葆 (Hedberg, 1981) 則強調組織適應並不等於組織學習,組織適應屬於被動防衛式的調整,視環境是給定的、決定性的、無法加以影響的,未明環境與組織的關係型態、事件的因果脈絡而為之自保自衛反應。而組織學習屬於主動攻勢的調整,視環境變項是可以選擇、被決定、可以規範的,乃係洞察環境與組織的關係型態,事件的因果脈絡所為之調整。麥吉爾 (Michael E. McGill)、史羅根 (John Slocum) 和雷 (David Lei) 三人也認為,組織適應假定競爭的環境是可以控制的,只須從過去失敗或成功的經驗中記取教訓即足應付,所以調整行動是機械式例行化、漸進避免冒險的。而組織學習強調環境因素既然不可測,應以打破舊例的創意構想做前瞻性、多方位的思考,以開創新局 (McGill, Slocum and Lei, 1992)。

總之,在一般籠統的詞意理解上,適應和學習的指涉似無二致;但進一步就其內容分析言,兩者在組織調整行動的由來和效果上卻有不同的層

次區分。根據菲爾 (C. Marlene Fiol) 和李利斯 (Marjorie A. Lyles) 針對十五種有關組織學習與組織適應文獻所做的內容分析顯示：使用「組織學習」概念來取代「組織適應」有愈來愈明顯的趨勢。組織學習是，組織從往昔的成功失敗經驗中吸取教訓，以獲得真知灼見和行動聯想能力的一種發展過程；而組織適應為，針對組織環境、目標結構及其他事項的變遷，所為漸進調整的一種能力 (Fiol and Lyles, 1985)。

二、組織發展與組織學習

組織變革、組織適應、組織發展與組織學習大體上來說，屬於同一類型的概念範疇，都是指組織為求與外界保持動態平衡，俾謀生存發展的一連串調整活動。學者或謂：凡涉及組織氣候的計畫性組織變革就是組織發展（吳定，民 73b：43），是以組織變革應可以涵蓋組織發展的概念。又組織發展是一種人本主義關懷的組織變革，一種教育性策略，一種組織為實現其目的的訓練方式、干預技術（吳定，民 73b：6），是故組織發展較組織適應的概念指涉更有焦點、更具體、更實務取向。

我國行政學先驅張金鑑謂：組織發展乃泛指機關組織的經營與運作隨時代的變遷和需要，力求改革與前進以為調適的不斷努力；而興革事項包括管理策略、組織結構與人事加強（民 74：414）。吳定則強調組織發展是以行為科學理論和技術為基礎的計畫性努力，其目的在維持、更新組織，而干預的焦點應放在人為的組織制度與人際關係（民 73b：3～4）。本書前章曾就組織發展的目的、內容和方法加以說明：組織發展是為了增進組織效能，提高組織自存的能力和與外界環境保持動態平衡；而其次目標包括形成尊重個人的人文性、創造性組織，促進個人與組織目標調和一致，貫徹組織革新的理論與實際，增強組織成員識別問題解決問題的能力。組織發展之內容係組織各次級體系有效分工協調的結果。而組織發展的方法是運用行為科學的理論和技術，有計畫的透過組織文化和規範體系的檢討更新來改變成員的信仰、價值觀念、態度與行為。

根據上述的定義並兼採各家論點，茲將組織發展與組織學習的異同分

列如表 13-1。

表 13-1　組織發展與組織學習概念異同之比較

比較項目	相同點
一般性定義	組織針對外在環境的變化，所為內部調整之努力
變革之目標	為增進組織長期的效能和績效，謀求生存與發展，並和環境維持動態平衡之關係
變革價值取向	承續人群關係學派的人本主義關懷
基本假定 ①組織論	組織是一群具有共同目的的人的結合，其功能在實現組織目標、滿足成員生理心理需求，增進整體的健全狀態
②個人與組織的關係	個人的發展和組織的成敗榮辱休戚與共，個人與組織目標應謀調和一致
變革行動特性	以解決組織實際問題為取向，以組織過往的成敗經驗為基礎來採取行動，另組織學習還強調如何不受以往成敗經驗的羈絆來打破因循舊習 (unlearn)；組織發展與組織學習都是一種續行不斷的交互影響過程
變革的對象	組織成員個人、組織內部團體、組織整體
變革的內容	組織的結構性安排
變革的程序	基本上兩者的變革程序都植基於行動研究 (action research) 之分析問題、計畫行動、付諸行動、評估回饋的辯證循環邏輯，但組織學習更超越對已然發生問題進行偵誤的診斷模式，進一步對行動邏輯本身自我批判，學習如何去學習
變革的方法	基本上組織發展與組織學習均共享相關的干預技術，惟組織學習所側重之認知發展技術尚在發展中
比較項目	相異點
基本假定 ①人性論	組織發展：主張人性本善的 Y 理論，只要組織提供支持與富挑戰性的工作環境，人員有謀自我成長的動機；所以人是組織條件的接受者 組織學習：採納人是複雜的假定，還強調個人能夠克服層級體系的制度障礙來改變組織自我防衛的氣氛；所以人是組織的主體
②組織與環境的關係	組織發展：環境的刺激直接造成組織的防衛反應，環境之變動決定組織發展的對策，組織是被動的適應環境 組織學習：環境的刺激由組織重新予以詮釋，根據所描繪的因果圖式採取行動；學習是對環境知識的重新結構過程，組織是主動的創訂 (enact) 環境
③組織變革的本質	組織發展：組織尋求規律穩定的發展，故應採漸進改革手段 組織學習：組織的進步在於批判改變現狀，學習是革命式的

研究途徑	基本上，組織發展與組織學習都是採取系統論觀點來說明組織和環境、組織內部各次系統間的關係；且在行動方法上，兩者都明白揭示一種結合理論和實踐的教育策略。但相異處為：
①認知方法	組織發展：偏向於運用行為科學的實證方法對人類行為做客觀的觀察 組織學習：傾向以心理途徑或批判理論的方法來探討人際互動之意義，揭發阻礙個人與團體發展的各種社會性障礙
②決策方法	組織發展：強調以資料為基礎的理性分析來做決定 組織學習：則論及決定的情感、直觀層面，特別是如何藉由對價值觀的批判來彰顯「人」存在的自由價值
變革的內容	①組織發展：個人行為模式 　組織學習：個人行為與認知模式 ②組織發展：組織的運作過程和程序 　組織學習：側重在組織的價值、目標與策略
變革中人的定位	①組織發展：個人是干預活動的接受者，是變革技術的對象 　組織學習：個人是學習活動的主體，是個人自由抉擇的結果 ②組織發展：組織外的專業顧問是變革的主要推動者 　組織學習：組織內的管理者才是變革的主要負責人 ③組織發展：是領導者由上而下發動的，由其決定是否施行計畫 　組織學習：是組織上下成員的協同共識，決策者本身也是學習的媒介

資料來源：盧偉斯（民84）

　　從上述的比較中可以發現：組織發展和組織學習所涉及的理論與技術內容相當龐雜，在一般性定義上做區分意義或許不大，然而就其內涵的相同點言，分別表現出七〇年代以降組織理論與實務的發展趨向。

1.重視組織因應環境快速、激烈變動的調整能力。

2.落實新人群關係學派對「個人發展」的尊重和鼓勵。

3.強調組織內人際互動關係對變革事項之關鍵地位。

4.採取問題解決取向的行動邏輯，俾結合理論與實務。

5.奠基於系統論的組織觀點，指明個人、團體和組織整體為變革的主要單位。

　　另一方面，組織學習也表現出它的特點：

1. 人性論兼採經濟人、社會人、自我實現人諸假定，切合實際；修正環境
   決定論，強調組織可以主動爭取生存利基 (niche) 的積極能力；主張組織
   變革在於改變現狀的激進假定，增強組織調整活力、擴大創意空間。
2. 研究途徑廣採實證、詮釋和批判的觀點，兼納不同視野。
3. 變革內容則深入人類行為與認知、組織手段和目標等不同層面。
4. 變革程序不但符合計畫、執行、評估的理性邏輯，且特別重視人類隱涵
   知識 (tacit knowledge) 的直觀邏輯。
5. 肯定「個人」在組織計畫性變革中的主體地位。

　　組織發展從一九五〇年代概念的萌發，歷一九六〇年代的實務應用，
一九七〇年代理論的修正和發展，到一九八〇年代哲學與方法論基礎的探
討，已蔚為一門學科。就理論之沿革歷史和內容發展言，組織發展與組織
學習堪稱是一對攣生兄弟，然再就其九〇年代的研究與實務趨勢言，不論
是從功能、行為取向的組織診斷走向策略、價值變革的組織學習，或是從
被動適應環境的觀點走向主動管理環境的觀點，在在都說明了兩者有逐漸
合流相互融通的趨勢　（孫本初，民 81；Cumming & Huse, 1989: 525～
530）。

第二節　組織學習的理論

　　組織學習是當代廣受注目且持續發展的一種組織與管理理論，學者分
別從不同的觀點加以探討，而其最主要的理論基礎有二，一為理性抉擇觀
點 (rational choice perspective)，一為行動理論觀點 (theory of action
perspective)，以下分別說明之（盧偉斯，民 85a：52～91；民 85d）。

壹、理性抉擇觀點的組織學習論

一、適應的理性系統

　　組織和人類及其他有機生物一樣，面對環境的刺激與挑戰為謀生存延

續，乃有調適或學習的本能動作。組織與環境間的交互影響關係源自於開放系統觀點的組織論，湯普森 (James D. Thompson) 即認為：組織作為一種自然系統 (natural system)，為謀生計起見，乃從外在環境獲取必要的輸入，經由內部之轉換過程對環境輸出，並與環境維持某種動態的平衡關係；雖然環境的變動不可測，但組織仍能從經驗中學習到掌握環境變化，自謀調整適應的訣竅 (Thompson, 1967)。面對環境的不確定性考量其對內部運作的影響，並設法予以控制，便成為開放系統論對組織適應的主要見解。

理性抉擇派的學者如賽蒙、希爾特、馬區等人亦將組織視為開放的適應系統。外在環境的變動影響組織目標的順利達成，目標未獲滿足則引起組織聯盟瓦解的危機，目標共識的危機迫使組織針對問題圖謀解決。比較特別的是，組織係藉由理性抉擇的機能來進行適應，即透過簡化的認知模式來掌握不確定性，透過決策例規來控制環境對組織的衝擊，所以說組織是一種適應的理性系統 (adaptive rational system) (Cyert & March, 1963: 99)。所謂組織適應的理性，可以五個命題來說明：

1. 由於組織和環境間的動態影響關係，組織可能和環境維持各種不同的平衡狀態，但組織或多或少會比較喜歡待在某些特定的狀態之中。

2. 外在環境潛伏著若干足以擾動組織運作的衝激源，這些衝激源往往是組織無法加以控制的。

3. 另一方面，組織內部也有若干較具影響力的決策因素，這些決策因素受決策規則的規範成為組織運作的主要依據。

4. 當外在的衝激源擾動決策要素時，組織所處的平衡狀態就會改變；易言之，如果環境的刺激影響到組織決策的主要考量因素時，組織就非得調整改變不可。

5. 組織為了停留在比較喜歡的平衡狀態，就會經常援用過去那些能夠導引組織朝向偏好狀態的決策規則，反之，則逐漸為組織所摒棄。

適應的理性系統說明了組織適應是一種刺激－反應的過程，不過這種反應並非全然被動的為環境所制約，而是朝組織偏好的方向來進行；也說

明了決策規則在組織調適過程中所擔負的機能，而這些規則係組織從過去的成功經驗中學習來的，從過去的經驗中習得「滿意的」決策規則和程序。

二、例規化的組織行為與標準作業程序

在有限理性的條件限制下，組織透過簡化的認知模式來掌握環境不確定性，透過決策例規來控制環境對組織的衝擊。所謂簡化，係指簡化與問題有關的因素，就近尋找比較容易發現的解決方案，並粗淺的就其結果加以判斷選擇。運用簡化的模式來解釋問題情境，除了可以避免因過高的期望所造成的心理挫折外，也比較容易取得即時的成果回饋，決策者常用這種「執簡馭繁」的方法來處理環境的複雜性以求規避風險。

對個人來說，簡化的問題解決方式可能是決策者限於能力因素（處理資訊的能力）和組織因素（組織處理資訊的成本限制）所為的策略性作法，採用與否全繫於個人的主觀意願（陳德禹，民 82：120～122）。但對於組織的整體運作來講，簡化的問題解決方式係來自於某種「刺激─反應」式的「例規化」(routinized) 行為模式 (March & Simon, 1958: 139～142)。

所謂例規化的組織行為簡單的說，當決策者面對環境的刺激時就會引發他解決問題的反應，經過相當的時日，恰適的反應剛好能夠解決刺激造成的問題壓力，因之，個人即學習到或發展出一套特定的刺激─反應程式。這種刺激反應程式對組織的決策活動而言，就是組織解決問題的程式：問題發生刺激組織搜尋可能的解決之道來做回應，亦即搜尋或發掘可能的行動方案與行動結果；當某項刺激或問題重複出現多次後，相同的搜尋活動也會重複運作多次。因此，組織從這種解決問題的實際經驗中，不但對問題擁有更進一步的認識，也從而習得特定、例行的回應方式。這種固定、例行的回應方式使理性的問題解決過程簡化了，決策者不必重複相關的理性步驟就可以做出「直覺式的」、「反射式的」決定動作，而這種反射式、例規化的思維過程和抉擇行為也是組織有限理性的自然結果。

一個單純的刺激可能引發組織一連串複雜的回應活動，但相類似的刺激反應經久之後，組織自然會發展出一套毋須重複理性抉擇步驟的直接反

射動作,一種像電腦程式般被設定妥當的行為組合,稱之為「程式化的行為表現」(programmed performance) (March & Simon, 1958: 141～147) 或「標準作業程序」 (standard operating procedures) (Cyert & March, 1963: 101～113)。標準作業程序可以從人員的決策行為中直接觀察得到,也可以就工作說明、工作規範或職位說明等文書中發現到,更可能儲藏在人員的心靈深處不斷地發揮指導理性行為的作用。標準作業程序影響人員對組織的期望、組織目標的認同,影響人員對環境刺激、決策情境的認知,影響人員思考行動方案與選擇的範圍,影響組織的管理方式。

標準作業程序也可以說是組織從經驗教訓中學來的決策規則,這些決策規則可以區分為兩種層次。其一是通則性的決策規則,組織為規避不確定風險、維持內部穩定,而在有限理性的條件限制下,從經驗傳統中歸納出來的思考型態和解決問題的模式。這種一般性的決策規則統攝組織各層級各部門的決策事務,比較抽象且不易更動。另外一種是特定的作業規則,比較具體且往往因人因事因時而異,包括:

1. 職務操作的程序規則,規範職務內容與工作進行的程序,人員可由作業之文書規定和職前訓練中習得。

2. 組織運作紀錄與業務研究報告,組織為遂行績效控制所為之業務分析、檢討和紀錄,為改善績效質、量所做的研究發展成果。

3. 資訊處理規則,組織是一個溝通的系統,舉凡外在資訊的輸入與選擇、資訊的分派與消化、資訊的轉換與傳遞、資訊的產出與回饋,都會從過去的經驗中歸納出一定的處理方式。

其中又以資訊的傳遞與過濾規則最為重要,前者規範居於何種層級職位的人員得享有何種資訊,哪一個專業分工的部門應該負責處理哪一種類型的資訊;後者規範資訊採集和接收的標準、資訊濃縮和精簡的標準、判斷評估和賦予意義的標準。

三、決策例規的學習

組織面對環境的刺激,經由理性抉擇的過程,選擇恰適的解決方案來

滿足目標與期望，使組織臻於理想的境界；恰適的回應方式並非一朝一夕可成，而是經歷嘗試錯誤的反覆過程，從成功的經驗中建立起決策例規或標準作業程序，決策例規擔保組織停留在期欲的平衡狀態。因此，組織適應可謂組織建立滿意決策例規的過程，反過來講，決策例規也是組織適應的結果。既然組織適應和人類個體的適應行為一般，係從試誤的經驗中學習到生存自處的法則，則組織適應的過程亦可稱之為組織的學習過程，亦即組織學習決策例規的過程。

　　組織從經驗中學習有效的決策規則或解決問題的程序，但不論是決策的過程還是問題解決的過程，實際上運作這些規則程序的還是個別的決策者，因之，組織適應學習的活動係由個人逐漸推展到部門和組織層次，應無疑義。故就因地制宜的可能性言，個別的決策者在援引決策規則時並非照單全收，而是按其工作任務的性質、層級分派的目標，考量目標手段間的因果關係，從而裁量決策例規如何應用。個別的決策者在依循作業程序解決問題時，也會受到選擇性認知、團體盲思或專業取向等偏見的影響，專注於特定的因素與結果，從而更改他對決策例規的詮釋與應用。是故，組織以個別成員為適應學習的媒介時，或因層級分工或因專業分化，而令決策例規遭遇不同程度的增刪修改。雖然這種增減潤飾大都只限於特定的決策例規，但就長時間的發展來看，局部的修改仍有影響通則性決策例規的可能性。

　　雖然決策例規的建立與應用係屬「例行式的適應方式」（彭文賢，民72：106），即組織從擬妥的應變方案中擇一而行；但此並非意謂決策例規穩如泰山全然不會改變，只是受惰性原理的影響，以致改變的速度較慢改變的幅度較小而已。長遠看來，組織例規的戲劇性轉變仍有可能，而大幅度的適應學習也是一種組織的理性選擇 (Cyert & March, 1963: 125～127)，有時候又被稱為「組織創新」(March & Simon, 1958: Chap. 7)。創新式的組織學習就其內發的動力言，當成員的熱望水平升高致組織整體的滿意水準 (level of satisfaction) 改變，造成追求卓越的壓力時，組織即思變革圖強。

易言之，當同儕或同業間互相比較、此時與彼時相對比較，使個人或組織對既有的事功成就不再感到滿意的時候，組織目標與績效的期望水準就會隨之調整；如果既有的決策例規或程序不再能夠滿足目標，則組織必須從頭開始創造新的決策規則來確保組織晉升新的偏好狀態。就其外引的動力言，當例規程序無足以吸納環境的衝激，而組織寬裕亦無足以緩衝外來刺激時；當組織面對嶄新的問題，而諸般手段皆無法順利解決問題時，則組織不外重新檢討決策例規的適用性，或是考慮更改既定的組織目標。不論是內發的動力也好，外引的衝激也好，總而言之，「當環境的變動使既有的組織程序無法達致滿意的水準時，創新的可能性就會增高」 (March & Simon, 1958: 183)。

組織學習就是組織的適應行為，像個體的學習歷程一般，組織每經歷一段特定時間，對環境的刺激自然產生適應性之行為；這種集體適應行為係經由個別成員發動而具體表現在與決策有關的各種事態上。其內容包含與組織目標有關之適應，即重要價值、偏好、期望水準的調整。關注焦點的適應，在有限理性的前提下，組織無法對所有環境因素加以考量，所以會從經驗中學習到如何建立起資訊感應之規則，以專注於某些特定的環境面向，忽略其他因素。探究規則的適應，組織探究活動就是找尋解決問題的方式，成功的問題解決方案會使組織面對下一個問題時，傾向以相同的探究方式來找尋答案；反之，失敗的經驗將被排除在未來的備選方案之外。

貳、行動理論觀點的組織學習論

一、行動理論

行動理論 (theory of action) 是阿吉利斯和熊恩在一九七四年發展出來一套說明個體或組織行動與學習過程的中介理論。他們認為舉凡人類具有意圖、目的及深思熟慮的行為 (deliberate behavior，用來和簡單的刺激反應行為做區別)，都是基於某種認知的基礎而開展的。這個認知的基礎稱為行動理論，而行動理論發展的過程也就是學習的過程，學習的結果就是行

動理論的持續修正 (Argyris & Schon, 1974: xi～xii)。行動理論是一組指涉同一主題的相關命題,用來幫助我們解釋、預測人類行動的成因。只要是神智清明的人,對自己的言行舉止都有一套合情合理的根據,這個根據、說法或想法就是個人得以在社會上安身立命的行動理論。換言之,對「別人」來講,我們常將某人的行徑歸因為他的行動理論,並據此推斷某人在何種情況下可能有什麼樣舉措;對「自己」來說,我們也希望能夠照著自己的行動理論來做,這樣才能保證行為的結果如預期中的那樣發生。所以,不管是對他人還是對自己,行動理論係以一種邏輯的結構形式出現:在特定的情境條件下,某人如果想要實現「甲」結果,他會根據心目中有關行動和結果關係的各項因果假定,而採取特定的行動「乙」(Argyris & Schon, 1974: 6)。

二、組織的行動

組織的行動如個體的行動一般,也有一組行動理論的根基。組織是一群「人」的集合體,這群人不但得以該集合體的名義下判斷做決定,該集合體也能經由授權要求成員替他從事必要的活動,該集合體與大街上熙來攘往的行人之間最大的不同在於,他設定一種身分資格的界限,用來區分「華夏夷狄」「非我族類」。於是我們就可以成員的身分資格、組織的授權、決定的名義諸條件來辨識,何者為個人行動何者為組織行動;也因為這些條件的滿足,成員個人才被認定為組織行動的媒介、代理人。

個人經由組織的授權以組織的名義為組織行事的事實,具體表現為組織結構和任務的安排。在水平與垂直的分工體系下,將複雜的組織任務分派為較簡單的個職務,個人在組織授予的角色職位功能範圍內努力從事,匯聚成組織集體的行動。除了結構任務的骨架外,組織的運作還須依賴軟體的辦事規則來加以充實。行事的規則包括組織的規範(整體的目標和個別的績效標準)、行動的策略(達成規範要求的手段方法)與聯結規範策略間因果關係的各種假定,這些規範、策略和假定的實踐就構成組織的行動理論 (Argyris & Schon, 1978: 14)。

三、行動理論的改變

　　組織成員對行動理論的反思探索，源自於個人對組織實用理論的認知差距與失望。在一般的情況下，當個人行動的結果和預期中的結果不相合時，會傾向於修改自己原先的想法或認知意象，認為原先的認知犯了錯誤應該設法加以矯正，使想的和發生的趨於一致。這種對組織行動理論認知錯誤的探查與矯正過程，便會形成個人在組織生活中的「學習回饋圈」(Argyris & Schon, 1978: 18)。針對組織行動策略（達成規範、目標、績效標準的手段方法）和策略目標間因果關係假定，所進行的探究矯正過程稱為「單回饋圈學習」(single-loop learning)；不惟針對策略和假定的認知錯誤，更深一層探究關於組織規範、目標認知的錯誤並予矯正的過程稱為「雙回饋圈學習」(double-loop learning) (Argyris & Schon, 1978: 18～26)。

　　個別的學習如果未能發展為組織集體的合作活動，仍止於個人的學習，並未能構成組織學習。組織集體探究活動藉由成員間意見的溝通交流而展開，組織內人際溝通交流的材料是為組織資訊。資訊過多或太少都無法幫助人員理解問題、處理問題；資訊的形式過於複雜、內容不清楚也無法幫助人員掌握意義；資訊無法指涉具體的事件、過於抽象，更無助於人員發現事實尋找答案，所以組織資訊的特質將會影響人際溝通是否順利成功。除此之外，組織成員掌握資訊的方式和溝通的態度也會影響集體探究的順利與否。人與人之間如果不願意敞開胸懷交換意見，那麼關於組織問題的看法仍舊是言人人殊無法形成共識；部門與部門之間如果彼此顧忌不願意開誠布公來討論問題，那麼認知錯誤的根源所在還是隱晦不明；組織上下如果都抱著自我防衛的心態拒絕真誠的溝通，那麼就只會有個人學習而不可能有組織學習。

　　若從系統論的角度來分析，組織在變動的內外在環境中，透過集體的認知錯誤探究活動來保持行動理論的完整，就是一種單回饋圈的學習。這種學習代表組織經由行動實踐，設法修改有關策略手段和因果假定的認知，使績效表現能夠符合預期的目標。不過，組織的單圈學習或足以應付簡單

的環境變動，在既定的績效目標下調整手段策略，滿足組織效能的要求。但是，當組織面對劇烈、快速的環境變動，不確定性難以預測的時候，則須針對更深一層的規範、目標進行檢討或調整，這種對於組織目標和目標結構的重新設定、重新安排，並連帶引起手段和假定重新組合的集體認知探究，也就是組織的雙回饋圈學習。因此，組織學習是組織上下集體探究並修正行動理論錯誤的活動過程，此一過程造成組織行動理論的改變。

四、組織學習的推論樣式

　　阿吉利斯和熊恩係以「組織的行動理則」為組織分析的基本單元。組織在特定的情境條件下，若欲實現某個結果，則會根據其對行動與結果間的因果關係假定，採取特定行動；這些假定包括組織規範（目標）、行動策略（手段方法）和聯結規範與策略關係的各種假定。這些假定以兩種面貌出現，一是應當如何、用來言說對外宣示的假定，稱為信奉理論；另一是實際去做、無法言說，只能意會或就實際表現加以觀察追索的假定，稱為實用理論；兩者時有差距。

　　而組織學習係指組織對其行動理論的持續反省與修正。組織透過集體的探究過程來發現並矯正行動理論的錯誤，透過假定分享的人際互動過程來改造行動理論，使期欲的行動結果能夠如實成真。當組織諸目標間發生扞格矛盾，致人員的行動無所適從、失去方向；當行動策略無法達成預期的目標結果，致人員感到憂疑困惑；當組織的信奉理論與實用理論不相一致、差距過大，造成人員對組織行事理則在認知上的衝突與挫折。凡此，皆為組織行動理論有誤之病徵。組織成員針對行動理論的錯誤，藉由正式、非正式的人際互動過程來交換、比較、考驗、反省彼此的心得意見，對錯誤形成共通的認知圖式，並據而展開改善、修正的各種努力，謂之「組織的探究活動」。在既定的組織目標、政策、規範下，為媒合行動與結果間的關係、連接手段和目標間的關係、構築行為取向和價值規範間的關係，針對行動策略本身及其與結果間因果關係的假定，所為之探究矯正錯誤過程，謂之單回饋圈學習。在抽象的組織意圖下（如永續經營、長治久安），重新

檢討目標、政策、規範與組織意圖間的關係，設法找出其間乖離的原委予以調整改正，並往下落實行動策略的努力過程，謂之雙回饋圈學習。

第三節　組織學習的干預理論

「干預」(intervention) 係指一種以知識和有效技術為基礎，經過精心設計，具有系統結構的組織變革活動；其目標在改善組織體質，增進組織效能。而組織學習的干預乃指，基於組織學習的理論和實證研究結果，針對組織長期的效能目標，所從事有計畫、有系統的各種組織改善活動。阿吉利斯在其 《干預理論及方法》 (*Intervention Theory and Method: A Behavioral Science View*) 一書中認為， 任何健全的干預活動皆須有一套理論架構，以結合過去經驗累積的研究成果，如此才能確保干預活動的成效 (1970: 13~15)；而干預理論創設的目的及干預的價值乃在於：如何幫助干預對象自行選擇其所需要的協助，如何促進干預對象的自主能力，亦即提供給所有干預對象的成員一種自行開發能力及提升效能的機會 (1970: 15~16)。

壹、兩種對比的組織學習系統：單回饋與雙回饋學習

簡單的說，組織學習是一種探究組織行動理論錯誤的集體過程，一種假定分享與再造的組織過程。雖然任何組織都會學習、都在學習，但有的組織受限於某些結構的、人際的、文化的因素，只能進行假性的學習或低層次的學習；這種學習活動對組織不但沒有好處，還可能造成反效果，所以我們說這種學習是一種受限制的學習或不好的學習。阿吉利斯和熊恩認為，大部分的組織從事的就是這種受限制的學習活動，這種自我限制、封閉的學習活動只能稱為單回饋的學習。

相對的，阿吉利斯和熊恩期望組織能夠改採另一種好的、有深度的學習，使組織能夠進行雙回饋圈的學習，能夠從學習過程中學會如何進行好

的學習，如此才是促進組織在體質上作根本改善的治本之途。所謂雙回饋學習主要是要求人員開放心胸、面對問題，以實事求是的態度來解決問題，不再被原有的組織架構、制式思考模式所限制，實為一種開放的組織學習。

貳、學習系統轉換的重要面向

根據學習系統概念的描述，大部分的組織屬於「受限制的學習系統」：個別的學習無法形成集體的學習，組織僅能進行單回饋圈學習，而學習的循環是封閉、自我設限的。如果我們認為「開放的學習系統」是好的、可欲的，那麼接下來的問題會是，如何將原來的學習系統轉換為理想的學習系統：如何消除個人到組織學習的層層障礙，如何發啟組織的雙回饋圈學習，如何培養開放的學習循環。依據阿吉利斯和熊恩的心理─行為分析與結構─行為分析，組織學習的根本困難在於：人際間自我防衛的心理與行為表現，金字塔型組織結構與管理方法對人員行為所產生的影響，兩者互為表裡、交相增強所致；而組織學習系統轉換的關鍵亦在於此。吾人可針對「人性價值的開發」與「組織結構的調整」來作轉換。

一、人性價值的開發

「人員」無疑是組織學習的活水源頭，組織學習以成員個人的學習為基礎，人員彼此分享一己所見所聞的「意願」和心得分享的「方式」決定了組織學習的循環及品質。從微觀、個體的心理分析來說，雖然個人追求心理安適或自我防衛的行為是一種人類天性的表現，但研究顯示這種天性並非一成不變、無法改換的 (Argyris, 1976a & 1976b)。雖然說「江山易改、本性難移」，但如果我們相信這種天性是可以改變的，而這種改變是「好的」，那麼為何仍然有這麼多的人抱殘守缺，繼續玩欺騙自己欺騙他人的遊戲呢？究其原委，關鍵乃在於人們不知道這種天性會去影響到他們的行事理則，這種理則對行為所產生的影響，這種行為模式對人際互動的影響，這種影響的種種壞處；人們或許不知道還有其他的行事理則，這種行事理則的好處；人們或許安於現狀、被現狀所蒙蔽，而視自己的所作所為、別

人的所作所為是理所當然、天經地義的。凡此種種，所以我們有必要透過再教育或再社會化的過程，讓人員自己找到人性的真正價值、內心真正的安適歸所。換言之，組織干預的策略在於進行一種「展示」，讓人員去面對自我、自己所作所為的原委，及這些作為的負面影響；特別是自己的價值觀感、防衛性的行事理則，還有「自己所說的」和「真正做出來的」兩者之間的歧異。

二、組織結構的調整

被譽為新人群關係學派代表人物的阿吉利斯向來就反對傳統的、金字塔型的、層級節制的或中央集權式的組織結構型態。他認為，傳統的組織設計對人員行為的要求和控制，和人的人格成長與發展相違背 (Argyris & Bakke, 1954; Argyris, 1957)；層級節制的管理型態壓抑人員的創意，阻礙人際間真誠的溝通，銷蝕組織創新的活力，對組織長期的效能無所裨益 (Argyris, 1971)；金字塔型的組織結構增強人員自保的心態，人際間自我防衛的動態和不具生產力的組織文化，人類自我防衛的天性與金字塔型組織結構對人員行為的影響互相推波助瀾，構成妨礙組織學習的主要原因 (Argyris & Schon, 1978; Argyris, 1985b & 1990)。

針對此一結構性的組織學習障礙，或可採行矩陣式的組織型態 (matrix organization) 以為因應。矩陣式組織係指組織為了解決某一特定問題、完成某一特定任務，而糾集各功能部門、各層級人士，所組成的專案工作臨時團隊；事成則廢，人員各自歸建。

矩陣式組織是跨功能的，聚各功能部門專業人員、行政人員於一堂，彼此密切往來，容易相互瞭解；方便協調聯繫，容易達成共識。矩陣式組織是跨層級的，成員享有同等的權利和平等的發言機會，擔負同樣的責任義務。矩陣式組織是分權的，各專案經理擁有完整獨立的職權來執行專案任務。矩陣式組織是「成事的」，人員的績效考評不是片斷、個別性的，而是以專案整體的成效為準，所以講求團隊精神、共赴事功。此外，矩陣式組織符合未來組織運作的幾個基本要求，如個人與團體間的持續交流，透

過自由、可靠的溝通，個人與所屬單位互賴共存、水乳交融；組織瀰漫著互信、互助、肯冒險的氣氛，本於此一基礎，對立衝突能夠有效化解，意見兩極化的現象降到最低，組織問題得到圓滿的解決。

除了結構形貌的改變之外，組織學習系統的轉換還需要配合相關的管理哲學與管理措施，諸如參與式領導風格的建立、做好衝突管理，及建立完整的溝通網路與管理資訊系統。

第四節　學習型組織

壹、學習型組織的意義

隨著組織學習理論的逐步發展成熟，晚近管理學界出現所謂「學習型組織」 (learning organization) 的嶄新概念。相關的討論當中，又以聖吉 (Peter Senge) 的研究較具代表性。聖吉為美國麻省理工學院 (MIT) 商學研究所教授，亦為該院附屬「組織學習中心」主持人。因其一九九〇年所著《第五項修練：學習型組織的藝術與實務》 (*The Fifth Discipline: The Art and Practice of the Learning Organization*) 一書，甫出版即名列全美暢銷書之林，獲各界好評，聲名鵲起；並為他贏得一九九二年世界企業學會所頒之開拓者獎；被譽為當代傑出之管理大師。是書不但受到美國工商企業和政府機關的青睞與推崇，也引起歐美各國以英文撰述之管理專業期刊不下五十篇專文之廣泛討論；國內則有《天下雜誌》和《工商時報》從民國八十一年開始，一系列的引介評述與專書翻譯，造成社會不錯的回響，其間也有若干探討「學習型組織」的學術專論和學位論文。聖吉所著是書的確引人深思，富啟發的作用；而其所以引起國內外管理實務和理論界的注目，也多少反映出一些現代社會的文化現象。

基本上，學習型組織是一個既實且虛的概念，是聖吉總結個人長期的企業諮商與觀察經驗，從經營成功的案例中歸納、抽離出來的組織理想境

界。而根據聖吉主張的「行動科學」(action science) (Argyris et al., 1985) 方法論，學習型組織既是一種理想型的理論概念，也是具體行動的藍圖和線索；其精義在於，鼓勵每一種類型的組織都能從實作經驗中發展出屬於自身獨特風格的實際作法，所以任何組織只要躬身力行都有可能成就其學習型組織，而每一種學習型組織也都不會一樣。論述的學習型組織只是一種意念的精髓、概括的意象，其所揭示的方法是一種取乎其上的「道」，而非用乎其下的「術」(盧偉斯，民 85c：95)。

　　因之，聖吉並不願意對學習型組織下一個明確的定義，只是簡單的說「是一種兢兢業業於創造未來的組織」(Senge, 1990: 14)，「是一種能夠不斷創造未來的組織」(天下雜誌社編，民 83：113)，「由一群醉心於開展自身實現願望能力的人所結合而成的組織」(Galagan, 1991)，或是「一群汲汲於夢想成真的人們，他們擁有活潑奔放的巧思與遠大的雄心壯志，而最重要的是，他們知道緊密的結合在一起學習如何去學習」(Senge, 1990: 3)。雖然這些說法都不能算是理論性或操作型的定義，但卻引起學者或實務家廣泛的討論興趣，國內學者孫本初對這些紛雜的見解做了初步的整理（轉引自孫本初，民 84a：4～5）：

　　蓋勒 (Graham Galer) 和海登 (Kees van der Heijden) 認為，「學習型組織是一種能夠敦促其所屬成員不斷學習且應用學習成果的組織，由是，組織得以對其內外環境擁有更深一層的瞭解」(Galer and Heijden, 1992)。

　　獲一九九三年美國《哈佛商業評論》(*Harvard Business Review*) 麥克葛瑞格論文獎 (D. McGregor Award) 的卡文 (David A. Garvin) 認為，「學習型組織是一種精於創造知識、獲取新知、運用知識的組織，能夠根據知識所得之洞見來修正行為反應」(Garvin, 1993)。

　　約夏帕拉 (Ashok Jashapara) 認為，「學習型組織是一種能夠賡續調適的組織，亦即掌握競爭對手的動態、滿足服務對象的變動性需求，並能藉系統思考的方法來提升個人、團體，乃至組織整體的調適能力」(Jashapara, 1993)。

瓦特金 (Karen E. Watkins) 和瑪席克 (Victoria J. Marsick) 認為，「學習型組織是一種不斷在學習與轉化的組織，而學習是一種策略性的且與實際工作相結合的過程，從成員個人、工作團隊一直到組織全體；學習的結果將引起知識、信念與行為的改變，強化組織創新和成長的能力」 (Watkins and Marsick, 1993)。

班尼特 (J. K. Bennett) 和歐布萊恩 (Michael J. O'Brien) 根據企業調查，將學習型組織定義為，「一種能夠將學習、調適、變革等能力深植為組織文化的組織，是以組織文化所含蓋之價值、政策、體制、結構及其實踐均能支持人員進行學習」(Bennett and O'Brien, 1994)。

貳、學習型組織的內涵

以上所舉不過是諸多學習型組織的定義之一，儘管有那麼多人以「學習型組織」為名，歸納實際經驗、逞其豐富的想像力來創造他們心目中的理想型；但這些論述的重點似乎不在於什麼是學習型組織，而在於如何修練成學習型的組織。關於這點，我們有必要回顧一下聖吉所謂學習型組織的五項修練或「構成技藝」（盧偉斯，民 85c：96～99）。

一、系統思維

系統思維是塑造學習型組織五項修為中的神髓，也是展開變革行動的哲學與理論基礎。聖吉認為我們一般在思考問題的時候，常會犯下同樣的錯誤，而使狀況愈變愈糟，這些思考的毛病歸結為 (1990: 57～63)：

1.**過於依賴經驗學習**：我們傾向於以昨日行得通的辦法來處理現在遭遇的問題，孰料整件事情、整個系統已經今非昔比，問題的解決辦法也就昨是今非了。

2.**錯誤的問題解決邏輯**：碰到問題的時候，礙於時間、資源的限制，我們往往急著去找尋一針見血、能夠立即奏效的辦法；孰料形勢複雜難測，環境回饋又顯遲緩，其結果可能會是捨本逐末、欲速不達，要不然就是揠苗助長、適得其反，更嚴重的是飲鴆止渴、敗壞根本。

　　系統思維就是幫助我們擺脫這些思考上的障蔽，培養我們利用以簡馭繁的方法來處理動態複雜的外在事物。而執簡馭繁之道在於 (Senge, 1990: 63～67; 68～92; 93～113)：

1. **體認事物間的斷續因果關係**：萬事萬物的前因後果在時間上、空間上並非緊密聯結在一起的；今日種下的因往往要過些時候才能看到它的結果，當下當場所見之事物關係與得失可能只是表象、淺見。

2. **體認事物互為因果的循環關係**：萬事萬物可以分析得出來的因與果，往往不是單純一對一的關係，可能是多因造成同一個結果、同因卻引起各種不同的結果，更可能是因果互相影響而衍成某種互為因果的循環發展。例如直線式的思考告訴我們，欲念影響期望、期望左右意圖，但事實上，意圖往往會反過來改變我們需欲的初衷，進而改變相對的價值期望，三者乃成為相互影響的因果循環。

3. **體認事物發展的興衰循環原理**：聖吉認為，任何系統皆有其成長之上限，亦云：否極泰來或泰極否來；蓋萬事萬物之自然發展皆有其限度，應對之道唯有由剝而復，思考影響成敗的助力或阻力，把握時機乘勢而起，或是沉潛守命以待時機。

4. **破除二分法的價值思維習慣**：單一面向的思考型態使我們只能辨別事物的好壞價值，如果凡事只有好或只有壞，不是好就是壞，那我們就只能在利弊得失之間做一種取捨的選擇。然而事物之本質常常是好壞一體、兼容並蓄的，好與壞的價值並存共生、缺一不可，是以，唯有打破價值二分的思考習慣，才能讓我們看清楚決策的判準。

5. **把握動態的系統回饋**：前面所談斷續的因和循環的因果關係還可以用回饋的觀念來說明。因果的斷續關係緣自於系統回饋的延宕作用，行動和結果之間存在一定的時間差距，所以系統往往無法接收到及時的回饋訊息。系統回饋也有自我增強的作用，當行動的決定是正確無誤的，則增強回饋可以加強我們努力向前的信心；而當決定是錯誤的時候，增強回饋可能使我們產生盲目的樂觀或悲觀判斷，這種惡性循環使我們的思

考乖離正道、不知覺悟。系統回饋還有自我調適的作用，當環境的反應不盡理想時，系統自然會將原先的期望向下調整，使系統保持平衡；是則系統想要維繫的只是短期的穩定狀態，而這種保守的力量將成為系統變革的最大阻力。

6. **培養整體性的思考習慣**：總括來說，系統思維的要旨在於採取整體性的思考習慣，這種整體的思考意指：(1)因果既然是斷續的、回饋既然有延宕的現象，那麼我們就不能耽於那些顯而易見的答案，不能執著於眼前可見的各種事件，而應該運用反向、動態的思考來穿透因果互動的深層「結構」，追索結構改變的軌跡；(2)因果既然是循環發展的、回饋既然有自我增強的作用，那麼專注於特定的因果型態或片斷的因果事件，將使我們掉入刻板、「見樹不見林」的因果死結；倒不如跳脫開來，認真面對問題的全局，觀察各種可能的因果互動型態，試著架構出整體的因果網路；(3)系統之成長既有其上限、好壞的價值既是一體之兩面，如果汲汲於立竿見影的成效、逆勢而為，如果斤斤計較於損益得失、不知取捨，則凡事適得其反，個人亦將徨惑而不知所終。是以自處之道乃在於守時待機乘勢而起，放寬眼界展望未來。

二、自持自勵、超越自我

人有肯定自我、追求成長的動機，本於這個假定，組織可以說是個人實現自我的場所；而學習型組織就是以自持自勵、超越自我、認真負責的成員為基石，逐漸開展。培養自持自勵的秉性，聖吉建議了幾種方法(1990: 147～167)：

1. 培養個人自我挑戰的胸懷，區別什麼是自己真正想要追求的東西，什麼是無關緊要的細微末節；立定志向後，就要專注於那個內在的需欲、抱負，心無旁鶩、戮力以赴。

2. 想要的和實際發生的總有差距，這個差距固然令人挫折失望，但也別忘了，這種挫敗緊張正是激發個人創造力的來源；如何從失敗的泥淖中覺省，克服情緒性的退縮反應奮發再起，也是個人重要的修練之一。

3.擺脫逆境、奮發再起的竅門無他，其一，先要有面對困境、失敗的勇氣，然後堅強自己愈挫愈勇的信心與意志力；其二，愈挫愈勇的原動力在於個人對追求真理的執著，這份執著並非不顧一切地向前去衝，而是能夠認清現實的限制，反省檢討自己的想法，並做適當的調整和修正。

　　以上這些功夫，個人平常就要試著去練習：如何整合理性分析與直覺判斷，如何找到我與外在世界的接合點，如何用同情心、同理心來關照事物，並將自己與環境自然的融合在一起。

三、改善心智模式

　　改善心智模式這項修練主要是用來矯正傳統層級節制的管理方式，對組織內人際互動關係的扭曲、對溝通所形成的障礙，對決策過程的誤導，與對人員創意生機的抹殺。聖吉認為在過去層級節制、命令服從的長官部屬關係下，主管習以權威的方式一意孤行，其所見既屬有限又不願意察納雅言，故決策品質乃形拙劣；相對的，部屬則噤若寒蟬、曲意逢迎，既無從發揮佐輔的功能，更使組織成為一言堂。為今之計，組織應該放棄過去以零碎片斷、數據標準為主的績效考評辦法，改採著重整體事功表現的功績制度 (merit system)；主管應該從自己做起，敞開胸懷、接納異議，調整刻板的心智模式；而組織上下在開放互信的環境氣氛下，即能迸出集體的智慧火花 (Senge, 1990: 181～186)。具體來說，學習型組織的主管人員其職能在於，促進所屬心智模式的開發，鼓勵多樣化的觀點和意見；讓部屬自己下結論，切勿強迫他人接受自己的想法；在「同中求異」而不強制「異中求同」，如此，則能在意見交流或行動實踐的過程中激發智慧、凝聚共識 (Senge, 1990: 187～191)。

　　心智模式的改善也可以說是心靈的改革或思考型態的解放，我們對很多熟悉的事情存有定見，這種定見很可能是一種偏見或刻板印象，阻礙我們對事情真象的探索，也妨礙我們做出明智的抉擇。所以，心智改善的修練中反思 (reflection) 與探索 (inquiry) 的技巧特別重要 (Senge, 1990: 191～202)。反思是個人在戒慎恐懼的心情下，對自己所持有心智模式的查檢和

反省；因為任何人對任何事情都可能「看錯」、「犯錯」，所以我們必須小心警覺。探索是個人在實事求是的態度下，藉著與他人交流互動的機會，來探求事實、謀求最佳問題解決方案的過程。

四、建立共享遠景

即如前述，遠景是整個組織學習的動力，這個遠景不是虛無縹渺、事不關己的，而是和個人的需求願望緊密聯繫；這個遠景不是上級派定、被動勉強接受的，而是出自於共通的想法與承諾。如何締結共通的遠景，聖吉認為 (1990: 211～226)：

1. 共同遠景的前提是，人員有自持自勵的人格情操，而後能下定個人遠景的決心，組織成員對自己的未來有所期許，組織共同遠景才有形成的可能。

2. 建立共同遠景的策略是一種由下往上的組織過程，既不是為一個虛幻的「組織」效命，也不是為了替少數幾個人增榮耀，而是明明白白、貼貼切切的為人員「自己」。

3. 遠景的建立有其進階指標。等而下之的遠景建立係透過強制的力量獲取人員的順服 (compliance)，所產生的影響效果是，人員固願為之，但不知為何而為。差強人意的遠景締結係經由吸納的方法，將個人的利益依附在組織利益之上，其效果是，人員知其所為者何、願為之，但非衷心嚮往。而取法乎上的共同遠景反映出人員對遠景的信諾 (commitment)，人員知其所為者何、衷心願為，並對所為主動負起責任。

4. 管理者的職責。在觀念上，遠景的建立不應該是主管所欲「解決」的一項管理問題，而是永無止境的基本任務；管理者如何塑造開放的風氣，鼓勵所屬進行有關共同遠景的反思與探索活動，調和其間的分歧衝突，並將各別的遠景勾聯在一起形成更高的努力目標。

5. 個人的心理建設。共通遠景的建立基於，個人對真理的執著，從爭議中激發創意和想像；個人對遠景實現的堅定信心，不至於因為挫折而懷憂喪志；個人開放的氣度，養成坦誠交談及耐心傾聽的互動習慣。

五、團隊學習

工作團隊是組織學習的基本運作單位，團隊指的是跨越部門層級等職務分工，因接觸互動的密切關係所自然形成的團體；而這種團體的內部互動結構有助於消弭上述各項修練所可能遭遇到的學習困境。聖吉認為，團隊學習係指發展出某種願意戮力與共的團體的能力 (1990: 236)，而塑造這種團隊的關鍵在於其所屬成員之間進行「對話」(dialogue) 和「討論」的能耐 (1990: 238～249)。對話是一種利用同中求異的原則來探索真理的方法，根據物理學家波姆 (David Bohm) 對科學知識的見解，事物之意義原本是流動的、多元的，所以想要參透事物意義的思維註定是一種集體性的現象，我們不過是將一己所見心得投入這個意義的洪流之中；本於這個認識，我們必需承認每一種說法都可能是意義的代表，並將不同的意義安排到那個大的意義架構之中，因此我們才能夠釐清不同思維間的歧異，也才能夠看清自己思維的定位；而對話就是此一論點的具體實踐。對話讓我們正視自己思維的障蔽，面對事實，並學會如何欣賞不同的意見；而討論的目的在於異中求同，尋找集體思維的共同代表，或讓某一種看法脫穎而出，或歸納出共同的立場，或發展出更高一層的共識。

不管是對話還是討論，都必須基於個人自我反思與探索事實的活動 (Senge: 249～257)。團隊中的每一分子必須卸下自我防衛的武裝，拋開互留情面的顧忌，勇敢的表白自我，並在開放的氣氛中，針對事實資料，讓推論的結果訴諸公斷。

參、傳統式組織與學習型組織的比較

或許學習型組織就像心理治療中的羅氏墨跡測驗 (Rorschach test)，每個人都能談，每個人都能從圖中看到他想要看的東西，因此言人人殊，理論和實用的價值都不大 (Ulrich et al., 1993: 57～58)。若按聖吉的本意，學習型組織是一種既實且虛的東西，放在心裡頭是個理想，按部就班去做就可能美夢成真；在他這種行動研究的方法論之下，根本沒有必要去給學習

型組織正名，去給學習型組織下一個操作型的定義。此外，也有學者認為，學習型組織的觀念係反映當代組織與管理理論的思潮，反映一種新的需要和一種新的思考，也就是對組織和管理新型態的一種企盼 (Hodgetts et al., 1994)，我們可以用「學習型組織」來描述我們現在的努力目標。表 13–2 參考麥吉爾、史羅根和雷 (McGill, Slocum and Lei, 1992 & 1994) 三人一系列的討論，比較傳統式和學習型組織的特色，並作為實踐學習型組織的線索藍圖。

表 13–2　傳統式與學習型的組織系統比較

	傳統式的組織學習系統	學習型的組織學習系統
相對照的隱喻	機械式的組織、封閉的系統、官僚式的組織	有機式的組織、開放的系統、自我設計的組織、全像圖的組織
學習體系的構成	由硬性的組織目標、部門層級分工、控制機制和法規命令所組成	藉軟性的共同遠景、自發的動機、開放的心靈與團隊精神來維繫
組織學習的理念		
學習的信念	每個行業都有其當行本色，只要盡心盡力就可以從經驗中找到致勝的唯一法門	行業固有其本色，但經驗如流水；重要的是過去的法子今日是否依然行得通、是否已經充分掌握了經驗的全貌，而我們又如何體會這些經驗
學習的著眼	規避風險、尋求穩定，講究思想的一致性、行為的可預測性；效率至上	肯冒險、變動是常態，鼓勵創新、異議，嘗試實驗、面對失敗；效率其次，效果才重要
學習的類型	調適的學習：想辦法使組織配合環境，調整手段、規則和方法	創發的學習：想辦法讓環境來配合組織，根本改變目標、規範與想法
學習的時間取向	過去和現在	現在和未來
學習的張力	漸進式的體制內改革	理論與實踐的辯證修正，很可能是激烈的、反體制的

組織的結構安排		
結構的型態	層級節制的組織設計	以工作團隊為單位構成網路體系
權力的分配	高塔式、中央集權，決策悉由高層主導	扁平式、地方分權，授權參與但需顧及整體
控制的機制	一切按正式文書法規來進行，不必懷疑	肯定人員有自我管理的能力，重點在價值的啟導
整合的機制	藉命令服從關係來維持	藉團隊合作精神來達成
溝通的流程	上下層級式的資訊流動	向上下左右接鄰的個人或單位進行溝通，形成網狀式的資訊通路
人力資源管理		
績效的考評	以片斷的績效數據為準，縮小評等差距	以整體事功為準，擴大良莠差距
誘因與報償	單純以金錢為主	附加個人生涯發展的機會
名位表徵	以頭銜、階級區分	以事功大小區分
升遷降調	部門內的局部流動	跨部門的職務歷練
組織文化		
價值觀念	利己取向、重視個人成就，孤芳自賞、獨善其身	利他取向、強調集體成就，尊重人性、親愛精誠
人際交往的態度	競爭的，不是你輸就是我贏	合作的，你贏我也贏
批評討論的立場	自我防衛、怪罪他人，迷信權威、不求甚解	開放心胸、勇於揭露自我，實事求是、追求真理
衝突的解決	避免衝突表面化、互留情面	面對爭議表明立場，坦誠交談承認錯誤
管理者的作為		
心胸眼界	主導一切、非我不可	察納雅言、不必有我
思考著眼	視野狹隘，拘泥於枝微末節	整體視野、綜觀全局
對問題的反應	以安定現狀為前提	求新求變
行事作為	鞏固自己的名譽地位	設身處地、反求諸己
領導風格	以英雄的形象出現、作之君，信仰權威獨斷式的領導方法	作之君、作之師、是促成部屬願望實現的忠僕；力行民主參與式的領導作為

資料來源：盧偉斯（民 85c：100）

第十四章　現代行政組織的病象及診治

第一節　現代行政組織的病象

　　行政組織乃為執行公務而對其工作人員的相互關係，經由任務與權責的分配，所做的有系統的安排。這也是人們為達成其共同目的時所必須憑藉的手段，但是行政組織是生長的，所以在其生長的過程中，自亦不免有許多偏差，必須時時加以矯正，否則組織便不能維持其既定的目標。

　　一個行政組織正如人體或機器一般，儘管當初設計時如何的完善，但經過一段時期的運轉與發展，再加上外在環境衝擊的影響，就不免發生故障或生病，於是行政組織就需要加以診斷並加以改進，目前已產生所謂的「組織診斷學」(organizational diagnosis)，對於組織的改進具有莫大的貢獻。

　　現代行政組織的發展，已經使其本身造成不少的特殊現象，而這些現象又連帶引起一些副作用，我們可稱這些副作用為現代行政組織的病象，綜合言之，計有下列幾點：

壹、由於「規模龐大」所引起的病象

　　現代行政組織由於業務繁雜，其規模乃告日趨龐大，不僅人員增加，而且內部單位也告增多，造成了空前未有的規模，這不僅是政府行政組織所具有的現象，而且私人企業機構也有同樣的情形，這種規模過於龐大的現象，適足以造成以下的病態：

1.人員之間溝通不易，增加了彼此瞭解的困難，往往同一個組織的人互不

相識，組織人員因此缺乏團體意識，不能為共同的目標協同一致的工作。

2.首長的控制幅度過大過鉅，影響到他的監督和指揮的效果，甚至產生過去那種「天高皇帝遠」的現象。

3.在龐大的組織中，個人顯得更為渺小，微不足道，在這樣的環境中長久工作的人，就日漸失去了抱負和志氣，認為自己不過是薪水冊上的一員而已，對於組織而言，多一名少一名無足輕重，如果人人皆有此種想法，則組織的活力便要大打折扣。

4.組織龐大，勢將造成「首長獨裁」的現象。因為大家缺乏抱負，不願負責，所以把一切的決定權都推到首長身上，造成首長萬能，無事不管，首長成為一個「獨裁者」。

5.個人的創造性及工作潛能，不易得到發揮，大家都依一致性與制度化的原則來工作，個人即使有才能，也不願表現出來。

6.組織變成一個毫無「人情味」的組織，人與人間的感情淡薄。

貳、由於「法規森嚴」所引起的病象

為要實行民主，防止專斷與舞弊，各機關無不訂定許多法令規章，這些法規本為增加效率，防止舞弊而設，但卻造成更多的問題，於是又要制定其他的法規來矯正，這樣的情形有人稱為「惡性循環」，有時不但不能解決問題，反而帶來更多的問題，這就是為什麼「人群關係」派的人之所以主張注重「人性」與「動態」的研究之主要理由。就法規森嚴所造成的具體病象而言，有下列幾點：

1.職員一切依法辦公，循例行事，自己毫無主見，日久天長，人員乃成為一個缺乏自動自發精神與創造性的「機器」，完全在被動的、機械化的情況下工作。

2.法令規章的修正往往很費時日，有的需要立法機關的通過，有的需要上級單位的核准，所以不能配合社會變遷及時代進步的需要，以致妨礙到整個社會的發展與進步。

3. 法規往往失之呆板與硬性，不能使機關作隨機應變及因事制宜的適應，造成了機關的僵化與硬化。

4. 法規森嚴造成行政手續的繁瑣，一件很普通的公文可能要經過好多人的蓋章，造成了嚴重的「形式主義」，抑制了行政效率。

5. 法規森嚴容易造成官僚作風及科員政治，因為這些人員對於法規最為熟悉，上級人員往往要受到他們的影響，科員乃成為機關最具影響力的人物。

6. 法規森嚴容易形成「紅包」政治，污染了政治風氣。因為法規森嚴，一般人不會通曉其內容，於是承辦人員乃得以「玩法」「弄權」，有求於他們的為了求得事務的順利通過，就想辦法打通關節，「紅包」之風與此有莫大之關係。

參、由於權力集中所引起的病象

在組織龐大、單位數繁、人員眾多，及工作複雜的情況下，機關首長的權力乃告集中，以便消弭各單位、各人員之間的衝突，謀求統一與協調，但事實上，卻又造成了下列的病象：

1. 首長一人能力有限，而且見識不夠廣博，所做的決定往往失之偏頗或不夠周詳，這樣的決策對於機關而言，實具有莫大的危險性。

2. 缺乏民主精神，使部下不能充分發揮自己的長處，阻塞了部下上進之心。

3. 機關人員多以聽命於首長而工作，自己不願主動的去做事，大家養成一種「多做多錯，少做少錯，不做不錯」的作風，毫無責任心可言。

4. 增加部屬的自卑感，甚至對工作及機關產生厭倦的心理，對首長敬而遠之，機關陷於一種暮氣沉沉的狀況。

肆、「白京生定律」(Parkinson's Law) 下的病象

白京生 (C. Northcote Parkinson) 係一位英國教授，曾在新加坡大學任教，並在英國的 《經濟學人》 (*The Economist*) 及美國的 《哈潑雜誌》

(*Harpers Magazine*) 經常發表諷刺性的文章，以輕鬆的筆調討論現代行政組織的一些問題，一九五七年將這些文章輯成專集，名曰：《白京生定律及關於行政的其他研究》(*Parkinson's Law and Other Studies in Administration*)，其重要的主張有下列各點：

1. 行政首長多喜歡增加用人，以便顯出自己的權勢，但實際工作並不需要如此眾多的人員來辦理，而有的工作是各級人員相互製造出來的，對機關本身而言並無必要，所以長此下去，機關的人員乃日漸增多。平均每年約增加百分之五左右。

2. 機關年代愈久，職員的素質便愈來愈低。因為首長用人多不喜歡用比自己才能高的人，以免造成職務上的競爭者，長此以往，機關人員的素質當然愈來愈低。

3. 機關開會的時間長短，與議題的重要性成反比。因為小事無關痛癢，大家也都懂得，所以紛紛發言，但遇到大事，則事關重大，或又不懂，於是大家噤若寒蟬，不願發言，會議很快結束。

4. 機關採用「委員會」型態的組織愈來愈多，而且委員數目也愈來愈多，但由於人數眾多，毫無效能可言，而委員會內部必將出現較小的非正式的核心小組，這個核心小組再逐漸發展，日趨龐大。

5. 機關內部的行政效率日趨低落，但外表的建築及設備卻日趨豪華與壯麗。從這上面看，凡是大興土木，建築華麗的辦公廳處之機關，便可推測該機關正在日趨腐敗之中。

6. 機關依照可用之錢盡量用完，因為如果用不完，下年度的預算必被減少（《雲五社會科學大辭典》，民 60：41）。

伍、寡頭制鐵律 (Iron Law of Oligarchy) 下的病象

雖然亞里斯多德 (Aristotle) 認為政治制度不外三種：統治權屬一人者為君主政體，屬少數人者為寡頭政體，屬多數人者為民主政體。但是德國政治學家邁可斯則認為只有「寡頭政制」才是最普遍的制度，因為人非三

頭六臂，能力知識有限，所以一人統治不可能；而民主統治人多口雜，議論分歧，行動衝突，往往議而不決，決而不行，與行政上的事實要求大有距離，所以只有少數人統治的制度才是最易走上的道路，他在《政黨》(*Political Parties*) 一書中曾說：「機關組織由其成立之初起，至其漸趨龐大的過程中，勢必慢慢走上寡頭控制一途，在任何機關中，無論政黨或公會，寡頭控制固然可以維持機關的穩固，但必然改變領導者與被領導者之間的關係。」(Michels, 1949: 31) 邁可斯認為領導者權力的增加與機關組織之龐大成正比，與人員權力成反比，也就是機關組織愈大，領導階層之權力就愈大，而被領導者之權力則愈小，這種趨勢便稱為「寡頭制鐵律」。

在寡頭制下機關組織容易發生以下的病象：

1. 增加溝通活動的困難，使下情不能上達，上令也不能貫徹實行，因為任何一件事物，經過多次的傳播與轉述，其失真的機會也愈大，在寡頭制下，組織層級增多，因而形成了這種困難。
2. 少數人決定多數人的命運，不合乎民主的要求，違反了時代的潮流。
3. 寡頭領導者之間，往往因為爭權奪利，形成嚴重的傾軋與鬥爭，影響到政治的安全，造成行政的危機，機關的使命根本無法達成。

第二節　組織病象的改進之道

在以上各項的敘述中，吾人可以發現現代行政組織有許多的缺點，這是現代行政組織本身所具有無法克服的先天的特點，以及人的權力慾及其他特點等所造成的後果。雖然我們不能完全避免這些病象，但如果運用某些方法，或可減少或緩和這些病象，這些方法是：

壹、分權 (decentralization)

根據杜拉克 (Peter F. Drucker) 之意見，認為採用分權制度可以達到診治現代行政組織某些病象的目的 (Drucker, 1954: 202～226)。杜拉克所謂的

分權是指：聯邦分權制度與功能分權制度。

一、聯邦分權制度 (federal decentralization)

這是將美國聯邦政府的分權制度用之於一般的行政組織上，在這種制度之下，聯邦政府與各州政府各有其管轄的範圍，在各個事權範圍以內，各有其獨立自主的權限。因此一個企業組織或行政機關也可倣效這種制度，將組織的決策單位和執行單位分別訂定管轄的範圍，而執行部門在其權責範圍以內，可以自行制定其辦事方法、規則等，具有充分獨立的自主權 (autonomous power)，決策單位只負責訂定長期決策及重要原則。如果以我國行政機關為例，則經濟部只要對其所屬的公營事業單位（如中國石油公司）給予原則性的指示，有關細節性的問題則由各公營事業單位自行決定。這樣便可減少首長權力集中以及寡頭制的缺點。

這種分權制度實際上和國父所主張的「均權制度」相彷彿，國父在其手著的〈建國大綱〉中說：「中央與省之權限，採均權制度，凡事務有全國一致之性質者，劃歸中央，有因地制宜之性質者，劃歸地方，不偏於中央集權或地方分權。」中央與地方的權力經此劃分後，自然趨於協調，臻於合理，各盡所能，互不侵越，一方面地方自治發達，民主政治的基礎穩固；一方面國家權力統一，民主政治的功能發揮，兩者相輔相成，相得益彰。而行政組織如能依此原則加以改進，則機關使命必能完全達成。

二、功能分權制度 (functional decentralization)

即按照機關的性質與工作作橫的分權 (horizontal decentralization)，例如教育部的工作有高等教育、中等教育、社會教育、技職教育、國際文教等，所以可將之劃分為各司、處，以便分別辦理其有關之工作。這種分類與聯邦分權制度並不衝突，反而相輔相成。教育部長、次長或部務會議決定有關的大政方針，而各司、處則依據原則自行訂定有關的辦事細則及工作方法。所以說與聯邦分權制並不衝突。

不過功能的分權制度往往容易造成各單位的本位主義，彼此之間不易合作，所以首先應加強運用其協調的能力，使各單位之間，各人員之間皆

能保持密切合作的關係。

貳、民主 (democracy)

現代行政組織所表現的官僚作風或權力集中,造成了許多不良的現象,除了要用分權的方式來矯正外,還要灌輸民主的思想,採行民主的領導,具體言之:

1. 使組織之人員人人養成主人翁的事業觀念,多讓人員參與決策,重視部下的意見,關心部下的需要。
2. 使所有的人員皆能接受廣博的人文教育,養成民主的風度與素養,這樣他們便會尊重別人。
3. 提高人民的政治教育程度,並加強他們對於公眾事務的興趣,這樣人民便能發揮政治控制的力量,政府公務人員不致玩法弄權,愚弄人民,甚至從中牟利。
4. 使機關的組織盡量民主化,這樣才能培養人員的責任心、榮譽感及自動自發的精神。

參、簡化 (simplification)

現代行政組織的病態既有組織龐大、法規紛繁及手續複雜等,則診治之道應採「簡化」:

一、行政組織之簡化

凡性質相同之工作應盡量合併成一個機關,絕不可「政出多門」,或「事權不清」。現代行政組織有的是上下層級分割過多,有的是平行單位分割太廣,有的則是事權重複,造成爭功諉過的現象,所以必須裁併駢枝機構,減少層次節制,使組織之中不要多一個單位,也不要少一個單位,也就是做到工作事權與工作單位恰好相配相適的地步。

二、組織人員應予減少

白京生定律中曾提到一點,即機關首長為增高其權勢,多喜歡增加人

員，而實際工作並不需要這樣多的人，以致機關形成過多的冗濫人員，不僅造成公帑的浪費，而且減低了行政效率，就是「三個和尚沒水吃」的情形。所以機關應按實際的需要選用人員，或根據職位分類的標準來管理人事，做到「一人一事」、「全工全酬」及「人事相適」的思想。

三、法令規章的簡化

有許多法令規章是彼此重複，甚至有相互牴觸者，所以應該從速把這些不合理的法令規章予以合併、廢除或修改。固然，為了防弊，不得不訂出許多法令規章，但如為了防弊而不能興利，則法令規章便無真實的價值了，所以只要能興利，能恢宏功能，能增進效率，法規實為次要的問題。

四、工作方式或手續之簡化

許多機關的辦事方法過於繁瑣，一方面是缺乏授權所致，一方面是法令規章過於複雜所致，所以我們不僅要加強授權，減少公文傳遞的程序，一方面還要簡化法令規章。在實施這兩項步驟之時，最重要的莫過於運用科學方法，分析工作，將工作進程簡化至最少，例如不需要主管蓋章的公文就不必送到主管那裡。又如工作指派是否有擔任過多不相關聯之事項？費時費力並易發生誤漏？經過這樣的工作分析，再制定必要的工作進程表，這樣便可簡化工作程序及手續，不僅減少時間、金錢、人力、物力的浪費，同時也可增加機關的效率。民國八十六年底，政府推動「單一窗口」的作法為一最佳案例。

第三節　我國行政組織之診視

吾人在第一章中曾對行政一詞的意義作過詳盡的分析與說明，並且特別強調行政並非專指政府行政部門所管轄的事務，實乃指「公務或政務之處理」，也就是機關使命的有效達成的制度、方法、知識和技術。至於行政組織，則是機關為達成其使命時，對於其所用之人員及工作之性質，加以層級節制與功能的分工，並且使各單位，各人員之間形成一種整體的合作

與密切的配合。是以行政組織也並非專指行政院之組織而言，任何一個公務機關皆有行政組織，小至鄉鎮公所，大至行政院，而總統府、司法院、考試院等無不有其行政組織。

　　行政組織和行政制度不同，後者著重於研究政府中行政部門的構造、職權及行政功能的表現等，而行政組織則在廣泛的研究各種公務機關的組織問題，包括靜態的結構，動態的功能，生態的適應及心態的團體意識等，同時也在建立所謂的行政組織原則，以作為各機關團體的採納和參考之用。

　　我國現行行政組織就範圍言，應包括整個中央政府以及地方政府之組織，就目前實施的情況言，則不無值得檢討與改進者。首先我們來診視一下某些不合乎行政組織原則的地方：

一、機關事權不夠確實，未能把握機能一致的原則

　　目前我國行政組織的事權多未能依「機能一致」的原則予以劃分，也就是未能使性質相同的工作或活動，完全交由一個機關全權辦理，以致系統不夠分明，工作不夠確實，機關之間往往發生彼此牽制或爭功諉過的現象，不僅貽誤事機，而且浪費公帑，本來只要一個機關做好的事，偏有許多機關牽連在內，有了功勞大家爭，有了過錯相互推，這種事權不清的現象，是目前我國行政組織上的大病。

二、駢枝機構及冗濫人員過多

　　組織龐大雖已成為現代行政組織的特徵之一，但我國的情形，則顯得過分特殊，有的機構早已沒有存在的必要，但為了遷就現實，或由於惰性，而仍然保留存在，結果變成了多餘的駢枝機構，甚至成事不足，敗事有餘，我們不必舉出這些機構的名稱，但環顧各機關的組織，恐怕很少沒有這種現象的。

　　至於機關的人員，也愈來愈多，而這些人員有的並非是業務的需要而任用的，機關首長有時為了安插個人親信或滿足首長的權力慾，或為了選舉人情，往往用了一些不必要的人員，成為機關的冗濫人員，本來只需二十個人的機關，變成了二十五個，有的坐領乾薪無事可做，有的好管閒事

增加手續的麻煩，所以造成浪費公帑，減低效率的毛病。

三、偏重中央集權的組織型態，影響地方基層人員的工作情緒

　　我國有二千多年的專制君主政體的歷史，一向採用重內輕外，頭重腳輕的中央集權的行政制度，所以在中央的官員地位一定比在地方的高，不管其業務是否真正繁忙，而中央的官員其薪水也比地方來得多，這種情形完全不符合現代科學思想，尤其以科學為基礎的人事行政。我們現行的行政組織亦受到這種傳統思想的影響，中央部會的人員，不問其責任如何，職務怎樣，或工作多寡，其地位總要比地方高，這樣一來，在地方政府工作的人員就感到非常的委屈，而且輪調的機會很少，只要被分發到地方政府，尤其是最基層的鄉鎮公所的職員，就很難有機會到中央政府去服務了，而在中央政府的人員也很少被調到地方去，形成嚴重的上下隔閡，阻礙了地方人員的上進之路，而中央官員也往往不明瞭地方的實際情況，作出不合需要的行政命令或指示。

四、機關名稱混亂，體例不一

　　現行政府機關所使用的名稱，往往不能以名指實，且上下混淆，體例不一，完全不合乎科學管理「系統化」、「標準化」的要求，除了極少數的機關我們可以從名稱上看出它是中央的機關還是地方的機關外，許多機關真是搞不清楚它的歸屬。因此像局、署、處、科等名稱就非常使人困擾，過去中央機關中有人事行政局、新聞局，地方機關中也有財政局、教育局、社會局，甚至公路局、鐵路局之名稱；而局與處到底哪一個地位較高，也是混淆不清，例如行政院有主計處、省政府則有交通處，而在這些處之下又有局，局之下又有處，如臺灣省政府交通處鐵路局運務處，如果只講「處長」，我們根本無法知道他的地位。此外如署的名稱，行政院直屬者有衛生署，財政部之下也有賦稅署、關政署。總之，機關名稱混亂，體例不一，也造成不少的問題。

五、機關組織法規過於硬性，不足以應付實際的需要

　　我國現行各機關的組織，雖皆有法規之依據，但其組織和編制皆有過

分硬性的缺點，不足以應付實際的需要，雖然可以加以修改，但仍費時費力，不夠迅速，以致組織日漸僵化，守成固然可以，開創則嫌不足。

六、地方行政機關之組織過分通案化，未能顧及地方上因地制宜的需要

中國自秦漢以迄明清，大體言之，乃是一個中央集權的大一統的國家，因之，行政機關之組織皆是整齊劃一的，不僅中央的六部和九卿寺的組織相似，地方政府的州、郡、路、省等的機構亦是全國一致的。民國肇造以來，雖有不少改革，然對地方行政機構之組織卻仍採用舊時的原則，以「一般法案制」或「通案」辦理，於是三十五省適用一個《省政府組織法》，兩千多縣適用一個《縣組織法》，這種削足適履，膠柱鼓瑟的作法實欠合理。要知道每一省有每一省的情況，每一縣有每一縣的背景，它們彼此之間的地理環境、經濟狀況、文化水準、人民習性、交通、教育、社會等各方面皆不盡相同，更何況有的人口多，面積廣，有的則地廣人稀；有的依山，有的靠海，怎能完全採用相同的組織法呢？

七、機構之設置未能根據業務需要

現在政府機關的設立，多憑主管的主觀判斷或政治考量，這種閉門造車的辦法自然出不合轍，於是許多事權衝突的機構同時並存，有許多不必要的人員充斥機關之中。這正如未經診斷而開藥方，不僅不能藥到病除，反而會引起不良的反作用。

八、政府機構之間缺乏完整統一的協調行動

現在政府機關之間，還有許多存有本位主義的思想，只看到自己，沒有考慮到別人；甚至還有個人英雄主義的色彩，盡量抓權攬權，結果事情一樣也沒辦好。在表面上看，好像我們的行政組織是完整統一，而事實上是各自為政，例如教育發展雖然非常迅速，但卻不能配合經濟發展的需要，造就了太多的大學生，而社會上卻消化不了這樣多的大學生，這對整個國家來說是一種浪費。所以如何達成建教合作，發展職業教育，應該由教育部與經濟部協調合作才對，否則人力發展與人才供需便會脫節。

九、委員會型態的組織名實不符，而且過多過濫

委員會的組織型態適宜於參謀性、研究性、議決性的機構，但目前我國行政組織中有許多委員會的機構，它的性質卻是執行的，表面上看起來，有不少的委員，但事實上有許多事都是取決於主任委員或委員長，其他的委員僅為掛名，不僅全體委員會很少召開，即使召開也流於形式，既然事實如此，為何不乾脆採用首長制的型態，以使名實相符？

十、機關人員之間的溝通不足

溝通是機關人員思想交流、意見交換的過程，也是使機關人員團結一致的有效方法，但是我國行政組織之中的人員卻不能盡量溝通，上下之間有隔閡，同事之間也有意見，形成許多的小團體，這些小團體之間又易發生衝突，結果影響到整個機關的安定與團結。

第四節　我國行政組織的缺失改進

如何救治上述我國行政組織上的問題或缺失？愚見認為應採取下列的改進方法：

一、依機能一致的原則，嚴格劃分機關的事權

凡性質相同的工作或活動，應完全交由一個機關或單位去全權處理，事權確實以後，系統自然分明，凡是在一種有系統的情況下工作的組織，其達成使命之可能性比較高。同時對於一個機關的權責要相配，權力大者責任也大，權力小者責任較小，目前有許多機關不能依此原則劃分，以致有權無責，或有責無權。

二、加強分層負責（授權）

分層負責雖然喊了多年，但事實上卻沒有做好，很多雞毛蒜皮的事也要簽到首長那裡決行，而首長本人也沒有這樣多的時間來批閱這樣多的公文，於是把圖章交給祕書，蓋章本來表示負責，而我們這裡的蓋章成為一種形式，毫無實質的意義。

授權的主要意義是指首長將處理日常工作的決策權力分散給下級各單位及人員，使其具有自主權，也就是在其權責範圍以內的業務，各單位及人員有處理與決定的全權，首長不必事事予以過問。但現在我國一般機關首長都受到一個觀念所左右，認為首長對機關內的一切工作活動與結果都負有全責，所以不敢授權，同時也由於下級人員的依賴性與不願負責（因為沒有權），所以一切事情都向上級推。這樣的行政組織便是頭重腳輕，重上輕下，危害到機關的前途發展。

三、合理調整機關名稱，使體例統一

現行機關名稱重複矛盾，上下交侵，體例不一，使人惘然不知所指，有關當局宜從速研究，參考古今中外已有之名稱，擬訂標準，合理調整機關名稱，以使上下分明，內外劃清，階層有序，名實相符。

我國現有之機關名稱計有府、院、部、會、署、局、處、司、組、廳、科、室、館、股、課、所、團、中心、公司及廠等，是否可再參考其他名稱，增列若干，以便應用至中央及地方之機構，務使不重複使用，最好能從名稱上辨明何者為中央機關，何者為地方機構，更可以說明機關地位之高低。

四、地方政府的組織法應具有彈性化，使能因地制宜，符合需要

前面曾提及我國地方政府的組織過於通案化、原則化，因此不能符合實際的需要，造成形式主義，所以應當迅速改進，愚見以為可參考美國都市制度之情況，依下列方式制定地方政府組織法：

1.**特別法案制**：即由中央政府立法機構分別為各省制定一個組織法，以規定其事權及組織；而省議會則分別為所轄各縣制定適合該地情況之組織法。這種方法的優點是充分表現因地制宜的精神，但卻過於麻煩，而且在制定之時容易受到各種壓力，以致寬嚴不一，違反平等保護及公平立法的精神。

2.**分類法案制**：就各省、各縣之面積、人口、文化、交通、地形、物產及財力等為標準，分割為甲、乙、丙、丁、戊若干等級或種類，每一等每

一類的地方政府制定一種組織法。

3. **選擇法案制**：先由中央立法機關制定幾種不同的組織法，各該地方的人民可以投票選擇這些法案中的一種以適用之，這種方法既有分類法案制的優點，又符合民主自治的精神。

4. **自治法案制**：由各地方的人民或立法機關自行通過其地方政府的組織法，但不得與憲法或中央政府有關之法律相牴觸。

五、切實實行國父的均權制度

中央集權或地方分權均各有其利弊，如何採兩制之長而避免兩制之短，國父主張採用均權制度，凡有全國一致性質之事務劃歸中央，有因地制宜之性質則劃歸地方，使中央政府與地方政府有明白的權限劃分，互不侵犯，這樣既能保持政令的統一，又能發揮地方自治的精神，實在是一項良好的設計，我國憲法中有關中央與地方權限的劃分原本亦係遵照國父遺教的精神而明白加以規定，雖然目前中華民國治權所及只限於臺澎金馬地區，但仍應遵守此一設計，如外交、國防、貨幣、郵政等由中央管轄；其他事權則依憲法之規定分別由省（市）、縣等政府加以執行，只可惜修憲的結果將此一良法美意給弄擰了，誠屬令人浩嘆之事。

六、嚴格實施員額評鑑裁汰冗濫人員

我國政府雖已實施過多次的員額精簡計畫，但並未依據科學化的員額評鑑來進行，以致未能有效裁汰冗濫人員，今後應嚴格實施員額評鑑，則相信政府機構的人員可以裁減至相當合理的數量。

七、各機關的組織、編制應具有彈性

目前各機關的組織與編制限制很嚴，往往不能應付實際的需要，例如過去臺北縣三重市警察局的編制是依鎮的標準而設，可是三重市人口已超過五十萬人，但警員卻只有五百多人，當然無法應付需要。所以今後制定各機關組織法時，應採彈性辦法，例如：(1)規定機關編制的最高最低名額，使機關首長在範圍內作自由伸縮的任用；(2)規定政府編制總額，各機關之間可依業務之消長而增減人員；(3)制定大小不同的組織法，凡機關事權範

圍擴大時，可改用較大編制的組織法。

八、執行性質的機關應避免採用委員會的型態

委員會的組織不宜用於執行性質的機關，這一點在「行政組織類型」一章中已經說明過了，所以今後政府機關要有採行「首長制」的魄力，不必為了籠絡人才而任意成立××委員會，這樣不僅名實不符，而且也不能發揮委員會的功能，如果真要借用專家或人才之力，可以聘請他們擔任顧問。

第3編

行政運作

第十五章　行政領導

第一節　影響力與領導

組織的主體是人，而人與人之間所產生的交互行為乃構成了組織的「心理及社會系統」(psycho-social system) 的完整部分，在此一系統中，最足以表現其作用者莫過於人員及團體所受到的「影響力」(influence)，因此所謂交互行為實為人員之間的相互影響作用，它包括了上、下及平行之間人員的關係。

影響力是指具有改變他人（或團體）思想或行為的力量而言，因此影響力必然包含了影響者 (influencer) 與被影響者 (the influenced)。

影響力與「權力」(power) 及「權威」(authority) 兩個名詞的意義不同，其中以影響力的意義最為廣泛，它是泛指一切能夠改變個人或團體的行為的方式，所以「權力」與「權威」等名詞不能與影響力一詞相提並論，後兩者可以包括在影響力之內。所謂「權力」是指以強制為手段而產生影響作用的「力量」；而「權威」則為「合法的權力」(legitimate power)，即具備某一合法地位者所享有的權力。

就權力一詞而言，又包括了三種不同的種類：⑴體能的權力 (physical power)：凡藉用皮鞭、槍枝或其他實際的體力（如拳頭）以達成影響作用者，此一力量是「強制性的」(coercive)；⑵物質的權力 (material power)：凡能藉用金錢或其他物質以取得對他人之影響力者，這種力量是「功能性的」 (utilitarian)；⑶象徵的權力 (symbolic power)：凡能使人產生尊榮 (esteem) 及聲望 (prestige) 者，這種力量是「規範性的」(normative)。至於權威一詞，根據韋伯的說法，也分為三種類型：即傳統的 (traditional)、超

人的 (charismatic) 及理性－合法的 (rational-legal)。

　　領導實為影響力運用的結果，凡是能對他人產生影響力者即構成領導行為。當然，一個首長可以運用權力或權威產生影響力，但卻不是理想的領導，因為這是一種強制性的，部屬因恐懼而受命，但心中卻不滿，是以巴納德主張「接受區域（程度）」(zone of acceptance) 以表現主管人員的功能，此一「接受區域」實為影響力的表現程度。

　　產生影響力的方式有四種：

1. **見賢思齊** (emulation)：這種影響力並不需要直接與被影響人接觸便能產生，凡是在社會上具有地位的（如大企業家、運動家、政治家，甚至電影明星），他們的一言一行都能對人產生影響力。如果是一個機關的話，該機關內的某些有成就的人，便成為他人競爭摹倣的對象，這便是影響力。

2. **開誠建議** (suggestion)：此一影響力就牽涉到人員之間的直接與有意識的接觸，這是一種非常明顯的影響作用，即影響人以其思想及看法向被影響人表示，如果後者接受了前者的思想或看法，這便產生影響力。

3. **理性說服** (persuasion)：這是不用強制的辦法而誘發其慾望或略帶壓力以改變其行為者。

4. **強制命令** (coercion)：以武力作後盾而迫使接受命令或意見者，例如以刀、槍脅迫，當然在一個機關中，不需用刀槍，只要以免職、扣薪、記過等方式作威脅，就可產生影響力。

　　吾人欲明瞭領導的意義，就必須先對影響力有認識，所謂領導乃是組織中影響系統 (influence systems) 的影響力的表現，譚仁堡 (Robert Tannenbaum) 及馬塞瑞克 (Fred Massarik) 對領導所下的定義是：「領導乃人員交互的影響力，是經由溝通的程序，在既定情勢下加以運用並走向特定目標之行為。」(Tannenbaum & Massarik, 1957: 3)

　　泰德 (Ordway Tead) 說：「領導是影響他人使其合作無間共同趨向於他們所期望的目標和活動的力量。」(Tead, 1951: 5)

史杜地 (Ralph M. Stogdill) 說：「領導乃針對組織目標並完成其目標而影響團體活動之程序。」(Stogdill, 1950: 1～4)

《社會科學大辭典》 (*A Dictionary of the Social Sciences*) 上說：「領導是多少帶有集體活動的自願努力，以獲致既定之目標。領導等於一種集合的無形影響力，在社會行為的互動中，發生共同的情感，以從事並完成客觀目標之工作。」

傅蘭琪及史奈德 (Richard Snyder) 則認為：「領導是團體中一部分人對其他部分人所可有的社會影響，如果該團體中的一分子，對其他分子具有某種權力，那麼他對他們便有某種程度的領導作用。」 (Cartwright, 1957: 118)

從上面這些人對領導所下的定義來看，都與影響力有不可分的關係。當然，談領導而離不開權力的人也不少，但權力實為影響力的一部分，所以我們認為領導就是組織人員在交互行為下所產生的影響力。

有人把領導與命令式指揮 (command) 混為一談，其實兩者有顯明的差別。所謂命令是含有強制性的，即一種凌駕別人之上的力量，而領導卻不是如此，它是一種如何使組織中的人們為達成共同目的有效而愉快的一起工作的力量，它是溫和的，易於被人真正接受的。所以，一個具有偉大抱負的優秀主管人員，應運用各種領導方法，在團體交互行為的過程中，從心理上影響他人，部下是因景仰而接受主管的領導，並非因恐懼而受命。

表 15-1　領導與迫使的比較

領　　導	迫　　使
1.靠知能運用	1.靠權勢威脅
2.使人喜悅	2.使人厭惡
3.獲致合作	3.強人服從
4.相互影響	4.單方跟隨
5.思想溝通	5.權力使用
6.予以輔導	6.加以斥責
7.在前引路	7.在後鞭策

8.民主的	8.專斷的
9.使人生信心與熱誠	9.使人生恐懼與畏縮
10.運用激勵法則	10.使用裁制處罰
11.提高自動精神	11.只在奉命行事
12.大家參與	12.首長獨斷

第二節　領導的研究方法

　　研究領導問題是行政學家一直致力的重點，但由於各學者專家所運用的手段與著眼點的不同，也就形成了不同的研究方法，歸納言之，計有下列四種：

一、人格特質研究法 (personality-trait approach)

　　此派學者認為領導者必有其異於常人的「特質」，於是研究這些特質的內容。這些特質造就了不少英雄豪傑，例如漢武帝、唐太宗、亞歷山大、拿破崙等人，所謂「英雄造時勢」是也，他們的人格特質創造了歷史偉業，成為不朽的英雄人物。因此，一個機關的首長要能成為一個成功的領導者，也必須具備若干的人格特質，許多學者都致力於列舉特質的項目，史杜地列舉了七項：⑴身材面貌（包括高度、體重、體質、精力、健康及容貌等）；⑵智力；⑶自信心；⑷交際能力；⑸意志力（包括自動自發、堅持力及抱負）；⑹管理能力；⑺活潑精神（包括談吐、表達力及創造力等）(Stogdill, 1948: 35～71)。泰德列舉了十項：⑴體質能力；⑵有目的與方向；⑶熱忱；⑷友善態度；⑸正直或廉潔；⑹技術的精神；⑺果斷；⑻領導技能；⑼智慧；⑽忠實 (Tead, 1951: 83)。

　　戴維斯 (Keith Davis) 把許多特質作了一番過濾工作，將之歸納為四項特質，凡具備此四項特質的人就能產生領導作用：

1. **智慧 (intelligence)**：領導者應具備比常人或被領導者較高的智慧。

2. **社會的成熟性與廣博性 (social maturity and breadth)**：領導者應具備廣

泛的興趣與活動，同時在感情上是成熟的，可以做到「勝不驕，敗不餒」
的地步，具有高度的挫折容忍力。

3. **內在的動機與成就慾** (inner motivation and achievement drives)：領導
者具有強烈的成就動機，只要達到某一目的，便立刻產生另一個更高的
目的，也就是「成功帶來成功」。

4. **人群關係的態度** (human relations attitudes)：成功的領導者一定是一個
十分注意人群關係的人，他時時設法將機關人員融合成為合作的整體，
他使每一個人都能得到最大的發展 (Davis, 1967: 99～100)。

二、環境決定領導論 (situational approach to leadership)

這一派的理論特別注重客觀環境，他們主張「環境決定領導」
(leadership is conditioned by situations)，像巴納德及李皮特 (Ronald Lippett)
等都是此派的代表人物，他們認為領導是由環境來做決定的，有怎樣的環
境就有怎樣的領導，所謂「時勢造英雄」是也，史大林之於蘇俄、羅斯福
之於美國，皆因環境使然；相反的，史大林如生長在美國，便不一定成為
一個大獨裁者，而羅斯福如果在蘇俄，也不會聲名顯赫。我們將此一理論
應用到機關組織上，就可以發現，一個人在甲機關可以發生領導作用，但
如果把他調往另乙機關並給予同樣的主管地位，卻不見得能發生領導作用，
因為兩者的環境有差別。有人拿艾森豪作例子，他曾是二次大戰期間一位
了不起的軍事領袖，但他在哥倫比亞大學當校長，以及擔任美國總統時的
表現卻並不怎樣高明，論者認為這是因為兩者之間的環境不同，在軍隊中
的領導與在學校或行政機關的領導有著顯著的差異，所以領導要注重環境，
並非僅有人格特質就可以領導成功。

三、功能研究法 (functional approach to leadership)

此派學者特別重視機關人員的功能或專門技術，他們輕視機關中的領
導權力或地位。他們認為在今日高度分工的社會裡，人人皆有專長、人人
皆具功能，所以他在其專長範圍以內便有很大的權力（只有他懂，別人不
懂），此種權力足以發揮大的影響力，從而發生領導作用，例如會計人員在

會計方面就具有領導作用，這正因為他具有會計的專長與功能。根據這種說法，機關中的每個人皆有領導作用，因為各人有各人的專門知識與功能，因此機關的領導權不限於少數人，而是普遍的散布於機關之中。新的管理理論注重權力分享、上下一體的觀念，就是從功能領導的理論演化而來的。

四、交互行為說 (interactions)

此派學者認為領導是由組織中的人員交互行為的過程而產生 (leadership arises out of the process of interaction)，凡是人員之間彼此交互行為後，某一方對另一方產生了影響力，便是領導。根據這種論點，人員的交互行為並不限於上下的命令與服從的關係，每一個人員之間都可能產生交互行為，所以領導並非僅指長官與部屬之間的關係，任何人均享有領導權，因為凡在交互行為過程中能影響他人者，便構成領導，這種不以地位高低來研究領導是比較新的一種方法。但事實上，領導作用表現得最為強烈與明顯者，仍然是那些身居領導地位的人（首長），不過這些人在表現領導作用時，應該考慮到交互行為所發生的影響力，而不要只以權威或命令來表現領導。

第三節　領導的基礎與條件

到底何種力量能夠使人產生領導，這是研究領導的人所感到興趣的事。吾人在前面已經瞭解，領導是人員交互行為下所產生的影響力，但是影響力之發生，實又以某些力量為基礎，這些力量有人以「權威」一詞表示，有人以「權力」一詞說明。

賽蒙認為領導的基礎有四：⑴信任的權威 (authority of confidence)；⑵認同的權威 (authority of identification)；⑶制裁的權威 (authority of sanctions)；⑷合法的權威 (authority of legitimacy) (Simon et al., 1950: 188～201)。

傅蘭琪與雷芬 (Bertram H. Raven) 在 《社會權力的基礎》 *(Basis of*

Social Power) 一書中，則將產生領導（影響力）的基礎分為五種：⑴獎勵的權力 (reward power)；⑵強制的權力 (coercive power)；⑶合法的權力 (legitimate power)；⑷歸屬的權力 (referent power)；⑸專家的權力 (expert power) (French & Raven, 1956: 608～622)。

其實上述兩種主張彼此包含，意思也差不多，例如認同的權威與歸屬的權力根本一樣。茲以傅氏的五種領導基礎來加以闡述：

一、獎勵的權力

凡能使他人得到獎賞與鼓勵的人，就具有領導作用，這種獎勵可以是物質的（獎金、獎品），也可能是精神的（記功、讚美），但無論如何，一定要使對方有信心，認為接受領導，可以獲得獎勵；同時，受獎勵者所得到的獎勵一定要和他的願望相符，否則領導的效果也會減少。

獎勵權力與懲罰權力在本質上大不相同，前者可以增加領導者對他人的吸引力，因此其所產生的領導作用也較大，可以有著積極的鼓舞作用；但是懲罰權力卻足以減低人員的吸引力，故言：「獎賞重於處罰」，這是領導者應該把握的原則。

二、強制的權力

強制權力的使用，應該是有其限度的，此種權力只有在不得已的情勢之下才使用，否則一般人會感到自己是在受壓迫，必遭到反對，而領導作用，會減低到最小了。強制權很容易使人員產生消極、敷衍、缺乏自動及創造精神等，所以說，除了獨裁式的領導者外，均不主張用強制權力去任意懲罰部屬。不過在某種情形下，部屬為了避免懲罰或痛苦，往往接受領導，這是一種消極的作用，正如一根掛在牆上的鞭子，使人望而卻步，以收嚇阻之效，最好是備而不用。

三、合法的權力

任何團體都有其行為規範，或以明文規定，或存在於每一個人員的心中，因此具有領導地位的人，就當然具備了合法的領導權。合法權力的本質，正如人們在遊戲時所遵守的「遊戲規則」一樣。同時，合法權力又以

人們的文化價值觀念、社會結構及授權的程度大小等為基礎。

就文化價值觀念而言,合法權力乃出自於個人的內在價值 (internalized values),即人們認為組織中有合法的權力來影響他,所以他有義務去接受這種影響。次就社會結構而言,個人之所以接受領導是因為組織具有層級節制的特性,機關的人員認為應該按照上層主管的意見而行為。最後就授權的觀念而言,機關主管可以依法授權予其部下,被授權的人便是合法權力的所在,在其下屬的人員便應該接受其領導。

總之,合法權力是一種較為複雜的影響力,多產生於團體之行為規範(正式的及非正式的),或團體之組織型態。在團體中之人員自然產生一種價值標準,他們認為遵守行為規範及接受某些人的影響是理所當然的事,例如子女之接受父母的影響、部屬之接受長官之影響等。

四、歸屬的權力

係淵源於人員之對團體中某些人之敬仰所發生者,凡是團體中道德高尚、風度不凡,為眾人所敬慕,成為行為的模範,就會發生影響力,使大家和領導者有一體的感覺與願望,以領導者為中心,聽從其指揮,願為其效勞。這種領導者對其附從者所行使的關係權力,是以附從者認同於領導者為基礎。所謂「認同」(identification) 是指兩者屬於一體的感覺或願望,為使兩者成為一體,附從者對領袖亦步亦趨,非領袖之言不敢言,非領袖之行不敢行。這些少數人的意見很自然的會左右他人的意見,此種影響的關係,毫無勉強的成分在內,完全是一種自動自發的追隨。

五、專家的權力

即指專門知識的權力,近代科學發達,分工精細,社會進步的結果,專業化遂成為一個機關組織中最主要的特色。因此機關的領導者,必須常常接受專家的意見,以補救其專業知識的不足,尤其是一個屬於專門性業務的機關,領導者非有專門的技術與智識,不足以領導部屬。賽蒙曾說:「人之所以為人們接受為其領導者,首須其附從者承認他確有所長,使他們對他具有信心,願意接受他的影響。所以優越的智慧、訓練、學識與經

驗，都是領導的基礎。」(Simon et al., 1950: 103) 此種以學術、技能或專長的優點，很自然地影響他人，較之法定職位更具作用，此亦即所謂的「自然領袖」(natural leader)。

專長是相對的程度問題，某甲在某方面的專門學問與技術長於某乙，某乙就應在這方面接受某甲的領導，凡是一個團體，其人員必然是各有所長，因此領導也就變成了相互領導，此正是「三人行，必有我師焉」的寫照。張三如果在會計方面的知識特別豐富，那麼他在這方面便可領導他人；李四如果在國學方面有深厚的造詣，則他便可在這方面領導群倫。由此可知，現代的領導觀念特別注重人人領導，這樣才能滿足人員精神的需要。

一個具有法定地位的領導人，如果不能在專門知識上多下點功夫的話，可能反而被其部下牽著鼻子走，因為他懂得沒有他部下懂得多。此外，首長還要培養其優良的風度，高尚的品德，以使部下因景仰而受命。至於首長所具有的合法權力，實際上又可以包括獎勵和制裁的權力。由此可知，一個領導人如果能夠具備合法權歸屬權與專家權的話，他就可以運用其影響力游刃而有餘，其所產生的領導作用無異也是最佳的。

吾人在探討領導的基礎之後，便可以對一個成功的領導者所應具備的條件有了認識，現在將這些條件分述如下：

一、屬於學識與資質方面

1. **智力**：領導者應有較高的智慧，才能處理團體的事務，應付各方面的問題，智慧高的人，處處先人一步。至於天資問題，是一個很難確定的標準，大凡受過相當教育的人，天資都不至太差（否則他也不能完成學業），作為一個機關的領導者大概沒有問題，主要關鍵是在於「自然感受能力」的大小，而這種感受能力可以靠後天的努力而慢慢取得的。「天才」畢竟是少數，只要努力奮鬥，智力是會增加的。

2. **學識**：作為領導的人，其學識應該比部屬較高才好，何況學識還可以培養智慧、增進才能、陶冶品德、涵泳心性、恢宏志氣。一個飽學之士，不但可以堅定自己的信心，同時也可取得大家的信任與尊重。在今日分

工日益細密的時代，具有特殊知識與技術的專門人才，一定會受到上級的器重和同事的敬重，如能充實一般知識，不斷努力，將來必能成為領導人物。

3. **自信**：領袖要有信心，相信自己的理想是可以實現的。蕭伯納曾說：「自信可以化渺小為偉大、化平庸為神聖」，足證自信在建功立業上的重要。不過自信不是「剛愎自用」。

4. **表達能力**：適當而巧妙的運用文字或言語，是現代領導者所不可缺少的基本條件之一。在民主社會裡，不但競選需要有表達能力才能獲得勝利，就是在機關裡，也都需要說服的才幹。

二、屬於道德修養方面

我國傳統的思想，認為要做好領導者必須特別注重學識的淵博和道德的修養兩方面。從個人作起，由內心出發，力求實踐，所謂修齊治平的崇高理想是也。《論語》說：「政者正也，子帥以正，孰敢不正。」又說：「苟其身正矣，於從政乎何者？不能正其身，如正人何？」可見政就是正人，所謂作之君，作之師，就在於為人師表，為民表率。孔、孟的思想都主張領導者應以「仁」與「敬」為先決條件，亦即以人格相感召，這種崇高的理想與現在西方學者所主張的領導者必須用影響力和人群關係來推動團體合作的精神頗為相似。

三、屬於性格和體格方面

1. **創造力** (creativity)：領導者自己要有創見，不能人云亦云，更不能蕭規曹隨。

2. **人緣好** (popularity)：人緣便是使人喜愛及使人隨從的力量，它可以說是一個人平日的知能、品德、做人處事的總印象，並且和一個人的性格有密切的關係，如果他是平易近人、樂於助人、彬彬有禮的話，自然容易得到別人的好感，無形中獲得了大家的支持與合作。

3. **社交性** (sociability)：並非指純粹的交際，而是指一個人以真誠來對待他人並參加團體活動，在活動中發生影響，讓自己的見解說服他人，進而

產生領導作用。

4. **判斷力** (judgment)：正確的判斷靠豐富的知識，領導者如果判斷力強，才能使部下信賴其學識，產生敬慕的心理，自然易於接受領導。

5. **積極性** (aggressiveness)：領導者具有積極的辦事能力，部下便不敢敷衍，並且由衷欽佩。

6. **堅決的意志** (desire to excel)：此即所謂的「擇善固執」，下了決心之後，不可輕易改變，更要有精益求精的精神。

7. **幽默感** (sense of humor)：幽默的本身是輕鬆和愉快，絕不是輕浮隨便，在此工作繁忙的社會裡，人員工作緊張，情緒低落，領導者如能適時的幽默一番，可使氣氛輕鬆，緩和緊張，對鼓舞士氣也不失為一妙法。

8. **協調性** (cooperativeness)：領導者要有協調的能力，使工作單位、工作人員的行動一致，這樣才能保證機關達成既定的目標。

9. **活力** (liveliness)：領導者需要精力充沛的人，具有活力才能擔當重任。一個領導者日理萬機，如果精力不足，暮氣沉沉，勢難擔當這些繁重的工作。

10. **運動能力** (athletic ability)：有運動能力的人，大多是樂觀開朗、處事迅速的人。領導者如果精於某項運動，更可獲得部下的崇敬，無形中爭取到一部分人的信賴，對其領導工作是很有助益的。

11. **儀表** (appearance)：一個人有了「相貌堂堂」的儀表，必能予人以好感，甚至使人見了頓生仰慕之心。

　　完全以權力迫使部屬接受命令的時代已經過去了，一個領導人物成功的因素，除了要具備領導的基礎之外，還要具備這些條件，這些條件並非完全與生俱來的，有許多可以從後天的培養與訓練中得到，所以目前無論是政府機構也好、私人企業也好，莫不注意高層領導人才的培養。

第四節　領導的功能

學者對於領導的功能，有許多不同的看法，但有一點卻是共同的，就是領導的行為應對組織產生良好的影響，使組織能夠達成其目標，所以領導與組織的關係非常密切。

美國俄亥俄州立大學曾於一九五〇年進行了一項領導功能的研究，以九項因素來測定領導功能，最後將之歸納為三項基本功能 (Sharte, 1956: 106)：

1. **保持團體關係**：包括領導者和部屬的接近，往來密切，並受部屬的愛戴。
2. **達成團體目標**：領導者的基本責任，不但在制定團體目標，並且須使人員瞭解此一目標，進而督促屬員達成團體目標。
3. **增進屬員的交互行為**：領導者應努力於增進組織分子之間的有效交互行為，溝通是發生交互行為的重要工作。

懷特認為行政領導功能有：⑴決定重要政策；⑵發布必要命令、指揮和指示；⑶協調組織的內部；⑷授權下級處理細微事務；⑸控制財務的管理；⑹人員的任免；⑺監督、控制並考核工作行為；⑻處理對外公共關係等 (White, 1947: 55～60)。

張金鑑教授認為行政領導包括：發動、計畫、團結、協調、激勵、督策、授權、指導、控制、溝通與考核等（張金鑑，民 55：54）。

湯絢章教授認為行政首長的職責是：⑴決定行政方針；⑵頒布命令指示；⑶協調機構人員；⑷規定辦事細則；⑸管理機關財務；⑹任免行政人員；⑺監督公務推行；⑻策動公共關係（湯絢章，民 62：26～28）。

綜合上述各家的說法，吾人可以將領導的功能概括如下：

一、協調 (coordinate)

協調是把機關內人員間相互衝突的利益融合在一起，並且引導這些人員達到共同目的的一種技巧。因為在一個機關中分有若干不同的工作單位

分別執行任務，各單位自有其「本位觀念」和「團體意識」，因而不免與其他單位發生競爭，於是由於意見的不同和觀念的相異，衝突也勢所難免，為了消除這種衝突，協調便十分重要。何況在分工制度下，各單位間的成敗，是互相依賴的，各單位絕不可各自獨立，而與其他單位脫節，因此協調更不可忽視。

二、團結 (unite)

人員的目標不盡相同，領導者應設法使人員的目標趨於一致，讓大家都有一種團體意識或團隊精神，這樣工作才會有效果。孟子早就說過：「天時不如地利、地利不如人和」，這裡所謂的人和就是團結；西諺說：「團結就是力量」，可見中外的觀點一樣。因此一個機關的人員是否團結，就決定在領導是否能夠有效的運用其領導功能。

三、激勵 (motivate)

激勵員工，不僅是領導有效的法則之一，同時也是領導的基本功能之一。領導者應使部屬提高工作興趣，以增進行政效率。而提高工作效率不能單靠命令、強迫，而是領導人員的激勵運用，所謂激勵就是瞭解人員的需要，進而設法滿足。

四、計畫 (planning)

領導者應決定工作計畫，工作標準，以為本機關努力的目標與根據。所訂的計畫要根據事實，不可好高騖遠，計畫應該周延，應本末兼顧，不可顧此失彼。至於計畫的細節則由部屬擬訂之。

五、授權 (delegation)

機關組織日趨規模宏大，人數眾多，必須分科辦事，分層負責。隨此情勢，便產生授權。沒有授權的措施，機關組織就無法作靈活有效的運用。何況權力慾望是人類的基本慾望之一，人員如果只有責任沒有權力，則工作興趣不會太高，所以領導者應將權力依據部屬地位的大小逐級授予，這樣不僅可以減輕首長的負擔，而且更可鼓舞部屬的工作情緒。

六、指導 (directing)

領導者並不需要「事必躬親」，他主要的功能是使機關的工作能夠做好 (Let the work to be done.)，所以他要適當的指導部屬，以發揮領導作用。在從事指導工作時，領導者要注意到下列幾點：

1. 應根據部屬的能力、學識分派其工作。
2. 規定工作的計畫、程序，以完成任務。
3. 給與工作之智識與能力。
4. 鼓勵部屬於工作中，發揮研究之精神。
5. 應從旁指導督策，不可一味指責其缺點。

七、溝通 (communicating)

溝通是在於瞭解情況，以便制定合理的決定，同時溝通能夠增進人員的瞭解，加強人員的團結，一個成功的領導者，就是組織溝通網路的中心，巴納德在其名著《主管人員的功能》一書中，就特別強調溝通的重要，是主管人員的主要功能之一。

八、考核 (control)

當工作計畫與標準決定以後，領導者尚須對執行計畫的工作單位及人員加以督導與考核，視其是否按照原訂計畫實施，是否按照原進度完成，而後再檢討成果、判定得失，予以獎懲。

九、公共關係 (public relations)

組織是一個開放系統，與外在環境有互動的關係，所以機關的領導者應注意公共關係的運用，讓外在環境對組織能夠產生有利的影響，是以支持的態度來保持互動，這樣才能促進組織的發展。

第五節　領導的方式

對於領導方式的分類，到目前為止還沒有一項分類能夠完全被大家接受，有人以領導者態度為標準，有人以影響力產生的過程來分，有人以領

導者活動的範圍為對象，有人以領導者的人格特質為標準，有人以團體的組成分子的態度為依據（蘇伯顯，民61：183～185）。

儘管分類的標準很多，但仍有一、兩種分類方式比較被廣泛的引用，那就是：⑴以領導者對權力運用的方式來分 (Cartwright, 1957: 355～611)；⑵以領導者的作風與態度來分（蘇伯顯，民61：185）。現在就把這兩種分類所建立的領導方式說明於後：

壹、以領導者對權力運用的方式來分

一、獨裁式的領導

又稱為專制的 (autocratic) 領導，是一種老式的領導方式，這種領導完全依恃權力與威勢以強迫部下服從，其效果是短暫的，因為人員在高壓強制下工作，心中充滿了忿恨，只要有機會他們就會鬆懈下來，所謂「怠工」正是在這種領導方式下常有的現象。

獨裁的領導方式，依其所使用的方法來看，又可分為嚴厲的獨裁方式與仁慈的獨裁方式。前者是領導者將某種心理的壓力加在員工身上，並用恐怖威脅的手段推行業務，不注重激發員工的智慧和才能，員工也不敢對表示懷疑的事提出問題，只有盲目的去執行工作，因此情緒緊張，沒有責任感，上級推一下，部屬作一點。至於後者，表面看來好似民主式的領導，其實不然，因為首長只是一種虛情假意的應付，他完全為自己打算，工作效率乃是為了主管的本身，一切的光榮歸於主管，但是一旦發生錯誤卻又把責任歸到部下的身上，這種領導的方式只是在平常用討好的方式對待部下，但部下並未真正參與。獨裁式的領導特色可以綜合為下列七點：

1. 以權力威勢為基礎，不以人格感召為手段。
2. 所有的政策、制度等皆由領導者自己決定，部屬只有奉命行事，沒有參與討論或提供意見的機會及權利。
3. 採取以生產為中心 (product-centered) 的領導，只急於製造成果，忽略員工情緒與利益。

4.採取緊迫嚴密的監督 (closed supervision)，時時刻刻鞭策屬員服從。

5.常以主觀批評或決定屬員的工作效率，不以客觀之事實作為根據。

6.員工對於領導者所指示的命令不能加以懷疑，即使命令的「可行性」有問題，也只有硬著頭皮去幹。

7.有功則歸首長獨享，有過則懲罰部下，自己毫無責任。

二、放任式 (laisse-faire) 的領導

這種領導方式實際上是主管放棄其領導任務，一切聽其自然，任由部屬自行處理業務，很少主動去給予指導，除非有部下前來請示，否則不表示任何意見，平時與員工的接觸也很少，上下隔閡很深，甚至員工不認識自己的長官，人員之間因為缺乏有效的領導，溝通工作也不能作好，所以彼此冷漠，感情淡薄，可以說是最差的一種領導方式。這有點像我國老莊的哲學思想——「無為而治」，這種思想只能作為一種哲學來研究，在實際的政治或行政上是行不通的。

放任式的領導特色可以歸納為下列四點：

1.領導者對機關的工作不加過問，完全交由部屬自行處理。

2.領導者毫不關心部屬，也不關心工作，反正好官我自為之，樂得輕鬆。

3.領導者與員工的關係疏遠。

4.領導者對員工的獎懲完全是被動的、刻板的，絲毫不能激發員工的工作情緒。

放任式的領導最大的缺點也可歸納為兩點：

1.主管人員對部下的工作沒有適當的指揮監督，工作人員均憑自己的意見各自為政，不僅在整個單位內的工作沒有一定的標準，而且意見分歧，糾紛迭起，形成凌亂狀態，工作根本無法完成。

2.主管人員對屬員沒有正確的領導，人員的思想與行動非常不一致，大家無法形成牢固的團體意識，一片散沙，精神渙散，情緒低落，隨時有土崩瓦解的可能。

三、民主式 (democratic) 的領導

又稱適度的領導，領導者對部下使用鼓勵和教導，讓大家瞭解如何去做工作，部屬的工作潛力可以發揮。主管人員以身作則，和員工保持良好的接觸，關心他們的生活，採取合作的態度，注意意見反映，隨時檢討改進，並利用授權、溝通等方式，以加強部屬的責任感，遇有困難問題立即設法解決。有功先行賞人，有過自己承擔，與員工的關係非常密切。

民主式的領導被認為是一種較為理想的領導方式，尤其在現代民主社會中，更是大家所推崇的一種方式，對於工作效率的增加能夠產生明顯的效果，這是積極的、鼓勵的領導，人員心中充滿了喜悅與滿足，故能自動自發的工作，充分發揮工作潛力。

民主式的領導特色可以歸納為下列七點：

1.機關的決策制定由大家分享，領導者只是處於決策過程中的最後一步而已。

2.決策制定以後，如果部屬發現有不妥或行不通之處，可以直接反映給首長請求修正，這就是「反饋作用」。

3.決策實行的結果，凡有功之處，首長與員工共同分享工作成果，有過則先行責己，再去尋求造成過錯的原因，處罰失職人員。

4.對部屬的獎懲是根據客觀的事實及公平的標準來決定的。

5.領導者與部屬充分合作，水乳交融，沒有任何心理上的距離。

6.對部屬作政策性的指導，有關工作細節則放手讓部屬自行決定並處理之。

7.關心部屬的生活及需要，並尊重部屬的人格。

上述三種領導方式以民主式最佳，放任式最差，而獨裁式的領導則在某種情況之下會有若干效果，例如在緊急時機，而部屬知識水準及道德修養都很壞的狀況之下，獨裁式的領導或許有其作用。

茲將民主式、獨裁式及放任式的領導特色比較如下：

表 15–2　領導方式比較表

領導方式 行為特質	民主式	獨裁式	放任式
決策制定	與部屬分享，讓部屬參與，是多數人的意見所形成的決策	首長一人獨享，部屬絕對不允許參與決策	首長放棄決策權，部下自行制定其工作標準與內容
對部屬的指導	透過會議、討論的方式對部屬作指導，如部屬有疑問，則給予多種解決的辦法，以啟發部屬的思考	以強迫命令的方式叫部屬接受，而且只有一種解決辦法	不主動指導，除非部下有請求時，才隨便敷衍一下
決策制定完成命令下達	部屬認為有窒礙難行或決策本身有錯時，上級允許加以修改	不准反映意見，更不許修改，要錯就錯到底	決策是部屬制定的，他們可隨心所欲的修正
政策執行結果	有功則大家分享，有過先行責己，再追查責任	有功首長獨享，有過部下承擔	不加過問
對部屬的獎懲	根據事實資料予以客觀公正的獎懲，可以發生激勵與阻嚇的效果	根據首長的主觀的好惡，隨便加以考評	例行公事般的加以獎懲，不足以發揮獎懲功效
與部屬的關係	非常密切，積極參加團體活動，不以特別身分出現	非常疏遠，很少參加團體活動，並且以特別身分出現，高高在上	非常疏遠，與部屬無情感可言

貳、以領導者的作風與態度來分

一、以部屬為中心 (people-centered) 的領導

　　採取這種領導態度的領導者，把他的部屬看得十分重要，不僅顧及到他們的生活，而且更讓他們參與機關的決策。其特質為：

1.首長關心部屬的生活，如個人情況、家庭狀況、工作是否滿意等。

2.部屬被授予應有的權責，在其職責範圍內，領導者不隨便加以干預。

3.經常與員工舉行會議，交換意見，聽取部下的工作報告及問題。

4. 以善意的態度為部下提供指示。

5. 運用激勵法則以滿足部下的需要。

6. 採取一般的監督 (general supervision)，信任部屬。

二、以工作為中心 (task-centered) 的領導

抱持這種領導態度的領導者，把工作效率看得過分重，認為工作第一，凡是人員能夠達成工作效率者就是理想的工作員，反之則是不良的工作員，他從不為部下設想或考慮，看看他們是否願意接受組織的目標？也許目標訂得太高了。領導者只從部下的工作表現上來考核他，但人往往受到情感等心理因素的影響，所以還應該考慮到這些因素。其特質為：

1. 領導者只注重工作的進程，不關心部下的問題。

2. 工作人員的優劣，完全取決於他的工作效率。

3. 長官與部屬之間只有工作上的來往，沒有任何的感情存在。

4. 對部下偶爾犯錯或偷懶，給予嚴厲的懲罰，並不考慮他的身心是否受到不良的影響。

5. 對部屬採取嚴格的監督 (closed supervision)，部屬動輒得咎。

以上兩種領導方式當然以前者為優，曾有人做過實驗研究，發現採取一般監督的組織（關心部屬）比採取嚴格監督的組織（關心工作）效率來得高，其比例為九與一之比 (Cartwright, 1957: 559)。

第六節　權變領導理論

傳統的領導理論過於單純，有人就領導者所應具備的特質來加以研究；有人就領導者的行為來作分析，其所採用的途徑皆是在確定因素下的考慮，未能對情境因素以及這些因素對領導效果的影響加以注意，因此不能有效的提供領導者如何選擇及運用適當的領導型態，以完成工作效果並滿足成員的需要。由於上述的缺點，乃有「權變途徑」(contingency approach) 的領導理論產生。

　　所謂權變領導理論，主要是認為管理工作即為診斷與評估可能影響領導者領導行為與效果的各項因素，因此領導者在從事領導行為的選擇與運用時，必須面對各種情況加以考慮。茲舉出具有代表性的三位學者所提出的理論來作為說明。

壹、艾凡雪維其 (John M. Ivancevich) 的情境因素說

　　艾氏等人在其所著之《組織行為與績效》(*Organizational Behavior and Performance*) 一書中，認為領導者在選擇與運用領導行為時，應注意下列四項情境因素：⑴管理者的特性；⑵部屬的特性；⑶團體因素；⑷組織因素。這四項因素影響到領導者的行為，即領導者所選擇的領導型態，然後再影響到部屬的行為，而部屬行為的好壞即為組織目標是否可以達成的關鍵因素。茲以下圖 15–1 表示此等關係，並做下列的說明 (Ivancevich et al., 1977: 283)。

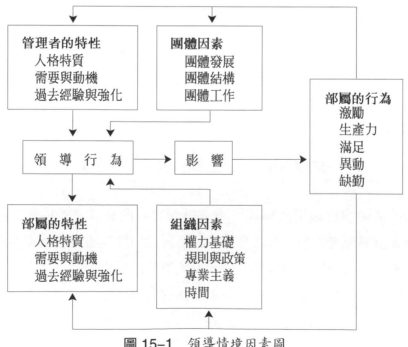

圖 15–1　領導情境因素圖

一、管理者的特性 (managerial characteristics)

1. **人格特質**：例如領導者的自信力、個性、智力、能力等，均影響其是否能成為有效的領導者，並將影響其領導行為的運使。

2. **需要與動機**：領導行為是基於何種需要與刺激而產生動機，如對此能有所瞭解，將可幫助解釋、研析領導行為的取向。

3. **過去經驗與強化**：領導者過去接受他人領導或以往領導部屬的方式，係採民主參與式、獨裁專斷式或放任式的領導，均將影響領導者日後的行為與領導型態。

二、部屬的特性 (subordinate factors)

1. **人格特質**：部屬自信心的強弱對以「工作導向」或以「員工導向」的領導型態，將產生不同的影響；部屬智力與能力的高低，亦會影響其與領導者之間的關係。

2. **需要與動機**：如以馬師婁的需要層級理論作為說明，部屬將隨需要層次的變化而產生不同的動機，領導者應根據部屬的需要與動機而採取不同的領導行為與領導型態。

3. **過去經驗與強化**：部屬過去所接受的領導型態，將影響其行為取向。

三、團體因素 (group factors)

1. **團體發展**：團體不同的發展階段，其內部活動重點將有所不同，如在開始階段，領導行為應著重成員的溝通、角色界定與目標設定，然後隨團體發展階段的不同，領導行為與型態亦隨之改變。

2. **團體結構**：視團體成員的交互行為及聚合力程度的不同，領導行為亦隨之不同。

3. **團體工作**：團體的工作性質不同，將影響到領導行為與領導型態，例如在例行情境下（如生產裝配線工作），工作導向或體制型的領導較為有用；在非例行性混淆不明確的情境下，員工導向或體恤型的領導較為適當。

四、組織因素 (organizational factors)

在組織因素中，須加考慮的包括：

1. **權力基礎**：領導的權力基礎，依據傅蘭琪與雷芬在《社會權力的基礎》一書中，將產生領導的基礎分為五種：獎勵權力、強制權力、合法權力、歸屬權力、專家權力 (French & Raven, 1956)，然而在組織中，領導者所能運用的權力種類與大小並不一致，從而其領導行為自受限制。

2. **規則與政策**：由於組織內部所訂的各項規則之不同，及政策目標的差異，領導行為除受其限制外，亦需配合作不同的適應。

3. **專業主義**：在現代專業化的社會，專業知識在某一方面而言，是權力，也是影響力的基礎，領導者與部屬依其是否受過專業訓練及所受專業訓練程度的高低，而將影響雙方的行為，如領導者受過高度專業訓練，在領導行為上將具有較大的影響能力；反之，如部屬受過高度專業訓練，甚可能對領導者產生相當程度的影響力，而改變領導行為與型態。

4. **時間**：組織中的決策如受時間限制，須急速完成時，領導者為達到目標，允以採行工作導向的領導型態較為有效，例如在高度緊急情況下，處理危機問題，參與管理是不可能實施的，而在一般正常情況下，似仍以員工導向或體恤型領導較為適當。

　　艾氏的情境因素說，提供研究者瞭解及注意領導行為是領導者、部屬及情境等因素交互影響而形成的，領導行為是極端複雜的過程，不同的情境因素將產生不同的領導行為與領導型態，因此領導行為的選擇運用，應對各種情境因素加以妥慎考慮，始能期其產生效果。而且，從上述之分析，亦可使我們瞭解，領導行為重要之處在於適合情境，世上並無絕對最佳之領導型態，端視領導者如何運用、配合情境因素以發揮領導效能。

　　惟艾氏僅提出情境因素作為領導行為時應考慮的面向，並未能具體指出在不同的情境因素下，應如何選擇、運用不同的領導型態與領導行為，此外艾氏所提出的幾項情境因素並不周延，並未能整體的加以診視。不過至少艾氏在情境領導理論方面，提供研究者注意動態的交互行為及其影響，如前圖示，領導行為將對部屬產生激勵、生產力、滿足、異動、缺勤等不同的影響，同樣地，部屬行為亦將反饋 (feedback) 影響管理者的特性、部

屬的特性、團體因素、組織因素等四項情境因素，此種動態的流程周而復始，提供領導行為作不斷的診視與評估，將有助於行為的選擇與運用。

貳、費德勒的權變領導理論

權變領導理論 (contingency leadership theory) 首先由美國伊利諾大學的費德勒 (Fred E. Fiedler) 在一九五一年所提出，此一理論的基礎是認為領導者對其所領導的群體，欲完成高度的工作成果，應隨領導者本身的需要結構 (need structure)，以及在特定情境下的控制及影響程度而權變。費氏最初的研究，是想瞭解開明的主管是否較採嚴格監督的主管可能領導高生產力的群體，其研究計畫為使用 LPC 量表 (least preferred coworker)──最低喜好工作同事 (Fiedler, 1967: 41)，要求領導者就過去與現在同事中，選擇出「曾一起工作的同事」，以及「工作上最難相處的同事──即最低喜好工作同事」予以填答，然後利用八種尺度（各有兩個極端的形容詞）加以評價，最後統計各項目的合計分數，即可衡量領導者的人格特質與動機及其領導型態的取向，如體恤型、員工導向的領導者，有較高的 LPC 分數，而體制型、工作導向的領導者 LPC 分數較低。茲將 LPC 量表項目及尺度舉例如表 15–3 (Fiedler, 1967: 267～269)。

費氏的權變領導理論，有三種情境因素用以界定領導型態的影響，分述如下：

一、職位權力 (position power)

指職位本身所具有的權力（如獎勵權力、強制權力等），而促使部屬順從並接受其領導的程度，由於領導者所擁有的職位權力程度不同，其可採行的領導行為自亦有所不同，費氏認為，大部分的主管均有高度職位權力，惟委員會的主席，則只有低度的職位權力。

二、工作結構 (task structure)

指群體工作任務的例行性程度及可預測性，如工作為例行性且工作成果或產出易於預測評估，則領導者的影響力極為有限，因此種工作之目標、

表 15-3

愉悦的									不悅的
友善的									不友善的
聰明的									愚笨的
開放的									保守的
冷靜的									熱情的

| 極佳 | 相當佳 | 尚佳 | 微佳 | 微差 | 尚差 | 相當差 | 極差 |
| 8 | 7 | 6 | 5 | 4 | 3 | 2 | 1 |

工作程序或步驟，均已明白界定，其工作成果亦可由以往的經驗及產出加以判斷（如生產裝配線工作），故領導者的領導範圍較狹；惟如為複雜的工作，其目標不確定，工作成果難以預測，在工作程序及步驟上有各種可行的途徑，隨不同的環境因素而異（如高級主管的工作性質），則此時的領導行為活動範圍較廣，運用較具彈性。

三、領導者與部屬關係 (leader-member relations)

指領導者與部屬相處及部屬對領導者信任與忠誠的程度，如雙方關係良好，領導者易於得到部屬的合作與努力，領導行為趨向於員工導向的型態；反之，領導者將趨向於工作導向的領導型態。

費氏的權變領導理論可以圖 15-2 表示出來。

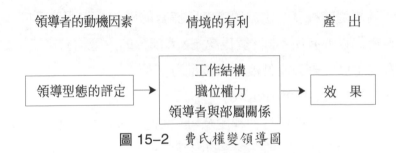

圖 15-2　費氏權變領導圖

　　費氏認為上述三種情境因素決定了領導者對部屬行為的影響能力，亦即決定領導情境對領導者有利的程度。在有利情境下，領導者擁有較多職權，獲得更多非正式支持，同時工作結構較佳，對群體有良好的指導，成員被指示做那些事情；在不利情境下，群體因缺乏領導者積極的介入及控制，顯得較疏離渙散，工作導向的領導較諸體恤型及員工導向為有效；在中度有利（或中度不利）情境下，體恤型或員工導向型的領導較為有效，如果成員認為有建議、貢獻意見的自由，則領導者應提供無威脅感及自由的環境（余朝權等譯，民 72：263）。

　　關於有利與否、情境因素與領導型態三者間之關係，費氏提出一項權變模式架構如表 15–4 (Fiedler, 1967: 37)。

表 15–4　費氏權變模式架構表

情境的有利情　　形	小單位	領導者與部屬關係	工作結構	領導者的職位權力	有效領導型態的建議
有利的	1	好	結構化	強	工作導向
有利的	2	好	結構化	弱	工作導向
有利的	3	好	未結構化	強	工作導向
中等的	4	好	未結構化	弱	員工導向
有利的	5	中等不好	結構化	強	員工導向
有利的	6	中等不好	結構化	弱	員工導向
不利的	7	中等不好	未結構化	強	員工導向
不利的	8	中等不好	未結構化	弱	工作導向

　　對於費氏的權變領導理論，部分學者提出了一些批評，主要如下：

　　以 LPC 量表衡量領導型態並不恰當，費氏早期以 LPC 量表衡量人格特質，其後又用以衡量領導型態。根據費氏的觀點，高 LPC 分數者，為體恤型、員工導向的領導者；低 LPC 分數者，為體制型、工作導向的領導者。然而很多研究利用美國俄亥俄州立大學之 LBDQ 量表 (Leader Behavior Description Questionnaire)——領導行為量表，與 LPC 量表比較，並不支持這種看法。在不同時日衡量，同一受試者，可能得到不同的 LPC

分數，會產生此種差異，可能因量表本身有些基本缺陷所致，也可能因任務不同而異，故高 LPC 分數者，仍然有採行體制型、工作導向型的領導型態（余朝權等譯，民 72：272）。

權變領導理論對於領導者與情境變數間之關係，並未予以考慮，它只提供領導者如何選擇領導行為，以對部屬發生影響，至於領導者如何以行為改變情境因素及激勵部屬，則未提及。

格蘭 (Green) 及其同事利用實驗室實驗法，得到與費德勒模式不同的結論，而其他研究發現工作結構是唯一重要的情境因素，故在某研究中高職權的情境，在另一研究中可能被視為低職權的情境，顯然有極大差異（余朝權等譯，民 72：272）。

其他另如他所建議的領導行為，只有員工導向及工作導向兩種，並不周延，在實際上有可能產生重疊，須同時運用的情況。惟歸納言之，費氏的權變領導理論雖然尚有缺失，仍然引發了不少研究興趣，使研究者瞭解領導效能的知識，領導者應如何選擇領導行為，方能對部屬產生影響，欲使組織發揮效能，可以從改變情境因素或領導型態方面著手，此一理論對於部屬生產力的提高及員工滿足感的增進，具有相當價值。

參、豪斯的途徑目標理論

豪斯 (Robert J. House) 的途徑目標理論 (path goal theory)，基本上是根據佛洛姆 (Victor H. Vroom) 所提的期待理論 (expectancy theory) 引申而來，期待理論的主要觀點，在說明激勵受個人達成任務的努力程度與慾望的影響。豪斯因此認為領導者的主要功能在影響部屬的偏好與預期，設若領導者能夠增進部屬對達成目標的偏好，以及去除部屬採取行動以達成目標的各種障礙，並增進預期達成的機率（即提高努力工作 (effort) 到工作成果 (product)，以及工作成果 P 到獲得報償 (reward) 的預期），將會使部屬更努力工作，並使部屬有較高的滿足感，及較佳的工作成果。豪斯認為：「領導者的激勵功能，包括對於部屬工作目標的達成，增加個人報償，並且澄清

途徑，減少阻礙或陷阱，使部屬易於通過途徑以獲得報償，同時在例行上增加個人滿足的機會。」(House, 1971: 323)

　　途徑目標理論的架構，如圖 15–3 (Ivancevich et al., 1977: 291)。

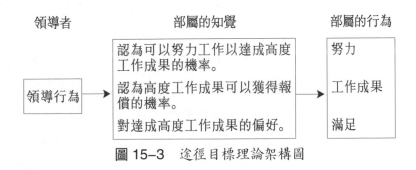

圖 15–3　途徑目標理論架構圖

　　早期的途徑目標理論，主張領導者應該從體制與體恤兩方面著手，亦即領導行為包括體制與體恤兩個面向。例如當指定工作要求部屬去完成時，應詳細規定目標及提供反饋，即主管應使用體制型領導，對於部屬從事的混淆不清的工作，加以澄清以提高其預期，同時當預期已經澄清，部屬所從事的工作已為例行與結構化時，主管應使用體恤型領導，使部屬能愉快地完成工作，如此，員工高度的工作動機與滿足即能產生。不過，後來此一理論遭到修訂，擴展了命題，對領導行為重新界定，增加了對情境因素的考慮。

　　修訂後之途徑目標理論，有二個主要基本命題：

1. 領導者的功能為一輔助功能，亦即領導行為應能為部屬所接受，並使部屬認為領導是員工滿足的來源，同時亦為員工將來獲取滿足的工具。
2. 領導行為對部屬士氣之激勵，其影響是由情境所決定，此一情境包括部屬的特性與工作環境的特性。

　　因此，領導行為應以下列四種行為為架構：

1. **工具行為** (instrumental behavior)：即對部屬的行動予以計畫、組織與協調。
2. **支持行為** (supportive behavior)：對部屬需要的滿足，給予支持性的考

慮與關心。

3. **參與行為** (participative behavior)：領導者與部屬分享情報，徵詢部屬意見，並運用部屬的構想與建議，以達成團體決策。

4. **成就導向行為** (achievement-oriented behavior)：領導者為部屬設定富有挑戰性的目標，期望部屬有高水準的工作表現以及不斷地尋求改進。

　　途徑目標理論認為上述四種領導行為，可由同一領導者依情境的不同而選擇採行，而對於情境因素的考慮，主要包括兩類，此兩類因素將媒介領導者的領導行為型態與部屬行為間的關係，茲分別說明如次：

一、部屬的特性 (the characteristics of the subordinates)

1. **能力**：指部屬本身所具有完成工作的能力，如能力愈大，部屬認為自身能力足以完成工作，不須領導者之協助，則較不願接受領導者的指導行為與工具行為，此時領導者應採行參與行為與成就導向行為，引導部屬能力的發揮，減少監督；反之，如部屬能力較差，領導者即須以工具行為指導部屬的行動方向，期以符合目標取向。

2. **控制所在**：指部屬對於工作上發生的事故，其所能掌握控制的程度。此又分為內在控制 (internals) 與外在控制 (externals)。所謂內在控制，係部屬認為能控制其工作環境，並對於由其行為產生之工作事故能予妥善處理；所謂外在控制，係指部屬對於工作事故，認為其無法控制，須憑藉外在力量，如領導者或團體的行為始可控制。對於內在控制，領導者適合採用參與行為；如為外在控制，則適合採行指導行為，以使部屬獲得較大滿足。

3. **需要與動機**：部屬追求的需要與其動機，均將影響領導行為的方式，如以馬師婁的需要層次區分，對於生理需要及安全感需要，應以媒介行為作導向；對於同屬感及尊榮感需要，則以支持行為作導向；如部屬追求的是自我成就慾的需要，則應運用參與行為與成就導向行為較為有效。

二、工作環境的特性 (the characteristics of the work environment)

1. **部屬的工作**：視部屬的工作結構為例行性抑或複雜而有別，在例行性工

作，員工對於工作成果已有相當的認知並可預期，此時指導性的工具行為不能產生效果，而應以支持行為或參與行為，以增進部屬的滿足感；對於複雜或混淆的工作，目標與工作成果尚難界定及預測，此時，部屬較能接受工具行為，提供指導控制，增進部屬工作動機與滿足的增加，並增進部屬對預期的偏好。

2. **工作團體**：工作團體亦能影響員工對於特定領導型態的接受，工作團體的發展階段可分為：⑴起始階段 (orientation)，即組織剛成立，第一次將許多個人置於一起工作，此階段的行為特徵為開始發展溝通型態與澄清群體成員間的依賴與相互關係，熟悉團體的結構與目標，辨別領導角色並澄清權威與責任的關係，發展目標達成的計畫，成員間彼此相互接受成為一團體；⑵內部問題的解決階段 (internal problem solving)，即對起始階段所發生與遭遇的問題，試圖加以解決，在此階段主要為辨明與解決人際衝突，對規則、目標與結構關係作進一步的澄清，並在團體成員中發展一種參與的氣候；⑶成長與生產力階段 (growth and productivity)，此階段團體活動均朝向群體目標的達成，團體間的人際關係為聚合力的增加，觀念分享及提供與獲得反饋，此階段之特徵是個人對於作為團體成員感到滿意，並有滿意的工作成果；⑷評價與控制階段 (evaluation and control)，此階段領導角色強調便利、反饋與評價，並更新、修正與強化角色及團體的相互依賴，團體表現出堅強的動機，朝向目標的達成。工作團體發展的每一階段，與領導型態有密切的關係，雖然在某一特定階段中，也許某一種領導型態特別重要，但對於其他的領導型態亦不可忽略，有關領導型態與團體發展之關係示如表 15-5 (Ivancevich et al., 1977: 294)。

3. **組織因素**：⑴規則、政策與程序對部屬工作約束的程度；⑵高壓或緊急情況；⑶高度穩定的情境。例如打卡工作，其程序是機械化與顯明的，因而工具行為並不合適，並不能使預期明確，且可能導致員工的不滿；再如醫院的急診部門，其工作是處於高壓與緊急情況，工具行為或許是

表 15-5　領導型態與團體發展關係表

團體發展的階段	領　導　型　態			
	工具行為	支持行為	參與行為	成就導向行為
起　始	指派工作、澄清角色、規則與程序	給與支持並考慮員工的需要與行為	在計畫、過程與程序上諮詢部屬意見	為工作的達成發展計畫並設定挑戰性的目標
內部問題的解決	修改與強化規則及標準,並澄清期望	對部屬完成工作的能力表示信任	發展參與氣候,解決衝突	強調工作的完成
成長與生產力	發展反饋並強化情報溝通網路	強調部屬的個人成長與發展	發展聚合力,強化與提升群體的成果規範	激勵部屬朝向工作的達成
評價與控制	發展評價的機械結構,強化反饋並修改規則與程序	支持群體活動,加重團體成果並重視群體的威望	在評價程序上與部屬諮商,並強化群體的聚合力與團體規範	激勵部屬朝向工作的達成,並評估目標與計畫

工作達成所必須的,但是支持行為將增加社會支持與人際關係的滿足。

依據途徑目標理論,情境因素、領導行為以及部屬的知覺與產出,可以圖 15-4 表示 (Ivancevich et al., 1977: 295)。

由圖 15-4 中,可以知道領導行為的選擇,受到部屬的特性與工作環境特性的影響,因此並沒有某一最佳的領導型態,重要的應是依情境因素考量,去選取適當的領導行為。

豪斯的途徑目標理論所提出的領導行為較具彈性,依情境因素的不同而選擇適當的行為,各種領導行為在不同情境下均應予以考慮,只是其運用程度有所不同。豪斯曾進行了多項研究,以說明其理論的用途,有些學者支持其觀點,但仍有其他研究發現領導結構對員工滿足感的影響,受領導者體諒員工之方式及部屬對非結構式、不明確任務厭惡程度而定;另有其他研究發現,期待理論有能力可預測及解釋領導者的行為,途徑目標理論可應用於支持領導者行為及部屬滿足間的關係,但不適用於對部屬績效

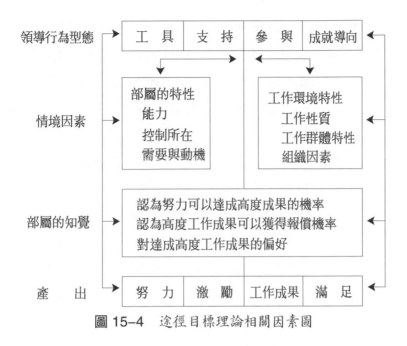

圖 15-4　途徑目標理論相關因素圖

的影響。

　　有關權變領導理論，可綜合歸納如下：

　　領導行為無時不與其所處的環境相關聯，而此一相對關係的重要變數，包括：

1. **它和組織的任務及目標相關聯**：組織的成員與其領導者之間，其雙方間之關係均以組織目標為依歸，亦即目標決定需要，需要決定行為。因此，領導者必須具有某種特質，發揮其領導功能，以滿足成員的需要，惟領導者亦必須為達成組織目標而努力，故組織的任務或目標仍不可忽視。

2. **它和組織的結構相關聯**：一般而言，不論領導者或部屬之行為，均受組織工作結構之影響，視工作是例行性或複雜性而有所不同。

3. **它與組織成員的特質、態度、需要等相關聯**：其中關於人格特質方面，不能僅就行為心理學上簡單的刺激與反應來判斷其行為取向，而應以完型心理學 (Gestalt) 加以分析，亦即研究個人人格特質，應從其所成長的文化環境背景去加以探求。

　　就領導的過程而言，其基本的心理基礎，原為社會的交互作用，就組織的情境而言，此一現象尤為明確。任何一個人，如果不能替他人著想、解決問題，決不能成為一個領導者，同時他還須就他人的問題與之研商，期使其意見能為他人所接受，進而謀求問題的妥善解決。因此，領導者與部屬之間，必須有一個不可或缺的要素，即為彼此間的相互接受，若就領導行為之因果關係而言，在任何一個組織中，必須領導者與部屬互為影響，彼此接受，始得合作無間達致組織的目標。

　　權變領導理論由於各家學說著眼之重點有所不同，所提出之情境因素亦略有差異，惟均希望提供有效的領導型態與領導行為以達到組織目標、工作績效及滿足員工的需要。從古今中外的歷史看，領導者的成功與失敗，原因固多，但究其根源，則多決定於領導型態或領導行為是否能配合情境因素而採取權變途徑。一個成功的領導者，基本上應以部屬為導向，創立一個良好的組織氣候，配合環境，採取最適宜的領導方式，使員工人盡其才，進而完成組織的目標。

第七節　轉換型領導

　　從領導理論的發展歷史來看，早期是權力取向、特質取向的領導理論，一九五〇、六〇年代行為取向的領導理論則將重點放在決定領導行為的各種因素，一九七〇年代情境取向的領導理論，開始關心情境因素對領導效果的實際影響，而有權變領導理論的提出。綜觀這些理論的內涵，仍存在幾點缺失：

1. 過去的領導理論皆將重點放在影響領導效能的各種因素，如領導者的特質、能力、行為模式、權力來源，乃至於領導作為的情境特性，而未能關注領導者在組織變革活動中所應扮演的積極角色。

2. 過去的領導理論奠基於「領導者」、「被領導者」的二分角色關係上，領導者與被領導者之間的角色區分，忽略了組織成員自我導引、自我要求

的可能性。

3.過去的領導理論常將「領導者」與「管理者」混為一談，而未能辨明管理者的主要任務在於 「控制」，針對短期性與例行性的組織作業進行管制；而領導者的任務在於「創造」，基於對組織使命的深切體認和個人積極主動的開創精神，引導組織整體的變革方向。

　　針對這些缺失， 一九九〇年代乃有 「轉換型領導」 (transformation leadership) 理論的提出，以下分項說明之。

壹、轉換型領導的意義

　　轉換型領導一詞最早出現在柏恩斯 (James M. Burns) 一九七八年所著《領導》(*Leadership*) 一書，他認為：領導是一種領導者與部屬之間相互影響關係的演進過程，透過此一歷程領導者與部屬的工作動機與合作道德得以提升，透過人際互動得以促進組織社會系統的改變、組織體制的變革。之所以稱為「轉換型」領導的原因，乃係柏恩斯將領導的研究焦點放在如何透過領導的作用，來轉變組織原有的價值觀念、人際關係、組織文化與行為模式。其後，貝斯 (Bernard M. Bass) 補充說明這種轉換過程的三個重點 (1985)：⑴領導者在不同的情境運用不同的領導型態時，應本於個人良知，確實明瞭各種領導行為的價值意義和可能結果；⑵領導者應以超越私利的心情，為謀求組織更大的利益來努力；⑶而從這種利他的實踐過程中，賦予部屬更寬廣的自主權力與自我發展空間，以促進自我的實現。換言之，轉換型領導肯定人員有自我實現的需求，並有自主自動的能力，領導者透過激勵與引導，喚醒成員自發的意識與自信心，而能心悅誠服的認同組織的目標，肯定組織與自己的未來發展，置個人私利於度外來成就組織整體的事功。不管是工作道德的提升、高層次需求的發揚，還是組織承諾的激發，轉換型領導的重點不再只是透過領導的工具來達成既定的組織目標，而是從價值面、人性面、文化面、社會面來討論領導的現象，所以領導不再只是一種管理的技術，而是一種哲學觀念的實踐。

　　轉換型領導源自於魅力領導 (charismatic leadership) 與交易領導 (transactional leadership) 兩種理論。韋伯認為合法權威的發展過程歷經傳統權威、超人權威和理性－合法權威三個階段。所謂魅力領導，其來源得自於領導者個人所具備之天賦、超世俗的人格特質，透過個人的意志與遠見，跟隨者莫不衷心信服。現代的領導理論更將領導者的魅力特質歸納為八項指標：強烈的權力慾望、自信十足、對成員的影響甚深、英明形象的營造、歸結組織目標的能力、創造領導者與部屬之間共享的價值、觀念和精神。具有魅力特質的領導者就像是具有遠見的老船長，能夠在狂風暴雨中贏得水手們的信賴、景仰與服從，帶領大家度過難關並開創新局。這一類型的領導者善於應用溝通的技巧、形象的吸引力、和未來美好的藍圖，有效處理組織所面對的危機難關。

　　交易領導理論可以追溯到巴納德的貢獻滿足平衡理論，影響力的來源得自於領導者能夠使部屬相信貢獻和報償是公平、合理的，而部屬對領導者所交付的順服與忠誠也是建立在交換互惠的基礎之上。這種因為交易的公平性所產生的領導權力，並非完全是物質、金錢或利益上的交換，還包括精神、情感的交流，所謂「士為知己者死」也可以說是公平交易的一種結果。但無論如何，「賞罰二柄」仍舊是影響領導權威的重要因素。而所謂轉換型領導的理論，固然肯定與領導作用的產生基本上是一種交易的結果，但更希望透過領導者的個人魅力與遠見，從精神、觀念和道德層面獲得部屬的信仰和認同，激發人員超越交易的現實關係，共同追求人格的成長，並有效達成組織使命。所以領導者扮演組織意義的創造者、組織凝聚的締造者、組織不安的解決者、組織成功的舵手種種啟發性的角色。

　　轉換型領導可以說是結合交易領導和魅力領導，以促進組織變革更新的一種領導理論，在運用上必需掌握不同領導類型的配合條件，茲列表15–6 比較說明如次。

　　轉換型領導的理論基礎雖然源自於交易領導，但其所謂的交易並非物質金錢或是職務升遷，而是基於價值觀念的認同，人際之間對於信任、尊

表 15–6　轉換型領導型態表

領導類型	配合的領導情境條件
魅力領導	組織處於高度不安的環境，隨著危機意識的升高，人員習慣將這種壓力寄託於英明領袖的出現。
交易領導	組織處於穩定的環境，可以例規化的方式來運作，並沒有迫切的危機存在。
轉換型	組織處於不穩定但仍能控制的環境，所以領導者致力於開發部屬的潛力，透過精神、感情的交易機制來凝聚力量，從而展開組織的計畫性變革。

資料來源：改寫自 Popper and Zakkai (1994: 7)

重、承諾等所為之情感性的交易，是一種由內而外所產生的領導關係。相對來說，在組織變革或是組織文化轉換的活動上，轉換型領導的運作比較近似魅力領導，部屬能夠從領導者的精神感召中，戮力與共。就此而論，轉換型領導是一種能夠結合組織成員共同需求與願望的組織變革過程，透過領導的作用，建立起人員對組織目標的共識與承諾，基於共識承諾，領導者創造人員信念和行為轉變的有利條件，此一過程如圖 15–5 所示。

貳、轉換型領導的構成要素

轉換型領導由四個要素所構成，分述如次（Bass, 1990: 206～216；彭昌盛，民 82：33～41）：

一、個別的關懷

轉換型領導同時關注工作與人員兩個面向，但更重要的是針對人員性情、能力的個別差異，關懷其思想與行為的改變。轉換型領導在工作構面上，將關切的焦點從工作績效提升到工作道德的層面，所以績效表現不是唯一的考評標準，人員對工作意義的體認和投入程度也是要項之一。在關心人員的構面上，轉換型領導不唯關切人員的心理感受，更願意透過引導來促進其人格的成長。一般而言，轉換型領導對部屬的個別關懷表現在三方面：

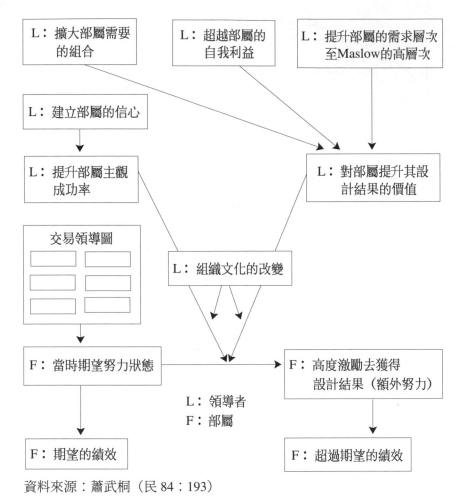

資料來源：蕭武桐（民84：193）

圖 15-5　轉換型領導過程圖

1. **發展取向**：領導者能夠針對部屬的個別條件與潛能進行瞭解，依照不同
   的屬性指派任務，促進其個別的能力發展。

2. **親和取向**：領導者與部屬之間保持密切的接觸關係，主管能即時提供回
   饋，當面告知部屬的工作表現如何，有否改進之處，並讓部屬充分明瞭
   組織的運作現況。

3. **輔導取向**：領導者不僅關心舊部屬的情況，更注意新進人員的適應問題，
   能夠從旁輔導，使其安心。

二、動機的啟發與精神感召

轉換型領導和傳統領導理論最大的不同點，在於人員工作動機的啟發。領導者必須先揭示一個能夠結合組織發展與個人成長的未來遠景，同時考量組織所處之情境和部屬個別的需要，使這個共通的遠景或組織目標成為人員工作的動機源頭，賦予個人的工作行為比較深刻的行動意義。而在這種願景形成與動機發啟的領導過程中，逐步提升組織績效的標準，漸進提高部屬個人的自我期望，所以雙向的溝通顯得特別重要。比較常用的領導方術包括：組織意義管理、組織形象管理、組織符號管理、願景管理、策略形成管理等。

除了工作動機的啟發之外，領導者的精神感召也一樣重要。這種精神的感召和傳統的領導者個人魅力不同，魅力領導是部屬對領導者人格特質的欽仰，所產生的一種信任與無條件服從。轉換型領導則強調部屬對領導者的認同，係來自於領導者所提示的共同目標和哲學信念，此一目標和哲學不是領導者單方面強加在部屬身上的，而是透過真誠的交流所塑造出來的互信與分享關係。基於這種開放的關係，目標和哲學的形成過程，容許部屬的批評和質疑。

三、才智的激發

基本上，轉換型領導假定人員才智能力的發揮是組織存續命脈之所繫，所以，領導者的職責在於建立一種能夠激發組織上下才智的互動創造過程。也唯有透過彼此意見的交換、腦力的激盪與思考觀念的多元化，組織才能夠應付詭譎多變的環境。前述個別關懷取向的領導與啟發鼓勵式的領導，對部屬才智的激發是有幫助的，但更重要的是，如何破除過去唯命是從的領導關係，從根本來培養部屬獨立自主的能力，以避免盲目的服從和單一的思考。此外，部屬才智能力的開發，可以從新知觀念等各方面的教育訓練來著手。

才智激發的領導方術包括：理性導向、存在導向、經驗導向、理想導向四種途徑。其中又以理想導向和存在導向途徑比較合適，前者針對組織

和個人的未來成長加以設計，後者則將焦點放在人員創造能力的開發。

四、相互的影響關係

轉換型領導的領導者與部屬間關係，是一種「相互影響」的關係，這種關係的產生可能基於專業上的尊重、社會的影響力或情感的交流，但基本上是超越層級職位權力的。而領導者的組織功能在於「提供人員一種角色認同的模式，並藉以增進組織績效」。所以，領導者毋須憑藉正式的權力地位，就能夠在願景形成、個別關懷、精神感召、才能激發、個人成長的過程中，建立起平等互信的關係。基於互信互惠、平等對待、感情交流，領導者成為一個渾然天成的魅力領袖。

參、轉換型領導者的特質

轉換型領導者是組織活動的中心，也是組織圖存變革的發動機，其應具的領導特質可以歸納如下 (Buhler, 1995: 25～26; Carlson & Perre, 1995: 833)：

一、創造前瞻遠景

轉換型領導者的個人魅力來源，在於其能創造組織前瞻之遠景，藉以凝聚內部的向心力和信任感，使人員的努力有了可以期待的目標，而不至於徬徨無措。遠景是組織期望達成的未來景況，是理想實現的藍圖，可以是夢想的美好未來，也可以是具體的計畫與任務目標。前瞻遠景的建立係以人員的自我需求與體認為基礎，由下而上的逐步形成，反映人員長久以來的期許和關懷。而透過領導的作用來結合人員不同的需要，並發展為可行的構想，此一構想成為人員工作意義的所在，成為人員努力的最大動力。

二、啟發自覺意識

轉換型領導並非透過強制的方式來獲取權力，而是領導者能夠洞察人員不同的長處和潛能，循循善誘加以啟發，而部屬從授權的過程中得到自我發展，並衷心悅服。所以轉換型領導者要能深切體察人員的個性能力、組織的變革需要，以長期性投資的眼光，以無比的耐心，培養部屬自我覺

省、自我管理的能力。

三、掌握人性需求

　　從領導交易理論來說，如何掌握人員的需求並予滿足，以促進績效表現，是領導者的要務；而轉換型領導也必需能夠瞭解人員需求的個別差異問題，給予適當的回應。就馬師婁的需求層級論言，人的需求區分為生理、安全、社會、尊榮與自我實現五種層次，領導者不但要設法滿足人員低層次的需要，更要引導人員的需求期望朝更高的層次發展，如此才能有效激發其潛能。

四、鼓舞學習動機

　　在科技日新月異、競爭激烈的現代環境中，資訊和知識是組織圖存發展的唯一利器。轉換型領導者本身不但有渴求新知的強烈學習慾望，還要能培養部屬不斷學習新知的習慣。

五、樹立個人價值

　　轉換型的領導過程中，領導者是組織上下信仰的對象，操縱組織存續的重要關鍵，所以轉換型領導者必需樹立起誠實、有信、正義、公道等價值信念，作為人員奉行的依據。並透過個人的躬身力行，產生風行草從的教化效果。

六、樂在工作

　　轉換型領導的施行，奠基於工作的倫理觀念。領導者要求部屬全力投入工作，自己也必需展現對工作的高度熱情，並能將這份熱情加以擴散，感染所有的組織成員。

第十六章 行政激勵

第一節 激勵的基本概念

激勵 (motivation) 被認為是增進工作效率、提升員工績效的重要手段，而機關組織的各級管理人員其主要功能之一即是對所屬人員從事激勵，也就是經由各種激勵手段來激發員工的工作意願及提升工作績效，進而達成組織及個人的目標。

西方運用多年的「胡蘿蔔與棍子」管理哲學，與我國傳統的「恩威兼施」政治手腕皆是激勵理論的最佳說明，但激勵真正成為現代管理的主要理論則係二十世紀中葉左右的事，那時一批行為科學的研究學者認為「人才是管理的中心」，因此研究管理的重心應該放在人的身上，這一反過去以事、物、財等為中心的管理思想。既然管理是以人為中心，那就必須追根究柢研究人的工作動機及那些因素促成人員的較高工作意願，經過多年的研究與發展，終於形成了激勵管理 (management by motivation) 的理論體系。

壹、激勵的意義

「激勵」一詞最早源於拉丁文的 "movere"，也就是「推動」(to move) 的意思，後來成為英文的 "motive"，而意思也就引申為「動機」，也就是說每個人的工作行為其內心深處皆有某些動機在推動，最簡單的說法不外是「名」與「利」，試問誰不是為這兩個字在打拼？其後管理學者將 "motive" 一字擴大為 "motivation"，於是「動機」與「激勵」乃成為一體之兩面。

卡斯特與羅森威在所著的《組織與管理》一書中對激勵一詞的解釋是：「所謂激勵是促使某人以某些方式去行動或至少去發展某些特殊行為傾向的方法。此種促使行動的動力可以是外在刺激引起，也可以是由個人內在的心理與思考程序所激發。」(Kast & Rosenzweig, 1985: 285)

簡單的說，激勵就是某人或某組織針對他人生理上或心理上的各種需要或動機，適當的採取物質與精神上的刺激鼓勵方法，設法滿足其需要，激發其內在的工作意願，從而產生符合某人或某組織所期望行為的一連串活動。

既然激勵是在瞭解人員的動機與需要而採取的各種刺激與鼓勵手段，因此動機即是人員行為內在決定的因素，也就是說任何人的行為一定是有動機的，基於此，吾人可將動機歸納為以下的闡釋：

1. 動機是人們行為的基礎。
2. 動機可以激發或停止個人的行為。
3. 動機受到外在環境的影響而發生、停止、或改變。
4. 動機影響人們採取行動的選擇（手段）。
5. 動機的因素太多，無法完全瞭解（不可捉摸性）。
6. 由個人行為可以推知其動機。
7. 同一動機可以產生不同的行為。
8. 同一行為可以來自不同的動機。
9. 動機有來有往 (come & go)——變化性。

雖然人類動機的因素甚多，但仍可歸納為下列三種：

1. **原始動機** (primary motive)：與生俱來的本能動機，即生理需要與安全感。
2. **後起動機** (secondary motive)：後天習得的動機，如地位、金錢、名位、權力等。
3. **特殊動機** (specific motive)：揉合上述兩者而產生者，如成就感、勝任感、同屬感、認同感、公平感等。

貳、激勵的重要性

一、對個人而言

　　每個人進入機關組織工作，都有其動機存在，或是為賺取薪水，或是為發揮自己的才能。換言之，他希望能夠透過機關組織而達成個人的目標，而在達成個人目標後，他將滿足個人的需求，肯定個人的人生價值，建立個人的名望成就。因此，管理人員應盡可能配合部屬個人目標的達成，施以適當的激勵，以激發其工作意願，及發揮其潛在能力。

二、對組織而言

　　每個機關組織都希望其成員能夠竭智盡力，發揮潛在能力，對相關組織作最大的貢獻，使機關組織能夠因此而繼續生存、成長與發展。然而此項目標的達成，有賴各級主管及機關組織本身對成員採取適當的激勵措施，他們才願意為機關組織效命。吾人可從成功的案例中得到印證，那些成長快速的企業及績效卓著的行政機關，無一不是運用激勵管理十分成功的組織。

三、對國家社會而言

　　人力是國家最寶貴的資源，如能使得每一個人的聰明才智皆得到最大的發揮，那麼這個國家一定是一個富強康樂的國家，而這個社會也必然是一個安和樂利的社會，歐美先進國家莫不如此。例如瑞士與瑞典，人口雖不多，但皆為富強康樂之國，此乃歸因於他們有良好的社會福利及積極的激勵制度所致，不論在公私部門的領域裡，員工皆能享受到最佳的激勵管理，因為人員唯有在優厚的薪資、工作的保障、人格的尊重及發展的前途下才會發揮自動自發的工作精神，也才能日新又新的創新與進步，整個國力也就顯示出來。

參、激勵理論的發展

　　大部分早期的激勵理論係以「唯樂主義」(hedonism) 的原則為基礎，

其基本原則是：人們都以尋求快樂及減少不快的方式去行為，這種概念可溯源於早年的希臘哲學家，而晚近則出現於洛克 (John Locke)、穆勒 (John Stuart Mill) 及邊沁 (Jeremy Bentham) 的著作之中。

　　直到二十世紀以來，激勵理論的主要論題開始從一種哲學途徑，走向一種偏向管理及心理學的途徑。其所發展出來的理論都是借助研究那些以個人及個人與他人互動的情境為焦點的變因，來試圖說明個人的行為。此一時期的激勵理論主要在告知管理者如何激勵員工，被認作是一種「處方式模型」(prescriptive models)，例如泰勒的科學管理，特別以工作報酬（按件計酬）、工作設計（專業化）及工作環境與設備的改善來作為激勵的手段；其後如胡桑實驗 (Hawthorne Studies) 的人群關係學派，則以注重員工的心理需求的滿足及改善人際關係為出發點，從此，激勵理論的研究便蓬勃的發展起來，而有系統的激勵理論乃告形成。

　　自二十世紀以還，激勵理論的發展可以分為下列三個階段：

一、科學管理階段 (scientific management)

　　以泰勒、甘特、基爾布勒斯為代表，其理論要點已在本書第二章有所闡述，故在此不再贅述。

二、人群關係階段 (human relations)

　　二十世紀三〇年代以後逐漸形成，以胡桑實驗的梅堯、需要層級理論的馬師婁、動態平衡理論的巴納德等人為代表，彼等理論要點見本書第三章。

三、系統途徑階段 (systems approach)

　　六〇年代以後，有一批學者認為研究管理或激勵不能只從組織內部著手，還應考慮到外在環境因素及人員個人的特質，所以在激勵方面要隨外在環境的變遷而制宜，更要考慮組織的文化、政經及社會環境來作因地制宜的措施，而最後還要根據人員的地位、個性及經驗等因素運用不同的激勵方法，唯有從這些方面作整體的考慮，才會使得激勵的效果彰顯出來。此派學者有卡斯特、羅森威、席斯克及艾凡雪維琪等。他們提出了工作重

新設計 (job redesign)、整合的激勵模式、彈性化的管理模式等。

第二節　激勵理論的學派

　　當代激勵理論大致可分為三個主要學派 ：(1)內容理論學派 (content theory)；(2)過程理論學派 (process theory)；(3)增強理論學派 (reinforcement theory)。茲將三個學派的基本內涵比較如表 16-1。

表 16-1　當代激勵理論三學派之比較

類　型	特　徵	理　論	管理上實例
內容理論學派	有關激起、發動或著手有動機行為的因素	1.需要層級理論 2.激勵保健理論 3. ERG 理論	藉滿足個人對於金錢、地位及成就的需要予以激勵
過程理論學派	有關激起行為的因素，及行為模式的過程、方向或選擇	1.期望理論 2.公平理論	藉澄清個人對於工作投入、績效要求及獎酬的知覺予以激勵
增強理論學派	有關增加重複所希望行為的可能性，及減少所不希望行為的可能性兩方面的因素	增強理論（工具性制約作用）	藉獎酬所希望行為予以激勵

壹、內容理論學派

　　以研究個人激勵為主的內容理論，重點集中於何種因素可以激發或引起人員從事行為的問題，也就是探究人員的內心深處到底有那些需要、動機及慾望等，這些因素被認為是個人的一種內在的屬性，例如生理需要（飢寒溫飽）、安全需要（工作保障）、自尊心、榮譽感、友誼的需要及自我實現的需要等。管理者應瞭解人員的這些需要，而進一步在管理措施上加以滿足，如此便產生激勵的效果，此時「誘因」(incentive) 就成為管理者最該注意的因素。

　　在內容理論學派中，最具有代表性的理論有三種：(1)馬師婁的需要層

級理論 (Hierarchy of Needs)；⑵何茲柏格的激勵保健理論 (Motivation-Hygiene Theory) 或兩因理論 (Two-factor Theory)；⑶阿特福 (Clayton P. Alderfer) 的生存、關係、成長理論 (ERG Theory)。前兩種理論已在本書第三章中有所介紹，此處僅介紹 ERG 理論。

　　阿特福的理論，可以說是對馬師婁的需要層級理論的補充與修正，阿氏將人類需要的層級由馬氏的五級簡化為三級，由低而上分為：⑴生存需要 (needs of existence, E)；⑵關係需要 (needs of relatedness, R)；⑶成長需要 (needs of growth, G)，因此也被稱為 ERG 理論。

一、生存需要 (existence needs, E)

　　是指人們的各種生理及物質慾望的追求與獲得滿足，在組織中對人員的薪資、福利、工作環境的改善等，皆屬於此等需要。

二、關係需要 (relatedness needs, R)

　　是指在工作場所人們所追求的良好人際關係，因為人是社會的動物，不能離群索居，在其所工作的地方如能與同仁建立深厚的友情，對人員的心理是一種莫大的鼓舞與安慰。因此，管理者應設法營造坦誠無私的組織文化，讓人們之間可以獲得友誼與同屬感。

三、成長需要 (growth needs, G)

　　是指涉及一個人努力以求工作上有創造性或個人成長方面的一切需要，例如權力的獲得、升遷的前途、同事的肯定等。組織及管理者應在工作設計上、授權與授能上、考績與獎勵上多加運用，以使人員在成長方面的需要得到滿足。

　　具體言之，ERG 理論有三項主要命題：

1. 每一層級的需要愈不滿足，則對它的慾望愈大（即需要的滿足）。
2. 較低層的需要愈滿足，則對較高層級的需要的慾望愈大（即需要的強度）。
3. 較高層級需要愈不滿足，則對較低層級需要的慾望愈大（即需要的挫折）。

　　上述三項主要命題也可以「滿足－前進，挫折－退縮」的關係來顯示，茲以圖 16–1 說明之。

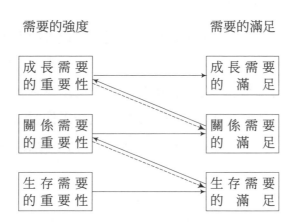

　　需要的強度　　　　　　　　　　需要的滿足

```
┌─────────┐          ┌─────────┐
│成 長 需 要│          │成 長 需 要│
│的 重 要 性│          │的  滿  足│
└─────────┘          └─────────┘

┌─────────┐          ┌─────────┐
│關 係 需 要│          │關 係 需 要│
│的 重 要 性│          │的  滿  足│
└─────────┘          └─────────┘

┌─────────┐          ┌─────────┐
│生 存 需 要│          │生 存 需 要│
│的 重 要 性│          │的  滿  足│
└─────────┘          └─────────┘
```

說明：滿足－前進：───▶
　　　挫折－退縮：-----▶

圖 16–1　ERG 理論圖

　　從圖 16–1 可知，阿特福的「ERG 理論」與馬師婁的「需要層級理論」有兩點重要的差別：

1. 需要層級理論以滿足前進途徑 (satisfaction-progression approach) 為基礎；換句話說，一個人在滿足某一個較低層級的需要以後，就會向前追求另一個較高層級的需要。但是 ERG 理論除了認為低層需要滿足後，會前進追求高層需要之外，還強調挫折退縮 (frustration-regression) 的狀況。也就是說，當一項較高層的需要未獲滿足或受到挫折時，會退而求其次，追求次一層級的需要的滿足。

2. 阿特福的 ERG 理論認為，一個人在某一個時間可以具有一個以上的需要，這是與需要層級理論不同之處。

　　一個管理者應當瞭解一項已經滿足的需要，不再是激勵的誘因。其次，他必須針對部屬的需要，設法予以滿足，以激勵其士氣及潛能。最後，在 ERG 理論下，如果部屬所要求的上層需要無法給予滿足時，也可以從滿足

其下一層級需要著手，同樣也可收到相當的激勵效果。

貳、過程理論學派

激勵的內容理論有助於我們瞭解那些因素可以激起人們從事某些特定行為的動機，但是對於人們為什麼「選擇」一種特殊的行為模式以達成工作目標所提供的解釋甚少，激勵的過程理論就可以達到此等目的，這方面的研究學者重視用什麼方法與手段來激發人們的工作意願。它包括兩個主要理論，即「期望理論」(expectancy theory) 及「公平理論」(equity theory)。

一、期望理論

根據期望理論的說法，一個人的行為反應是一種意識選擇，而此種意識選擇乃係基於對不同行為策略 (strategies of behavior) 予以比較評價的結果。例如到底每天都努力工作或是每五天中以三天努力工作可以獲得較高的報酬？如果某人相信每天努力工作可以獲得較高的報酬，則期望理論即可預測，他將每天努力的工作。

佛洛姆是期望理論的代表學者，他根據杜門 (Tolman)、李文及艾金生 (Atkinson) 等人的著作，歸納為他的「工具或期望理論」(instrumentality or expectancy theory)，其理論的基本概念可用下列公式表示之：

$$激勵 = \Sigma 期望值 (valence) \times 期望 (expectancy)$$

此一公式的意思是指一個人是否得到激勵，係他個人的期望值與期望的乘積，而這兩項因素可用「0 與 1」來表示，例如一個人對升官的期望值是 1，而他所期望的官位也得到了（也是 1），兩者相乘之積是 +1，此即意味產生激勵；反之，其中一個因素是 0，則乘積自然是 0，亦即不產生激勵作用。

佛洛姆的「工具或期望理論」除以上述期望值（valence 也可譯為價量）及期望作為激勵的主要變因，其後他又將此公式增加了結果 (outcome)、工具 (instrumentality) 及選擇 (choice) 三項變因，最後加以整合

成為期望理論的激勵模式 (V. Vroom, 1964)。 現將此五項變因分別說明如下：

1. **期望** (expectancy)：是一種關於特定行為會有一種特定結果的可能性所感覺的那種信念，例如某人認為他努力的結果會有績效，而績效會導致未來的升遷或加薪。

2. **價量或期望值** (valence)：即一個員工偏好一種特定結果的強度，例如升遷的結果是某人所偏好的，那就具有積極價量（期望值），但價量也可能具有消極面，例如主管的忽視、工作壓力或同事猜忌等。

3. **結果** (outcome) **或獎酬** (reward)：即一種特定行為的目的產物，可分為第一層次或第二層次的結果 (first or second-level outcome)。 一種手段─目的的架構 (a means-end framework) 則用以表明第一層次結果如何與第二層次結果相連繫（見下圖）。一般說來，第一層次結果指某些方面的績效，如工作目標的達成，而第二層次結果則被視為第一層次結果期望產生的期望，如加薪、晉升之類。

4. **工具** (instrumentality)：指第一與第二層次結果的關係。如果第一層次結果導致加薪，則工具可認為具有加一的正面價量；反之，第一與第二層次結果間沒有察覺出的關係，則工具的價量等於零，通常為零至一之間的關係。

5. **選擇** (choice)：係指個人對特定行為模式的決定者，個人係就選擇一種特定行為可得到的一組可能的結果，來衡量所採每一種行動的成果及價量。

　　佛洛姆的期望理論的激勵模式可以圖 16–2 表示。

二、公平理論

　　公平理論係由亞當斯 (John S. Adams) 所提出 (1976)。此理論認為，人們如果感覺所得報酬的數量與其努力間有差距，將會設法減少其努力；另外，其差距愈大，將愈努力設法減少差距。所謂差距 (discrepancy) 是指所察覺到的兩人以上之間的差異而言，此種差異可能只是主觀的感覺，也可

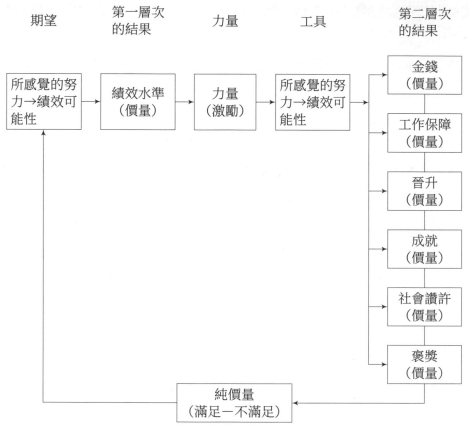

圖 16-2　期望理論的激勵模式圖

能是客觀的事實。

　　據亞當斯表示，無論何時當一個人覺得其工作結果 (job outcomes) 與工作投入 (job inputs) 的比率，和另一個參考人的結果與投入者相比而不相稱時，會有一個差距或不公平的感覺存在。該參考人可以是同一單位（或團體）的成員，可以是另一個單位（或團體）的人，也可以是機關組織以外的任何人。

　　在公平理論中，投入是指一個工作人員帶進或投入工作上的努力、技能、智慧、教育及工作績效等。而結果則是指從任務完成所獲得的有形與無形的報酬，例如薪資、升遷、褒獎、成就及地位等。

　　亞當斯假設，工作人員將其投入及結果，以之與地位大致相等的其他工作人員相比，如果兩個人的比率不平衡，這個工作人員就會被激發去減除此種不公平的現象。

　　茲以圖 16–3 表示公平理論的模式。

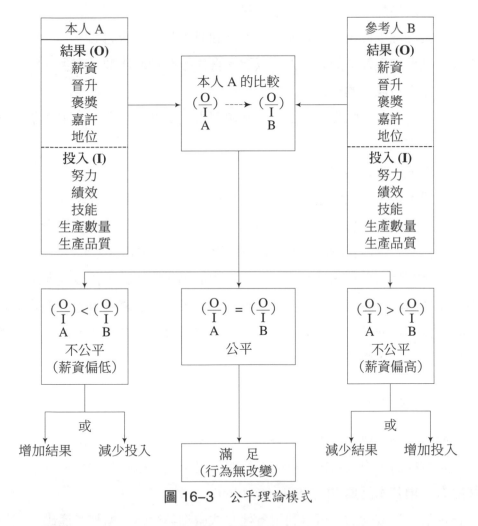

圖 16–3　公平理論模式

　　從圖 16–3 中可以看出三個步驟的運作過程：

1.本人與參考人之結果及投入比率的比較。

2.判定公平或不公平，公平等於滿足，不公平等於不滿足。

3.被激發設法減除不公平的行為。

　　工作人員可能採取多種行為模式以減少不公平的現象。在不公平的原因為本人的結果與投入比率較參考人為低時（如薪資偏低），他的作法可能有下列五種：

1.他會要求增加結果，例如要求加薪。

2.他會設法減少投入，例如減少工作時間或工作較不賣力。

3.改換其他情況較差的參考人，以對本身作較有利的比較，產生「比上不足、比下有餘」的感覺。

4.設法改變參考人的投入或結果，例如要求主管增加參考人的工作量或減少參考人的薪資。

5.離開現職，另謀高就。

　　如果不公平的原因是本人的結果與投入比率大於參考人時（如薪資偏高），他可能被激發去減少結果（如要求減薪），也可能設法增加投入（如增加工作量），或者改換其他情況較佳的參考人，以求心安。

　　主管應用公平理論激勵部屬時，應瞭解部屬對於其工作投入與工作結果的比較狀況，並協助其作合理的判定。如果發現部屬確實處於不公平狀況時，應予以適當的調整補救，使他願意在感覺公平合理的情況下，接受激勵，選擇可以達成組織目標的行為。

參、增強理論學派

　　增強理論主要係以史金納 (Burrhus F. Skinner) 的學習理論為依據，它的重點在探討工作人員被激勵的行為如何可以長久維持。增強理論研究的基礎有三項基本因素 (B. F. Skinner, 1969)：

1.它相信人是被動的，可以利用各種方式激勵其行為，增加其產出。它摒棄了假設人都會主動的自動自發行為的說法。

2.增強理論也摒棄那些行為以人的「需要」、「壓力」或「目標」為基礎的解釋，因為它認為這些方面不可觀察且難以測量。它所注意的焦點是行

為的本身，因為那是可觀察及測量的。

3.增強理論認為，人們在行為上相當持續的改變，係來自增強的行為或經驗。換言之，經過適當增強，希望行為的表現可能性即可增加，而不希望行為的表現可能性即可減少。

增強理論認為可以強化或改變個人行為的增強，至少有四種基本類型：茲分別簡述於後：

一、積極增強 (positive reinforcement)

此類型的增強應用於一定的反應或行為，可以增加個人重複特定行為的可能性。例如當一位工程師被派擔任設計一件新設備的任務（刺激）後，他作高度的努力而準時完成該項計畫（反應）。其主管在作工作審核時，不但稱讚其工作成果，並因其工作優異而加薪（積極增強），於是該工程師會重複作高度的努力。

二、懲罰 (punishment)

此類型的措施是用來減少個人重複作機關組織所不希望的行為反應者。例如某單位規定工作人員的午餐時間為一小時（刺激），如果有某工作人員經常用一個半小時午餐（反應），其主管即將他召入辦公室，責罵他此種行為（懲罰）。該工作人員為了不再受責罵，立即改變此種行為。

三、迴避學習 (avoidance learning)

此一增強類型與積極增強同為主管們用來加強希望行為的一種方法。迴避學習的目的在預防不希望的刺激發生。以前述午餐為例，許多工人為了迴避因為午餐超過規定時間而受到懲罰，因而特別注意只用一小時進餐。積極增強在促使個人努力工作，以獲得機關組織的獎酬，即獎酬是因為績效良好的結果，而迴避學習則在促使個人迴避從事不希望的行為，不過，這兩者都對工作人員的行為具有正面的強化意義。

四、消滅 (extinction)

它是對於以前的一種滿意行為反應不予積極增強，因而減少該行為或反應的出現。例如某公司實施銷售人員獎金辦法，規定每開發一個新客戶

爭取一張訂單，即給予獎金，因此銷售人員非常努力開發新客戶。但過一段時間後，公司發現此辦法所費太多，難以維持，遂取消獎金制度。銷售人員知道格外努力開發新客戶並無任何報酬（積極增強），乃將其努力恢復至平常水準。

　　上述四種增強類型的目標，均在改變個人行為，使它們對機關組織有利。主管利用增強理論激勵部屬時，必須依據部屬的行為及績效，適當的選擇一種或合併數種類型，權變的予以應用。

　　至於實際運用增強理論的方式則有四種（以金錢獎酬為例）：

1.**固定時距**：按週或按月發薪或獎金。

2.**固定比率**：以生產單位為基礎的計薪制，或以佣金的比率獎勵之。

3.**可變時距**：發給獎金的時間不定期。

4.**可變比率**：不同時期給予不同比率的獎金。

　　對於史金納的增強理論批評者亦不少，歸納言之，有下列三點批評：

1.此一理論重視增強之技術，卻忽視個人行為的特色與複雜性，也就是將個人行為過度單純化，甚至有將人視為動物一般的悲觀。

2.過分重視外在的報酬制度，忽視了個人可由工作本身予以增強或激發的事實，亦即有過分著重運用「較低層次需要」來控制行為的傾向，並未考慮到個人亦可透過「較高層次需要」來獲得激勵。

3.增強理論的研究都屬於實驗室方面者，概括結論及應用於實際組織是未經考驗的。

第三節　激勵在管理上的應用

　　行政組織的各級主管的主要功能之一，乃在於運用各種方法來激發、鼓勵部屬，使之發揮最大的工作潛能，本節擬從下列幾點來論述激勵在管理上的應用。

壹、在改善管理方式方面

一、採權變領導及轉換式領導方式

　　基於人員個別差異及時空因素的考慮，領導者不能再以過去一成不變的領導方式來領導部屬，應因人、時、地的不同而採取彈性原則，因此並無所謂的最佳或唯一的領導方式，針對部屬的學歷、地位、經驗、家庭及個性等因素，採取不同的領導方式，其激勵的效果一定十分顯著。例如針對一位學歷高、經驗豐富、個性開朗的部屬，相信採取民主式的領導會比較有激勵的效果。其次，還要時時以部屬的需要及立場來考慮問題，而不是站在領導者的立場一味的要求部屬如何如何，這樣會讓部屬產生疏離感而影響士氣。

二、對部屬授權與授能

　　在一般情形下，工作人員總是希望能夠擁有相當的權力以處理自己的工作事項。而在層級節制體系嚴密的行政機關，部屬往往缺乏充分足夠的權責以執行業務，因此若不是工作進行不順利，就是工作完成後，也不覺得有什麼成就感。如果能夠徹底實施分層負責逐級授權，將會激發工作人員的榮譽心、成就感、責任心及創造慾，因為實施授權後，被授權者有充分的自主權 (autonomy) 處理其權責範圍內的事務，不必再事事呈轉首長的批示，因此有充分的機會，發揮本身的工作潛能及智慧。

　　其次，在授能 (empowerment) 方面也要讓部屬獲得，授權是指工作的自主權，而授能則是指給予部屬充分發揮自我的能力。例如給予員工適當的培訓，以增進知能並擴大眼界；多多舉辦工作研討及心得交換的會議，以彼此學習及相互瞭解，間接的也提升了人員溝通與協調的能力。

三、訂定良好的獎酬制度 (reward system)

　　獎酬制度的良窳影響員工士氣至深且鉅，組織如欲提高員工的工作士氣，必須訂定一套優良而合理的獎酬制度，這包括了物質和精神方面，例如待遇、福利、獎金、升遷、記功、賞識 (recognition) 等，讓員工在這樣

良好的組織中得到工作滿足感。

四、鼓勵進修學習

為增進員工的工作知能，組織應訂定一套完善的員工培訓計畫，供員工進修學習之用。政府目前已提供了不少國內外進修及訓練的管道，例如與各大學合作辦理的管理進修班、碩士學分班等，但仍有不少可資改進與擴大的空間，我們總希望人民的公僕是術德兼修、才能俱佳者，而公務員本身也希望透過良好的培訓計畫來提升自己的技能。

五、實施參與管理

所謂「參與管理」(management by participation) 乃是一種採取民主領導與激勵方式的管理制度，其主要目的在使機關組織成員有機會參與機關決策，以激發其責任心、榮譽心，並使之願為達成機關目標而奉獻。它有三項重要的觀念：

1. 參與是成員精神與感情的灌注，而不僅是身體的活動。
2. 參與是激勵成員對工作環境的貢獻，允許成員有表現與創造的能力。
3. 參與是鼓勵成員在其工作團體中勇於擔負責任。

推行參與管理，主要可經由下面幾種途徑：參與團體決策、參與資訊流通、參與諮詢制度、參與建議制度、參與多頭管理。

貳、在改善工作條件方面

一、改善工作環境與設備

機關組織的工作人員每天把絕大部分的工作時間花在工作地點，例如辦公處或工場、研究室等，他們的工作情緒及績效深受工作環境與設備的影響。「工欲善其事，必先利其器」，機關組織必須盡量為工作人員購置新式且效率高的辦公器具與設備。其次，機關組織應當適時從事「空間管理」(space management)，對於辦公處所的布置安排，採取「機關景觀」(office landscape) 的布置方式，以開放、多采多姿的空間布置，為工作人員提供愉悅、舒適的工作環境，藉以提高其工作士氣，增進工作效能。

二、建立良好的績效評估制度

良好的績效評估可以發揮多重的管理效果，舉凡員工的晉升、獎懲、個人及部門對組織目標達成的程度、人員訓練的評估、人員工作指派的決定等，也是對人員能否產生激勵作用的重要措施之一。績效評估要掌握信度 (reliability) 及效度 (validity)，並把握時間 (timing) 問題，也就是即時、直接的來進行績效評估。

為了使績效評估在應用上具有實效及可行性，除了掌握上述的信度、效度及時間因素外，還要採取「工作分析」(job analysis) 來作為評估基礎。所謂工作分析包括四項內容：工作分類（職位結構）、工作說明書、工作規範及績效標準，管理者應建立這四項內容的詳細資訊，讓員工明確瞭解他工作的內容、性質、責任與權力等。績效評估進行的過程通常是由作業的基層開始，每一員工的績效由各部門的直接主管加以評估，而整個部門的績效則由較高層級評估，最後，由機關首長評估整個組織的全面績效。

參、在工作設計方面

工作設計乃關乎種種可支配組織目標達成，及個別在工作上滿足個人需要的工作內容、工作功能、及與他人的關係等。工作內容包括：⑴工作的多樣性；⑵工作的自主性；⑶工作的複雜性或例行性；⑷工作的難度；⑸任務的同一性（從事該工作的全部或一部分）。工作功能包括：⑴工作方法；⑵工作的責任；⑶工作的權力；⑷訊息流通；⑸協調需要。與他人的關係則包括：⑴所需與他人互動或來往的程度；⑵獲得友誼的機會；⑶團隊精神的需要。

工作設計早就被管理學者所運用，像早期的科學管理所設計的「專業化」(job specialization) 及按件計酬即是一例，但後來發現激勵的效果有限，於是加以改進，乃有下列三種工作設計的產生。

一、工作輪調 (job rotation)

人員在同一工作崗位上工作過久，易導致工作的厭倦感及單調乏味，

進而完全失去了工作興趣，因此工作輪調的工作設計乃應運而生，這實際上是相當容易運作的，亦即使人員在不同的工作間輪調或增加人員從事不同工作的機會，其目的在使人員能夠接觸及熟悉新工作，相對的可以消除工作上的倦怠感，使人員感覺到工作的意義及價值。

二、工作擴大化 (job enlargement)

對人員的工作作橫的擴張 (horizontal expansion)，亦即使工作人員從事較多種類的工作，以減輕工作的單調乏味，工作擴大的結果，可使人員增加新的工作技能，進而鼓勵了人員的士氣。

三、工作豐富化 (job enrichment)

工作輪調及工作擴大化雖亦具有激勵的作用，但效果有限，於是乃有「工作豐富化」的工作設計出現。所謂工作豐富化即對人員的工作作「縱」的加載 (vertical loading)，以何茲柏格兩因理論為基礎，強調增加工作挑戰性、自主性、責任感及褒獎（賞識）的概念。

工作豐富化的重要因素包括以下數者：

1. **對資源的控制**：工作人員對其任務及工作上所需的資源有相當的控制權。
2. **責任擔負**：工作人員對其績效應負責達成。
3. **反饋**：績效評估應該直接、明確，並時常舉行。
4. **工作進度**：工作人員應能在組織目標範圍內自定其工作進度。
5. **成就**：工作本身應讓員工覺得是值得完成的事。
6. **個人成長及發展**：工作豐富化可使人員學習及嘗試新工作的機會，俾能發展個人成為永不落伍的工作人員。

上述六項工作豐富化的因素可以達到激勵的目的，例如增加人員對資源的控制權，可以激勵人員的責任感及自我成就；指派新的工作及任務，則可使人員得到學習與成長的機會；定期的反饋，則可達到褒獎及賞識的目的。

第十七章　行政計畫與行政決定

第一節　計畫的意義與重要性

計畫 (planning) 也稱為設計或企劃，是行政過程（管理過程）中最重要的一環，沒有計畫則其他的行政過程如組織、協調、控制及考核等皆無從實施，因此可知，計畫為一切管理工作的基礎，任何的管理工作或程序，皆有計畫的活動。俗語說：「凡事豫則立、不豫則廢。」這裡所謂的豫就是計畫、設計之意。

關於計畫一詞的意義，學者論述者頗多，茲引證一些：

卡斯特與羅森威說：「計畫是事先決定作什麼及如何去作的過程，它包括了選定目標、制定政策、方案及程序以達成目標。」(Kast & Rosenzweig, 1974: 437)

孔茲及奧丹尼爾說：「計畫是預先決定要做何事？如何去做？何時去做？由何人來做？它是經由合理的程序，對於各種行動方案作有意識的決定，並根據目標、事實和經過思考的估計，作為制定決策的基礎。」(Koontz & O'Donnell, 1972: 113)

泰瑞說：「計畫是根據有關事實，對達成預期目標作一假設方案，並運用此一方案以達成目標之具體行動。」(Terry, 1964: 184)

張金鑑教授說：「計畫就是一個機關事先決定應作何事及如何去做。」（張金鑑，民 62：297）

綜合以上各家的看法，吾人可對計畫一詞作如下的說明：⑴行政計畫是根據機關使命與目標，審察現勢，展望將來，預先決定所要達成的任務及其實施的方法與步驟，以為執行的張本；⑵行政計畫是以詳盡的思考，

研究分析所遭遇的問題與情況，決定如何處理的方案或策略；⑶行政計畫是基於實際的知識與經驗，思考將來應採取的行動；⑷行政計畫是將自己置身於未來的工作情況中。

孔茲及奧丹尼爾則以四個具體理由說明計畫的重要性（國立編譯館譯，民 62：92～99）：

一、可抵銷不確定與變動的影響

由於未來之不能確定與變動性，使事前計畫成為必要，航海者不能忘記已確定的航路。同樣的，管理者也不能將目標確定後，即將之置之高閣。相反的，為了應付未來的不確定與變動，管理者必須妥為計畫，才能有效的達成目標。

二、使注意力集中在目標上

因為所有計畫都指向如何達成目標，故作計畫時注意力應集中於目標。一妥善考慮過的全盤計畫，統一了各部門的分計畫，因而也劃定了分計畫自由發展的限度。傳統上，管理者都偏重於解決目前的問題，故計畫可強迫他們考慮將來，以至於強迫他們考慮到計畫的適時修正及充實，以使之能更有效的達成目標。

三、使作業經濟

計畫著重於作業的效率與協調一致，因而能減低成本。它執行了對個別的不協調間的行動所必須有的「統一指揮」業務，也使不平均的工作分量能平均的分配在各個時間階段中，更能以經過研討後的抉擇代替衝動式的決定。

四、使易於管制

有了計畫以後，管理者對部屬所完成的工作才能加以核證，否則管理者對部屬的監督將無所依憑。

從上所述可知，為了獲得最大的產出成果，為了應付未來變動不居的環境，為了把握住努力的目標，以及為了確實的進行管制、考核，任何一個組織都必須訂定完備周密的計畫，從此我們便可體會出計畫的重要性了。

第二節　計畫的本質與原則

一、計畫的本質（特性）

1. **計畫的領先性**：前已言之，計畫是指事先決定做何事及如何去做，既然是「事先」，則必然是講將來的事，而不是談現在的事，更不是談過去的事。因此，從事計畫的人，愈能先期從事計畫，愈能達到計畫領先本質的願望。再者，縱然每一位管理學家，對管理的機能有各種不同的區分，但無論如何區分，總有計畫的機能在內，且計畫總是居於各項功能的首席地位，亦可謂之為領先的地位。

2. **計畫的抉擇性**：前面說過有人認為計畫的本質即是抉擇，誠然，抉擇是計畫過程中一個不可或缺而且重要的步驟，並且此一步驟乃在計畫作為過程中的先期階段。諺云：「兩利相權取其重，兩害相權取其輕」，這就是最佳的抉擇。為了發揮計畫抉擇性的本質，應利用現代管理科學的方法，如線型規劃、博弈理論、作業研究等方法，來求得最正確的答案，做出最佳的抉擇。

3. **計畫思維的邏輯性**：計畫固然有繁簡、遠近、大小之別，但是從計畫的發生到完成，必經過一定的過程，雖然對於計畫的過程區分方法，學者間有各種不同的看法，但我們仔細觀察，整個計畫的過程，是在不斷的運用分析綜合的方法以進行計畫作為。在計畫進行之初，必須收集各方面的資料，以增加對問題的瞭解（分析）；由於分析的結果，可能獲得若干初步的考察（綜合）；這些初步考察又須分別加以比較研究（分析）；比較研判的結果，自須決定一項最佳的方案（綜合）；依據此一最佳行動考察，再擬訂各項細部計畫、衍生計畫，歸納成為一個整體的計畫（綜合）。以上的過程，就是運用分析、綜合的方法不斷在進行的。

4. **計畫的整體性**：現代政府功能擴張，分工精細，因此每一項目標的達成，必然有賴於各單位的分工合作努力以赴，以支持總目標的達成。而要各

單位間能協調合作，不致互相衝突和牴觸，則非賴計畫不為功，特別是在計畫過程中，要顧及計畫的整體性，亦即擬訂計畫時，要上下一體、前後一貫、左右一致。上下一體，是指上層單位計畫乃為下層單位遂行其任務而策訂；下層單位計畫乃係根據上級規定而發展，如此上下一體，以貫徹目標的達成。前後一貫是指由遠程指導中程，中程指導近程；亦即是說，近程依據中程，中程依據遠程，在計畫時程上是前後一貫，脈絡相連的。左右一致是指在計畫過程中，必須有關部門的通力合作，才能順利完成，計畫完成以後，又必須有關部門一致的努力，才能達成整體目標的要求。

5. **計畫的效率性與效果性**：計畫能使浪費降至最低及有效使用可用資源。計畫乃於各種方案中，選擇最佳最適當者，因此能節約經費，抑制非生產性之活動。由於計畫非個別、片面性之活動，故有促進綜合性活動之傾向，使業務獲得均衡發展，減少錯誤之發生。

6. **計畫的管理性與管制性**：計畫不僅在管理中居於重要的地位，而計畫本身也就是管理。一個組織在從事計畫作為與付諸執行的過程中，係包含管理的各種功能在內。再者，計畫與管制，也是一體的兩面，計畫某一項工作，即含有統籌策劃與管制執行的意義在內。如現代國家對於人口政策均甚注意，普遍推行「家庭計畫」，名為家庭計畫，實在就是對於生育的管制。

二、計畫的原則

訂定計畫雖不是一件很容易的事，但至少也有一些原則可循，為了計畫的切實可行，應遵守下列的原則：

1. **實際性**：擬訂計畫應本客觀態度及實事求是的精神，廣泛搜集資料、瞭解實況，這樣才能訂出對症下藥或切合實際的計畫。

2. **具體性**：計畫內容要具體確實，最好都能以數字表示，不可含混籠統。

3. **可行性**：考量執行時是否能按照原定計畫實施，並預判可能遭遇之阻礙，預想有無克服之對策。簡言之，需能順利實施。

4.**適應性**：考量計畫是否能適時適切完成，能否達到預期之目標。即需能適應環境，具有彈性。

5.**可受性**：考量達成目標所付出之代價與犧牲，政府人民或企業股東與員工所能忍受之程度，萬一情況發生變化，有無預備方案，以資應付。簡言之，需能接受變局。

6.**整體性**：自目標的確立，到細節的活動，應有統一的規劃，顧到整體的發展，主要任務與分部任務的配合。簡言之，需能顧及全面。

7.**普及性**：考慮計畫是否符合大眾的利益，是否為大眾所瞭解，內容是否正確，具體精密，避免抽象不實。簡言之，需能完整周密。

8.**繼續性**：計畫必須前後一致，尤其遠程、中程、近程設計需要連貫配合，俾能不斷延伸，不斷發展，並保持適度的彈性。簡言之，需能隨時改進。

9.**時間性**：計畫的時程、預定的進度，必須確切把握，同時注意到時間與人力、財力、物力之相互關係。簡言之，需能把握時效。

第三節　計畫訂定的程序

訂定計畫的程序，就是對所執行業務的思考，研究和分析的程序。對於制定計畫的考慮不外下列三項問題：⑴政策：即決定做什麼？⑵程序：即決定如何做？⑶組織：即決定何處做？

就整個設計訂定的程序言，應把握下列四步驟：

一、瞭解現況

當機關目標確定後，應對現況及可預期的情形加以瞭解和分析。此項工作又包括：向有關人員的請教、有關資料的搜集、資料正確性的判斷等。

二、解釋事實

對現況瞭解以後，應將各項事實加以解釋。最有效的方法，乃將所取得的資料一一列記，以研究其相互關係，這樣便可發現因果問題、時間問題等。

三、擬訂草案

在分析現況過程中，隨時可發現處理問題的方式，及應採取的要點，將此項要點記下，即可作為訂定計畫的參考。對現況瞭解愈深，所擬具的要點也愈可靠，最終必能獲得很多的計畫草案，這些都是訂定最後計畫的重要藍圖。

四、決定計畫

各項草案擬訂後，進一步乃是如何在許多草案中選擇一項最有效及最可行者，作為最後的計畫，但此項決定並非易事。

計畫提供個人和組織兩方面達到掌握未來和建立行動方案或意向。羅森威和卡斯特對於企業設計的邏輯途徑，提出以下幾個步驟，可作為行政計畫之參考 (Kast & Rosenzweig, 1974: 421～422)。

1.評估未來政治、經濟、競爭的或其他環境。
2.想像在這種環境中的期望的組織角色。
3.認清顧客的需要和要求。
4.決定其他利益團體，如股東、職員、供給者和其他人員的需要和要求的變遷。
5.提供一個溝通和消息流向的系統，使組織成員能夠參與決策過程。
6.發展廣闊的目標和計畫，以指導整個組織努力的方向。
7.基於詳細的基礎，如研究、設計和發展、生產、分配和服務等，將廣闊的計畫轉變成功能的分工。
8.在這些和整體設計工作有關的每項功能範圍內，再劃分為更詳細的設計和資源利用的控制。
9.提供一個情報交流及溝通的系統，使組織中多數成員能參與計畫的過程。
10.設計一個情報反饋及控制系統，以確定在計畫完成時的進展及問題。

史泰勒 (George A. Steiner) 在其所著的《管理計畫的結構與過程》(*The Structure and Process of Managerial Planning*) 一書中，曾列表說明計畫過程 (Kast & Rosenzweig, 1974: 447)：

　　史氏的此項管理計畫過程圖（如圖 17-1），目前被廣泛的應用著，他的重點是：

1. 考慮各種前提：如一個機關的基本目的、組織的目的、社會及經濟的目的、高層管理人員的價值觀念。

2. 衡量內在及外在環境的事實因素、機關的優點、缺點，再制定機關策略性的計畫。

3. 策略性的計畫：是概括而綜合的，包括了組織的使命、長程目標、政策及策略，其目的在提供準備工作指針、賦予工作動機，並作為下達指示之根據。

4. 中程計畫與策略：包括次級目標、次級政策及次級策略，為溝通遠程及近程計畫的重要階段，它使得長程計畫得以具體化，對短程計畫則提示其方向。

5. 短程計畫：包括目的、短程目標、程序及多種技術性計畫。短程計畫中，主要在訂定詳細計畫，應將六 "W" 原則包括在內：

　⑴ what：達成目標的行動為何？

　⑵ why：何以要採這些行動？

　⑶ when：何時完成這些行動？

　⑷ who：何人負責實施某一行動？受何人督導？可指揮何人？

　⑸ where：在何處或由何部門實施此一計畫？自何處得到支援？

　⑹ how：如何實施這些行動？

6. 計畫完成後，應將多種計畫組織起來，使之具備完整性。

7. 計畫的執行與評估 (Kast & Rosenzweig, 1974: 445～448)。

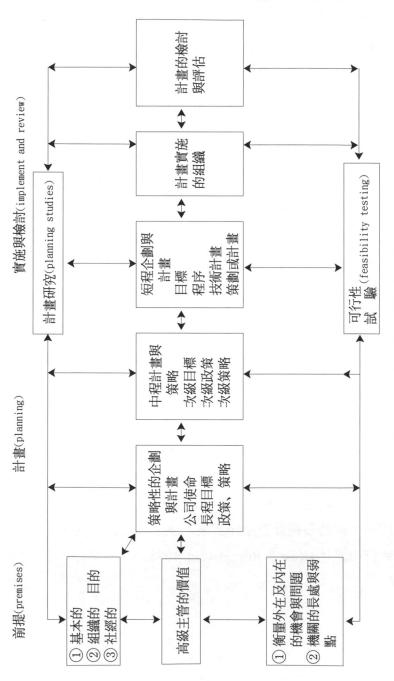

圖 17-1　史氏管理計畫過程圖

第四節　計畫的種類與障礙

壹、計畫的種類

一、依時間分

1.**即時計畫**：即對一項工作或一個問題必須立即予以處理的計畫，其訂定計畫及採取行動的時間均甚為倉促。

2.**短期計畫**：多由業務需要的變更，或設備與投資的改變，或組織上的調整而訂定者，以不超過二年者為限。

3.**中期計畫**：多屬高階層瞻望未來業務需要與社會經濟之演變而擬訂，為二年至五年之間者屬之。

4.**長期計畫**：多屬原則性與分析性的計畫，不涉及細節，重點放在目標與策略的選擇，作為研擬短期計畫的依據。同時長期計畫具有高度的彈性，就時間而言為十年至二十年的計畫。

二、依發展的步驟分

1.**目標計畫**：明確決定業務的目標。

2.**政策計畫**：決定實現目標的方法。

3.**業務計畫**：根據目標與方法決定實施的業務。

4.**程序計畫**：決定實施業務的步驟與程序。

5.**時間計畫**：決定實施業務的日程與時間。

三、依功能的不同分

1.**業務性的計畫**：亦就是經常性的工作計畫，在一定的時間內須向上級提出報告者。

2.**擴充性的計畫**：為擴充機關的業務而擬訂的計畫，如中華電信公司所訂的電信擴充計畫。

3.**改良性的計畫**：任何事業為了謀求業務的發展，必須不斷的檢討改進，

凡為達到此項目的而擬定的計畫均屬之。

4.**效用性的計畫**：此乃為求將人力、物力、財力等作更有效運用所擬的計畫。

5.**預防性的計畫**：為應付某些可能發生的事故而擬定的計畫。

6.**備用性的計畫**：為應付情況變遷時的需要，常訂出另一套計畫以作準備者。

四、就層級言

1.**上層計畫**：即組織中的高階層人員所欲達成的目標的計畫。

2.**中層計畫**：即組織中的中層管理人員所應從事的工作計畫。

3.**下層計畫**：即組織中的基層人員所要達成的目標。

貳、計畫的障礙

所謂障礙是對工作或事物產生不利影響的因素，因此在訂定行政計畫的過程中，亦會遭遇到不少的障礙，學者專家對於計畫之障礙也多有討論，孔茲等將之歸納為五點 (Koontz & O'Donnell, 1972: 226)：(1)過程（手續）與習慣的限制；(2)資本條件的限制；(3)未來條件的前提的限制；(4)時間及費用的限制；(5)外在環境的限制。

不過討論此一問題較為周延者，為國立政治大學公共行政研究所碩士賴盛世，在其所撰寫的論文〈行政計畫障礙因素之研究〉（民國六十二年五月）中，詳細列舉了下列各種障礙（賴盛世，民 62：92～97）。

一、計畫人員的障礙

1.**專　家**

⑴擬定計畫需要專家為之，但專家皆有偏頗，知偏而不知全，在計畫工作中難免有所偏向，所以專家不宜主持全盤計畫。

⑵專家個性自負甚高，固持己見，不易與人相處，易造成爭端，使組織協調發生困難。

⑶專家常用專門術語（行話），一般人無法瞭解，造成隔閡，增加行政溝

通的困難。

專家所具有以上主要的缺點，顯然都有礙擬定行政計畫的進行。

2.**計畫機構**

⑴**幕僚機構**：計畫機關為首長的幕僚機關，故具有幕僚機構的缺點，其缺點如下：①幕僚人員與業務人員的衝突：由於幕僚人員與業務人員的背景不同，造成許多衝突，相互敵視，影響計畫機構工作的進行甚鉅，計畫的釐定或執行直接受其阻撓；②幕僚人員一般缺乏實際工作的經驗，所訂定的計畫，難免與實際有所出入，以致常受業務或執行人員的杯葛。

⑵**委員會的缺點**：①工作效率低為大家所詬病；②責任不確定，事權不專一，功則相爭，過則相諉，彼此相互傾軋；③所做的決議，妥協成分濃，且大家負責的結果，很容易形成無人負責或一人負責的情形；④少數操縱，由於議決事項，採用票決方式，容易造成少數控制決議，如一般採用多數決的方法，可能只相差一票之微而作成決定，這一票變成有決定性的票數，少數人可能使用此種手段左右大局。

二、時間的障礙

1.**時間限制計畫**：計畫是一件對未來展望的預測，人類受能力的限制，其對預測未來事項的正確性，是與時間的長短成反比，即距現在到未來之時間愈久遠愈不可靠。蓋各種事象不斷演變，毫無規則可循，今日為是的事項，可能是明日為非的事項，所以擬定計畫就難免要受時間的牽制，只能作一短期性的計畫。

2.**時間幅度的限制**：人類的工作效率，無法維持恆定不變，即一個人的工作效率起伏不定，常隨時間變化不定，尤其是思考計畫的工作，更無法把握正確的工作進度，如果在時間的限制之下，必須在某時間內完成某種工作，便可能造成草率的決定，所做的決定就很難正確可靠。

三、計畫目標的障礙

1.**計畫目標的多邊性**：計畫通常是為某種目的而設計，應有一個明確的目

標，可是計畫往往是多邊性的，很少只限於單純的單一方面，因此擬定
計畫目標是很難作到妥當的。

2.**目標相互衝突**：長期目標與短期目標很難配合，個人目標與團體目標亦
有相衝突，前者致使全盤計畫不能一致，後者造成組織難以協調。

　　上述原因都會造成計畫工作的困難。

四、使用資料的障礙

　　擬定行政計畫事先必須作調查研究，搜集資料或情報加以探討分析，
作為決定的依據，但資料或情報的不全或不正確，可想像得到是直接影響
作決定的判斷，可是由於人類能力的限制，搜集資料與情報不可避免地，
無法齊全；其次，傳遞情報或解釋資料與情報亦會產生歪曲、誤解的現象，
結果使從事計畫人員的判斷不能正確。

五、計畫經費的障礙

　　計畫必須以經費作後盾，否則計畫工作不能進行，而計畫也無從實現，
但是這一筆經費的數目卻是非常的大，是否能夠為立法機關所通過頗成問
題，這樣使得計畫的訂定受到很大的限制。

六、地區差異的障礙

1.地域觀念與習俗的不同，往往影響到計畫的擬定。

2.各地區環境不一，計畫工作步驟難以齊一，增加了許多配合上的困難。

七、其他因素的障礙

1.**法規的限制**：計畫中各種決定都要在法規限制下合法進行，可是法規都
具有時間性，往往不能適合時代的要求，而計畫卻係對未來的一種展望，
極具未來性，顯然兩者很不和諧，擬定計畫時難免處處受到限制。

2.**技術與知識不足**：計畫人員由於計畫技術與知識不足，常造成許多困難，
影響擬定計畫的妥善與正確。

3.**人類的惰性**：人類都具有反抗新的行為，計畫為一種改革，故容易招惹
抵抗，阻擾擬定計畫工作的進行。

4.**習俗與信仰**：由於計畫是一種改革性的事情，人民的習俗與信仰常受到

改變，但人民習俗與信仰遭受改變，其反抗之力最為強烈，易造成整個計畫無法完成。

5. **自私心**：由於自私心理，計畫很難適合大眾，所以必遭到少數人的阻擾。

6. **不合理的建議**：人類行為往往不能完全理性，因此人民常常提出不合理的建議，致使擬定行政計畫的困難。

7. **部屬的反抗**：部屬對上司的決定或命令常加以反抗，以致擬定計畫的工作不能順利完成。

8. **偶發事件**：偶發事件很難控制，如計畫人員的離職或死亡，都會耽擱訂定計畫工作的進行。

9. **障礙因素的隱藏性與易變性**：因為障礙因素不易發現及隨時在改變，所以隨時可能發生阻礙擬定計畫的工作。

第五節　行政決定的意義與步驟

行政決定 (decision-making) 是指一個組織為達成任務及解決問題時，就若干可能的行動與方法作最佳的抉擇的過程。賽蒙曾率直的指出，所謂行政就是組織的整個決策活動，由此可見決策或行政決定在行政學中的重要地位。

有人以為決定就是機關首長的權力與責任，其實任何一個決定都和整個的組織有關，一直下達基層部分，所以賽蒙根本主張行政學就是研究如何做決定的學問，而行政首長的功能之一便是如何使決策制定得最理想，他只不過是決定過程的最後一步罷了。當然，決定的好壞直接影響到組織的效率，所以現代管理非常重視決定問題，「決策理論」乃成為管理學上的基本要素之一。

行政決定在形式上雖然是機關首長的功能，但在實質上乃是機關全體人員集體思考與相互影響的過程所共同形成的結果。因為任何一個問題的產生，都牽涉到許多因素，首長應當就有關的人員加以諮詢，或指定他們

搜集資料，分析事實，然後向首長提出幾種可行的方案，而首長的功能就是在這幾種可行的方案中，做一最佳的抉擇，這便是行政決定。所以行政決定是集思廣益，群策群力的結果。

制定合理的行政決定，應該把握住一定的步驟，否則便會造成問題，使得決定變成無意義。其步驟是：

一、清晰瞭解問題

對於應行決定的事項，必先瞭解問題的癥結，例如要解決臺北市交通紊亂的問題，主管機關及人員就必須對造成交通紊亂的原因加以瞭解，一如醫生看病一般，如不瞭解病情及病源，怎能對症下藥？所以要制定決策的第一步，就是對所要解決的問題作透澈的瞭解。

二、尋求有關事實

當問題產生後，要盡量探求事實，對問題各方面的事實都要查明，如何人？何時？何地？何故？如何？多少？若干時？及發生何事？如果能夠對這些事實都獲得資料，對於制定決策便有很大的助益。

三、分析事實資料

有關資料搜集完畢後，還要加以分析，明其底蘊，知其關係。

四、擬訂可行方案

對問題事實分析以後，便可得到解決問題的各種原則性的方案，但是還要就這些方案與有關人員磋商，以便得到更多更好的解決方案，凡搜集可能解決的方法愈多，則問題得到最佳解決的機會也愈多。

五、選擇最佳方案

這是決定的最後一步，也就是機關的首長就已擬具的若干可行方案，選擇一最佳者，以便付諸實行。

第六節　行政決定的方法

一、非理性的決定方法

1. **求神問卜** (super-natural)：在許多落後地區，行政決定往往求諸神明或卜筮，商朝時期也曾有過這種情形，從甲骨文中發現當時人們非常喜歡卜筮，甚至政府的措施也要以卜卦來決定凶吉。

2. **訴諸權威** (authority: the older the better)：很多人在做決定時，往往喜歡訴諸權威，而不加任何理性的考慮，認為前人的說法就是對的，但天下沒有「放諸四海而皆準」的辦法，也沒有「百世以俟聖人而不惑」的真理，外國的權威是否合乎本國的國情？古代的聖賢是否具有時代的精神？這些都是值得考慮的，如果一味訴諸權威，將是一件十分危險的事。

3. **直覺判斷** (intuition)：這是最主觀的一種做決定的方法，完全根據自己直覺的判斷，根本沒有分析事實，瞭解情況，把問題看得過分的簡單，這樣的決定當然也是非理性的。

二、理性的決定方法

1. **常識判斷** (common sense)：常識乃經驗的累積，也是經過了許多的事實考驗而得到的結果，例如農夫能觀天象而知氣候之變化，決定了他們耕作的要素。

2. **邏輯推理** (pure logic)：邏輯是一種科學的思維方法，它是有條理、有系統的學問。它注重搜集事實以尋求可行的法則，「大前提」的建立最為重要，有了正確的大前提，用以推理則可得到正確的結論。

3. **科學方法** (scientific method)：邏輯本來也是科學方法，不過這裡所謂的科學方法是指採用科學儀器或數學公式來尋求答案者。所以最新的決策理論主張利用電腦模擬 (simulation)、線型規劃 (linear programming)、博弈理論 (game theory)、機率理論 (probability theory) 及作業研究 (operations research) 等方法來制定決策，這些方法都需要電腦與數學來

協助。現在將這些方法的重點說明如下：

(1)模擬：紙上談兵是沒有用的，最好還要加以試驗，經試驗中可以得到幾種模式，這些模式便成為制定決策的重要參考。其實模擬本身並不是一門新的學問，例如軍隊的作戰演習就是模擬，不過自從電腦被廣泛應用以後，行政（或企業）決定往往利用電腦作業，產生了許多模式，可供決策者參考。

(2)線型規劃：這是尋求有限資源最佳分配的一種技術。它是假定問題中的各個變數間存在著一種直線關係，可以用直線函數表示，以計算最佳的解答。這種方法主要用於生產計畫、運輸速率與途徑，以及生產與倉儲設備的利用等。

(3)博弈理論：這是由機率原理發展而來，可以用之於競爭性的管理問題（特別是企業管理）。決策者對於某些問題的影響因素不能完全控制，但是和對方處在競爭情況下的時候，就可應用博弈理論，以制定最佳的決策。所以此一理論所要解決的問題是敵我雙方利害關係相互連鎖的問題，正如下棋或打牌一樣，如何尋求利益最大或損失最小，以犧牲對方為目的而達成最佳的決策。

(4)機率理論：這是一種統計方法，基於經驗的推斷，認為事件的發生常遵循著一種既定的型態，例如擲硬幣一百次，可能有五十次的機會是人頭朝上，所以機率的偏差有一定的預期範圍，通常是用來測定某一事件可能發生的機會，因此一些未知數可以由機率來代替，而解決問題的可能錯誤將會限定在一定的範圍。

(5)作業研究：這被認為是一種較為完備的科學決策方法之一，它不僅是一項決策技術，而且已成為運用科學方法的業務分析系統，就是注重整個的輸入與輸出系統的分析與控制，以計量為基礎，就所尋求的目標作成最佳答案。作業研究的應用，包括了六個步驟：①將問題作系統陳述，以表明整個組織系統，或部門生產系統中有關人與物之間的複雜相關性，而有助於最佳行動路線的決定；②建立數學模式，表示

問題中相互關聯的系統；③從模式中求出答案；④模式的試驗；⑤對
於模式及解答，提供控制的方法；⑥將模式及其輸入付諸實施（龔平
邦，民 61：188～191）。

第七節 行政決定的障礙

一、理性限制的障礙

賽蒙認為人的理性是有限的，因此實際行為不可能合於客觀理性的要
求，其理由如下：

1. 在許多可能的行動中，人在實際決策時只能想到少數幾個。就一個簡單
   情形如一個人一分鐘內身體各部位的動作言，實際可能的動作不知多少，
   但人想到的動作只有很少的幾種。

2. 客觀理性要求知道全部可能行動的全部結果。實際上，人不僅不能知道
   全部可能行動的全部結果，對任何一種行動的結果都只能知道一部分。
   而且在實際決策時也不容考慮許多間接的結果，否則就無法決定。同時，
   決策者在做決定時根本未想到許多可能的行動，更不可能知道這些可能
   行動的結果。

3. 即使對一個行動之實際結果瞭解正確，在做決定時對此結果之價值估量
   與得到此結果後之價值體驗未必一致，從決定至實施完成時，價值觀點
   也可能有變化。因此即使能做到客觀理性的第一、第二步驟，其決定亦
   未必一定正確（華力進，民 69：48～55）。

二、心理上的障礙

人們在心理上有些毛病會影響到吾人做決定的偏差，例如我們判斷事
物往往只憑我們自己所有的成見去判斷，這種成見是否正確或正當便大有
問題。又如人們總喜歡選取與其本人相符合的觀點或行為而排拒與其不合
的論點，這往往也會造成決策時的錯誤方向。

其次，人類有避重就輕，怕難喜易，趨利避害的心理弱點。一個人在

做行政決定時，每因這種心理弱點的作祟，把難的事，輕易置之，把有害的事，偏從有利的方面去看。有的時候，決策者在做決定時，遇到所提出的資料相互矛盾，或從資料中整理出來的許多可用方案，不知所措時，往往採用通常所喜歡用的方法來做決定，因而往往忽視或曲解那些資料或情報。這是說明，人類避重就輕及趨利避害的心理，影響決策者在做決定時的正確性。

三、沉澱費用的障礙

所謂沉澱費用 (sunk cost) 是指在決定時，受到已有的設備的限制，不能隨心所欲做合理的決定。

四、法令規章的障礙

行政人員要依據法令規章來辦事，但是這些法令規章卻限制了人員的創造力與想像力，不能跳出這種法令的樊籠而自由發揮，所以決定也就無法十分理想。

五、全體參與的障礙

研究人群關係的專家們，都主張讓人員參與做決定，可以鼓舞工作情緒，並且可收集思廣益之效，但事實上，參與的行使並非漫無限制的，因為讓大家參與，就時間上及經費上是無法做到的，每個人各有自己的工作，根本無法騰出充裕的時間參與做決定，而在大家參與之下，所需花費的設備或用品對機關的開支也是相當可觀的。其次就機關中每一人員的興趣、能力及知識，各有差別，若全部參與，所提的意見必五花八門，很難做到一致的決定，也可能發生議而不決的現象。

第十八章　行政溝通與行政協調

第一節　溝通與協調的基本概念

　　組織乃由許多不同的部分所構成的一個完整體，此一完整體有其目的與任務，為了要達成組織的目的，各部門、各單位之間必須有密切的配合與協調，是以組織的內部即在以意見溝通及協調等方法，來使各部門之間，及各人之間能有彼此瞭解，產生團體意識，進而合作無間，完成組織的使命及目的。

　　溝通與協調係以組織本身為主體，較少涉及與外在環境之關係，此乃就組織內部之問題加以分析及研究，此等問題包括組織之結構、人員之工作分配與彼等精神需要、長官部屬之間的關係、同事與同事之間的關係、法令規章的配合，及辦事方法的講求等。

　　溝通、協調與公共關係的意義不相同，後者係指組織與外在環境之關係及其所受之影響，其目的在使本組織以外的有關團體及人員瞭解本組織的業務、工作成就及遭遇的困難，進而同情及支持本組織，使組織的任務能因而得到社會的支持而加速完成，所以，溝通、協調在求組織內部的合作與團結，而公共關係則在尋求外在的合作與支持，兩者對於組織的成敗皆有莫大的影響。

壹、溝通與協調的目的

一、加強人員之間的團結

　　組織雖然是由設計及計畫的組織體系及人員權責分配所構成，但這只是「靜態」的一面，組織尚有「動態」的一面，這點不能忽略，甚至有人

認為所謂「組織就是人員心理所構成的一個團結體」。由此可知,要想機關組織健全,不能只注意層級節制及事權確實,必須還要注意人員之間的心理狀態,也就是注意人員相處是否融洽,彼此合作的精神夠不夠,論者認為溝通與協調的目的,便是加強人員之間的團結,使彼此瞭解,相互尊重,只有這樣做,組織的目的才容易達成。

二、改進業務處理的方法

吾人在辦理組織的業務時,往往可以發現許多需要改進的地方,諸如工作程序的簡化、科學方法的採用及其他突發的情況等,同時,工作人員的聰明智慧及經驗,也能創造許多更有效的業務處理方法,如果大家彼此能夠多多溝通、協調,交換工作心得,一定可以使組織的業務處理得更為完善。

三、可瞭解彼此之間的需要

現代的社會是一個相互依存的社會,組織之中也是如此,上級人員需要下級幹部的忠誠努力,部屬需要長官的正確領導,同事之間也是彼此影響,相互依存。所以彼此之間要加強溝通,以增進相互瞭解,這樣長官所作的決定,才不致遭到部屬的不滿或消極反抗,同時,部屬也要瞭解長官的立場,部屬才不會認為長官「陳義過高」或「要求過多」。

四、可減少不必要的浪費

組織裡許多浪費的現象都是由於缺乏內部溝通與協調的結果,這種浪費的現象包括人力、物力、財力及時間,這一方面是由於各單位的「本位主義」作祟,一方面是由於彼此不知協調,因此常有「一事兩辦」或「事無人辦」的現象,如果各單位捐棄本位主義,以合作的精神,來與有關的單位或人員協調,則這種浪費的現象便會消除。

五、有效達成組織的使命

內部聯繫既然可以增進組織人員的感情,改進業務處理的方法,同時又能瞭解彼此的需要及減少不必要的浪費,所以組織本身的使命也就容易有效達成,這也就是現代化的管理觀念,組織決不可再各自為政,人員也

不能彼此「不相往來」，一個現代化的機關或組織，一定要注意內部的溝通與協調，這是獲致成功的不二法門。

貳、溝通的意義、要素、與特性

溝通一詞係由英文 "communication" 一字翻譯而來，其意義根據下列諸書者有：

《大英百科全書》：「用任何方法，彼此交換消息。即指一個人與另一個人之間用視覺、符號、電話、電報、收音機、電視或其他工具為媒介，所從事之交換消息的方法。」

《韋氏大字典》：「文字、文句或消息之交通，思想或意見之交換。」

《高層管理手冊》(*Top Management Handbook*)：「溝通者，乃使一個人的觀念和意見，能為其他人所瞭解的活動。」

張金鑑教授在其所著之《行政學研究》一書中說：溝通「即是使機關職員對機關的問題與任務獲得共同的瞭解，使思想一致，精神團結的方法和程序。」（張金鑑，民 55：65）

從上面各家的說法看來，意見溝通是組織中構成人員之間的觀念和消息的傳達與瞭解的過程，它是為完成組織使命及達成任務的一種必要手段，因為它可以促進共同瞭解，增強團體力量。

在意見溝通過程中，由傳送者傳至接受者，前者必須明確而有內容，後者才易瞭解這些內容，所以這包括了三方面的溝通，即下行溝通、上行溝通及平行溝通。凡是機關中人員或單位之間的溝通受阻時，則組織的團結與合作便談不上，同時在人員之間一定會產生誤會、不安、矛盾與衝突，這樣的組織一定是暮氣沉沉，毫無活力可言的組織。

溝通既然是人員之間以語言或文字為媒介來彼此交換意見、思想、消息的過程，則其所包括的要素有下列五點：

1. **發動者**：即負責有意志有目的的文字或語言傳遞者，如發言人、建議人、發令人等。

2. **溝通的路線或程序**：即意見傳遞應有一定的媒介與路線，以憑傳播與散布，如收發室、公告處、廣播電臺等。

3. **溝通的程式**：如命令、規則、通知、報告、公函、手冊、備忘錄等。

4. **溝通的接受人**：凡接受消息、命令、報告及任何溝通程式的人皆屬之。

5. **所期望的反應**。

　　根據以上各點論述，我們可將溝通的特性歸納為四點：

1. **互動性**：溝通是人與人之間相互交往的過程。

2. **媒介性**：溝通必須使用語言、文字、符號或表情（手勢）等媒介來加以完成，如不運用任何媒介，則無法溝通。

3. **期待性**：溝通是一種期待的行為，總希望獲得對方的某種反應。

4. **目的性**：溝通是一種有結果的行為，如無結果則目的無法達成，就需要進行另一次的溝通。

參、協調的意義與目的

　　協調 (coordination) 是組織內各單位之間、各人員之間在工作上密切配合的一致行動。其與溝通有不可分的關係，溝通是在求思想觀念的一致，而協調則在求行動的一致，正如一體之兩面，溝通本身雖有其目的，但其目的之一則在求協調，所以我們可以這樣認定：溝通是達成協調的手段之一，而協調則為溝通的結果。

　　協調的目的則有下列四點（張金鑑，民 55：71）：

1. 使各單位中各職員間在工作上能密切配合，分工而合作，避免工作重複與事權衝突。

2. 使各工作員在和諧一致的情形下執行任務，消除浪費，增進效率。

3. 使多數人匯為一人，個別的努力成為集體的努力，單獨的行動成為合作的行動。

4. 使各個職員在其崗位上盡其應盡之責，守其應守之分，無隙無越，不使發生過分或不及之弊。

第二節　溝通的種類與方式

壹、正式溝通

　　正式溝通乃配合正式組織而產生，所謂正式組織乃是管理人員所計畫經由授權和職責分配所建立的地位以及個人間的關係，這種組織可以用組織系統來表示，而正式溝通就是依循著這個組織的系統線所作的有計畫的消息流動程序和路線。

　　正式溝通因係配合正式組織結構，故可依其消息流通的方向分為上行、下行和平行方面說明之（圖 18–1）。

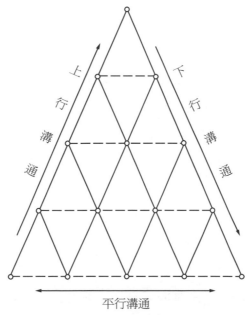

圖 18–1　正式溝通路線圖

一、上行溝通

　　上行溝通乃指下級人員以報告或建議等方式，對上級反映其意見。溝

通並非片面的，不是僅有下行或上行，而是下行與上行並存，構成一溝通循環系統。溝通的傳送者傳遞消息給接受者，經後者接受後勢必引起反應，再將意見反映給原傳播者。上行溝通的作用有下列數項：

1. 上行溝通提供了屬員參與的機會，因此：(1)長官能作較好的決定；(2)屬員更樂於接受組織的命令；(3)可滿足屬員的自重感，辦事會更有責任心。
2. 由上行溝通工作可以發現屬員對於下行溝通中所獲得之消息，是否按上級的原意瞭解。
3. 有效的上行溝通可以鼓勵屬員發表有價值的意見。
4. 上行溝通有助於滿足人類之基本需求。
5. 員工直接與坦白的向上級說出心中想法，可以使他在緊張情緒和所受壓力上獲得一種解脫，否則他們不是批評機關或人員以求發洩，就是失去工作興趣和效率。
6. 上行溝通是符合民主精神的。

二、下行溝通

下行溝通乃是依組織系統線，由上層傳至下層，通常是指由管理階層傳到執行階層的員工，其作用為：

1. 幫助機關達成執行目標。
2. 使各階層工作人員對其工作能夠滿意與改進。
3. 增強員工的合作意識。
4. 使員工瞭解、贊同，並支持機關所處的地位。
5. 有助於機關的決策和控制。
6. 可以減少曲解或誤傳消息。
7. 減少工作人員在其工作本身的疑慮及恐懼。

三、平行溝通

平行溝通是指平行階層之間的溝通，例如高層管理人員之間的溝通（部長與部長間）、中層管理人員之間的溝通（司長與司長間）、基層管理人員之間的溝通（科員與科員間）等。這種溝通大多發生於不同命令系統間而

地位相當的人員之中。其作用為：

1. 平行溝通可以彌補上、下行溝通之不足。
2. 現代組織中各單位間存在著許多利益衝突，但單位之間的工作又必須依賴他一單位的有效行動、避免事權的衝突和重複，各單位間、各職員間在工作上密切配合。平行溝通給人員以瞭解其他單位及人員的機會。
3. 平行溝通可以培養人員間的友誼，進而滿足人員的社會慾望。

貳、非正式溝通

　　非正式溝通乃是非正式組織的副產品，它一方面滿足了員工的需求，另一方面也補充了正式溝通系統的不足。

一、非正式溝通的特質

1. 非正式溝通系統是建立在組織分子的社會關係上，也就是由人員間的社會交互行為而產生。
2. 非正式溝通來自人員的工作專長及愛好閒談之習慣，其溝通並無規則可循。
3. 非正式溝通對消息的傳遞比較快速。
4. 非正式溝通大多於無意中進行，可以發生於任何地方、任何時間，內容也無限定。

二、非正式溝通的功能

1. 可以傳遞正式溝通所無法傳送的消息。
2. 可以傳遞正式溝通所不願傳送的消息。
3. 將上級的正式命令轉變成基層人員較易瞭解的語文。
4. 非正式溝通具有彈性，富有人情味，並且比較快速。
5. 減輕組織領導人的負擔。

參、溝通的方式

　　溝通總不外乎透過語言、文字或符號等視聽媒介來達成，因此吾人可

以將溝通的方式分為三種：⑴以視為媒介的溝通；⑵以聽為媒介的溝通；
⑶以視聽為媒介的溝通，現在分別介紹其要點：

一、以視為媒介的溝通

即在透過人的視覺來達到溝通的目的，因此文字、圖畫或各種符號就
是這種溝通所運用的重點，而其中又以文字為主，這也是人類所獨享的溝
通媒介。

文字溝通的優點是：

1. 在溝通發動之前，可以斟酌所欲使用的文句，以求獲得最佳效果，但口
　 頭溝通往往會有語言上的錯失，而無法追回。
2. 可以防止轉述時的遺漏和曲解。
3. 可以長期保存，以備日後的查考。
4. 法律責任明確，無法爭功諉過。
5. 見諸文字使人有鄭重之感。

但是文字溝通也有下列的缺點：

1. 溝通的接受者教育水準不一，對文字接受的程度也不同，教育程度差或
　 近似文盲者不易瞭解文字的涵義而影響溝通的效果。
2. 文字的意義不一，對於不同行業的人，同樣的文字又具有不同的意義。
3. 以有限的文字表達無限的意思，往往不能盡言。
4. 文字溝通往往不如口頭溝通來得親切。

二、以聽為媒介的溝通

即在透過人的聽覺來達到溝通的目的，因此說話、歌唱或各種聲音就
是這種溝通所運用的重點，而以語言為主要媒介，這種溝通又稱為口頭溝
通。

口頭溝通的優點是：

1. 使對方感到親切、富人情味。
2. 可以當面獲知對方的反應。
3. 可以用手勢、語調或面部表情來增加溝通的效果。

4.可以使文盲或教育程度差的人獲知溝通的內容。

5.比文字溝通來得快速。

　　但是口頭溝通也有以下的缺點：

1.容易滋生謠言或誤傳。

2.口齒不清或鄉音過重時，對方不易瞭解。

3.非經記錄無法永久保存。

4.難於確定法律責任。

5.不如文字（書面）溝通來得鄭重其事。

三、以視聽為媒介的溝通

　　即在於運用文字、圖畫、符號、實物、語言、聲音、光線（顏色）等媒介來從事溝通者，也就是將前兩種溝通加以融合，以達到更高的效果者。例如老師在課堂授課用口講課程，用手寫黑板，學生既要用耳，又要用眼、用手，這樣的學習效果當然比單純的空中（收音機）教學或函授教育來得大；至於以現代科學視聽工具來從事溝通者如電影、電視等，當然也是屬於這一類，所以空中教學以電視播講就比透過收音機要有吸引力，不過效力仍然不如課堂面授好。

　　開會、面談等皆具視聽溝通的雙重效果，因為溝通者與被溝通者之間可以用語言、文字、圖表等來從事溝通，而且還可以觀察對方的面部表情或手勢，立刻可以知道對方的反應，以便隨時修正或調整自己的意見。

第三節　溝通的障礙及克服

　　溝通在現代管理中扮演著重要角色，但在組織中的溝通過程往往不如預期的效果那樣好，究其原因，實由於若干障礙所造成，例如當一個消息在傳遞的過程中，每受到聲音、語言不清的干擾而失去部分內容，這種干擾的因素可以稱為雜音，正如無線電通訊時所遭遇的情況一樣。溝通的障礙可歸納如下：

壹、語文上的障礙

由於溝通必須使用語言與文字，而語文本身就很容易產生若干困窘之處，分析言之，則為：

一、語言上的障礙

1.**口齒不清**：有人講話咬字不清楚，很多字的發音相近，如果咬字不清，意思就會被弄擰，例如「竹竿」與「豬肝」兩個名詞的發音就很接近，一旦聽錯，往往就會鬧笑話，又如四與十這兩個數字，捲舌與不捲舌之差別也常會講不準確。

2.**辭不達意**：口頭溝通時，如抓不住要點，則長篇大論無人能夠瞭解其真正的涵義，徒然浪費唇舌。

3.**鄉音過重**：我國的方言很多，有些人講話家鄉口音太重，他鄉之人不易聽懂，也會造成溝通的障礙，是以現代國民一定要講較為標準的國語。

4.**傳播謠言**：口頭溝通通常皆不見諸文字，因此講話時常加油添醋，使得原來的意思變了質，甚至成為謠言，對某些人可能造成傷害。

二、文字上的障礙

1.以有限的文字表達無限的意思，常有表達困難的感覺，中文字雖有四、五萬字，但常用字也不過四千餘字。

2.不同行業者，對同一名詞的解釋不同。

3.不同個性與人格者，對文字的瞭解與解釋也不同。

4.文言文的障礙，使得一般國民不易讀懂。

貳、地位上的障礙

組織是一層級節制的體系，上下層級之間，由於地位高低的不同，其對事物的觀點與認知等也就會有差別。一般管理者大多存在著三種錯誤的理論：第一是「嚷叫」理論 (the "decibel" theory)，亦即憑藉權勢，高聲嚷叫以聲勢奪人。也許這種方式可收到表面上之屈服，但可能益增員工內心

之憤恨。第二是「硬塞」理論 (the "sell" theory)，上級人員認為下屬反正是一無所知，倒不如乾脆了當，以填鴨式灌輸，至於是否真正瞭解，卻不在考慮之範圍。第三是「愚民」理論 (the "minimal"-information theory)，管理人員認為下屬是愚蠢，只有他才瞭解機關內之業務，因而要求下級人員須依照其指示而行事（蘇伯顯，民 61：159）。

　　此外，又因為地位上的高低，意見經過層層相轉，就會被「扭曲」、「過濾」而失真，最高首長所聽到的內容和原來最先發動溝通者的意思大相逕庭，所以首長往往不瞭解問題之真相。歸納言之，地位上的障礙對溝通產生下列不良的影響：

1. 機關首長不瞭解溝通的重要性，對此不作有計畫的推行。
2. 首長多存有「自以為是」的觀念，認為自己一切都比部屬強，所以不讓部屬表示意見。
3. 首長有「民可使由之，不可使知之」的觀念，認為部屬只要聽命就可以，不必多問。
4. 部屬的自卑感作祟，認為長官並不重視其地位與意見，何必多向上司報告。
5. 上司對部屬的宣布每流於官樣文章，常宣傳一番，不承認錯誤，也不講困難所在。
6. 部屬對長官的報告，多流於吹牛拍馬，專講好話，歪曲事實，虛報數字，蒙蔽真相。
7. 首長的需要與部屬的需要常不一致，觀念不同，利害不一，成為溝通的障礙。

參、地理上的障礙

一、組織過於分散，不易從事面對面的溝通

　　由於組織規模之廣大與業務之擴張，形成機關組織地理上之分散，以美國為例，約有百分之九十之聯邦公務員散布在全國各地。因此，中央機

關和派出機關溝通，便構成了意見溝通之障礙。

二、組織層級過多，造成溝通的遲緩與失真

　　組織層級加多，意見之傳達，更加輾轉相承，非但造成時間上之遲緩，並且再經過中間單位之過濾作用，可能變更表意者原有傳達之基本含意。根據試驗結果指出，將原始所觀看之事物，經過數人或數級之傳遞，最後竟歪曲原有之事實。由此可知，層級愈多，對意見溝通之正確性愈有影響。

三、組織規模過於龐大，人員之間不能充分溝通

　　人員過多則不易充分溝通，即使是同一個機關或組織的人，但彼此並不認識，因為人員太多，根本沒有時間與機會來讓大家溝通，最多只是同一個辦公室的人員可以溝通。

肆、障礙的克服

一、在下行溝通方面

1. **首長先要將部屬的基本背景資料加以瞭解**：如工作情形、家庭狀況、個性等。

2. **領導者須有主動的溝通態度**：一個團體的主管，應該自動地與部屬分享機關內的所有消息、新聞、政策及各項工作措施，才能使上下意見一致，從而培養上下的相互利益觀念。

3. **組織內須制定完備的溝通計畫**：任何政策措施，在付諸施行前，須將其傳達給所有工作人員，以求共同瞭解，減除工作者的緊張情緒，以求人事上的和諧關係的產生。

4. **主管人員須獲得工作人員的信任**：工作人員能否瞭解主管溝通的意義，其全賴對主管是否信任，因為對主管的不信任，所有的事都會發生疑惑，往往會曲解主管的用意，溝通難以發生預期的效果。

二、在上行溝通方面

1. **主管須以平等地位對待部屬**：領導者和藹可親平易近人的風範，對下屬人員來說，是向上溝通成功的主要因素，如果一個主管終日一副嚴厲的

面孔，望之生畏，誰也不敢與其溝通了。

2.**經常與工作人員舉行工作座談會**：讓所有的工作人員都有發言的機會，而主管人員應多聽，並綜合大家的意見，絕對不要趁開會的時候去訓話或表演自己的口才，這樣也可減少層層相轉的過濾失真的缺點。

3.**建立建議制度**：開明的主管，為求團體的不斷進步，應經常採納工作人員的建議，不論建議能否立即實施，凡提議的都應受到鼓勵，主管並應定期把實施情形或不能採納的原因，婉轉向提出人解釋，表示主管對建議的人的重視，使他們內心感到愉快欣慰而樂於再提意見。

4.**公平而合理的制度**：鼓勵上行溝通，最主要的是靠公平而合理的升遷制度、俸給制度、獎懲制度、考績制度的建立，這樣員工才樂於向上級提出有價值的意見。

三、在語文方面

1.加強口才的訓練，多舉辦演講會及辯論會，以使人員有充分表達意見的機會。

2.依溝通對象的教育程度及專長，慎選適當的語文來表達所欲表達的意見。

3.對於重要的意見，最好採用語言與文字雙重表達的方式。

4.改進運用語言的技巧，矯正發音，言之有物。

第四節　溝通與協調的方法

溝通與協調的方法甚多，例如開會、建議制度等，茲舉出若干常用的方法，以供參考。

一、建立會簽制度

會簽就是一件擬辦的公事必須經過有關部門的審查與核簽。例如一條新建的建築工程，下列問題或需會簽：工程設計、籌款、僱用人員、訂約、購料及會計等。

為取得會簽之益，而避免無謂的稽延，下列各項方法可能有幫助：

1.將配合之責交給處長或單位主管，或由他指定的一名助手追蹤每一程序之進展。

2.以書面規定每一專門人員之準確的職權範圍，使他不致踰越職權。

3.鼓勵有專門職權的人員作側面的非正式會談，以避免過多的書面往來。

4.散發有關問題的各項資料予各有關人員，以收同時審查之效，這樣可以避免公文旅行。

5.於必要的場合，準備一套程序圖，表明每一類工作達到決定所需的步驟。

二、制定工作流程圖網，促進自動聯繫

利用現代管理技術，繪製工作流程圖網，如「計畫評核術」(PERT) 及「工作要徑法」(CPM) 等，使機關中的各項工作都能一目瞭然，進度也能把握，這樣便可促成有關單位及人員的聯繫。

三、設置幕僚人員，專責協調聯繫

機關首長是內部聯繫的中心，但他還要負責對外的聯繫，所以首長應設置幕僚人員，專責為首長整理資料，與有關單位及人員從事聯繫，並辦理其他溝通、協調事宜。

四、運用會議方式，促進意見交流

會議的好處是可以「面對面」的瞭解，同時可以立即解決許多問題，不過開會不應過多，以致妨礙到正常的工作。

五、簡化公文報表

公文報表過多過繁，每易引起人員的反感，使機關業務流於形式化，由於形式化而造成人員之間的隔閡。

六、發行刊物手冊，報導機關實況

機關不僅要從事公共關係，更要使內部人員對本機關的實際情況有所瞭解，所以要出版對內發行的刊物手冊，以使各單位、各人員在辦事上有所遵循。

七、利用電腦處理

機關中有許多業務可以借用電腦的力量來協助處理，這樣不但減少人

力的浪費，而且可以獲得正確的資料。

八、設置意見箱

鼓勵員工發表意見。

九、個別訪問面談，瞭解員工需求

主管及人事人員應主動與機關員工訪問面談，以瞭解他們的需要。

十、利用訓練方法，加強溝通與協調之技術

舉行各種訓練及講習，灌輸員工以新思想、新技術，統一工作步驟，重視溝通及協調之重要性。

第五節　政府與民眾溝通

壹、重要性及理論基礎

政府與民眾的關係是否密切，是決定國家強弱的要因之一，舉凡政府能與民眾緊密團結在一起的，國勢必強，反之則弱，古今中外事證屢見不鮮，而道理亦屢試不爽。

民主政治與專制政治最大的不同，在於政府與民眾溝通的方式與程度之差異，此說並不為過。在民主國家，人民可以主動且無懼地向政府提出意見與主張，甚至完全相反的看法，政府並不以為意；而在政府方面，一切施政措施莫不以民意為依歸，而瞭解民意的最佳途徑就是「與民溝通」，所以政府要積極主動地探求民意。如此地相互尊重，彼此瞭解，自然可以清除隔閡，增進團結。

我國是一個實施民主憲政的國家，人民的基本自由與權利都有憲法的明確規定與保障，而各級民意機關及社會團體也都能善盡監督政府、反映民情輿論的功能。當然，我們不能以此為滿足，今後如何加強政府與民眾的溝通，實為政府革新的重要課題。不可諱言的，目前在這方面有待改善之處還很多，部分百姓或特定團體對政府感到不滿，主要是雙方溝通不足

所致,而且在溝通的技巧與方法上也有待商榷。

為什麼要重視及研究政府與民眾的溝通,從行政學角度而言,有以下幾項論點值得闡明。

一、民主參與理論

民主政治的基本精神之一是人民參與「公共事務的管理」,經由各種途徑來表達他們的意見,所以民主政治又稱為「參與政治」或「民意政治」。專制極權政治則大大相反,在極權專制之下,不僅沒有行動自由,而且更無思想或意見的自由,人民只有唯命是從地接受獨裁者的指使,去做他們根本不願做的事情。當然,最後結果是人民在忍無可忍之餘,一舉推翻暴君,古云:「防民之口,甚於防川」的說法,和現代民主的參與理論可說是不謀而合。

民主政治既然以民意為依歸,以參與為手段,因此如何增進人民與政府之間的溝通,就成為民主國家所努力追求的目標之一,而所運用的方法不勝枚舉,從記者招待會到民意調查,不一而足。其目的即在於瞭解人民的需要和意見,作為政府釐定政策的參考依據,同時也可藉著溝通讓人民知道政府到底在為國家做些什麼,進而獲得人民的支持與擁護。

二、決策制定理論

如何制定一個合理或理性的決策,是組織管理領域中很重要的一項工作。美國行政學者賽蒙在一九五〇年代即提出「決策理論」,除區分目的與手段、價值與事實之外,他說明了決策制定過程的三個主要活動:(1)情報活動;(2)設計活動;(3)抉擇活動,這三項活動必須密切環環相扣,居間扮演重要角色的就是「溝通」。多年以後,賽蒙即以此一理論榮獲一九七八年諾貝爾經濟學獎的殊榮。

理性決策所透過的手段就是溝通,因為溝通可使全體人員對組織有所貢獻,每位員工在不同的工作崗位上工作,對其自身工作所遭遇的問題知之最詳,同時也具有專業知識,可以提出建設性意見,這比由上級發命令而強迫下級接受要好得多。

　　政府是當代社會中非常重要的科層組織，其決策的品質是否合理周詳，自必影響到施政的良窳和成果。所以，政府不僅要與人民溝通，還要與政府組織內部人員溝通，這樣才能制定出較佳的決策。

三、動態組織理論

　　傳統組織理論太注重靜態的、法規的研究，忽略了人的問題；人是組織的基本元素，如不以人為中心來研究組織現象，則對組織的問題不能作根本的解決。

　　人是有思想、有感情的動物，人與人之間一定有交往，有互動行為(interaction)，這就是所謂的「溝通」；此一溝通功能表現出組織的活力與動態。機關首長要成為溝通網路的中心，以使機關充分瞭解機關內外的訊息，掌握情況，妥善因應。

四、人格尊重理論

　　人的人格皆應被尊重，不僅在機關內應一視同仁——在人格上是完全平等的；而且在公民基本權利方面也是一樣的，不因為職業的貴賤或收入的多寡而有所差異，這種人格平等的觀念乃是促成社會進化的主要原因。

　　在民主社會裡，政府對待人民是尊重的，因為人民是國家的主人，主權在民。政府施政會以民意為依歸，而瞭解民意的最佳途徑就是經由溝通，人民與政府之間建立了暢通的溝通網路，大家能夠自由的表達個人及團體的意見，這正是尊重人格的具體表現。

貳、政府與民眾溝通的功用

　　政府為要獲得人民的支持與擁護，必須加強與人民間的溝通，這不僅可以促進兩者之間的瞭解，更可以改進施政的缺失，使政府能夠真正地成為一個全民熱烈擁戴的有為政府。茲將溝通的功用說明如下：

一、促進人民之間的團結

　　國父孫中山先生曾說：「國人是一盤散沙。」追根究柢，其原因在於缺少溝通。一個民主的國家，政府會主動的發掘民意，瞭解民情，尤其在科

學昌明的時代，各種傳播媒介十分發達，政府可以利用現代大眾傳播工具來與人民溝通，對於政策的宣揚及政令的傳達能夠快速的讓人民知曉。這樣一來，人民之間彼此也有了共同的目標，在共同目標之下，人民的團結自然加強。

二、督促政府工作的改進

有為的政府，其工作必然是有績效的，而績效的達成不只止於自身的努力，有很多地方是需要外界的督促。俗語說：「當局者迷，旁觀者清。」政府的工作往往由於制度化的結果，時間一久就會產生僵化與呆板的現象，但是政府自己有時並不知道，倒是與政府接觸較多的民眾感受最為深切。如果他們能夠有表達意見的機會，他們就會把這些缺失指陳出來，使得政府工作得以改進，舉例言之，像戶籍行政的簡化、觀光護照的開放、役男服役時間一再縮短等，都是政府與人民溝通的結果。

三、加強人民與政府之間的感情

人民對政府支持的程度強弱，決定了政府的穩定與否，因此政府要運用各種有效的方法來爭取人民的支持，其中溝通即為重要的手段之一。人民愈能對政府表達意見，人民愈感覺到受到重視，而對政府的向心力也就愈大，反之則產生冷漠感，最嚴重者則為仇視。古語說：「天聽自我民聽，天視自我民視。」又說：「水能載舟，亦能覆舟。」這些話都說明政府當以人民之意見為依歸，方能得到人民支持的道理。

四、制定合理的決策以滿足人民的願望

管子曰：「政之所興，在順民心；政之所廢，在逆民心。」此乃千古不移名言。政府所制定的決策，如果符合人民願望的，當然受到人民的歡迎與支持，可是什麼樣的政策才是受人民歡迎的呢？管子說得好：「民惡憂勞，我佚樂之；民惡貧賤，我富貴之；民惡危墜，我存安之；民惡滅絕，我生育之。」現代政府以溝通的方式來瞭解人民的願望，正符合管子所說的這四個原則。

五、減少消息的誤傳及耳語的流傳

民間或社會上有時會有一些謠言流傳，其主要產生的原因實為溝通不足所致，這些不正確的消息如果不加以澄清的話，往往會造成極大的困擾與不安，所以政府不僅要在謠言或錯誤信息發生之時，立即加以闢謠或澄清，而且更為重要的是要努力做好溝通工作，所謂的「防患於未然」，尤其在任何特殊狀況來臨之時，溝通尤為需要，例如在石油危機發生時，政府應趕快宣布因應之道，並將政府的油源及存油情形讓人民知道，這樣就不會造成搶購或經濟的混亂。

參、政府與民眾溝通的具體作法

政府與民眾的溝通是促進國家進步的重要方法之一，政府為要獲得人民的支持，人民為了建立共同的目標與信念，都必須透過溝通的方式來達成，尤其在一個民主社會裡，溝通乃是不可或缺的要件，所謂民意政治實以溝通為其骨幹。再就現代管理的理論來看，溝通也是非常重要的事理法則，凡是具有良好溝通的機關，其人員必團結、工作必順利，所以吾人不能不重視溝通。

我國在邁向開發國家的路程上，需要做的事真的太多了，而加強政府與民眾的溝通正是吾人所當努力的重點之一，因為只有在政府與人民通力合作之下，一切建設才會獲致成果，而溝通的功用即在於增進政府與人民的感情，使兩者合而為一，水乳交融。關於如何強化政府與民眾溝通的具體作法，茲舉以下八例作為參考：

一、舉辦「施政座談會」

各級政府為瞭解民眾意見，固然可以透過議會，但是仍然不夠，尤其在此變動快速的社會，學者專家及民間人士的意見對於行政革新頗有助益，所以各級政府如能經常舉行「施政座談會或研討會」，不僅可以擴大民眾參與的層面，更可以改進行政的缺失，充分發揮政府與民眾溝通的效果。

參加施政座談會或研討會的人士可來自各方面，有學者專家、有各行

各業代表、有退休公務員,他們由政府機關的首長邀請之。除舉行一般性的座談外,亦可舉辦專門性或特定性的座談,以使政府某項重大問題由集體的智慧而得到合理的解決。

二、進行各項民意調查

政府機關為瞭解民眾願望,可自行或委託學術機構及民意調查機構(如蓋洛普公司)進行民意調查,此項調查經過統計分析以後,即可發現民眾所希望於政府者是什麼?對政府感到滿意的是什麼?不滿意的是什麼?然後再據以改進,相信這種作法必能獲得全民的支持。

三、改進文宣技巧、強化溝通效果

政府各文宣部門在溝通技巧上要力求改進,以往那種標語式或教育式的宣傳方式不宜再用。老實說,現在的老百姓已不比從前,起碼在教育水準上比過去要提高很多,所謂「民智已開」,如何以更具說服力的方式來從事溝通,實為有關機關所應努力者。

今後政府的出版品、宣傳資料及視聽媒介(如影片、電視劇)要在內容與技巧上多充實與改進,一定要讓人有樂意接受的水準,這樣才能達到溝通的效果。

四、政府首長多與民眾接觸

機關首長是決策制定過程的最後決定者,其決策的好壞就影響到執行的成敗,而一個良好的政策制定,必有賴於充分的情報與資料訊息,其中最可靠的、最直接的消息來源,就是從民眾身上發掘,所以政府首長要多與民眾接觸,以便瞭解民情民隱,那種關在辦公室內發號施令的時代已經過去了。故總統蔣經國先生在這方面的表現值為典範,他經常到各地去訪問巡視,與民眾話家常,這不僅可激勵民心士氣,而且能夠瞭解民間疾苦。除了走出辦公室,主動與民眾接觸之外,機關首長還要訂出時間在辦公室接見民眾,尤其以地方行政首長最為需要。

五、多舉行記者招待會

透過大眾傳播的媒介來傳達政令或進行溝通,是現代化政府常用的手

段之一，記者們在報紙或電視上的報導，更是現代人獲取新聞的主要來源。機關首長不知道或懷疑此一媒介的運用功能，必失掉不少的宣傳機會。

六、強化公共關係室或發言人的功能

公共關係主要的工作就是溝通，一方面向外界報導機關的實況以期獲得支持與同情；一方面搜集有關的資料與消息，以作為首長決策時的參考。可是目前各機關的公共關係室或負責單位工作太消極，不足以擔當溝通政府與民眾的任務。今後要想做好兩者之間的溝通工作，強化公共關係室的功能十分重要，行政首長如果能夠重視這個問題，則公共關係室的功能自然加強。

七、普設意見箱或溝通信箱

各機關應設置意見箱供民眾提供意見，但絕不可流於形式，要指定專人負責處理，一定要給民眾一個滿意的答覆。

八、強化里民（社區）大會的功能

里民（社區）大會是與民眾切身利害關係最密切的溝通場所，可是一般民眾卻不大願意參加，主要原因是功能太差，民眾的建議往往石沉大海，溝通毫無結果可言，使得里民大會流於形式。今後要想增進政府與人民的溝通，里民大會是個重要場地；要開好它，關鍵所在即在於民眾的意見是否受到重視。

第十九章　行政運作的新觀念

第一節　新政府運動與企業型政府

壹、新政府運動的意義

　　隨著政府職權的擴張，行政環境快速複雜的變動，再加上人民需求的增多和期望的升高，現代民主政府普遍遭受「能力不足」、「績效不彰」、「欠缺效率」、「浪費資源」、「政府失靈」種種批評。面對這種困境，一九八〇年代產生「民營化」、「小就是美」的政府革新風潮，希望以減少支出或增加服務的方式，挽回民眾對政府的信心；然而，這些努力依然無法重建政府的效能形象。因此，到了一九九〇年代，政府公共管理的觀念有了新的轉變，奧斯本 (David Osborne) 和賈伯樂 (Ted Gaebler) 兩人提出所謂「新政府運動」（reinventing government，一譯「政府再造」）的口號 (Osborne and Gaebler, 1992)，倡議以企業型政府 (entrepreneurial government) 的觀念來引導政府改造的方向。

　　他們認為，政府的無效能困境，在於欠缺一種基本的「商業課責機制」(accountability mechanism of business)，由於公務員沒有「機關的所有權」，所以礙難激發其「自我利益心」來有效達成機關目標；再者，公家機關欠缺市場競爭的壓力，來驅策公務員的效率表現。最重要的是，公家機關缺乏成功卓越的標竿，與明確的績效評量標準，作為其努力工作的指引。他們主張，政府應該拋棄過去增加稅收、減少服務的行政觀念，以新的作法與態度，有效撙節政府支出，開創政府更佳的活動空間。而政府應由具備創新精神、效率觀念的企業型官僚來管理，以便塑造具有革新及適應能力

的政府組織，才能因應環境的變遷與民眾的要求。而在外在環境的壓力和內部革新觀念的雙重影響下，行政機關透過新政府運動，終將能革除傳統官僚的無效能形象，開創新局，贏得人民的喝彩與肯定。

貳、企業型政府的內涵

所謂「企業型政府」係指，政府部門由一群富有企業精神的公職人員組成，他們能夠運用各種創新的策略，使原本僵化的官僚體制恢復活力，使績效不彰的政府機關再度有效運作。簡言之，凡能揚棄官僚守舊的作風，而以創新的作法，有效運用資源來提高效率效能的政府機關，即為企業型政府。企業型政府由「企業型官僚」(public entrepreneurs) 所組成，他們是政府革新理念的設計家與執行者，具備創新的專業知識及倡議創新計畫的影響能力，扮演三種功能角色 (Schneider et al., 1995)：

1. 能夠敏銳察覺潛在的公眾需求，以快速的回應方式，予以有效的滿足。
2. 而在公眾事務的過程中，不但有創新冒險的精神，並能勇於承擔責任。
3. 具備優越的協調能力，促成共同的努力。

政府機關和營利企業的使命目標畢竟不同，企業型政府的理念並非要求政府機關的運作完全和私人企業一樣；而是認為政府必須在市場導向的觀念下，引進競爭的刺激力量，讓機關在既有的人力財力、法規體制等條件下，產生不同的創新作法。這些創新的策略包括：

一、創造新任務

多元價值的民主社會中，人民的需求往往是不一致且相互矛盾衝突的，而立法部門的妥協方案，更使行政機關無所適從。因此，行政人員應該主動體察民瘼，發掘人民需求，運用適當的行政裁量權，創造機關的時代任務，拉近與民眾的距離。

二、主動發掘機會

具備企業精神的行政人員，對環境的變化、人民的好惡保持高度的警覺心，因之能夠掌握公共服務市場的機先，預防危機的發生。就像身處競

爭市場中的企業家，擁有敏銳的市場洞悉力，而能引領消費趨勢，開創具有競爭力的商品。

三、勇於承擔風險

創新的活動必然伴隨風險，成功的企業家不會因為害怕失敗的風險而裹足不前，他們有承擔風險的決心。勇於任事的行政人員，擁有更寬廣的創新空間；創新的想法和作法雖然可能帶來短期的風險損失，但卻是機關長期發展的命脈所繫。

四、行政首長的支持

任何組織的變革都需要機關首長的配合，行政的創新更需要機關首長的支持。特別是那些攸關民選行政首長政績的創新計畫，行政人員必須以耐心和毅力，剖陳利害得失，使計畫得以確實施行。

五、建立外部聯盟，組織內部團隊

企業型政府的創新改革活動若無機關外部和內部的密切配合，則不能為功。對外必須尋求相關部會和機構團體的協助，締結工作的聯盟，互為奧援。對內必須爭取機關人員的認同，透過工作團隊的形式，同心協力達成預想的目標。聯盟的建立，有助於化解政治面的阻力，而團隊的組成，可以培養人員的責任心，並激勵士氣。

六、善用輿論壓力

現代的民主社會中，輿論和傳播媒體的影響力量頗大，可以載舟，亦可覆舟。成功的企業型官僚善於應用此一力量，創造有利的輿論氣氛，協助政府推動革新計畫。

七、具有說服力的領導風格

企業型政府的領導者往往具有獨特的個人領導魅力，能夠以滔滔的雄辯向民眾說明施政的遠景，進而獲得民眾的信任與順服。企業型政府的領導者也能夠有效說服所屬揚棄個人成見，鼓舞人員的鬥志，戮力與共。

八、組織文化的塑造

企業型政府的再造工程，必須以創新取向的組織文化為根基，透過組

織文化的傳承相互影響，革新的計畫得以延續貫徹，機關為民服務的中心價值得以確立。

參、政府再造的十項原則

企業型政府的精義在於：行政人員以創新的方法運用有限的政府資源，使機關發揮最大的生產力；而機關上下的共同目標厥為民眾需求的滿足、民眾利益的實現，如此才能換得政府的正當性與人民的支持。如何進行政府的再造工程，創造企業型的政府，奧斯本和賈伯樂兩人歸納出十項重要的原則：

一、政府應多扮演「指導」的角色，毋須事必躬親

政府的職責在於規劃遠景，建立發展的方向、機關的使命目標，並從中擔任催化劑的角色，而實際推動的工作則可交由民間來執行。這種由政府規劃政策並予輔導協助，民間負責提供服務建設的分工，不但能結合國家與社會的整體力量，更能發揮各自所長，事半功倍。

二、鼓勵公民參與，並由民眾來監督政府施政

政府應該提供有效的意見發表管道，鼓勵民眾關心並參與公共事務，如此政府才能確實掌握社會的問題、民眾的需要，進而對症下藥。透過公民參與和公眾監督，有助於提升人民對政府施政的認同感。

三、創造公共服務的市場競爭

公平良性的市場競爭，有助於提高公共服務的品質水準。政府應該揚棄過去公共服務的獨占心態，鼓勵民間參加提供，而由顧客裁判選擇，如此則能刺激政府機關改良管理作法，提升服務品質。

四、政府機關的運作應以目標和任務為導向

非事事受限於法令規章。照章辦事雖然是政府官僚體系的主要特徵，但卻換來守舊刻板、繁文縟節種種無效率的結果。政府固然要依法行政，但更要以民眾的福祉為依歸，在合法的範圍內，行政人員應以所欲達成的目標成果為指引，發揮創意，以彈性、有效、便捷的作法，完成機關託付

的任務。

五、以實際的結果為工作的重點

　　事前審慎評估計畫，事後草草結束是官僚體系的通病，這種本末倒置的作法，常常使機關的運作績效大打折扣。企業型政府強調工作的實際結果，預算和績效並重，透過明確的績效標準獎勵成功，並從失敗的經驗中鑑往知來。企業型政府通常運用績效管理和全面品質管理的方法，建立目標導向、分工協力導向及結果導向的管理體制。

六、顧客導向的服務規劃

　　民主政府以創造民眾利益、服務民眾為目的，以市場的觀念來說，就是針對顧客的需要來提供服務。因此企業型政府的運作應以顧客為導向，檢討並改變過去服務生產與傳輸的老方法，建立即時的顧客回應系統，傾聽顧客的意見，滿足顧客的需求。

七、政府的財政管理應該強調如何開源，而非一味重視如何節流

　　傳統的財政理論，強調國家應該如何撙節支出，達成收支平衡。企業型政府則強調如何增加利潤的觀念，機關應該發揮企業經營的精神，進行有效的投資，以獲取更多的收益，解決困窘的財務狀況，達到自給自足的境界。

八、事先的預防重於事後的補救

　　傳統的官僚組織習慣以被動的姿態來處理問題，不但事未竟成，更容易遭受民眾的埋怨。企業型政府重視策略的思考和長期性的規劃，能夠針對未來可能發生的問題，事前妥擬對策，因此危機管理的能力較強，更能防患於未然。

九、分權化的政府運作

　　企業型政府講求分權的管理觀念，授權地方政府或派出機關發揮因地制宜的功能。對內則講求參與管理的觀念，授予部屬決定的權力，並能透過集體的參與凝聚向心力，提高生產力和工作效率。

十、深信市場的機能優於官僚的機制

現代政府在有限的資源條件下，無法扮演過去無事不理的大政府角色，所以企業型政府在市場競爭機制能夠創造資源有效運用的觀念下，開放公共服務的市場，透過法令的規範和資訊的流通，使民間機構共同分攤營運的風險，協助政府處理公共事務，刺激政府機關的效率提升。

肆、美國柯林頓政府再造的借鏡

一九九三年三月美國柯林頓總統宣布，針對聯邦政府進行為期六個月的「國家績效評鑑」(National Performance Review)，並由副總統高爾負責成立「政府再造小組」(Reinvention Team) 和「政府再造實驗室」(Reinvention Laboratory)，以推動聯邦政府的改革工程，並試行各項創新的工作方法。歷時半年的評估、檢討和研究，而有「高爾報告」(Gore Report) 的提出。該報告中，開宗明義即謂：「本評鑑之目的在創造一個事情做得更好、成本花得更少的政府」，足見一九九三年美國柯林頓的政府再造工程，係以企業型政府的精神為藍本。以下根據高爾報告，分項說明柯林頓政府再造計畫的推動要點，資為我國新政府運動的參考。

一、刪減法規、簡化程序 (cutting red tapes)

1. **有效簡化預算過程**：將聯邦政府財政收支改為兩年預算，並允許各部會保留百分之五十當年未用完之行政經費。
2. **人事制度分權化**：逐步取消篇幅繁浩和內容複雜的《聯邦人事手冊》，簡化聯邦人事分類制度，並賦予各部會在用人與薪資上更多的彈性。
3. **簡化聯邦政府採購方式**：將聯邦政府的採購管制從嚴規定部分，改為指導原則。
4. **調整各級行政部門調查官的權責**：將從嚴的作業審查原則，代之以協助促進行政管理。
5. **解除過度的管制規章**：預定三年內消除半數以上政府機關的各項管制性規章。

6.授權各州及地方政府：授予地方政府以選擇權，得以彈性援用聯邦政府的管制規定。

二、顧客至上、民眾優先 (putting customers first)

1.給予民眾更多的選擇並聆聽其意見：聯邦各機關應即遵守新頒之「顧客服務標準」，加速改善對納稅義務人的服務。

2.促進公共服務機關間的競爭：逐步消除公營獨占事業，並統一各聯邦機構的成本會計標準。

3.創造市場經濟活動：推動公營事業私有化。

4.利用自由市場機能來解決問題：以自由市場機能來取代政府的直接管制。

三、授能員工、追求成果 (empowering employees to get results)

1.充分授能 (empower) 並擴大管理者的權限。

2.聯邦公務員必須擔負成敗責任：機關必須設定明確可以衡量的成果目標，並定期提出成果報告。

3.提供公務員適當的訓練與設備器材以達成任務：賦予各聯邦機關籌措並運用員工的訓練經費，並發展聯邦政府機關通用之資訊科技策略。

4.加強工作環境品質：提高擔任公職的均等機會，並促進公務員多樣化。

5.促進管理與勞工的合作關係：成立國家合作關係委員會，負責管理人員和聯邦受僱者之間的合作與聯繫。

6.發揮領導能力：聯邦各機關應事有專責，並應推展品質管理的相關訓練。

四、撙節成本、提高效能 (cutting back to basics)

1.消除不必要的支出：賦予總統更大的裁減政府支出的權力，裁撤不必要的機關，削減過時的計畫，裁併權責功能相似的機關以統一權責。

2.擴增聯邦政府徵收金額：擴大各部會自行設定規費與運用規費的權力，開放聯邦機關委託民間機構追討政府債務。

3.鼓勵投資以提高生產力：允許聯邦各機關成立創新投資基金以從事長期性投資。

4.運用「企業再造工程」方式來降低計畫成本：發展全國性資訊系統，以

電子政府的方式傳送服務與提供資訊，行政管理委員會負責協助各部會重新設計更好的施政計畫。

第二節 全面品質管理

壹、品質的意義

全面品質管理 (total quality management, TQM) 是晚近重要的管理觀念和技術之一，在美國不僅廣為民間企業所採用，藉以提升商品的市場占有率、企業的獲利能力、工廠的生產力與員工的向心力；更受美國聯邦政府各部門的青睞，廣泛應用在行政機關的運作和管理方面，並且設立「聯邦品質協會」 (Federal Quality Institute) 負責推動聯邦政府的全面品質管理運動，全面品質管理乃成為政府再造的利器之一。品質管理的觀念源自於一九二○年代的美國工業界，主張以顧客的需求為中心，進行產品與服務品質的不斷改善；其後經過戴明 (Edwards Deming) 博士的研究充實，為二次戰後的日本產業界廣泛應用，造就了日本今日的經濟強權。

「品質」是全面品質管理活動的核心概念，按《辭海》的解釋，品質乃是「物品的性質或質地」；我國國家標準 (CNS 2529) 則將其定義為「為決定產品或服務是否符合使用目的，而成為評價對象之固有性質與性能之全部」。另依學者的定義，品質係指「滿足顧客的需求」，奧瑪周 (Vincent K. Omachonu) 與羅斯 (Joel E. Ross) 兩位學者即謂「品質始於顧客，終於顧客」(Omachonu and Ross, 1995)。組織運作的產出，無論是有形的產品或是無形的服務，必須讓顧客、消費者滿意，如此則品質改善的努力才有意義。品質係由顧客來定義，而品質管理的目的在於留住顧客，此處所謂的顧客，並非狹隘的消費者或是組織外部的客戶，還應該包括組織內部的員工，在整個作業流程中，前手作業者即為後手作業者所應重視的內部顧客。所以，品質管理針對的不僅是滿足外部顧客的品質要求，更重要的是如何透過管

理措施，來滿足內部顧客的需求，留住人員的心。

　　對行政機關來說，品質係指「機關所提供之服務，而為最終使用者所認知的價值」，換言之，行政機關的品質要求，是為了滿足民眾對政府的需要，民眾對政府的合理期望。根據美國「聯邦品質協會」的規定，行政機關的服務品質，主要包括以下七項：

1. **績效**：績效是民眾對政府所提供服務，最先考慮到的部分。例如民眾申請加入全民健康保險時，相關機關能夠提供正確的資訊與親切的協助，即構成健保部門的品質標準。

2. **專業特色**：例如失業民眾若欲申請就業輔導時，勞工部門能夠提供相關的就業情報作為參考，即能表現機關的專業特色。

3. **可信度**：係指某一項服務或產品在特定的時間內，符合民眾期望的可能性。

4. **持久性**：係指某一項服務或產品對民眾有所俾益的持續時間長短。

5. **一致性**：係指政府所提供之服務或產品，其成效能否符合預先所設標準的程度。

6. **即時性**：係指政府的服務或產品，必須能夠即時滿足民眾的需求，或是政府能夠即時解決民眾所遭遇的問題。

7. **變動性**：民眾對政府服務品質的要求，不僅有內容上的差別，更會因為時空條件的改變，而有所轉換。是以，政府應隨時掌握民意趨向和脈動。

貳、全面品質的意義

　　有關全面品質的意義，言人人殊，莫衷一是。茲舉幾個代表性的定義如下：

　　李 (Sang M. Lee) 等人認為：全面品質管理是一種組織的管理策略，以各種品管的技術來提高產品或服務的品質水準 (Lee et al., 1992: 44)。

　　熊柏格 (Richard J. Schonberger) 認為：全面品質管理在使所有的員工，針對顧客的需要，不斷致力於工作的改善 (Schonberger, 1992: 17)。

　　美國國防部則將全面品質管理定義為：一種管理的哲學，也是一套要求不斷進行組織改善的指導原則。全面品質管理應用計量和人力資源發展的方法，針對組織運作的過程加以改良，不但能有效實現組織目標，更能使顧客的需求獲得滿足。全面品質管理結合了多項基礎性的管理技術用以改進現狀，而成為一種新的管理典範。

　　國內學者陳金貴認為（民 83a）：全面品質管理係經由組織內全體人員的參與，以科學的方法不斷地改進組織的產品、服務與作業過程，以迎合顧客現在及未來需求的一種理念和方法。

　　具體而言，全面品質管理係結合了組織遠景、管理策略和作業的流程，具有以下的特色 (Morgan and Murgatroyd, 1994)：

1. 全面品質管理的範圍不僅限於機關組織，還希望推及社會整體，企圖以客觀的眼光作為評價事物良窳的標準。
2. 全面品質管理是一種改善品質的整體制度，乃係依據事實所進行的決策行為，而非根據主觀的臆測或判見。
3. 全面品質管理的對象並非僅限於顧客所取得之產品或服務的品質，還包括改善組織內部績效的一切作為。
4. 全面品質的管理哲學假定，品質是組織一切作業活動的歸趨，因此，所有的部門單位和人員皆應參與，並且皆應負起責任；組織不但要建立「追求品質的制度」，更要塑造「追求品質的文化」。
5. 全面品質管理是一種管理組織的方法，要求一切的工作、程序都能全程無誤的加以完成，故其影響層面遍及組織整體。

參、全面品質管理與傳統管理方式的比較

　　全面品質管理作為一種符合現代需要的管理方法，其與傳統的管理方式大異其趣，茲列表 19–1 比較說明兩者的主要差異。

表 19-1　全面品質與傳統管理比較表

管理方式 比較項目	傳統的管理方法	全面品質管理
價值觀點	針對短時的效率要求，相信組織控制的效果	著眼於長期的遠景，以顧客的需求滿足為重心，強調組織學習
管理態度	員工是可以控制、應用的資源	員工不但是寶貴的資源，更是各級管理者重要的顧客
組織文化	強調個人主義、專業分工、獨斷領導、利潤至上，目的在提高生產力	重視集體成就、跨部門的合作，培養部屬能力並授權裁量，追求顧客滿意，品質至上
關注的重點	僅及於與生產有關的活動	涵蓋組織所有的活動，包括服務的傳輸與行政事宜
對服務對象的態度	防杜有瑕疵的產品或服務流入市場，影響顧客觀感	強調從輸出到輸入整體流程的無誤順暢，重視外部與內部顧客
資源的管理	以監督控制來掌握工作績效，減少因錯誤所造成的資源浪費	以品質管理系統來持續改善工作的品質，直接降低錯誤和浪費
錯誤的處理與課責	以抽樣檢驗的方式控制錯誤的發生，而由品管部門負責監控	貫徹「預防錯誤重於一切」的觀念，每一個人員都應該負起責任
問題解決的方法	由第一線的監督者與中層管理者共同研商處理	組成工作團隊，由工作團隊即時處理每一項問題
工作的設計	強調標準化的作業程序以提高效率，擁有詳盡的工作說明書，主管的控制幅度狹窄	強調彈性自主的作業空間，以發揮革新創意，並能配合顧客需要，主管的控制幅度寬廣
績效的評估	設定個人目標，由直屬主管考核	重視團隊目標，由顧客、同事與主管共同考核
溝通的方式	只有下行溝通，凡事皆賴主管裁定	多面向的溝通管道與意見表達機會，人人皆參與品管小組，擁有發言與決定權
薪資的設計	針對個人的功績來設計，以財物的報償為主	針對團隊的表現來設計，財物報償和榮譽獎勵並重
人員的升遷與發展	個人的工作表現為升遷考量的唯一標準，只有直線晉升的管道	參考團隊績效與個人能力，施行跨部門的輪調晉升
教育訓練	針對與工作直接有關的技能，偏向與部門業務有關的技術知識	培養人員跨部門的廣泛知能，以提升解決問題能力為目標

肆、行政機關如何推動全面品質管理

美國聯邦政府自一九八八年開始,即大力推行全面品質管理,聯邦品質協會並從實務經驗中,發展出全面品質管理的各項策略。茲整理歸納為行政機關在推動全面品質管理時,所應把握的數項原則:

一、行政機關的服務品質係由民眾所定義

品質並非抽象的概念,而是具體的努力目標,政府應以提高民眾對施政的滿意度為重點。如果想要成就高品質的施政結果,則機關不只要滿足外部顧客,更須從提高內部顧客的滿意度做起。使機關上下都能夠熱心的加入行政品質管理運動,形成有效的品管團隊,進行行政工作的改善。

二、機關首長的支持與領導

政府部門推動全面品質管理,必須從機關首長開始做起,透過首長的親身參與與領導,消除人員的疑慮,並進而建立機關的品質文化,全面品質管理的變革計畫才有可能成功。

三、妥善的策略規劃

全面品質管理策略規劃的要點在於,促進組織集體改善品質的持續性努力,使全面品質管理成為日常管理的要務;而策略的形成和施行務必結合各階層人員的參與,並時常檢討調整。

四、全面品質管理的推行必須重視團隊合作,而非個人突出表現

為有效運用機關資源,避免個人主義或本位主義對品質管理活動的妨礙,機關必須重視團隊合作的精神。透過團隊的建立與小組的共事經驗,行政缺失即能從小處獲得改善;此外,管理者應扮演整合個人與機關、部門和部門之間的協調角色。

五、強調事先預防而非事後檢測的觀念

全面品質管理的精義在於「第一次就把事情做對」,故機關應確實檢討整體的作業流程,務期把品質改善的作法落實到機關每一個工作環節,以確保無誤完善的要求。

六、機關上下整體的承諾

全面品質管理不是一項口號，也不是靠個別的人員努力就可以實現的，全面品質管理是一種信念、決心和集體的行動。所以機關首長特應下定決心提升行政品質，透過宣導與教育訓練，使全體成員在觀念上有所改變並衷心接納。

七、持續的努力

行政品質的改善決非一蹴可幾，必須持之以恆，不斷的進行。再者，民眾的偏好與需求也會改變，機關必須隨著時代環境的變遷，以長期宏觀的視野從事行政品質的提升，以符合民眾的要求。

具體而言，行政機關在推動全面品質管理時，可以下列指標作為改善品質的標準 (Zeithaml, 1990: 21～22)：

一、可靠性

1. 民眾在第一次提出要求時，機關是否即能提供正確無誤的服務。
2. 機關是否能遵守對民眾的承諾。
3. 機關是否能在指定的時間內完成對民眾的服務。

二、回應性

1. 機關是否表現出服務的熱誠意願與周全準備。
2. 機關是否盡力配合民眾洽公的時間急迫性。

三、能　力

機關人員是否具備執行職務所需的專業知能與技術。

四、服務管道

1. 機關服務民眾的管道是否暢通。
2. 民眾是否方便以電話聯絡洽公。
3. 機關的服務時間與辦公地點是否方便民眾洽公。

五、服務禮貌

1. 機關人員的服務態度是否彬彬有禮、和藹可親。
2. 機關人員的服裝儀容是否整齊清潔。

六、溝　通

1.機關人員是否能耐心傾聽民眾的陳述，充分瞭解事情的發展狀況。

2.機關人員是否會向洽公民眾詳細說明相關法規和程序，並盡力為民眾解決問題。

七、可信度

1.機關人員的行為表現讓民眾信賴。

2.機關人員能夠時時以民眾的利益為優先。

3.機關能夠維持「盡心為民服務」的良好形象。

八、安全感

1.是否能讓民眾覺得，機關人員在場也不必有所顧忌。

2.機關是否全力保障民眾生命、財產、隱私等方面的安全。

九、善體人意

1.機關人員是否盡力瞭解每個民眾的需求。

2.機關人員是否能關心來洽公的民眾。

3.機關人員是否能「視民如親」。

十、機關的外觀

1.機關人員是否穿著得體、朝氣蓬勃。

2.機關的建築與硬體設施是否考量周到，滿足不同生理狀況的民眾需求。

伍、行政機關應用全面品質管理的限制

行政機關和私人企業畢竟不一樣，在環境特性、法規限制、組織目標、社會期望等方面大不相同，則行政機關應用全面品質管理的時候，勢必面對幾種根本性的限制，分述如次：

一、法規的限制

行政機關必須依法行政，不論是對外的服務提供，或是對內的人員管理皆須遵循相關法令規章。所以不論是在組織結構的設計、人事的管理或是財務運用等方面皆有一定的侷限，無法完全配合全面品質管理的要求。

二、不確定的因素

　　全面品質管理所強調的策略設計，係在組織環境比較穩定的狀態下，才能做出有效的預測和規劃。現代的民主政府，必須面對政權的更迭、立法部門的監督等不確定因素，而社會環境的快速變動，也使行政機關甚難掌握民眾需求的動態。

三、產品和服務的性質

　　全面品質管理主要是應用在製造業的生產製程上，比較講求組織最終的產出結果。然而政府機關主要提供的是無形的服務，服務的品質往往因人而異，比較不容易控制；此外，服務的傳送過程卻又是行政品質最重要的一環。

四、顧客界定的困難

　　全面品質管理係以滿足顧客為目的，私人企業因產業別的不同，有其固定明確的市場與顧客群，但是公共事務的種類繁多，行政機關所涉業務繁雜，在標的顧客的範圍界定上比較模糊。

五、官僚體制的文化

　　全面品質管理的推動依賴相配合的品質文化，而品質文化的塑造繫於組織體制的設計。行政機關不像私人企業，在組織的設計上擁有比較彈性的調整空間，所以很難透過體制的重組來改變既有的官僚型組織文化。

第三節　危機管理

壹、危機的意義與特性

　　俗諺云：「天有不測風雲，人有旦夕禍福」，用這句話來形容現代行政機關所面對變動劇烈、難以預測的環境狀況，一點也不為過。美國策略管理學者安索夫 (H. lgor Ansoff) 即謂：隨著工業的發達、科技的快速進步及社會政治情勢的轉變，九〇年代的組織面對變動性高且可預測性低的激盪

環境，任何意外、偶發的事件皆可能對組織造成莫大的影響 (Ansoff, 1991)；工商企業如此，政府機關也不例外。我國自解嚴以後，人民權利意識抬頭，加以民眾環保觀念增強、消費者意識高漲，更加深了行政環境的複雜性與變動性。不論是天然災害，如水災、旱災、風災等，或是衛生食品問題，如登革熱疫情、豬隻口蹄疫等，各種突發的事件均對社會整體造成嚴重的影響，甚至可能損及民眾對政府的信任。所謂「防災於未然，災後更應有妥善的處理」，英美等國從一九八〇年代以後，即有專設的政府危機管理機關，負責預防與處理緊急的危機事件，我國的行政機關更應具備危機管理的觀念，以妥善處理各種社會危機事件。

古諺云：「危機即轉機」，危機意指，某個事件在發展的過程中所面對成敗存續的重要關頭，茲舉數位學者的定義說明之：

赫曼 (Charles F. Hermann) 認為：判斷組織危機情境的標準有三，一是某個事件的發生威脅到機關重要的價值目標，而在情況轉壞之前可供反應的時間極為有限，最後，危機是一種出乎意料且突發的組織衝擊 (Hermann, 1972: 187)。

道頓 (Jane E. Dutton) 認為：危機就是一種威脅或逆境，若未即時採取有效補救行動時，個人或團體將會產生不測的負面感受 (Dutton, 1986: 502)。

雷利 (Anne H. Reilly) 認為：當組織所面對的某種情境，其影響範圍大、亟需採取行動予以處理，而反應時間急迫，又超出組織所能控制及意料之外者，即為具有威脅性的組織危機 (Reilly, 1987: 80)。

羅森沙爾 (Uriel Rosenthal) 等人認為：從管理的觀點言，組織危機是一種對社會制度、組織利益，甚至對組織根本價值產生威脅的事件或狀態，而組織必須在時間壓力與不確定狀況下作出重要的決定 (Rothnthal et al., 1989: 10)。

從行政實務的角度來說明，危機係指政府或組織在沒有預警的情況下，突然爆發的特殊事件，這種情況可能威脅到國家的生存發展，或造成人民

的生命、安全、財產損失等不良的後果；而迫使權責機關或決策者必須在極短的時間內做出決定，並即時採取有效行動（吳定等，民 85：247）。

　　危機本身即代表不確定性，可能對組織帶來不可逆料的危害，且可供處置的時間又極為短促，所以我們必須對危機的特性有所瞭解。危機的特性可以歸納為以下數項（黃新福，民 81：28～35）：

一、危機的形成有其階段性

　　危機的發展大可區分為，潛伏期、爆發期、延續危害期、善後處理期。根據美國聯邦危機管理局的定義，危機處理的管理規劃工作可以區分為紓緩階段、準備階段、回應階段和復原階段。組織若未能對危機的發展階段有所掌握，將產生錯誤的管理處理方式。例如危機在隱而未見的時候，組織常因自滿而忽視危機的先兆，甚至否認危機的存在，認為終將自然消失；等到危機爆發時，又低估了危機的可能影響，所以危機一旦釀成巨禍，組織就無能為力了。

二、危機的感受察覺因人而異

　　危機的發生常有未見之兆，而決策者對於危機威脅性的感知，常受下列因素的影響：危機問題對組織可能造成的損失大小、危機造成組織損失的可能機率、決策者所面對的時間壓力。以上這些因素將影響機關對於危機的判斷，而這種對危機的洞察力因人而異。

三、危機的不確定性

　　危機的發生固然有其階段性，但何時將會爆發並產生危害，礙難預估掌握，此即危機的不確定性。若按危機的不確定性質區分，包括：⑴危機狀態的不確定：機關對外在環境不甚瞭解，因此無法掌握其動態變化；⑵危機影響的不確定：機關即使能夠掌握環境的動態，但對環境改變對組織所產生的可能影響，則無法做出明確的估算；⑶危機反應的不確定：即使對危機狀態及其可能影響有所瞭解，危機一旦發生，對於採取何種行動，該行動的可能效果亦難作出有效的預測。

四、危機處理的時間急迫性

危機事件的處理若無時間的急迫性，就不構成危機了。危機的發生常常出乎意外，容待處置的時間不但短促，又無法依賴平日的標準作業程序來處理，所以常常造成機關的盲亂，所謂「病急亂投醫」，浪費力氣卻又成效不彰。

五、危機的雙面效果性

對機關組織言，危機本身即具危險傷害與重生機會兩種特性。危機固然產生負面效果，威脅組織的價值目標或存亡，但同時，危機也是組織興革的契機，組織若能針對危機所揭露的弊端、盲點或未盡之處，痛下針砭力圖改善，不但能使機關歷險突圍展現新的風貌、增強存續發展的能力，更能藉危機處理的患難經驗，提高人員的向心力與士氣。

貳、危機管理的意義

危機管理是一九八〇年以後，組織與管理領域討論的重要議題，是組織為了避免或減輕危機所引起的損失傷害，而針對危機情境所從事長期性的因應策略規劃與管理措施。茲舉數位學者的論點，分別說明之：

海耶士 (Richard E. Hayes) 認為，危機管理是一種適應性的管理與控制過程，係由六大管理步驟組成：環境的監測、環境問題的瞭解、找尋可用的行動方案、評估各行動方案的可能結果、將行動方案排定計畫並予辦理 (Hayes, 1985)。

芬克 (Steven Fink) 將危機管理簡單的界定為，任何為防止危機發生、為消除危機產生的風險與疑慮，所為之應變準備措施即是危機管理。危機管理的程序包括：危機的預測、擬定危機應變計畫、發現危機、隔絕危機、處理危機 (Fink, 1986)。

雷米 (John Ram'ee) 認為，針對危機發展的特性，而能讓危機處理小組的作用確實發揮者，即為危機管理。不同的危機發展階段，所應為之管理措施包括：危機發生前應做好環境偵察、資訊溝通管道、預擬對策等工作，

危機一旦發生，則應由危機處理小組接手，進行處理，並防杜危機的影響範圍擴大。危機發生後，不但要針對危機的成因予以處理，事後還得針對危機處理過程加以檢討，發現管理缺失加以修正，並擬妥應變計畫，為下一次的危機情況做好萬全的準備 (Ram'ee, 1987a)。

總之，危機管理是一種有計畫、連續動態的管理過程，機關組織針對潛在或當前的危機，於事前、事中、事後所採取一連串的因應措施；其目的在針對危機的急迫、威脅與不確定的特性，危機發展的不同階段，進行預測、計畫、檢討和調整，務期有效預防危機、處理危機、消弭危機於無形（吳定等，民 85：249）。另根據密卓夫 (Ian I. Mitroff) 的見解 (1988)，危機管理的重點在於把握五大工作計畫，值得進一步說明（黃新福，民 81：58～59）：

一、危機訊息的偵測

危機爆發之前，常有持續出現的先兆，不過大部分的機關組織礙於認識能力的不足，或是組織文化的限制，常有漠視及低估危機警訊的習慣。故危機管理的主要目的，即在增強機關組織預判危機的感應能力，務期做好事前防範工作，見微知漸、未雨綢繆。

二、危機的準備及預防

為避免危機所帶來的負面影響及損失，組織必須事前做好周全的應變計畫，以免事出突然、進退失據。各項危機處理計畫必須針對機關組織的業務特性，涵蓋各部門單位，根據以往的處理經驗做好妥善的規劃，而規劃的內容必須包括各項具體的行動程序和聯繫事宜。

三、損害的控制與處理

除了擬具應變計畫、派定分工單位之外，機關組織尚須針對計畫，進行實地、實況的摹擬演練，以確保相關人員的動作能夠按照計畫熟練進行，以發揮計畫預期的效果。除此之外，從計畫的實際操演過程中，還可進行有效性的檢測，從演練當中發現缺失，並予以修正。

四、危機的復原工作

危機處理工作的重心，在於妥為善後。妥善的復原工作，可以使危機所造成的損害程度降到最低，而妥善的復原工作也可以增強民眾對機關的信任，鞏固機關內部的團結。復原工作可以區分為短期計畫和長期計畫，短期計畫在解決危機所造成的直接損害，長期計畫則針對機關未來做全面性的整頓工作。

五、不斷的學習與修正

危機管理的主要精神在於，機關組織能夠針對危機經驗進行持續不斷的檢討學習，根據以往的工作經驗和成效評估，對未來的管理計畫充分檢討修正。

參、危機管理的建制

危機管理是一種動態的規劃與行動過程，而危機管理若欲事竟其功，則須配合機關組織的制度建立。行政機關可以根據紐納美克 (Jay F. Nunamaker Jr.) 等人危機管理的動態模式，進行危機管理的體制建構，如圖 19-1 所示 (Nunamaker, Jr. et al., 1989)。

行政機關的危機管理活動，可以根據圖 19-1，針對危機發展的三個階段規劃應變的體制，分述如次：

一、危機爆發前的管理活動

1.**危機計畫系統** (crisis planning system)：危機計畫的擬定其目的在於，透過不斷的規劃活動促使機關的決策者對危機相關事宜保持高度的關切，並希望從中增進管理者的危機處理專業知識。有效的危機管理計畫包括：設立判斷潛在危機的機制、確認各種危機所影響的相關對象、危機處理的程序、維持機關運作的權變計畫、危機處理小組的組成和訓練、危機處理的對外溝通、危機管理計畫的評估和修正。

2.**危機訓練系統** (crisis training system)：危機管理訓練的目的在於，促進組織成員對危機因應策略的瞭解與熟習，使其擁有處理危機的知識，並

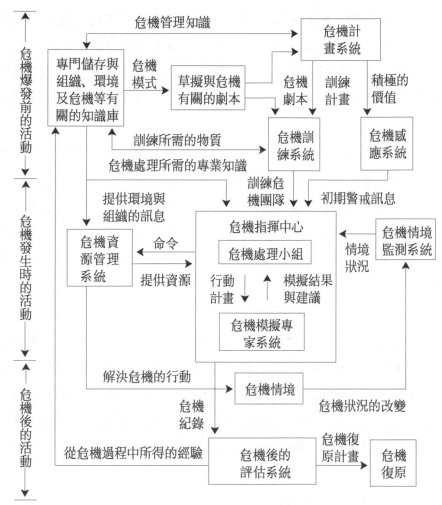

圖 19-1　危機管理的動態模式圖

能從訓練過程中學習到獨立的判斷與問題解決能力，以便在危機的時間壓力下，能夠順利發揮有效的管理功能。危機的訓練系統可以和組織的危機知識庫結合，組織知識庫儲存組織過去處理危機的經驗資料，這些資料可供危機管理計畫的重要參考，並且成為危機訓練的實務教材。在危機訓練的模擬過程中，相關的缺失與學習結果亦可納入系統的資料庫中，進一步充實知識庫的有效性。

3. **草擬危機處理的劇本** (scenario generation)：組織可設置專責單位負責

危機劇本的撰寫，這些劇本包括了完整的危機發展過程，危機處理的相關作業程序，與影響危機的關鍵因素。危機劇本以「如果怎樣，就應如何」(what if) 的邏輯呈現，提供人員處理危機的實務機會，從而培養人員知道如何處理危機的能力 (know how)，並能提高人員面對危機狀況的信心。

4. **危機感應系統** (crisis sensing system)：組織若能確實掌握環境的動態，則能見微知漸，有效預防危機的發生或災害的擴大。危機感應系統係以組織的核心價值與目標為重點，針對相關的環境層面，設立不同的感應標準，以這些標準來偵測環境變化的可能影響。組織通常可以運用例外管理的方式、組織成員的定期報告或是民眾的意見調查，來獲得所需要的危機訊息。

二、危機爆發時的管理活動

1. **設置危機指揮中心**：危機指揮中心由機關首長和相關幕僚、危機處理小組、危機管理專家組成，負責危機狀況的統籌決策與行動指揮。具有四項重要功能：(1)降低危機突發時，首長個人決策行為的偏見與失誤；(2)扮演危機處理小組之間的行動協調和溝通角色，以降低衝突和浪費；(3)保持機關與組織外界的順暢溝通；(4)可以適時傳播對機關組織最有利的訊息。

2. **危機情境監測系統**：危機通常由眾多複雜的事件與因素所構成，牽涉各個部門單位的業務工作，若無統一集中的情報系統，組織將無法全面掌握危機的發展狀況，評估危機的可能影響，並做出明確有效的決定。危機情境監測系統依據危機管理計畫所列的指標進行監控，並將情報向危機指揮中心回報。

3. **危機資源管理系統**：機關組織在平常的時候就應儲備危機處理的資源，以備不時之需，而危機處理的時候亦應統籌運用資源，以免造成浪費或是徒勞無功。危機資源管理系統的作用在於支援危機處理小組，協助資源的取得、資源的妥善分配，並掌握資源使用的實際狀況。

三、危機解決後的管理活動

1. **展開系統評估與調查工作**：危機解決之後的管理活動亦不可輕忽，當危機過後，組織應即成立調查與評估小組，針對危機事件的始末與組織的處理方式，進行有系統的檢討與評估，以為改進之參考。危機成因之調查，特應避免淪為挾怨報復的行為，調查範圍亦應廣泛深入探討。

2. **加速復原工作**：危機過後除了調查究責、痛下針砭以外，最重要的即是展開全面的復原工作。機關應擬定復原工作的主要方向，並妥善安排復原工作的優先順序，務期在最短的時間內，使一切歸於正常。復原工作的範圍包括機關外部的民眾和機關內部的人員，復原工作的良窳關係到民眾對機關的認知形象，而內部的復原工作則與人員對組織的認同感有關。

3. **危機管理計畫的再推動**：危機管理在本質上就是一種循環不斷的活動，為了避免機關組織以保守的心態，重複過去處理危機的作法，重蹈覆轍，組織應以學習的心態與自我批評的方式，即刻展開更有效的危機處理計畫。達到「毋恃危機之不來，恃吾有以待之」的境界。

第四節　組織再造

壹、組織再造的意涵

組織再造 (organization re-engineering) 是一項新的管理思潮與方法，藉著組織再造可以徹底的改善組織原有的作業和人員心態，使得成本、品質、服務和速度等獲得大幅度的進步。對於行政組織而言，組織再造乃是針對其結構性問題——盤根錯節的僵化官僚制度和惡質的官場文化提出根本的解決之道。

一、學者專家的定義

韓默 (Michael Hammer) 和錢辟 (James Champy) 的定義：「根本重新思

考,徹底翻新作業流程,以便在現今衡量表現的關鍵上,如成本、品質、服務和速度等,獲得戲劇化的改善。」此一定義包含了四個關鍵字說明如下(楊幼蘭譯,民 83:45～50):

1. **根本**:藉著詢問最基本的問題,迫使人們正視蘊含在其工作背後的戰術規則及假定。

2. **徹底**:徹底翻新流程係指從根改造且另闢新徑來完成工作。

3. **戲劇性的**:其並非和緩或漸進的改善,而係在績效上達成定量上的大躍進。

4. **流程**:流程係指接受一或多種投入且創造對顧客有價值之產出的活動之集合。

赫拉契米 (Arie Halachimi) 的定義:再造是指為了符合時代的需要,從制度的根本面重新思考,以較低的成本,較高的品質,較快捷的服務,提供組織存在的必要理由(轉引自鍾起岱,民 84:42)。

戴久永的定義:係指「由組織過程重新出發,從根本思考每一個過程活動的價值貢獻,然後運用現代的資訊科技,將人力及工作過程徹底改變及重新架構組織內各部間關係。」(戴久永,民 84:11)

二、綜合的意涵

1. **流程中心 (process-focused)**:以往組織之設計及改革皆循史密斯 (Adam Smith) 的分工論,依工作性質的不同而劃分成若干的功能部門,且各部門有其自身的規劃、程序及優先順序。如此一來,使得原先完整的流程變得支離破碎,事權牽扯不清,並且產生賽蒙所稱之「建立王國」(empire building) 的心態。組織再造則是以流程為中心,以顧客滿意為導向,將現行流程予以重整,使其能克竟全功。

2. **顧客導向 (customer-driven)**:流程再造的目的在於提升顧客的滿意度,包括內在顧客與外在顧客。首先就內在顧客而言,其係指組織成員 (employee),管理者必須重視組織成員感受,透過授能 (empowerment) 使組織成員能有較大的自主空間以自我管制、自我實現。其次就外在顧客

而言,其係指服務對象 (client),整個組織須以「顧客滿意」為目標;亦即執行流程之設計應以顧客為導向。

3. **目標取向** (goal-oriented):流程再造必須是目標取向的。首先,在流程設計方面,應先評估組織本身的資源與能力,根據所欲達成的目標,設計出一套兼顧效率與效能的新流程。其次,在績效衡量方面,目標為掌控監督與給薪標準的關鍵因素。

4. **系統思考** (systems thinking):組織再造必須具備系統思考的能力。系統思考是「看見整體」的一項修鍊。它是一個架構,能讓我們看見相互關聯而非單一的事件,看見漸漸變化的型態而非瞬間即逝的一幕(郭進隆譯,民 83:99)。再造工程即是以系統整體觀點對現行之流程重新思考、描述、分析以創造新流程。唯有透過系統思考,才能跳脫功能部門的分割與侷限,根據實際的需要來重新建構組織之流程。

5. **資訊科技** (information technology):資訊科技是支持再造工程力量的來源。透過資訊科技可使組織運作更靈活,部門間連繫更具彈性,達到提升政府效率、迅速傳遞訊息的目的。除此之外,資訊科技可以使得流程運作過程具備三 F 的效果 : 更快捷的服務 (faster)、 更扁平的組織 (flatter)、更親切的服務 (friendly) (J. Mechling, 1994: 190)。

上述五點意涵可以歸納為圖 19-2 所示。

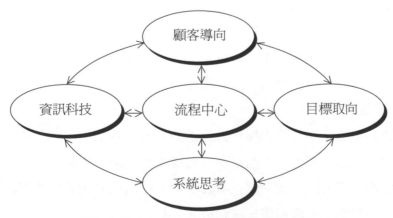

圖 19-2 組織再造的五項關鍵要素圖

貳、組織再造的特徵

一、整合工作流程

　　組織再造係將原本被分割開的工作，重新予以整合、壓縮成一個完整的工作流程。因此，新流程最基本、也最普遍的特色就是沒有裝配線。不過必須注意的是，並非任何繁複步驟的流程都能加以壓縮。

二、由員工下決定

　　進行再造的組織，除了將流程作水平的整合外，同時亦要對流程作垂直的壓縮。水平整合意謂著工作擴大化 (job enlargement)，即組織成員要有多種技能而非僅專精於一項事務；垂直壓縮則意謂著工作豐富化 (job enrichment)，使員工在工作上作縱的擴展與加載。亦即要授能 (empowerment) 給員工，使其有一定程度的自主權負起責任。

三、同步進行工作

　　傳統的金字塔組織型態，皆採直線連續性的工作流程，第一個步驟完成後，第二個步驟方著手進行，導致費工耗時的情形。組織再造則強調作業步驟須視眼前狀況予以調整，盡量使其能同時進行，且能互相支援、互相配合。

四、流程的多樣化

　　傳統的制式化流程，基本上一分析起來都十分複雜。不論是簡單的情形或複雜的狀況，這類流程皆是以同樣的方法來完成，不知變通。反之，多樣化的流程則是清晰明瞭，其具有兩、三種版本的彈性流程，使不同的方案能由不同的流程來處理，如此便可以簡馭繁。

五、打破部門界限

　　傳統的組織結構幾乎皆採專業分工的方式，各功能部門各司其職。在這種流程中，由於牽涉的部門眾多，再加上每經過一道關卡，皆需行文、審核、批准，不僅缺乏效率而且所費不貲。經過組織再造之後可跨越部門界限，使得整個工作流程能一氣呵成。

六、減少監督審核

在舊流程中充滿了審核和監督的步驟,結果在重重的審核、監督之下,不僅耗時費力,有時所投入的成本甚至遠高於所能發揮的功效。而新流程則只有在符合經濟效益的情況下才會出現監督的工作。

七、減少折衝協調

在舊流程中,另一項沒有價值的工作就是折衝協調。而在新流程中,則將工作予以整合,避免浪費時間在協調折衝上。此外,對外溝通時則要盡量減少接觸點,以避免不同的對外接觸點提供對方不同的資訊或承諾,而無法自圓其說。

八、提供單點接觸

在某些情況下,流程因為太過於複雜或分散而無從簡化、合併。於是「專案經理人」乃應運而生,在依舊複雜的流程與顧客間扮演折衝者的角色。這些專案經理人具有實權及溝通協調的能力,和傳統的顧客服務代表在本質上迥然不同。

九、集權分權並存

在傳統組織中,若採集權式的組織型態,則無法因地制宜且又缺乏彈性;若採分權式的組織型態則無法統籌全局且又兼籌並顧。而透過組織再造,一方面可授能給組織成員,使其能自行作主、自己負責;一方面又可藉資訊科技之助,掌控全局並瞭解各工作流程運作之狀況,且各部門亦可借助電腦連線取得所需資料(楊幼蘭譯,民 83:72～92)。

參、組織再造的策略

一、就組織人員的心理言

任何重大的變革勢必會引起組織成員的恐慌不安。因此為安撫成員情緒、弭平成員反彈,有必要使組織成員之心態作一調整,亦即要從「革心」作起,使組織成員的價值、信念從反對變革到支持變革乃至於致力變革。而要達到此一目的,不但要使員工瞭解再造的原因,更要為其描繪出未來

美麗的藍圖。

1. **說明再造原因**：要使成員能同心協力，一同為組織之再造重生而努力，就必須使其瞭解變革之原因。一般而言，變革原因不外乎下列三項：

(1)因應困境：一旦組織陷入困境，領導者為扭轉情勢，無不大刀闊斧、力求革新，希冀能力挽狂瀾、轉危為安。而組織成員基於「同舟共濟」的心理，往往也最能接受變革。

(2)因應競爭：為了使組織在與外界環境激烈的競爭中，能脫穎而出，因此可針對「重要性」的流程予以再造。

(3)因應未來：係指為了因應未來情勢的變遷而再造。此種未雨綢繆的再造方式，最易招致成員的反彈。畢竟有前瞻力能駕馭變遷的人只是少數。在這種原因下，通常會對具「可行性」的流程予以改造。

2. **描繪未來遠景**：除了使員工瞭解再造之原因外，為期組織目標與成員目標融為一體，組織與成員休戚與共，同舟共濟，一起為組織的前途而奮鬥，就必須建立共同願景 (shared-vision)。共同願景是一個方向舵，能夠使再造過程在遭遇混亂或阻力時，繼續循正確的路徑前進（郭進隆譯，民 83：313）。透過共同願景可凝聚團體的向心力，使組織成員有共同的理想遠景和奮鬥目標，其為再造工程成功的關鍵之一。

二、就組織流程言

關於組織流程之再造策略，此處綜合多位學者之看法，將其分別歸入上述五項關鍵要素以為說明（楊幼蘭譯，民 83：72～92；J. Mechling, 1994: 189～197; S. Caudle, 1994: 149～162; R. Linden, 1993: 9～12）：

1. **以流程為中心**

(1)以齊頭並進的流程取代直線連續的流程：傳統的組織型態，其業務的遂行通常採取直線連續的流程，無論是個人或團體，都必須等前一個步驟完成後，才能著手進行自身的工作，如此一來必然導致時間的延宕。而組織再造則採取齊頭並進的流程 (parallel process)，藉由整合各項業務的資料庫之運用，使得個人或團體的工作能同步進行，且又不

致於相互掣肘。

⑵集中在關鍵（核心）的流程：組織再造必須針對關鍵（核心）的流程予以全盤改造。由於人力不足、資源有限及環境因素等限制，組織再造必須有選擇性的將既有資源作最妥善的配置，因此再造工程須集中在關鍵（核心）的流程。

⑶設計流程為先，而非自動化：自動化的施行，充其量只能在目前的架構下有限度的加快流程速度，而無法從根本解決組織問題。基此，自動化亦可能導致相同的錯誤加速地一錯再錯。因此，再造工程須以流程設計為先，而非自動化。

2.以顧客為導向

⑴釐清組織顧客與任務：再造工程係以顧客為導向，因此組織再造首要之務在於釐清外在和內在顧客，並排定優先順序。就私人企業而言，外在顧客理所當然的是組織提供服務、進行交易的對象。在政府機關方面，外在顧客的界定和優先順序的排定更是困難重重；一般而言，可將顧客界定為機關的直接服務對象與相關的政策利害關係人。至於內在顧客優先順序的排定，不論是政府或企業皆難以決定，因其牽涉到組織內部政治權力的運作和成員心理的感受，若處理不當會影響組織運作。

⑵單一接觸點：為提升顧客滿意、加強服務品質，組織和外在顧客應保持單一管道，一方面可避免各部門間事權不清、說法不一及爭功諉過的現象；另一方面可運用「專案經理人」，提供所需資訊與全程服務，使顧客能獲得滿意的服務。

⑶追求顧客滿意：組織管理人員與高級主管必須提醒組織成員一項事實：顧客只看見所提供的服務，而無法瞭解組織內部的運作情形。因此，組織必須追求顧客滿意、講求顧客至上，而非將焦點置於組織成員是否恪遵組織的規定、是否遵照上級的指示，如此方不致於產生「目標轉換」(displacement of goals) 的現象。

3. 以目標為取向

(1)結合流程改進與預期成果：組織再造之推行要先設定組織目標及預期成果，並衡量組織成本、能力，再依據目標與成果重新設計兼具效率與效能的新流程以達成組織目標。而流程之設計需有宏大 (ambitious) 的目標，如此方能迫使組織成員以嶄新的觀點去思考、去行動。

(2)運用競爭標竿法：競爭標竿法本質上為「見賢思齊」之心理的體現，係指以出類拔萃的企業機構、政府部門或跨國組織作為標竿，以其為學習對象，進而迎頭趕上。選擇標竿組織並不以同行、同業為限，行政機關可以優秀企業為楷模，企業機構亦可以廉能政府為範型。

4. 運用系統思考

(1)跨越既有功能部門的界限：傳統的組織結構幾乎皆採專業分工的方式，各功能部門各司其職。在這種流程中，由於牽涉的部門眾多，再加上每經過一道關卡，皆需行文、審核、批准，不僅缺乏效率而且所費不貲。經過組織再造之後可跨越部門界限，使得整個工作流程能一氣呵成。

(2)以系統觀點考量現有流程之缺失並設計新流程：組織再造不能流於「頭痛醫頭、腳痛醫腳」的偏頗視野，而必須以整合的觀點來檢討既存流程之缺失及設計新流程，並同時針對組織結構及隱匿在其背後的基本假定、組織文化予以改造。未經系統思考貿然再造的結果，可能造成目前體系中隱含的「制衡機制」土崩瓦解，進而導致組織的混亂狀態。

5. 佐以資訊科技

(1)建立整個組織的網路系統：組織再造除了要徹底改造組織流程外，亦要建立整個組織的網路系統。網路系統的建立不但可促進資料共享、隨時掌握工作狀況，亦可加強組織之連繫、打破時間地理的限制，其為再造工程必備的基本要件。

(2)一處受理，全程服務 (one-stop, non-stop service)：藉由資訊科技的運用，顧客只須在一個定點或一個窗口，就能獲得所需的資訊和提供

的服務，不須再周旋於各個功能部門間循環往復、疲於奔命且浪費時間。

⑶專家系統的運用：再造工程的施行使得組織的用人取向由「專才」(specialist) 轉變為「通才」(generalist)。因此，其要求具有高素質且能獨當一面、獨立作業的組織成員。然而，如此必將導致員工訓練與教育經費的大增，且費工耗時，短期不易看出成效。所幸，藉由電腦科技的輔助，可以將過於冷僻專門的工作委由專家系統（如會計程式、法律程式等）處理，如此員工更可勝任且能獨當一面。

肆、組織再造可能的困境

一、在適用範圍方面

無論是政府部門或私人企業，涉及政策、政治及與大眾息息相關的事項必須多方諮詢和折衝協調 (R. Linden, 1993: 12)，因此，在決策層次上不宜太過強調組織再造。就企業而言，若將重要決策過程予以再造，則董事會將因無法有效監控企業運作而反彈。在行政機關，若將政策制定過程予以再造，則勢必會引起民意代表和民眾的抗議，認為政府採「黑箱作業」，且此舉亦不符合民主政治分權制衡的原理。

二、在實行時機方面

當組織正遭遇危機時，再造及其他革新策略皆不適宜，即使是在危機過後亦同。雖然危機可迫使組織成員正視組織問題並提供改革之道；然而，在遭遇危機期間進行再造工程，不僅組織資源缺乏，且組織成員要同時應付內部的變革與外部的挑戰，將導致心理上難以調適、無法負荷。因此貿然在此時推行組織再造實有極大的風險。

三、在宏觀經濟方面

再造工程應用於企業組織，在宏觀經濟上將會產生弔詭 (paradox) 的現象。企業運用再造工程得當，固然可提升企業上的生產力、增加利潤，但組織再造若於企業界全面實施成功，則勢必會導致整體失業率的增加（因

流程再造往往附帶引起員額的精簡），進而引發需求量的銳減，終究抵銷企業所提升的生產力。此為組織再造在企業本身層次與宏觀經濟層次的兩難困境 (S. Pressman, 1994: 62)，亦即老子所云：「物極必反」的道理。

四、在再造本質方面

再造工程本質上為一種「劇變」，需要投入大量的人力、物力及財力，並且事先要有全盤妥善之規劃，不可貿然進行。故其僅能每隔一段期間實施，無法如全面品質管理所強調的不斷改善。

伍、組織再造應用於政府部門的可行性

組織再造應用於企業組織已行之有年且績效卓著。以下則擬透過組織再造的五項關鍵要素，來探討組織再造應用於政府部門是否確實可行。

一、就系統思考而言

組織再造應用於政府部門首先面臨的挑戰是：雖然政府機關大聲疾呼、倡言改造，然而官僚文化（如制衡、權限、監督）將有礙組織再造之推行，並使組織再造承擔極大風險 (J. Mechling, 1994: 190)。一般來說，政府部門由於法令規章的限制、形式主義的充斥，瀰漫著濃厚的官僚習氣和封閉的組織氣氛，而無法以全局的 (holistical) 觀點針對政府叢生之弊病予以徹底改革。因此，若欲應用組織再造於政府部門，首要之務在於打破僵化的官僚習氣，並具有系統思考的整體視野。

二、就顧客導向而言

在政府部門中，行政人員往往習於對內、對主管負責，而未能對外、對民眾負責。在層層的監督和考核之下，使得行政人員在執行政策、提供服務時，或泥於法規條文、或基於本身便利，而忽略了民眾的特殊處境。此外，行政人員通常未有「顧客滿意」的觀念。其只著重行政業務的達成與法令規章的遂行，至於是否符合民眾需要則在所不問。因此，政府部門若欲推行組織再造，須先培養行政人員設身處地的思考能力。

三、就目標取向而言

政府機關往往過於強調行政過程的監督和控制，對於行政人員是否遵守法規、服從命令的重視遠甚於施政目標的達成。此種本末倒置的作法，造成了「目標轉換」(displacement of goals) 和「形式主義」(formalism) 的現象，並滋生許多繁雜的「官樣文章」(red tape)。而組織再造若要成功實施，則政府部門須將其管理焦點由行政過程是否合法轉移到政策目標是否達成，並以目標的達成程度（效果）作為績效衡量與給薪標準。

四、就流程中心而言

分權 (seperation of power) 與制衡 (check and balance) 為民主政治的重要基石，亦為政府建構的基本法則。組織再造從流程的觀點出發打破政府各部門之界限，將性質相同的工作予以重新整合。如此的變革，固然有助於行政機關的事權完整、行動齊一，但卻不利於民意機關的監督、審核，容易招致民意代表和民眾的抗議和反彈。解決之道，可將再造之流程鎖定在「執行層次」上，而規避「決策層次」的再造工程。

五、就資訊科技而言

資訊科技為組織再造必備的關鍵要素之一。然而，資訊科技的運用須投入大量沉澱成本且其設置並非短期可成。因此，在政府部門中，民選首長及民意代表或基於選票壓力，或急於作秀宣傳，通常寧願從事一些成效立見的討好性政策，而不願投入大量的時間、精力去鼓吹組織再造以徹底改革。為改善此種現象，可將再造之焦點置於「便民措施」上，以爭取政治人物的支持。

第4編

人事行政

第二十章 人事行政導論

第一節 人事行政的意義

人事行政 (personnel administration) 也稱為「公務員制度」或「文官制度」(civil service)，係指政府機關為完成其使命時，對其需要的人員所做的選拔、任用及管理等制度而言。不過與人事行政有關的名詞還有不少，為了澄清觀念，必須加以區別不可。

一、人事管理 (personnel management)

指人事行政政策之具體執行及實際應用而言，其所涉及者多為程序性及技術性，範圍較小，層級較低。此外，私人企業組織的人事問題的處理也可稱為「人事管理」，不宜稱「人事行政」，因為行政二字一般是指政府的業務而言。在英文中為了怕與人事管理混淆，「人事行政」往往加上「公共」一字而成「公共人事行政」(public personnel administration)。在中文裡，人事行政往往可以概括人事管理，有時也混用（但最好避免），但不能以人事管理來包括人事行政，因為人事行政是指人事的政策、方針與制度，範圍廣、層級高，所以我國中央政府的人事機構稱「人事行政局」而不稱「人事管理局」，但一般機關的人事人員則稱為人事管理員（或人事管理師），他們並不擔負人事政策之釐訂，而僅負執行之責。

二、公務員制度或文官制度 (civil service)

政府所僱用的人員可泛稱為公務員，因此對公務員所施行的這一套選拔、任用與管理的制度往往也被稱為「人事行政」；嚴格的講，兩者仍有區別，文官制度是靜態的，多偏於人員權責關係與法令規章的制定；但是人事行政卻帶有動態的意味，牽涉到人員的心理面，也具有政治性，所以處

理特別困難。

三、勞工管理 (labour management)

指工業界對其基層工作人員的一套基本的工作要求標準，例如上下班的時間、工作規範、薪資標準、請假規則等，其範圍比人事管理又狹窄多了。

四、僱傭管理 (employment management)

這一名詞較勞工管理為廣泛，在觀念上也比較進步，至少把受僱者 (employee) 的地位提高為與雇主 (employer) 一樣，不僅規範工人的工作標準，而且也顧及到工人的福利、訓練與發展等。

五、人力資源管理 (human resources management)

顧名思義是指組織內人力資源的管理。簡單的說，人力資源管理是指組織內所有人力資源的取得、運用和維護等一切管理的過程和活動（何永福與楊國安，民 84：5）。亦即透過人力資源分析策略、規劃及作業，並配合其他管理功能，達到組織的整體目標。此一名詞所涵蓋的範圍最廣，除涉及人力資源的理論外，並論及如何建立人力資源的相關制度，對於公、私組織皆可適用。

吾人在區別過與人事行政有關的名詞以後，再來探究人事行政的意義就比較合適。茲先列舉幾位中外學者專家對人事行政一詞所下的定義：

魏勞畢 (William F. Willoughby) 說：「人事行政係指用以選用並保持最有效能的公務員為政府辦理公務時，所需的各種程序和方法，及對彼等所施的有效管理與指導的制度。」(Willoughby, 1927: 221)

賽蒙等人則謂：「從廣義言之，一切行政都是人事行政，因為行政所研討者，就是人的關係與行為，惟普通所謂人事行政乃指狹義者言，即指組織中工作人員的選用、升遷、調轉、降免、退休、訓練、薪資、衛生、安全及福利諸事宜。」(Simon et al., 1950: 342)

史陶爾 (O. Glenn Stahl) 說：「人事行政乃是組織中與人的資源有關的一切事務之總體。」(Stahl, 1962: 15)

狄馬克說：「人事行政就是機關的人事功能 (staff function)，其工作係與招募、任用、激勵與人員之訓練有關之事務，目的在增進人員的士氣與有效性。」(Dimock & Dimock, 1954: 216)

賴格羅說 ：「人事行政是新進人員的選拔與原有人員之運用的一種藝術，因此可使機關人員工作的質與量達到最高的境界。」(Nigro, 1965: 36)

張金鑑說：「人事行政就是一個團體或機關為完成既定使命，對其工作人員作最適切最有效的選拔、使用、養育、維護時所需的有關知識方法與實施，其目的在使『人盡其才』，即人的內在潛能的最高發揮與利用，使『事竟其功』，即以最經濟的手段獲致最大的效果。」（張金鑑，民 62a：6）

侯暢說：「人事行政，則係就政府機關團體中工作人員作合理的選拔、培養及有效的使用、維護，以使人盡其才，事竟其功。」（侯暢，民 60：167）

何清儒說：「人事管理就是用科學的方法和原則，去管理一切關乎人的事務。」（何清儒，民 59：2）

從上面各家的解釋，我們可以對人事行政的意義得到下列的概念：

1. 人事行政是指公務機關中與人員有關的各種制度、政策及管理方法。（有別於企業組織）
2. 人事行政是介乎科學與藝術之間的學問，既可採用科學的方法加以管理、實施，但運用之妙存乎一心，又可算是藝術。
3. 人事行政是研究如何使機關中的人力資源達到最高利用的一種知識。
4. 人事行政是機關完成其使命時，不可缺少的要件。
5. 人事行政是追求「人盡其才」、「事竟其功」的具體學問。

綜合言之，人事行政就是政府機關為推行其工作，對其所需用的人員所作的選拔、任用、培育與管理的一套完整的制度。也就是研究如何使機關達到「求才、用才、育才與留才」目的的一種複雜的學問。它的良窳直接影響到一個機關的成敗，而一個國家的興衰也與人事行政有密切的關係，

凡是人事行政上軌道、有制度的國家，其國勢一定興盛，反之一定衰弱，所以各國對其人事行政莫不努力改進，以求至善。

第二節　人事行政的範圍

人事行政所包括的範圍至為廣泛，因為機關中凡是與人有關的事務皆可包括在人事行政的範圍之內，但是人的問題也是最難以處理的，所以人事行政就擴充了領域，甚至涉及心理學、倫理學、經濟學等。現在舉證一些人事行政著作中所列舉的目錄，以見其內容之一斑。

史陶爾在其所著的《公共人事行政學》(*Public Personnel Administration*) 一書中，指出了下列的範圍：⑴人員的招募與考選；⑵公務員等級與職位分類；⑶薪俸；⑷激勵；⑸訓練；⑹衛生；⑺福利；⑻行為標準；⑼紀律；⑽考績；⑾獎懲；⑿退休；⒀撫卹；⒁人事機構等。

魏勞畢在所著之《行政學原理》(*Principles of Public Administration*) 第二編〈人事行政〉中，包括：⑴幾個基本問題；⑵終身職業的公務；⑶公務員訓練；⑷官職之分等與標準化；⑸公務員之選用；⑹人事之提升與懲撤；⑺人事行政之特殊問題；⑻人事行政之組織；⑼公務員之團體；⑽退休或養老制度。

莫希爾 (William E. Mosher) 與金斯來 (John D. Kingsley) 著有《公共人事行政》(*Public Personnel Administration*) 一書，對此問題之檢討頗為完備。全書共分五編：第一編為〈公務之發展及重要〉：現代員吏制度之演進、美國公務制度之發展、公務員之地位與範圍，及人事行政機關之組織與職能；第二編為〈公務員之雇用〉：考選、登記、面洽、測驗、給照及試用；第三編為〈公務員之訓練及僱傭條件〉：訓練、升遷、調動、工作時間、簽到、計時、請假、紀律、權利及義務；第四編為〈薪給及其他積極鼓勵〉：工資水準與政策、工資之標準化與行政、工作考績及退休養老制；第五編為〈僱工關係、工作環境與報告〉：僱工合作與服務精神、公務中之

勞動組合、工作環境、衛生、安全、與福利及人事行政機關與公眾。

　　《雲五社會科學大辭典》第七冊（行政學）對人事行政之範圍列舉為：
⑴人事機構；⑵職位分類；⑶職員選用；⑷薪給；⑸考勤；⑹考績；⑺訓
練；⑻人群關係；⑼撫卹；⑽退休。

　　張金鑑所著之《人事行政學》（中國行政學會民國五十年出版）中，以
下列各項作為人事行政之範圍：⑴人事機關之組織及運用；⑵公務員的甄
拔及補充；⑶公務員之分級及定薪；⑷公務員之考績及升遷；⑸公務員的
紀律及懲戒；⑹公務員的退休及撫卹；⑺公務員之訓練及教育；⑻公務員
之義務及權利。

　　我國憲法第八十三條規定：「考試院為國家最高考試機關，掌理考試、
任用、銓敘、考績、級俸、升遷、保障、褒獎、撫卹、退休、養老等事
項。」根據這一條內容，也不難看出人事行政的範圍。

　　現在將人事行政的內容、範圍列舉如下：

1.**人事機構**：即主管人事行政各種業務之機構。

2.**考選**：公務人員在任職之前，應經過考試之通過，取得資格，而政府如
　何才能選到最優秀的人才為政府服務，也屬於考選的範圍。

3.**任用**：公務人員正式取得政府職位時所需要具備的條件、應辦理的手續、
　以及所獲得的等級。

4.**分類制度**：政府選拔、任用及管理公務員的一套客觀的、與科學的標準。

5.**薪俸**：公務員向政府提供某服務時應獲得之報酬。

6.**考勤**：公務員到公、請假的一套制度。

7.**考績**：政府對公務員的服務成績予以評定，以作為獎懲、升遷、調動及
　運用的依據。

8.**訓練**：包括職前與在職訓練兩種，其目的在灌輸工作技能、培養理想人
　才。

9.**保險**：為保障公務人員生活、安定公務人員心理及促進社會安全制度的
　確立，政府及公務人員共同負擔保險基金，以備不時之需。目前我國係

以政府負擔百分之六十五，人員負擔百分之三十五來籌措保險基金。

10.**紀律**：紀律乃是維持公務員服務水準及增進工作效率時所採取各種懲戒措施，凡不能維持服務水準之人員，可以受到申誡、記過、減俸或免職等處分。

11.**升遷**：公務員因表現優異而機關給予地位之提高及薪水之增加。

12.**撫卹**：公務員在職期間死亡或傷殘，由政府給予其遺族或本人一定之金錢，用以保障公務人員之生活。

13.**退休或養老**：公務員因年老力衰而不克在政府繼續服務時，使之退職而由政府給以一定數額之養老金，俾能終養餘年。

14.**保障**：為保障公務員的權益，政府制定相關法律並成立專責機關來處理公務員的各種保障事宜。

第三節　人事行政的目的與要旨

一、人事行政的目的

根據張金鑑先生在其所著之《人事行政學》中的說法，人事行政的目的有五（張金鑑，民 62a：8～10）：

1.**經濟的目的**：在於用最少的代價獲致最高的效果，所以一個機關所僱用的人員既不能過多，也不能過少，人多則形成浪費，人少則工作不易推行；同時還要將每一個人的聰明才智盡量發揮，人事行政的經濟目的即在於如何使人、事相適——人人有定事，事事有定人。

2.**社會的目的**：即在使政府（雇主）與公務員（僱工）間，政府、公務員與人民間，及公務員與公務員間得到合理的關係及和諧的情緒與精神。所以現代人事行政特別注重人群關係的推行。

3.**個人的目的**：即在於消除公務員身心上所遭遇的不良與不適待遇，使其才智得到最大的利用與發揮。如就更積極的個人目的而言，則人事行政在培養一個德、智、體、群四育平衡發展的公務員，他們皆能具有高超

的道德、豐富的知能、健康的體魄及敬業樂群的精神。

4. **技術的目的**：即在於用科學的方法對人事問題作客觀的研究與分析，以求得標準化、合理化及效率化的人事行政與管理的技術和方法。

5. **綜合的目的**：人事行政實在是以「人」為中心的學問，只要能夠解決機關裡「人」的問題，其他問題均可迎刃而解，所以人事行政的目的又可以概括為下列四點：

1. **求才**：人事行政在爭取最優秀的人才來為政府服務，只有最優秀的公務員才能認真負責的推行公務，而政府的使命才能有效的達成。世界各國對其人事行政的基本要求即在於「為國求才」，其所涉及的因素很多，諸如待遇的高低、考選的方法、升遷的機會及社會的評價等，如果要想求得真正的人才，就必須在這些方面多加改進。

2. **用才**：人才求得以後，應當加以有效的運用，使人人發揮所長，個個得到重用，「考用合一」的政策只能達到消極的目的，要設法配合人員的專長、個性與潛力，給予最適當的工作。這就牽涉到考試技術、職位分類與公務員訓練等問題。

3. **育才**：人才往往要靠培育而產生，如何使教育制度與人事行政制度相配合，實為國家走向現代化的一項重要目標。這也是長時間才能見效的工作，不僅需要政府在政策上領導，更需要社會各界的合作與支持。

　　對於人才的培育還可以透過職前訓練及在職訓練的方式來輔助達成。一個公務員固然在學校可以學到許多基本學問，但一旦進入政府後，還可在實際的工作上學到不少的經驗，如果再給予一段時期的職前及在職訓練，公務員更能具備人才的條件，我國政府對於公務員的訓練，推行不遺餘力，其主要目的實在於「育才」。

4. **留才**：人才的培養、求取與運用實屬不易，既然政府花了很大的力量來爭取人才，那麼就要繼續使這些人才留在政府，不要讓私人企業給「挖」去，否則實為政府莫大的損失。如何留才？這又是與薪俸、升遷、人群關係、福利及獎懲等有密切關係的問題。

二、人事行政的要旨

1. **人才主義**：用人唯才，選賢任能實為人事行政上的第一要義。所謂人才應當就廣義來看，他並不需要是一個「全才」，只要能具備一技之長者，皆可算作是人才，這樣就能把天下各色各樣的人與機關各色各樣的事作適切的配合，使事得其人，人當其用；人能盡其才，事能竟全功。

2. **人本主義**：要把人當人看待，尊重人格，瞭解人性，使每個人的心理與生理上需要得到滿足，個人的個性與人性得到發揮。

3. **合作主義**：現代行政的要旨之一便是建立人員的團隊精神，以集體的努力與協調步驟來達成機關的任務。

4. **效率主義**：在「人」的方面要發揮每個人的最大潛力，使之成為一個有效率的人；在「事」的方面，要使各項事、物沒有絲毫的浪費。

第四節　人事行政的新趨勢

一、由消極性到積極性

　　人事行政的發展已由過去的消極的防範與控制，逐漸走向積極性的發展與成長。以往的人事行政以防止政府任用私人、限制劣才進入政府為主要的考慮，故在管理措施上專注於訂定各種法令規章、規格條件作重要限制為能事，嚴格執行人事法規以規範員工權義及控制員工行為，採行嚴厲管束方式處理人事問題等。這些措施的具體表現如：堅守嚴格的考試制度、苛細的人事法規及程序，以及獨立的人事機構。消極性人事體制的功能偏重於規範公務員的忠誠、嚴謹及執行人事法規命令；至於實質的內容方面應發揮的功能反而忽略。

　　現代各國由於政府的職能不斷擴張，行政日益專業化，以致非有高度的人力發展，不足以提高行政效能，完成政府任務；因此，人事行政轉趨積極性，不僅要防止任用私人，更需要積極延攬人才及培植人才；不僅重視公務員的忠誠，更須發展公務員的潛能提升士氣；一方面重視保障公務

員的權益地位，另方面更重視對人員行為的誘導。所謂積極性人事行政乃是要在既有已奠定之文官制度基礎上，將人事行政之重點改置於公務人力資源之整體規劃發展，公務員工作意願之激發，加強人際關係推行合乎人性之管理，組織之靈活運用，人才之培育訓練，職務設計、組織發展、目標管理、研究發展、創新獎勵、意見溝通、參與決定、工作績效客觀衡量與適時回饋等 。積極性的人事管理的中心主題在於工作生活品質 (quality of working life) 之改進，其內容在於運用行為科學與管理科學，使工作條件更合乎人性。如待遇之合理改善、工作環境的改良、工作的重新設計、工作的豐富化、決策參與、人才發展均屬之。唯有如此生產力與員工滿足感兩方面之要求才能兼顧。

二、民主化與人性化的強調

民主已成當前人類普遍肯定的價值。民主不僅被視為一種政治制度，而且已視之為一種生活方式，企圖落實於政治、經濟、社會、文化各生活領域；人事行政自亦受此影響。過去人事行政工作多為機關首長個人決定之集權制度，其後演進為少數主管之集思廣益的分權制度，近年則更演進為共同參與之集體管理，使每一員工均有充分發表意見共同參與之機會，並有為保障自己權益而申訴的機會。

自行為科學發達以來，人性化管理已成為普遍趨勢，員工尊嚴與地位已漸受重視，行政管理者須深入瞭解員工行為本質，而採適當措施，以激發員工工作意願，從而提高工作效率與效能，使人事行政成為調適群己利益及發展組織目標之有效途徑。人性化所強調者是「人為管理的中心」，人力資源居一切行政資源之首要地位，「機器受制於人，而非人隸屬於機器」。更重要者是不能以處理科技的方法來處理人事問題，不能用操縱機器的方式來管理人員。惟人性化並不否定科技化之重要性。

三、公務倫理的重視

當前公共行政理論，強調行政價值及倫理，認為對公務人員最直接而有效的控制，是內在控制而非外在控制。所謂「內在控制」，即指由自己內

心控制自己的行動，這主要是指職業道德或行政倫理。所以，公務倫理成為今日人事行政之主要課題。「公務倫理」，係指公務人員對國家、機關、上司、同事、部屬及民眾，還有公務所應有的態度及行為規範。公務人員與這些人員除了存有法律關係外，尚有以道義為基礎的倫理關係。

公務員係政府雇用的人員，其身分自與一般平民不同，甚至為公權力的執行者，因此對於公務員的要求亦就特別加重，我國有《公務員服務法》，規定了若干公務員「應為」與「不應為」的行為，例如依法行事、廉潔自持、遵守紀律、嚴守機密、不得經商、不得兼職等；美國聯邦政府為彌補法律之不足，於一九七八年另訂《政府倫理法》(Ethics in Government Act)，要求公務人員身體力行遵守官常，以樹立良好形象，增進民眾對政府的信賴。

四、人事業務處理的科學化

現代各國的文官數量均甚龐大，管理文官之工作日趨複雜，非用科學的人事管理方法不能應付裕如。人事的科學管理方法主要包括下列三項：

1. **人員分類**：即是使文官結構標準化、明確化，以利管理有所遵循。分類的方法基本上可歸為品位分類和職位分類兩種。

2. **統一管理**：統一的管理機構根據統一的法律、法規對文官進行統一管理，以使各部門互相協調，減少混亂和勞逸不均，促進人才合理流動。

3. **管理科學及電腦的應用**：人事行政進入人力資源管理之時代後，管理科學已大量地被應用於人事管理的問題解決上。基本之模式包括存量模型（如考試之舉行運用經濟批次之原理）、調配模型、等待模型（用於人力配置、辦公室設計輪調等）、競爭模型（如運用競賽原理、競標策略於人力市場供需之測定，人才之羅致，待遇之訂定等）。

管理科學在電腦人事資料、管理情報系統分析設計、投入產出分析、償付矩陣、員工離職率之償付值衡量法、人力配置之模擬、人力規劃之線型或非線型規劃、人力資源分配、工作計算、動作研究、時間研究、工作要素分析、工作抽樣、工作衡量、方法時間衡量、人力供需之相關迴歸分

析，甚至人體工學等方面也大量地被引用，對於人事政策分析與訂定訓練成本效益分析、公務人力結構、人事狀況判斷都有很大之貢獻與助益。

五、人力資源發展的重視

人才是組織最主要的資源，而人才是需要不斷的充實與發展才能保持一定的水準與素質，也才能由「小才」變成「大才」，俗語說：「今天不培育人才，明天便無可用之人」，所以現代化的人事行政十分重視人力資源的發展，政府採用了許多培育人才的策略與方法，除了保送公務人員進入國內外大學（研究所）深造外，並成立了各類型的「公務人力發展中心」以培養不同需要的人才。

六、精簡組織走向「小而能」的政府

政府效能的良窳不在乎人員的多寡，而取決於素質的高低，過去規模龐大、人員眾多、業務繁雜的「萬能政府」的觀念已逐漸被揚棄，代之而興的是「小而能」的政府架構，因此組織與人員的精簡就成為「新政府運動」的流行趨勢，其具體的作法如裁併政府組織、資遣及鼓勵人員提早退休、政府業務外包（如汽車拖吊、車輛安全檢查）以及公營事業民營化等。

第二十一章　人事行政機構

第一節　人事機構設置的理由

當政府工作日益繁忙，公務人員數目亦必相對的增加，如何有效處理人事工作，乃成為政府所追求的目標之一，於是成立專門的機構來處理人事業務，實為政府組織發展過程中必然的現象。茲將人事機構設置的理由陳述如下：

一、政治的理由

為保持政治清明，消除分贓政治的流弊，一個獨立超然的人事機構至為需要，尤其在公務人員的考選方面，更應由客觀公正的機構來辦理，不僅在消極方面可以防止行政權力過分的擴張；而且在積極方面更可以甄選有才能的人來政府工作。國父孫中山先生主張考試權獨立，即在於保持政治清明，建立效能政府。

二、行政的理由

1. **事權統一的理由**：依據行政學的原理，凡性質相同之事務應劃歸一部掌理，於是人事業務也應該劃歸一個部門掌管，這樣才能發揮人事專業的力量，為政府的人事工作作最理想的設計、安排與管理。

2. **幕僚職能的理由**：幕僚機關或人員近年來受到行政學者的重視，因為他們可以分擔首長的許多瑣碎事務，更能為首長提供建議。人事工作本身就是一件十分繁瑣的事，如果全部由首長處理的話，必然使首長不勝負荷，於是成立一個專門的機構（人員）在這方面協助首長，實為一必然之需要，人事機構（人員）為首長提供人事資料，管理例行性的人事業務，以及向首長作人事改進的建議，充分發揮幕僚專業職能的功用。

3. **人員增加的理由**：由於政府職能日漸擴張，組織日見龐大，公務人員的數目亦必自然增加，因此必須成立專門的人事機構（人員）來處理複雜的人事業務。

4. **管理經濟的理由**：現代行政所努力追求的目標之一，即在於用最少的代價獲致最大的效果。政府用人的多寡、人員素質的良窳以及工作績效的高低等，都在在影響到政府的管理效率。如果人員用得過多，則增加政府的人事費用，絕非經濟之道；但用人過少，則工作推行困難，亦非效率之原意。而人員如何選拔、任用、管理等，亦都必須有專門知識的人員來處理，於是成立專門機構實有必要。

三、社會的理由

行政措施受到社會的影響很大，近半世紀以來，社會變遷急遽，許多社會改革的主張都成為實際行政的張本，例如人道主義、僱傭管理、職業訓練、性向瞭解、民主思潮等，都對政府的施政有重大的衝擊力量，所以政府對公務人員的管理也不能再像以前那樣的呆板，如何尊重他們的人格、滿足人員的需要、增進人員的知能、發揮個人的潛能，都應有專責的機構（人員）來研究，因此不僅要成立人事機構，而且它的功能更要由消極的管理進步到積極的激勵，這樣才能使得人事行政達到最理想的境界。

第二節　人事機構的地位

任何一種組織，必然包括兩種基本條件，一是上下明確的直線系統，一是密切配合的平行分工與聯繫，就人事機構的情況來看，也有著如此的表現。我國的人事機構是考試院及行政院人事行政總處，考試院在整個政府體制中處於超然獨立的地位，並且在業務上指揮行政院人事行政總處及各級政府的人事機構；就行政院人事行政總處而言，它具有雙重的身分，它一方面是行政院本身的幕僚機構，為行政院長提供人事幕僚作業；另一方面是行政院所屬各機關的人事單位的最高指揮與管理機構，統籌這一方

面的人事業務。此外，就整個政府的人事管理業務來看，其工作性質實為協助行政機關及其首長達成機關的使命，故應視為幕僚部門。

　　根據我國的情形，可以推知人事機構的地位，它自己本身具有超然的地位，同時也是幕僚機關，現在就此兩點加以分析論列之：

一、人事機構具有獨立超然的地位

　　人事機構所管轄的業務包括考選、任用、級俸、考績、獎懲、升遷、福利、訓練、保險、撫卹、退休等，這些業務在我國主要是由考試院掌理，不過根據憲法增修條文的規定，行政院人事行政總處則掌理部分人事權並統籌行政院所屬各機構的人事行政事宜。由此可知，我國人事行政的機構在表面上雖有兩個，但實際上仍是一條鞭式的超然系統，因為考試院仍可在考銓業務上監督行政院人事行政總處，何況有關人事法律的提出，仍由考試院向立法院提出。

二、人事機構具有幕僚單位的性質

　　政府各機關內部的人事機構，如人事處、室等具有幕僚性質，它是協助首長來貫徹人事業務，所以其所處的地位，應從下列的角度來觀察：

1. **人事機構是事務機構而非業務機構**：人事機構（或單位）是居於首長及工作人員之間者，其地位是承上啟下的承轉單位，協助首長達成知人善任、人事相適的工作，所以是一種事務性的工作，而非業務機關。

2. **人事機構是輔助機構而非權力機關**：各機關的人事機構，是配屬於行政首長以增進工作效率的附屬工具，它們只能依據法規及秉承機關首長的意志行事，其目的在貫徹人事法令及促進人員的協調與合作，其一切的活動均應透過首長的名義行之。

3. **人事機構是協調機構而非管轄機構**：人事單位是在協調各單位或各人員間之職掌，以求合理的分工與合作，此種協調工作是以協商的方式進行，使各業務單位相互明瞭工作實況與觀點，以便於各自認識其單位的整個計畫與自身所處的適當地位，而非一種指揮命令的行動。

4. **人事機構是參贊機構而非決策機構**：各機關的人事機構是在提供資料、

計畫,以使主管作正確的決定。例如搜集與整理各種人事資料,以作為機關首長在任免、考核工作人員時的參考,其本身並無決定權。

第三節 人事機構的類型

人事機構是否能發揮功效,其所牽涉的原因固然很多,但其組織的結構、型態及與其他機關的關係等,確有十分重要的關聯,因此本節當就此等問題加以研究。

壹、就其外部關係論

就人事機構與行政機關的關係來看,有些國家是將人事機構獨立於行政部門之外,有的則附屬於內,有的則採取折衷的方式,因此形成了部外制、部內制和折衷制三種類型。

一、部外制

部外制就是行政組織的系統之外,設立獨立超然的人事行政機構,不受政黨及行政首長的干涉與控制,全權掌理整個政府的人事行政事宜。採用此種制度的國家以我國為主,此制也稱為獨立制,是由考試院掌理政府的人事行政。

1.部外制的優點

⑴因為人事機構獨立於行政部門之外,可以不受政黨及行政首長的干涉或控制,能夠客觀公正的為國家選拔人才,且不受政爭的影響,人事安定。

⑵易於延攬專門人才,集中人力、財力、物力而對人事行政事宜作周詳的計畫與考慮,力量集中,易赴事功,且通盤籌劃,不失支離破碎。

⑶採用公開競爭的考試方法,錄取以後供行政部門的選用,可免除首長援引私人的弊病。

2.部外制的缺點

⑴行政機關、立法機關等每不能與人事行政機構密切配合，甚至給予牽制，所以使得人事機構往往感到掣肘太多，不能發揮其功效。

⑵人事機構孤立於行政部門之外，對實際行政的需要並不十分瞭解，所作之措施每不能切合需要或對症下藥，使人有隔靴搔癢或閉門造車之感。

⑶人事機構所管轄的事權如獎懲、升遷、編制及待遇等，原應屬於行政機關首長者，今強行分出，不免削弱了他們的領導權，也干擾了他們的功能，行政責任的完整性也不能保持。

　　由於部外制有這些缺點，我國在革新人事行政的過程中，也發現了此一問題，於是總統在民國五十六年根據《動員戡亂時期臨時條款》第五條的規定，以命令方式成立了行政院人事行政局，並在民國八十二年十二月依憲法增修條文的規定，制定《行政院人事行政局組織條例》正式完成了立法程序，掌理部分的人事權，由此可知我國的人事機構已逐漸脫離部外制而走向折衷制。

二、部內制

　　各行政部門皆有其本身之人事行政機構，掌理各該部門之人事業務，此一制度是德國和法國所採行者，所以也稱為德法制。以法國為例，它不像我國，在中央有一個統一而獨立的人事機關，而是在各個行政部門以內（如內政部）設立「人事科」或「人事處」，由部長委派任期不定的科長或處長來掌理之。因德、法兩國的政治思想與行政制度，深受羅馬法的影響，主張中央集權，故人事行政權由各行政部門自行掌理，不另行劃出。

1.部內制的優點

⑴辦理人事行政的機構與人員因身在各行政部門以內，對於各該部門的人事情形有實際的瞭解，所作的措施多能配合需要，對症下藥，切中時弊。

⑵人事行政機構與行政機關合為一體，在職權上無衝突，工作上可免重

複，易收事權統一、步伐整齊的作用，進而增進效率。

⑶在工作上不需要迂迴往返的商榷，行動迅速，事權集中，不致誤延時機。

2.部內制的缺點

⑴這種型態的組織因人才不足，力量分散，只能做到例行性的人事工作，對於積極性的人事制度的建立及革新性的研究與發展，則無餘力進行。

⑵行政首長往往憑藉其地位，干預人事行政中的考試功能，使得考試權無法獨立，不能客觀公正的選拔人才。

⑶各行政部門皆有其自己一套的人事制度，政府不免陷於政令分歧，尤其人事管理方法不一，步調凌亂，既不符管理經濟的原則，也影響到公務員之間的情緒。

三、折衷制

部外制與部內制皆各有其缺點，英國乃取兩制之長而成立了折衷制的人事機構，故折衷制又稱為英國制。英國把中央人事行政權劃分為二，其一是文官資格的審定權（考試），屬於超然獨立的文官委員會（成立於一八五五年）；其二是銓敘權，舉凡錄用人員進入機關以後的薪俸、升遷、考績、懲戒以至於退休等事宜，則劃歸內閣所屬的文官部。因此，獨立的文官委員會只是掌理公務員的考選及檢查公務員應考人的身體健康情形，使不合格的人員無法混跡於政府中。至於考選以外的其他人事行政事宜，仍由行政系統下之文官部掌理。

英國的文官部成立於一九六八年十一月一日，由首相兼任部長，但日常工作則由掌璽大臣負責，此外還有政務次長及常務次長等。該部是從以前的財政部人事行政局 (Establishment Dept.) 演變而來。英國這種制度的最大優點有下列兩點：

1.考試權獨立行使，公平與客觀，長官不能任用私人，政黨亦無法染指分贓，保障用人唯才的精神。

2.除考選以外的人事行政措施，則能配合行政機關的需要，並不致妨害到

行政責任的完整性。

美國自一九七八年訂定《文官改革法》後，將原來之「文官委員會」取銷，成立「人事管理局」(Office of Personnel Management)，直屬總統指揮，掌管整個聯邦政府的人事管理（包括考選）；另設「功績制保護委員會」，以超然的地位保護公務人員之權益。因此，美國的人事機構已走向折衷制。

貳、就其本身組織論

就人事機構本身之組織而論，可分為首長制、委員制與混合制三種。所謂首長制或一元集中制，係指一個機關的事權交由長官一人單獨負責處理者。所謂委員制是指一個機關的事權交由若干人共同負責處理者，不過兩者各有其利弊，端視其運用之情形。根據行政學者的研究，認為立法性、設計性、顧問性的機構應採委員制；而執行性、行政性、技術性的機構應採首長制，因前者可收集思廣益之效，後者可收執行迅速之功（王世憲，民 56：22）。

人事機構的工作十分繁複，到底應該採用何種組織，論者觀點不一，而事實上各種組織型態均有，茲以我國的情形為例，考試院雖然有院長，但所有的重要決策是經由考試院會議而決定者，並非院長個人之意思，全體考試委員實共同負責之，所以可以視為委員制。再以行政院的人事行政總處來看，則該處為首長制，因為人事長綜攬全局，不過其內部又設有若干委員會，可見也帶有若干委員會的性質，故也可視為混合制。

王世憲教授主張採用混合制，他說：「為求人事管理法令執行之有效，與實施管理之嚴密起見，人事管理機構應以一元集中制為主，正如今日中國一樣，各級人事管理機構均設主管一人主持其事，但是為顧及訂立人事規章的集思廣益起見，應斟酌機關範圍之大小，於人事管理機關內酌設人事規章委員會或聯席會議。此兩者之分別，即範圍大者應將人事規章委員會列為固定組織，其範圍小者即以隨時召集有關主管人員聯席會議，共同

商討人事規章為其任務，不過無論其為經常的法規委員會或為臨時的聯席會議，規章一經訂立之後即交由主管人事者負責執行，兼顧立法與執行的目的即可達到。」（王世憲，民 56：22）

我國的考試院是典型的委員制，英國的文官部則是首長制，但另有獨立的文官（考選）委員會，則又是委員的性質，整個來看則為混合制；德、法兩國則為首長制；日本是由人事院主管全國的人事行政，有院長一人負責，應視為首長制。

第四節　我國的人事機構及職權

一、考試院的組織

1.主要組成分子：考試院院長、副院長、考試委員

依民國一〇九年一月八日修正公布之《考試院組織法》規定，考試院設院長、副院長各一人，考試委員七至九人，由總統提名，經立法院同意任命之，其任期均為四年。院長綜理院務，並監督所屬機關，院長因故不能視事時，由副院長代理其職務。考試委員依憲法規定，須超出黨派之外，依據法律獨立行使職權。

2.決策機構：考試院會議

考試院設考試院會議，由院長、副院長、考試委員、考選、銓敘兩部長及公務人員保障暨培訓委員會主任委員組織之，統籌有關考試事宜。會議時以院長為主席，如院長不能出席時，由副院長代理之，兩人皆不能出席時，由出席人員中公推一人為主席，會議每週舉行一次，法定人數為全體出席人員過半數之出席為準，並以出席過半數之同意議決之，可否同數時取決於主席，由此可見考試院會議實為決策機構。

3.執行機構：考選部、銓敘部、公務人員保障暨培訓委員會

⑴考選部：考選部掌理全國考選行政事宜，對於承辦考選行政事務之機關有指示監督之權。考選部置部長一人，特任，綜理部務，指揮監督

所屬職員，政務次長及常務次長各一人，輔助部長處理部務。

依民國八十三年十一月二十三日修正公布之《考選部組織法》規定，考選部設考選規劃司、高普考試司、特種考試司、專技考試司、總務司、題庫管理處、資訊管理處、秘書室。另設人事室、會計室、統計室及政風室等單位。

⑵銓敘部：銓敘部掌理全國公務員之銓敘及各機關人事機構之管理事項。

銓敘部置部長一人，特任，綜理部務、監督所屬職員及機關，政務次長及常務次長各一人，輔助部長處理部務。

依民國九十一年一月三十日第九次修正公布之《銓敘部組織法》規定，銓敘部設法規司、銓審司、特審司、退撫司、人事管理司、地方公務人員銓敘司、總務司及秘書室。另設參事、人事、會計、統計、政風、資訊等室、法規委員會及訴願審議委員會等單位。

⑶公務人員保障暨培訓委員會：考試院除設考選部及銓敘部之外，另設公務人員保障暨培訓委員會。置主任委員一人，特任，綜理會務，副主任委員二人，襄助主任委員處理會務。並置委員十人至十四人，其中五人至七人專任，職務比照簡任第十三職等，由考試院院長提請總統任命之；餘五人至七人兼任，由考試院院長聘兼之；任期均為三年。前述專任委員具有同一黨籍者，不得超過其總額二分之一。

公務人員保障暨培訓委員會設保障處、培訓處及秘書處。另設人事、會計、政風室等單位及保障案件審查會。

公務人員保障暨培訓委員會為應國家文官培訓需要，得設訓練機構。

二、考試院的職權

依民國九十四年六月十日修正公布之憲法增修條文第六條第一項規定，考試院為國家最高考試機關，掌理下列事項，不適用憲法第八十三條之規定：⑴考試；⑵公務人員之銓敘、保障、撫卹、退休；⑶公務人員任免、考績、級俸、升遷、褒獎之法制事項。

綜合憲法增修條文及《考試院組織法》之規定，考試院之職權可歸納

為下列三項（蔡良文，民 95：104～105）：

1. **人才考選權**：考試的目的，在於考選人才，蔚為國用。依憲法增修條文
   第六條第一項第一款只列明 「考試」。在考試之前並未冠上公務人員字
   樣，故凡依法舉行之考試，不論為公務人員之考試，專門職業及技術人
   員之考試，公職候選人之檢覈，均由考試院主管，且包括考試政策之決
   定、考試法案之提案、考試規章之訂定及考試實務之執行等。

2. **人事行政權**：⑴「公務人員之銓敘、保障、撫卹、退休」，只限公務人員
   之銓敘等，屬非公務人員而與此相當之業務，自不包括在內。公務人員
   銓敘等四項職權，應包括有關政策之決定、法案之提案、規章之訂定及
   實務之執行等在內，但如考試院認有必要，自可將其中某部分職權以授
   權或委託其他有關機關辦理；⑵「公務人員任免、考績、級俸、升遷、
   褒獎之法制事項」，除限於公務人員之任免等事項外，且對此五種職權亦
   只限於其法制部分。換言之，公務人員任免、考績、級俸、升遷、褒獎
   之政策，法案之提案、依法律授權之行政規章之訂定，仍由考試院主管；
   至任免、考績、級俸、升遷、褒獎之依法之執行，則為各機關之權責，
   各機關為執行上述法制，自得依法發布執行命令。

3. **法律提案權**：憲法第八十七條之規定，所謂法律案是指與人事行政有關
   之法律，如考選、任用、考績、保障、訓練進修、獎懲、升遷、退休、
   撫卹等法律，考試院有權向立法院提出上述法案。

三、行政院人事行政局的組織與職權

　　行政院人事行政局成立於民國五十六年九月，當時係依據《動員戡亂
時期臨時條款》第五條：「總統為適應動員戡亂需要，得調整中央政府之行
政機構、人事機構及其組織。」成立數十年來對於人事行政的革新與推動
著有貢獻，但該局終屬「動員戡亂時期」的權宜性質，一旦回歸憲法，該
局即難逃被裁撤之命運，而該局的功能有其必要，所以在憲法增修條文第
九條明定行政院得設人事行政局，其組織以法律定之。人事行政局既受憲
法增修條文之保障，即表示其地位法制化與正常化已告確定。

　　《行政院人事行政局組織條例》於八十三年十二月三十日，經總統明令制定公布全文二十條。第一條規定：「行政院為統籌所屬各機關之人事行政，設人事行政局（以下簡稱本局）。本局有關考銓業務，並受考試院之監督。」此外，行政院所屬各級人事人員派免、遷調核定後，均報送銓敘部備查。人事行政局置局長一人，特任，綜理局務，並指揮、監督所屬職員及機關；副局長二人，其中一人職務比照簡任第十四職等，另一人職務列簡任第十四職等，襄理局務。行政院人事行政局設企劃處、人力處、考訓處、給與處、地方人事行政處、資訊室、秘書室。另設人事室、會計室、政風室。民國一〇〇年十一月十四日修正公布《行政院人事行政總處組織法》，行政院人事行政局改制為行政院人事行政總處。

四、我國中央人事機構的關係

　　上述行政院《人事行政局組織條例》所規定各單位之職掌，實正概括考銓行政之全貌，因此不少人誤認為人事行政局成立後，若干職掌與銓敘部重疊，若干職掌取銓敘部而代之。其實不然，綜合言之，銓敘部主管者較偏重於政策性、法規性及法律適用疑義之闡明；人事行政局主管者，則偏於執行性、管理性與技術性。銓敘部為「全國」人事行政之「主管機關」，人事行政局則為「行政院及所屬各機關」人事行政之「統籌機關」。銓敘部處理業務之方式，除法制業務外，多屬事後審查，而人事行政局處理業務之方式，則多屬事前審議。

　　目前最受人注意的問題，就是行政院人事行政局成立以後，與考試院的工作如何配合？很多人甚至認為該局與考試院的權責有所牴觸，其實我們仔細研究一下，發現人事行政局不僅沒有牴觸考試院的權責，而且更能發揮人事功效，而使我國的人事行政走上了分工與合作的坦途。

　　根據國父遺教的主張、行政學的理論，人事行政中的考試權是可以獨立，但是除考試以外的人事行政的工作如薪俸、任免、升遷、獎懲等，應屬行政部門掌管才合理，這本來就是行政功能之一種，如果首長不能任免及獎懲官員，他又怎能領導部屬？

　　因此，考試院應否掌理考試以外的人事行政事宜，實在大有商榷之餘地，我們遍查國父遺教，根本找不到任何考試院應掌銓敘的文字，我們只看到國父主張設立獨立機關，專掌考選大小官吏之權，但並未提到銓敘，《建國大綱》第十五條：「候選及任命官員，無論中央地方，皆須經中央考試銓定資格不可。」其中「銓定」兩字應是指「用考試方法來銓定官吏的資格」，不能就此認定國父主張考試院兼掌銓敘。此外，在〈三民主義與中華民族的前途〉的講詞中，曾說：「將來中華民國憲法，必要設立獨立機關，專掌考試權，大小官吏必須考試，定了他的資格……這樣便可除卻濫選盲從及任用私人的流弊。」可見國父只主張考選要設獨立機關，沒有提到銓敘亦要獨立。

　　已故總統蔣中正先生有鑑於我國人事機構不能與行政部門配合的缺點，所以才依據《動員戡亂時期臨時條款》的授權，命令設立行政院人事行政局，數十年來該局適切的扮演應有的人事機構的角色，彌補了過去「獨立制」（部外制）的若干缺失，所以在憲法增修條文中特別訂定行政院得設人事行政局的條款，使該局取得憲法的法源，在民國八十三年底正式依組織條例改組，除仍統籌行政院所屬各級行政及公營事業機構的人事行政，同時規定其有關人事考銓業務仍受考試院的監督，這樣使得人事行政局與憲法所規定的考試權保持適當的關聯。由此規定可以看出兩點：

1. 考試院的職權原則不變，但任免、考績等五項權限僅限於法制權，而此等事項的執行權人事行政局得以享有，同時該局統籌掌理行政機關及公營事業機關的人事行政。

2. 說明了人事行政局與考試院的關係，即人事行政局有關人事考銓業務，仍受考試院之監督。

第二十二章　人事分類制度

第一節　分類制度的意義

政府對於公務人員的管理應建立一套有效的分類制度，此一分類制度有的稱為「人事體制」（傅肅良，民 83：101），有的稱為「文官結構」（吳定等，民 83：287）。簡言之，係指公務人員的性質區分與等級劃分所形成的結構，而此一結構乃構成了整個政府人事行政的基礎，依此基礎來考選、進用及管理公務人員，可以發揮人事相適、適才適所的功效，因此，此一制度的是否健全合理，關係著整個人事行政的良窳至深且鉅。

根據「人事體制」的解釋，人事分類制度即是「指業務性質區分與職責或資格程度區分，所交錯而成的架構，再將職務或職位，運用適當方法，將之列入架構，以為運行擔任職務或職位人員之人事行政的軌道。」（傅肅良，民 83：101）其要點如下：(1)人事體制是一種架構：構成架構有兩個面向，一為橫向的業務性質的區分，一為縱向的職責或資格的區分；(2)以職務或職位為對象：職務指由同一職稱人員所擔任的工作與責任；而職位則指分配由同一人員所擔任的工作與責任，例如組織中有幾個科員職位；(3)選擇適當方法將對象納入架構：以判斷法、分類法或評分法將人員納入（傅肅良，民 83：101～103）。

如依「文官結構」的說法，人事分類制度又可稱為公務人員或文官結構，是政府部門中的人員－職位結構的基本組成部分。其特徵為：(1)等級制：文官在行政部門的某一等級或層次上擔任一個常設性的職務；(2)分工化：文官依工作性質劃分為若干類別；(3)依法行事：文官依所規定的職責來行事；(4)專業化：人員須具備某種專業知識和能力，才可擔任某種職務；

(5)功績化：人員的進用、晉升悉依考試成績及工作表現而定（吳定等，民83：290～291）。

綜合上列看法，吾人可知人事分類制度的基本原理係依據組織的層級體系及工作專業化的原則，再作為分類的性質與等級。一般而言，現代國家的人事分類制度不外乎三個類型：(1)品位分類 (rank classification)；(2)職位分類 (position classification)；(3)混合制。英、法、德、日等國實行品位分類；而美國、加拿大則實行職位分類，我國則兼取兩者之長而採官等、職等並列的「混合制」（新人事制度）。

人事分類制度是整個人事行政的基礎，因為政府的工作包羅萬象，雇用的人員成千上萬，若沒有一套良好的分類制度，其體系自必紊亂，根本無法有效的管理，因此人事分類主要功能即在於確定職位的高低及工作的性質，以作為選用人員的依據，即什麼樣的工作（職位）需要什麼樣的人（資格條件）來擔任，有了這樣的分類制度即可執簡馭繁或化繁為簡，猶如圖書館的分類法一樣，有了系統的分類制度，就能有健全的管理制度。

由於人事分類是人事行政的基礎與依據，是以古今中外之人事行政無不先從建立分類制度開始。我國古代的文官制度係以官等作為分類基礎，通常分為九品，如一品大員（三公、宰相）或九品芝麻小官（城門官），而封爵、加官等獎賞也是在品位上運用，至於工作性質或專長之劃分則付闕如，最多只是文、武分途而已。此一分類制度一直延續到民國時期，國民政府將文官的等級分為簡任（分為九級）、薦任（分為十二級）及委任（分為十五級），行憲以後為配合高、普考試的舉行，將職位依性質作了粗略的劃分，民國五十六年至七十五年則實行職位分類制度，將職位劃分為十四職等（第十四職等最高，第一職等最低）及一五九個職系（如土地行政職系）。但囿於傳統官品、官階的觀念，及職位分類制度的若干限制過嚴等缺點，政府乃於民國七十六年作了改革，即融合品位制與職位制的優點，開始實行兩制合一的新人事制度。

第二節　品位分類制度

　　品位分類基本上係對政府文官官階等第之區分，亦即文官品級名位之列等，如古代之爵位，官品之分等。在現代人事行政中，品位分類係指公務人員品級等第及資歷高低之劃分，基本上是以「人」為中心的分類制度，就公務人員個人所具有的資歷，作為分類的標準與依據，也就是依任職之公務人員予以分列品位等第。在品位分類結構中，官員既有官階，又有職位。官階顯示品位等級，代表地位之高低、資格之深淺、報酬之多寡；職位則顯示權力之等級，代表職責之輕重、任務之簡繁。官與職是分開的，既可以有官無職、有職無官，更可以官大職小（如簡任收發）、職大官小。總之，品位分類是以「人」為中心而設計的結構，著眼點在人而非在事。

　　品位分類制度的特點是：

1. 結構富於彈性，適應力強，便於人事機構調整文官的職務，人事運用或人才器使上比較方便。
2. 能夠保證文官在行政部門工作的穩定性，因為官階之存在，使文官有較大的安全感，即使職務變動或另有任命，亦不致引起人員的擔憂。
3. 比較簡單易行，無需有經驗的專家參與進行充分的準備即可實行。因此，在開始實行常任文官制度時，一般國家都採行品位分類制度。
4. 在品位分類制度下等級劃分較少，晉升幅度較大。
5. 品位分類是以「名分」鼓勵公務人員，因為只要取得較高的品位，便可得較多的報酬與尊敬。

　　我國自民國十六年至五十六年實施品位分類的人事制度，公務人員的品位等級由下而上分為：委任十五級、薦任十二級、簡任九級，而各等級應擔任之工作性質與職責輕重則未加以劃分，故品位等級相同者，所擔任之工作未必相同，這也表示凡取得公務人員的任官資格後，可以擔任政府中任何性質不同的工作，而未來的升遷也以年資為主要考慮的因素。英國

的公務人員大體上也是品位分類，文官等級分為四級：行政級 (administrative class)、執行級 (executive class)、書記級 (clerical class) 及打字級 (typing class)，每級各有若干等第。日本戰前的文官分為高等官及判任官兩大品級，高等官又分敕任官及奏任官兩等，高等官分為九等，判任官則分為四等，共計為十三等；二次大戰後，日本實施新的品位制，成為品位九等制（許南雄，1996：140）。

品位分類的主要精神在於重視人員的品級、官等、年資與資格，而非工作職責的性質與程度（即專長劃分、工作難易、繁簡輕重等），論者多認為品位分類不是工作職務、性質的分類，而是人員的資歷與品級的分等，因為品位分類既是以「人」為中心的分類，自須重視各等級人員之品位與資歷，是以品位高低、資歷深淺便成為人事分類要素。在此制度下，人員可以憑年資之累積而不斷升官，但職務卻不一定隨著調升，也就是說工作職位還是原來的，但等級卻晉升了，所以才會有簡任收發不合理的現象出現。

品位分類雖有前述五點特點與長處，但亦有本質上的缺點，即品位分類非為「事」之分類，即非工作性質與難易程度之分類，以致不能建立以「工作」為中心的人事制度（許南雄，1996：138）。因為此一分類客體是文官的品位而非工作職位，若職位未經明確的分類，則職務性質、繁簡難易、責任輕重及所需資格條件等便缺乏標準，便不能因事擇人而發揮適才適所的優點，進而不能訂定合理的報酬、薪俸制度，使得「同工同酬」的目標亦無法達成。

正因為品位分類有三項主要缺點：⑴對人不對事：只以人的身分作為分類標準，未考慮工作性質及能力高低的差異，以致不易做到人事相適；⑵年資重於才能：在品位制下，人員的服務年資成為晉升的主要因素，只要年資達到某一標準即可晉升到某一品位（等級），幾乎不考慮人員才能的因素，往往造成「大才小用」或「小才大用」的缺點；⑶忽視專業化：品位分類只注重人員地位高低的設計，未能注意工作性質的異同，以致流於

工作的普化而非專化，而現代行政的特色之一即為專業化，分工細密必須專才專用，傳統的品位分類自不符現代行政的需要。為了彌補此等缺失，品位分類制乃逐漸採用若干職位分類制的精神，如我國及英國皆趨向混合制。

第三節　職位分類制度

壹、職位分類的意義

一、各家的說法

懷特：「職位分類係基於政府及公務員的利益，將公務職位就其所任工作性質、內容及責任，予以準確的定義，順序的排列，公平的品評，以作為人事管理上公平處理的基礎。」(White, 1955: 41)

賽蒙等：「職位分類的基本要義，就是使機關所有職務與責任密切相似的職位，聚合在一起，以便處理人事選拔、薪給等業務。」(Simon et al., 1953: 353)

葛利芬海京等 (E. O. Griffenhagen & Associates)：「職位分類就是將搜集所得的事實加以分析，以找出公務職位中究竟有多少不同的種類或職級，須在人事管理上作不同處理的一種程序。」(Griffenhagen & Associates, 1948: 5～6; 27～28)

梅嶙高：「公務職位分類係將每一公務職位，根據其職務與責任之事實，加以分析、比較、歸納，而區分為若干職級，以作處理人事行政之依據。」(梅嶙高，民 54：282)

張金鑑：「公務職位分類，乃係應用於人事行政的一種方法，將政府機關事務性質的職位，根據工作種類、工作繁簡難易、責任輕重及所需資格條件之四項分類標準加以分析，整理與品評，以區別其異同。凡此四項分類標準，充分相似的職位，合併為一個類，每類並給予準確的定義與說明，

以作考選、任用、待遇、考核、升遷等人事業務之基礎，及其他革新管理之依據。」（張金鑑，民 62a：142）

二、綜合的意義

　　職位分類係依據職位的工作性質、繁簡難易、責任輕重及所需資格條件等區分若干具有共同識別的特徵和運用上便利的分類，以作為人事處理基準的一種科學方法。凡屬同一類之職位，其人員之人事管理適用同一標準處理，以求簡化、公平與確實。其要點可簡括如下：

1. 職位分類之對象為各機關之職位，而非擔任職位之人員。職位分類只是職位的分類，而非人員的分類，故是對事而不對人。

2. 職位是依其工作之性質、繁簡難易、責任輕重及所需資格條件，予以分類。其中工作之性質，係屬性質方面的特徵；繁簡難易、責任輕重，係屬程度方面的特徵；所需資格條件，係屬兼有性質與程度方面的特徵。

3. 在職位分類上，只要求四個特徵之相似，並非相同。如四個特徵必須相同始歸納為一個類時，則具有此種可能性之職位必少，因而所得的類亦必多；在職位分類上，只求此四個特徵之相似即可，因而所得的類亦可較少。

4. 職位分類之結果，係在人事管理上應用。各機關之職位，經分類的程序予以分類後，其所得之結果，係應用在人事管理上，而應用之目標，係對擔任同一類職位的人員，其考試、任用、俸給、考績等人事業務，適用同一標準處理。

5. 經由職位分類處理人事業務，可達到簡化、公平、確實。就簡化方面言，如有一千個職位，將之分為五十個類，則對此一千個職位人員之考試、任用、俸給、考績等人事業務，只要規定五十種標準即可適用，不需為每一職位人員，去規定一千種標準使用。就公平方面看，凡屬同一類的職位，其人員之人事業務適用同一標準處理，則不會有偏失分歧之弊，而考試方式也以同樣標準錄取，公平客觀。

貳、職位分類的功用

一、建立公平合理的薪給制度：同工同酬

職位分類，係按職位的工作種類、困難程度、責任輕重及所需資格，區分為職級，作為人事管理上適用同一個標準的處理單位。因此，凡屬職位之工作種類、困難程度、責任輕重及所需資格充分相似者，則歸併為同一個職級，支領同等幅度的薪給，使同工者同酬，異工者異酬，促成薪給制度之公平合理化。

二、提供考試任用的客觀標準：為事擇人，考用合一，專業專才，適才適所

職位分類之實施，先舉行職責事實調查，依據調查所得事實，分析衡量職位之工作種類、困難程度及責任輕重，而後依據分析衡量歸納結果，確定職位所需資格條件，並明白訂定於職級規範中，使考試及任用的標準客觀化。

三、考績標準具體化：綜覈名實，信賞必罰

考績是提高員工工作效率的有效方法之一，為使考績制度發生作用，必須有客觀公正合理的考績標準。職位分類對每一職位的工作種類、困難程度及責任輕重等，均有詳細的分析與評估，將其工作特徵明定於職級規範中，使職位的工作內容甚為明確具體，因此在考績上，自可依據各職位的工作內容訂定標準，並據之加以實施；這樣便可使考績標準具體化，不致於流於形式或不公。

四、訓練及進修的計畫易於訂定：人才發展

人事行政的目的之一即在於促進行政效率，亦即在使工作人員各能發揮其最大才能。訓練與進修，係充實職員業務知識、處事能力及誘發工作潛能之最佳方法。而訓練進修計畫的訂定，應以職位之工作內容及升遷系統為依據。職位分類既有職系、職級之序列，復有說明工作內容之職級規範，自可便於訓練進修計畫的訂定。

五、人人有定事，事事有定人：工作確定

職位分類之下的每一職位，均詳細規定其任務，每人皆有固定的工作，使尸位素餐的人員，與無事可做的閒員都能掃除一空，因此職位與人員相配合，人人有定事、事事有定人，使機關人員之人力利用達到最高峰。

六、預算易於編製及控制：經濟有效

實施職位分類以後，職位的數目及薪俸的標準都有了具體而確實的根據，預算之編製當較以往為易，有多少事就用多少人，每一人要用多少錢，都可很方便的計算出來，不致發生浪費或不及的弊病。

七、健全機關組織：目標易於達成

合理的機關組織，其權限及職責應有明確的劃分與規定，職位分類可以對每一個職位的工作作明白的規定，所以組織得以健全，目標易於達成。

八、改善主管與部屬的關係：人群關係增進

實施職位分類以後，人員工作明白確實，考績客觀公平，升遷系統分明，待遇公平合理，使人事上的糾紛減少，促進了主管與部屬的關係。

參、職位分類實施的步驟

一、職位調查

這是實施職位分類的第一步，亦即對政府現有職位的工作內容與權責的實際現況，以調查的方法加以瞭解，俾供以後實施職位分類的依據。所以職位調查的本身只是一種手段，並非目的。

職位調查的內容以能適應職位分類之需要為準，凡與職位分類時所需考慮的因素，均在職位調查之範圍以內，也就是根據：(1)工作性質，工作的繁簡難易（包括所循例規、所需創造力、工作的複雜性等）；(2)責任輕重；(3)所需的資格等來加以調查。

二、職系區分

職位調查以後，就事實與內容，按工作性質的不同，分別劃分為若干類別，這便是職系，其定義是：「包括工作性質相似的職級」。因此，同為

辦理會計的職位，乃編為會計職系，依此類推，可知就是對職位作「橫」的劃分。

三、職位品評

即就各職系的職位依照工作繁簡、責任輕重、教育程度的高下、及技術的精粗籌劃分為若干等級，也就是對職位作「縱」的劃分，例如同為會計職系，但有的只是記帳的會計，有的則為編製國家總預算的會計，兩者所需要的條件不盡相同，他們的責任有大有小、工作有簡有繁，也不能支領同樣的薪俸。我國《公務職位分類法》將此項等級分為十四個「職等」，其定義為：「工作性質不同，而工作繁簡難易、責任輕重及所需資格條件程度相當之各職級所列之等。」例如會計職系第六職等與文書職系第六職等，其工作性質不同，但工作繁簡難易、責任輕重及教育程度（大學畢業）等卻相當。

四、編製「職級規範」

這是職位分類結果的具體說明，是整個實施計畫中最重要的部分。所謂職級是「包括工作之性質、繁簡難易、責任輕重及所需資格條件相似的職位」，由此可知，某一職系之某一職等即為某一職級，也就是職位的「縱」與「橫」劃分後的交會點。我國職位分類下的職級共有一千一百七十三個，並非每一職系皆有十四職等，故不能以九十五職系乘十四職等來定職級。每一職級皆有詳細的說明——「職級規範」，其內容包括下列各項：

1. **職級名稱**：係每一職級之稱謂。
2. **職級編號**：係代表每一職級之號數。
3. **職級特徵**：係專屬各該職級之工作性質、繁簡難易、責任輕重之概括敘述。
4. **工作舉例**：係屬於該職級內職位工作之事例。
5. **所需資格與專門知能**：係擔任該職級內職位工作上，必須具備之學歷、經歷、考試、訓練，及應具有之知識、技術、能力、體力、性格等。

五、辦理職位歸級

　　這是實施職位分類的最後一步，即將現有的人員，依據其工作性質、內容、與資格條件等，與職級規範之說明相比較，而將之歸入適當的職級。然後再依據其他職位分類有關的法律加以管理之。

　　我國自民國五十八年十月十六日實施職位分類，經過多年的實行，發現若干不盡理想之處，而簡、薦、委的品位制亦有不少優點值得保留，於是乃有兩制合一的新人事制度的產生，包括《公務人員考試法》等四個主要人事法律經立法院通過，考試院也據以訂定相關法律的施行細則，自民國七十六年八月以後，我國公務人員的考試、任用、俸給及考績等均按新法實施，一個嶄新的人事制度於焉誕生。

第四節　兩制合一的新人事制度

壹、兩制的特色比較

1. 品位分類是以「人」為中心，職位分類則是以「事」為中心，前者是按各人資格地位的高低為分類，為委任、薦任、簡任，以品位的高低來定待遇。而後者是按工作的多少與貢獻來定待遇。工作多而重，技術高而精，待遇就高。

2. 品位分類是以「名」來鼓勵人，而職位分類是以「利」來鼓勵人；名利之心人皆有之，兩種制度皆能對人員產生鼓勵的作用。

3. 品位分類由下級升到上級比較容易，職位分類則需要經過多次的考試，不能「一步登天」，例如第一職等升作第二職等，須經第二職等初任人員考試及格；第二職等升到第三職等，須經第三職等初任人員考試及格；第四職等升任第五職等，須經第五職等初任人員考試及格，但在此以上之職等可經由考績升等。

4. 在品位分類之下，類科分得較少，約有五十個左右的類科；但職位分類

則分為一五九個職系，其後簡併為九十五個職系，而且升遷調轉的範圍，其限制也較品位制為嚴。

5.品位分類下的職等亦較少（只有簡、薦、委三級），而職位分類則有十四職等。

6.品位分類之下的「人」與「事」往往不相稱適，有大才小用或高階低就的現象（如簡任收發），但職位分類則不會發生此一現象，可以做到「大才大用、小才小用」。

7.品位分類較適合於領導管理之通才，職位分類較適合於專業性的工作。

貳、新人事制度的要點

正因為品位分類與職位分類各有所長、亦各有所短，我國的人事行政經過兩種制度的實施經驗後，發現不能只採用一種，而應截長補短兼採兩制之長重新設計新的人事分類制度。為建立新制度，必須制定或修改相關法律，新人事制度的四項基本法律——《公務人員考試法》、《公務人員任用法》、《公務人員俸給法》及《公務人員考績法》，經過了長時間的研擬與審議，立法院已於民國七十五年元月至七月分別通過前述四法，考試院也據以訂定施行細則，並自七十六年八月開始實行，從此，全國公務人員已納入到新的人事制度之中。

新人事制度的要點如下：

一、採「官職並立」制度

依《公務人員任用法》第五條規定，公務人員依官等及職等任用之。官等分：委任、薦任、簡任。職等分為：第一至第十四職等，以第十四職等為最高職等。第一至第五職等配屬委任官等；第六至第九職等配屬薦任官等；第十至第十四職等配屬簡任官等。（參閱表 22–1）

二、職等標準列入職務列等表

各機關組織法所定之職務，應就其工作職責及所需資格，依職等標準列入職務列等表。

表 22-1　「官職並立」表

官　等	職　等	職　位　（例）
簡　任	14	常　　　次
	13	局（署）長
	12	司　處　長
	11	副司處長
	10	專　門　委員
薦　任	9	科　　　長
	8	專　　　員
	7	股　　　長
	6	科　　　員
委　任	5	科　　　員
	4	辦　事　員
	3	辦　事　員
	2	書　　　記
	1	書　　　記

三、各職務所列職等，採彈性作法

必要時一職務得列兩個至三個職等。舊制每一職位都限定歸列一個職等。

四、調整職系、職組

依據考試院民國一〇八年一月十六日修正發布之職系說明書，職系由九十六個調整修正為五十七個，職組由四十三個調整修正為二十五個，便於彈性運作（參閱表 22-2）。

表 22-2　職組暨職系名稱表

代　號	類　別	代　號	職組名稱	代　號	職系名稱
0A	行政類	A1	綜　合	A101	綜合行政職系
				A102	社勞行政職系
				A103	社會工作職系
				A104	文教行政職系
				A105	新聞傳播職系
				A106	圖書史料檔案職系

				A107	人事行政職系
		A2	財　務	A201	財稅金融職系
				A202	會計審計職系
				A203	統計職系
		A3	法　務	A301	司法行政職系
				A302	法制職系
				A303	廉政職系
		A4	安　全	A401	安全保防職系
				A402	情報行政職系
				A403	移民行政職系
				A404	海巡行政職系
		A5	經　建	A501	經建行政職系
				A502	交通行政職系
				A503	地政職系
		A6	衛　環	A601	衛生行政職系
				A602	環保行政職系
		A7	外　交	A701	外交事務職系
		A8	災　防	A801	消防與災害防救職系
		A9	警　政	A901	警察行政職系
0B	技術類	B1	農林漁牧	B101	農業技術職系
				B102	林業技術職系
				B103	水產技術職系
				B104	動物技術職系
				B105	獸醫職系
				B106	自然保育職系
		B2	建設工程	B201	土木工程職系
				B202	建築工程職系
				B203	地質礦冶職系
		B3	國土規劃	B301	測量製圖職系
				B302	都市計畫職系
				B303	景觀設計職系
		B4	衛生醫療	B401	衛生技術職系
				B402	藥事職系
				B403	醫學工程職系

B5	交通技術	B501	交通技術職系
		B502	航空管制職系
		B503	航空駕駛職系
B6	工業工程	B601	工業工程職系
		B602	職業安全衛生職系
B7	電資工程	B701	電機工程職系
		B702	資訊處理職系
B8	刑事鑑識	B801	法醫職系
		B802	刑事鑑識職系
B9	機械工程	B901	機械工程職系
BA	環資技術	BA01	環資技術職系
BB	化學工程	BB01	化學工程職系
BC	天文氣象	BC01	天文氣象地震職系
BD	原子能	BD01	原子能職系
BE	消防技術	BE01	消防技術職系
BF	海巡技術	BF01	海巡技術職系
BG	技　藝	BG01	技藝職系

五、現職人員調任之放寬

簡任第十二職等以上及委任第二職等以下人員，在各職系之間職務得予調任。簡任第十一職等以下及委任第三職等以上人員，在同職組、各職系之間之職務得予調任。

六、同官等內之各職等均依考績晉升

例如薦任官等內的第六、七、八、九職等之間，因為已經沒有職等升等考試，所以完全可依考績條件升任。

七、官等間依考試或其他條件晉升

即委任（第五職等）升薦任（第六職等），薦任（第九職等）升簡任（第十職等），應依考試晉升。不過，薦任（第九職等）升簡任（第十職等）同時還有從寬規定，如果曾經高考或相當高考的考試及格人員，或者曾經大學或獨立學院畢業人員，就可不必參加升等的考試，也可以依考績條件晉升第十職等。

八、薪俸依官等、職等和俸級核准

新人事制度的薪俸，仍採用現行職位分類的俸表和俸點，最低俸點一六〇，最高俸點八〇〇，依俸點折算現金。採用職位分類現行俸表有許多好處，最主要的是，現行職位分類制度下的人員可以完全不必換敘俸級；只有簡薦委制度下的人員需要換敘。但因已有比敘成規，所以也不會發生實質的增減。

參、我國其他公務人員的分類制度

一、警察人員的人事制度

官職分立制。現行警察人員的人事制度實為品位分類制度之一種，所謂官職分立係指官受保障，職得調任，非依法不得免職或免官。警察官分為警監、警正、警佐，又各分為一、二、三、四階，以第一階為最高，各階又分訂若干本俸之俸級。

二、聘派制

公立學校及臨時機關（構）所採用者，以學歷及資歷為聘任之條件，學校之教師均係聘任。至於職員依修訂之《教育人員任用條例》，則須經考試及格方可任用。

三、資位制

主要指交通事業機構之人員。資位受保障，同類職務可以調任，所謂資位是指人員因本身所具備之資格條件而取得之品位，機構可依法在同類（業務或技術）中調動人員之工作，但其資位則不因調動而受影響。

職務性質分為兩類：一為業務類，二為技術類，人員在兩類內部可合法自由調動，彈性甚大。

資位分為六等，即長、副長、高員、員、佐、士。配合兩類性質，分稱業務長、副業務長，或技術長、副技術長等。資位之取得兼採考試與內部升資兩種方式。中低級人員必須經考試及格方式取得資位，高級職位則以升資甄審合格方式取得資位。

　　交通事業人員得轉任交通行政機關相當職務，但交通行政人員轉任交通事業人員則必須先取得交通事業人員之資位。

四、關務人事制度

　　官稱、職務分立制。此制係源於民國八十年二月一日制定公布之《關務人員人事條例》，該條例民國八十二年十二月三十一日及民國八十七年十一月十一日經二次修正。其主要內容為：

1.關務人員：官稱、職務分立，官職受保障，職務得調任。

2.關務人員官等職等依照《公務人員任用法》之規定，並分關務、技術兩類，各分為監、正、高員、員及佐五官稱；其官階區分如下：

　⑴關務類：關務監分第一階至第四階；關務正分第一階至第二階；高級關務員分第一階至第三階；關務員分第一階至第三階；關務佐分第一階至第三階。

　⑵技術類：技術監分第一階至第四階；技術正分第一階至第二階；高級技術員分第一階至第三階；技術員分第一階至第三階；技術佐分第一階至第三階。

第二十三章　公務人員的考選與任用

第一節　考選的意義及重要性

　　政府為處理其日常業務，必須僱用合格而勝任的人員，同時人員也有退休、離職、死亡等，勢必加以補充，正如人體新陳代謝的作用一樣，所以如何選拔最優秀的人才為政府工作，實為整個人事行政中最重要的事情。

　　公務人員應該經由考選而後任用，已經成為當前人事行政中理所當然的事。我國有著悠久的文官考試制度（自隋煬帝大業二年開始），而英美等國也分別自一八七〇年及一八八三年開始實行考試用人的人事制度。雖然人才的延攬有許多方法，但還是以考試甄選最為公平、客觀，這種以考試作為選拔人才的人事制度稱之為「功績制」(merit system)，用以同過去的「分贓制」(spoil system) 加以區別。

　　所謂考選是指以考試的方法為國家選拔人才；詳言之，即政府為推行其業務，採用公開、客觀的科學方法，來測量並評斷其所需要的人員是否合乎標準，進而加以錄取與任用的一套制度。茲另舉幾位學者專家對考選一詞所下的定義：

　　余鍾驥：「考選的意義就是為國家掄才致用。」（余鍾驥，民 57：44）

　　張金鑑：「考試者，即對於應試者的知識能力，作抽樣的測量或估計，用以推斷其全體。」（張金鑑，民 55：93）

　　梅伊 (John F. Mee)：「人事上的考試，係指一種科學化設計的工具，用以測量應試者之性向、技能、興趣及人格等因素，作為遴選、任用、訓練、調動、升遷之重要依據。」(Mee, 1957: 353)

　　整個考選制度的是否健全，會影響到整個的人事行政，也間接的影響

到政府的行政效率及功能，因為政府的業務是靠公務員來加以推行，如果有優秀的人員，推行的結果自然很好，反之則令人不敢樂觀。張金鑑教授說：「公務甄募一階段，乃全部人事行政的大門，若守衛不嚴，豺狼入室，則一切不堪收拾。」（張金鑑，民 62a：76）

美加文官協會 (Civil Service Assembly of the United States and Canada) 對於公務員之徵選曾作如下之敘述：「徵選為用人程序的第一步驟，就基本意義而言，整個人事計畫的成敗端賴徵選政策之功效如何，及執行徵選政策的辦法是否適當。除非賢能之士能被吸引前來參加考試，否則日後政府不論如何經營，均不能使吏治蒸蒸日上。……因而舉世莫不認為徵選實為人事計畫的中心問題。」（考試院譯，民 45：3）

美國公共人事調查委員會 (Commission of Inquiry on Public Service Personnel) 曾作結論說：「永業化文官制度之下，沒有比徵選更為重要的問題，所以未經適當分析研究或草率決定的徵選政策，可能敗壞整個人事計畫（方案）。」（考試院譯，民 45：1）

從以上各點可知，公務人員考選制度實為人事行政的中心，也是整個人事行政基石。若沒有健全的考選政策，就無法獲得最優秀的人才來政府工作。

第二節　公務人員的定義

公務人員的考選，通常是指的一般事務官而言，至於因政治原因而擔任公職的公務員並不需要考選，為了確實區別起見，公務員與公務人員的定義實有澄清與說明的必要。

公務人員依憲法相關之規定，第十八條：「人民有應考試服公職之權」，第二十四條：「凡公務員違法侵害人民之自由權利者……。」第二十八條：「現任官吏不得於其住所所在地之選舉區當選為國民大會代表。」第四十一條：「總統依法任免文武官員。」　第七十五條：「立法委員不得兼任官

吏。」第七十七條：「……及公務員之懲戒。」第九十七條、第九十八條：「中央與地方公務人員……。」第九十九條：「監察院對於司法院或考試院人員失職或違法之彈劾，適用本憲法第九十五條、第九十七條、第九十八條之規定。」第一〇三條：「監察委員不得兼任其他公職……。」第一〇八條：「中央及地方官吏之銓敘、任用、糾舉及保障。」第一四〇條：「現役軍人不得兼任文官。」尤其在第八章考試中，第八十五條特別強調：「公務人員之選拔，應實行公開競爭之考試制度，……。非經考試及格者，不得任用。」第八十六條更規定：「左列資格，應經考試院依法考選銓定之：一、公務員任用資格……。」共十四條之多。

綜上所舉，我國《憲法》對於所謂公務人員，可概括為下列七種名稱：(1)公務員；(2)公職；(3)文武人員；(4)官吏；(5)司法院與考試院人員；(6)文官；(7)公務人員（蔡良文，民 95：186）。

一、廣義之公務員

依《刑法》第十條第一項規定：「稱公務員者，謂依法令服務於國家、地方自治團體所屬機關而具有法定職務權限，以及其他依法令從事於公共事務，而具有法定職務權限者。」在此定義下公務員包括了：政務官、事務官、文武職人員、民意代表，以及農、工、商等公共團體，依法從事公務之人員。依《公務員服務法》第二條規定：「本法適用於受有俸給之文武職公務員及公營事業機構純勞工以外之人員。前項適用對象不包括中央研究院未兼任行政職務之研究人員、研究技術人員。」

二、狹義之公務員

我國《憲法》第八十五條之規定：「公務人員之選拔，應實行公開競爭之考試制度，……。非經考試及格者，不得任用。」這裡所說的公務人員顯然係指狹義的公務員而言，也就是《公務人員任用法》上所規定的人員。依該法第五條之規定：「公務人員依官等及職等任用之。官等分委任、薦任、簡任……」其施行細則第二條規定：「本法所稱公務人員，指各機關組織法規中，除政務人員及民選人員外，定有職稱及官等、職等之人員。前

項所稱各機關，指下列之機關、學校及機構：

1.中央政府及其所屬各機關。

2.地方政府及其所屬各機關。

3.各級民意機關。

4.各級公立學校。

5.公營事業機構。

6.交通事業機構。

7.其他依法組織之機關。」

　　由此規定看來，可知公務人員的範圍較公務員為窄狹，具體言之，公務員必須具備下列之條件，方得被稱為公務人員：

一、積極條件

1.必須為《公務人員任用法施行細則》所列舉機關學校組織法規中之編制內定有職稱與職等之人員。

2.須為文職人員，即指非武職人員而言。

二、消極條件

1.**須非政務官**：政務官乃對事務官而言，其性質和事務官不同，大體言之，有下列幾點區別：(1)就政治觀點言之：凡參與國家政策或行政方針之決定者為政務官，依既定之政策或方針而執行者為事務官；(2)自任用方式言之：政務官多經由選舉或提名，並無資格限制，事務官則須具有一定之任用資格，通常多須經過考試及格，又須積有一定年資，才能升等；(3)就法律地位言之：政務官之進退恆視政黨勢力之消長而定，並無身分上之保障。事務官則一經任用非具有法定原因，依法定程序，不得將其免職，在法律上受有嚴格的身分保障（陳庚金，民 61a：8～9）。

2.**須非民選人員**：由以上之說明可知公務員是指整個政府的公職人員，包括政務官、事務官、民選人員、軍職人員、公立學校教職員及公營事業的人員；而公務人員則是指事務官或須經考試及格而任用之人員。前者範圍廣，後者範圍小。

第三節　考選的學說與目的

對於如何選拔優秀的人才到政府來工作，學者意見不一，張金鑑教授將之歸納為四種（張金鑑，民 62a：78～81）：

一、選舉說

一般民主主義的信徒，均主張以選舉方式用人，因人民應有選擇公僕的權利，認為欲保障人民權利與幸福，並防止官吏濫權及枉法，官吏應由人民選舉之，方能控制監督，更主張縮短任期，實施官職輪換制度，平均人民服官之機會。此為官吏民選說者所持之理由。

但官吏民選，只注意於政治控制，而忽略行政效率。因以選舉方式而選拔之人才，每因政治因素的影響，甚難獲得人才適用及事得其人的效果。

尤有進者，如果政府大小官吏皆經由選舉產生，則人民每日必忙於投票，無暇從事其他工作，就事實而言，是根本行不通的事，所以選舉應該只限於某些政府之職位，如政務官、議員、地方政府首長等。

二、委派說

主張政府機關之公務員及工作人員，應由其主管長官負責委派之，可獲得較為合理的專門人才，而收人適其才，才適其用之效，於選舉制下必難有此收穫。其優點雖為：權力集中，責任確定，指導統一，不受牽制，自易造成有力效果。惟主管長官之權力過大，無客觀條件為委派之標準，且無外界力量之牽制，常易憑個人之好惡，引用私人，或因個人之判斷不當，委派不堪勝任之庸才，且易造成人治而非法治之弊。

三、考試說

為免除選舉制與委派制下之弊端，吏治改革運動者，乃主張採用考試方式辦理公務員或工作人員之甄補，並以客觀標準，舉行公開競爭考試。凡合乎所規定之標準及成績最優良者，可當選為政府之公務員或公務之候選人。在此制度下，足以避免主管長官之武斷，循一定標準與制度而選拔

人員，並予人人以平等競選之機會，在政府方面更能依據一定標準選得所需用之特別合適之有用人才。此制既無選舉制下漫無邊際之混亂危險，又免委派制下引用私人之分贓可能，故為現代行政學者所極力稱揚。所謂功績制即以此主張為基本精神。

四、選舉考試折衷制

現代科學民主的社會制度，純以考試或選舉而產生之官吏，似不能完全適應社會的需要，於是乃有折衷說之興起，此派主張將選舉制與考試制混合應用。其辦法：(1)對政府負有政治責任之政務官，包括代表民意之議員（立法委員）及擔任統率責任之行政首長，如總統、省長、市、縣長等，均以選舉方式產生，定有任期，其係以政治主張是否為人民所擁護為進退標準；(2)對執行政務以技術能力為標準之事務官，則應以考試方法任用之，其不受政治主張或社會環境變遷之影響，其地位是永久的或終身的。

國父孫中山先生更進一步主張：人民代表之議員或政務官亦當經過考試及格後，再由人民選之（即今日公職人員之候選資格）。期能獲得才德兼優之民意代表或政務官，並可以防止狡黠者之賄進，無能者之當選。

至於考選的目的，扼要言之，計有下列數點：

一、消滅分贓制度，保持政治清明

英、美等國曾有過一段為人詬病的「分贓制度」，即官吏的任用不經考試，而是憑藉政黨或私人的關係進入政府。美國傑克遜 (Andrew Jackson) 當選總統以後，就提出「官職輪換」及「分肥者即為選舉之勝利者」。將國家名器當作政黨競爭的戰利品，於是選舉勝利之政黨，就取得政府中所有的大小職位，所謂「一朝天子一朝臣」、「一人得道、雞犬升天」，一些庸才小人反而躍居高位，政府職位便成為酬庸的工具，公務員不僅不具備應有的工作知識與技能，甚至營私結黨，貪污腐化，這樣實行的結果，便造成政治風氣的腐敗，同時也造成行政效率的低落。美國終於在一八八三年開始實行考試用人的功績制度，從此美國的國勢才走入興盛之途。所以當今之世，凡是民主自由的國家無不實行考選制度。這樣才能摒除分贓制度，

保持政治清明。

二、選拔優秀人才，造成萬能政府

　　國父孫中山先生曾經說過：「沒有考試，就是有本領的人，我們也沒有方法可以知道，暗中便埋沒了許多人才，並且因為沒有考試制度，一般不懂政治的人，都想去做官，弄到弊端百出。在政府一方面是為烏煙瘴氣，在人民更是非常的怨恨。」「且今日任用官吏，往往用違其學、或毫無學識，僅有私人援引者，政治日趨腐敗。」故「如果實行了五權憲法以後，國家用人都要照憲法去做。凡是我們人民的公僕，都要經過考試，不能隨便亂用。」（〈五權憲法講詞〉）

三、救濟選舉之窮，才俊得以出頭

　　西方之民主政治，只重選舉，而選舉結果，每變為錢勢與財富之選舉，並不能選出有能力的人來為國家服務，造成了盲從濫選之弊病。

　　國父曾舉例說明選舉的問題，他以美國的博士與車夫競選，結果車夫當選的笑話來指出只有選舉沒有考試的弊病。所以考試不僅可以消除選舉上之錢勢主義，同時更能選拔真才，使無錢無勢的人也可以出頭。

四、消除社會階級，人人可登仕途

　　以考試方法來選拔人才是目前最民主，最客觀的方法，無論貧富，均可藉著公開競爭的考試而登仕途，以為國服務。這也是一個民主開放的社會為國取才的最佳方法。

第四節　考試的基本要求與方法

壹、考試的基本要求

　　考試的目的在選拔人才，但是採用何種考試的方法或技術才能達此目的呢？一般學者認為至少應具備四個條件，否則考試便失去應有的作用與價值。現在分別將此四條件說明如下：

一、正確性 (validity)

考試時所考的內容必須正確、合理，亦即測量的科目內容與所要求的目的，其中應有相關的因素，如以考選人事人員而言，其應試科目，應與人事人員工作時應具備之知識能力有關，否則考試便失其效果。考試正確性的具體表現，即為凡考試成績高者，其工作能力亦強，考試成績低者，其工作能力亦弱。而考試不及格者，表示應試者不能勝任所要求的工作。

二、可靠性 (reliability)

所謂可靠性，意指考試成績的高低，確能表示應試者對於所考學科之才能學識的高低，例如應考者國文成績為九十分，該應考者國文程度的確有九十分的水準。如果考試成績高，實際才識低，或考試成績低，而實際才識高，則表示考試缺乏可靠性。

三、客觀性 (objectivity)

可從兩方面說明，其一謂：應試者之成績，不受評分者主觀因素之影響。所謂主觀因素，包括個性、成見、偏好、思想、感情等。使應試者自認為在評分上受到公平的待遇，這是從評分者主觀因素加以分析。其二謂：應試者的成績，不因應試者的身分、種族、宗教、黨派、性別、籍貫、年齡、容貌等因素而受影響。這是從應試者條件的因素方面加以分析。總之，試卷上分數的評定，必須完全依照答案的內容，任何其他因素滲入而影響到分數的評定者，即破壞客觀性的原則。我國用密封試卷方法評定分數，此在應試者條件的因素方面來說，已經做到了絕對客觀的要求，因為評分者根本不知道所評的試卷為何人的試卷。至於主觀者的因素如何克服，當視考試方法而定，論文式的筆試，較易受主觀因素的影響，而新式的筆試，如是非法、選擇法、填充法等，則不易受評分者主觀因素的影響。

四、廣博性 (comprehensiveness)

意指每一項考試必須能測出所要擔任工作之每一種能力，並指每一科目之試題應是廣泛的，而不是偏狹的。前者應包括各該類科人員所需要的各種知識與能力之測驗；後者指試題範圍不可太過狹窄，否則無法代表這

個科目的內涵。

貳、考試的方法

一、筆試（包括論文式的筆試及測驗式的筆試）

1. **論文式的筆試**：是以長篇之文章申論對某一問題的看法，並表達其所具有的知識。其優點為：⑴試題編製較為容易；⑵文字表達能力的測驗；⑶易於考察應試者的推理力、創造力及材料整理力。但此法亦具有下列的缺點：⑴缺乏客觀性，評分無統一的標準；⑵命題範圍欠廣博，失卻抽樣的代表性；⑶評分時易受不相干因素如書法、別字、潦草等之影響（張金鑑，民 62a：100）。

2. **測驗式的筆試**：又稱新式的筆試，常用者有是非法、選擇法、填充法、對比法等。此種考試乃考察應考人之記憶力為主，是以很多的試題考察應考人對許多零碎之問題與片斷之知識，是否瞭解或記憶清楚。此法的優點是：⑴評分公正客觀；⑵免除模稜及巧取的答案；⑶抽樣較廣，有充分的代表性；⑷排除不相干因素影響評分；⑸試卷易於評閱；⑹試題饒富趣味；⑺應試者相信評分之公正。但此制也有下列之缺點：⑴只能測量應試者的記憶力，不能測量其推理力與創造力；⑵試題的編製頗為費力；⑶答案不無猜度的機會。

二、口　試

口試對於一個人各方面能力之考察，都具有特殊之功效，欲考其學識，則問之以各種知識；欲考其能力，則問之以各種問題解決之方法；欲考其性格之穩定性，則施之以壓迫之面試。此外，對於分析能力、判斷能力、組織能力、反應之快慢、辯才之優劣等均能一一考察出來。此所以會被廣泛運用於政府、學校、企業機關等各種考試之原因。此法具有下列的缺點：⑴考試的正確性和可靠性不甚確定；⑵口試經過與結果無明白紀錄以為查考或核對的依據；⑶主試者與應試者可能串通作弊。

三、心理測驗及智力測驗

　　二十世紀以來，由於心理學之發達，對於人類心理及智能之考察已有科學之方法，故近年來歐美各國常以心理測驗之方法，考察一個人的智力性向及其具有之特殊能力，以作為派任適當工作，及擔任適當職務之依據。故此等測驗無論在何種考試之中，均能測驗其是否適合於該項工作，並考察其是否具有擔任該項職務之能力。

四、著作及發明審查

　　有許多高級職位之職務，非由博學多能之人無法擔任，而此類人員年紀均逾三十，甚至四五十歲以上，故不能以普通之考試方法試之，所以審查其著作、發明，及其學歷、經歷之證明，以審定其資格。而一般公職候選人，欲參加競選以擔任公職，因不便於參加正式之考試，則以檢覈之方式銓定其資格。所以此兩種考試方法實為濟一般考試方法之窮，乃一種輔助之考試方法。

五、實地測驗考試

　　所謂「實地測驗」，乃對於應考人之能力或技巧作實際之考察，例如打字員、速記員之考試，由於其所欲擔任者，即打字與速記，故如不考察其真正之能力，則不知其是否能勝任其職務。有時，一個職務須有特殊技能及廣泛之知識，可以筆試及實地考試同時舉行，如此一來，則可考察其知識及技能，故實地考試亦可輔助筆試之不足。

　　我國目前高普考試、職位分類考試及特種考試所採用的方法，絕大多數是所謂論文式的筆試，除外交官、領事人員的考試另加口試（面試）外，其他考試皆以筆論為主，因此考試的方法實嫌單純刻板，今後允宜改進考試方法與內容。

　　至於論文式的筆試，只宜用以測驗應考人文字表現及材料組織的能力，換言之，用以測驗其國文或作文能力則甚相宜，若用以考試各科的專門知識與技術則嫌不足，其最大缺點則為缺少廣博性與客觀性，因論文式選樣太少，很難用為推斷的依據，且在成績的評定上缺乏客觀的標準。為使考

試公平合理，除國文外，其他各科應盡量改為客觀化標準化的新式測驗方法，同時還要增加口試。

　　為國家選用人才，不應只注意其學識，並對應考人之智力、性向及個性等皆應測驗之，以確實瞭解應考人是否適宜擔任公職或某項專門職業。現在世界上許多國家都注重此一問題。但是我國目前在這方面還做得很差，幾乎沒有心理、性向或智力等測驗，所以只能知道應考人的學識如何，不能知道他們的性向。

第五節　我國考試制度

　　考試制度在我國有悠久之歷史，國父在其手訂的〈建國大綱〉中主張成立獨立的考試機關專掌考試，民國成立以後，於十七年成立考試院，實行了五權憲法的體制，憲法第八十五條更規定：「公務人員之選拔，應實行公開競爭之考試制度，……。非經考試及格者，不得任用。」因此我國公務人員之任用，乃以考試及格者為主體。立法院於民國七十五年元月十日通過《公務人員考試法》，後經多次修訂，因此，我國的考試制度已比以往有了大幅度的改進。

　　我國考試制度的特點可以歸納為下列幾點：

1. 將公務人員考試與專門職業及技術人員考試分開立法。此一改變使原考試法中有關公務人員與專技人員兼取資格之連鎖完全消失，是考試制度上的一項重要改變。

2. 增訂高等考試必要時得按學歷分級舉行之規定，即高等考試分為一、二、三級，研究所畢業（碩、博士）者及獨立學院以上學校畢業者或專科學校畢業者，分別參加不同級別之高等考試，取得不同之任用資格。

3. 考試方式，增加審查知能有關學歷、經歷證明及論文一項。使考試院對各種不同考試性質，選用考試方式時，運用將較方便。

4. 增加考試得分階段舉行之規定。使考試程序的安排上更具彈性，對考試

技術之改進將產生一些幫助。

5.考試方式得採筆試、口試、心理測驗、體能測驗、實地測驗、審查著作或發明、審查知能有關學歷經歷證明或其他方式行之。

6.規定公務人員應考之消極限制：如犯《刑法》內亂外患罪經判決確定者、褫奪公權尚未復權者、受監護或輔助宣告尚未撤銷者等。

7.檢定考試之規定，使無法進入正規學校之國民，亦可經由此項考試及格後，取得高、普考試之應考資格。

8.公務人員之考試，本為事擇人、考用合一之旨，以公開競爭方式行之，並應配合任用計畫辦理之。

9.增列高等考試與普通考試及格者，按錄取類、科，接受訓練，訓練期滿成績及格者，發給證書，分發任用。其他公務人員考試，如有必要，得照前項規定辦理。訓練加於考試及格與發給證書之間，這使考試與訓練合為一體，如未經訓練期滿成績及格，領不到考試及格證書，考試及格將失去泰半意義。

第六節　任用制度的意義與程序

壹、任用的意義

「任用」（appointment）亦為公務員制度中重要的一環，其與考選制度有密切的關係，考選實為任用之前奏，而任用乃考選之結果，是以有人將考選與任用合併討論者。

所謂任用就是指機關組織中的人員遇有出缺時，或增設職位時的人員之補充而言。新陳代謝不僅是生物現象，也是社會現象。政府機關所僱用的人員隨時都會有離職、死亡的情形，同時也會因為業務的需要而增加更多的職位或工作，這些職位的出缺或新增，都需要人員加以補充，此一補充的過程，可以稱之為任用。如此便能使政府的工作力量永遠保持旺盛。

　　任用既是甄補行為的一環，所以我們可以將任用的意義分成廣義與狹義兩點來看：就廣義的任用而言，實與甄補的意義相同，因為政府職位有出缺或新增之時，必須設法加以補充，於是就產生了招考、選拔與任用等過程，但就狹義的任用而言，僅指合格人員補充於特定職位的配置過程。

　　機關職位出缺後，到底應該由機關內部次一等級的優秀人員來升任呢？還是應該自外界引用具有該職位任用資格的人員來補充？這實在是一種見仁見智的問題，同時也是值得審慎研究的一個大問題，所以它不只是兩種不同技術方法的選擇，而且影響到整個人事制度的基本性質。目前有兩種制度，即內升制與外補制。

　　內升制 (recruitment from inside the service) 是指：凡機關職位有空缺或出缺時，由在職的低級人員升任補充者；外補制 (recruitment from outside the service) 是指：凡機關職位有空缺或出缺時，不由在職的低級人員升補，而由外界挑選合格的人員補用之。這兩種制度各有優劣利弊，根據張金鑑先生的看法，兩制的優劣如下（張金鑑，民 62a：88～90）：

一、內升制的優點

1. 在職的公務員認為升遷有望，機會較多，故肯安心樂意的工作，興趣高、效率大，因為升遷的較多機會與希望，對公務員就是一種有力有效的策勵與獎進。

2. 公務員自覺上進有機會，發展有前途，梯級升進，日趨有望，故肯視其職務為終身職業，不存五日京兆之心，而見異思遷。

3. 新升任的高級人員是原來的舊同事，對機關的傳統較為熟悉，不致多所更張，易於保持機關的安定，對職員的關係已有感情，易於獲得彼此的和諧。

4. 憑一時的考試，有時並不足以發現真才，在長期的服務過程，對一人才能高下，品行優劣可以有完全的瞭解，以為升晉的根據，易於實現因事以選材，因材而施用的原則。

5. 晉升新職的人員，以經驗豐富，技術熟練，對於新任的職務可以從容應

付，不感任何困難。

二、內升制的缺點

1. 內升制不足以吸收卓越的人才，因為有特別才具或較高資格的人員，至政府任職希望獲得較高的地位，自不願從低級做起，徐圖升晉。

2. 內升制不符「適才適所」的原則，所謂大事需大才，小事需小才，大才大用，小才小用；其擔任低級職務頗為適宜，而具成績者，不一定適宜於較高級的職務。

3. 公務員無新血或新分子的加入，易陷於暮氣沉沉，難期有新計畫新改革的產生。缺乏朝氣與活力，不願改革，為內升制易造成的流弊。

4. 升遷選拔的範圍有限，可供挑取選擇的對象不多，自難依「廣收慎選」的原則選拔得所需要理想人才。

三、外補制的優點

1. 足以吸收卓越人才至政府服務。

2. 因事選材，因材施用，足收「適材適所」之效，不致生「人事柄柄」之弊。

3. 機關內有新分子的加入，易有所改革與進步。

四、外補制的缺點

1. 公務員以升晉無望，自足減低其工作情緒與效率。

2. 公務員以前途發展有限，自難安心服務。

3. 新補入的人員與原來人員毫無關係，易引起不合作的現象。

如何捨短取長，則以折衷制最為恰當，有三種方法：(1)限定界限法：即將公務員之等級分為高、中、低三等，任職考試亦分為高、中、低三等。低等考試及格者自低等任起（外補制），但可升至中等的中間級（內升制），依此類推；(2)規定比例法：即職位出缺時，可以規定其由內升者與外補者各占一定的比例；(3)升等考試法：職員任職已歷級升任至某一最高級職位後，服務成績優良，得參加升等考試，經考試及格者始准予以高一等的職位晉任之。

貳、任用的程序

考試及格者並不能立刻成為公務員，只是由此取得被任用為公務員的資格而已。因此，考試及格者要成為公務員，必須經由任用這一程序，依《公務人員任用法施行細則》，其詳細過程如下：

一、開缺及提名

當政府機關的公務員有空額或開缺後，機關首長即應通知考試機關請就考試及格的人員提出名單，以憑選用。這種通知須說明所需要的人數、及其職別、地位、薪額等。考試機關接到通知後，即按下列方式之一，提出名單：(1)按成績高下的次序；(2)依登記先後的次序；(3)用抽籤法決定次序。考試機關所提人數，在實施上有不同的辦法。有者採一職一人制，有者行一職三人或五人制。主張前種辦法者認為如此則足提高考試制度之地位與功能及加強功績制的推行；主張後種辦法者，認為欲確定機關首長的責任，自應提出較多人員以供選擇。

二、實習或試用

機關首長接到上述名單或按編列名冊，就中選定所需人數作為試用 (probation) 或實習 (internship)。其未被選作試用或實習者，名單仍退還原開送機關，以備有機會時重行提出。試用或實習期間，普通為三個月至六個月，多者亦有達一、兩年者。試用或實習的目的有三：(1)在使試用或實習人員在被正式任職前，獲得職務上所需的實際知能與技術及有關程序與規則；(2)在使試用或實習人員對所將正式服務機關的情形及內部關係等獲得適當的認識與明瞭；(3)在於試用或實習期間，觀察發現試用或實習人員的優劣長短，以為正式委派職務時的依據或參考。

我國《公務人員任用法》第二十條有試用之規定：「初任各官等人員，未具與擬任職務職責程度相當或低一職等之經驗六個月以上者，應先予試用六個月，並由各機關指派專人負責指導。試用期滿成績及格，予以實授；試用期滿成績不及格，予以解職。試用人員於試用期間有下列情事之一，

應為試用成績不及格：⑴有公務人員考績法相關法規所定年終考績得考列丁等情形之一者；⑵有公務人員考績法相關法規所定一次記一大過以上情形之一者；⑶平時考核獎懲互相抵銷後，累積達一大過以上者；⑷曠職繼續達二日或累積達三日者。試用人員於試用期滿時，由主管人員考核其成績，經機關首長核定後，依送審程序，送銓敘部銓敘審定；其試用成績不及格者，於機關首長核定前，應先送考績委員會審查。考績委員會對於試用成績不及格案件有疑義時，得調閱有關平時試用成績紀錄及案卷，或查詢有關人員。試用成績不及格人員得向考績委員會陳述意見及申辯。試用成績不及格人員，自機關首長核定之日起解職，並自處分確定之日起執行，未確定前，應先行停職。試用人員不得充任各級主管職務。」

三、派代、送審、銓敘及正式任用

《公務人員任用法》第二十四條規定：「各機關擬任公務人員，經依職權規定先派代理，限於實際代理之日起三個月內送請銓敘部銓敘審定。但確有特殊情形未能依限送審者，應報經銓敘部核准延長，其期限除另有規定者從其規定外，最多再延長以二個月為限，經銓敘審定不合格者，應即停止其代理。」茲將此項手續詳述如下：

1. **派代**：先派代理之人員係具有任用法上的資格條件，此地所稱之資格條件，包括積極與消極條件，前者係任官所必須具備之條件，如考試及格；後者係指不得具有之任官限制或應行迴避之事項。

2. **送審**：係指公務人員於任用後，依照任用法規所規定檢送資歷證件送請銓敘機關審查之謂。關於送審，在任用法及其施行細則上有幾點主要的規定：

   ⑴時間的規定：各機關對於所屬公務人員予以派代之後應於派代之日起三個月內填具「任用審查表」連同相關證明文件送請銓敘機關依法審查。

   ⑵手續的規定：公務人員送審時，應繳送有關證件，其中包括學經歷證明文件、服務誓言及公立醫院健康證明書，逕請銓敘機關審查。其詳

細規定請查閱《公務人員任用法施行細則》第二十二條。

(3)程序的規定：至於送審之程序，總統府及其直屬機關所屬人員，由總統府秘書長核轉。薦任第六職等以上人員，由主管院部（會、處、局、署）省（市）政府核轉。但省（市）政府經商得銓敘機關同意授權下級機關自行核轉之薦任九職等以下人員，從其授權程序辦理。委任第五職等以下人員，由任用機關或其上級機關核轉。

3.銓敘：銓敘是指銓敘機關根據任用法規就送審人員的資歷證件加以審查以銓定其資格並敘定其級俸之謂。銓敘機關於審核各該送審人員的資格時，當時是根據任用法上的規定。同時並把審查的結果，以任用審查通知書將審查結果通知送審人，不過審查的結果，除了對不合任用資格者予以退回外，尚有幾種不同任用資格的認定，為「合格實授」、「先予試用」、「准予登記」等，凡取得合格實授之資格即具備了常任文官的地位，也取得了公務人員應有的保障。

4.清簡、呈薦及委任：我國公務人員的官等分為三等：簡任、薦任及委任。其任命的方式依《公務人員任用法》第二十五條之規定：「各機關初任簡任、薦任、委任官等公務人員，經銓敘部銓敘審定合格後，呈請總統任命。」此處呈請總統任命主要是依憲法第四十一條的規定：「總統依法任免文武官員。」

第二十四章 公務人員的薪給

第一節 薪給的意義與性質

公務員服務國家，政府給予報酬，是為薪給。薪給也有稱之為俸給或薪俸者，其意義完全一樣。公務員以其知能、精力及時間為政府服務，自應得到相當的報酬，一方面作為其生活費用，一方面更可鼓勵公務人員的工作情緒與服務精神，是以薪給的制度健全與否影響到政府的行政效率甚大。

薪給是國家對公務人員之服務酬勞，薪給制度之範圍與對象是公務人員，所以公務人員之薪給制度即與其他企業工資性質不同，因政府公務具有獨占性，不受自由競爭律之限制，自亦不必適用勞動商品說之理論，政府支付薪給之理論限制只為納稅人之租稅擔負能力，或國家之支付力量，及維護公務人員之生活水準；是以健全之薪給制度，須能同時兼顧人民、公務員，及政府三方面之利益與立場。

環顧世界各國，其對公務員之薪給，可以三種性質表示之：

一、表示地位之高低與責任之輕重者

凡地位高者薪俸高，地位低者薪俸低，其主要目的在以薪給之高低來區分權責之大小。地位高者所需要的能力、經驗都比地位低者高，而所負的責任也較重，當然要得到較高的報酬，同時也可以對地位低者產生誘導與激勵的作用，凡努力工作而獲得升遷時，其報酬也相對的提高。英國即採取此種性質的公務人員薪給制度，常任文官的薪俸差額幅度高達二十倍左右，國人常說的一句話：「升官發財」在英國最能表現出來。

二、表示工作量之多寡與技術之精粗者

　　凡工作量多，技術精者薪俸多，反之則少，在工商業高度發達的國家有採取此種性質的趨勢，美國就是一個最好的例子。美國所實行的職位分類制度，即是以此種性質為薪給之標準者，但高薪與低薪之差距沒有英國那樣大，上下相差約五、六倍左右。

三、用以維持生活者

　　公務人員的薪給主要用來維持生活，既不能表示地位之高低，又不能表示工作之多寡，大家都拿差不多的待遇，用以餬口而已，高薪與低薪的差距很小，可能不超過三倍。這種性質的薪給制度是受到國家財政在某方面負擔過重所致，例如戰爭軍費。我國在抗戰以前的薪給性質比較接近英國，抗戰軍興，戰費驚人，全國上下節衣縮食支援抗戰，所以公務員的待遇就只能用來維持生活。

第二節　薪給的原則

　　薪給制度的是否健全合理，對公務人員的工作情緒有很大的影響。因為人們工作的基本目的之一便是取得報酬，如果不能得到理想的待遇，工作效率當然不會提高，因此，各國政府為了激勵士氣，增進人員效率，無不在薪給制度上研究改善，務期公務人員都能感到滿意。

　　何謂理想的薪給原則，論者觀點見仁見智，但歸納言之，至少要做到下列五點原則才算理想：

一、平等性

　　薪給應本「同工同酬」的原則，即不論任何機關，凡是工作相同或等級相同的工作人員，其薪給應當一樣，這樣才不致引起公務人員的不平。同時對於中央政府與地方政府的公務人員，也應一視同仁，不能有差別待遇，只要地位相當，就應支領相同幅度的薪俸，否則就會引起他們之間的矛盾，造成中央與地方的隔閡。我國的薪俸制度尚不能完全做到這點。當

然，政府已在盡力縮小這種差距，希望真正能夠做到「同工同酬」，這樣才能使得所有公務人員同心同德，努力工作。

二、適應性

薪給應與物價指數保持平衡，凡物價指數上升時，薪給亦即隨之調整，例如今年度的物價指數比去年上升百分之十，則薪俸亦應相對的增加百分之十，這樣才不致使公務員吃虧。當然政府預算有年度性，不能像私人企業那樣的機動調整，但至少每一會計年度要根據物價指數而作適度的調整。

三、平衡性

公務員的薪給應和社會上其他行業（工商界）保持平衡，即不能與工商界的薪水相差太遠。如果政府公務人員的待遇過高，則支付於人事費用者必然增加，影響到建設的進步；同時，政府待遇過高，使得人才集中於政府，私人企業往往不能雇到優秀的人才，造成人才分布的不平衡。反之，政府的待遇過低，則不得吸引有才能的人到政府工作，他們必然會競相向私人企業求發展，政府人員的素質便會降低。美國情形便如此，所以美國最優秀的人才集中在工商企業界，政府公務人員的社會聲望也不如工商界，近年來，美國總統都一直致力於改善公務員的待遇，希望有一天可以拉平工商界與公務員的待遇，目前相差的幅度約為百分之十左右。

四、效率性

薪給如果只能用以維持公務人員的溫飽，這並不是很好的薪給制度，因為人的慾望並不是僅僅止於吃飯，人們尚有育、樂方面的需要，例如生育、養育、教育子女，娛樂活動、文化支出及社交活動等，這都需要金錢來支持，同時這些活動也能促進人員身心的健康，保持精神上的愉快，工作效率自然隨之提高。此一原則在歐美先進國家做得比較好，一個公務員的收入，不僅可以維持一家四、五口人的生活（衣、食、住、行），而且還有餘錢從事休閒活動（旅行、運動），說得更明顯一點，就是食物支出占收入的百分比很小，約百分之三十，這就是薪給效率原則的具體表現。

五、年資性

　　凡公務員年資增加，而地位並未晉升時，其薪給亦應增加，用以獎勵人員工作的辛勞，何況年資就是經驗的累積，經驗多者其工作能力亦會相對的提高，比起新進人員或經驗不足者，當然貢獻要大，所以即使地位相當，但年資多者所支領的薪給亦較多，例如張三和李四同為八職等科長，但李四年資較張三為多，則李四薪俸較高。

第三節　薪給的種類

一、一般俸給

1. **俸額**：亦即本俸，指員工各等級應支領的待遇，事實上每一官等、職等就是一個俸給額。
2. **俸階或俸級**：指在同一俸級額內劃定幅度，包括本俸及年功俸。其目的在於承認初任職的工作人員與久任者的差別，後者因隨經驗的增加而給予適當的報酬藉以提高效率。因此在一般俸級表中，通常都有所謂俸級的最低額、中間額及最高額。例如委任分五個職等，第一職等分為七個俸階，年功俸分為六級。
3. **年功俸**：依人員之服務成績而取得，即在獎敘考績優良無級可晉者。

二、各種加給及津貼

1. **職務加給**：是對主管人員或職責繁重或工作具有危險性者加給之。
2. **技術加給**：對技術或專業人員加給之。
3. **地域加給**：對服務邊遠地區或特殊地區與國外者加給之。
4. **眷屬津貼**：為安定公務人員的生活，對於其眷屬，往往計口給予津貼。
5. **房租津貼**：為解決公務人員住的問題，有些國家對其公務員給予若干數目的房租津貼。
6. **加班津貼**：凡在正規上班時間以外工作者，應發給加班津貼。
7. **其他**：實物配給、服裝費、交通費等。

第四節　我國的俸給制度

新人事制度的四個基本法律已經立法院通過，總統明令公布，有關俸給的法律則予以合併，即簡薦委制與分類職位制的俸給法合併為《公務人員俸給法》，新制俸給法除配合新制任用法作必要之修正外，其餘多揉合原有簡薦委制及分類職位制俸給法之優點，茲將新制俸給法的要點分述如下：

一、公務人員俸給的類別及名詞

1.**本俸**：係指各職等人員依法應領取之基本給與。本俸又分七十一個「俸級」，即委任第一職等分七級，二至五職等各分五級；薦任四個職等皆為五級；簡任十至十二職等分五級，十三職等分三級，十四職等僅有一級。

2.**年功俸**：係指各職等高於本俸最高俸級之給與。年功俸共分四十二級。

以上本俸及年功俸均以「俸點」表示之，所謂俸點係指俸給折算俸額之基數，即折算為通用貨幣（新臺幣）發給之。且俸點之折算標準得分段訂定，依俸給法所附俸表之規定，一職等最低俸點為一六〇點，十四職等最高俸點為八〇〇點，最低與最高相差五倍，亦即公務人員最高與最低之法定差距。但因有得分段折算之規定，故可將此差距依需要拉大或縮小（見表 24–1）。

3.**加給**：指本俸、年功俸以外，因所任職務種類、性質與服務地區之不同，而另加之給與。加給又有三種：

(1)職務加給：對主管人員或職責繁重或工作具有危險性者加給之。

(2)技術或專業加給：對技術或專業人員加給之。

(3)地域加給：對服務邊遠地區或特殊地區與國外者加給之。

公務人員之俸給（本俸、年功俸及加給）均以月計之。

二、規定初任官等職等人員之起敘

例如高考或乙等特考及格人員，初任薦任職務時，敘薦任第六職等第一級。先以委任第五職等任用者，敘委任第五職等第五級。

三、規定調任人員及再任人員等級之敘核

依法銓敘合格人員，調任同職等，依原俸級核敘；調高職等，依所任職等最低俸級起敘。

四、服務年資之相互採計

《公務人員俸給法》第九條規定：「依各種考試或任用法規限制調任之人員、專門職業及技術人員轉任公務人員條例轉任之人員，在限制轉調機關、職系或年限內，如依另具之公務人員任用資格任用時，應以其所具該公務人員任用資格重新銓敘審定俸級。前項人員以其他任用資格於原職務改任時，應以其所具該公務人員任用資格重新銓敘審定俸級。」

五、銓審互核

為銓敘機關與審計機關相互勾稽，以防止各機關不依法支俸，造成不平。

六、其他

如降級人員之改敘，考績晉敘、俸給之扣除、追繳、繳回與照支等，皆有明確之規定。

表 24-1　公務人員俸表（《公務人員俸給法》第四條附表）

官等	簡任					薦任				委任				
職等	十四職等	十三職等	十二職等	十一職等	十職等	九職等	八職等	七職等	六職等	五職等	四職等	三職等	二職等	一職等
	800 一	800 三	800 四											
		790 二	790 三	790 五										
		780 一	780 二	780 四	780 五									
		750 三	750 一	750 三	750 四									
		730 二	730 五	730 二	730 三									
		710 一	710 四	710 一	710 二	710 七								
			690 三	690 五	690 一	690 六								
			670 二	670 四	670 五	670 五								
			650 一	650 三	650 四	650 四								
				630 二	630 三	630 三	630 六							
				610 一	610 二	610 二	610 五							
					590 一	590 一	590 四	590 六						
						550 五	550 三	550 五						
						535 四	535 二	535 四	535 六					
						520 三	520 一	520 三	520 五	520 十				
						505 二	505 五	505 二	505 四	505 九				
						490 一	490 四	490 一	490 三	490 八				
							475 三	475 五	475 二	475 七				
							460 二	460 四	460 一	460 六				
							445 一	445 三	445 五	445 五	445 八			
								430 二	430 四	430 四	430 七			
								415 一	415 三	415 三	415 六	415 八		
									400 二	400 二	400 五	400 七		
									385 一	385 一	385 四	385 六		
										370 五	370 三	370 五		
										360 四	360 二	360 四		
										350 三	350 一	350 三		
										340 二	340 五	340 二		
										330 一	330 四	330 一	330 六	
											320 三	320 五	320 五	
											310 二	310 四	310 四	
											300 一	300 三	300 三	
												290 二	290 二	
												280 一	280 一	280 六
													270 五	270 五
													260 四	260 四
													250 三	250 三
													240 二	240 二
													230 一	230 一
														220 七
														210 六
														200 五
														190 四
														180 三
														170 二
														160 一

（左側欄位自上而下標示：俸級、俸點）

第二十五章 公務人員的考績與紀律

第一節 考績的意義與功用

一、考績的意義

考績乃是就公務員或工作員的工作成績與服務情形，在一定期間內，由監督人員作一總評算之謂。也稱為「效率評算」(efficiency rating) 或「服務評算」(service rating)。

費富納 (John M. Pfiffner) 說：「考績就是一個工作員的長官或監督人對其工作能力及演作的評價。」(Pfiffner, 1955: 310)

賽蒙等說：「考績就是解答以下問題的一種程序：僱員對工作的操作程度如何？這僱員的優點和缺點何在？」(Simon et al., 1950: 365)

由此可知考績就是對工作員的服務作定期的考核與評價，以作為升遷、調轉及獎懲的依據。

二、考績的功用

1. **考績可以健全人事制度**：藉考績結果給予工作人員以升降獎懲，足以淘汰頑劣、獎勵優勤，使得人事制度得以健全。

2. **考績可以增進工作效率**：人員為了爭取較好的工作調升或獎勵，自必努力工作，以求獲得考績的優等；反之，人員為了避免降級或懲罰，也必須維持最基本的工作標準。所以有了考績制度，便可增進工作效率。

3. **考績可以知人善任，發現人才**：考績的實施必有賴於長官與部屬的接近與瞭解，這樣便可使得長官對其部屬的人格、能力、品德與性向等有了認識，可以作為人事運用上的重要參考。

4. **考績可以強化長官的領導，增進長官與部屬的關係**：有了考績制度，長

官對於部下掌握了工作成績考評的權力，這樣便足以強化長官的領導，而且健全合理的考績制度使得部下信任長官，無形中也增進了上下的關係。

第二節　考績的原則與項目

一、考績的原則

1.**公平確實**：考績不能採取片斷及臨時資料，也不應受主觀因素的影響，因此考績應加以制度化、體系化，以客觀公正的態度來辦理考績。

2.**重德識才**：依現行《公務人員考績法》的規定，考績對象有工作、操行、學識及才能四種。這四種項目實包含了工作員的內外修養，只有操守而工作能力差，不是最優秀的工作員，反之亦有問題，所以考績應才德並重。

3.**客觀周密**：考績應就各種人才職能之內涵，分別評定客觀的考績標準，自不必強求一致。因職位不同，性質各殊，所需要的條件與標準也因此而異。如軍人應考核其是否忠勇奮發、有膽有識；主計人員需考核其是否細密周詳、廉潔有守；外交人員則需考核其是否忠信篤敬、開拓國威。

4.**認真嚴格**：信賞必罰，使每一個人員都感到考績有作用，一則可以產生積極的鼓勵作用，另一方面也能產生消極的阻嚇作用。

二、考績項目

到底應該對公務員考核那些項目並給予成績，論者的意見不一，有的主張以工作表現為考績對象，即從工作的質與量來衡量計算；但也有人主張以德性為對象，即依工作的性質來考核公務員的能力與其所具的性格是否相適；此外還有人主張考核公務員的知識。我們可以將之歸納為下列幾項：

1.**人的方面**

⑴品德：從公務員的性情、操守、志向、氣度及生活行為等方面著眼，

分為忠誠、信心、合作、負責、熱情、實踐、公平、廉潔等項目，以觀察其品德的好壞。

(2)才能：從公務員所具之才具、能力及技術等方面著眼，分為領導、思維、主動等項目來考察之。

(3)學識：從公務員的教育程度、學術造詣、著作發明，以及語言、文藝、常識及辦事經驗上著想。

(4)體格：從公務員的體力、精神、儀表、風度等方面著眼，以觀察其有無勝任繁劇工作及克服困難的能力。

2.事的方面

(1)工作實況：應注意公務員是否用其所學，人地是否相宜，職位是否相稱，工作有無興趣。

(2)工作成績：按各人所任之職位及所擔任之職務性質，分別詳訂細目，實施分題考績，除一般性之項目由人事主管機關制定外，各機關並得按其業務之實際需要，加列細目，加以考核。

第三節　考績的方法

考績的方法甚多，歸納言之，約有下列五種（張金鑑，民 62a：210～233）：

一、臆斷考績法 (judgment ranking)

係憑主管個人臆測及判斷評定所屬員工工作成績。此法認為主管對屬員工作勤惰品性容易認識瞭解，考核近似合理，唯此法過於簡陋，缺點甚多，如：(1)無客觀考核標準；(2)因主管習性不同，主觀太深，不盡公平；(3)易為私人好惡，偶然印象，主觀成見所決定，考績結果未盡合理。

二、人與人比較法 (man-to-man comparison scale)

亦名軍士比較法，係美國陸軍部於歐洲大戰所應用之考績方法，其特點為：(1)確定五個因素：體格、智力、領導能力、品性、一般職務貢獻，

為考績對象與標準；⑵每因素各分優、良、中、次、劣五等為考核時之尺度，比較易準確。就同級軍士中選若干人按所定標準分五等軍士為具體標樣，與其他人比較。其缺點為：⑴各因素仍嫌概括籠統，因考績官而不同；⑵優、良、中、次、劣者亦無客觀標準，出入頗大。

三、因素臆斷法 (judgment ranking according to factors)

係先由負責長官或人事機構規定其應考核之因素或對象後，再由直接長官據之以考核，是先就一個因素以衡量受考者全體所屬人員，按其高下優劣之結果依次計分，將各因素所得分數相加，即得其考績總分，其缺點是主觀成分過多且無客觀尺度。

四、因素三級法 (three-step ranking)

這是英國的考績辦法，係考察報告制，事先制定考績報告表，依此表內所定之因素與標準，由各委員分別加以考察，決定其優劣，以為升降獎懲之依據（見表 25-1）。

英國考績技術未免簡單，缺乏客觀性，所列十項因素標準與各員成績優劣相關程度，實不易為確定計算，各因素所分優、中、劣三等，究係依何種客觀事實為根據，亦難確定，表面雖有客觀標準，實際上仍為考績者主觀意見所支配。

五、圖表測度法 (the graphic rating scale)

此法是美國工商界應用較多的考績方法，根據調查一二五個公司所採用考績方法，其中有一〇六個公司或百分之八十五採用。此法是先創行於施克公司，其後人事行政組織採行者亦多。此法即將員工所任工作各項之特性，要求或因素作為考績的項目，每一項目分別用超、優、中、次、劣五等或相當之評語排列於測量尺上，考核人只須在每一項目之測量尺上適當處作一記號，即可評定各項分數，各考績項目所得分數之和即為總分數，並將全體參加考績人數分為五等，超等人數占百分之十，優等占百分之二十，中等占百分之四十，次等占百分之二十，劣等占百分之十。按照各人所得分數及上述比例分等法即可確定受考人的考績等第。一個普通人員的

表 25-1　英國公務員考績報告表

受考人姓名				官職	
服務機關				出生　年　月　日	
到差日期					
(1)職名		(2)現在等級		(3)部別	

因　素 ＼ 等次	優	中	劣	評　　　　　　　語
1.工作知識				
2.人格性情				
3.判斷力				
4.責任心				
5.創造力				
6.可靠力				
7.機敏應付				
8.監督能力				
9.熱心情形				
10.行為道德				
11.其他情形				
12.升級資格及程度				
13.備　　考				
簽　　　　證	部長決定考績人簽蓋（姓名） （官職）　年　月　日			
部　長　決　定				

考績分數約八十左右，分數到一〇〇分者，即可升級，在六十五分至六十分之間即降級，在六十分以下者免職，即在同一類同一級，其薪俸多寡，亦按百分率計算。其優點為：(1)評等時有較確定之範圍與具體描述，可資遵循；(2)分數計算不完全操縱在長官之手，可免瞻徇舞弊；(3)最後評定採計算方式，易期公允與準確。其缺點為：(1)應用時須一類工作擬定一表，不易為一般之廣泛運用；(2)表內各項因素之確定，期其完全合適，殊屬不易；(3)表內成績描述預為規定，考核員受其限制，難表現真實意見；(4)表

內成績內容不免失之空洞。特錄圖表測度考績表如表 25-2。

表 25-2 圖表測度考績表

職 務	等	級

有監督權 _____
（只填一個）
無監督權 _____

姓 名 _____　　　　　　機關 _____

記號	職　務　因　素	評級記座　（只評前端有記號者）					分數
☐	1.準確無誤及判誤能力	最準確	很細心	尚留心	不細心	常錯誤	
☐	2.可靠服從指示確定標準	最可靠	很可靠	尚可靠	不甚可靠	不可靠	
☐	3.工作精緻並有秩序	最精緻	很精緻	尚精緻	不精緻	太不精緻	
☐	4.速度完成工作打破困難	最速	很速	尚速	稍慢	太慢	
☐	5.努力、勤勉、注意、體魄、集中	最勤	很勤	尚勤	似懶	太懶	
☐	6.知識處理工作之臨時知識及專門技術	最優	甚好	尚可	不確定	缺乏	
☐	7.判斷力與把握局勢判斷是非之能力	完全	很好	尚可	不確定	缺少	
☐	8.人格感化力與情緒鎮靜力	最能感人	很能感人	似能感人	不易感人	不能感人	
☐	9.合作能力及精神	最能合作	很能合作	尚能合作	不易合作	不能合作	
☐	10.創發力、思考力、追溯力、吸引力	最能追溯	很能追溯	有前進精神	少有發現	須切實指導監督	
☐	11.執行力及貫徹始終之精神	完成指定工作最快	很快	尚快	稍慢	費時過多	
☐	12.組織能力	最有組織	很有組織	尚有組織	計劃不足	無效率	
☐	13.領導能力	最能領導	很能領導	尚能領導	不得信賴	為下反對	
☐	14.用言語啟發及指示工作之能力	最能啟示	很能啟示	尚能啟示	不能啟示	使人錯誤	
☐	15.工作數量	產量最多	產量很多	產量尚多	產量不多	無甚產量	

就全部觀之考核員對受考者之工作行動及態度是否滿意　是或否　　| 總分 |

考核人　　　　　　　審查人　　　　　日期　　　　| 最後評級 |

第四節　我國考績制度

　　我國現行考績制度是以新制定的《公務人員考績法》為依據，主要將原有的兩種考績法加以統一歸併，並增加若干新的規定，使得我國公務人員的考績能夠充分發揮綜覈名實、信賞必罰的目的。茲將《公務人員考績法》及其施行細則的要點說明如下：

一、建立準確客觀的考績標準

　　舊制考績法對考列甲、乙、丙、丁等之條件，均無明確具體之規定，任由考核者認定，容易造成考績不公。新法為防止考列甲等人數過於浮濫，並防止不負責任的長官藉考績機會排除異己，損及公務人員權利，經予增列明定：「考列甲等之條件，應於施行細則中明定之。」如此將可使考列甲等有客觀公平之認定標準。考列甲等之條件為：八十分以上。列甲等之條件為須受考人在考績年度內，具有下列特殊條件各目之一，或一般條件二目以上之具體事蹟為限。

1.特殊條件

⑴因完成重大任務，著有貢獻，獲頒勳章者。

⑵依獎章條例，獲頒功績、專業或楷模獎章者。

⑶依考績法規定，曾獲一次記一大功，或累積達記一大功以上之獎勵者。

⑷對本職業務或與本職有關學術，研究創新，其成果獲主管機關或聲譽卓著之全國性或國際性學術團體，評列為最高等級，並頒給獎勵者。

⑸主辦業務經上級機關評定成績特優者。

⑹對所交辦重要專案工作，經認定如期圓滿達成任務者。

⑺奉派代表國家參加與本職有關之國際性比賽，成績列前三名者。

⑻代表機關參加國際性會議，表現卓著，為國爭光者。

⑼依考試院所頒激勵規定獲選為模範公務人員者。

2. 一般條件

　(1)依考績法規定，曾獲一次記功二次，或累積達記功二次以上之獎勵者。

　(2)對本職業務或與本職有關學術，研究創新，其成果經權責機關或學術團體，評列為前三名，並頒給獎勵者。

　(3)在工作或行為上有良好表現，經權責機關或聲譽卓著機關，公開表揚者。

　(4)對主管業務，提出具體方案或改進辦法，經採行認定確有績效者。

　(5)負責盡職，承辦業務均能限期內完成，績效良好，有具體事蹟者。

　(6)全年無遲到、早退或曠職紀錄，且請事、病假合計未超過五日者。

　(7)參加與職務有關為期四週以上之訓練，其考核成績列前三名，且平時服務成績具有優良表現者。

　(8)擔任主管或副主管職務領導有方，績效優良者。

　(9)主持專案工作，規劃周密，經考評有具體績效者。

　(10)對於艱巨工作，能克服困難，達成任務，有具體事蹟，經權責機關獎勵者。

　(11)管理維護公物，克盡善良管理職責，減少損害，節省公帑，有具體重大事蹟者，經權責機關獎勵者。

　(12)辦理為民服務業務，工作績效及服務態度良好，有具體事蹟者。

二、考績種類明定為年終考績及專案考績兩種

　　年終考績係指各官等人員，於每年年終考核其當年一至十二月任職期間之成績，任職不滿一年，已達六個月者，另予考績。專案考績係指各官等人員，平時有重大功過時，隨時辦理之考績。

三、統一年終考績項目，並明定年終考績應以平時考核為依據

　　考績法統一明定考績項目為：工作、操行、學識、才能四項。上述四項評分，工作項目占考績總分百分之六十五，操行占百分之十五，學識及才能各占百分之十。同時，又明定「年終考績應以平時考核為依據」，使年終考績的效果更加準確、客觀與公正。

四、考績等次及獎懲

年終考績以一百分為滿分，分甲、乙、丙、丁四個等次。

1. **甲等**：八十分以上者。晉本俸一級，並給與一個月俸總額之一次獎金；已達所敘職等本俸最高俸級或已敘年功俸級者，晉年功俸一級；並給與一個月俸給總額之一次獎金；已敘年功俸最高俸級者，給與二個月俸級總額之一次獎金。

2. **乙等**：七十分以上，不滿八十分。晉本俸一級，並給與半個月俸給總額之一次獎金，已達所敘職等本俸最高俸級或已敘年功俸級者，晉年功俸一級，並給與半個月俸級總額之一次獎金；已敘年功俸最高俸級者，給與一個半月俸級總額之一次獎金。

3. **丙等**：留原俸級。

4. **丁等**：免職。

五、升等任用資格之取得

包括升職等與升官等兩種，前者如連續兩年考績列甲等，可取得升任高一職等資格；後者僅指薦任官等升簡任官等而言，其他則以升官等考試及格始可。

六、增訂專案考績不得與平時考核功過相抵之規定

以貫徹各機關推行重獎重懲之政策。

七、增訂考績不公之課責及救濟措施

各機關長官及各主管長官，對所屬人員考績，如發現不公或徇私和舞弊情事時，銓敘機關得通知其上級長官予以懲處，同時要求其對受考績人重加考核，此使遭到不公正待遇之受考人獲有再次補償救濟之機會。

第五節　公務人員的紀律與獎懲

各國對其公務員均有權利與義務之規定，我國目前是以《公務員服務法》及《公務員懲戒法》為強制公務員履行其義務之基本法律，此外尚有

有關機關所訂的《公務員請假規則》及《行政院禁止所屬公務人員贈受財務及接受招待辦法》等。

至於獎勵之依據主要為《公務人員考績法》，另外尚有《獎章條例》及《勳章條例》等。獎勵方法分為：(1)嘉獎；(2)記功；(3)記大功；(4)獎金；(5)獎狀；(6)獎章或勳章；(7)加薪；(8)升職等。

對於有虧職守、工作敷衍或營私舞弊之公務人員，皆應接受懲戒以維官箴及行政效率，就我國之懲戒方法而言，共分：(1)申誡；(2)減薪；(3)記過；(4)降級；(5)休職；(6)免職或停職；(7)因觸犯刑章移送法院法辦、撤職。

現行法令對於公務員的紀律與義務要求，主要是《公務員服務法》，其次為《公務人員考績法》，最後則為《公務員懲戒法》，茲將三種法律之重要規定列下：

一、公務員服務法

一方面規定公務人員在服務時應遵守之事項，另一方面又規定禁止事項，既有積極的義務，又有消極的限制。此法共計二十七條，其重要內容是：

1. **遵守誓言、忠心努力**：依據法律命令所定，執行其職務。
2. **服從長官命令**：長官就其監督範圍內所發命令，部屬有服從之義務，而長官所發命令內容，當以職權監督範圍以內為限。
3. **保守公務機密**：公務人員所處之地位與所經辦之業務，有許多是與機關之機密有關，故應加以保密，以便利政府工作之推進。
4. **勤慎廉潔**：辦公應依法定時間，不得遲到早退，且應注意素行，更應誠實清廉，謹慎勤勉，不得驕恣貪惰、奢侈放蕩、冶遊、賭博及吸食煙毒，以免有失官常，影響國家威信。對於有隸屬關係者，不得贈受財物，對於所辦事件，不得收受任何饋贈，並不得利用視察調查等機會，接受招待或饋贈，改善不良習慣，以肅官箴。
5. **不得假借權力圖利**：公務員所處之地位，最容易利用職權圖利本身或他人，使國家或其他當事人蒙受損失，故本法中有嚴格之限制規定。

6. **不得推諉或稽延公務**：食祿報德，古有明訓，公務員執行職務，應力求切實，不得模稜兩可，不得畏難規避，互相推諉或無故稽延，而影響公務。

7. **不得經營商業或投機事業**：公務員在消極方面應服從國家之意志，在積極方面應考慮國家之利益，故一經任用，即應專心致志，對國家服無定量之勤務與負忠實之義務，如果再經營商業或投機事業，則不免心有旁騖，影響本身之工作。而且公務員因工作之方便，往往知悉國家之機密，若准予經營商業，則難免不利用職權以獨暴利，故應加以禁止，以防與民爭利。但也有例外，即投資於不屬服務機關監督之農、工、礦、交通或新聞出版事業之有限公司，而股額未超過百分之十者，可不受上項限制。

8. **非依法不得兼職**：公務員兼任他項公務或業務，應依法律或命令之規定，其依法令兼職者，不得兼薪及兼領公費，以節省公帑。

二、公務人員考績法

　　各機關長官對屬員工作、操行、學識、才能等項目加以考績，成績考核結果不良者予以申誡、記過、記大過、免職之懲處，每年舉行考績，成績不滿六十分或平時成績記大過二次者免職。

三、公務員懲戒法

　　依本法規定，凡有違法或廢弛職務或其他失職行為者，應受懲戒。其懲戒處分：

1. **撤職**：除撤其現職外，並於一定期間停止任用，至少為一年。

2. **休職**：除休其現職外，並不得在其他機關任職，其期間為六個月以上、三年以下，休職期滿，許其復職。自休職之日起，二年內不得晉敘、升職或調任主管職務。

3. **降級**：依其現職之俸級降一級或二級改敘，自改敘之日起非經過二年不得晉敘、升職或調任主管職務。受降級處分而無級可降者，按每級差額減其月俸，其期間為二年。

4. **減俸**：依其現在之月俸減百分之十或百分之二十支給，其期間為六月以上、三年以下。自減俸之日起，一年內不得晉敘、升職或調任主管職務。

5. **記過**：記過之日起在一年內不得晉敘、升職或調任主管職務，一年內記過三次者，依其現職之俸級降一級改敘，無級可降者，準用第十五條第二項規定。與《公務人員考績法》所規定記過、免職之性質則有不同，其處分之情節不同，效力亦不相同。依考績法所記大過，只能扣除該年考績總分數九分，並得與平時所記大功相抵銷。依《公務人員懲戒法》所記大過，應停止晉俸一年，並不得與平時記功抵銷或扣分。

第六節　公務人員的權利

一、受保障之權利

公務人員依法被任用以後，即應取得職務上及身分上的保障，而在執行職務時亦應加以保障，因為公務人員依法執行職務，如無法律之保障，則不能安定其心，造成情緒低落，影響工作效率。反過來看，機關首長如果任意更換或處分所屬人員，毫無法律或制度可循，則不僅造成首長的專斷與營私，而且形成人事不公，敗壞政風。所以現代政府的人事制度皆對公務人員的身分與地位列有保障的規定，凡經合法任用者，非依法律不得加以免職、撤職、停職、降級、減俸或轉調。

二、受俸給之權利

公務員提供時間、能力、智慧以為國家服務，當然應該獲得報酬，此不僅在於獎酬其服務之貢獻，而且更有安定生活的作用，使公務員無後顧之憂，俾能專心工作。是以各國對於公務員皆訂有俸給法以保障其俸給權利。

三、受職務上費用償還之權利

公務人員因執行職務，或因公所為之給付（如因公出差費用），可請求國家給予償還，不應由其本人俸給中支出。因平常薪俸之性質，在維持其

生活及報償其勞力，如果因執行職務所增加之支出要由公務員本人薪俸中扣除的話，則不但不公平，而且有損公務員之利益，如此一來則無人願意執行職務了。所以國家對於公務人員因執行公務而支出之費用，有向國家請求償還其費用之權。

四、受保險、退休與撫卹之權利

　　為了安定公務人員心理，保障他們的生活，除了俸給之外，較為進步的國家，對於公務人員都有保險、退休與撫卹之福利。從積極的意義上看，這些福利實為公務員權利之一種，因為國家要求公務人員應盡義務，努力工作，他們也有生、老、病、死的遭遇，如果不能在這方面給予相當的照顧，則盡義務便不能完全，所以現代國家均訂有公務人員保險、退休、與撫卹之法，以求保障公務人員的權益。

五、其他權利

1. **依法執行職務不受非法妨害之權利**：為使公務人員遂行其職務，任何妨害其職務執行之行為，法令均應予以制裁。例如《刑法》中有妨害公務罪之章。

2. **受獎勵之權利**：公務人員服務國家，或為勤慎或為怠惰，其頑劣者，固應予以懲戒，以示警惕，其優良者，亦應加以獎勵，藉慰忠勤。如：

　(1)特殊貢獻之獎勵：如有重大發明者。

　(2)年終考績之獎勵：如考績列甲等者。

　(3)平時之獎勵：如工作有特別良好之表現者。

　(4)授勳之獎勵：依《勳章條例》之規定而給予獎勵。

第二十六章 公務人員的訓練

第一節 訓練的意義與重要性

壹、訓練的意義

政府對其所任用之公務人員，為了增進其工作知能，提高其工作效率，由具有實際經驗與學識之人，對工作有系統，有計畫的教導與指引，此一方式與過程可以稱之為訓練。不過晚近有以發展一詞代替訓練之趨勢。

訓練 (training) 與教育 (education) 不完全一樣，簡言之，兩者有如下之區別：

1. 教育是舉凡立身處世各種事理方法之學習與傳授，訓練是某種特別事理方法之學習與傳授。
2. 教育重在成全基本能力之發展，訓練重在成全基本能力之致用。
3. 教育的目的以適應人生一般之需要為主，訓練的目的以適應人生特殊之需要為主。

就廣義言之，訓練是屬於教育的概念範圍；就狹義言之，則訓練亦可看為是教育相關而不相屬的措施。先總統蔣公曾說：「訓練是為造成一種專門目的而設的短期教育」，又說：「教育是基本的，整個的，而訓練只是教育的一部分，是教育的一種方法。」

公務人員的訓練又分為職前訓練與在職訓練兩種，前者係對考試及格而行將分發任用之人員施以若干時日的訓練，一方面使之明瞭業務，另一方面使之具有公務員之修養；後者則係對在職公務人員補充其知識，增進其效率之訓練，兩者之方法與內容不盡相同，歐美各國皆採雙重訓練，我

國近年來亦非常重視公務人員的訓練。行政院人事行政總處已經舉辦過多次的職前訓練，使得高、普考試及格者皆能對政府的業務有一通盤的瞭解，其課程較偏重一般性之課程。至於在職訓練也有許多機構在辦理，較有規模者為行政院人事行政總處公務人力發展學院及財政部財政人員訓練所（兼辦職前訓練）等。

貳、訓練的重要

公務人員經行政機關依法定的程序考選而任職，各憑其才能知識而從事公務，若不予以繼續的訓練以增加新知識，累積新經驗，磨練新技術，則其結果必然演成技能落伍，不能適應環境或難以應付社會進步。因為就賴以推行公務的知識增長論，確如「逆水行舟不進則退」，就知識技術的保持而論，如不繼續增添，則會日漸生疏減少。為保持工作效率及促進技術、經驗、知識的不斷補充，繼續的訓練，乃構成其盡責稱職成功的推行公務上必不可缺少的重要課題。

且人事行政的目的，不僅在對公務人員現有的技術、知識為完全的利用，尤在於對其內在的所有潛能為最大的發揮。這內在的潛能的發揮與利用，須得力於訓練與教育的適當運用，現有的技術知識對工作有實用的效能，而公務員內在潛能則對事功具有無窮的價值。現有技術、知識的保持、內在潛能的發展，均須假借教育與訓練的力量以維繫之、引發之、培養之。因為訓練與教育，對公務人員來說，足以激勵其士氣，使其戮力公務，並對其本身所從事的工作做最大的表現。

第二節　訓練的種類

壹、職前訓練

就現代行政趨勢論，專家或專業行政漸行取代常人或副業行政，即是

擔任政府公務者須係具有專門知識與特別技能的專家或專業者。被考選後的公務人員無論其事前所受的教育如何，因係得自普通學校或特別學校的集體傳授，其性質及內容總不免失之普通與籠統。當被選者一旦進入其實際服務機關時，有關該機關的業務進行情形以及公務程序等總不免與在校時所學習的情形有所出入，他們遇到具體的工作需要應付時，亦不免與課室內所學習有所差別。此外，為促進公務員的工作效率，及增進其服務精神，公務人員既經考選之後而未正式任職之前，予以各種有系統、有計畫之實際公務業務所需的實際指導與訓練。此即所謂公務員的職前訓練。其功用在使人員進入機關後，能對其所服務機關的有關問題及法令規章等有所瞭解，藉以養成團體意識。

貳、在職訓練

公務人員於任職後，為增進其工作技能，並提高其工作效率與服務精神，有關機關對他們所施以之訓練之謂。因為公務人員於任職後，或因時日過久，或因疏懶成性，乃在一般觀念、專業知識與工作態度等方面，或多或少形成了保守不前或落伍消極的情形，故應施以訓練，以改進此等缺點並進而提高行政效率。

在職訓練的作用有下列幾點：

一、工作技能的補充

公務人員在機關服務，本身所憑藉者即為其所具備之工作技能與專門知識，但由於種種原因，如時間推移、生活條件、工作忙碌等，使其工作技能逐漸疏失與落伍，甚至工作效率也因之降低，在職訓練的作用之一，即在於使公務人員之工作技能得以補充，以發揮工作效能。

二、專業新知的灌輸

時代不停的在改變，科學技術乃至於工作方法等，皆在日新月異的進步，加以公務機關的業務日趨複雜與專門化，公務人員如仍憑藉其過去的知能，必然不能應付時代的需要，所以應該對他們灌輸新知識，培養新觀

念，使他們能夠不落伍，站在時代的前鋒，這樣政府的行政效率自然便會提高。

三、培養主管人才

人員初進機關多從基層幹起，由於考績或考試的升等，使他們逐漸晉升到較高的職位，有的甚至擔任了主管，可是主管人員所需要的知能與領導，協調等能力，卻並非低級人員所具有者，所以非在這方面加以訓練、培養不可，在職訓練的功用之一即在於此。

四、促進人員的自我發展

人員在機關服務，並非單純為追求經濟的報酬，尚有社會慾望、尊榮感及自我成就慾望等之追求，所以人員很希望能夠繼續的吸收新知，培養才能，以使自己的能力擴大，這樣便能達到自我發展的要求。

第三節　訓練的方法

壹、個別式的訓練

一、個別談話

對公務人員尤其是新進人員的訓練，個別談話的方式是最簡易而普通的，這種方式雖甚簡單，然而效果卻甚大。凡初任職的公務人員，均須由其主管長官與之作個別談話，一則用以指示其工作要點，服務規律，機關的傳統精神等，使其知所警惕奮勉，一則藉以考察個人的歷史背景及家庭經濟狀況；並藉以使兩者相互留得良好印象及建立主管與部屬的感情，對公務推行予以間接協助，而且從個別談話中，對新進人員的性情，一般事理觀念等均可獲得初步的瞭解。

二、試用或實習

訓練的另一方式就是試用或實習。古代政府用人，凡人初任某種職官，或由一種職官遷為另一種職官之時，有「試署」之制。「試署」即是公務的

實習或職位的試用。在個別談話中，已知此人的長處短處，即依次給予試用或實習的機會，一面訓練其技能，一面考察其特點，以為正式委用的根據。此亦為訓練上之準備工作或初步的訓練。

三、操作中的訓練

在公務人員實際進行其職務的操作中，隨時予以切合實用的職務訓練或學習。至其訓練的實施，有以下幾種方式：

1. **熟練舊職員的施訓**：即由長官派定對此項工作較為熟練的原有職員，對新進人員加以訓練或指導。惟舊職員本身工作甚忙，恐不克勝任訓練的任務，須減少其工作量，始有充裕的時間作施訓的工作。

2. **督導員的施訓**：就是由監督長官或指導人員，隨時對其新進部屬施以訓練或指導。

3. **特別教員的施訓**：長官、指導員或舊職員，雖有工作經驗，且有權威地位，便於施訓，然並不一定就具備良好的教授方法，且時間不足分配，無暇訓教，因之對職員之訓練，則責任不專，方法不良，故不若有特別教員的設置，既有充裕時間，又有良好的教授方法，自可望有豐碩的成績。

4. **助手式學習的訓練**：就是新進人員自己並不單獨負責任，僅在幫助他人辦理事務，處於助手地位，受人指導，從中學習。

5. **巡迴學習制式的訓練**：即是組織者對於新進工作人員，在政府機關的各部中作分別巡迴參觀式的廣泛學習。其目的在使此等人員對各部分的工作情形及技術皆有相當的明瞭與認識，養成其多方面能力，以備未來充任較低級的領導或行政人才，因為過於專門及偏狹的人員不足以擔任此行政工作。

貳、團體式訓練

操作中的訓教為實作法，為個別的訓教，係由自己的實際經驗直接獲得或改進其工作效能。而團體式的訓教為集體的指導，係利用他人的經驗

以增進自己的知識。前者多應用於特別訓練,而後者則適宜於普通訓練。團體式訓練的方式亦有下列兩種:

一、學校式的訓練

多採用講授法,其實行的方式亦不少,主要者有以下數種:

1.**公餘研讀會**:在主管長官的指導和督責下由機關新進人員自動組織之,利用公餘之暇指定有關書籍,限期閱讀研究,並定期提出報告,並可指定專題切實研究討論。

2.**公務講習會**:上述的公餘研讀會是以公務員自動的研討及自身的組織為骨幹,而公務講習會的內容,則係由外處或新進受訓人員的團體外,聘請有地位、有專識、有經驗的人員,在規定的時間內作有計畫的短期講授。講習會的方式,適用於普通學識,亦適用於專業公務技識的傳授。其目的在於增進公務的一般知識,陶鍊其精神與思想,注意其服務道德的向上及適應能力的提高。

3.**專設場所的訓練**:此係學校性質的訓練,亦為較正式的訓練,多由政府方面辦理之,為完成某種使命或適應某種需要計,政府常分批調集所管轄的有關機關的新進人員施以學校式的集體訓練,此項訓練,為統一意志,劃一步調,灌輸一般專業時,自屬經濟而有效。

4.**與大專院校合作辦理建教合作班**:如臺北市政府與政大公務人員教育中心合辦之「市政建設規劃人才進修班」即是。

二、宣釋式訓練

主要是利用現代大眾傳播工具,將機關內有關政令,公務程序以及專業技能、知識、經驗等對新進人員作宣傳式的通告。此種宣釋式的訓練,最簡要者推當眾報告或演說,主管長官應隨時利用各種機會對新進人員作公開的演說,報告其機關的政策、計畫、現況及困難等,使機關內的「新血」對機關的底蘊有透澈的明瞭。其次為出版品宣釋。除上述口頭報告及演講外,政府機關有計畫出版各種刊物以為訓教其職工的重要工具。不過此種刊物,須為生動的、活用的、饒具興趣的及具有實用價值的,方能發

揮功用。第三為布告處的訓示。各機關率皆有公布處或布告處的設置，若善為運用實為良好的訓教工具。關於服務道德的修養，團結精神的促進，及工作方法的指示等，均可藉布告方式為剴切的曉喻。

參、間接式的訓練

前述兩類訓教方法多為對公務人員的直接訓教，即其實施及組織係逕為或純為訓教的目的而設者。而間接的訓教則係在達到他種目的實施及組織中可以發生訓教的作用。這間接的方法如：「職工俱樂部」、「圖書館（室）」的設立，參觀、觀摩、訪問等交換工作經驗與學習其他機關人員的優點等。

總之，以各種訓練方法來發展公務人力已成為現代人事行政中不可或缺的手段，我國亦十分重視公務人員的訓練，已制定《公務人員訓練進修法》來規範公務人員的訓練與進修事項。

第二十七章　公務人員的保險、撫卹、退休

第一節　三種制度的功用

為了安定公務人員的生活，鼓舞其工作情緒，各國對其公務人員莫不建立保險、撫卹及退休制度，此三者互有關聯，亦可稱為廣義的公務人員的福利，在我國是以考試院銓敘部為主管機關。這三種制度的共同功用如下：

一、安定公務人員的生活

有了這三種制度，公務人員的生活可獲得保障，他們不必擔心生、老、病、死，因為都能得到政府適當的照顧，生病可享受免費醫療，受傷或死亡則有撫卹金，其本人及家屬的生活可無後顧之憂，如到了年老體衰之時，則有退休金可拿，得以安享餘年。所以這三種制度的建立，可以安定公務人員的生活，使他們安心工作。

二、提高行政效率

公務人員的生活有了確實的保障以後，他們一定努力為國效命，在工作上力求表現，為了珍惜他們的前途，也會保持應有的工作水準。此外，對於體弱不能勝任或殘廢影響工作效率者，因有退休與撫卹，他們樂於將職位讓出，不致戀棧而影響政府的行政效率。

三、促進政治的清廉

許多貪污事件的發生，往往因為公務人員沒有生活保障，如美國在一八八三年文官法制定以前所形成的「分贓制」便是。政府建立了保險、撫卹及退休制度以後，公務人員不必為以後的生活擔憂，他們自必奉公守法，

貪污的事件便會減少或絕跡，政治因而走上清廉之路。

四、促成人事的新陳代謝

　　機關正如人體一樣，一定要有新陳代謝的作用不可，否則必然日趨老化與僵化，不能擔負應有的任務。但是政府如果實行撫卹及退休制度，可使不稱職或年老力衰之人得以讓賢，青年才俊之士得以登進，使機關充滿朝氣與活力，生生不息的推行工作。

第二節　公務人員的保險

　　各國公務員的保險，制度不一，有的係參加全國國民的社會安全系統或國民保險，如美國及英國，有的則由政府單獨為公務人員舉辦之，如我國的制度。就保險的對象而言，我國係採廣義的公務人員之解釋，即所有的「法定機關編制內之有給人員」及「有給之公職人員」均包括在內，也就是將全國的公教人員、民意代表、公營事業人員及私立學校教職員網羅殆盡。

一、保險範圍

　　包括失能、養老、死亡、眷屬喪葬、生育及育嬰留職停薪六項，凡有關公務人員及其配偶之「生、老、病、死」等項目均經納入保險範圍。

二、保險費率

　　我國目前為被保險人每月俸給之百分之七到十五，其中百分之六十五由政府負擔，被保險人自付百分之三十五，費率不高，對被保險人甚為有利，應屬廣義的福利之一。

三、保險給付

　　現金給付失能、養老、死亡、眷屬喪葬、生育及育嬰留職停薪（詳見表 27-1）。

　　此外，我國政府為了進一步安定公務人員的生活，除了保險制度之外，又訂立了《中央公教人員購置住宅輔助要點》及公教人員優惠存款等，使

表 27-1　公保給付內容

失能給付	1. 因執行公務或服兵役致成全失能者，給付三十六個月；半失能者，給付十八個月；部分失能者，給付八個月 2. 因疾病或意外傷害致成全失能者，給付三十個月；半失能者，給付十五個月；部分失能者，給付六個月
養老給付	1. 一次養老給付：保險年資每滿一年，給付一點二個月；最高以給付四十二個月為限。但辦理優惠存款者，最高以三十六個月為限 2. 養老年金給付：保險年資每滿一年，在給付率百分之零點七五至百分之一點三之間核給養老年金給付，最高採計三十五年；其總給付率最高為百分之四十五點五
	請領養老給付之被保險人符合下列條件之一者，給與養老年金給付： 1. 繳付本保險保險費滿十五年以上且年滿六十五歲 2. 繳付本保險保險費滿二十年以上且年滿六十歲 3. 繳付本保險保險費滿三十年以上且年滿五十五歲
死亡給付	1. 因公死亡者，給與三十六個月 2. 病故或意外死亡者，給與三十個月。但繳付保險費二十年以上者，給與三十六個月
眷屬喪葬津貼	1. 父母及配偶，給與三個月 2. 子女之喪葬津貼如下： 　(1)年滿十二歲，未滿二十五歲者，給與二個月 　(2)已為出生登記且未滿十二歲者，給與一個月
生育給付	被保險人有下列情形之一者，得請領二個月生育給付： 1. 繳付保險費滿二百八十日後分娩 2. 繳付保險費滿一百八十一日後早產
育嬰留職停薪津貼	被保險人加保年資滿一年以上，養育三足歲以下子女，辦理育嬰留職停薪並選擇繼續加保者，得請領育嬰留職停薪津貼。津貼自留職停薪之日起，按月發給；最長發給六個月

得公務人員的生活得到充分的照顧。

第三節　公務人員的撫卹

公務人員在職死亡者，由其遺族或服務機關申辦撫卹。依據民國一○六年八月九日修訂之《公務人員退休資遣撫卹法》，撫卹的相關規定如下：

一、撫卹要件及原因

公務人員在職死亡之撫卹原因如下：(1)病故或意外死亡；(2)因執行公務以致死亡（簡稱因公死亡）。因公死亡指現職公務人員係因下列情事之一死亡，且其死亡與該情事具有相當因果關係者：

1. 執行搶救災害（難）或逮捕罪犯等艱困任務，或執行與戰爭有關任務時，面對存有高度死亡可能性之危害事故，仍然不顧生死，奮勇執行任務，以致死亡。

2. 於辦公場所，或奉派公差（出）執行前款以外之任務時，發生意外或危險事故，或遭受暴力事件，或罹患疾病，以致死亡。

3. 於辦公場所，或奉派公差（出）執行前二款任務時，猝發疾病，以致死亡。

4. 因有下列情形之一，以致死亡：
   (1)執行第一款任務之往返途中，發生意外或危險事故。
   (2)執行第一款或第二款任務之往返途中，猝發疾病，或執行第二款任務之往返途中，發生意外或危險事故。
   (3)為執行任務而為必要之事前準備或事後之整理期間，發生意外或危險事故，或猝發疾病。

5. 戮力職務，積勞過度，以致死亡。

二、撫卹給與

公務人員在職病故或意外死亡者，其撫卹金給與之種類包括：(1)一次撫卹金；(2)一次撫卹金及月撫卹金。撫卹金之給與，依下列標準計算：

1. **任職未滿十五年者，依下列規定，發給一次撫卹金**
   (1)任職滿十年而未滿十五年者，每任職一年，給與一又二分之一個基數；未滿一年者，每一個月給與八分之一個基數；其未滿一個月者，以一個月計。
   (2)任職未滿十年者，除依前目規定給卹外，每少一個月，加給十二分之一個基數，加至滿九又十二分之十一個基數後，不再加給。但曾依法

令領取由政府編列預算或退撫基金支付之退離給與或發還退撫基金費
用本息者，其年資應合併計算；逾十年者，不再加給。

2.**任職滿十五年者，依下列規定發給一次撫卹金及月撫卹金**

⑴月給與二分之一個基數之月撫卹金。

⑵前十五年給與十五個基數一次撫卹金。超過十五年部分，每增一年，
加給二分之一個基數，最高給與二十七又二分之一個基數；未滿一年
之月數，每一個月給與二十四分之一個基數；未滿一個月者，以一個
月計。

三、撫卹金領受人

由未再婚配偶領受二分之一；其餘由下列順序之遺族，依序平均領受
之：子女、父母、祖父母、兄弟姊妹。

領受人屬未成年子女者，於前項所定給卹期限屆滿時尚未成年者，得
繼續給卹至成年為止；子女雖已成年，仍在學就讀者，得繼續給卹至取得
學士學位止。

第四節　公務人員的退休

退休是指機關人員因年老力衰而不克繼續服務時，使之退職，由機關
給予一定數額之養老金，俾能使其安享餘年。是以健全而合理的退休制度
之建立，不僅可以促進公務人員的效率，更可發揮新陳代謝的作用，為國
家補充元氣，為政府增加活力。

一、退休種類

1.**自願退休**：凡具備法定退休條件而由公務人員自動請求者謂之「自願退
休」。公務人員如因年老力衰或喪失工作興趣（職業倦怠）倘不許其自請
退休，不僅不近人情，亦影響事功。是以各國差不多均有自願退休之規
定，英國公務員服務在十年以上而年齡六十歲者，得自請退休。美國聯
邦政府公務員服務在十五年以上擔任普通行政者年逾七十歲，擔任機械

事務者年逾六十五歲均須依法退休，遇特殊情形，如因公殘廢等，雖未屆退休年限，如服務三十年以上達六十歲，司法警察人員服務二十年以上，年達五十歲以上者，亦可自請退休。

我國現行退休制度，有下列情形之一者，應准其自請退休：

1. 任職滿五年，年滿六十歲。

2. 任職滿二十五年。

3. 任職滿十五年，有下列情形之一者：

⑴出具經中央衛生主管機關評鑑合格醫院（以下簡稱合格醫院）開立已達公教人員保險失能給付標準（以下簡稱公保失能給付標準）所訂半失能以上之證明或經鑑定符合中央衛生主管機關所定身心障礙等級為重度以上等級。

⑵罹患末期之惡性腫瘤或為《安寧緩和醫療條例》第三條第二款所稱之末期病人，且繳有合格醫院出具之證明。

⑶領有權責機關核發之全民健康保險永久重大傷病證明，並經服務機關認定不能從事本職工作，亦無法擔任其他相當工作。

⑷符合法定身心障礙資格，且經依《勞工保險條例》第五十四條之一所定個別化專業評估機制，出具為終生無工作能力之證明。

2. **命令退休**：具法定退休條件，其由政府或事業機關命令強迫退休者，謂之「命令退休」，或稱「強制退休」。如不施行強制退休，則老弱永據高位，少壯無由晉升，殊不公平。英國各種公務員，年逾六十五歲者，政府得強制退休，此項退休年齡，必要時得由文官部延長之，但不得超過五年。

我國退休制度規定，公務人員任職五年以上有下列之一者，應命令退休：

1. 未符合自願退休條件，並受監護或輔助宣告尚未撤銷。

2. 有下列身心傷病或障礙情事之一，經服務機關出具其不能從事本職工作，亦無法擔任其他相當工作之證明：

(1)繳有合格醫院出具已達公保失能給付標準之半失能以上之證明，且已依法領取失能給付，或經鑑定符合中央衛生主管機關所定身心障礙等級為重度以上等級之證明。

(2)罹患第三期以上之惡性腫瘤，且繳有合格醫院出具之證明。

二、退休金之籌措（張金鑑，民 62a：366～370）

1.現款交付制 (cash disbursement)

此制係由政府或公務員現時徵收或籌集一定之現款，撥入於總管理機關，以供支付現時依法退職公務員之養老金額。總管理機關所持有之金額，以能應付現時之經常支出，不必有固定之存儲金額。亦即當年所需支付之養老金額，於當年設法籌措之，並無預先之儲積或固定之基金。採用此種方法時，政府方面應擔負養老金支付金額之最後責任，以備支配應用，因公務員之捐款或薪金扣入，為數有限，不可依恃。

其唯一優點即為簡單安全，在收款籌款時既不用極複雜之方法以計算每人應交付之現款數目，又不必組織複雜之機關辦理投資事業。到需要款項時則向政府或公務員徵收，徵收後即時交付各退休人員領去，故不致因基金之管理不當發生任何損失。其缺點甚多：(1)不合乎經濟及商業之業務原則，似嫌浪費；(2)倘遇政府財政困難及社會經濟不景氣時，難籌當年所應支付之養老金額；(3)養老支付金無確定基金，基礎不穩固，退休制隨時有中斷之危險；(4)不合乎公平原則，因先代享受者不負財政責任，而後代則加重其經濟擔負；(5)對壯年死亡，自動辭職，或因故去職之公務人員，並無任何利益。

2.年金儲入制 (actuarial reserve)

即由政府或公務員預先逐年撥儲金額專款生息，以供退休時支付養老金之用。此制係應用極精密之計算方法，根據人壽保險之年金計算原則，決定政府或每人每年應儲入之數額。將來養老金之數額係以其薪額為比例，故此時交付年金時亦以薪額多寡為標準。距退休時期較遠之青年職員因交儲年金次數較多，故所交之數額較少。將來退休時各人不但逐次領還其昔

日所交付之年金，並得還其所生之複利。

　　如規定六十歲為強迫退休年齡，則第一步須依生命統計資料，計算出六十歲後各人仍可繼續生活之平均年數。第二步再依照政府規定，計算出各人退休後每年所應領之養老金額，以此金額乘退休後之平均生活年數，即得各人退休後至老死所應領之養老金額。第三步則調查各員距退休時之年數，將養老金額分配於此年數內儲存，每年逐次存入之款均按複利計算，至退休時，所儲入之數恰足以供退休後支領之用。

　　此制的優點是：⑴合乎「概不拖欠」原則，領受養老金之個人或擔負支付之政府即可於當時平等而經濟原則籌儲之；⑵退休制本在汰弱，公務員工作能力逐年消減時應受相當之貶價，年金儲入制正與此種觀念相切實吻合；⑶所有養老金之所需要費用或擔負，為參與人之財政能力所能擔負者，所有一切誤會、不安、懷疑、不均等問題均可減除；⑷養老金制之運用及維持隨時在支付裕如之狀態下，收支自可相抵。因投資利息之生產每年之管理費用因以抵減。但其缺點：⑴計算方法太為複雜，不易處理；⑵對此大量儲存款項，若無適當之保管與投資，不但難以維持其一定之利息，或易發生不測之危險。

3.**政府籌款制** (non-contributory system)

　　此制係由政府完全負責或獨立籌措養老金。政府之籌款方式不外：⑴一次籌足基金；⑵逐年籌儲若干；⑶每年籌款供每年之用。其缺點：⑴由政府一方籌措此巨款，力量不足，事實上或有困難；⑵縱使政府能籌得此巨款，公務員不但莫由知悉其將來應得金額，且在經濟管理上、政策決定上，亦甚少參加之權利與機會。

　　現代各國如德、美、法等多採行政府與僱員會籌制，英、比現仍採政府獨自籌款制，後制雖有前述各種缺點，然其本身亦有其優點：⑴籌款責任完全由政府負責時，行動迅速，管理實施簡單易行，不受牽制；⑵公務員無經濟負擔與儲存，心理愉快，制度易於推行；⑶養老金額完全由政府負責，由於政府所給予之實惠，易於鼓舞其公務人員服務精神，促進其工

作效率。

4.**個人捐款制** (contributory system)

　　此制係由公務人員自己捐款或儲款以籌措全部之養老金額。在此制下政府不過僅是公務人員所捐款項之保管員或經理人。其缺點：⑴養老金額全由公務人員自籌，因限於經濟擔負能力，恐難籌得充裕足用之數額，不免困難；⑵在會計上頗為繁雜，故行政管理費用所需極多；⑶政府對養老金額既無所貢獻，故在管理上頗少參與之理由；⑷政府不予以經濟協助，公務人員認為政府無推行退休制之誠意，對公務人員並無實惠，自難以促進其工作精神。

　　其他尚有間接捐補制及負擔累積制等，不再贅述。

三、退休金之給付

　　依《公務人員退休資遣撫卹法》規定，退休人員之退休金分三種：一次退休金、月退休金、兼領二分之一之一次退休金與二分之一之月退休金。

　　於本法公布施行前退休之公務人員，其退休金以最後在職經銓敘審定之本（年功）俸（薪）額為計算基準，並依下列規定計算基數內涵：

1.**退撫新制實施前年資之給與**：一次退休金以最後在職同等級人員之本（年功）俸（薪）額加新臺幣九百三十元為基數內涵；月退休金以最後在職同等級人員之本（年功）俸（薪）額為基數內涵，另十足發給新臺幣九百三十元。

2.**退撫新制實施後年資之給與**：以最後在職同等級人員之本（年功）俸（薪）額加一倍為基數內涵。

　　於本法公布施行後退休之公務人員，其退撫新制實施前、後年資應給之退休金，依下列規定計算基數內涵：

1.**退撫新制實施前年資之給與**

　⑴一次退休金：依表 27–2 所列退休年度適用之平均俸（薪）額，加新臺幣九百三十元為基數內涵。

　⑵月退休金：依附表一所列退休年度適用之平均俸（薪）額為基數內涵；

另十足發給新臺幣九百三十元。

2.**退撫新制實施後年資之給與**：依表 27-2 所列各年度平均俸（薪）額加一倍為基數內涵。

表 27-2　退休公務人員退休金給與之計算基準彙整表

實施期間	退休金計算基準
民國一〇七年七月一日至一〇八年十二月三十一日	最後在職五年之平均俸（薪）額
民國一〇九年一月一日至十二月三十一日	最後在職六年之平均俸（薪）額
民國一一〇年一月一日至十二月三十一日	最後在職七年之平均俸（薪）額
民國一一一年一月一日至十二月三十一日	最後在職八年之平均俸（薪）額
民國一一二年一月一日至十二月三十一日	最後在職九年之平均俸（薪）額
民國一一三年一月一日至十二月三十一日	最後在職十年之平均俸（薪）額
民國一一四年一月一日至十二月三十一日	最後在職十一年之平均俸（薪）額
民國一一五年一月一日至十二月三十一日	最後在職十二年之平均俸（薪）額
民國一一六年一月一日至十二月三十一日	最後在職十三年之平均俸（薪）額
民國一一七年一月一日至十二月三十一日	最後在職十四年之平均俸（薪）額
民國一一八年一月一日以後	最後在職十五年之平均俸（薪）額

公務人員所具退撫新制實施前任職年資應給與之退休金，依前條所定退休金計算基準與基數內涵，按下列標準計算給與：

1.**一次退休金**：任職滿五年者，給與九個基數；以後每增一年，加給二個基數；滿十五年後，另行一次加發二個基數；最高總數以六十一個基數為限。其退休年資未滿一年之畸零月數，按畸零月數比率計給；未滿一個月者，以一個月計。

2.**月退休金**：每任職一年，照基數內涵百分之五給與；未滿一年者，每一個月給與一千二百分之五；滿十五年後，每增一年給與百分之一；最高以百分之九十為限。其退休年資未滿一年之畸零月數，按畸零月數比率計給；未滿一個月者，以一個月計。

公務人員所具退撫新制實施後任職年資應給與之退休金，依前述所定

退休金計算基準與基數內涵，按下列標準計給：

1. **一次退休金**：按照任職年資，每任職一年，給與一又二分之一個基數，最高三十五年，給與五十三個基數；退休審定總年資超過三十五年者，自第三十六年起，每增加一年，增給一個基數，最高給與六十個基數。其退休年資未滿一年之畸零月數，按畸零月數比率計給；未滿一個月者，以一個月計。

2. **月退休金**：按照任職年資，每任職一年，照基數內涵百分之二給與，最高三十五年，給與百分之七十；退休審定總年資超過三十五年者，自第三十六年起，每增一年，照基數內涵百分之一給與，最高給與百分之七十五。其退休年資未滿一年之畸零月數，按畸零月數比率計給；未滿一個月者，以一個月計。

第二十八章 財務行政概說

第一節 財務行政的意義與特性

財務行政 (public financial administration) 係指政府對其財務的收入與支出所做的一套有系統的管理制度,乃是財政學研究的範圍之一。財政學的研究內容可大別為四大部分:公共收入(租稅)、公共支出、公債及財務行政,前三者討論政府歲入之獲得與歲出之使用,偏重經濟層面的研究,一般稱之為實質的財政學;而財務行政則是研究此收入與支出之間,有關財務上的立法、行政(管理)等問題,著重於如何使政府的收支達到最理想的境界,一般又稱為形式上的財政學。

財務行政在行政學中的地位十分重要,因為政府各項施政與活動,均需要充足的經費以為支援,否則便無法完成任務,所謂「財政為庶政之母」就是這個道理。尤有進者,政府的收入與支出遠比一般民營企業來得龐大,而其運用得當與否,更影響國計民生至深且鉅,因此如何使政府將金錢的效用充分發揮,以增進行政效率、完成國家建設,這便是財務行政所要研究的課題。

政府為使金錢盡其用、顯其功,必須有一套科學的方法來處理此一問題,因此財務行政所涉及的範圍十分廣泛,包括以下各項:⑴財政機關的組織及職權;⑵公庫制度;⑶稅務行政;⑷公債行政;⑸金融管理;⑹預算制度;⑺會計制度;⑻決算制度;⑼審計制度。經此一廣義的範圍看,實已超出了行政學的研究主旨。行政學的研究以增進行政效率為目的,對於財務行政的研究亦應以這一主題為中心。因此吾人所討論的財務行政,是屬於狹義的範圍,即:⑴預算制度:政府一定期間的施政計畫以金錢數

字所表示者，亦即政府年度的收支詳情經立法機關通過而行政機關據以執行者；⑵會計制度：執行預算過程中，將收支情形加以詳細記錄者；⑶決算制度：當會計年度終了時，行政機關應向立法機關提出決算報告，以證明其符合預算的要求；⑷審計制度：預算執行完畢，再經由超然獨立的機關加以審查與核計，以確立有無任何錯誤或過失，如無則解除行政機關的責任。經過以上四個程序——預算、會計、決算、審計，才能使政府財政收支得到最佳的運用與效果，而財務行政就是研究這四項制度的一套系統方法。

有關財務行政的特性，吾人可參考張金鑑先生的說法（張金鑑，民68：596～597）：

一、基礎性

政府的一切措施均需要錢，故曰：「財政為庶政之母」，可見財務行政為其他行政的基礎與根本，只有在財政問題獲得適當解決後，其他的政務才能得到順利的推展，否則必將形成「巧婦難為無米之炊」的情形。此外，財務行政係以預算為張本，而預算就是用金錢數字表示的行政計畫，所以政府的所有措施，皆以預算為依據，由此可見財務行政的基礎性。

二、管制性

財務行政是一種控制性的運用。就政治的意義言，財務行政制度的產生，是由於人民欲對專制君主施以控制，徵收租稅要獲得人民代表所組成的議會的通過或同意，使不能無限度的剝削人民；支用公款亦須遵一定的軌道，受一定的限制。就行政的意義言，今日的預算制度，其最大功用在於計畫與指導，為行政管制的有效工具，至於會計制度乃是預算執行的記載與考查，仍是行政上的一種統制或控制作用。決算與審計乃是財政監督與行政考核的具體實施，其含意仍以統制為主題。

三、連貫性

財務行政的實施，雖分為預算、會計、決算及審計諸步驟，在各階段各有不同的機關主持之、辦理之，似如分離獨立的活動，若各不相屬者。

其實這些活動都是彼此銜接,相互貫通,而為一首尾呼應環節相結的完整體,相互依需,配合運用,缺一不可。預算是設計,是計畫。會計是計畫的執行。決算與審計乃是計畫執行效果的考核。財務行政是一連續不斷的完整體,亦就是設計、執行、考核行政三聯制的實際運用。貫通連繫,環節扣合,不容脫節,不可缺離,乃是財務行政的一大特性。

第二節　財務行政的目的與趨勢

壹、財務行政的目的

一、財政收入的目的

語云:「財政為庶政之母」,政府的各項施政皆須獲取財政收入的支持,否則難以順利推展。

二、經濟繁榮的目的

政府的財政收支不只是在供公務上的運用,且更進一步促使國家資源能作最有效的利用,以發展經濟,製造更多的財富,培養稅源,充裕國力。

三、行政控制的目的

為防止政府濫用公帑或對人民橫徵暴斂,財務行政中對政府金錢的收入與支出都規定了非常詳盡的手續,健全的財務行政可以防止公務員假公濟私或中飽私囊,同時也可藉此督促政府的責任,使之不敢疏忽怠慢,在行政上起碼也能達成消極的控制作用。

四、行政效率的目的

行政學的目的之一即在於提高行政效率,而財務行政所強調的原則是在於「以最小的代價獲得最大的效果」,一塊錢要當一塊錢用,不能有絲毫的浪費,除了這種狹義的效率觀念以外,財務行政還可以便利各種行政措施,使政府的行政計畫得以百分之百的實現,這便是行政效率最廣義的解釋與發揮。

五、社會政策的目的

希望透過財務行政的運用，使社會財富的分配臻於公平合理，以達成社會福利均享的目標。

貳、財務行政的趨勢

一、由節流的到當用的

過去認為政府的開支愈少愈好，所以要輕賦薄斂，與民休息，不要從事耗費過大的建設。但是現代的觀念不同了，只要是應當花的錢，數目再大也要花，例如美國歷年登陸月球所耗費的金錢數達百億美元，政府花了這樣多的錢，所帶來的是充分的就業，大量生產，經濟因而繁榮，所以「當用」絕不是浪費。

二、由聚斂的到培養的

過去政府向人民徵收稅捐往往不衡量人民負擔的能力，也就是不論收入的多少而一律硬性規定繳納相等數目的賦稅，使得富者愈富，而窮人愈窮，政府變成了聚斂者。現在則要設法建立合理的稅制，讓大家都能負擔得起，例如累進稅的建立，不僅可以消除貧富的差距，更可培養稅源，政府的收入永不枯竭。反之如採取「殺雞取卵」、「竭澤而漁」的辦法，政府縱然可以一次收到很多的稅捐，但以後卻無稅可收了。

三、由消費的到生產的

政府通常被認為是一個消費者，只會花錢，而不會賺錢，政府的收入除了向人民徵稅之外，別無他途。但現代的觀念認為政府亦可經營事業，以企業管理的方式來賺取合理的利潤，這樣不僅可以增加政府的收入，同時也可減輕人民在稅捐方面的負擔。

四、由年度財政計畫到長期預算

傳統的預算制度多係以一年為期限，但科學技術的進步、社會結構的複雜，使得年度預算不能符合需要，所以現代的預算制度多趨向長期計畫，以三年、五年或十年為期。

五、由行政目的到綜合目的

財務行政的最初目的是在支援行政措施,使政府的行政計畫得以實現,純粹是為行政而財政,但是新的財政觀念應就整個國勢作通盤性的籌劃,使財政配合政治、經濟、文化與社會的全面需要,所以它是綜合性的目的,而不是單純的行政目的。

第三節　我國財務行政制度

我國的政治制度係採中央與地方均權制度,根據憲法第一一一條規定:「事務有全國一致之性質者屬於中央,有全省一致之性質者屬於省,有一縣之性質者屬於縣。」故對財政方面分由中央、省、縣市立法並執行之。茲按立法、執行及監察分別說明各級財政機關之系統(侯伯烈、陳可粵,民70:6～8):

一、財務立法機關

中央為立法院,省(市)為省(市)議會,縣(市)為縣(市)議會。

二、財務執行機構

主管財務行政之各級政府,中央為行政院,省(市)為省(市)政府,縣(市)為縣(市)政府,其所屬財務執行機構又分:

1. 掌理財務調度與管理工作者,在中央為財政部,省(市)為財政廳(局),縣(市)為財政局。

2. 掌理財務之預算與會計統計工作者,在中央為行政院主計總處,省(市)為省(市)主計處,縣(市)為縣(市)主計室。

三、財務監察機構

中央為監察院及其所屬之審計部,省(市)及各級機關則為審計部分設之審計處及審計室。

依目前法令之規定而言,行政院主計總處、財政部、中央銀行及監察院審計部是我國政府財務行政的四大機構。四者可區分為主計、財政、審

計三個部門，本諸制衡原則鼎足而立，在職權上各自獨立，業務上則係分工合作，茲分述如下：

一、主計機關

行政院主計總處負責預算的籌劃、概算的編擬、會計的控制及國情與政績的統計。至於預算的執行，則依照會計制度之規定處理。各機關均設有會計單位，機關之一切支出，均須經立場超然之主計人員之審核，查明是否合乎分配預算之規定。並設置會計簿籍予以記錄。按期編造會計報告，決算報告及統計資料，分送財政、主計及審計機關，故主計機關對預算之執行，有充分控制之權力與責任。

行政院主計總處並於中央各機關設置會計處（室）與統計處（室），於各省（市）設置主計處，及於各縣（市）設置主計室。由上至下分層節制各主計機構。辦理各機關歲計會計與統計業務，依法承受所在機關首長指揮監督。

二、財政機關

財政部負責釐訂財務法規、公款財物收支保管與運用之行政，並依法指導監督中央銀行。中央銀行負責國庫出納及保管。各省市設財政廳（局）、各縣市設財政局（科）、各鄉鎮設財政課，均各對省主席（市長）、縣市長及鄉鎮長負責，僅在技術上，各受上級財政機構的指導。至於各省市公庫則由國庫委託省市銀行代辦。縣市公庫由省銀行委託縣市銀行或其他銀行代辦。鄉鎮公庫由農會等代理，各受同級財政機構之指導監督。

財政機關對於執行年度預算之財務調度，事先應有計畫，注意收支之配合，按照計畫逐步實施。政府各機關之收入（如中央之稅收、公營事業之盈餘、公賣利益、公債等）均須繳入國庫收入總存款戶，由國庫集中調度管理，各機關經費支出，亦由國庫按照分配預算，撥存各機關存款戶（自五十九年十月分起，中央機關已改為集中支付制度，不再撥存各機關存款戶），再由各機關簽發國庫支票依法支用（現開立支付憑單由財政部地區支付處開立國庫支票直接支付之）。每月及年度終了，代理公庫之銀行及各收

支機關,均應分別編送收支月報表及決算表,送財政機關,故財政機關對財務調度有充分之權力與責任。

三、審計機關

審計部綜理全國審計業務,於各機關酌設置審計處(室),各省市設置審計處。審計機關主要是負責執行財務監察的工作。一方面國庫撥款之支付書及各機關簽發之國庫支票(支付憑證)均須事先經其駐庫審計人員之核簽,另一方面各機關之月報及有關憑證,亦須經其審核。再輔以稽察程序,對各機關營繕工程及購置,變賣財物等事項,直接予以監察,並對年度決算予以最終之審定,提出決算審核報告。故審計機關對財務之監察亦有其充分之執行權力與責任。

第四節　政府財政支出增加的原因

在人們的眼中,政府是一個用錢最多的消費者,而且其用錢的數額更是與年俱增,這固然和通貨膨脹有點關係,但最主要的原因還是由於政府功能日益擴張的結果。一般論者認為政府支出增加的原因不外乎政治、經濟、社會、工藝技術及國防等因素。茲以我國財政學者劉永憲所作之分析為例,以說明此一問題(劉永憲,民69:79~83)。

壹、經濟因素

一、資本形成

在較為貧窮的國家,資本缺乏、市場狹小、投資誘因也不大,所以私人投資裹足不前。這個時候唯有依賴政府的投資,也就是公共資本財的形成,例如交通運輸設施的投資興建,農業技術改良與灌溉系統的修建等,這些可以產生外部效益的投資必然由政府從事。

到了經濟發展的後期,政府淨投資項目有再行增加的趨勢。由於國民每人所得的上升,一些私經濟財貨的生產,需要公共投資的協助方能進行,

因而對公共投資的依賴性又形增加。如消費者所得增加後，一般人有能力購買汽車，則對公路等交通設施的增建甚感迫切，政府的財政負擔則勢必提高不可；都市的發展及工業化，需要各類市政建設，其中有些需要巨大的公共投資；隨著對技術工人需要的增加，迫切需要教育的普及，與進一步人力投資的大量增加；在所得較高的國家，為消除城市的髒亂地區，及便於城市中高所得者的移居郊區，需要市政建設的重新規劃與改善交通設施，此均需增加公共投資。

總之，在經濟發展初期，公共資本形成占總資本形成的比率可能甚高，一俟起飛階段過後，則其比率必定下降；但到了經濟發展的後期，公共資本形成占總資本形成的比率將會再度上升。其主要的決定因素，為經濟發展各階段所得的多寡，及對資本形成的需要等。

二、消　費

人民消費型態的轉變亦會增加政府的支出，當一般國民豐衣足食之後，在必需品方面的消費性支出將占所得的甚小比例，此一時期，資源可能用來滿足次級需要，因而需要政府提供較多的公共財貨，如教育、衛生、安全設備等。因此，在經濟發展初期，政府消費性支出對私人消費性支出之比率，也有相對增加的趨勢。

在經濟發展的較後各期間，由於每人所得的增加，促使私人消費類型的改變，需要政府提供輔助性的財貨與勞務，而公共支出對私人支出的比率將更加提高。在富裕的國家裡，有關消費性的支出，用於旅遊方面的支出將日形增加，需要政府花大錢以提供一些必要設備，例如高速公路的興建、公園的開闢，或加強交通巡邏、公園服務及氣象報告等各項服務。

抑有進者，隨著經濟的發展，經濟組織愈趨複雜，可能需要政府提供一些新的基本性公共服務，用以滿足隨社會變遷而俱來的新需要，例如各類大型企業的相繼出現，需要政府設立管理機關；人口密度的增加，需要加強交通巡邏；高度工業化後，需要設法防止水與空氣的污染等。由於上述事實上的需要，公共支出在絕對量上勢必增加。

貳、人口的改變

一、人口增加並向都市集中

此二因素均將導致公共支出的大量增加。由於前者，所需基本性公共設施勢必需要增建；由於後者，則都市計畫必須重新研擬，以致需要在公共設施上作巨大的投資，以及需要更多的司法與警察人員。因此，公共支出占國民總生產額的比率，將迅速的擴張。

二、人口結構的改變

隨著人口成長率的上升，人口結構也會隨之改變。由於人口結構的改變，政府需要在某些項目上增加支出。例如由於醫藥、衛生與保健的進步，死亡率下降而出生率增加，且平均壽命延長，老年人口增加等。此種人口結構的改變，足以促使政府在教育、養老金與撫卹金等項目的支付。

參、工藝技術的改變

由於生產技術水準的提高，企業界多採用資本密集 (capital intensive)生產，因此可能需要更多的公共設施或公用事業與之配合。而新產品的陸續上市，改變了原有的消費型態，也可能增加對公共支出的需要，例如在美國，自汽車成為一般家庭必需的交通工具後，需要積極的鋪設公路，以致形成州政府支出增加的主要原因。吾人亦可斷言，今後太空技術的繼續發展，對政府支出占國民總生產的比率將會有重大影響。

肆、社會變遷因素

由於社會與文化方面的進步，一般人認為國家應對個人福利作適度的照顧，如社會保險、失業救濟、養老金及其他撫卹性支出等政府移轉性支出大為增加，並且認為政府應排除萬難以提供更多的一般性公共財貨。此一趨勢各國皆然，只是程度上略有不同，因此，此二因素對政府支出比率的上升，具有重大的影響；另一方面，政治結構的改變也會影響政府支出，

如在開發中國家，政治權力多操諸富人之手，因此不利於所得稅之推行。隨著經濟的發展，人口中占大多數的中產階級在政治上取得較大的發言權後，便會極力促使累進稅制度的採行，以便由少數的富人繳納國家大部分租稅。但當國民所得水準普遍提高後，較高的累進稅率課及大多數的納稅人時，人們又開始抱怨國家稅收中直接稅的比重太大。此種租稅思想的轉變，對政府支出的增加及支出型態不無間接影響。

伍、其他因素

當戰爭或其他社會動亂（如經濟恐慌）發生時，為應付危局，政府必將驟然大量增加支出。一旦戰爭或社會動亂結束，由於社會已習慣新的租稅及支出水準，政府支出不再降低到原來水準，此即皮寇克 (Alan T. Peacock) 與魏斯曼 (Jack Wiseman) 所謂的移位效果。

另一種可能情況為：一國因戰爭或其他重大事件的發生，導致了對社會價值的重估，或演成黨派間權力均衡情勢的改變，因此產生了對公共與私人慾望偏好類型的改變，進而使政府占國民總生產額比率的增加。由於偏好類型的一再改變，再加上戰爭與社會動亂的不時發生，於是文化與政治環境，遂構成了決定政府支出的主要因素。

第二十九章 政府預算制度

第一節 預算的基本概念

壹、預算的意義與功能

預算乃是國家歲入歲出的預定計畫，也就是國家在一定期間內（通常為一年），由行政機關預計政府經費支出的需要與收入的財源，使之收支平衡而編擬的計畫，並經立法機關通過，作為該時期政府收支的準則。

預算乃是以金錢數字表示的政府的施政計畫，它是財務行政的基礎，預算是否妥當，對於一國的政治、行政、經濟與社會都會產生影響。預算所具有的功能如下（侯伯烈、陳可粵，民 70：17～19）：

一、預算具有財政政策的機能

國家財政以「量出為入」為原則，但也不能漫無限制。所以預算可作為實現財務收支平衡的工具，以免民窮財盡，影響政務的推行。

二、預算具有政治控制的機能

國家政府的收入與支出都與人民的權益息息相關，故在民主憲政發達以後，現代國家的預算案皆須經立法機關通過，此乃「主權在民」的具體實施，顯現出預算使人民具有控制與監督政府財政的政治意涵。

三、預算具有行政管理，考核工作績效的機能

政府各行政部門的工作種類繁多，內容廣泛，必須運用預算制度分門別類，作為行政管理的工具，以確立行政標準；增進行政效率，並考核行政績效。

四、預算具有法律拘束的功能

預算乃政府的財政計畫，其實施關係人民權益至大，故須經議會決議通過。此經議會決議通過後的預算案，稱之為法定預算，它具有法律上的拘束力，行政機關不得任意變更，以保障預算的成立及實施。

五、預算具有財務統制的機能

預算在財務的支出方面有確定的標準，對於財務上的浪費、移用或不實、不合理的支出，在實施的過程中，得以此標準作嚴格的限制，以充分實現政府財務的合理性。

六、預算具有經濟政策的功能

自一九三○年代經濟大恐慌之後，預算的機能打破傳統的財務收支平衡，以求實現經濟的繁榮，即放棄短期的收支平衡，以實現長期的經濟平衡。近年來，更運用預算作為促進經濟成長，實現經濟福利的手段。

貳、預算的原則

預算的實行應根據怎樣的原則，才能適合國家與國民雙方面的要求，在學說上有許多建議。德國學者諾馬克 (Fritz Neumark) 提出的八點原則是傳統預算原則最具代表性的（張則堯，民 69：285～289）：

1. **公開原則**：政府的預算、決算應公開，以便國民瞭解財政狀況。
2. **明確原則**：政府收支的分類、內容，支出的來源、用途，應明確。
3. **事前決定原則**：亦即要求預算必須在會計年度開始前，即應由議會通過決定。
4. **嚴密原則**：預算應對真正的支出有約束力，應力求與將來的決算相一致，否則預算將失其作用。
5. **限定原則**：預算的各個項目相互間應有明確的界限，禁止經費相互流用；禁止預算超額支出；限定須在同一年度支出。
6. **單一原則**：國家的財政收支應納入一個預算內，而作綜合表示，不得另有獨立的預算；預算須單一，不得重複，亦即預算以內，同一預算項目

不得隱藏兩個以上。

7. **不相屬原則**：任何財政收入與支出，不得發生個別相屬或連繫。

8. **完全原則（總括原則）**：所有收入與支出完全列計入預算，亦即除預算外，不得發生任何收入、支出行為，以維持國家財政的完整。

　　傳統預算原則的基本精神乃在於議會對行政部門實行有力的控制，但隨著環境的變化，行政權日益擴大，傳統預算原則的適用性已受到檢討。美國前預算局長史密斯 (H. D. Smith) 基於此考慮，乃倡議新的預算原則，亦即加強行政責任與提高行政職權的預算原則，茲說明如下（張則堯，民 69：289～291）：

1. **計畫原則**：所有預算應按照政府計畫來擬定。

2. **責任原則**：行政首長對於預算，應負有使預算計畫能與立法部門的意旨相溝通、調和，並於執行預算時應力求節約的責任。

3. **根據報告原則**：預算的編製、立法及執行，均應根據政府各機關的財務及業務報告。

4. **具備適當權力原則**：行政部門為有效完成執行預算的責任，必須具備適當的權力，包括分配預算、設置預備金等必要的權限。

5. **多元程序原則**：政府職能擴張，預算程序應分別適應各種行政活動，無需強求一致。

6. **自由裁量原則**：立法部門對預算支出的項目，只要不違反既經議定的政治方針，不宜加以苛限，俾使預算產生經濟有效的管理。

7. **預算時期適應彈性原則**：為適應經濟情況，預算中應包含適當條款使行政機關視事實需要，可相機調整，予以彈性增減。

8. **預算機關關聯原則**：中央預算機構與各機關主管預算及計畫的部門，應相互保持充分連繫、協調與合作的關係。

　　而自一九三〇年代經濟大恐慌之後，凱因斯學派的追求者咸認為政府的財政不應拘泥於某一年度的收支平衡，而應以財政為工具來追求長期的平衡；亦即一個現代政府要監督、控制財政，更要透過預算制度，追求整

個國民經濟的平衡。

參、預算的名詞

以下是有關預算的幾個名詞，特加以說明：

1.**概算**：各主管機關依其施政計畫初步估計的收支。

2.**總預算草案**：行政院主計總處將各類歲出概算及財政部所編的歲入總概算，作初步審核並彙編為中央政府總預算草案，以提出立法院年度預算審核會議審查之。

3.**預算案**：預算之未經立法程序者。

4.**法定預算**：預算經立法程序而公布者。

5.**分配預算**：在法定預算範圍內，由各機關依法分配實施的計畫。

6.**基金**：已定用途而已收入或尚未收入的現金或其他財產。基金可分為兩種：(1)普通基金：供一般用途的歲入；(2)特種基金：供特殊用途的歲入，其種類如下：①營業基金：供營業循環運用者；②償債基金：依法定或約定的條件，供償還債本之用者；③信託基金：為國內外機關、團體或私人之利益，依所定條件管理或為處分者；④非營業循環基金：凡經付出仍可收回，而非用於營業者；⑤其他基金：歲入供其他用途者，並各依其用途定其名稱。

7.**經費**：依法定用途與條件得支用之金額。經費按其得支用的期間，可分下列三種：(1)歲定經費：以一會計年度為限；(2)繼續經費：依設定之條件或期限，分期繼續使用；(3)恆久經費：依設定之條件，按年永遠支用。其設定、變更或廢止，須以法律定之。

8.**歲入**：一會計年度之一切所入，其以前年度之結餘，視為本年度之歲入（稱所入者，謂除去重複收帳部分及退還部分之收入）。

9.**歲出**：一會計年度之一切費用，其預算預備金及以前年度之結欠，視為本年度之歲出（稱費用者，謂除去重複出帳部分及收回部分之支出）。

肆、預算的分類

預算因財務制度上所採的標準不同，故分類甚多，其主要分類如次（張則堯，民 54：16～20；侯伯烈、陳可粵，民 70：20～21，25～28）：

一、總額預算與純額預算

凡將國家的一切收入，均列歲入，一切支出均列歲出，依此原則所編者為總額預算；將扣除獲取收入所需費用後之純收入作為財政收入額而編入預算者，為純額預算。由於純額預算對於收入與支出的關係不易瞭解，財政監督亦感困難，故各國多採用總額預算制度，以期預算之完整，我國亦採此制。

二、經常（普通）預算與臨時預算

兩者的區別乃在於以財政收支的經常性與臨時性為依據。經常預算的收支在各年度係屬有規則的表現，在數額上大體無變動；而臨時預算乃是臨時性的財務收支所編成的預算，其數額與性質在各個年度內作不規則的表現，並不能預定之。

三、本預算與追加預算

本預算乃政府在每一會計年度之總預算。本預算在提經立法機關議定後，而發生意外事實，本預算未列有此事項經費，或雖列有此項經費，但不足支應，可提出追加經費預算。追加經費如法定歲入不敷部分，可提出追加歲入預算。惟追加預算如予濫用，難免經費膨脹，故各國均嚴加限制。

四、特別預算

普通預算之外，尚有特別預算，此乃指對政府之特別活動而設定特別財源之預算。設置特別預算的原因有三：

1. 軍事方面的需要（如時間、秘密、數額）。
2. 經濟方面的需要（如經建基金、貨幣整理基金、工業貸款基金、出口貸款基金、糧價平準基金等）。
3. 財政方面的需要（如公債償債基金、預算平衡基金、稅務稽徵基金等）。

五、實行預算與偽預算（暫行預算）

實行預算即本年度已經開始而預算案未能獲得議會通過或擱置不議或被退回重編，於是政府暫時沿用上年度的預算作為過渡，以平息政治風波，謂之實行預算。偽預算（暫行預算）乃指新年度業已開始，而預算案尚在議會審議程序中，政府在等待中，偽定一個暫行預算先行實施，即稱之為偽預算。

六、擬定預算、法定預算與分配預算

擬定預算即預算案經政府擬定而尚未經國會議定者謂之；而預算案已經國會議定者稱為法定預算；在法定預算範圍內，由各機關依法分配實施之計畫，稱之為分配預算。

七、單一預算與複式預算

預算制度就形式方面可分為單一預算與複式預算。單一預算乃指在一個會計年度內，政府各類歲入歲出全部編在一個預算案內。世界各國政府預算原採用單一預算制度，後為追求國民經濟實益之平衡乃發展出複式預算，即政府按收支之性質分別編成兩個預算，一個為普通預算（經常預算），包括一般經常性費用，以租稅收入為主來支應之；一個為資本預算（投資預算），包括一切公共投資之支出，以公債或其他信用之方法的收入來籌措支應之。複式預算的優點有：政府得按性質之重要與否，衡量經常支出與資本支出之當與不當；使政府在財政的運用上，不受狹義的預算平衡觀念的拘束而有較大的彈性;可用資本預算和一國的長期經建計畫配合，促進經濟成長。其最大的缺點則是：資本預算常成為政府隱藏巨額赤字的工具；且資本預算的資金來源若為公債，常造成通貨膨脹，對經濟有負面的影響；施行複式預算需具高度知識與技術，而一般開發國家乏此條件，故常無法達到預期的效果。

八、績效預算、設計計畫預算及零基預算

下節討論，此處不贅。

第二節　預算制度的類型

　　預算制度的演變，若由內容方面來說明，則包括績效預算制度、設計計畫預算制度及零基預算制度三種。以下將一一介紹說明之：

壹、績效預算 (performance budget) 制度

　　自二十世紀初期，科學管理方法發達以後，對政府預算制度的發展影響頗大，希望預算的運用，能使行政管理達到最大的經濟與效率。績效預算，一稱為計畫預算 (program budget)，即是科學管理思潮下的產物。

　　績效預算乃是運用企業管理的科學管理方法和成本會計的原理來進行預算的編製，亦即依據政府的工作計畫 (project)，就完成工作計畫中每一項工作所需之成本而編製的預算。向來政府支出預算的內容，僅注重經常費與臨時費的區別，俾資決定供應財源的選擇；而且預算的編製僅著重投入面──各項用品的購置及各級人員的僱用──並不參照計畫或產出的情形，因此不能建立投入與產出間的關係，無法比較每年或各機關間計畫的相對有效性，或比較獲致相同的最後產品的各種不同方法；亦即傳統的預算制度僅重視立法部門對行政部門的控制，以發揮民主政治的作用，對於施政計畫與支出預算的配合，未能作財務上的對照；傳統預算通常嚴格的以一年為基礎，在本年度預算中所包括的各項建設，對將來的發展與約束並不重視（《雲五社會科學大辭典》（第七冊），民 60：78；李金桐，民 67：367）。由於傳統預算的上述缺點，因此許多改革呼聲起，績效預算便應運而生。

　　「績效預算」一詞，為美國總統所轄的胡佛委員會 (Hoover Commission) 於一九四九年對國會報告，在敘述聯邦預算應有的改進時首先使用。該報告認為聯邦政府財務方面最大的缺點，是總統每年向國會提出的預算，並不能確實說明各項施政計畫的詳細成本，亦不能說明以往支

出經費所獲致的工作成果，故建議聯邦政府改採績效預算。何謂績效預算？
該報告稱：績效預算係「基於政府職能 (function)、業務 (activity) 與工作計畫 (project) 所編之預算……績效預算將注重一般重要工作之執行或服務之提供，而不著眼於人員勞務、用品、設備等事務之取得。……預算最重要之事，係工作或服務之完成及該項工作或服務將付若干成本。」（李金桐，民 67：367）美國國會於一九五〇年通過《預算會計程序法》，以明文規定採用之，美國聯邦政府乃於一九五一年會計年度開始推行。我國政府亦於民國四十九年接受採行績效預算的建議，並分期逐步推行之。

　　基於上述可知績效預算的編製是以政府應做的工作或應提供的服務事項為基礎，並彙總表示每一工作與服務事項所需的成本，以便政府能於會計年度內完成其工作計畫。績效預算是以政事 (function)、施政計畫 (program)、業務計畫 (activity) 和工作計畫 (project) 為預算科目的分類。政事即政府組織內全部工作的廣泛分類，如國防、教育、農業等。施政計畫為政事的再分類，即政事內所包含的分項工作，例如教育此政事別，可再細分為初級教育、中級教育、高級教育、技術教育等。政事劃分為施政計畫的基本標準，而施政計畫的劃分使政事的評估有意義，兩者都是立法機關與最高行政機關所最應注意的，因其涉及國家各種政策的擬訂和執行。業務計畫和工作計畫則是施政計畫的再具體化，此種細分有助施政計畫目標的達成（張鴻春，民 73：76～77）。因此績效預算編製的重點為：列明預算的目標；所要提供服務的性質；並說明編列預算的理由；達到目標的具體計畫；每一業務單位工作量的分配；列具過去預算案中所訂的服務水準；訂定新預算下的服務水準。後三項並應考慮工作量及成本的問題。

　　績效預算按工作計畫決定預算，按預算決定成本，依成本表現效率，依效率實行考核。從預算的編製，經執行，到預算的考核，均盡量以系統、數量化的計算來衡量預算的績效，亦希望藉此提高行政責任感，增進行政效率。其所具的優點有：

1. 事前能明瞭某一工作計畫及其進度所需之成本，對該計畫應否舉辦，易

於明瞭。

2. 注重投入與產出之間的關係，因此可作為有效的管理工具。可提高人員的成本警覺性，避免無謂的浪費；並可以之評估工作績效，追究行政責任的歸屬。

3. 便利立法機關審議預算及審計機關審核經費。

其缺點為：

1. 績效預算的計畫常流於形式，因為實施此制須其他條件配合方易奏效。

2. 政府行政機關的工作常是抽象無形的，難以量化，因此績效的衡量就遭到困難。

3. 各機關過分重視績效，或將盡量策訂易顯成果的工作計畫，對於極具價值的深遠計畫，反多不願辦理。

貳、設計計畫預算制度

設計計畫預算制度 (planning-programming-budgeting system, PPBS)，係將目標的設計，計畫的擬訂與預算之籌編三者相結合而成的一種預算制度，本制度是以設計為中心，以分析為手段，而以提高行政效率為目的。

設計計畫預算制度，淵源於一九一五年杜邦公司 (Dupont Co.) 所引進的計畫預算 (program budgeting) 觀念，但當時不受重視。自一九四九年至一九六〇年間，美國蘭德公司 (Rand Co.) 為美國空軍研究有關武器系統分析之計畫預算時，方發展形成設計計畫預算。在一九六一年以前，美國國防部對預算與軍事計畫兩項工作常當作獨立而不關聯的業務，結果常造成計畫與預算不能配合的困境。一九六一年美國國防部正式應用此制，實行得相當成功，於是一九六五年詹森總統發出指示，要求聯邦政府二十一個行政部門推行此項新技術（林文山，民 63：13～18）。

設計計畫預算的編製可分為三個過程，即目標的設計 (planning)、計畫的擬訂與預算之籌編。首先將機關的長期目標予以明確的設定；並擬設達成該目標的各種備選方案 (alternatives)，然後運用管理科學和經濟分析等

技術評估各備選方案，以選出合理的可行方案；最後依前兩個階段的決定結果，籌措被採行計畫所需的年度經費，予以編製經費。此預算制度與以控制為中心的傳統預算制度不同，亦與以管理為中心的績效預算有別，茲說明如下（姚正中，民 72：77～79）：

一、資源分配不同

設計計畫預算是將預算置於長程計畫目標體系內，就國家整體需要予以策劃，訂定目標，擬訂備選方案並加以選擇，著重各項目標計畫間資源分配的競爭性，常使各項資源因配合計畫而有所更張。傳統預算則是以現在為基礎，來考慮預算數量的增減；績效預算雖以工作計畫為基礎，但對資源分配仍未脫數量的增減。

二、計畫期程不同

設計計畫預算係將預算期間擴張，包含數個年度，一般是五年，甚至更長，然其執行仍是分年實施。而傳統預算和績效預算大都以一年為期。

三、預算流向不同

設計計畫預算的資料流向是自上而下的。即先由高階層設計決定國家整體目標與各機關的基本目標，以及總資源的適當分配，再將此決策與預算資料逐級下達。而傳統預算和績效預算的方式乃是由下而上來彙編總預算，在此過程常未能就國家整體利益來分配資源。

四、作業技術不同

設計計畫預算以設計為中心，以整個國家為對象，故常打破組織界限，由數個機關共同執行。在設計時運用系統分析、作業研究、成本效益（能）等方法來作分析。績效預算以管理為中心，以一個機關為對象，運用工作衡量與成本會計等技術來擬訂預算；而傳統預算則無目標表現，亦無計畫可言，其預算編製不過係各項費用之彙編而已。

設計計畫預算的優點有：

1. 將目標的設計、計畫的擬訂及預算的籌編三種作業程序結合在一起，建立一貫作業的觀念，並輔以精密的數量方法，使預算更臻完善，提升政

府機關營運效率。

2. 對長期經建計畫，提供了有效的技術，予政府以選擇計畫的優先次序；並對資源長期負擔之研判，提供了明確的指標。

3. 將預算作業與管理功能結合，增進了行政效率，使預算之分配產生更大之效益。

4. 設計計畫預算有其一定的編製程序，若分析時，受主觀因素或政治因素影響，很容易被選民挑出，因其偏離了正當分析的結論。

5. 經常檢討，對預算所列的一切計畫，不限於一年一度的考慮；彈性反應能力，計畫可依財務狀況變動，或需要的改變而調整。

　　其缺點為：

1. 全面建立目標設計有相當之困難，使理想與實際不易配合。而且除非基於價值判斷，否則很多情況下，各項目標並不能明確界定，以致其間的優先順序亦難排列。

2. 設計計畫預算太側重管理科學及經濟分析等數量的分析技術，此常造成在衡量抉擇的過程中，只看到「有形」的一面。然政府支出有極大部分，含有社會、政治，乃至心理因素，而此類因素是無法估計的。實際上，有關國家重大決策的擬訂必基於價值判斷，始能顧及社會大眾的偏好；純經濟效益的考量，難滿足人民的需求。

3. 依美國實際採行的過程中，所遭遇到的問題有：一般公務員難接受此觀念，故推行不易；設計計畫預算的計畫擬定，常引發單位間的衝突；一般預算支出的需求常大於收入來源，而需求皆有充足理由，以致難對計畫作適當的衡量選擇；由於道德和政治的考慮，使一些沒有效率和成本過高的計畫，仍在預算中出現，這使設計計畫預算的效果大打折扣；長期計畫和年度計畫間，因受到收入的限制，故常有許多問題存在。

參、零基預算制度

　　由於經濟資源有限，人民慾望無窮，一方面要求政府謀最大福利，他

方面又不願增加負擔，因此政府預算制度只得力求改進，此乃是由設計計畫預算邁入零基預算的主要因素。

零基預算制度 (zero basis budgeting system) 於一九七〇年德州儀器公司 (Texas Instruments Co.) 開始試行，結果十分成功，復由創始人彼得皮爾 (Peter A. Pyhrr) 於《哈佛商業評論》(*Harvard Business Review*) 為文鼓吹，引起當時喬治亞州長吉米卡特 (Jimmy Carter) 的注意，被延攬至該州，為其設計該州各機關零基預算作業方法，自始零基預算即普遍被民間企業及政府機構採行。一九七七年卡特入主白宮擔任總統，同年二月十四日即函令聯邦政府所有部門及機關首長，一律採行零基預算，此後，各州政府亦紛紛採行（張鴻春，民 73：89～90）。

零基預算制度的定義，依創始人彼得皮爾的說法為：零基預算制度是一種規劃及預算之程序，要求每一單位主管於申請預算時，應自計畫之起點開始，故名之為零基，並將審核與驗證工作仍由各單位主管負責，詳為說明需求預算之適當性。採行此一方式，是將每一項業務或活動均視為一項個別之決策案 (decision package)，然後以系統化之分析方法，就各個決策案加以評估，再按其重要程度，逐一評定各決策案之排名高低優先順序（姚正中，民 72：95）。實際上，零基預算係以設計計畫預算為主要基礎，只是在決定預算分配之方法更為合理有效。

零基預算的編製程序如下（姚正中，民 72：99～100）：

一、訂定年度目標

依據國家長期發展計畫，考量當前國內外情勢，訂定年度施政大綱及詳細計畫目標，以為編製預算的準據。

二、建立決策單位 (decision units)

決策單位或稱預算單位，即為每一機關內之各項職能或業務活動，可以分立從事個別之分析與獨立計算其成本者，通常為分配有預算之最低階層單位。

三、編製決策案 (decision packages)

決策案亦稱決策綱目表或決策計畫表，為零基預算制度的重心。決策單位確定後，由各決策單位將所主管之各項施政計畫或業務活動，全部自「零點」開始，重新逐項詳加檢討評估，分別編製為個別之「決策案」，並儘可能表現創新精神，及說明該項決策案之必要性。

四、審核決策案

指定主管單位或人員運用各種分析方法，以客觀審查各決策案。

五、排列各決策案的優先順序 (rank decision packages)

各項決策案編成以後，應由各基層單位主管親自審核，按其重要程度排列優先順序，並逐級上呈，至最高階層核定最後的優先順序。

六、彙編年度預算

將各機關首長最後核定的各項決策案加以整理彙編，即完成該機關下一年度之預算。

零基預算制度的優點為（姚正中，民 72：97～99；張則堯，民 54：640～642）：

1. 採用「零基」的觀念，對預算的編列均自「零點」開始，並不以前年度的預算作基礎，而是根據組織目標詳加評估，此可革除消化預算之惡習，及預算逐年大幅膨脹之現象。

2. 零基預算是根據基層決策單位所提的各項決策案，排列優先順序，逐層審核，其流向係自下而上，此可擴大各級主管有關預算編製工作之參與，使決策與執行合一，提高效率。

3. 零基預算為方案導向，雖亦重視長期目標的配合與整體的觀念，然亦兼顧短期目標之效益，此乃彌補設計計畫預算的缺點。

4. 繼續不斷的採取動態觀點以衡量公共支出的有效性，一切計畫活動皆以書面的決策案所顯示的效益來定取捨，使效益較低的計畫得以刪除，可發揮總體支援的最大效益。

5. 零基預算在評定各項決策案的價值時，須作可行性衡量，並應列舉不同

的備選方案,列述不同之要求水準,在核定預算時,可參酌當時情勢彈性選擇適當的方案。

零基預算制度的限制和缺點有(姚正中,民72:112;許士軍,民71:162):

1. 並非任何業務活動均可適用零基預算的作業程序,須能確定該項活動之成本與效益間直接關係者方適用。而且採用此制度須有充足之專門人才及建立完善的管理資訊系統,否則易流於形式。

2. 要排列各決策案的優先順序頗難,因各項計畫之性質、目的不同;不易建立適當的衡量標準,故審核時易受主觀見解及本位主義影響。而且編製零基預算須各階層人員參與,增加工作負荷和作業成本,此將影響預算編製之時間與效率。

美國自一九八一年雷根總統上臺之後,有關零基預算此一名詞,已不再在官方預算文書出現,從各種跡象看,美國聯邦政府已不熱衷此制。我國政府則為配合國情需要,強化績效預算功能,已自六十八年度起實施設計計畫預算制度,並將零基預算的精神涵蓋其中,但未規定具體作業程序。至六十九年度之後,總預算編審辦法內,「零基預算」一詞已被刪除,但有關規定仍繼續訂定。總之,零基預算的熱潮雖已過去,但此制度仍有其價值存在,端賴如何去應用它。

第三節　預算的程序

既然預算是一種財政計畫,藉以提升政府生產力,因此預算的過程不容忽視。一般而言,預算的一般程序包括四項,即:編製、審議、執行與監督,四者缺一不可。圖29-1即我國現行的預算過程。然世界各國在預算程序的實際作法上或有不同,本節將就此四項過程分述其內涵及各國運作的情形。

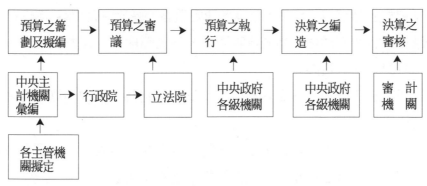

圖 29-1　中華民國預算作業流程圖

壹、預算的編製

預算編製可分由四個方面說明：誰編製預算？如何編製預算？預算編製之期限為何？預算編製之方法為何？

一、預算應由何機關編製

各國成例約有三種：

1.**由行政機關負責編製**：謂之行政編製制，如英、日、美（一九二一至一九七六年）。其由行政機關編製之理由如次：

　⑴行政機關對財政之收入與支出實際情形，確實明瞭，可權衡輕重緩急，編製切合實際需要之預算。

　⑵預算與施政計畫是一體兩面，換言之，預算可謂施政計畫之數字說明，由行政機關編製，則預算與施政計畫可切實配合。

　⑶行政機關自下而上，組織健全，逐級擬編彙轉，可收核實之效。

　不過各國負責編製之行政機關並不一致，大體上有兩種方式：

　⑴由財政部負責編製。如英、日。

　⑵由專設預算機關編製。如美國的預算局。

2.**由立法機關負責編製**：謂之立法編製制，如美國一九二一年以前。不過此種編製方式易生流弊，其缺點如次：

⑴議會對各種經費之編審，分設各種委員會，編製預算步調，難期一致。

⑵議會對行政部門之各種經費實際需要不甚瞭解，亦無財政經驗，編製預算難以切合實際。

⑶議員利害不一致，各為其當地選民及黨派利益，爭取預算，各項經費勢必膨脹。

⑷議會議員均為平等地位，不相統屬，無人權衡全局，所編預算為各議員意見或利益之調和，難以顧及國家之真正需要。

3.混合編製：即由行政機關與立法機關共同負責編製者，謂之混合編製制。此制原冀藉行政人員之經驗，供立法議員參考，共同決定合理之預算，然事實上與立法編製制無異，缺點亦同。

二、預算編製之程序

預算編製之程序，其應有之步驟有三：

1.決定施政方針：預算與施政計畫是一體之兩面，故編製預算必須與施政計畫相配合，再者，施政計畫之擬定則又必須根據最高行政當局核定之施政方針。因此，行政當局在編製預算前，應先頒布施政方針。

2.各機關分別擬編單位預算：各機關遵照施政方針，擬定施政計畫，再依施政計畫及分配之預算限額，編擬詳細預算（即概算），呈報上級主管機關核轉主管預算編製機關。

3.主管預算編製機關查核彙編，並轉報內閣通過後，轉送立法機關審議。

三、預算編製期限

預算編製期限不宜太長，因預算編製時期與預算實施相距過長，則情況變化，估計難期正確。但亦不可過短，如編製預算過於迫促，則難免草率從事，考慮不周。如何方為適度？各國國情不盡相同，如英國僅四個月，為期較短，美國在年度開始前十八個月即開始籌編，菲律賓在年度開始前十六個月籌備，此兩國之期限較長。我國預算係在年度開始前八個月著手籌編，較為折衷適當。

四、預算編製之方法

各機關單位預算之編製步驟如下：

1. **擬定計畫**：預算與施政計畫為一體之兩面，故在編製預算前，必須先擬定計畫。

2. **工作單位之選定**：選定工作單位在於衡量工作，以便比較從事相同工作兩單位所費之人力，及同一單位在不同時期所費人力，而考核其工作效率。

3. **科目之設定**：各機關單位概算，應依現行預算法之規定，分別以「經常門」及「臨時門」編製之。

4. **人員工作率與預計工作量**：各機關選定工作單位後，應即參照以往工作情形，並預測未來趨勢，訂定其工作數量，並就實需人力為適當之調配。

5. **預算計算之方法**：預算計算精確可使施政計畫貫徹實現，預算順利執行，並避免浪費杜絕流弊。下列三種預算計算方法，可供參考：歲入預算估計方法、歲出預算估計方法、公務成本估計方法。

6. **單位預算書表**：預算書表之作用有三：(1)彙計或綜合的表達；(2)詳盡或深入的分析；(3)前後或相關的比較。所以預算書表之設計，應以顯示業務或工作計畫之成果為目的，俾能作考核工作績效之依據，並宜簡化，以便作業，整齊劃一，以利總預算之彙編。

7. **預算之查核與彙編**：(1)各級政府負責「預算編製機關」收到各機關單位預算以後，必須先對下列各點詳加查核：①是否符合政府施政方針、施政計畫及相關法令之規定；②計畫有無推行價值；③預算估計是否正確；④與以往年度預算及性質相近之單位作比較；(2)總預算之彙編：各單位預算查核完畢後，應即著手彙編。

貳、預算的審議

現代民主政治的主要精神之一是主權在民，因此，預算的審議多由立法部門負責審議，期能集思廣益，並透過各種意見溝通，達成民主控制的

目的。

一、預算之議定權

關於預算之議定，各國立法機關，除美國以外，對於支出或收入之減少有自由議定之權，但不可為增加支出之決議。蓋議會監督政府財政之原意，在減輕人民負擔，自不宜作增加負擔之決議。又議員為取悅其選民，難免要求增加其選區有利之支出，如此經費膨脹將無止境。我國憲法第七十條規定：「立法院對行政院所提預算案，不得為增加支出之提議。」

二、預算議定之範圍

預算為立法機關監督財政之工具，為求監督周密起見，一切經費均經立法機關之議定，但各國對預算議定之範圍，均有相當之限制，如我國《預算法》第四十九條規定：「預算案之審議，歲入以擬變更或擬設定之收入為主，審議時應就來源分別決定之；歲出以擬設定或擬變更之支出為限，審議時應就機關別及政事別分別決定之。」

三、預算議定之程序

各國財務立法之一般程序，係由行政機關編成預算後，由行政首長或財政部長向立法機關作口頭報告。立法機關先交付委員會審查然後提交大會討論，決定通過與否，通過後送還行政首長簽署公布，即成為法定預算。

以我國為例，立法院收到行政院預算案後，先行提報院會，交程序委員會排定日程，由行政院長提出施政報告，主計長及財政部長說明預算編製情形，各立委質詢完畢，將全案交預算委員會會同有關委員會分別審查，分組審查時，得請有關首長列席說明，審查結果預算委員會會綜合整理書面報告提請院會討論，決議後送請總統公布施行。

四、預算不成立之補救辦法

預算既為一切施政之依據，所以須在一定時日前（通常指預算年度開始），由立法機關議定，並由政府公布之，如因故未能如期實現，稱之預算不成立。當預算送請立法機關審查，如未獲通過，其補救之辦法，有：

1. 沿用上年度預算
2. 編製臨時預算
   ⑴先按上年度預算十二分之一為本年度一個月之經費（法國採行）。
   ⑵按實際需要編製臨時預算，送請國會議決（美國採行）。
3. **假預算**：會計年度開始，預算尚未議定，可將已議定部分與無須議定部分先交行政機關作為執行之依據。

參、預算的執行

一、預算執行之意義

　　預算之執行乃係政府總預算案經立法機關議定，國家元首公布施行後，各行政機關依法徵收稅收及獲得其他收入，並經濟有效運用經費，完成施政計畫之謂。

二、預算執行之範圍

　　廣義言之：為從法定預算開始至收支結束，辦理決算為止。狹義言之：預算開始有效執行，年度調整及年度結束之後，保留移轉為限。

三、預算執行之期間

　　預算執行期間，係以會計年度為依據，惟政府會計採用應計基礎，故會計年度結束，政府收支行為仍未能全部終止，故預算執行期間應自分配預算開始，至應收應付結清為止。

四、分配預算

　　乃法定預算之分期（分月）收納或支用計畫，除應詳列收支數字，並須與工作計畫相配合，故法定預算公布後，各機關應即分別編造分配預算，報請核定，作為分配預算執行之依據。

　　有關年度預算期間之分配，有半年分期、季分期、月分期等，我國分配預算係按月分配，每三個月為一期，全年共四期。

五、預算執行之彈性與限制

　　分配預算核定後，自應切實依照執行，惟年度進行中，難免基於各種

因素，不能適應事實之需求，故必須作彈性之運用，但亦不可漫無限制。彈性運用之方法有四：

1. **經費流用**：我國《預算法》對經費之流用之限制規定有：

   (1)總預算內各機關、各政事及計畫或業務科目間之經費，不得互相流用。但法定由行政院統籌支撥之科目及第一預備金，不在此限（預算法第六十二條）。

   (2)各機關之歲出分配預算，其計畫或業務科目之各用途別科目中有一科目之經費不足，而他科目有賸餘時，得辦理流用，但不得流用為用人經費（《預算法》第六十三條）。

2. **預備金**：設置預備金之方法有三：

   (1)集中制：於國家總經費外，另設預備金，由主管機關統籌運用，雖支出手續較繁，但可統籌調配，斟酌輕重緩急，防止濫用（美、日等國採用）。

   (2)分散制：各機關於確定預算外，各另列預備金，各該機關長官有權自行動用。此制支用手續較為便捷，惟易於濫用，而易使預算膨脹（比利時採用）。

   (3)集中分散併用制：除各機關預算各列預備金外，並於總預算內編列預備金（我國採用）。我國預備金中規定了第二預備金（集中部分）及第一預備金（分散部分）兩類。

3. **追加預算及特別預算**：此種制度雖破壞預算單一主義，導致經費膨脹，然事實上如發生意外，必須之支出，非預備金所能容納，為適應國家緊急需要，亦惟有採用追加預算或特別預算以謀解決。我國《預算法》第七十九條對追加預算之規定：各機關因依法律增加業務或事業致增加經費時，依法律增設新機關時，所辦事業因重大事故經費超過法定預算時，依有關法律應補列追加預算者，得請求提出追加歲出預算。

　　《預算法》第八十三條也規定在國家緊急設施或戰爭、國家經濟上重大變故、重大災變、不定期或數年一次之重大政事，行政院得於年度總預

算外，提出特別預算。

肆、預算的監督

　　預算經執行後，為使預算充分發揮其效用，因此必須加以監督。預算監督廣義而言，就有決算與審計兩種。有關此兩種制度，下章再詳述，此處不再贅述。

第三十章　政府會計與決算制度

第一節　政府財政收支

　　政府為推行政務，必有賴於大量的金錢為後盾，尤其自從福利國家的觀念形成以後，政府財政負擔更日形加重，因此如何開闢財源並作有效的運用與管理，乃成為財務行政中的重要課題，其中最主要的問題即為：(1)政府依法可以有哪些財政收入？(2)政府依法可以作哪些財政支出？

壹、政府財政收入

　　凡政府依法所獲取的錢財均可稱為財政收入，此處所謂的依法是指各級政府的立法機關所通過之法律而言，例如立法院所通過的《所得稅法》、《貨物稅條例》、《印花稅法》等；地方政府的省（市）或縣（市）議會所通過的單行法（如《工程受益費徵收法》）等。

　　財政收入按形式分，可分為「經常收入」與「臨時收入」兩種，前者具有規則性，是每一會計年度循環獲取的收入，主要是租稅及公營事業的收入；後者則不具規則性，常係出於一時的原因或需要而發生，主要是公債收入。

　　財政收入按性質分，有下列兩位財政學者的說法：

　　張則堯先生的說法，認為政府財政收入可分為三種：(1)強制的收入，亦即權力收入，以租稅為主；(2)自由的收入，亦即價格的收入，以公營事業的收入為主；(3)中間性的收入，亦即半強制半自由的收入，如專賣、規費等收入（張則堯，民 54：75～76）。

　　劉永憲先生則認為，政府財政收入可分為下列四種（劉永憲，民 69：

70～71）：

一、租稅收入

政府執行政務，為取得財源，依法向人民強制課徵的收入稱為租稅。稅收為政府收入的主要來源，因課徵的對象、方法與內容的不同，對經濟產生的影響也有所差異。通常租稅可分為兩大類：一般租稅與指定用途稅。由後者所取得的稅收必須用於特定的用途，例如汽油稅收指定用於公路的興建與維護；屠宰稅收的供作教育經費等。由前者所取得的一般稅收作為統籌性的分配，並沒有指派特種用途，例如所得稅、貨物稅等。現代各國，一般租稅為政府收入的主要財源。

二、商業收入

就某種意義言，政府如同一般廠商一樣提供產品或勞務以供一般人購買，如政府因提供電力或郵政服務所取得的收入。政府的商業性收入與指定用途稅不同，前者是政府由提供某種財貨至市場，因出售該財貨所取得的收入，如出售菸、酒所取得的收入；後者則為因政府提供某種財貨時向人民附帶課徵的收入，如政府興建公路，為使利用公路者支付相當代價，改對汽油課稅，此項稅收專用於公路的興建與維護。

三、行政收入

政府的某種機關，由於政務的執行，因給予特定人民某些利益，或因懲罰某些人非法獲取利得，而給予適當處罰等，所取得的收入。此類收入，一方面因基於排他性的適用而取得，故類似商業性收入，但並無對等的交易行為發生。另一方面，因此類收入的具有強制性，故又與租稅收入相類似，但卻不像租稅的普及，只是向不確定的少數人的一種課徵而已。

四、公債發行收入

政府由於上述各項收入來源所取得的收入，不足以應付各項支出時，政府向外國或本國人民借債籌款，政府這種出售公債所得到的收入，稱為公債收入，公債的發行常為實行赤字財政政策的主要手段。

我國政府的財政收入，依《財政收支劃分法》第二章所列舉的項目而

言，共有十項：⑴稅課收入；⑵獨占及專賣收入；⑶工程受益費收入；⑷罰款及賠償收入；⑸規費收入；⑹信託管理收入；⑺財產收入；⑻營業盈餘、捐獻、贈與及其他收入；⑼補助（上級政府對下級政府）及協助（下級政府對上級政府）收入；⑽公債及借款。

對於上列十項收入，若按其性質加以劃分，則⑴⑵⑶等三種屬於強制收入，⑹⑺⑻等三類屬於自由收入，⑷⑸等兩類屬於半強制半自由的中間收入，至於⑼亦係一種政治權力的運用，亦帶有強制的性質，而⑽對外賒借屬於自由收入，對內賒借則按其性質，有屬於強制收入者，亦有屬於自由收入者。

政府財政收入的另一項問題則為中央政府與地方政府的權限劃分問題。基於地方自治的精神，地方政府是可以徵收稅捐的，惟哪些稅目應由中央政府徵收，哪些應由地方政府徵收，則仍為財政學者所爭論者。不過目前的趨勢是中央政府徵收的比例較高，主要是因為全國性的建設花費較大（如國防、外交、高等教育等），依我國《財政收支劃分法》，將財政收入劃分為中央、直轄市、縣（市）及鄉（鎮、市）四種。如所得稅係中央收入；營業稅減除依第八條第二項由中央統籌分配直轄市、縣（市）及鄉（鎮、市）的款項，為中央之收入；地價稅則為縣（市）收入。

貳、政府財政支出

所謂財政支出乃指政府經費的支出或公共經費的支出而言。並且應當把握下列四點原則：⑴利益的原則：公款的使用，應求實現最大的社會利益，亦即獲取最大的效用；⑵經濟的原則：公共經費必須謹慎支出，以保護納稅人的利益；⑶認可的原則：公共經費非經合法機關的批准或認可，不得支出，以資實行嚴格的控制；⑷剩餘的原則：為避免公共經費之不足，以達成財政收支的平衡，應保持多寡適中的剩餘（張則堯，民54：94～95）。

關於中央與地方財政經費的支出，究應如何劃分的問題，當然應該根

據均權主義的理想，作實際具體的規劃。在此，擬徵引巴士特貝爾 (Charles F. Bastable) 在其所著《財政學》(*Public Finance*) 中所建議的劃分標準，作為劃分的基礎。巴氏的劃分標準有三（張則堯，民 54：184）：

1. 有關全國利益的事項，應歸中央；有關地方利益的事項，則歸地方。
2. 需用高深智力技能處理的事項，應歸中央，需採嚴密監督的事項，則歸地方。
3. 需有全國一致的活動者，應歸中央，需採因地制宜的活動者，則歸地方。

巴氏的三個標準，大體上可以說是均權制度的說明。根據《財政收支劃分法》的規定（第三十七條），對各級政府的支出劃分，設有五項原則：

1. 由中央立法並執行者，其經費歸中央負擔。
2. 由直轄市立法並執行者，其經費歸直轄市負擔。
3. 由縣（市）立法並執行者，其經費歸縣（市）負擔。
4. 由鄉（鎮、市）立法並執行者，其經費歸鄉（鎮、市）負擔。
5. 由中央或直轄市、縣（市）、鄉（鎮、市）二以上同級或不同級政府共同辦理者，其經費應由中央或各該直轄市、縣（市）、鄉（鎮、市）按比例分擔之。

在財政收支劃分法中，對於各級政府的支出，除以上五項原則性的規定之外，並有各級政府的支出分類表，對中央支出、省支出、直轄市支出、縣（市）及鄉、鎮與縣轄市支出，分別作具體的分類。茲以中央支出的分類為例：

1. **政權行使支出**：關於國民或國民代表對中央行使政權的支出。
2. **國務支出**：關於總統府的各項支出。
3. **行政支出**：關於行政院及所屬各部會處的支出。
4. **立法支出**：關於立法院的各項支出。
5. **司法支出**：關於司法院及所屬機關業務之支出與法務部所管檢察、監所及保安處分業務之支出均屬之。
6. **考試支出**：關於考試院及所屬機關行使考試、銓敘權之支出均屬之。

7. **監察支出**：關於監察院及所屬機關行使監察、審計權之支出均屬之。

8. **民政支出**：關於辦理中央民意代表選舉、戶政、役政、警政、地政等事業及補助之支出均屬之。

9. **外交支出**：關於使領經費及其他的外交支出。

10. **國防支出**：關於陸海空軍的經費及其他的國防支出。

11. **財政支出**：關於中央辦理稅務、庫務、金融、公產、債券等經費之支出均屬之。

12. **教育科學文化支出**：關於中央辦理教育、科學、文化等事業及補助之支出均屬之。

13. **經濟建設支出**：關於中央辦理經濟、工、礦、農林、水利、漁牧等事業及補助之支出均屬之。

14. **交通支出**：關於中央辦理陸、海、空運及郵政、電訊等事業及補助之支出均屬之。

15. **衛生支出**：關於中央辦理衛生、保健、防疫、醫藥等事業及補助之支出均屬之。

16. **社會及救濟支出**：關於中央辦理勞工、榮民及育幼、養老、救災、卹貧、贍給殘廢等事業及補助之支出均屬之。

17. **邊政支出**：關於邊疆、蒙藏事業及補助的支出。

18. **僑務支出**：關於僑務事業及補助的支出。

19. **移殖支出**：關於中央辦理屯墾、移民事業及補助之支出均屬之。

20. **債務支出**：關於中央國內外公債、庫券、及賒借等債務的還本付息及其折扣與手續費等。

21. **公務員退休及撫卹支出**：關於中央公務人員之退休及撫卹金之支出均屬之。

22. **損失賠償支出**：關於中央各機關貨幣、票據、證券兌換買賣的損失、與國營事業虧損的彌補、及其他損失賠償的支出。

23. **信託管理支出**：關於中央委託代管及代辦事項的支出。

24.**補助支出**：關於中央補助下級政府或其他補助的支出。

25.**特種基金支出**：關於中央特種基金的支出。

26.**其他支出**：關於中央其他依法的支出。

第二節　政府會計

壹、政府會計的意義

政府會計為研究各級政府的財政收支記錄與報告之方法。亦即政府對其財政收支的數目、性質、用途及關係等，必須根據會計原理，並依照主計及其他有關法令，設立會計科目及帳籍，以整理其歲入與歲出，編製會計報告，對預算的執行經過作詳實的記錄，以顯示各級政府的財務狀況，作為監督考核財政收支之工具，並作為編訂未來財政計畫的參考。它與簿記不同，簿記只是機械的及技術的動作，乃政府會計過程中的記錄動作而已。

貳、政府會計的功用

一、取信於民

政府所需經費，取之於民，應用之於民，若無完善的會計制度以反映政府的財務狀況與政事設施，則國民無法瞭解，亦難信任政府，甚而影響到國家政務的推展，故現代各國政府均設置完善的會計制度。

二、可作政府當局決定施政計畫的參考

對財政收支的經過以敏捷的程序及科學的方法，作精確而詳盡的記載；按期分送政府各部門以作為考核過去工作效率及決定未來行政計畫的事實根據。

三、控制預算的工具

藉會計的收支記錄及進程以明瞭財務實況，用作財政及行政控制，俾

能保持預算的平衡。

四、可供各級政府對收支的考核

政府會計係就某一會計期間內，政府財務收入、支出，權責發生以及財務上預期之計畫與執行，予以記錄，故可備供審計人員之檢查，並確定各項經管人員的責任，以防止其營私舞弊（侯伯烈、陳可粵，民 70：74～75）。

參、政府會計的特性

政府機關因其性質、任務與一般民營企業迥異，因此政府的會計制度有其特性存在，茲說明如下（侯伯烈、陳可粵，民 70：75）：

一、設置預算帳戶

預算為監督政府財政之工具，政府收支必須以預算為根據，故政府會計必須設置預算帳戶，如歲入預算數、歲出預算數及歲出分配數等以明瞭歲計之餘絀。

二、不設損益帳戶

政府主要之職責在增進國民之福利，與私經濟團體以增進個人利益為目的不同，政府機關除公營事業外，不為損益之計算，故不設損益帳戶。

三、不設資本帳戶

商業會計因股東或資本主之投資，而設有股本或資本主帳戶，以表示股東或資本主之所有權。政府既為公經濟團體，自無私人投資，故不必設置資本帳戶。

四、按基金別區分整理

政府歲入有供一般用途者，有供特殊用途者，為免於混淆起見，分設各種基金，各為一會計個體。故政府會計應按基金別，訂立基金會計組織，以便分別整理各種基金之收支帳目，分別產生財務報表，以顯示各種基金之收支狀況。

五、固定資產單獨設帳

固定資產之購置，以其性質論，應屬資本支出，但政府經費之支出，係根據歲出預算，故對固定資產之購置亦以費用出帳，為補救此一缺點，乃另設財產會計，記錄固定資產之購置與處分，以顯示各政府機關現有固定資產之總額。

肆、政府會計應用的會計基礎

無論是民營企業或政府機關，會計上最感困擾的問題，是一定期間財務地位與業務成績的衡量，而其關鍵所在即會計基礎的抉擇。稱會計基礎者，謂收入與支出入帳的日期。政府會計應用的會計基礎有三，即現金基礎、應計基礎及契約責任基礎。將三者說明如下（侯伯烈、陳可粵，民70：76）：

一、現金基礎 (cash basis)

現金基礎亦稱現收現付基礎：即凡收入現金及支付現金，均須記帳，與現金收支無關之事項，不予記帳。本年度現金實際收入數，作為本年度歲入，本年度現金實際支出數，作為本年度歲出，會計年度終了，收支帳目即行結清。不論本年度預算所列歲出與歲入，是否全部收付實現。此制雖結帳迅速，但不易明瞭預算執行之實際結果。

二、應計基礎 (accrual basis)

應計基礎亦稱應收應付基礎：不僅現金之收入與支付，應予記帳，即應收未收或應付未付，均須記帳。會計年度終了，如發生本年度預算所列之收支，仍應列入本年度結算，此制可直接比較歲入、歲出預算實際收入、支出情形，對歲計之餘絀，公務成本之計算，均較正確，故可明瞭財政之真相及預算執行之成果，我國及美國均採此制。

三、契約責任基礎 (obligation basis)

契約責任基礎亦稱責任發生基礎：即政府會計遇有年度預算內請求權或責任之發生，均應記帳。

伍、國庫集中支付制度

　　我國自民國五十九年十月一日開始實施國庫集中支付制度，其要點及優點如下（侯伯烈、陳可粵，民 70：71～72）：

一、集中支付制度的要點

1. **集中管理庫款**：開設「國庫存款戶」，統籌管理庫款，便利庫款調度。

2. **統一簽發支票**：國庫支票由支付處集中簽發，直接付與政府之債權人或其他合法之受款人。

3. **屬行內部審核**：辦理預算簽證手續，經過內部審核程序，嚴密預算執行及財務管理。

4. **查對預算餘額**：支付處辦理支付時，應查對各支用機關之核定歲出分配預算餘額以防超支，協助加強預算控制。

5. **應用電子機械**：應用電子機械設備，辦理簽開支票，核對調節已付、未付支票及辦理列帳編報等工作，以提高工作效率。

6. **加強支票信用與管理**：國庫支票核定兌付區域範圍，並免除查對存款餘額之手續，故其信用增強。關於支票之管理，並嚴予規定。

7. **規定支付責任及保證**：依有關法規之規定，列舉支付各機關職責之劃分及各級支付人員應負之責任，並規定支付人員之保證辦法，以加強其責任心，確保庫款之安全。

8. **採行零用金制**：免除各機關因零星支付往返支付處之煩，採行零用金制，並將零用金額度提高，便利零星小額款項之支付。

二、集中支付制度的優點

1. **便利庫款調度**：未實施集中支付時，各機關經費均如數照分配預算額，撥入各機關國庫帳戶；實施集中支付以後，各機關經費均經統一支付，不再分撥，故各實施機關之分配預算餘額，即為便利庫款調度之效果。

2. **加強預算控制**：集中支付的手續嚴密周到，並有審計人員審查用途、核簽憑單，再由支付處簽發國庫支票，執行支付任務，剩餘自然繳庫，體

系圓滿，使預算得以控制。

3.**嚴密財務管理**

⑴將預算、審計、支付、公庫各部門，配合為有效的作業機能，統收分
工合作之效。

⑵就預算效用言，可收防杜虧欠、挪墊及流用。

⑶就審計程序言，可使計畫配合政策，預算根據計畫，審查支付用途，
稽察財務管理，糾正執行偏差。

⑷就支付作業言，消弭積壓、延付及浮濫。

⑸就公庫制度言，用錢與管錢分開，權力責任分明，公款集中國庫，統
一簽發支票，費款直接支付，加強支票信用。

第三節　決算制度

壹、決算的意義

　　所謂決算，即執行預算結果的最後報告書。蓋預算為一種事前預測的
財政計畫，當其執行之際，總冀求其能符合初旨，然實際執行結果總會與
原先的預算產生差距。行政機關為表明其責任，就須在預算執行完畢之後，
將收支情形編製為結算報告，說明經過情形及其所以如此的理由，送請立
法機關或監察機關查核，以檢查其有無錯誤與違法，進而解除其責任。尤
其現代民主國家最重財政公開，政府每年的財務收支應讓人民明瞭，故更
須有決算的公布。是以決算報告，不但是政府財政收支的總報告，且亦是
其施政成績的總報告。

　　決算與預算的關係，甚為密切。預算為事前的財政收支實施計畫，決
算係事後的財政收支終結報告。一為事前估計，一為事後報告。預算為會
計之始，而決算為會計之終，故決算的編造，即為預算的結束。又下年度
預算之編製為求正確起見，必須參考上年度的決算。如國家僅設立預算而

不編製決算，則財政之得失難以稽考，政府官員的責任無由解除，故預算與決算必須相輔而行，財政方可健全（《雲五社會科學大辭典》（第七冊），民 60：104）。

貳、決算的功用

一、公開財政事實

年度終了，政府對該年度內之財政收支情形予以整理後公布，對平時無法一一公開之收支實況，予以公布。

二、解除政府財務責任

決算經審計機關審定，依法公告後，執行預算之官員其財務責任得以解除。

三、防止浪費

各級機關編造決算之過程中，各主管機關及主計機關，可藉此考核預算執行機關有無浪費公帑之情事，如有浪費情事並予以糾正，以勵來茲。

四、可用作考核行政效率的工具

行政機關的活動內容與經過，均可於決算中得知，因為行政活動與經費支出有連帶關係，故可由支出得知活動，依活動衡量支出，成效是否相應，支出有無不正，細加考察，行政效率的高下概可立見。人民在政府的支出下所獲得的福利，是否和他們所繳納的稅賦負擔相當，亦可以藉這決算書作為判斷的標準。換言之，政府支出是否發揮了應有的效用，可從決算中窺測之。

五、決算是行政機關表明責任的手段

行政機關是預算的執行人，其是否忠實執行，立法機關對之具有考查與過問的權力。決算書就是行政機關向立法機關表明責任的正式答覆。

六、藉決算使人民達到監督政府考核政府的作用

人民對政府機關的財務收支經過與事實具有監督與考核的權力。為使人民對政府的財務收支有確實的明瞭起見，決算書應向人民公布之。

七、作為下年度編製預算之參考

年終結束，預算與決算相互比較，可表現預算估計之是否正確，以為編製下一年度預算之參考（侯伯烈等，民 70：87～88）。

參、決算的編造與審核

決算制度是行政機關於年度預算執行完畢後，將其結果編製報告，供審計機關審核及立法機關審議的制度。我國現行制度係由行政院主計總處負責決算的編製，每一會計年度辦理一次，而每一會計年度歲入及歲出均應編入其歲入、歲出決算。

決算完成後應送立法機關，使立法機關可以明白行政部門預算運用的狀況與績效，作為未來審查預算之參考。不過我國預算在送請立法院審議以前，須先經監察院的審計部加以審核，並非由行政院直接送請立法院審議。審計部審核後，再由審計部向立法院提出審核報告，故決算的審議程序，較預算的審議程序繁重。

另一方面，決算在送請監察院審核前，行政部門對本身所編造的決算作最後的查核，俾決算內容能正確無誤。嚴格說來，這種行政審核是完成決算編製的過程，不屬於決算審核之範圍。真正的決算審核，依據憲法的規定，係由監察院的審計部辦理，這是事後審計的最後階段，財務行政的責任，即由此作最後的判明或解除。

審計機關審核各機關或各基金決算，應注意下列效能：
1.違法失職或不當情事之有無。
2.預算數之超越或剩餘。
3.施政計畫、事業計畫或營業計畫已成與未成之程度。
4.經濟與不經濟之程度。
5.施政效能或營業效能之程度，及與同類機關或基金之比較。

審計機關對政府總決算的審核，乃為最關重要，應注意下列效能：
1.歲入歲出是否與預算相符，如不相符，其不符的原因何在。

2.歲入歲出是否平衡，如不平衡，其不平衡的原因何在。

3.歲入歲出是否與國民經濟能力及其發展（程度）相適應。

4.歲入歲出是否與國家的施政方針相適應。

5.各方所提關於歲入歲出應行改善的意見。

　　從以上所述可見我國決算審核的內容，已不僅限於會計及財務的審核，且兼顧到計畫與效能的考核，已含有綜合審計的精神，不過這是事後審計的性質，而非綜合審計所採的事前審計罷了。

　　審計部的最高主管長官審計長，於中央政府總決算送達後，必須於三個月的限期以內，完成其最終的審定，編造最終審定數額表，並提出決算審核報告於立法院。

　　立法院對審計長所提出的決算審核報告，應就其有關預算的執行、政策的實施以及特別事件的審核救濟等事項，加以審議。在立法院審議進行中，審計長應答覆立法委員的質詢，並提供必要的資料。至於總決算最後審定的數額表，根據憲法第一〇五條及《決算法》的規定，並不送由立法院審議，而由審計長呈報監察院咨請總統公告，但其中應保守祕密的部分，得不予公告，以維護國家的安全。

第三十一章 政府審計制度

第一節 審計制度的基本概念

壹、審計制度的意義

政府審計制度是財務行政中十分重要的一部分，其意義是指政府於行政機關以外，特設獨立審計機關，根據國家《預算法》、《審計法》及有關法令，運用科學方法，對政府財政收支活動及其會計記錄、憑證、報表為一部或全部的審核，查明有無錯誤，及不忠、不法、不經濟之情事，以考核其施政成果，並提供積極性的改進意見，從而解除各機關行政人員所負之財務上的責任（《雲五社會科學大辭典》（第七冊），民 60：104）。

簡言之，政府審計乃是對政府財政收支活動的監督行為，是控制預算的利器，亦即全部預算程序中最重要的一環，也是整個財務行政最後的一個環節。

政府審計的基本精神在於：⑴監督機構超然獨立，其查核的結果向民意機關報告；⑵財務收支經審計稽核無訛後，即可解除行政機關之財務責任。

貳、審計制度的作用

一、防止行政機關之不法收支

政府之收入必須有法令的根據或議會之決議，規定應收之款項必須徵收，不得任意減免，政府之支出，必須根據預算之規定，凡此種種，均有賴審計機關之監督；即在審核財務行為的合法性 (legality)。

二、防止中飽與浪費

政府之財政活動，在表面上雖均依法辦理，但亦難免有不肖分子，藉機提高購買單價，收取回扣或以合法憑證做偽報銷，因此巨額工程或購置財物，必須審計機關監督辦理，以防弊端；即在審核財務行為的忠實性 (fidelity)。

三、解除行政機關之財務責任

政府財政的收支活動，是否符合法令之規定，有無浪費情事發生，支出是否具有績效，由超然獨立之審計機關查核證明後，行政機關的財務責任，即可解除；即在審查財務人員的責任性 (accountability)。

四、增進行政績效

由於審計機關審核政府之收支，不但可以促進政府講求效率，同時對政府之財務活動亦可加以批評建議，促使政府改進，增進行政績效；即在於審核財務行為的效能性 (efficiency)（侯伯烈等，民 70：97～98）。

參、政府審計的特性

政府審計與企業審計不同，有其特殊性質與特應審查注意的事項，可歸納如下（王肇嘉，民 63：213）：

一、為強制審計

審計機關依據法令舉辦審計工作，不須徵求被審核機關的同意，此與企業審計的任意審計不同。

二、屬自動性質

政府審計由審計機關依法令執行，自動審計，與企業審計依契約而審計的被動性質迥異。

三、係依據法令與預算

政府審計根據國家的法令辦理，以法令規定為審核的標準，並以預算來審核各機關收支的範圍。而企業審計係根據契約，且企業之預算多屬計畫性質，並非強行限制支出之範圍，故自與政府審計不同。

四、著重收支之正確與績效

政府審計在謀全民福利，故注重財政收支之正確，並期每項收支獲致應有的績效。會計師審核企業則多注重損益審計及財務狀況正確與否。

五、審查財務經辦人員的責任

各機關經辦財務收支的人員，其對財務行為上的責任，非經審計機關審查決定，不得解除。企業審計的結果多係證明該企業的經營成績與財務狀況。

六、有法定之職責

審計機關的審計職權乃國家法令所賦予，缺乏彈性，不得任意增刪。而會計師的責任多寡則可由約定，無約定者則聽由會計師自便。

七、兼採事前審計

政府審計運用的方式，乃事前審計與事後審計並採。企業審計則多採事後審計。

八、政府審計制度依國別而異

各國財經發展的情況不同，為配合本國政經的需要，故各國政府審計制度各有不同。而企業審計則依各國共同承認的會計原則來進行。

九、審查對象為政府各機關

政府審計的對象為政府及其所屬機關，包括公營事業機構。企業審計的對象為一般工商企業。

肆、審計的種類

審計的分類，因依據的標準而有多種分法，以下僅介紹兩種：

一、依審計項目的性質可區分為四種（張金鑑，民 68：642）

1. **預算上之審計**：包括：⑴歲出預算是否違犯預算之目的，各項支出是否合法得宜；⑵預算充裕時，是否有不急、不需或不當的工事施行與物品購買；⑶在預算規定外，是否有何事業的舉辦或物品的購買；⑷各種事業之舉辦，費用之支出，是否達到預算之目的；⑸預算經費之流用或科

目之變更是否得當；(6)預算之轉帳是否得當；(7)超過或預算外支出之有無與是否得當；(8)預算不用額發生之原因與得當否；(9)在預算外國庫負擔契約之有無與得當否；(10)歲入數額與預算所列者有無出入。

2.**法規上之審計**：包括：(1)歲出歲入有無混同之處，各年度所屬有無混亂；(2)歲入之徵收是否確實，是否違背法規；(3)徵收人員之資格，是否符合規定，有無越權行為；(4)關於歲入歲出之契約，是否具備法定條件；(5)俸給、旅費及其他給與，是否符合法規、定例或契約；(6)一般競爭契約，是否符合規定而執行；(7)契約之保證金是否依法規定數；(8)國有財產之出賣，是否收足代價；財產之租賃是否依法按期收納租金；(9)營造及購置物是否依照法規或契約償付代價；(10)資金之預付、墊付是否在法律範圍內；(11)預算年度經過後之支出，是否為該年度所屬預算之剩餘數；(12)時效之規定，有無違反；(13)因過失而誤付之資金，是否依法歸還。

3.**經濟上之審計**：包括：(1)國有財產之出賣或租賃，其售價租價有無低廉之處；(2)營造物及購置物等價格，有無過高之處；(3)各項支出是否奢侈，無用或過當；(4)無預定之計畫或違反預定之計畫而有購買或支出，是否與國家有利益；(5)工程建造之設計與施工，有無不經濟之處；(6)各項事業執行之方法，有無因錯誤而使國家蒙受損失之處；(7)多量物品之購入，若為不用不急之物，是否經理失當；(8)不用物品是否作適當之處理或有方法加以利用不使廢棄；(9)各種補助金之支用，是否達到原定目的或作適當之使用；(10)國營事業計畫與方法及損益計算等是否適當，且於國家有益；(11)一切契約究依何種方法方為經濟。

4.**簿據計算上之審計**：包括：(1)帳簿、憑證、書據等，其記載數額是否正確；(2)現金物品之存數，是否與帳簿書據上所計算者相符合；(3)各種收支計算方法，有無錯誤；(4)契約總金額是否與內容之積算數相符；(5)帳簿書據格式是否符合規定或得宜；(6)帳簿書據之編纂及保管，是否適當；(7)帳簿書據之繁簡，是否適當。

二、按審計工作的時序及我國審計法的規定可區分為三種

1.事前審計 (pre-audit)

　　係審計機關在各機關執行預算之前所行之審核,其目的在防弊於未然。惟事前審計如過於詳細,則易延誤事機,如過於草率,則事後審計又反受其拘束。故各國事先審計之範圍,均小於事後審計之範圍。

　　依我國《審計法》的規定,事前審計事項計有下列諸端:

⑴分配預算之審核:《審計法》第三十五條規定:各機關已核定之分配預算,連同施政計畫及其實施計畫,應依限送審計機關;變更時亦同。分配預算如與法定預算或有關法令不符者,應糾正之。

⑵各機關會計憑證之核簽:《審計法》第三十六條規定:各機關或各種基金,應依《會計法》及會計制度之規定,編製會計報告連同相關資訊檔案,依限送該管審計機關審核。

⑶國庫審計:《審計法》第六條規定:特種公務機關、公有營業機關、公有事業機關財務之審計,由各該組織範圍審計處(室)辦理之。

　　學者一般認為事前審計有下列之缺點:

⑴審計人員於實施事前審計時,核准一項支付,即對該項支付的核准負其責任。審計部門以後所實施的審計,將無異於對其本身工作的審計,而非對政府行政機關的審計。而且因審計人員既已在事前審計時,證明支出有效,則行政機關即不須負濫用公款的責任。

⑵審計部門如與實際行政發生關係,勢必喪失其超然於利害關係之外的地位,及其財務司法的尊嚴性。

⑶駐審人員甚難抵抗勾結串騙的壓力與引誘,而易趨於腐化。

⑷在各機關派駐審計人員,容易干擾政府機關的行政程序,因為事前審計實屬行政範圍內的責任。

　　王培駰先生認為我國審計制度上所規定事前審計的工作並未完全付諸實行,目前實際上只有辦理核簽支付命令與公庫支票。而一般對事前審計的批評,主要係集中於駐審制度,而其中的弊端乃在於執行人員的素質及

執行方法的偏差。因此事前審計制度是應配合環境變遷而謀求改進，但也須就事批評，不可一味要取消此制（王培顯，民 68：54～60）。

2.事後審計 (post-audit)

係在各機關執行預算後所行的審核，其目的在稽察既往，使管理收支者，知所戒惕，不敢違法。同時，各機關的財務行為須經事後檢查完畢，加以核准後，方可解除責任。事後審計的範圍較事前審計廣泛，而其事務的執行亦較細密，審核的時間亦較充裕。

3.事中審計（稽察）(inspection)

係實地的調查與稽核，其作用在補事前審計與事後審計的不足，旨在防止或發現政府機關財務上的不法或不忠於職務的行為。

第二節　審計機關的組織與職權

壹、審計機關及其組織

依《審計法》第四、五、六、七條及《審計部組織法》第十四條之規定，我國各級政府及其所屬機關財務審計機構為：

1. 中央各機關及其所屬機關財務之審計，由審計部辦理；其在各省（市）地方者，得指定就近審計處（室）辦理之。

2. 各省（市）政府及其所屬機關財務之審計，由各該省（市）審計處辦理之；各縣（市）政府及其所屬機關財務之審計，由各該縣（市）酌設審計室辦理。

3. 特種公務機關、公有營業機關、公有事業機關財務之審計，由各該組織範圍審計處（室）辦理之。

4. 未設審計處（室）者，其財務之審計，由各該管審計機關辦理，或指定就近審計處（室）兼辦之。

由上列規定可知，我國的審計機關在中央為審計部；在各省（市）為

審計處；在各縣（市）為審計室。這些審計機關的組織如下：

一、審計部

《審計部組織法》第六條規定，審計部設下列各廳、室、處：

1. **第一廳**：掌理普通公務審計事項。
2. **第二廳**：掌理國防經費審計事項。
3. **第三廳**：掌理特種公務審計事項。
4. **第四廳**：掌理公有營業及公有事業審計事項。
5. **第五廳**：掌理財物審計事項。
6. **覆審室**：掌理覆核聲復、聲請覆議、再審查、重要審計案件及不屬各廳之審計事項。
7. **秘書室**：掌理覆核文稿與承辦會議及長官交辦事務。
8. **總務處**：掌理文書、印信、檔案、出納及庶務等事務。

二、審計處

依《審計處室組織通則》第七條規定，各審計處視業務繁簡，分為一、二等，由審計部報請監察院核定之，其組織情形，列述於後：

1. **一等審計處**：設三科至五科，分別掌理普通公務、特種公務、公有營業、公有事業及財物審計事項。設人事室、主計室，依法律規定，分別辦理人事、歲計、會計及統計事項。設總務科掌理文書、印信、檔案、出納及庶務等事項。設覆審室承辦覆核聲復、聲請覆議、再審查、重要審計案件及不屬各科之審計事項。此外，處理重要審計案件，以審核會議之決議行之；審核會議以審計官、審計、稽察組織之。
2. **二等審計處**：設二科至三科，分別掌理普通公務、特種公務、公有營業、公有事業及財物審計。設覆審室承辦覆核聲復、聲請覆議、再審查、重要審計案件及不屬各科之審計事項。設人事室、主計室，依法律規定，分別辦理人事、歲計、會計及統計事項。設總務科掌理文書、印信、檔案、出納及庶務等事項。此外，處理重要審計案件，以審核會議之決議行之；審核會議以審計官、審計、稽察組織之。

三、審計室

依《審計處室組織通則》第七條規定,各審計室視業務繁簡,分為一、二等,由審計部報請監察院核定之,其組織情形,列述於後:

1. **一等審計室**:設二課至三課(股),分別掌理有關審計事項。總務人員辦理文書、印信、檔案、出納及庶務等事項。人事管理員、會計員,依法律規定,分別辦理人事、歲計、會計及統計事項。該室審核會議,依審計部所訂審核會議議事規則之規定辦理。

2. **二等審計室**:該室組織,參照一等審計室辦理,但編制較小,而無審計官之設置,因此,內部單位,設股辦事,較為適宜。

貳、審計機關的職權

一、監督預算之執行

各機關每年編造之預算,送經立法機關(立法院或議會)審議,完成程序後,各機關是否完全遵照執行,或雖照執行,而有無不當情事,審計機關應依法隨時嚴密之監督。

二、核定收支命令

各機關財務之收支,是否依照規定編造預算,報奉核定,而已核定之預算,是否依照實施計畫辦理,審計機關必須嚴加審核,如有不符,當即拒簽,不得作任何之收支,所以必須杜絕違法之收入及不當之支出,此乃審計機關核定收支命令之職權。

三、審核財務收支,審定決算

各機關辦理公務之財務收支,先以會計記錄其經過,後用決算報告其結果;審計機關依法審核各機關帳務收支之會計報表及憑證後,據以審定其決算,編造年度總決算審核報告,提出於立法機關(立法院或議會)。

四、稽察財物及財政上之不法或不忠於職務之行為

各機關人員所經管之財物,是否已盡善良應用之注意,其所處理之財務,是否盡到忠誠公正之職責,蓋以公務人員必須忠於職務,必須勤慎辦

事，否則，不法不忠之行為，損害公有財務及財產之安全與國家之利益，此所以審計機關應隨時派員稽察之。

五、考核財務效能

各機關處理公務，必須費用，其財務績效如何，審計機關應嚴密考核，自應察其施政計畫之實施，已完成未完成之程度；尤其公務成本、事業成本、營業成本，如有成本增減，考核其原因；且各機關組織，財務經理，權責劃分，會計制度等之規章，亦屬重要，如其所訂之各項法律規章，合情合理，執行有效，則公款當無浪費，財務效能，彰彰可考，此其考核之目的，務使財政趨於正軌。

六、核定財務責任

各機關財務之收支，審計機關審核其所送審之會計報表及憑證，或派員赴各機關為抽查之審計，均為核定其財務責任。公務人員已有法定權利，也有法定義務與責任，對其財務行為應負之責任，非經審計機關審查決定，不得解除。

七、其他依法律應行辦理之審計事項

審計機關依法監督財政，而政府各級機關財務收支浩繁，其範圍甚廣，在法令上殊難一一列舉應行審計事項，為因應其他公務事實之需要審計，故特訂定此項職權，俾普遍監督財務及財物，以期達成審計全部之使命。

參、職權行使的方式

一、送請審計

係各機關將其有關財務行為之書表憑證文件等項，依限送請審計機關審核之謂。依規定各機關應將核定之施政計畫、營業計畫、分配預算、分期實施計畫、支出憑證等文件送審計機關審核。

二、就地審計

1.**駐審**：係審計機關常用派員駐在機關執行審計之事務。

2.**抽查審計**：係已通知送審機關依限將憑證報表送審者，則就憑證報表所

發生之疑問，派員赴各機關就地抽查覆核；其未附送原始憑證者，則就各機關所保管之原始憑證與帳冊報表及有關係之文件，加以查對審核。

3.**監視審計**：係各機關營繕工程及購置定製變賣財物，在一定金額以上者，於其開標決標驗收之時，或經理債券機關於債券抽籤還本及銷毀之時，應通知審計機關派員監視，其範圍大都以財物稽察為限。

三、委託審計

依《審計法》之規定，審計機關對於審計事務，為辦理之便利，或審計上涉及特殊技術者，得委託其他機關辦理，而對於前者，其決定應通知原委託之審計機關，至於後者，其結果仍由原委託之審計機關決定之。

第三節　我國審計制度的檢討與改進

壹、我國審計制度的特點

我國現行審計制度是符合國情的一種制度，與歐美各國不同之處甚多，這主要是由於我國的政治制度使然，我國是五權憲法的單一國家，不似美國的聯邦制及三權分立的精神，我們強調的是中央與地方的一致，五權的合作無間，基於此，我國審計制度的特點有下列三點：

一、五權憲法的分工合作精神

中華民國憲法第九十條規定「監察院為最高監察機關，行使同意、彈劾、糾舉及審計權」。足見審計職權乃屬於監察院，此為歐美三權分立之國家，將審計權隸屬於行政權、立法權或司法權之下的政體，截然不同。此種五權分立精神，乃國父孫中山先生參照歐美三權分立之學理，及我國固有之考試與監察制度，創制而成，此種分權政治，可使：(1)立法權負議定預算之責；(2)行政權負實施預算之責；(3)監察權負監督預算執行之責。如此各依職權，分工合作，完成政府財務行政之任務。

二、全國統一的審計制度

憲法規定監察院為國家最高監察機關，其權力由中央而地方達於全國，審計權為監察院職權之一，自亦同及於全國。故現行《審計法》規定，各省（市）政府及其所屬機關財務之審計，由各該省（市）審計處辦理之，各縣（市）政府及其所屬機關財務之審計，由各縣（市）審計室辦理之。蓋以審計處室，係中央機關，均屬由審計部監督其業務，此與聯邦國家之地方審計，有屬於地方政府者，有屬於地方議會者，大異其趣。

三、嚴密的稽察制度

稽察制度，為我國所特創，重在稽察財政上不忠不法之行為，並因財物購置定製及營建工程，事關國家施政大計，另訂稽察法律，監視開標決標驗收事宜。在技術上，已由被動之送請審計，進於主動之稽察；在工作上，能發揮執簡馭繁的作用；在效果上，更能達到控制預算、節省公帑的效果。

貳、改進我國審計制度的建議

我國審計制度，隨著時代環境的變遷，亦迭有修正，而法制規模也已相當完備，但是進步是沒有止境的，尤其在此科技高度發達、國際局勢瞬息萬變，為適應今後客觀環境實際之需要，仍有若干值得研究改進之處。

一、加強事後審計，減少事前審計

查財政事務，至為繁複，處理財務之收支，非至最後結果，殊難斷定其利弊得失。考世界各國審計制度，大多不採用事前審計，是以我國審計制度，似應加強事後審計，將部分事前審計事務，由行政機關負責辦理（其實財物購置定製變賣……均屬行政方面事務）。如是，審計機關有充分之人力辦理事後審計，即經常派員赴各機關為就地之抽查，及擴大考核財務效能之範圍，不僅節省辦理事前審計巨額之費用，更能發揮審計之功能。

二、應在審計法中規定審計人員之責任

審計、會計人員同屬於行政之範圍，依《會計法》第六十七條規定，

因工作錯誤，而致公庫受損失者，關係會計人員應負連帶損害賠償責任；同法第一〇九條規定，會計人員怠忽職責，不呈報遺失損毀之會計檔案，應付懲戒，若致公庫受損害者，負賠償責任。惟審計人員怠忽失職，甚至瀆職舞弊，在《審計法》上不僅未有任何規定，課予責任，而且《審計人員任用條例》第八條規定予以保障，揆諸情理，實有未合。為促使審計人員具有責任感，並提高其審計之效能，對於審計人員之責任，良有加重之必要。

三、平時審核財務案件之建議改善事項

應列入年度總決算審核報告之中，如此當更能發揮審計之功能。

四、加強審計權配合彈劾權及糾舉權之運用

依憲法規定，審計權與彈劾、糾舉兩權，皆為監察院之職權，而審計權能充分發揮其功能，必須仰賴於彈劾、糾舉兩權之行使，是以審計機關除專案調查報核外，應將平日審核各機關財務重要案件之情形，隨時供給於監察院。俾監察院遇有核議有關軍公教人員貪污舞弊、違法失職案件時，獲得重要參考之資料，有助於議定糾舉、彈劾案，更予正確無誤，此所以審計權應予加強配合糾舉、彈劾兩權之行使，必能充分發揮審計之功能，同時亦可使得監察權——彈劾、糾舉、審計三權得以顯示整體之效果（劉陶福，民 67：476～478）。

第 **6** 編

公務及資訊管理

第三十二章 公務管理

第一節　公務管理的概念

此處所指的「公務」是狹義的「辦公處所」(office)，乃是組織的人員為處理其日常工作或業務時的活動場所。當然，人員處理工作並非完全限於辦公廳內，也可能出外考察，不過仍然以辦公廳為其主要活動範圍。因此，公務管理實係指「辦公處所的管理」，而不宜再以「機關管理」稱之。

公務管理即在於研究與辦公廳有關之各種事務，包括辦公廳的空間(space)、設備、環境、案卷(record)、公文等，其目的在使此等條件完全符合工作人員的需要，進而提高工作效率，完成組織所欲達成之使命。俗語有言：「工欲善其事，必先利其器」，辦公廳是工作人員的主要活動場所，所以必須具有良好的條件。

狹義的公務管理即在於合理的安排機關的辦公處所、配置合適的設備、保持優美的工作環境、系統的處理公文及案卷，是一種技術性的知識與方法，並不涉及到太多的理論。至於廣義的公務管理是指：「利用科學方法，有計畫的、有效率的、有技術的規劃、管制、聯繫、協調和運用機關的組織、人員、設備、物材和經費，作適時、適地、適人、適事的處理，以提高行政效率，發展機關業務，達成機關的使命。」（《雲五社會科學大辭典》（第七冊），民 60：212）

本章所研究的公務管理是狹義的，即與辦公處所有關的事務，因此吾人應先瞭解何謂辦公處所或辦公廳：⑴辦公廳乃是公務人員為完成其任務或執行其職務的工作地點；⑵辦公廳乃是公務人員與人民、與人民代表，及與其他機關或外界人士接洽公務與交換意見的場所；⑶辦公廳乃是政府

公文書的收發總匯及其集聚的處所，用備使用與參考（張金鑑，民 62：581）。

第二節 空間管理

壹、空間管理 (space management) 的意義

組織為節省空間成本、有效利用空間、縮短工作流程、迅速處理資料、提供良好工作環境，並促進人員的溝通與協調所作的辦公廳的布置 (office layout)，即為空間管理。此外，如機關內各部門之間的工作流程的配合，亦屬空間管理的範圍，其意義實較「辦公廳布置」為廣泛 (Neuner et al., 1972: 81～82)。

空間管理首重空間控制，其目的在於對空間的經濟有效利用，其控制的時機有三：⑴設計機關的新建築時；⑵整修機關的建築時；⑶布置現有機關並重組人員、設備、物材時。

貳、目 標

機關空間管理包括五個因素必須考慮，並且應強調八個目標，要點如次：

一、五個因素

1.物質特徵，尤其是與建築設計相關者，如窗戶、電梯、冷暖氣機及電子儀器等。

2.組織部門的設置，尤其是需特殊設備者，如電腦部門、綜合服務處及主管辦公室等。

3.目前進行的工作。

4.目前員工的品質、數量以及未來可能的發展。

5.完成工作所需的設備和物材。

二、八個目標

1. 提供充分空間，並作最佳利用。
2. 確保人員的舒適和便利。
3. 發展有效且成本低的工作流程。
4. 設計各類有助於工作方法以及工作流程系統的工作站。
5. 協調各類相關的環境因素（如溫度、光線、顏色、噪音控制）而利用空間。
6. 允許彈性布置，以利重新安排和未來擴展。
7. 重視人際溝通需要，消除溝通障礙，以利協調。
8. 定期檢討各方面的空間管理方案，並謀改善 (Neuner et al., 1972:82～83)。

參、組織需要的配合

　　組織需要直接影響空間管理的方案和機關布置，不得不予周全考慮，尤其針對如下幾點：⑴各部門應保持密切連繫、溝通及協調；⑵各部門人員數量的安排；⑶資料處理的工作型態和工作流程；⑷私用辦公室 (private office) 是否有設置的必要。一般論之，組織需要乃以工作流量、工作流程和工作功能而定，不可囿於私人的偏好。此點屬於考慮組織需要，配合組織需要的一重要原則，務必遵守。茲分幾方面加以說明：

一、工作流程

　　工作流程係指工作從開始至結束所經路程，通常以文件、資料或人員為流程的中心，流程常被規劃為一直線、圓形或其他形式。另外，工作流程亦指資料從高級人員傳遞給低級人員或平行人員間傳遞的進程。處理工作流程，應注意以下各點：

1. 注意分工原則，妥善決定資料處理速度、文書分配多寡、文書質等差異及工作站的設置處理。
2. 工作流程中的文書資料，應包括基本資料和其他報表。
3. 工作流程以連續不斷最為經濟有效。

4.工作流程得以製成圖表，其中說明有關資料、文書、人員、工作站、傳送資料時間等。

5.每個工作站應瞭解本身處理資料的時間，盡量減少傳遞時間，爭取時效，避免積壓。

6.處理資料流程和組織溝通的方法，可借助於組織圖表 (organization chart)，表中繪出各層級、各部門間的溝通關係，及資料輸入者和輸出者的關係。此種組織圖表以矩陣型組織圖最為普遍。

二、部門的空間設計

　　雖然電腦和電子資料處理機器已日益受機關的廣泛應用，改變機關組織的模式；但本質上，基本的組織單位仍以負有專業功能的部門為主，故部門的空間設計，不得不予探討和規劃。一般的原則是：

1.集中之服務單位 (centralized service units) 如打字室、計算室之類，應設置於各部門之中心地點，俾使各部門均便於接洽。

2.凡與社會接觸較多之部門，其設置地點，以與外界較易接近為原則，以免煩擾其他部門。

3.具有煩擾聲音性質之工作部門，應盡量遠離其他部門。

4.凡有互相連帶而時有連繫之部門，均應設置於鄰近地點。

　　然而，有關部門布置的型態，可分傳統的部門布置 (the conventional department layout) 和現代的辦公廳景象 (the office landscape) 兩類：

1.**傳統的部門布置**：大多以業務式功能 (function) 設計布置之。

　⑴主管辦公室：孤立於機關之一端，以求高度的隱密性和避免干擾為主。辦公室須接近走廊或通道。

　⑵採購部門：毗鄰主管辦公室，接近走廊或通道，並和外界隔離。

　⑶會計部門：接近資料處理中心，擁有檔案室；窗戶應多，以求光線之充足，利於精密計算和資料處理。由於和外界接觸極少，故置於機關之最末一端。

　⑷人事部門：人事部門除負責人事業務外，雜務最多，和外界接觸頻仍，

故置於收發處（室）鄰近或服務處附近。

傳統的部門布置以孤立的一群人員處於一定的處所和擁有牆壁屏障為其特徵；但此種布置型態阻止了人員相互間的溝通和交互作用，否認了各部門間工作流程的存在，故遭受不少批評。

為了克服批評和缺點，新的部門布置的觀念因而產生，亦即辦公廳景象的觀念，列為第二種型態。

2. **辦公廳景象**：為一種基於各部門業務和功能性質、行為和技術因素而決定各部門、工作團體和工作中心的布置，故是一種開放的設計，是一自由形式的聚集 (as free-form clustering)。於此布置下，辦公室採用可移動和隔音的屏障物為主；工作站的安排是以可移動的因素，如桌椅、窗簾等加以完成，不需改變或移動其他固定設備（如空氣調節器、電氣裝置），且每一工作站不具相同的形式，亦無傳統布置的限制。

因為新的辦公廳景象是一種開放設計的模式，所以沒有私用辦公室的存在，工作者的地位是以工作指派為決定因素，而非侷限於某固定的空間分配範圍。所以，此種景象，對於隔間和屏障物的移動，具有相當的彈性，並且足以消除各人員、各部門間的溝通障礙和環境的難題，不失為優良的部門布置型態，晚近現代化的組織大多採用之。

在過去，傳統的辦公廳布置每以辦公桌為中心 (desk-centered)，蓋辦公桌乃工作的所需工具，堆積資料的場所，以及會議的必要物材。晚近，空間設計專家精心研究組織的工作本質並發展一種以工作為中心 (work-centered) 的辦公廳布置的觀念和理論，因而打破傳統以辦公桌為中心的觀念；蓋現代組織每擁有新式完善的設備，如電腦、高速度複印機、新式通訊設備、顯微片縮影機 (microfilming machine) 等，因而空間設計和工作流程的模式必加改變以求最佳利用這些設備；換句話說，空間布置必依設備的功能、工作的性質而設計，亦即以工作為中心而作空間設計。基於此乃產生了以工作為中心 (work center) 的概念。

工作中心的概念，使組織人員瞭解辦公廳非但是思考公務的場所、資

料收集和傳送的場所，而且是工作情勢或任務產生的場所，故相互溝通極為必要；事實上，行為科學家早已強調良好的溝通乃是促進人員士氣、增進效率、達成目標的不二法門。工作中心的類別和設計要點如次：

1. **個人工作中心** (individual work center)：亦稱個人工作站 (individual work station)，係個人執行職務的場所，為機關空間設計的基本單位。設計要點如述：

   ⑴考慮個人工作站所負的職責：包括什麼工作？誰工作？如何工作？和整個工作有何關係？

   ⑵考慮工作處理所需設備：包括何種物材？何種機器？何種設備？未來需何種設備？何種設備最有助益？

   ⑶考慮空間條件：包括多大空間最為理想？機器和設備所占空間為何？每一人員所需的最少空間為何？溝通、視線、聽力的可及範圍為何？工作站的美化。

   ⑷務求經濟彈性：包括設置有效的工作中心所需的成本為何？多少經費可資運用？合理成本之要求為何？

   ⑸符合彈性和未來擴展需要：包括工作站的未來計畫如何？設備、空間、成本如何？機關設備更易時，工作站能否隨之改易？工作站本身的內部構造能否相互為用？

2. **團體工作中心** (group work centers)：個人工作站不可能獨立存在，必須和其他工作站相互協調，因而形成團體工作中心；「部門」即是典型的團體工作中心的環境。設計要點如下：

   ⑴考慮各職位間的關係，以及職位和工作環境的關係，須具下列的瞭解：每個工作中心的活動，每個工作中心之資料交換、文件和報表的進程，個人或共同使用文書、設備、檔案及其他物材，人員必要的技能，監督需要，個人目標和團體目標的同時達成。

   ⑵協調個人工作中心和團體工作中心的位置：執行相似工作的工作中心應相毗鄰，具相同技術和工作性質的人員應相毗鄰，工作必與職位相

稱，共同使用檔案及設備，監督人員可作共同監督。

(3)說明工作數量、工作性質及工作所需條件，並指示所有工作中心如何配合：瞭解工作流程的標準和變化，明定工作數量，聚結專業人員，注意過度的工作負擔和工作積壓的原因及影響，注意工作輸入、人員輸入和工作輸出、人員輸出的關係。

總之，有效的團體工作，反映有效的設計和協調，主管人員若想善用空間，則有關的設計要點，自須牢記於心。

3.**特殊工作中心** (special work centers)：指特殊用途或專門業務的工作中心，包括三者：

(1)接待中心 (reception center)：接待中心不只促進機關業務效率，而且作為機關和外界的媒介，故其布置應井然有序，予人良好印象。其設計要點是：遠離機關主要部門，以免訪客之干擾主要部門工作，放置機關簡報或其他閱讀資料且光線充足以利閱讀，應提供每一訪客至少十平方英尺空間，全部空間則以可能最多的人數估計之。

(2)參考文件服務中心 (reference service center)：有時稱為圖書室，其主要目的在於便利員工進修和儲存資料、書籍以利參考。布置要點如下：窗戶應多，光線充足，備置必要桌椅、書架，陳列各類技術性書籍、一般性書籍或政府出版品以供閱讀、參考。

(3)資料處理中心 (data processing center)：包括程式設計人員所需空間及電腦中心所需空間。程式設計人員必須專心冷靜、集中注意力從事分析、思考，故應避免干擾。其空間設計自應以隔間、隔音的辦公室為宜，且光線應該充足，空氣應該流暢。而電腦中心的設備，其成本均極昂貴，其構造精細複雜，故需要良好環境，斯能保養得當。一般來說，電腦中心的空間設計應注意：溫度、溼度的合宜。溫度以華氏六十五至七十五度為準，溼度則介於四十至六十百分比之間，設備應置於程式設計人員附近，應有防火、防水設備，應有輔助設備的空間，擴展設備的預用空間，遵循專家和廠商的指示 (Neuner et al., 1972:

83～100)。

肆、要　領

　　機關布置乃是機關達成效率的一主要因素，故機關布置可視為行政機關體系的主要成分，其他成分尚有工作方法、工作程序和物材設備等，凡此皆屬於空間管理的範疇；管理這些範疇應有一定的要領，期能事半功倍，經濟有效，達成目標。茲分幾方面詳為說明：

一、總環境方面的空間管理要領

1.大而開放的空間遠比小房間需要。

2.盡量利用自然光線，各種設備、機器、物材盡可能置於窗旁附近。

3.總環境必加妥善布置，諸如暖器、電氣、空氣調節器、隔音設備、顏色、圖案等皆有妥善安排。

二、有效工作方面的空間管理要領

1.縮短溝通網路、傳送網路至最低限度，採用直線的資料流程。

2.人員所使用的空間必寬大舒適，不致使人員在工作時，感到礙手礙腳。

3.凡與社會大眾接觸較多之部門，其設置之地點，以與外界較易接近為原則，以免干擾其他部門；而具有高度機密性之部門，應以遠離外界接近之地點為宜。前者如人事部門、採購部門，後者如研究發展部門、會計部門。

4.空間分配應以主要工作流程為主，以便利各部門之相互溝通。

5.預測未來的工作需要，其中一個方法是預測未來的工作數量增加率。

6.考慮光線來源、噪音程度、內部裝飾、通風設備等是否合宜。

三、人員方面的空間管理要領

1.高級人員的私人辦公室，其空間以六百平方英尺為度，高級助理人員為二百平方英尺，一般人員在公開辦公室中以七十五至一百平方英尺為度。

2.小部門中，每個工作人員的空間範圍以八十至一百平方英尺為宜，非主管的高級人員或經常接洽公務的人員應較此略增，辦理文書性的人員可

減至四十至八十平方英尺。

3. 走廊或通道以總空間的百分之十至十五為宜。

4. 會議室可容納三十人者，每人空間為二十五平方英尺，可容納三十至二百人者，每人為八平方英尺。

5. 置衣處應設衣架，每人以一點五平方英尺為度。

6. 普設電話，作為每職位的基本設備，通常在五十平方英尺左右。

四、物材與設備方面的空間管理要領

1. 主要通道寬度為五至八英尺，次要通道為四十五至六十五英寸。

2. 二辦公桌間距離不可少於三十六英寸。

3. 同方向桌距不應少於二十八英寸，最佳為三十六英寸。

4. 若檔案抽屜開向通道，則通道寬度不可少於三十至四十英寸。

5. 大而開放的空間比小房間要好，不但易於監督、控制、溝通，光線、通風亦較佳。

6. 可移動的現代式的隔間比固定牆壁的隔間為佳。

7. 人員不宜面對光線，光線應盡可能來自左側。

8. 桌子應同向，除非人員一起工作。

9. 桌子不應並列，以免占用通道，阻礙交通。

10. 桌子依直線的工作流程加以安排，人員才能從旁或從後接受工作。

11. 檔案箱或檔案櫃盡可能靠牆而立。

12. 人員若與其他部門溝通較多者，應盡量置於出口處。

13. 處理精細工作的人員應有最佳光線，尤以自然光線為宜 (Neuner et al., 1972: 101～103)。

第三節　辦公室自動化

壹、辦公室自動化的涵義

　　辦公室是行政機關或公務機構處理公務及文書的場所，亦為政府與民眾接觸及服務民眾之場所，其所構成的要素為人員、資訊（文件、會議、面談、電話等）、設備及事務處理的程序等，而事實上，辦公室最簡單的解釋，就是資訊處理的中心，資訊流進以後，經由人員及設備的加以儲存、檢索、過濾與修正等步驟，再與其他資訊重新組合，然後加以選用而產生用途 (Jarrett, 1982: 6)。

　　辦公室自動化 (office automation, OA) 為八〇年代辦公室的趨勢，此一將資訊與通信科技應用於政府機關及企業機構的技術已成為歐美先進國家的風氣，這對辦公室效率的提高大有助益。

　　所謂辦公室自動化，是利用各種現代化的辦公設備，諸如電腦、傳真機、事務機具及通訊網路等，將各種資訊經由此等設備來加以處理，獲得辦公人員所需要的資料。因此，辦公室自動化包括了下列四項基本設備或技術：⑴各種資訊處理設備及技術（包括語音、文字、資料、影像等）；⑵通信網路設備及技術（包括本地區域網路和廣幅區域網路等相關設備及技術）；⑶人機介面技術（包括人性因素、人體工學等）；⑷管理科學技術（流程分析、工作簡化、決策支援系統等）。

貳、辦公室自動化的目的

一、提高生產力

　　辦公室引進自動化設備可以使得主管獲得適時而更新的資料，俾有更多思考、分析的時間，擬定高素質、高效能且具前瞻性的決策，無形之中將為組織謀求更多的利益，並提高白領階級的生產力。

二、減少辦公室費用

　　辦公室自動化實施以後，可經由人員的減少、設備的改良、紙張的減少，達到減少辦公室費用的目的。例如日本日立公司在一九八一年由於實施辦公室自動化，文書作業量減少百分之二十，以紙張估計每年節省經費七十八萬美元（羅耀宗譯，民 72：37）。

三、提高行政管理效能

　　行政機關在資料處理上常面臨幾項基本問題：⑴所存各種檔案及資料數量太龐大；⑵由於存量過大，無法在較短時間內作有效運用；⑶龐大的資料使任何相關性的分類及分析工作都十分困難。一旦實施辦公室自動化以後，上述問題即可一掃而空，管理效能因而大為提高。

四、支援決策功能

　　今日不論政府機關或企業組織，由於面臨的環境具有高度的不穩定性與變動性，資訊的需求與資訊的處理愈趨重要。而良好的資訊可以減少決策中不確定的成分，使決策中的判斷愈正確，也可作成較快速的決策，並提高決策的品質。特別是現代國家之行政機關，由於機關內面臨檔案過多、資料泛濫之苦，若不能迅速且有效處理資訊以提供決策者參考，勢必妨害國家之建設與發展。因此，現代政府的決策過程中，絕不可憑著個人的直覺作判斷，而必須擁有一個優良的資訊系統。辦公室自動化剛好可以提供此一功能。

五、作業程序制度化、簡單化

　　減少作業層次、穩定作業制度，使得作業程序有條不亂，且有執簡馭繁之功用。

第四節　案卷管理

壹、案卷管理 (records management) 的概念

　　機關的文書、資料為處理公務的必要工具，於機關中占有極重要的地位，故有關文書、資料等案卷的管理成為機關管理中不可或缺的一環。以往，案卷管理被認為是檔案管理 (files management) 的本身，實乃錯誤的觀念 (misconception)，蓋檔案管理僅指文書、資料等案卷的儲存和準備儲存的作業而言，意義相當狹隘，而案卷管理則為有關文書、資料等案卷的產生、維護和處理的一切計畫和管理活動，包括：⑴報表管理 (forms management)；⑵報告管理 (reports management)；⑶文書簡化 (paper-work simplification)；⑷檔案管理 (files management) 等範圍和內容，故其意義極其廣泛，或可逕稱之公務文書管理 (paper-work management) (Neuner et al., 1972: 208～209)。

貳、案卷管理的目標

　　案卷管理的目的在於有效控制文書、資料的產生，避免文書工作過繁，資料爆炸和報表氾濫，進而有效維護、儲存及處理，以資節省人力、物力、控制成本，促成機關效率。故案卷管理的目標，約有下列數端：

1. 有效使用機關物材、設備及空間，實施案卷生產控制並評鑑案卷功能，進而節省成本。
2. 決定案卷歸檔的種類，期限並作適當的維護、儲存和處理。
3. 發展一有系統的程序，以利案卷儲存、維護和檢復。
4. 改善一切有關案卷產生、維護和處理的工作績效。
5. 建立並維持有效的案卷管理標準，包括設備標準、人員標準及程序標準。

參、案卷管理的組織

案卷管理的計畫及活動相當繁複且需必要的知識及技能，故案卷管理的實施必賴健全的組織及合適的人員統籌運作，方期有功。一般來說，機關若屬大規模者，應設一案卷管理部門，並設案卷管理人員以司其責；小機關中，案卷管理則屬行政服務單位及行政服務人員的職責。不論案卷管理人員或負責案卷管理的行政服務人員，基本上皆應注意下列四點：⑴何類案卷為機關完成目標所必需者？⑵何處取得案卷？⑶如何經濟且有效地處理案卷？⑷如何以最低成本儲存和檢復 (retrieve) 案卷。當然，案卷管理人員還需具備管理此方面的性向、興趣和專業訓練，始能勝任 (Neuner et al., 1972: 210～214)。

肆、案卷管理的評量

案卷管理若欲有效達成目標，除建立健全的組織外，尚需衡量兩個標準，一是參考價值比率 (reference ratio)，二是精確度比率 (accuracy ratio)。所謂參考價值比率，意即案卷歸檔的數量應具有某程度的參考價值，通常不能低於百分之五，否則顯示案件歸檔的數量太過充斥，必須重新整理或銷燬。公式如下：

$$參考價值比率 = \frac{案卷參考數量}{案卷歸檔數量}$$

如案卷歸檔數量為一萬二千件，可備參考數量為六百件，則相除的商為零點零五，故參考價值比率尚低，不符標準。

至於精確度比率係指所需案卷的數量應盡可能發現，通常不能低於百分之九十七，否則顯示案卷的歸檔太過凌亂，不易找出所需案卷。公式如下：

$$精確度比率 = \frac{所發現案卷數量}{所需案卷數量}$$

如所需案卷數量為九千五百件，而僅能發現九千二百五十件，則相除的商為九十七點三七，表示精確度尚可，但未臻於完善境地 (Neuner et al., 1972: 214～215)。

雖然案卷管理的評量標準和案卷歸檔相關，但如何提高參考價值比率和精確度比率，則端賴案卷的品質和管理措施的良善與否，故關於報表的設計和控制（報表管理）、檔案管理、文書簡化及報告管理等亦不容忽略，事實上，這些非但屬於案卷管理的內容，亦屬於案卷管理的實務。

伍、報表管理

報表係供處理業務使用，為填寫記載所需的資料信息而預先印就的紙張表格。報表可用以簡明的記載表現業務情況，並作為管制業務的工具，乃處理事務的重要手段之一，其設計與管理對行政效率有很大的影響。並且對案卷管理的評量標準發生直接密切的關係。

報表的設計和控制，應守三個基本原則：

一、使用原則

報表的設計和製作必以符合使用需要為目的，故當記載必要資料、重複記載資料、明定工作權責時，應盡量使用報表，發揮報表的功能。

二、標準化原則

報表的品質、大小、顏色應予標準化，避免各類報表的混淆，進而減低印刷和管理的成本。

三、集中控制原則

報表的設計、使用和採購應集中控制、統一分配。

報表的設計和控制，除了基本原則必須遵守外，尚須注意下列各項細節：

一、設計方面

1. 大小形式之設計，應力求簡單化，項目明確，順序排列，印刷清晰，應用簡便。
2. 若是使用機器處理者，應注意配合機器儲存的最高與最低寬度、重量和厚度。
3. 報表的頂端、底端和兩邊應留一些空白。
4. 使用機器處理的報表，應於適當地方，標明使用機器的指示。
5. 重要項目的上下兩端應劃雙線，以資醒目。不可印製於報表之上以節省報表空間。
6. 為了分類方便起見，報表應於上下兩端印製號碼和代號，號碼代表使用數量，代號便於分別所使用的單位。

二、控制方面

1. 收集分析現存報表，廢止不必要的報表。
2. 統一歸併具有同樣功能的報表。
3. 不使報表與程序及章則間有矛盾現象存在。
4. 防止印刷複寫上的浪費，節省紙張費與印刷費。
5. 規劃較高水準的標準化報表，予以統一普遍利用。
6. 報表內須填寫的項目，應使填表者充分瞭解利用，易於填寫。
7. 印製數量及分配應有妥善計畫。
8. 通過報表的檢討，以發現並解決機關組織上和程序上的問題。
9. 隨時針對組織需要，創製新報表或編修舊報表。
10. 按報表的性質、大小或顏色，予以分類、歸檔 (Neuner et al., 1972: Chap. 16)。

陸、報告管理

　　報告是下級機關對上級機關、屬員對上司、政府對人民、個人對公眾之信息資料的傳達，為近年來管理改進的主要課題。報告可分為口頭報告

與書面報告，又可分為行政報告、定期報告和特別報告等類。

柒、文書簡化

簡化文書足以提高工作效率並節省人力、物力和財力，故公務管理不可忽略文書簡化工作。事實上，報表管理和報告管理雖屬案卷管理的內容和實務，實則此兩種皆有助於文書簡化工作的推行，或說此兩種係文書簡化的手段，文書簡化係其目的，亦不為過。一般文書簡化，有屬於機關制度者，有屬於權責劃分者，有屬於文書處理全部過程者，有屬於某項工作手續者，如何達到簡化目的，須依科學方法和程序不斷作深入研究，擇定改善之目標和步驟，貫徹實施。文書簡化除前已述及的報表管理和報告管理外，此處專論公文簡化，並提出幾個要點以供參考：

一、縮短公文處理時間

⑴屬行分層負責制度，減少公文旅行階層及時間；⑵舉行業務會報或工作會報，其決定事項，各單位應可遵照辦理，不必會簽會稿。

二、減少公文處理數量

⑴無需要者一律取消；⑵發行公報，代替行文；⑶公文內容，應表示明確，其涉及法令規章部分應加說明，以免往返行文請求解釋或答覆；⑷劃分各級權責，縮短公文判行之階層，亦可減少各單位之公文處理數量；⑸盡量利用報表方式以代替公文。

三、簡化處理手續

屬於全部工作過程之簡化者，以「剔除」、「合併」、「排列」與「簡化」四項步驟並用。如以「文檔同號」處理編號登記之簡化；以分層負責實施核判文稿之簡化；以副本抄送所屬上級機關及下級機關並試行越級行文辦法實施行文程序之簡化。

四、文書報表化

公文擬稿必須通順，條理必須分明，程式體制必須熟嫻，故較繁難，若文書報表化，則以簡明的報表，即能顯示文書繁複的內容，必有助於文

書處理效率之提高。

五、其他簡化方法

如電話洽公，用公務電話記錄單，擇要記錄附入卷內；如電報發報或廣播以代替行文，不但迅速且效率尤大。

六、確保公文處理期限

公文按其性質及需要，分別規定辦理速度及期限，避免積壓以配合文書簡化工作。

捌、檔案管理

檔案係指處理完畢經整理存檔以備查考之文書及有關資料而言，其有關資料包括：⑴公文附件；⑵法令規章；⑶圖表冊籍；⑷政府公報；⑸行政資料；⑹記載公務之報章雜誌；⑺有關公務的私人或團體函件；⑻照片、幻燈片；⑼錄音帶、錄音片、錄影帶及電腦磁帶；⑽顯微縮影片等。至於檔案管理則指儲存和準備儲存這些有關資料的作業和管理活動而言，屬於案卷管理的一重要部分。茲分幾方面加以說明：

一、檔案管理的功用

⑴妥善保存工作的結晶，累積的經驗；⑵使浩繁案卷能迅速調閱；⑶供辦公時行政措施的實體參考；⑷備供行政研究的直接資料；⑸供作史料，以利學術研究（王德馨，民 61：289）。

二、檔案管理的組織

計分三類（王德馨，民 61：29）：

1.**集中制**：將全機關案卷集中於一處或一部門管理，集中使用檔案設備。優點為：⑴消除不必要設備的重複；⑵消除不必要案卷的重複；⑶迅速傳遞檔案資料，專人管理，提高檔案的參考價值和正確比率；⑷存檔方法齊一，不失修歧；⑸減低檔案管理工作的成本及人力；⑹利於檔案管理人員的監督；⑺維持一經常運作業務的檔案部門，檔案管理工作不致中斷。此制為小機關所常採用。

2. **分散制**：案卷由各單位、部門分別管理，各單位擁有檔案設備，優點為：⑴避免大量人員接觸，保持機密本質；⑵避免從集中部門獲取檔案的延遲；⑶獨一部門而非其他部門所需的檔案，自不需集中管理。但缺點則是：⑴各部門均需購置檔案設備，造成不必要重複；⑵無專人管理，容易造成檔案體系的混淆；⑶各單位的檔案管理計畫及方法不一，不易溝通、協調。此制宜行於大機關。

3. **折衷制**：又稱混合制或行政檔案集中分存制。機關內設立一「檔案處」，統轄各單位之「檔案室」，不常調閱之檔案，由檔案處集中管理，各單位認為常須調閱之案卷，則仍由各單位檔案室自行保管，惟須受檔案處主管之統一指揮，使方法、設備、工具等均趨一致。此制宜行於規模較大機關。

三、檔案分類

　　檔案分類是檔案管理的實務之一，目的在於歸檔和調閱、檢復方便。分類方法如述：

1. **按照字母分類** (alphabetic classification)：西方按標題及作者或關係人姓名字母順序排列，中文則按首字筆劃多寡順序排列。

2. **按地區分類** (geographic classification)：如按直轄市、縣市、鄉鎮，或東、南、西、北地區排列。

3. **按科目分類** (subject classification)：此分類方法，是最科學的方法之一，但需豐富的圖書館學知識和其他必要知識。於一科目下，有時尚有互相參考之科目，例如銀行 (bank) 編入 B 卷檔案，而金融機構 (financial institutions) 則列入 F 卷檔中，但註明「參見銀行條」。

4. 按號數順序分類 (numerical classification)：如杜威之十進位分類法。

5. 按年代分類 (chronologic classification)：如按年、季、月、週、日等順序排列 (Neuner et al., 1972: 217～218)。

玖、案卷保存、檢調和銷燬

一、保存 (retention)

　　重要案卷必須妥予保存，防止受損，以為它日參考。「保存」是一種保護和貯存案卷的過程和條件，故機關管理人員和案卷管理人員首應發展良好明確的案卷保存政策，計畫各種方案和程序，否則不足為功。此外，對於特殊文書案卷之保存，應購置具有防火、防溼功能的特殊設備予以保存；重要案卷應複印多份（至少兩份），分置異處，以備一份流失時，可資補替。

二、檢　調

　　各單位或承辦人員檢調案卷，應填具申請檢調單，依調卷規則，向檔案部門調閱；調閱人員閱畢或離職時，須將案卷全部歸還，此指一般文書、案卷言。另就自動化設備言，所謂檢調，實指「訊息和案卷檢復」(information and records retrieval)，即指自儲存資料之儲存器中，隨時自動取得所需要資料之方法。(Neuner et al., 1972: 225～231)。

三、銷　燬

　　案卷銷燬 (destruction) 係指銷燬不需歸檔保存的無用案卷或歸檔多年但已無參考價值的案卷。案卷是否仍存參考價值？是否必須銷燬？乃案卷管理人員所需深思熟慮者，否則處置不當，悔之晚矣！一般銷燬程序，通常是準備銷燬清單和銷燬日曆並參考儲存指示為之，可免疏忽及犯錯之虞，但何類案卷必須銷燬？何時執行銷燬？其決定權責仍屬高階管理人員。

第三十三章 行政資訊管理

第一節 行政資訊管理的概念

在進入二十一世紀的現代後工業社會，資訊（知識）就是一切 (information is everything)。資訊社會的到來意涵著幾層的意義。其一、未來人類的生產活動主要憑藉的不再是人力或是器械，而是透過資訊的運用，使有限的資源發揮最大的效用。其二、由於人與人之間、社會與國家之間、國與國之間的交往關係益趨頻繁，這種休戚與共、牽一髮而動全身的密切關係，使彼此間的瞭解與溝通顯得格外重要，而溝通依憑的就是資訊。其三、因此人類社會生活所必須面對的資訊數量將愈來愈多，資訊的種類將愈來愈繁雜。

對行政的作用來說，現代政府所須面對的外在環境因素日趨複雜且瞬息萬變，舉凡政治、社會、經濟、文化、科技等在在影響行政機關的運作，所以政府必須確切掌握時代脈動，密切注意相關行政資訊的產生。而就機關組織內部的管理活動言，不論是行政決定、行政溝通或行政協調，亦賴有效的資訊作為參考，否則不為功。是以，為求掌握行政環境的變動狀況，便利行政管理作業，機關組織務必針對行政資訊此一事項，進行有計畫、有系統的管理。

行政資訊管理係指：機關組織為有效達成目標使命，針對影響組織運作有關的內外在環境因素，所進行之資訊搜集、資訊分析、資訊解釋、資訊分派、資訊應用及資訊儲存等管理活動，其目的在促進行政效率、提升行政決策品質、有效解決公共問題。行政資訊管理的必要性，主要原因有三：

1. 思考如何應用現代電腦科技快速處理大量資訊的能力，以簡化行政作業流程，縮短行政作業時間。

2. 思考如何應用現代電腦科技快速處理大量資訊的能力，以發揮知識的效用，提高決策的理性程度，減輕管理者例行性的工作負擔。

3. 思考如何應用現代電腦科技快速處理大量資訊的能力，以協助決策者進行問題分析、方案創造、結果判斷與風險管理。

行政資訊管理的要務在於資訊的處理 (information processing)，主要的活動包括知識或資訊的獲取、資訊的分派與交流、資訊的詮釋與分享、資訊的記憶與儲存四項，分別代表行政資訊管理的四大工作重點，可以流程的方式來表示：

行政資訊管理的內容不只是辦公室自動化，或是行政作業的電腦化，還包括管理資訊系統、決策支援系統等較高層次的應用，以下分成兩節說明之。

第二節　管理資訊系統

壹、管理資訊系統的涵義

管理資訊系統 (management information systems) 意指，應用系統化、電腦化的資訊處理程序及處理設備，針對機關組織的決策所需與業務運作，所為有計畫的管理作業及建制。

陳德禹（民 82：333）認為：管理資訊系統即協助管理階層有效履行管理功能，提供所需資訊的系統。係以電腦為工具，運用系統分析與模式

建立的方法，針對機關日常業務之規劃、執行、考核等管理工作，所建立的資訊處理系統過程。

葉維銓（民 78：82）認為：管理資訊系統是管理者為適應決策上之需要，而建立一種情報搜集、分析和儲存的制度，經由電腦的工具以提供迅速之服務，作為決策之參考。從資料搜集、分析、選擇、儲存、處理以及傳播等步驟所構成的整個過程與體系。

詹中原（民 81：9）則將管理資訊系統說明為：介於管理科學、電腦資訊及電子資訊工程之間的一種學科。此一學科的應用結合了電腦資訊與電子資訊工程的知識技術，用以協助機關組織的有效管理作業。

墨迪克 (Robert G Murdick) 和羅斯 (Joel E. Ross) 認為：管理資訊系統是為了管理決策的實際需要，針對決策所需資訊的選擇、儲存、處理及查檢作業，而由人員、設備及程序所構成的一種體制 (Murdick and Ross, 1971: 32)。

總而言之，管理資訊系統是機關組織為日常決策所需、為提高決策品質，借助電子資訊工程處理大量繁雜資訊的科技能力，針對資料的搜集、分析、選擇、處理、儲存及流通等活動，所建立的一種管理作業程序與制度。這種管理制度表面看起來類似機關的文書作業系統，實際上卻必須建立在有系統的機關決策規劃之上，對於現代機關組織處理複雜環境因素，顯得格外重要。

為制定合理的行政決定、掌握決策時效及提高決策品質，管理資訊系統可以作為管理者的決策輔助工具，其應用主要針對下列各項理性決策程序：

1. 決策問題的瞭解。
2. 事實資料的搜集。
3. 資料的分析與解釋。
4. 可行方案的研擬。
5. 方案的評估及判斷等。

就機關組織決策的類型言,管理資訊系統可以同時滿足策略規劃決策、管理控制決策及作業控制決策等三種不同性質決策的需要。機關組織可以就不同類型決策所需要的資訊性質,分別設立不同目的的管理資訊系統。

貳、管理資訊系統的作用

即如前述,現代機關組織面對複雜多變的環境因素,為制定合理的行政決定、提高決策品質,而有建立管理資訊系統的必要。管理資訊系統的主要作用大可說明如次(吳定等,民 85:479～480):

一、可協助機關決策人員或管理人員做決策的能力

因經由資訊管理系統的運作,可使決策人員或管理人員於決策前充分預估決策後的可能影響,決策後可迅速瞭解執行之情況及其後果,從而可增進其做決策的能力。

二、可節省機關決策人員或管理人員做決策所需的時間 、 成本及精力

因管理資訊系統是運用管理科學和電腦科學發展出來的有效工具,該工具係由軟體運用系統與硬體操作系統結合而建立的一套整體系統,將各個次級系統的資料檔加以集中管理 , 如此可透過共同資料流程 (common data flows) 達到經濟、 迅速而有效使用資訊的目的,從而節省做決策的時間、成本及精力。

三、可使管理人員便於推動例外管理 (management by exception)

因經由回饋系統,管理人員可以迅速獲知計畫執行的重大差異、問題及例外事項。

四、可發揮管理上的管理功能

因經由管理資訊系統的運作,可充分對決策環境的各項因素加以評估,以瞭解環境因素對機關運作的可能影響。

五、可使機關原有資訊系統更為有效

因任何一個機關組織原來均有某種型態的資訊系統存在,而在以電子

計算機為主要工具的管理資訊系統內，當更能提供非人力所能有效處理的資訊，也因此當更能使決策、執行及管制等各項活動的品質相對的提高。

　　除了輔助決策與管理之外，管理資訊系統還應該能夠發揮促進機關協調、流暢組織溝通的功能。機關組織普遍存在本位主義、各自為政的現象，甚至有將重要資訊據為己有、不願公開的傾向。若能透過管理資訊系統，將資訊公開分享，不但能提升機關組織學習的能力，更有效凝聚組織向心力。

參、管理資訊系統的建立

　　管理資訊系統的建立，大致可以區分為三個階段，分別說明如次（陳德禹，民 82：335～337）：

一、分析階段

　　管理資訊系統的建制從管理功能的分析開始，以管理功能的發揮為著眼，才能建構出管理資訊系統的基本模式。分析的項目包括：

1. 管理的動作係針對何種管理實況？這些狀況的類型為何？
2. 管理的階層為何？所需擔負的職責是什麼？
3. 管理的作業流程為何？有哪些重要的決策點或查核點？
4. 為完成某一特定任務，需要由哪些作業單位協力達成？這些協力的工作單位與活動就構成了管理資訊系統的次級系統。
5. 為履行各類型、各階層的管理工作，所需資訊為何？資訊的性質為何？這些資訊如何取得、流動與儲存？

　　根據初步的總體性分析，我們必需針對這些管理功能、決策重點及溝通網絡進行重新的整理及安排，研究出最有效率及最有效果的資訊處理方式。一般而言，此項分析包括兩項工作：

1. **可行性研究**：可行性研究要在探討電腦是否能提供足夠的利益，而值得行政機關去做進一步的系統研究。一般而言，可行性研究工作必須考慮技術、經濟、作業三方面的因素：

⑴技術可行性：指行政機關是否具備必要的硬體、軟體和應用工具，或者現在雖沒有，但等到需要時即能具備。

⑵經濟可行性：指對電腦化的資訊系統所需成本與所獲利益的計算。行政機關通常會發現電腦化的真正效益不在於成本的減省，而在於能夠及時得到有價值的資訊。

⑶作業可行性：指實際運用是否遭受人員的抵制，或者目前的行政法規程序能否配合資訊化的需求。

2.**系統研究**：系統研究的重點有三：

⑴確認組織發展的基本目標。

⑵根據組織目標建立系統的個別目標，並詳定優先順序。

⑶根據既定的優先順序，做出每一應用系統的輸出、輸入系統規格。

二、整合階段

整合階段係將前面管理工作分析與評估所得，加以組合為整體，包括系統設計與資源評估兩項作業。

系統設計即針對電腦資訊處理科技的能力，將管理工作系統融入其間，務期透過電腦系統的設計與流程安排發揮最快的速度、最大的效果。系統設計牽涉所採用的資訊處理設備及如何加以組合的問題，其中尤須考量成本效益的關係。管理資訊系統特別依賴電子資料處理的設備，由於此項設備價格昂貴，且須配合長期的維護、維修、修改、汰舊等人力及物力成本，機關組織在事前的效益評估上，特須費神思考。

三、建制階段

建制階段是將整合好的系統一步步地建立起來，這階段工作包括實際的程式設計，並經過測試後納入作業，同時撰寫必要的文件並隨時對應用系統進行修護與修正，以確保系統中沒有錯誤或矛盾的地方，最後再進行整體績效的評估。管理人員善用各種實際有用的計畫和控制技術，例如專案管理、計畫評核術、設計過程控制、撰寫報告等，以確保建制工作的順利執行。

第三節　決策支援系統

壹、決策支援系統的涵義

　　行政資訊管理的主要用意，在於協助現代行政機關有效處理繁雜資訊，提升行政服務品質。自從電腦科技的發達以來，行政機關開始思考如何透過電子計算器快速、大量處理資料的技術，用來改進行政資訊管理的能力。早期的電子資料處理系統，大致上用來改善行政資料的記錄、處理、保存、取用等作業的速度，藉以達成工作簡化、降低行政成本、提高行政效率的目的。雖然晚近資訊管理系統的觀念，已經大大地擴展了電子計算器的應用範圍，普遍為各階層管理者所使用，管理資訊系統更成為管理者日常決策的好幫手。但基本上，管理資訊系統的性質與設計原則，仍止於輔助管理者面對例行性、經常性、作業性，有固定因果脈絡可循的「結構化」決策問題，對於無固定因果關係的「非結構化問題」、無經驗法則可循的問題、「非程式化」的決策問題（許士軍，民 71：183），仍然束手無策。因之，一九七〇年以降，有所謂「決策支援系統」(decision support system) 觀念的提出。

　　吳定等（民 85：486）認為：決策支援系統就是指利用電腦系統處理機關的資訊，以支援主管人員針對「非結構化」問題制定決策與執行決策的一套體系。所謂非結構化問題通常是指決策者不只一人、解決問題的目標頗為分歧、解決的方案甚多、後果發生的機率無法預測的問題。

　　史考特 (Michael S. Scott) 認為：決策支援系統是一個以電腦為基礎的交談式系統 (interactive computer-based system)，目的在協助決策者使用資料及模式，解決非結構性 (unstructural) 的問題 (Scott, 1971)。

　　希爾洛夫 (Robert J. Thierauf) 認為：決策支援系統容許使用者，將他的判斷在一個人／機介面上與電腦的產出結合，以產生更具意義的資訊，以

支援決策的過程。它能支持所有型態（結構、半結構、非結構）的問題，並使用詢問的方式取得所要求的資訊。更特別說明的是，它同時應用了數學和統計的模式及資料庫所含的元素，解決所探究的問題 (Thierouf, 1982)。

綜合而論，決策支援系統是以「決策層」人士（而非管理層或技術層人員）做決定的需要為核心，應用電腦科技與設備，形成一種允許使用者與電腦互動的資訊處理模式，藉以探究非結構化決策問題，使行政主管能夠快速有效判斷問題、選擇方案的體系與制度。而此一體系具有下列諸種特性（吳定等，民 85：487～489）：

一、能夠支援非結構化的決策

高階管理人員的決策過程，常常變化多端，難以掌握，所面臨的問題大多是半結構化的，甚至是非結構化的。決策支援系統可以將此類半結構化或非結構化的決策分析過程予以結構化，而協助決策人員做較適當的決策。

二、能夠支援整個決策過程

從搜集資料、界定問題、確定目標、研擬方案、比較方案、選擇方案，乃至方案實施後的評估之整個決策過程，皆可由決策支援系統加以支援。

三、對環境的變化具有彈性 (flexibility)、適應力 (adaptability) 及迅速回應 (quick response) 的能力

決策支援系統所掌握的資訊，必須隨著機關組織環境的變化，隨時予以更新修正。對於決策分析之分析準則與模式的應用，也應隨著問題的不同而具有改變或修正的能力。同時，必須能快速回應環境的變化，以爭取時效。

四、能夠提供充分的彈性使決策者可表達主觀的認定

例如決定分析的準則、權重、價值觀念等。此亦即決策支援系統被稱為「支援」，而非「取代」的主要原因。

五、能夠提供決策者使用「假如……如何」(if-what) 權變關係的功能

由於決策者所面臨的多為非例行化和非結構化的問題，因此，在尋找解決方案時，很難有顯而易見或唯一可取的答案。決策者常需不斷的詢問「假如……如何」的問題，以切實瞭解各項方案的可能前因後果，然後評估比較其利弊優劣，再作最後的抉擇。而決策支援系統就具有此項特性。

六、容易使用

決策支援系統必須具備容易使用的特色，以方便非電腦專業人員以交談的方式使用，同時，應具備以對話型態查詢所要求資訊的能力。

貳、決策支援系統的主要架構

決策支援系統的建立係以決策者個人進行策略性決策的需要為著眼，所以此一系統較管理資訊系統更重視理性的決策步驟。換言之，決策支援系統圍繞在決策問題的瞭解、事實資料的搜集、資料的分析與解釋、可行方案的研擬、方案的評估及判斷等活動來進行，特別是有關決策者如何從資訊中形成對問題的認知，如何根據認知來形成解釋的理論模式，如何依據最可信的模式進行分析、判斷及選擇。故決策支援系統通常由三種次級系統構成，茲說明如次（張鍾潛，民 72：162～164）。

一、語言系統 (language system)

所謂語言系統即使用者（即運用決策支援系統的決策者）個人與電腦系統間相互溝通的媒介系統，通常係指使用者輸入電腦系統所使用之程式、指令及陳述，或是電腦系統輸出的訊號、陳述，透過這些聯繫人與電腦的溝通語言（或符號），決策者才能與電腦進行互動，攸關決策支援系統的實用性與效果。就現在電腦科技運用的最高原則，即便利使用者使用 (users friendly) 的原則言，語言系統的設計亦應以方便決策者使用為原則。

二、知識系統 (knowledge system)

知識系統實為決策支援系統的最重要部分，此一系統之內容應能涵括

所有可供決策參考的大量資訊，決策者能從知識系統中獲取解決問題的有效知識。從輔助決策者處理非結構化問題的觀點言，知識系統不但要能提供靜態與動態的資料，還必需展現決策模擬的效果，提供各種可能的因果組合。為方便使用者存取資訊、組合資訊、應用資訊，知識系統尚需包括管理資訊的系統。一般而言，知識系統由兩個部分構成：

1. **資料庫**：資料庫所儲存的是大量的「問題領域」(problem domain)，包括：瞭解某特定問題的路線、建立模式的方法、選取模式的組合及模式的修正規則、限制條件與相關資料的來源等。

2. **資料庫管理系統**：資料庫管理系統的功用是將資料庫中的大量資訊與問題領域有系統的組織起來，使用者透過它，可以尋找、增刪、修正某特定問題的「問題領域」及其相關的資訊。

三、問題處理系統 (problem processing system)

決策支援系統功能的發揮繫於問題處理系統，問題處理系統扮演部分人腦的分析、推理和綜合的功能，乃係介於「語言系統」和「知識系統」之間的一種橋梁。問題處理系統透過語言系統來瞭解決策者的需要及問題描述，根據此一決策前提，從相關的問題領域中抽取恰當的知識資訊，提供給決策者參考判斷。所以問題處理系統擔負資訊的選取、因果模式的建立、決策問題的界定與分析等重要工作。

參、決策支援系統的建立

決策支援系統的建立決非一朝一夕可得或是一蹴可幾，它必須透過試誤的過程，根據使用的實際情形，進行不斷的修正改進，精煉其可行性與準確性。機關組織在建立決策支援系統時，可以按照下列四項步驟來進行（Vierck, 1981；吳定等，民 85：492～493）：

一、進行可行性研究 (feasibility study)

決策支援系統的推動者與高階層管理人員面談，以瞭解機關組織是否需要建立一套決策支援系統，並進行可行性研究，其工作包括：有關電腦

硬體及軟體、系統模式、語言及資料庫等事項的研究。

二、發展適合建立決策支援系統的環境

　　推動者負責研究，並選擇某些能夠迅速簡易應用於決策支援系統的硬體設備和軟體程式，並研究機關組織整體資料的來源及現況、成立相關的推動單位等。

三、選定試行決策支援系統的單位

　　在機關組織全面採行決策支援系統之前，先選定某一單位試行，亦即先針對該單位的情況，發展該單位的決策支援系統並實際予以運作。

四、全面建立決策支援系統

　　針對前一步驟試行單位的實施情況，進行評估予以檢討，從事必要的修正調整，然後在整個機關全面的推動，予以實施。

第7編

結　論

第三十四章　行政學中心問題的回顧

第一節　行政效率的再探討

在本書第一章中，曾對行政學的目的加以探討，而其中最主要之一項目的即為提高行政效率，行政學所研究的內容或主題如行政組織、人事行政、財務行政、行政運作及管理方法等，無一不是與行政效率之提高有關者，所以行政效率是行政學的一個中心問題，若離開了效率，則行政學將失去其存在的必要與價值。

對行政學一詞最先提出的美國學者威爾遜，曾在一八八七年發表一篇〈行政的研究〉的文章，其主旨就是倡導行政效率的提高，他認為美國應向歐洲國家學習有效的行政方法。其後，另一位美國的行政學家古立克亦提出同樣的理論，他說：「不論私人的企業經營或政府的行政管理，其基本目的都在於追求效率，所謂效率也就是以最少的人力與物力完成其工作。」(Gulick and Urwick, 1937: 191)。

壹、效率一詞的辨正

一、效率並非節約或儉吝

反對效率的人，認為「效率只是一味的要求少用錢」，其實這是對效率一詞的誤解。因為效率固然要求消除人力、財力、時間和物力的浪費，但並非斤斤計較於開支的減少，而是要使每一項開支都用得適當。效率本來只是要求如何以最低限度的消費來得到最大限度的結果，並無意說是以最少的金錢去辦少量的事。所以效率的意義在「當其用」、「宏其用」，而不是「節約」或「儉吝」。

二、效率並非只是機械觀念

有些人認為講求效率，會把行政工作引到機械的路上去，因為它只是一味地追求效率，而不採用良好的行政技巧。同時認為效率的測量只能適用於機械性的工作以及勞動事務方面的工作，其實這也是對效率的一種誤解，效率並不限制採用行政的技巧。且追求效率，乃是在假定其社會價值不發生改變的條件下進行，否則效率即無意義可言。所謂效率並非簡單的機械的效率之意，而是欲以有限的資源盡可能的達成最大的行政目的之廣義的效率之意。故效率的測量亦可使用於高級行政方面。蓋所謂效率乃是在既定形勢或條件下所作的最佳或最有利的抉擇，此種抉擇並非專指機械性而言，諸如政治性、行政性及社會性的抉擇，均可包括在內。

三、效率並非只問目的不擇手段

有人以為效率只問所欲達到目的為何，而不問所採取的手段為何，其實真正的效率，必須同時顧及手段與目的，否則將無效率可言。例如一個公司以賺錢為目的，而不顧員工的薪給待遇、健康情況及員工的要求等，則其目的必然不能達到。因此我們可以瞭解到一點，即最高的效率乃在於目的與手段的統一與一致，只有使用正當的手段才能達到正當的目的。

四、效率並非是冷酷無情的觀念

某些人認為效率是殘忍的，如果要獲得高效率，便得拋開人情，故只能以冷酷無情的態度，去應付冷酷無情的事實。例如為了賺取更多的錢，便不惜減低工人工資，延長工作時間。這種看法是因為忘記了效率的真義在利用科學方法適應人類天性，顧及社會因素與價值，期對人的內在潛能作最高的利用與發揮，故效率絕不是榨取或剝削的結果，而是由於人類的互助合作，自動自發而產生的最高效能（張金鑑，民 62：402～403）。

貳、影響效率的因素

欲對此問題得到解答，必先從效率的層次性加以分析，然後再分析影響各層次效率的因素。至於效率的層次可分為：第一層次為組織效率（高

級決策層次），第二層次為管理效率（中級行政層次），第三層次為機械效率（基層工作人員）（張金鑑，民 62：404～405）。

所謂機械效率係個人或許多人在既定條件下，對工作之作業所產生實際之工作效率而言。這種效率偏重於身體運動的原則，換言之，即以最少的身體活動，在最短的時間內達到最高的工作效率。例如一個打字員的工作效率，可以從其一分鐘所打的字數，是否合乎規定的工作標準而決定之。所謂管理效率係在既定的條件或高級命令之下，促成最有效、最適當及最經濟的分工合作及監督的效率，此種效率不只是一個機械計算，而是組織與管理問題的全盤測量。至於所謂組織效率是從高級觀點而言，凡屬於規劃與安排一切工作因素或生產因素，與協調、溝通一切工作的關係，藉以達成機關既定目標的效率，這種組織效率也可稱為社會效率，因為它會影響到整個社會的和諧和進步。

這三者之間，雖然層次及涵義不同，但彼此相互影響，而不能單獨存在，這三種效率的完全達到，才可算得上是完整的效率。因為下層是構成上一層的基礎，每上一層則有新性質的關係產生，因而依此逆行，上一層的變化又影響到下一層。故機械的效率的變化，則迫使管理效率加以調整，而管理效率的調整，又影響組織效率的加速發展。同樣，組織效率的加速發展，也會自上而下的影響各層的效率。這三種效率相互影響的關係，足可表現在機關中各層級間的相互關係。

機關的效率既然可以分成三個層級，因此影響效率的因素，亦因其層次的不同而異，今以內在因素和外在因素，來說明影響機關效率的標準：

一、內在因素

1. **屬於組織效率者**：領導人員才能、領導方式、機關組織、團體意識、溝通、士氣及忠誠、指揮系統、機械效率、管理效率及報酬給付的彈性等。
2. **屬於管理效率者**：如管理制度及方法、執行及監督人才之任用、組織效率、溝通、機械效率、控制幅度、權責劃分、獎懲等。
3. **屬於機械效率者**：技藝訓練、士氣及忠誠、工作環境、工具、疲勞與休

息、管理效率、組織效率、非正式組織及群眾心理等。

二、外在因素

1.**屬於社會方面者**：戰爭、政治、法律、工會、習俗與文化、國民所得、
　輿論、時間等。

2.**屬於自然環境者**：氣候、溫度和溼度等。

　　卡斯特及羅森威在合著之《組織與管理》一書中，曾以「生產力」
(productivity) 的高低來衡量機關的效率，他們並引證了一幅「影響員工效
率及生產力的主要因素圖」(major factors affecting employee job performance
and productivity)，對於直接或間接影響效率的因素提出了最詳盡的分析
(Sutermeister, 1963: 24)。

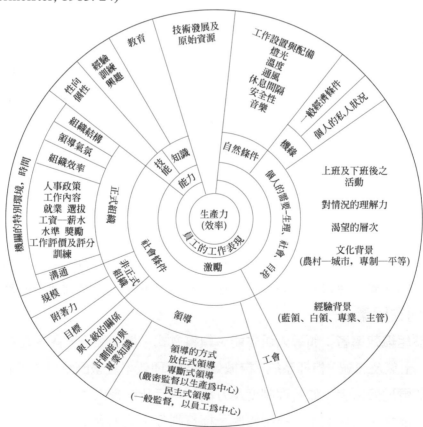

圖 34-1　影響員工效率及生產力的主要因素圖

從圖 34-1 中吾人可以得知下列的結論：

1. 機關的生產力（效率）是以「員工的工作表現」及「技術發展及原始資源」為主要影響因素：前者則以個人「能力」及「激勵」因素為轉移；後者則為科學技術的運用、物質或原始資源的輸入。

2. 個人能力係指「知識」與「技能」而言，包括個人所受的教育、經驗與訓練，再加上他的興趣、性向及個性等，這些都是決定其能力高低的因素。

3. 激勵的運用是最複雜的一項問題，它包括了三方面的激勵：

   ⑴自然條件的注意：如機關設備、燈光、溫度、通風、休息間隔、安全性及音樂等。

   ⑵個人需求的滿足：包括生理的、社會的及自我的「需求」之滿足。

   ⑶社會條件的注意：包括正式組織、非正式組織、領導等問題。再分而言之：

   ①正式組織方面：組織的結構、組織的效率、人事政策、溝通及各機關的特別環境等。

   ②非正式組織方面：本身的規模、人員的附著力及非正式組織的目標等。

   ③領導方面：領導的方式對激勵的功效影響最大，到底是採放任式、民主式、專斷式或混合式？此外，領導者的計畫能力與專業知識的好壞也有影響。

　　由上面所述，吾人當可明瞭影響效率的因素甚多，因此，要測量一個機關的效率高低，不能單靠一個簡單的因素或僅作機械的計算，應從整個組織的協調及團體目的的完成上去著眼。只要機關團體能使其人員圓滿的達成目的或計畫時，這個團體就被認為是有效率 (effectiveness)，若不能達成其目標，我們說這個團體沒有效率。

　　因此，要提高行政效率，必須根據上述諸項目來加以改進，而最主要的還是人員的問題，只要每一個人都能發揮其長處，在完成共同目標的過

程中，都有適當的分工制度和合作關係，這樣便能達到組織的理想目標。所以今後對於行政效率的提高，要把重心放在人員身上，只有當人員具有優良的工作表現時，才能使機關保持較高的行政效率。行政學的發展正朝此一方向邁進中。

參、效率與生產力

近二十年來「生產力」一詞已逐漸地在政府行政管理官文書，公共行政教科書，議員言論乃至於一般民眾的批評、反應中出現，並慢慢取代了原來使用的「效率」一詞，《國家期刊》(*The National Journal*) 甚至於特別報導，「生產力」 已成為行政主管人員中最熱門的新字眼 ("Productivity" has become the very "hottest" new word among the nations' public administrator.) (Gilder, 1975: 4)。

就「效率」與「生產力」的基本定義而言，兩者都是以「投入與產出之比率」(input output ratio) 為第一義，因而兩者實係異名同義，而經擴充內容之廣義的「效率」與經充實並增加層次之「生產力」（見前圖）亦至為相當。從這個觀點而言，公務機關生產力與行政效率並無不同。

可是，從一般人對於公務生產力之概念來觀察，其代表涵義，卻因人而大有出入，根據調查，一般主管人員心目中認為「生產力」意指的對象包括了效率、效果、離職率、曠職率、產出衡量、服務對象滿意度衡量、工作士氣、忠誠、工作滿意感、成本節省、計畫評核、工作衡量、員工激勵、管理效能、投入產出分析、工作標準。即凡是有助於革新行政管理，使政府變得更好的通通包含在內 (Katzell and Yankelovich, 1975)。依此，顯然的「生產力」已遠超過「效率」之涵義範圍。

以涵義而言，「生產力」似可涵蓋經濟、效率、效能、效益、服務品質等概念，而「效率」嚴格而言，連與「效能」都不應混淆。故兩者仍宜有所區別。儘管區分線不甚明確，不過以「效率」為最狹義之「生產力」，而以「生產力」為最廣義之「效率」，應為大家所接受之說法。

政府機關及行政學術界，這些年來已逐漸以「生產力」一詞代替使用多年之「效率」，其理由如下（吳堯峰，民 71：392～393）：

1. 運用生產力的概念，特別是透過生產力指標之建立，使全國每一部分經濟活動之成果消長，有了可比較之共同基礎，其他經濟生產力加上公共行政部門之生產力後，可得到完整之國力全貌，這才是進步的觀念與作法。

2. 生產力衡量之技術方法、單位、標準，遠比效率衡量為進步，有較完備之體系可資運用（如均以勞動生產力之公式以人年工作力 (output per staff year) 來衡量）。

3. 效率與效果都是生產力所涵蓋的，而兩者都是衡估績效不可忽略之著眼點，單是效率的說明，納稅者或社會已不能滿意。以生產力作績效表達與作責任說明比「行政效率」周延得多。

4. 生產力之增進要領、範圍、技術方法，較行政效率之提高方法成熟廣泛，幾乎有益於機關業務，有助於組織管理的都可列入生產力增進範圍，這是效率改進所不及者。

5. 「效率」觀念風行百年後，已失卻新鮮感，改以「生產力」推動改進革新，有令人一新之感，從而效果也可能較好。

當然，最重要的乃是納稅者對於政府所提供之公共服務日益關切，咸認應有更多更好更有為之行政以滿足各方面之需要。有三個基本理由被提出以闡明改進生產力之需要：⑴資源之有限性；⑵更多更佳之服務需要；⑶公眾對於公共服務成本之關切。這三點對於政府機關而言，合而形成所謂「生產力之必要性」。

第二節　集權與分權的爭論

無論政治權力或行政權力都會產生「集權」(centralization) 與「分權」(decentralization) 之爭論。英國的《大憲章》是肇因於國王與貴族之爭；美

國的憲法又充分顯示出聯邦（中央）與州（地方）政府的分權精神；至於行政或管理權力的「集」與「分」，亦常見於政府上下層級之間或公司的董事會與經理人員之間。因此，在行政組織中，究竟應採集權式或分權式的組織，乃成為行政學中的一項熱門話題，其實，兩種制度各有其優劣利弊，不能完全否定對方之價值。

就國家行政權力的發展趨勢看，有日漸走向集權的傾向，即以美國這樣一個強調聯邦與各州分權的國家，近幾十年來，聯邦政府的權限已日益擴大；而地方政府的權限也多由州政府取而代之。我國的情形亦不例外，許多原由地方政府主管的事務，也逐漸由中央政府收回而自行辦理，或者是擴大對地方（下級）機關的指揮與控制的權力。

贊成集權制的人，多持以下的觀點：

一、經濟規模

分散的或小規模的組織，在設備與人員的使用上較不經濟，且由於科學技術的進步，政府行政日趨專門化與技術化，較小的地方單位不易延攬專門人才，且設備亦難於充實，由較高較大的機關主持辦理，則輕而易舉、經濟有效，例如行政院衛生署的成立即屬此義。

二、齊一步調

行政組織常見的一種病態現象即為「本位主義」(suboptimization)，即各次級系統趨向於發展其自己的規範、目標及社會控制等價值觀念，總認為自己所隸屬的部門或單位是最為重要的，結果使得組織的目標難以達成。如果採行較為集權的制度，則對消除本位主義大有裨益，因為各部門或單位在集權制下不易發展其自己的價值觀念，而成員也就不會對之產生過分的忠誠與偏愛，這時整個組織的人員，步調可趨於一致，大家朝向共同目標前進。

三、抗拒壓力團體

所有的政府機關（構）多多少少總會受到壓力團體的影響，例如以遊說、請願及宣傳的方式來影響行政部門的政策或措施。但是，壓力團體在

施加壓力時，會發覺到政府規模愈大、權力愈集中，則愈不容易達到目的；相反的，政府機構的規模愈小，則愈易受到壓力團體的控制，因此之故，政府將其權力向上集中，當有抗拒壓力團體之功效。

四、減少衝突

在分權制下，由於各部門皆掌有相當大的自主權，所以往往為了本身的利益而彼此衝突，尤其在地方分權的政治制度下，此等衝突最為明顯，各地方政府為滿足其權力慾及爭取資源，最易與鄰近的同級政府發生衝突。如果改採集權制度，一切由上級政府來加以規定或控制，則下級在服從命令的原則下，自然接受上級的各種安排，同級機構之間的衝突相對之下即可減少。

至於主張分權論者，亦有下列的理由：

一、合乎民主精神

民主的意義是在於個人有自己作主（決定）的權力，吾人可將此一意義引申到組織理論上去，即各級機構、部門或單位的人員皆有不同程度的自主權，這也說明組織不是屬於少數人的。在分權制下，組織成員分享組織的決定權，不會產生少數專權或個人獨裁的弊害，是現代行政組織所努力追求的目的之一。

二、行政效率加快

集權制最大的缺點是行動遲緩、效率低落，主要是層層請示、等因奉此的原因所造成，但是分權制卻可以消除此一缺點，因為人員對其權限以內的事務享有自由裁量權 (discretion)，可以自己作主，不必動輒向上級請示，行政手續自然加快，而效率亦必能提高。

三、工作滿足與激勵

分權意即將決定權力 (decision-making authority) 放在組織各較低階層。在此階層之管理人員，因其決定權力之行使，遂取得若干自主權 (autonomy)，士氣得到鼓勵，工作成效良好。再者，因為在工作上允許自由裁量及彈性處理，更容易為組織吸引並維持精力充沛又積極主動的中層

管理人員。此外，分權尚可提高許多非管理人員的工作滿足感，並激勵其工作熱誠。反之，在集權的組織中，因為工作專業化的結果，內部人員僅負責範圍極狹窄之工作，時間一久，形成機械動作，產生枯燥及厭惡感，缺少激勵，工作完成後，亦無滿足感。

四、因地制宜

地方政府之組織或功能，經過集權化之後，一切行政係以整體為依歸，而忽視部分需要，在外表看來，整齊劃一，但是從實際上討論，卻不符部分利益。是以如採分權組織，地方仍保持原有型態及事權，則其行政措施，自以地方需要為基礎，因而收到因地制宜之效。

既然集權、分權各有利弊，如何取兩者之長而避兩者之短，乃成為行政或管理學者所努力探討的方向，其中最具有突破性發展的，則為「事業部門制」(divisionalization) 的組織型態，這是最先由美國通用汽車公司的總裁史龍 (Alfred Sloan, Jr.) 所設計出來的，其主要的精神即在於取兩制之長。茲將此一組織型態簡要說明於下：

一、集權式的政策、分權式的管理 (centralized policy, decentralized administration)

總管理處或總公司負責整個企業的整體規劃、協調與整合；各事業部門 (division) 或各公司享有經營管理上的全權，即在人事、財務、行銷、研究發展等方面有充分的自主權。

二、產品（服務）中心

各事業部門自身為一完整的產品或服務中心，有其自己獨立的產品或服務項目，與其他事業部門各有其行銷或服務的對象，不會發生自相殘殺或彼此衝突的窘境。

三、利潤（責任）中心

每一事業部門即為一獲取利潤的中心，其績效之評估亦以獲利率為標準，是以每一事業部門必施展最大的本領及負責的精神以爭取較高的利潤，員工在此誘因下，必會發揮整體合作的團隊精神。

四、陣容堅強的幕僚群

在總管理處方面，因為要從事整體規劃與協調各事業部門的工作，所以要建立起十分堅強的幕僚機構，他們向最高決策當局提供資料與建議，以保證決策當局在政策上的正確。

圖 34-2　事業部門制的基本構面

第三節　政治與行政的分與合

政治與行政的關係，一向是論者所爭議者，有人主張兩者應作嚴格的劃分，如古德諾早在一九〇〇年所著之《政治與行政》(*Politics and Administration*) 一書中，即作此論，其後數十年間，行政學界大多同意此說；但近幾十年來，此種理論與思想遭到嚴厲的批評，認為兩者是不能分離的，尤其從公共政策的觀點看，政治與行政是根本無法劃分的，如賴格羅父子 (F. A. Nigro & L. G. Nigro) 合著之《現代行政學》(*Modern Public Administration*)，即認為政策制定與執行是一貫性質，不能將政策制定視為政治，而將政策執行視為行政，兩者有連帶的關係，甚至可看作一體之兩面。

早期行政學者之所以認為政治與行政應作嚴格的劃分，主要是鑑於分贓制度的流弊。美國自傑克遜總統開始，曾有過五十多年的分贓制度，政府官員的進退恆隨總統大選的結果以為定，在一朝天子一朝臣的風氣下，

公務員成為政治運用的工具，人們要想求得一官半職，必須與政黨的關係搞好，否則再有天大的才能，也無法進入政府工作。此一制度直到一八八三年美國國會通過《文官法》(Civil Service Act) 以後才算結束，從此美國的文官制度進入了「功績制」(merit system) 的時代。在此一制度之下，政府官員劃分成政治任命的政務官與考試任用的事務官兩種，前者隨總統的選舉結果以為進退；後者則不受政治的影響，無論哪一政黨的人出任總統，常任事務官可以繼續任職，直到退休年齡為止。政務官負責政策的制定，並接受國會的監督；事務官則負責將政策加以貫徹執行，此一特性即成為政治與行政劃分的基本概念。

但是上述理論逐漸遭到批評，晚近的行政學者認為兩者非但不能截然劃分，甚至必須密切配合，合而為一，持此論者之主要理由為：

一、目的與手段的合一

政治的作用在決定政策，在確立目標；行政的作用在執行政策，在實現目標。前者是目的，後者是手段。手段與目的必須是彼此一致，相互配合的。不顧到目的的手段，其本身縱然是有效的，其結果則是失敗的。不擇手段的目的常是不易達到的，縱使能達到，其結果可能是不道德的或罪惡的。真正的成功與有效必是手段與目的的一致及合一。李文旦 (David M. Levitan) 著〈政治目的與手段〉(Political Ends and Means) 一文，曾說：「民主政治不僅指立法民主而言，同時亦指行政民主而言。行政機關及官吏設置的最高目的乃在於實現並執行立法中所具的民主精神與理想。公務員地位中立和政治與行政分離的觀念是與真理相違背的。政治目的與行政手段必須一致。能真正達成政治目的的行政手段才是真正有效率的、民主的」(Levitan, 1944: 79～88)。

二、民意的考慮

傳統行政學者皆認為政治是民意的表現，行政是民意的執行。民意表現就是由人民或人民的代表決定或表明意思，需要政府和官吏做些什麼。民意執行就是政府依據人民或人民的代表所表明的意思，把他們所需要的

事項能夠實現出來。前者是決定需要，表明意思；後者是滿足需要，實現意思。政治與行政雖然是兩種功能和作用，但是兩者並不能截然劃分或彼此獨立；無論在理論上或實際上兩者必須相互溝通、密切配合。政府和官吏在執行的過程中，固然要依據人民的決定，不能違犯其意志，就是人民在決定其需要，表明其意志，亦不能不顧及實際行政事實。根據行政事實的決定或計畫才能付諸實施，成為事實；否則，好高騖遠的決定必流為空談；閉門造車的設計，徒成為廢物。行政人員在執行的進程中，同時須受到政治權力者的監督與考核，方能保障民意的真正實現。此外，由於行政機關多具有立法的提案權及行政法規的制定權，這些法律案或法規的內容更不能悖於民意，否則一定遭到挫折，由此也可說明行政與政治是不易作明白的劃分。

三、科學精神與方法的考慮

如果說行政事務必須要以科學方法來加以處理，則對任何行政問題的相關因素皆應加以搜集、分析之，這樣才能求得其中的真相與因果關係。但如將行政與政治分離，則此等因果關係就很難發現，而所做的行政決定自亦難望有好的結果，似此劃地自限、逃避現實的作法顯與科學精神與方法不符。瓦爾多 (Dwight Waldo) 說：「以工具哲學為基礎的政治與行政分離公式猶如自製的束身襯衣，限制了自己的胸懷與呼吸。現在正自這拘束中謀求解放，擴大行政的眼界與範圍。」古立克說：「就是一個最低的職員，只要他具有自由裁量權便有決策的作用。公務員的執行工作乃是許多無痕跡的『自由裁量』的交織品。」行政機關及官吏在實際上既參與政治的活動，所以杜爾漢 (G. H. Durham) 更進一步的主張所謂「行政的政治」(administrative politics)。他說：「行政既然不能脫離政治，就應該承認這種事實，並發展成為一種由行政人員負責任的有效的政治活動。」（轉引自張金鑑，民 68：746）

第四節　行政專業化與行政通才

　　現代政府的行政一方面走向專業化，一方面卻又需要行政通才，兩者各有其功能，不可偏廢。不過就行政學發展的過程看，早期的行政學者主張行政應由專業化的人員來推動，並未考慮到通才的需要；但後期卻發現專業化的結果又造成許多問題，例如本位主義即是一項嚴重的缺點，於是逐漸開始重視行政通才的培養，以管理發展為基礎的通才培訓計畫被廣泛的引進到行政界，政府對於高層主管人才的延攬與培育已愈來愈重視。

　　政府行政的內容早已十分專業化，所謂行政專業化，是指政府業務都與現代的專門科學知識與技術發生了不可分離的密切關係，例如農田水利、交通運輸、醫藥衛生，甚至公害防治等，無不需要專門的科學知識、技術與設備不可，而擔任公務推行的公務員，自必是具有專門知識與特殊技術的專家，否則無法勝任工作，這和農業社會或初期工業社會的「常人行政」或「平民政治」的情況大不相同。

　　所謂專家或專門職業所應具備的條件是：(1)專門職業是以專門知識及特別技術為基礎，依性質歸類而組成的有系統的行政體系；(2)這種知識與技術須經由正式教育始能獲得。正式教育指須有相當完備的設備及相當長期訓教方能完成；(3)專門職業者須具有政府或社會所承認的資格與證書；有時政府以法律規定非經考試及格，領得證書，不能執業；(4)有相當數量的執業人員組成專門職業團體，以維持職業的標準與道德；(5)同一職業者具有共同的觀念與認識，決定其對內對外的一般關係。總之，專門職業並非一蹴而幾，突然倖致，而是長期發展逐漸形成的，具有一定的條件和要素，並為大家所承認者。

　　但是行政專業化亦足以引起若干的問題，要言之，有下列數點：(1)專業化的公務人員易產生職業化的惰性，墨守成規，不願改革，使處理公務的程序和方法成為例行公事，刻板因循，不能隨時代的進步而有所改進；

⑵形成「技術官僚」(technocracy) 的行政體系，專家因自恃其工作上專家的特權，相互援引，排斥他人，乃形成特殊階級，把持公務，分據政府要津，唯我獨尊，不接受外界的影響，最後造成行政決策的偏頗與政治風氣的敗壞；⑶易養成本位主義的觀點，專家多半自視甚高，且總認為自己這一行最為重要，因此也不太容易與他人合作，專家行政的結果往往是各行其是，各自為政，力量非但不能集中，反而相互抵銷，而最終的行政目的也就根本無法完成。

　　為了矯正專家行政的缺點，行政通才的培養就顯得十分重要，二次大戰以後，美國政府對其公務員展開了有系統的訓練計畫，茲以其高級文官的訓練為例，來說明培養行政通才的作法與目的。美國聯邦政府高級文官（第十六至十八職等）約有一萬一千人左右，占常任文官總人數十分之四，平均年齡為五十三歲，因其待遇遠較民間企業為遜，因而造成嚴重的高級主管幹部外流與後繼無人之問題，有鑑於此，乃積極發展高級文官訓練。高級文官訓練機構有下列三種：

1. **聯邦高級主管研究院** (Federal Executive Institute)：為美國文官之最高訓練機構，一九六八年成立於維吉尼亞州查祿斯維，計區分為三個班次實施：⑴高級主管教育班；⑵主管領導班；⑶特別研究班。
2. **主管人員研究中心** (Executive Seminar Center)：專供十二至十五職等主管人員修習管理知能及專業知識之訓練機構，全國共設四所，區分為三個班次：⑴新任主管研究班；⑵主管人員深造班；⑶特別研究班。
3. **聯邦高級主管發展方案**：由各部會甄拔四分之三的高級人員及十分之一的現任十三至十五職等中級幹部具有深厚發展潛能者，訂定為期一年之個人發展計畫，到聯邦高級主管研究院接受三至七週之高級主管教育訓練，結訓後依其知能條件及個人志趣派至各部會擔任重要職務以增進其閱歷。依此方式，每年可培養出數百個高級幹部人選，俾使日後隨時起用能獨當一面（張文虎，民 68：510～512）。

　　從上述例證，可知培養行政通才不是一件簡單的事，我國在這方面也

做了不少，但尚未成為制度化，今後應在公務人員的培訓上做大幅度的改進。

　　總之，現代行政的特色是專家與通才的結合，在基層、中層工作的公務人員所需具備的條件是以專門知識為主；而高層公務人員則是通才，即需具備廣博的知識、平衡的思想、領導的能力及溝通與協調的技巧等。茲以圖 34–3 來作說明：

圖 34–3　通才與專才的比例

　　我們試將行政組織劃分四個層級，最高決策層係政務官的地位，負責政策的制定，在此一層級者應具備完全的通才條件，這和他當年所受的教育及原有的專長並無多大關係；在高層的人員可以簡任或十至十四職等的公務人員為代表，他們所需通才與專才的條件幾乎是各二分之一；在中層的人員可以薦任或六至九職等的公務人員為代表，他們所需的專家知識遠大於通才的條件；至於最基層的人員，則以委任職或一至五職等的人員為代表，他們所需的條件是以專業知識為主，約占百分之九十左右。

第五節　公務人員中立的問題

　　公務員是政務推行的主要力量，他們在政治上的立場與地位一直是行政學者所努力探討的問題，而此一問題又與「政治與行政」的分離與否有密切不可分的關係，在初期的行政學者既然主張政治與行政應作明確的劃

分，那麼公務員是屬於行政部門者，其任務只是公正無私的執行公務，所以應該嚴守中立的立場，絕不可成為政黨御用的工具，亦不得對任何政黨作偏袒；換言之，公務員中立就是要公務員放棄其政黨色彩，完全以不帶政治感情的冷漠態度來處理公務。

此外，公務員的中立尚有另外一個涵義，根據賴格羅父子的評述，有人認為公務員在執行公務或擬訂公共政策的過程中，要摒棄任何壓力團體的影響，甚至要排除自己價值觀念的左右，這樣才能真正保持職業上的公正 (professional detachment)，但是賴格羅等卻對此一觀點不表同意，他們稱之為 「價值中立的虛幻」 (the fiction of value neutrality) (Nigro & Nigro, 1980: 71～73)，因為公務員總會將他的那一套價值與人生觀帶到其工作崗位上。人們的價值指向實係其個人的社會與心理經驗的整合的結果，在大多數的情況下，吾人可從公務員的文化與社會背景來瞭解他們的行為，這也就是說，什麼樣的環境就會形成什麼樣的價值觀念。此外，公務員所服務的機關（構）的同仁，也是影響其價值觀念的因素之一，組織被視為一個「人格整合的系統」，人們在與組織成員互動的關係下，就逐漸形成較為相似的工作態度與行為傾向，這也使得公務員很難保持中立。

現在再回頭就「政治與行政」無法分離的觀點來探討公務員中立的問題。公務員既是人民的公僕，其一切行動自應以民意為依歸，人民選擇了某一政黨，官吏便須對某一政黨負責。公務員地位中立的思想，不足以確定政黨的政治責任，且亦有悖民主政治的精神。狄馬克曾提出問題：如果公務員所推行的計畫方案原本是政治性的，試問他們怎能不涉及政治而保持中立？如果公務員應貢獻自己去成功的推行這計畫方案，何以政黨能容忍他們對目標的冷淡態度？這冷淡態度足以造成行政的因循無能。《哈潑雜誌》(*Harpers Magazine*) 編者費西爾 (John Fischer) 曾著〈回復到分贓制度〉(Let's Go Back to the Spoils System) 一文，對公務員地位中立的觀念，大肆抨擊，主張行政首長對其部屬有完全自主的任免權，藉以確定其行政責任。李文旦說：「公務員中立化的思想是違犯民主的。公務員應該忠誠的執行執

政黨的政策。因為這政策就是多數民意的表現。公務員除非堅持民主主義的信仰，尊重國民人格的尊嚴及民意，並堅信他們是人民公僕，則決難以完成其任務與責任。」 金斯萊於一九四四年著 《代表的文官制》 (*Representative Bureaucracy*) 一書，論釋英國的人事行政實施。他指出所謂「公務員中立化」 無異是要官吏 「出家當和尚」，乃是錯誤的，不切實際的；並說英國的公務員從來就沒有中立過，對於執政黨的政策總是忠誠熱烈的去執行（張金鑑，民 68：748）。

總之，公務員中立的觀念已被公務員應無條件的效忠執政黨的思想所代替，他們應忠誠熱烈的擁護憲法、遵行法律、為民服務，決不可有冷淡消極的思想或觀念。

第六節　行政權力之擴張與控制

就政府發展的趨勢看，行政權力均有日益擴張的現象。正因為其擴張過於快速，乃有如何加以控制的主張出現。實際上，行政學的興起與蓬勃發展，主要目的就在於研究行政權力運用的適當性與有效性，政府究竟應擬訂什麼樣的政策？用什麼樣的方法與手段，來達到為民造福的目的？因此，一個有效率的大有為的政府，乃是一個具有充分權力與能力的政府，唯其有權，才能在政策上有決定權；唯其有能，才能在公務推行上顯示績效與成果。

行政權力的擴張主要有下列幾個原因：

一、自由放任的經濟思想遭到批評

西方自重商主義興起以後，高唱自由放任的經濟政策，如亞當史密斯派的個人主義，及曼徹斯特學派 (Manchester School) 所主張的「政府最好、管事最少」 (government best, government least) 的政治哲學，均為典型的代表。但這些主張到了十九世紀末葉，逐漸證明其已不足適合時代的需要，於是乃有改弦更張、重起爐灶的主義與政策的產生，那就是建立「萬能政

府」來管制若干不合乎正義公道的經濟及社會現象，同時也要求政府提供最佳的服務，例如社會安全制度的建立、公營事業的大量舉辦、工商管制的立法不斷制定等，這樣一來，行政權力自然擴張不少。

二、社會、經濟環境的變遷

歐美自工業革命以後，社會、經濟的環境乃發生了重大的改變，昔日小規模、家庭式的生產制度被大規模、機械式的工廠生產制度所取代，而雇主與受僱者之間的關係也隨之改變，在大規模的生產制度下，雙方只存在著「工作」與「報酬」的冷淡關係，彼此間毫無感情與私誼可言，長此發展下去，社會上貧富懸殊與勞資對立的現象日益嚴重，甚至發生衝突。勞資雙方乃要求政府出面干涉，資本家希望政府加強權力與職能，對工人罷工、怠工及組織工會等加以制止；而勞工則要求政府設法保障他們的權益、增進他們的福利。此外，產業界大規模的合併所形成的「托拉斯」現象，也威脅到小商人及消費者的利益。其後，工業日益發達所形成的公害，人民也要求政府加以防止，凡此種種現象，均造成行政權力的擴張。

三、立法權的分散無力

無論是三權分立的美國或五權憲法的我國，就立法權的運用與實際上所顯示的功能看，皆不如行政權來得強而有力。即使以制衡原理為基礎的美國政府，我們可以很明顯的看出，行政權遠大於立法、司法兩權，甚至行政部門在立法方面的功能比立法部門還要來得主動積極，有時還可運用行政命令的權力來從事行政立法，例如二次大戰期間，羅斯福總統曾以大量的「行政協定」來取代「條約」，以達成行政部門所希望的目的。

一般而言，立法機關成員複雜，所代表的利益又非常分歧，再加以立法程序繁複，而議會領袖又不如行政首長對其黨員的控制力量來得大，所以立法權往往顯得有氣無力，一個法案拖延時日而最後被置之高閣者屢見不鮮。人民如果希望政府為他們做什麼事，倒不如向行政部門請求，反而來得迅速有效，這也是造成行政權力擴張的原因之一。

四、司法權的退卻

這又分下列幾點說明：

1. 無法適應快速的社會變遷。在此科技高度發達的社會，各種問題日益複雜，法官皆係法律專家，但對此一科技時代所引發的許多案件，感到相當的棘手，在技術上有無法克服的困難，使得人民對法院的信心產生懷疑。此外，法律條文多係若干時日以前所制定者，也不能因應時代的需要。

2. 司法程序的僵化複雜，審判又曠費時日，致使人民視訴訟為畏途，非不得已不願到法院，如果可由行政程序上得到救濟，反而較為便捷，是以向行政機關請求行政救濟之案件有日益增多的趨勢。

3. 司法以保障私人權益為目的，而行政則以增進公眾利益為前提，人民支持與依賴行政部門的程度，遠勝於法院。

當然，天下之事，物極必反。行政功能的發展由自由放任的無為而治到事事要管的萬能政府，行政權力實已擴張到相當大的程度，於是又要設法防止其權力的濫用或繼續擴張，政治學者以及行政學者近年來已將其注意力放在此處，像「民主控制」、「行政控制」等控制方法已在有關著作中論述甚詳 (Dimock & Dimock, 1963: Chap. 18)。

就對行政權力的控制言，有下列幾種方式：

一、議會控制

議會對於行政部門掌握了立法、調查、質詢及限制等權力，如果行政部門有越軌行為時，議會有權加以糾正。通常，議會可以利用各種機會來控制或監督行政官員的施政作為，例如年度預算的審查、法律草案或修正案的審查、向行政官員質詢、議會各種委員會對相關行政部門的業務持續的加以查考，甚至為了某一重大問題可以成立特別調查委員會，例如美國國會對水門事件的調查。

二、法院控制

正如議會對行政的監督，法院的力量，也是監督行政的一種後備力量，

一旦行政者有違法亂紀等情事時，法院便要採取制裁行動。美國聯邦憲法特別明白規定政府的權力，分別授予立法、司法、行政每一部門剛好足夠執行各該部門重要任務所必需的權限；一旦權限被誤用或濫用，法院享有最後制裁之權。憲政就是法治，因此，行政須受法院的控制。

此外，美國的司法審查制 (judicial review) 也使得法院對行政及立法的控制權力加大，此一制度本非美國制憲者最初所設計者，而是一八〇三年美國最高法院大法官 （院長） 馬歇爾 (John Marshall) 在 Marbury vs. Madison 一案中所做的決定而立下的案例，此一權力使得司法權的地位提高不少。

在法院控制的原則下，行政部門可以成為「被控告者」，當人民的權益受到行政部門違法或不當的處理而受損時，可以向法院提出告訴，在大陸法系的國家，此項訴訟案件由行政法院來裁決。此外，在《國家賠償法》的規定下，人民尚可要求國家公務員對其不當行為所造成的損失加以賠償，這些都足以說明行政權力並非漫無限制的，法院控制也是一種相當有效的方法。

三、公民控制

人民是國家的主人，政府公務員則是人民的公僕，在理論上言，人民應掌握了對政府的控制權。當然，此項理論必須落實到人民的自覺與關心方才有用。換言之，人民愈是關心和過問政府的業務，政府便愈是誠實與負責。如果大多數公民都抱持著要政府去做應該做的事，而且非要做好不可的態度，則一切社會活動及公共行政便可大大地加強起來，每一個人都將努力於自己所應擔負的任務。政府的專權跋扈，唯有在公民對政治抱持冷淡態度，以及沒有盡到控制的責任等情況之下，才會發生。

公民控制行政權力的一項比較具體的作法，就是透過他們所屬的利益團體來表現，這在英、美等民主先進國家尤其明顯。在英美行政體系中，如果沒有利益團體的介入或協助，政府的業務方案幾乎就難以存在。他們督促通過某些法律，同時又阻止通過某些法律；他們支持所喜歡的政府官

員，但反對他們所不喜歡的官員。英美兩國的利益團體不僅數量多，而且力量也十分龐大，政府機構實際上已被各種利益團體所控制，但這種控制已收到民主化的效果，政府官員不敢專橫跋扈，不恤民意。

四、行政自律 (administrative self-regulation)

前面所說的三種控制皆屬外來的壓力或控制，唯獨行政自律是內在的，如果自律成功的話，它比任何的外在控制更有價值，因為行政官員一旦感覺自己應該如何去做，總比外人逼迫他們去做要來得更好一些。雖然這種方法不一定可以防止嚴重的違法情事，但卻比其他任何方法更能增進行政官員與社會大眾的良好關係。

行政官員的自律主要建立在他們的教養和社會環境的好壞上。如果是來自一個尊重公益和誠實的社會環境，則他們大多數必然是具有公益心和誠實感的，假若缺乏這種環境背景，那就難以對他們作這種期望。家庭、學校、教堂以及早年生活所處的一切環境，都足以培養陶冶一個人的特性和態度，而在後來從事公職時表現出來。因此，要想培養人們一種體諒的態度——也就是行政官員的道德水準，最好的時機，是在他們尚未從事公職之前。

此外，建立一套公務員的服務道德守則或職業規範，經由人員之間的互動所形成的團體精神和拘束力，也能對行政官員產生自律的作用，在一個具有團體精神的組織中，人們為了表示尊敬和效忠該組織，是無人敢向那些守則或規範挑戰的。

再者，在政府行政部門裡，除了公務員自動自發的自律外，還可經由一些中央控制機構或人員來加以督策與考察，這些屬於行政部門自己的機構或人員，其所擔任的工作有點像法院或議會的外部控制功能，例如行政院主計總處負有控制預算執行的功能；人事行政總處則代表行政院長要求公務人員奉公守法，不得有違背《公務員服務法》的行為。美國的預算局則被視為總統的「看守狗」，就是在替總統監督各行政部門的預算執行情形。

五、民營化 (privatization)

　　為防止行政權的不斷擴張，將若干行政業務開放民營已成為八〇年代後期的潮流，政府除了將公營事業的股權出售給社會大眾外，並可將某些業務以契約外包 (contract out)、特許 (franchise)、補助 (grant) 及抵用券 (voucher) 等方式交由民間承辦，如此當可大量減少政府的負擔，相對的行政權力亦得以縮減。此外，在「政府失靈」的理論下，行政權力自有其限制，政府事事要管則無法事事管好，於是民間組織及私人部門就會取而代之，如民間保全公司的出現即為一例。

第七節　官僚組織與民主行政

　　即如本書第二章、第六章所述，官僚組織或是層級節制組織是現代行政機關的主要結構型態，反映出文官體系的行為特色，然而，這種唯理化的組織結構也產生不少的病態現象（如第十四章所述），妨礙組織的進步與革新，特別是民主行政的推行。因此，本節特別針對官僚組織的未來發展及與民主行政的調和，進行辯證說明。

壹、官僚組織的必要性

　　吾人對官僚體制的理解，主要源於德儒韋伯的闡釋與啟發。韋伯的理想型官僚體制，具備專業分工、層級節制、講求作業程序、非人情化取向、永業保障、注重地位年資等特色，而這種組織的安排，係依理性的設計，透過法規的規範，藉以確保並提升組織的運作效率。政府想要有效的維持一個龐大公共組織的效率，必須要有專業分工；於是藉由公開且公平的方式，將符合資格的專家羅致到政府中來擔負這些責任。但在龐大組織中，這種專業分工很容易形成本位主義而導致協調困難；於是專業化的行政人員，就須維持溝通與協調路線的暢行無阻，並透過層級節制系統，使上級能直間接地指揮所屬人員，以達組織目標，亦借此達成協調的效率。然而

組織內部過分緊迫的監督，容易造成反效率和人力浪費，為避免這種情形，所以，正式法規系統便設計標準化的作業程序，使所有的組織成員有一定工作的範圍，以免有過分直接的監督和干涉。且行政組織的運作，無法經得起強烈的情緒或人情偏見，否則理性決策的能力會受到干擾，因而強調「對事不對人」的超然性，使其有排除任何干涉正式決定的非理性因素的功能。可是，非人情化的紀律，卻可能離間層級體制下的成員，故有永業的工作安全保障以減輕這種負擔，同時也可增加人員對組織的忠誠。簡言之，這些特徵是透過「問題」與「解決」的連鎖互動而引申出來的架構（沙亦群譯，民 65：50）。

　　韋伯即謂：現代國家政府要能運作良善，非在於國會殿堂的論辯，更非出於統治者的敕令，而是透過由公務員所組成的官僚組織，進行日常政務的推動。英國政治學者房納 (Herman Finer) 的名言：「國會、內閣、總統是統而不治的，而公務員是治而不統的。」（轉引自張金鑑，民 68：720～721）也指明了，現代民主國家政務的推行，對官僚組織的倚重。官僚組織雖無行政之實權，無有政策決定的權力，但政令必出自官僚（行政機關），沒有官僚組織的全力執行與配合，政府施政必定滯礙難行。盧爾克 (Francis E. Rourke) 即指出：在當代民主政府的體制下，行政官僚集團早已享有「否決團體」(veto group) 的戰略地位 (1984: 190)。

貳、官僚組織的批判

　　官僚組織的理性設計對於行政機關的效率要求，固然能夠發揮正面的作用，但相對的，也產生了一些始料未及的負功能。馬奇和賽蒙即列舉三種模式予以說明 (1958: 37～56)。墨頓模式強調：官僚體制以嚴格的控制系統來獲取人員行為的可靠性和可預測性；因此產生貶抑人性關係、目標替代、決策技術僵化的負功能。賽茲尼克模式強調：官僚組織為應付業務日趨龐雜的問題進行授權，而產生各種非預期的組織效果，如人員專注於次級單位目標而忽略了組織整體目標，各單位分別強化對內的控制以抗衡其

他單位。古德諾模式則認為對事不對人的規則除了滿足機關平等對待公眾的價值期望之外，還可以確立管理者角色扮演的正當性，減低人際間的緊張關係；但事實上卻適得其反，上下層級間的權力關係越來越模糊，緊張關係暗潮洶湧。此外，官僚體制也表現出某種「層級的組織文化」（吳瓊恩，民 85：359～360）：強調組織權力往上集中，重視組織系統的穩定性；人員的思想行為受法規和層級關係的外在約制，而形成求同順適(conformity) 的性格，個人在價值觀與意見態度上欠缺自主性。

參、官僚組織與民主行政的辯證

行政機關為整合為數眾多的公務員，促其齊心協力以達成繁雜的施政目標，因此官僚體制的應用有其必要性。然而，在理性、效率的正功能之外，官僚組織卻也存在不少的根本性問題，或謂「官僚組織是民主政府必要之惡」，對此，實有進一步討論的需要。

我國行政學先驅張金鑑教授曾謂：民主與效率是一體的、不可分的，唯有透過民主才能保證效率之獲得。真正的效率並非得自於層級的控制，或是嚴格的監督，而是起於公務員的精誠合作與自動奮發的精神（民 71：92）。傳統的行政學理論以「效率」為行政機關組織設計的優先價值，因此官僚組織乃成為唯一的選擇。而自一九七〇年代新公共行政的反省之後，逐漸明瞭「效率」具備的只是工具價值，乃是實現民主價值的手段，效率的要求必須能夠配合民主的理論，才能發揮其作用。換言之，現代民主國家行政機關組織設計的終極價值在於「民主行政」(democratic administration)，一種關聯公民、行政官員與政治人物的行政實務，一種能夠結合社會大眾的「參與系統」，一種能夠促成公務員自勵負責的組織設計（江明修，民 86：第三章）。全鍾燮 (Jong S. Jun) 即指出民主行政的六項特色（吳定等，民 85：623～624）：

一、公共利益的表達 (representation of public interest)

民主社會中各方利益的表達，不能偏限於選舉所產生的少數政治人物

（議員、政務首長等）的身上，為數眾多的公務員也要承擔表達公共利益的責任。公共行政應在日常的公務推行過程中，強調體現民眾最大利益的責任感。

二、代表性 (representativeness)

行政機關的人力組成結構應該考慮社會群體人口組合的特性，人力甄補應開放給社會各階層、各群體，使有志者均能「應考試服公職」。公共行政不應被功績制哲學的「中立才能」（neutral competence of merit-system philosophy：只問技術才能、不管社會背景）的觀念所限，而應公平、有效地讓社會各階層、各群體的價值及期待，經由公務人力的廣泛代表而融會於政府的政策及計畫。

三、開放性 (openness)

行政機關經常獨占正進行或規劃中的工作資訊，每抱持保密或欺瞞、自視「專家」高高在上的心態、操弄專業術語、抗拒外界知的權利等行為，嚴重傷害到民眾直接理性地施展公共權力的能力。為了體現主權在民的民主精義，公共行政在專業上擁有資訊優勢時，反而要開誠布公，讓民眾由各管道來獲取他們所想要的資訊。

四、超越派閥黨團 (beyond syndication)

每個機關都有其職掌範圍，對外部言，即其特定利益之所在。公共行政的精神既在體現公共利益，就不可為某一黨派或團體的私益徇私，尤其不可以較大多數的民眾為轉嫁成本，去直接授益於少數特定的服務對象。

五、嚴防專業主義 (professionalism) 對民主原則的傷害

當行政問題愈趨複雜化，愈需依賴理性、技術的分析，這導致我們愈加依靠專家的協助。專家有其長處，亦有其風險，因為專家可能是一群「自我界定的菁英」(a self-defined elite)，或為「技術官僚新階級」(a new class of technocrats)，雖會研究問題，但卻自視甚高，且不願與民眾互動，更不願進行科際間對話，因而對民主造成威脅或傷害。

六、參與 (participation)

政府施政如能讓與政策相關的各群體、各階層的利害關係人參與其中，這不僅擴大了理念的寬廣度，增加找出解決方案的可能性，更可增加民眾對政府施政的認同感及順服度。此外，參與也可指機關內部的權力分散於組織內的各個成員，組織基於民主的原則來運作，決策的作成不由上級權威來決定，而是植基在較多的知識與意見上。這可使組織成員有較大程度的自我實現，對組織產生較大的使命感和認同感。

基本上，官僚體制的設計乃是希望將諸般社會行動，有效的轉化為理性而有組織的行動，藉以實現民主社會生活的目的。然而官僚的思維與社會的思維之間，時常發生脫節的現象，官僚組織的內部規範與社會的普遍價值之間時常發生衝突 (Hummel, 1994: 22～28)，可以表 34-1 說明（吳瓊恩，民 85：240）。

表 34-1　官僚思維與社會思維的比較

層　面	社會的期望與價值	官僚組織的思維與規範
社會面	官僚處理人的問題	官僚處理個案問題
文化面	官僚關心我們所做的相同的事情：公道、自由、暴力、壓制、疾病、死亡、勝利、失敗、愛、恨、解救、毀壞	官僚的目的在控制與效率
心理面	官僚與我們同樣是人	官僚是無頭腦無靈魂，一種新的人格型態
語言面	與官僚溝通是可能的：我們都說同樣的語言，並以同樣的方法思考	官僚並非與我們溝通，而是在影響與指引人們
認知面	官僚邏輯地與明智地思考有如我們所做的那樣	官僚只用邏輯思考：他們被訓練成像電腦那樣的思考
政治面	官僚組織是服務性的機構，對社會負責並受政治與政府的統治	官僚組織是控制性的機構，逐漸地統治社會、政治與政府

除此之外，官僚組織所表現的「威權行政」色彩，也常與民主行政所主張的價值觀念相扞格，主要差異如表 34-2 所示（江明修，民 86：36）。

表 34–2　民主行政與威權行政的比較

民主行政	威權行政
平　等	階　層
工作輪調	資深優先
自　由	命　令
多　元	單　位
公民參與	專家主義
開　放	機　密
社群意識	去人情化
由下而上	由上而下

肆、後官僚組織的意象：民主精神的官僚制度

　　面對民主行政的趨勢，行政機關的官僚體系實有調整的必要，如何協調民主和效率價值，揉合目的理性與工具理性，乃成為未來官僚組織的主要發展方向。學者海克契 (Charles Heckscher) 即提出所謂「後官僚組織型模」 (the post-bureaucratic model) (1994: 24～28)，作為行政機關改造的參考，茲說明如次（吳瓊恩，民 85：247～250）：

一、權威的形成

　　官僚組織中的權威來自於層級節制的法定職位，後官僚組織的權威則來自於制度化的對話 (institutionalized dialogue)，一種說服他人的影響力。這種能力來自於個人對問題的深切認識與專業知識，個人對組織目標的承諾，進而引起其他成員對彼此之衷心認同。影響力發揮的基礎在於組織成員彼此間的互信關係，基於彼此利害與共的關係，而能夠信任對方心繫公益而非只圖私利。

二、組織的目標

　　組織必須以理想性的「使命」(mission) 為共同努力的方向，而非短視的績效目標。這種使命目標要能結合人員的工作內容與未來發展，人員能夠從己身的工作當中體會其與組織整體目標的密切關聯。為使組織使命發

揮整合個人與集體的作用，內部的資訊共享特別重要，組織資訊的流動不但是由上而下的，更是由下而上的，甚至是跨部門跨功能的。其目的在促進主管部屬上下之間、部門單位之間的一體感，更能提高資訊的可信程度，發揮集體的創意能力。

三、強調彈性的原則而非固定的法規

官僚組織憑藉各式各樣的「法規」(rules) 來運作，其形式是固定不易改變的，其內容是刻板侷限的。後官僚組織強調「原則」(principles)，原則的形式是抽象的、理論的，其內容用來說明為何如此、何以如此的道理。所以人員可以在基本的行動原則指引下，發揮創意來解決不同的問題，更可以按照問題的實際狀況來彈性運用。唯一要注意的是，組織必須透過定期的評估與檢討，避免人員對原則的誤解或扭曲的解釋。

四、組織的分工

後官僚組織的權威係建立在互信與專業基礎上，所以組織的分工與作業流程必須具備相當的彈性，或採取跨功能、跨層級的組織方式來進行。

五、績效的評估

後官僚組織的績效標準並非刻板的職務內容，而是個人完整的事功表現與具體的貢獻價值。而績效的評核方式講求公開與參與的程序，上級主管不再是唯一的考評者，更包括屬員本身，同一工作團隊的其他同僚。所以，績效不再構成人員工作的壓力來源，而是個人創意與自我實現的舞臺。

六、官僚生涯的規劃

後官僚組織不再鼓勵人員株守一部、按階晉升，反而強調人員發展多項專業能力，開拓更寬廣的事業機會。所以永業保障不再是唯一的可取價值，個人應鼓勵其事業心嘗試做不同的選擇取捨，所以人員的流動頻繁並不是壞事，機關反而可以從新進人員身上補充新觀念、新作法的活力。

七、對變革的預期心理

官僚組織是一種穩定的結構型態，用來對應穩定環境性質，企圖找尋一勞永逸的最佳處事方法，所以會是保守的、不求進取的。後官僚的組織

設計卻是針對環境易變複雜的假定，建立在對未來可能發生的各種變動狀況之上，思考如何即時而有效的解決未見之問題。所以結構安排的重點在於設置各項「查核點」(checkpoint)，用以查檢計畫與執行的落差，危機的處理與意外的狀況，並進行即時的修改與更正。

上述後官僚組織的意象實已將民主行政的觀念注入，使得原本僵化的官僚組織能夠符合時代的要求，尤其在此變動快速的資訊時代，墨守成規、層級節制的作法與結構絕對不能因應實際需要，但行政組織本身又無法完全放棄法令規章，所以在此兩難的情況下，唯有在原有的架構下採行一些民主的作法，讓組織的成員享有較多的自主與參與的權力，同時在法令上加以簡化及鬆綁、結構上作較為彈性的設計，如此當可使得官僚組織重現生命活力。

第三十五章　中國式行政的追求

第一節　中國文化與現代行政的關係

　　行政學的知識及研究，一般多以外國，尤其是美國的著作為主要來源，這固然是由於美國在這方面的研究最有成就，同時也因為國人的外語能力較為偏好英文所致。當我們一再引用外人的理論及學說之餘，總不免會產生些許的沉思與反省，難道中國人的智慧及三千年的文化遺產，就沒有任何足以與現代行政或管理相匹敵的學說嗎？事實上，中國文化的深厚與睿智，對於現代行政的確有不少的參考之處，像權變理論的那一套，就是我們中國人所謂的「中庸之道」；又如人群關係的學說與作法，又何嘗脫離了儒家的仁民愛物與忠恕之道呢？所以在探討中國行政的現代化的問題上，是否應該認真的考慮一下我們自己的生態與文化環境？

　　中國文化的主要貢獻在於人文精神與人際關係的發揚，此等貢獻剛好可以彌補西方物質文明所帶來的諸多缺失。當二十世紀初期科學管理風行一時之際，人們才意識到人在管理中的重要，而中國人早在二千多年前即已提出「徒法不足以自行」、「人存政舉、人亡政息」的精闢看法，至於俗語所謂的「事在人為」，更說明了「人」才是解決問題的根本因素。質言之，中國文化與現代行政理論有太多的相通之處，是以對中國文化的探究與發揚，實足以推動現代行政理論在我國的發展，如果國人在這方面向世界作有系統的推介，相信更可使現代行政及管理注入新的生命與活力。

　　中國文化的基本精神可以歸納為下列四點來說明：

一、人本主義

中國人是最重視人的民族，古人對於人的問題探討最多也最透闢，一切的論述皆與人有關，即使宇宙萬物的林林總總，無一不是以人為中心，孔子說：「人能弘道，非道弘人」，說明人是創造事物的動力，也是文化發展的泉源。又說：「天地之性，人為貴。」道家也認為人之偉大僅次於天、地、神，老子曰：「道大、天大、地大、人亦大。城中有四大，而人居其一焉！人法地、地法天、天法道、道法自然。」這些主張皆可看出中國人對人的重視。

正因為中國文化特別重視人，因此對於個人的修養與人際關係的研究亦就特別強調，四書五經中所論述者多係做人的大道理，由正己、修身、齊家，到治國平天下，都是環繞著以人為本位的觀點來闡述的。而中國文化的人本主義之最可貴者，則在於推己及人，所謂己欲立而立人，己欲達而達人，這是一種積極的人生哲學，其胸懷之開闊、氣魄之偉大，絕非西方文化的個人主義所能比擬的。

二、仁愛主義

由人本主義發展而成的「仁」，堪稱中國文化的最高境界，所謂「仁」乃是指人與人相處的根本道理，中國文化講仁的思想，以儒家思想最為精闢，《論語》載：「樊遲問仁，子曰愛人。」可見仁就是愛。仁是體，愛是用，一物的兩面。仁愛為接物之本。人與人相處，持之以仁愛，自可形成互助合作，和平相處，和諧一致的和樂康寧的社會。而仁政愛民的人君者抱「人飢己飢，人溺己溺」的心腸，使萬民皆被其澤；推己及人，老吾老以及人之老，幼吾幼以及人之幼。孔子曰：「大道之行也，天下為公。選賢與能，講信修睦。故人不獨親其親，不獨子其子。使老有所終，壯有所用，幼有所長，矜寡孤獨廢疾者，皆有所養，男有分，女有歸。貨惡其棄於地也，不必藏於己。力惡其不出於身也，不必為己。是故謀閉而不興，盜竊亂賊而不作，故外戶而不閉，是謂大同。」這是仁愛精神的最高發揮，亦是中國政治哲學極至理想。

三、中庸主義

中國文化以儒家的思想與德教為其主要的內容。而儒家立身行事的最高理想，則是中庸之道。故《中庸》曰：「君子尊德性而道學問，致廣大而盡精微，極高明而道中庸」。中國自堯舜以來，以中為立國的精神。儒家的十六字心傳就是「人心惟危，道心惟微，惟精惟一，允執厥中」。

中之涵義有二：一曰適中，即折衷至當，從容中道，無過或不及，不偏不倚。二曰時中，即與時並進，不執著，無怠止，圓通無礙。中不是二一添作五的折半說法，並無妥協或模稜之義。及於正，達於道乃能謂之中，依真理與得當為判斷是非的標準，具有不折不扣的徹底精神。庸之含義亦有二：一曰持恆，經久不渝。二曰有用，力求有益。所以說庸並非平庸，不是教人因陋就簡，不求有功，但求無過的消極學說，實是一種力爭上游自強不息，力求完善的積極精神。中國是今日世界上唯一延續至今的五千年的文明古國。我們所以能有此偉大成就和驚人表現，就是因為中華民族具有中流砥柱，中立不倚的節志（中）；及屹立不移，力行不懈的操行（庸）。

中庸的功能是無比的偉大。所以《中庸》曰：「喜、怒、哀、樂之未發謂之中。發而皆中節謂之和」。「致中和，天地位焉，萬物育焉」。同時，中庸之德亦是最難能可貴的，不易保持的。《論語》曰：「中庸之為德也，其至矣乎，民鮮能久矣。」《中庸》曰：「天下國家可均也，爵祿可辭也，白刃可蹈也，中庸不可能也」。賢者過之，愚者不及，其貌似中庸者又流為鄉愿。三者皆有病害，孔子取其微偏者而救正之。故曰：「不得中行而與之，必也狂狷乎。狂者進取，狷者有所不為也。」這是孔子懇切昭示，要人們勉力保持中庸之德。

國父所主張的三民主義，其最高原理就是中庸之道，就民族主義言，既不偏於個人主義，也不偏於世界主義；就民權主義言，不是極權，也非高度的自由主義；就民生主義言，既不唯心，亦不唯物，主張民生為歷史進化的中心，這些主張無不與中道契合。

四、理性主義

中國人是非常講理的民族，人際關係的基本規範就是一個理字，所謂「有理走遍天下，無理寸步難行」。理的含義甚多，理者「禮」也，又說理者「義」也，而義又與「宜」字相通。先說「禮」字，禮就是條理與系統，所以制禮作法皆須以理為基礎，禮的作用在規範人的社會行為，節制個人的不當行動，故曰「克己復禮」。社會規範的實質在於理性。合理的規律才能使人遵守與服從。理就是要使人各盡其責，各當其分，不隕不越。孔子主張正名，就是要「君君、臣臣、父父、子子」。荀子的禮治就是要名分使群。中國文化的基本精神，要人的生活與行為都遵循理性。安己守分，推己及人便是理性的本義。每個人都要盡自己應盡的義務，享自己應享的權利，不愧職守，不逾規矩，乃是理之當然。這就是《大學》所謂絜矩之道：「所惡於上，毋以使下。所惡於下，毋以事上。所惡於前，毋以先後。所惡於後，毋以從前。所惡於右，毋以交於左。所惡於左，毋以交於右」。

理者義也，乃是事之當然與應然，正直無邪之謂也，公理與正義可說是同物而異名。理者治也，故曰治理。治從水，取其公平。理是公平正直的真理與原則。中華民族所以能維持數千年歷史正統與道統而不墜，就是因為我們抱持著重公理尚正義的大無畏精神。見義勇為，當仁不讓。正其誼不謀其利，明其道不計其功。

上述四種精神又可以歸納為「情、理、法」的中國傳統管理原則，「情、理、法」乃是「仁、義、禮」的通俗化的說法。而現代管理所強調的「人性化」、「合理化」與「制度化」剛好與我國文化所重視的「仁、義、禮」三原則不謀而合，所以要使我國行政走向現代化，何必捨近求遠？從我們祖先的文化遺產中即有取之不盡、用之不竭的豐富寶藏。

根據曾仕強先生的說法，中國人的「情、理、法」的觀念實在是最合乎邏輯與現代管理的精神，而這三者的次序排列也是最適當的，他認為有人主張改為「法、理、情」是不妥適的，「實際上，中國人受到中庸之道的影響，自有其獨特的『次序觀』：『情、理、法』三者，『理』居其中，而居

『中』為『吉』，所以它的『次序意義』，應該是『以情為先，所重在理』」（曾仕強，民 76：94）。根據此一說法，可見中國人把理看得很重，因此情、法都離不開理——「情理」、「法理」是也。

「情」就是「仁」，表現於管理上者即為人性化或人道化的管理方式。管理者要關心部屬的生活，瞭解他們的需要，多與部屬接觸，使他們覺得受到關懷、得到重視，在心理上自然得到安全感、同屬感及尊榮感的滿足，這就是馬師婁所謂的需要層次理論，儒家講求的仁民愛物、以民為本的思想，也就在於發展人的最高價值，使人能夠安其所、盡其才，而整個的社會也因此而得以在和諧互助友愛的氣氛下成長、發展與進步。

「理」就是「義」，也就是「宜」，其表現於管理者即為合理化的管理方法。所謂合理乃是解決問題的適當方法與手段，現代管理的系統理論主張「權變管理」，而權變是應付不同環境與情勢的最高原則，管理者只要認為某一種方法是最適宜的，就可以採用，不必拘泥於固定的方法或型態，這些主張正合乎我國文化傳統的中庸之道。

「法」就是「禮」，其所表現於管理者即為制度化的管理原則。任何組織必賴健全的制度與公正的執行方能順利推動工作，而組織目標亦才易於達成。中國文化中所包含的「法」、「禮」思想實在非常的多，論者每以為法家所談者為法，孰不知儒家的「禮治」觀念實為法治思想的最高境界，孔子的絜矩之道即是最好的說明。

總之，中國文化博大精深、源遠流長，充滿著現代行政與管理的思想智慧，應為我們所珍惜並發揚光大者。當我們致力於行政現代化的過程中，切不可有崇洋的心理，誤認外國的理論一定勝於我們，孰不知文化的生態環境才是影響管理的關鍵因素，我們要想達成中國行政現代化的目的，唯有以中國文化為本位來加以考慮，才是上策。願我們行政學者共同攜手為建立中國式的行政而努力。

第二節　國民性格與形式主義

　　國民性格 (national character) 又稱民族性格，就社會學的觀點看，是指一個社會多數人共同的人格特性，也就是指受同一文化影響的一個民族或國家，其大多數成員（人民）在思想、感情及行為等方面所表現出的某種固定型態。因此，在不同文化背景之下的民族，就自然形成了某個民族的特性，中國人的民族性或國民性格當然與日本人、法國人、英國人等大有差異，因為國民性格會表現在各種行為上，各個國家的行政行為也就有了明顯的不同。對於國民性格的研究一直是社會學家、文化人類學家及心理學家所熱烈關切的主題，而行政學者或管理學家則試圖將文化背景或國民性格的因素，用來解釋及說明行政現象及其權變的應用性。

　　對中國國民性格的研究，也有不少的中外學者著有專書，如梁漱溟的《中國文化要義》、項退結的《中國民族性研究》、李亦園、楊國樞主編的《中國人的性格》 及美人韋慕庭 (Arthur Wright) 所著的 《儒家人格》(*Confucian Personality*) 等。不過對此一重大問題的研究目前仍屬萌芽階段，有待更多的有心人士來加以開拓、發展。茲舉出幾位學者對中國國民性格的看法：

　　梁漱溟：「綜合各方之所見，得其比較公認的特點約如下：(1)自私自利；(2)勤儉；(3)愛講禮貌；(4)和平文弱；(5)知足自得；(6)守舊；(7)馬虎；(8)堅忍及殘忍；(9)韌性及彈性；(10)圓熟老到。」（梁漱溟，民 66：23～24）

　　項退結：「(1)重視家族，缺乏團體意識，缺乏忘我利他的精神；(2)比較傾向全面性直觀性的思考方式；中國人長於組織能力；(3)有持久和充沛的活力，勤謹而有耐心；(4)對於周遭的人認可與否極其敏感，極怕失面子，極愛榮譽；(5)習於控制自發的衝動，而與他人保持距離；(6)比較愛好靜的生活情調。享受現成事實，安分守己，有時會怯懦、懶惰等現象；(7)保守、退縮、疑忌，彼此不信任，服從權威的態度；(8)有大國與悠久歷史的深厚

意識，有時不免傲慢而輕視外人。」（項退結，民 60：33）

　　韋慕庭：「⑴服從權威──父母或長上；⑵服從禮法；⑶尊重過去和歷史；⑷好學，尤其好正統的經典；⑸循例重俗；⑹君子不器；⑺主張逐漸改變；⑻中庸之道；⑼與人無爭；⑽任重致遠；⑾自重與自尊；⑿當仁不讓，不妄自菲薄；⒀待人接物，中規中矩。」（馮靜如，民 70：65）

　　從以上引證中可以看出，中國國民性格有其優良的一面，但也有其不好的一面，其所影響於行政者自亦有好有壞，目前我國行政所顯示的若干缺失如：形式主義、官僚行為、保守心態、人情主義等，可能與某些不良的國民性格有關，茲將這些影響於行政行為的國民性格分述如下：

一、重視家族

　　中國社會最大的特色是以家族為社會活動的中心，而家庭中的成員關係是以父子關係為主軸，再由此向外放射，構成了一個以家族為中心的社會結構。在家族為中心的社會裡，公事與私事就常常混為一談，人情因素也在事務處理上扮演重要的角色。

二、服從權威

　　正因為中國人特別重視家族，強調由上至下的倫理關係（君臣、父子、兄弟、夫婦、朋友），所以人們就養成服從權威的人格，在政治上服從皇帝、官吏、長者仕紳及具有政治、社會威望的人；在知識上尊重過去的知識和經驗；在社會行為上則順從前人留下來的社會規範及典章制度。中國人敬畏權威的心理，使得他們在態度上比較保守，不喜歡「異端邪說」，思想方式刻板狹窄，對事物的看法慣採二分法，非善即惡，非優即劣。此一心態表現於行政組織者，長官永遠處於發號施令的地位（官大學問大），部屬則只有服從與接受的義務，長此以往，部屬逐漸養成消極被動的工作態度，任何事情非待上級交辦或指示才辦，否則能推就推，能拖就拖，工作效率自然談不上了。

三、注重人情

　　中國人的人際關係主要是靠人情，所謂人情是指對熟悉的人表示情誼、

給予方便與協助；但對不熟悉的人則表現出冷淡與忽視的態度，所以有人說在中國辦事必須找關係，有了關係什麼問題都好解決，否則寸步難行，這種重視人情的關係取向也就造成法治不彰的嚴重特權現象，這是亟待我們反省檢討與徹底改進的行政缺失之一。

四、循例重俗

中國是以農立國的民族，農業社會安土重遷，心態保守，人們的行為都是按照社會成規行之，這樣的生活環境是不利於創新和改革的，其表現於行政業務上則是蕭規曹隨，憚於革新，對於任何革新的主張或計畫都盡量的予以否定或擱置。

五、馬虎草率

先總統蔣公曾在〈整理文化遺產改進民族習性〉一文中，論及我國傳統農業社會的病態，即是馬虎草率，共有十種不良習性：

1.輕忽時間、遲鈍散漫、延宕耽誤，時間的早晚對他們都無所謂。
2.不重數字，數字在農業社會中，從來不被重視，例如秧田下種收穫，都是約略估計。
3.不知奮勉向上，一切都聽從宿命的指導，靠天吃飯，悠遊卒歲。
4.消極頹唐，隨隨便便，悠悠忽忽，事事只要兜圈子，不求確切。
5.不分本末，不求重點，做事都囫圇吞下，同時並舉，結果一事無成。
6.消耗浪費，吉凶慶弔，常作大量的浪費與無謂的消耗。
7.反科學、含糊籠統，模稜兩可、故步自封、執一不化。
8.反組織、只顧個人權利、不顧共同義務，一切行動破壞團結與統一。
9.反紀律，一切行為只知違法徇情，重私輕公。
10.因循苟且、推諉塞責，既無鬥志，又無決心，只知長難卻顧，投機取巧，決不肯任勞任怨，解決問題。

將此「馬虎草率」的性格帶至行政工作上，則公務員很自然地會把一切當作「無所謂」、「沒關係」、「漫不在乎」來看。甚至於頑固不化、麻木不仁，政府的許多良法美德，無法徹底執行，最基本的原因，可能在於此，

這正是造成行政上的形式主義癥結之所在。

　　中國文化與國民性格對於中國行政的現代化有其助力，也有其阻力，雍容大度與君子不器的優良美德，可以促使中國人有吸收歐美長處的心胸與度量；但注重人情、服從權威卻又使得法治觀念及創新精神不易建立。如何發揮中國文化的優點，揚棄國民性格的某些缺點，則為每一個致力中國現代化的人所應努力的方向，我們在走向行政現代化的道路上，亦應有這樣的認識與努力。

第三節　行政革新與行政現代化

　　行政學的目的之一是在於促進行政現代化，而政府行政革新的目的也在於此，現代化是人類永無止境的奮鬥過程，在不同的時代有不同的意義，但它所代表的創新與進步的觀念都是歷久不變的。美國雖然已是世界先進的國家，但是她依然在追求現代化，其所表現於政府方面的現代化就是行政革新；而我國現在正向已開發國家邁進，當然更需要現代化。事實上，中國國民革命的目的即在於建立一個現代化的國家，民國肇造以來，儘管有各種的內憂外患，但政府追求現代化的努力卻無一日的中斷，像民國十七年至二十六年的「黃金的十年」(golden decade) 即是明證，只可惜其後遭受日本軍閥的侵略及國共內戰，以致中國成為分裂的國家，我中央政府遷臺後，生聚教訓、勵精圖治，使得臺澎金馬的建設有了長足的進步，人民生活水準大為提高，被世人譽為經濟的奇蹟，也成為「亞洲四小龍」之一，這些成就實由於國家目標的正確、政府領導的成功及人民勤奮的努力所造成。

壹、行政革新的意義

　　革新 (reform) 在中文的涵義裡實指「革故鼎新」之義，對於任何不合時宜或影響工作的事物加以改革，同時更尋求較為合宜的、進步的、創新

的方法來達成所期欲的目標，它可以應用在人類任何的活動上，從個人的行為到國家的建設，無一不是可以革新的對象。整體言之，革新包括了改革、創新與發展等涵義，它是組織求生存、謀發展的必要程序，沒有革新，組織最後必然趨於死亡。

至於行政革新 (administrative reform)，簡言之，是指政府行政系統為因應時代與環境的變遷，對外在環境的「輸入」因素 (inputs) 加以適應與調整，以各種較為創新的作法與安排，以求取更好的「產出」(outputs) 的過程。正因為時代環境不斷的在變，尤其在此變動不居的資訊時代，行政革新實在是一項永無休止的努力。

就行政革新的層面或範疇言之，可以分為下列幾項：

一、行政革新就是行政業務現代化或科學化

主張此一論點人士，又可分為兩種看法：一為基於傳統科學之管理過程學派與行為學派，如何用科學的方法來處理行政業務。例如運用管理過程之計畫、組織、領導、協調、控制等方法，以處理業務；以及應用管理技術如工作分析與簡化、進度控制、計畫評核術網狀圖等，來處理行政業務。

另外一種看法，是從管理科學的著眼來革新行政業務。例如管理學派中之系統分析學派與計量學派等，其主張是以計量方法、系統分析、作業研究、決策理論等，建立管理資訊系統 (MIS)，發展預測技術，規劃決策系統，實施設計計畫預算制度 (PPBS) 等。

大體言之，前者之目的乃以增進行政效率為前提；後者則以獲致行政效果為目的。事實上，以兩者應用於行政業務上，實同具重要性，不能偏廢。

二、行政革新就是行政風氣的革新

行政風氣可以代表一個國家政府的形象，所以行政風氣的良窳，影響行政效率和進步至大；因之，有人主張行政革新就是行政風氣的革新。蔣經國先生於行政院長任內，提出對全國行政人員十項革新要求，進而更提

出八項社會革新的期望，並指示取銷特權、懲治貪污等措施。當時行政風氣為之一新，逐漸蔚成良好風氣，形成以後推動其他行政革新的主要動力。行政風氣廣義的說，即是政治風氣，兩者也很難嚴格的加以區分。

　　有些行為科學的學者，指出行政風氣的另一看法。他們認為應從機關內部和機關間的人際關係、士氣、團結、榮譽感等表現來做起，總括稱之為「團隊精神」，這是行政革新的關鍵。欲培養團隊精神，必須做到共同參與、意見表達、夥伴關係以及成果分享。領導者對於建立團隊精神的功能關係至大，尤須注意不能完全依賴權位，而必須博得部屬樂意追隨，共同努力，才能達成團體目標。

三、行政革新就是行政效率的提高

　　由於高速度是現代化的一項特徵，所以行政現代化必須提高行政效率，自屬重要的課題。加之，由農業社會進步到工業社會，時間觀念的重視，為一主要關鍵。

　　然而速度必須與精度同時並重，效率必須與效果等齊衡量，數量必須與素質兼籌並顧，才能完成最終的工作目標。

四、行政革新就是行政業務制度化

　　有人認為行政上的許多缺點，是由於沒有建立健全的制度所形成，或雖有制度而不能嚴格遵守，即等於沒有制度。制度的內容因應各種業務性質雖有不同，但不外包括法規、組織、權責、標準、程序等，如均予一一詳加規定，當有利於行政工作的推行。

　　與行政革新具有密切關係者，如人事制度、主（會）計制度、事務管理制度，各機關內部之各種程序與手冊，均屬此一範圍。

五、行政革新就是行政組織與人事的革新

　　這包括組織的調整、機關權責的明確劃分、政府人事的調整、政府人力資源的重新調配與規劃等。

　　先總統蔣公對行政革新甚為重視，在〈行政革新要旨〉一篇講詞中，對行政革新的內容有這樣的指示：「⑴人的問題──組織與訓練；⑵事的問

題——計畫與考核；⑶財物問題——管理與保養；⑷時的問題——時間與時代。」此外，蔣經國先生也曾在總統任內歷次提示中指出：

1. **行政一般的缺點**：⑴組織功能不夠健全；⑵行政效率不夠理想；⑶基層組織不夠健全；⑷團隊精神不夠貫徹；⑸政治風氣不夠清明。

2. **各方期待改善的問題**：⑴法令規章還嫌太多、太繁、太瑣碎；⑵辦事效率和便民服務還不夠理想；⑶少數貪贓枉法的害群之馬還沒有完全清除；⑷公務員處理公務，還不能徹底擺脫一些專門抄內路、走後門之人情困擾；⑸行政命令不能貫徹，到了基層往往就會變質；⑹做事粗枝大葉，不能縝密細心；⑺敷衍應付，不夠認真切實。

　　總之，行政革新包含了多重的意義：一是處理舊事務，探求新的方法，絕不墨守成規，故步自封。凡是墨守成規，勢必流於因循敷衍，不但不能有進步，而且會日久頑生，歸於頹廢。二是適應新環境，發掘新問題，適時予以處理，或預先予以防止，以免其發展而形成重大的困難，到後來難於解決。三是針對新情況，創立新政務，主動開拓新的行政領域，提供新的社會服務或公共福利事項，走先一步滿足群眾的需求（歐陽勛，民68：54）。

　　由以上所述各點，並參考本章第二節有關國民性格的分析，當知我國行政上尚有若干的缺失有待我們努力改進，這是所有行政學者及政府公務員不可旁貸的責任，雙方應該通力合作，為我國的行政革新貢獻出最大的力量。

貳、我國近年來行政革新的努力

　　政府遷臺以來，整軍經武，勵精圖治，在行政革新方面更是不遺餘力的在推動，其所進行的方式及採行的措施，幾乎涵蓋了所有行政改革者所能運用的方法，而其中以設置機構（臨時性及永久性）專門針對行政問題作全面性之檢討與研究，並提出一系列的研究報告與改革建議者，最為論者所推崇，這些建議也曾確實對行政革新產生積極的功能。

一、行政院及所屬機關組織權責研討委員會

民國四十四年十月間，行政院奉先總統蔣公指示，為期對各級機構組織之是否合理，職責是否明確，予以研討起見，特設置「行政院及所屬機關組織權責研討委員會」，負責此項研討工作。

1. **規劃研究發展工作**：四十五年五月該會奉行政院指定為研究發展機構，規劃推動有關研究發展事項，同年十月擬定「行政院及所屬機關實施研究發展工作方案」乙種，頒布實施，以為院屬各行政機關推展研究發展工作之依據。

2. **規劃公共關係工作**：為將公共關係制度推行於行政機關，以增進機關之縱橫與內外和諧關係，頒訂「行政機關及公營事業推行公共關係方案」乙種，責令各機關依照實施。

3. **研議事務管理制度**：根據行政院事務管理人員訓練委員會建議加強事務管理組織，建立事務管理制度及統籌供應機關辦公物品兩案，加以研討，主張我國應仿照英、美、日諸國設置事務專管機關，統一事務管理工作，並擬訂「事務管理條例草案」。

4. **研討簡化呈轉層級**：衡酌事實需要，研擬簡化公文呈轉層級及手續，以提高行政效率，經研擬完成並呈行政院核准施行者計有簡化土地賦稅減免程序等六種。

5. **研討改進行政機關會議**：該會為改進各級行政機關會議集會之質與量，經擬訂計畫，調查行政院及所屬各部會處局，臺灣省政府各廳處局及臺北市政府等三十七個機關之集會情形，加以統計、整理、分析，再針對實際情況，擬提改進建議。

四十六年一月起，該會奉行政院指示：應就中央與地方對內對外機構之權責、人事、經費、法令、組織等，徹底予以調整。該會經擬具「研討中央行政機關組織權責業務工作計畫」，為免研討對象過於廣泛，兼顧人力財力，故先集中研討中央行政機關，其中涉及中央與地方之事項則連帶加以研討。該計畫經核定後，乃分別聘請學者專家二十二人為委員自同年三

月起，分組進行調查工作。

　　各小組的調查工作，至五月底完成，六月間陸續提出調查報告，經該會整理後編印成「中央行政機關組織權責問題調查報告」乙種，分為一般行政、財經、內政、外交、文教、司法等六部分（許新枝，民66：309～310）。

二、總統府臨時行政改革委員會

　　四十七年三月十日「總統府臨時行政改革委員會」成立，王雲五先生奉聘為該會主任委員，並決定於六個月內提出報告與建議，報告提出後兩個月內全部結束該會工作。

　　該會的研究工作目標如下：

1. **調整機關組織**：包括研究現有機關的整個存廢，裁撤、歸併、改變隸屬、分解，和對現有機構內部組織結構的重組、單位增減存廢、裁撤、歸併、改變隸屬、分解以及新機關之創設等事項。

2. **調整各級機關權責**：包括縱的各級機關間與內部上下級單位間，及橫的機關與機關間、單位與單位間，職責性質與權責範圍之調整。

3. **改善行政制度**：包括一切有關行政管理制度與行政程序而言，屬於處理行政事務的程序與方法等事項。

4. **簡化行政手續**：包括行政處理上的一切手續，手續只是整個行政處理程序中的若干部分，但手續的繁簡關乎行政效率及服務實績。

5. **節約開支，移緩就急**：指用較少的錢辦同等效果的事，並將不急之務的開支，移充到當急之務方面去使用。

6. **其他有關行政效率事項。**

　　該會所研議之改革建議案計八十八案，其範圍不僅兼及行政、司法、考試三院掌管之事項，而且上自憲法下至基層之村里，均包括在內。

　　該會所提之八十八件改革建議案，後經有關部門或採納或參考，實施成效十分卓著，其中「全部實施」者十五案，占全部案數之百分之十七；「大部分實施」者三十一案，占總案數之百分之三十五；「半數實施」者八

案，占總案之百分之九；「部分實施」者十二案，占總案數之百分之十三點七；「均未實施」者二十二案，占總案數之百分之二十五（許新枝，民66：316）。

三、行政院研究發展考核委員會

行政院為統籌推動研究發展，加強考核功能，藉以提高行政效率，於五十八年三月依《行政院組織法》第十四條之規定，設置「行政院研究發展考核委員會」，同時將行政院原有之研究發展小組、行政機關考成委員會等七單位予以裁併。嗣依照國家安全會議核定之「加強政治經濟工作效率綱要」規定，自行政院以下以至基層行政機關，建立研究發展考核體系，期以現代科學管理方法貫徹行政三聯制之功能，以加強推動全面政治革新，達到提高行政效率及為民服務之目的。

1. **研究發展工作的範圍**：研究發展工作甚為廣泛，凡是與制度、政策、法令、程序、方法以及業務有關的人、財、事、物的管理及輿論反應，都屬於研究的範圍，其具體事項有下列各項：

   ⑴本機關施政方針或業務方針之研擬。

   ⑵本機關施政計畫或業務計畫之編擬。

   ⑶促進業務革新及發展事項。

   ⑷改進行政管理及提高行政效率事項。

   ⑸有關便民事項。

   ⑹本機關組織調整之研究事項。

   ⑺奉交辦之研究事項，或其他有關研究發展事項。

2. **研究發展工作之方式**：各機關可衡酌自身情況及研究需要，採下列方式進行：

   ⑴機關人員自行研究：研究題目如純屬實務性，可指定機關人員研究，因本機關人員對實務比較瞭解，容易找出問題的癥結，同時在研究過程中，易獲有關單位支援。

   ⑵與有關機關人員共同研究：研究之問題如涉及兩個機關以上權責，非

本機關所能單獨進行者，應會同有關機關研究，必要時並可聘請學者專家參與。此種方式，易獲得有關機關之充分支持，且因事前經過研討協調，較能獲得具體可行的方案。

(3)與學者專家或學術機構合作研究：研究之問題內容複雜，涉及高深專門知識與技能，或需藉學術理論以改進機關實務時，可與學者專家或學術機構合作研究。

(4)委託學者專家或學術機構專題研究：凡偏重學理及技術性專門問題，可委託學者專家或學術機構研究。此種方式較易獲得深入客觀的結論，並可彌補機關研究人才之不足。

四、行政革新的具體成效

1.推動研究發展，建立管考制度

研究發展是革新進步的動力，管制考核是達成施政目標、提高行政效率的主要方法。行政院研考會設立的同時，行政院又訂頒《各級行政機關研究發展實施辦法》與「各級行政機關實施業務管制考核方案」，積極推動研究發展與管制考核工作。

2.強化行政組織，貫徹分層負責

為強化各級行政組織，行政院曾頒訂「健全機關組織功能」方案，其中規定業務單位人員應與輔助單位人員保持合理之比例；機關內部階級應盡量減少，以簡化程序，增進效率；機關內部單位業務相同者盡量歸併，縮小首長控制幅度，以提高指揮監督功能。同時並調整縣市政府組織，明定主任秘書為幕僚長，採取大單位原則，以加強一級單位主管的權責，發揮組織功能。

在分層負責方面，各機關除依照頒訂之《行政機關分層負責實施準則》，訂定實施辦法或要點，及權責劃分表，貫徹實施外，行政院並進行檢討實施績效，研究修正準則，進一步明確劃分各層級權責，分層授權，加重各級主管職責，提高公文時效，減輕首長工作負荷，使能有更多之時間作政策上之規劃與考慮。

3.厲行公文改革，精簡法令規章

過去公文格式，用語累贅繁複，不合「簡易明確」要求，行政院特於六十二年二月頒行《公文改革要點》，並於六月間製訂《公文處理手冊》，同時修正《公文程序條例》。在公文製作方面，除特殊情形，各機關一律用「函」，無上下尊卑之分，「函」的結構，採「主旨」、「說明」、「辦法」三段式，並使用通俗文字，除特殊重要案件，不蓋用印信。此外在公文之收發繕校、用紙規格改為橫式、處理時限及稽催方面均有改進。

在精簡法令方面，已有初步成效，依六十二年六月之統計，中央機關原有法令三九一六種，已精簡為二八二一種（許新枝，民 66：322）。

4.健全人事制度，刷新行政風氣

政府為求提高公務人員素質，增進行政效能，在人事方面曾採行若干新措施，如延攬學人從政、加強考核訓練、鼓勵人才下鄉及擴大考試用人等；同時為了刷新政治風氣，行政院曾於六十一年提出「十項政治革新」指示，希望厲行節約，節省財力用於國家建設；公務員奉公守法，切實負責處理公務。並於六十三年二月提出「對公務人員十項要求」，並嚴格執行，對嚴肅公務人員私生活及刷新行政風氣收效甚大。

自民國五十六年行政院人事行政局成立以來，在健全人事行政制度方面扮演一個非常重要的角色。近年以來，在行政院院會通過之各項人事改革方案頗多，如「行政院暨所屬機關不適任現職人員處理計畫」、「流暢行政機關人事管道改進人事措施實施方案」、「積極推動人事革新改進政治風氣方案」、「高級主管人員培育候選方案」、「加強行政機關人才延攬與培育運用方案」、「退撫制度改革案協調作業計畫」、「行政院所屬各機關司、處、科長出國進修考察實施計畫」等。

5.簡化行政程序，改進工作方法

為提高行政效率，達到簡政便民之目的，近幾年來，各機關均分別按業務特性，簡化作業程序，縮短作業時間並盡量使用電話及傳真，以爭取時效。對公文之處理，最速件隨到隨辦，速件不超過三天，普通件不超過

六天,時效已大大的提高。

關於改進工作方法方面,亦有若干之進步,例如運用科學方法研究及處理問題;以獎勵方法激勵工作情緒;注意學術理論與行政實務的結合;採用協調方式解決問題等。對於提高行政效率,助益頗大。

6.促進意見溝通,推行四大公開

在政府的大力提倡下,近年來各機關均注意「上下意見」的溝通,促進部屬對長官的認識與信心及長官對部屬的瞭解與關切,並給予機關人員參與機關目標及政策決定的機會,以建立整體觀念,發揮團隊精神。行政院並於六十三年五月訂頒《行政機關推行四大公開實施綱領》,推行人事、經費、意見、獎懲四大公開,以期行政革新由一切開誠布公而更再向前邁進一步。

7.改善服務態度,加強便民措施

行政院為加強便民服務的工作,曾先後訂頒有關實施要點、服務態度改進要點及工作考核與獎懲要點,實施以來已獲得顯著之效果,茲舉其要者如下:

(1)完成專案研究:行政院研考會近年完成「戶籍登記及戶口謄本」、「土地登記」、「建築執照」、「稅捐查核暨繳納手續」、「出國手續」、「工商登記」、「資格證照申領程序」、「保證手續」等各項研究,上述各案其採行結果,對於簡化法令、程序、手續、提高時效,甚有效益。

(2)制、修訂法令:如制頒《國家賠償法》,修訂《刑事訴訟法》,研究制定「行政制裁制度」、《公平交易法》、《消費者保護法》等,以加強保障人民合法權益。

(3)加強為民服務訓練:行政院人事行政局於六十八年訂定訓練計畫,已完成調訓各級公務員三十六萬人,以改進為民服務的觀念和態度。

(4)簡化行政程序:在六十八年度即有一〇七項,包括簡化規定地價程序、減輕地政機關之工作負荷;為促進銀行現代化,加強分權,推行實驗分行制度;簡化戶籍謄本之使用項目,由民國六十年以前的原有三九

七項，至目前仍使用戶籍謄本之項目只剩十項左右。

(5)加強櫃檯化作業：訂定 《行政機關櫃檯服務工作及服務態度改進要點》，各項人民申請案件較多之基層單位，各縣市鄉鎮公所、戶政、地政、稅捐等機關，均普遍採行，以提高時效。目前各機關普遍設置「單一窗口」，以方便民眾辦事。

8.改進財務行政，強化預算功能

「財政為庶政之母」，凡百建設，非錢莫辦，政府為使財政收支發揮最大的功效，對於財務行政的改進也不遺餘力，其中較為重要的措施有：「國庫集中支付制度」的建立、「績效預算制度」的採行，「零基預算」觀念的引進、「審計制度」的改善及財稅人員的訓練與進修的加強等，這些措施的採行使得政府財政獲得大幅度的改善，國家建設的成果亦大為提高。

9.建立電子化政府、創造競爭優勢

(1)配合國家資訊通信基本建設，普及網際網路應用，提供各項線上服務，大幅減少使用書證謄本。（主辦機關：研考會、各主管機關）

(2)建置政府機關內部網際網路，提高機關作業效能；推動各機關行政資訊系統橫向連線，邁向「一處收件、全程服務」之目標。（主辦機關：研考會、各主管機關）

(3)推動各機關落實執行 「公文處理現代化推動方案」，提高公文處理效能，逐年達成文書減量目標。（主辦機關：秘書處、研考會、各主管機關）

(4)推動各機關資訊業務整體委外作業，運用民間資源，簡化政府資訊產業。（主辦機關：研考會、各主管機關）

(5)推動電子郵件普及運用，提升各機關內外溝通效能。（主辦機關：研考會、各主管機關）

(6)運用網路、共同資訊服務站、傳真回轉及數據語音等多元化便民服務管道，使利各界選用。（主辦機關：研考會、各主管機關）

(7)增修訂資訊相關法規，推動政府資訊處理標準，健全電子化政府環境。

（主辦機關：研考會、法務部、經濟部、各主管機關）

⑻推動資訊安全管理措施，確保資訊作業之整合性、可用性及機密性。

（主辦機關：研考會、法務部、各主管機關）（蔡良文，民 95：725）

第四節　我國今後行政革新的方向

　　行政革新本來就是永無止境的進步過程，儘管政府過去在這方面已盡了相當大的努力，但我們不可以此自滿，何況目前行政上仍然存在著若干的缺失，所以我們還要拿出更大的決心與魄力來加強推動行政革新的工作，希望能夠真正實現「為民服務」的目標。我國今後的行政革新應該朝著下列幾個方向努力。

壹、生態的行政

　　每個國家所處的生態環境是絕不相同的，根據系統理論的說法，生態超環境系統包括：文化、政治、經濟、法制、人口、自然資源、社會、教育、工技等九大環境，這些不同的環境所孕育出來的行政制度也就不同，所謂「制度是生長的」即是這個道理。我國在從事行政革新的工作上，過去有過分取法美國的偏向，好像美國的一切都是好的，結果不管是否適合國情，一股腦兒的將之引進，像職位分類所產生的問題即為一最佳例證。吾人要選擇某種行政制度，固然可以就純學術的觀點來評斷，但最重要的是，我們必須把那種行政制度，配合國情，和當時社會實況來綜合研究，看看那種行政制度是不是適合我們國家和社會的需要，是不是能在我國發揮行政效能，提高行政效率的目的，這才能決定是否採用這種行政制度。所以我們從事行政革新與行政現代化，是不可以好高騖遠，也不可以盲目崇洋的。行政制度不是機械工程或自然科學，所以許多地方似乎很難作全盤移植的，而必須選擇那種最適合國情和社會實況的制度來實行，才可望有效，才能夠避免走上形式主義的道路。

　　我們在選擇適合國情與現況的制度時，不妨考慮採取以下的途徑（徐有守，民 67：111）：

　　第一、採他國制度加以修正改善後實施。在他國行之有效的制度，經過慎重選擇衡量之後，有時確可原封不動移植適用於我國。但另有些他國制度，經判定確實優良，但確又有若干不適合我國國情之處者，則我們應該將之加以改善修正，使之適合我國國情，這就是大家所說「取長捨短」的意思。而不要囫圇吞棗，食洋不化，能如此，就較少有形式主義現象出現的可能。

　　這種方法，人人都知道，看來好像很容易做到，但事實上卻不盡然。這其中至少有兩個原因：一個是一種制度在他國行之甚善，令人羨慕，因而不知不覺就忘記了自己的國情而亟力欲完全模仿之；另一原因是有些人僅能瞭解某一制度在他國施行的實況和利益，但對其能圓滿實行的背景條件缺乏深入研究和瞭解。

　　第二、參考其他國家的制度，配合自己的國情，自行研究發展出一套土生土長，最適切可行的新制度來，這樣，既容易被接受，又辦得通，當然就易收實效了。

貳、科學的行政

　　我國因受到傳統農業社會的種種因素的影響，所以在行政上尚存在著若干不合現代科學思想的落伍現象，這在本章第二節「國民性格與形式主義」中曾有敘述，為了要使我國的行政走向現代化，科學化的觀念、方法與設備必須建立起來。

　　科學的行政所表現出來的現象可以分成下列三個層次來說明：

一、思想、觀念的科學化

　　這是科學化的最高層次，意指公務員皆有理性與客觀的精神、實在而誠懇的作風、公正與無私的態度，對於事務的觀察與判斷依據可靠的資料與準確的數字，決不妄自臆斷、驟下結論。如何使全國公務員皆能養成這

樣的科學精神，實為今後行政革新所應努力的方向，唯有執行公務的人員具備了科學的頭腦，政府的工作才得以合理化的推動。當然，教育是最根本的作法，人們在學習、成長的過程是最易於變化氣質的，學校教育與在職訓練應該加強科學思想的課程，以培養與訓練人們的科學態度。

二、制度、方法的科學化

這是科學化的第二層次（中間層），意指政府或公務機構在辦事方法與法令規章方面均能符合科學的要求，例如工作簡化、組織調整、法規修訂等，可以使得工作程序簡單、快捷；組織結構事權明確；法令規章合理可行，政府的行政效率也將因此而提高不少。

三、設備、工具的科學化

這是科學化的第三層次（最低層次），也是所謂的器物層次，意指政府推動公務應配備現代化的設備與工具，俗語說：「工欲善其事，必先利其器」，就是這個道理。在此科學進步的資訊時代，政府除了要購置一般性的機器設備（如影印機、傳真機等）外，更應致力於全國「行政資訊系統」的建立，以最新型的電腦來處理行政事務，從計畫、決策，到資料儲存，皆能發揮充分的效用。

參、民主的行政

現代行政講求的是「民主、人道化」的行政，過去那種「作之君、作之師」的權威觀念已經不能再適用於行政組織了。在此民主時代，人民既然是國家的主人，那麼組織的成員也就是組織的主人，機關首長不該再有高高在上、唯我獨尊的思想，應該具有民主的作風，基本上養成人人主人翁的事業觀念，人員才會自動自發，努力奉獻。

民主的行政表現在機關組織的對外與內在的關係上，先就對外的關係看，政府行政應以民意為依歸，政府各部門的施政計畫只有獲得堅強的民意支持才有實現的可能，否則必會遭到反對與抗拒。為了要充分瞭解民意，政府應加強與民眾的溝通，不論在方式上、技巧上與時間上，都要在現有

的基礎上加以改進，例如聽證制度或外界諮詢制度的建立甚有必要，過去若干行政上的缺失多由於事先的溝通與諮詢不夠所致，如二重疏洪道及核能四廠的問題。此外，就心理因素言之，人民對於政府的主動溝通與意見交流認為是一種尊重民意的表現，自然產生較大的向心力，人民支持政府的力量愈大，政府推動行政的成效也愈大。

就組織內部的管理方式言，民主的行政的作法包括：

一、民主領導

機關首長或單位主管的領導方式宜採民主式的領導，其特質是：(1)長官與部屬之間透過意見溝通的方式共同分享機關的決策（定）權；(2)盡量授權部屬以完成其工作的全權，藉以培養部屬的責任心與榮譽感；(3)對部屬獎懲完全依據客觀的事實與標準，不帶個人的好惡；(4)長官與部屬之間無社會距離，上下一體、打成一片。

二、分層負責

組織各層級之間各有其應有的權限與責任，相互尊重，互不侵越，上級對下級負有監督與考核的權力，下級對上級則負有執行與完成的任務，凡政策性的決定是最高主管的權；而執行過程與方式的採用則是各級部屬的權。

三、參與管理

民主的行政特別重視參與管理，其實施的方法有：(1)團體決策：機關的目標、共同利害的事務、重要問題的解決，經由組織成員共同商量、交換意見而獲得結論的方式；(2)諮詢制度：機關首長或主管對某一問題或事務在作決定之前，主動向部屬徵詢意見或反應；(3)建議制度：部屬可以自由的向長官陳述其意見或提出建議。

肆、廉能的行政

一個既廉又能的政府即是一個大有為的政府，這是最受人民歡迎的政府，我國行政革新的方向應以建立廉能行政為首要工作。老實說，過去政

府從事各種建設雖有相當大的成就，但人民卻仍嘖有怨言，究其原因，實係在廉能行政上尚有未逮之處所致，像貪污案件的屢見不鮮，公共工程的牛步化與品質的低落、行政手續的繁文縟節，甚至某些政策上的錯誤等，都給人以十分不良的印象，好像政府的效率永遠趕不上民間的企業，儘管政府也曾訂定許多辦法來嚴懲貪污、整飭政風，但是效果並不很大，這對政府形象的破壞甚大，我們必須拿出決心與魄力，使這些不良政風徹底消除。

廉能行政的基本要求是：(1)公務員皆能廉潔自持、一介不取，有高尚的道德情操、為民服務的熱忱；(2)法律與制度健全，且執行認真，使得公務員無法且不敢貪污；(3)良好的待遇與福利政策，公務員生活安定舒適，根本不必貪污；(4)政府預算編制與執行十分理想，沒有浪費或不及之處；(5)政策的制定與執行的結果皆能契合，兩者之間顯示出目的與手段的調和；(6)政府施政明快確實，絕無拖泥帶水或敷衍塞責之情事；(7)硬體建設又快又好，軟體建設完備周詳；(8)創造發明、日新又新。

政府要想達到廉能行政的境界，唯有貫徹崇法務實的方針不可，目前的問題不是法制未能建立，而是執行不認真，許多罪惡都在「大事化小、小事化無」的和稀泥的作風下被掩飾下去，既不能綜名覈實，又不能賞罰分明，以致「善善而不能用、惡惡而不能去」，在這樣的政治風氣下，又怎能希圖一個有績效的政府出現？當務之急無它，趕快將崇法務實的口號落實到行動上去。

伍、服務的行政

現代福利國家時代的行政特質就是服務，政府要盡其所能為民服務，蔣總統經國先生曾多次提到此一觀念，公務員要能認清國家當前的處境，瞭解自身職責，做到無官不是公僕，和一個真正為國效命為民服務的政府。

一、服務的行政的基本觀念

1. 政府施政是以民眾的需要與願望為依據，從中央政府到地方政府，自高

層次的政策到低層次的辦法，其一切目的都在滿足民眾的需要與願望。

2.政府以高效率與好態度來執行政務，公務員應是既廉又能的公僕，才能保證政務的品質。

3.以執行的成果來滿足民眾的需求。

4.將施政的結果加以回饋，好的繼續保留，反應不佳的則加以修訂改正，以作為下一次施政計畫的參考。

二、服務的原則

1.是積極的服務而非消極的服務。

2.是平等的服務而非差別的服務。

3.是普遍的服務而非特殊的服務。

4.是適時的服務而非遲緩的服務。

5.是繼續的服務而非一時的服務。

6.是合理的服務而非過度的服務。

三、改善公務員的服務態度

1.培養責任觀念、激發工作熱忱。

2.充實工作技能、提高服務效能。

3.灌輸公僕觀念、熱心為民服務。

4.注重研究發展、創新工作方法。

5.培養團隊精神、發揮總體力量（傅肅良，民 72a：712～720）。

陸、彈性的行政

在此變動快速的時代，政府行政的適應能力必須相對增加，否則無法應付所面對的各種問題與挑戰。我國行政革新的方向之一應是建立彈性的行政，以避免習慣僵化的行政所可能引發的諸種行政困境。

現代行政的權變理論即主張彈性的行政，因為組織具有開放性，它是與外在環境系統保持互動的開放系統，而外在環境是變動不居的「不確定因素」，所以組織及其管理就不可能有一套「放諸四海而皆準、百世以俟聖

人而不惑」的法則，它是隨著環境變遷而在不斷調整與適應的有機體 (organism)。

　　根據此一理論，我國的行政必須採取彈性化的策略，在組織結構、人力編制、法令規章及管理方法等，皆應打破過於僵硬的作法，例如行政院是否一定要堅持八部二會的組織型態？又如法令規章過於嚴密刻板，缺乏彈性，以致嚴重的束縛了公務員的創造力與進取心，造成人員行為的僵化，機關目標根本無法達成。所以法規要能適時修訂，內容不必過於刻板，寧可失之過寬，不可失之過嚴。此外，像員額編制也缺乏彈性，從理論上講，機關員額編制的大小，應與其業務量或服務對象的多寡成正比，因此業務增加，編制員額亦隨之調整。可是由於我國過去缺乏明確具體的計算業務量的方法，同時又受到種種其他因素（如財政困難）的影響，使得編制員額無法作適度的調整，常見各機關（構）間編制員額十分相近，但業務量則大為懸殊，無論中央或地方皆有此種現象，以致公務推行遭到極大的不便，民眾及公務員都嘖有煩言。今後為使機關的行政能力不打折扣，允宜採行彈性的員額編制辦法，使機關得以根據業務量的增減而適時適度的調整員額。民國九十九年通過《中央行政機關組織基準法》及《中央政府機關總員額法》，內容與精神即本著彈性化的原則來擬訂，看來我國政府已能把握時代脈動做出合宜的改革措施。

柒、民營的行政

　　時代的演進使得一些過去認為十分有道理的行政理論受到質疑與挑戰，像「萬能政府」的觀念就不再被視為金科玉律，反而追求「小而美」的政府。自從奧斯本及賈伯樂兩人合著的《新政府運動》(*Reinventing Government*) 一書於一九九二年問世後，瞬間即受到熱烈的迴響，美國柯林頓總統立即指示成立「國家績效評估委員會」，由高爾副總統主持，針對美國聯邦政府的缺失作了大幅度的改進，其中最明顯的有四點：⑴減少繁文縟節；⑵降低行政成本；⑶追求顧客至上；⑷充分授能員工

(empowerment)，而最終目的在於建立一個「做得更好而成本更低的政府」(greating government that works better and costs less)。

為了避免出現「不可治理」(ungovernability) 及「政府失靈」(government failure) 困境，政府不應再無所不管，除了政府本身盡量節省成本外，並考慮將某些業務交由民間團體辦理（相對的，政府業務的撙減亦可減少開支），其方式有：⑴開放公營事業民營化；⑵委託外包（包括：簽約外包、特許權、補助、抵用券 (voucher) 等方式）；⑶替代：當社會大眾認為政府所提供的財貨或服務不能滿足他們的需求時，而民間私部門即會逐漸意識到此等需求，乃能提供此等財貨或服務，例如政府警力不足或維持治安的能力下降，則民間的保全公司即應運而生。總之，民營的行政主要在強調公共行政的公共服務功能可以透過私人部門（非營利組織）來達成。

捌、企業的行政

雖然政府與企業在本質上有著顯著的不同，前者在提供公共服務，後者在追求最大利潤，但彼此在管理方法上卻可相互學習及彼此參考，尤其「公共管理」(public management) 自八〇年代被重視以後，公共行政被賦予一些新的觀念及稱呼，如「管理主義」(managerialism)、市場基礎的公共行政 (market-based public administration)、企業型政府 (entrepreneurial government) 等，其目的在追求一個更能提供良好服務的政府。

政府為追求此一崇高的目標，必須突破傳統的官僚體制及行政理念，尋求一些新的管理哲學與方法，於是朝向經營績效易於評估的企業組織去尋找答案，結果發現企業界的顧客至上、服務第一、品質掛帥、創新發展、員工激勵、自我超越、權能發揮及組織彈性等理念與作法，為企業不斷成長與發展的主要原因。英美等先進國家乃劍及履及的展開師法企業界的行政改革，以英國為例，柴契爾政府在一九八〇年代透過組織精簡、建立「效率團隊」(efficiency unit) 及「財務管理改革方案」，首創責任管理

(accountable management) 的施政成果；梅傑 (John Major) 繼承其管理文化，於一九九一年頒布「公民憲章計畫」(Citizen's Charters)，是以強化以顧客為導向的公共服務為目標（孫本初，民 86：2）。美國政府的改革例證已如前述，但基本上皆是以師法企業界為原則。

在「公共管理」的浪潮下，一些在企業界實施甚有效果的管理方法都逐漸被引進到政府部門，如工作生活品質 (quality of working life)、全面品質管理 (total quality management, TQM)、顧客導向 (customer-oriented)、團隊建立 (team building)、組織再造 (organization re-engineering)、組織學習 (organization learning) 及組織發展 (organization development) 等，但這些方法的理論基礎都建立在「企業精神」(entrepreneurial spirit) 上，因此所謂的「企業的行政」應視為具有「企業精神的行政」而非「企業化的行政」。亦即政府應將企業界的創新性、自動性、超越性、服務性、積極性、卓越性、成果性及市場性等精神注入行政管理中，此亦為「公共管理」的基本意涵。

第五節　行政學術的未來展望

行政學雖然是二十世紀的產物,但在這短短不到一百年的發展過程中,已擴大了領域、吸收了新知,成為當今最受重視與矚目的學問之一。但是行政學的任務是崇高而艱鉅的,為使此一學問發揮更大的實用性與普及性,吾人認為行政學應就下列諸問題加以檢討,並超越行政學現有的範疇,作更高更遠的發展。

一、彈性行政學的追求

現代的時代錯綜複雜、瞬息萬變,其所影響於行政者,乃是行政環境與行政現象的急劇的變動,其變動之快速與激烈,使人震撼吃驚。雖然教育日趨發達,技術日益進步,但對社會、世界環境的未來變化,仍然陷於不確定與不可知的迷惑之中,所以行政學者的責任便在於如何提供創造性、適應性的行政方法,建立有彈性、伸縮性的組織與管理理論,使能在穩重

與平衡的情況下得以生存。例如就組織而言，應設法建立彈性的生態組織以代替過去硬性的官僚制度。

二、開拓與擴大行政學的領域

行政組織與管理乃是開放性的，它是廣大的社會系統 (social system) 中的一個小環節，但是它可以影響社會系統，社會系統也會影響行政，兩者的關係是互動及交互影響的。由於這個原因，行政活動的範圍與界線乃大為擴張，是以行政學不能再侷縮於原有的小圈圈，更不可「閉門造車」、「自求多福」，必須施展身手，向外界打交道，放開眼界，去看全體，許多過去被認為與行政學無關的事物，現在都應重新加以考慮，例如空氣污染、噪音等公害問題，都是行政學開始注意的對象，而解決此等問題也不是只靠衛生局或警察局，它甚至成為整個政府的一項集體行動。

三、外部協調的需要

過去行政學雖然也重視協調問題，但都限於機關內部各單位或各人員之間的協調而已。但是自從新的「系統理論」產生以後，組織被認為是一個「開放系統」 (open system)，與外在環境有密切的關係，所以如何加強對外協調的作用與功能，也是今後行政學所應注意的問題。例如「談判學」、「危機管理」等皆日益受到重視。

四、配合科學技術的發展、謀求有效的適應

科學技術的進步一日千里，這不僅改變了行政的環境、設備與工具，而且更影響到行政人員的工作方法與程序，甚至行政組織的形式與結構都發生改變，因此如何配合科學技術的發展而謀求有效的適應，實為行政學的當務之急。例如電腦的衝擊，對於行政計畫、行政決定，乃至於事務性的資料處理等都發生影響，如何訓練人員運用此等機器？工作方式如何改變？電腦對人員心理的影響等，這些都是所面臨的重要適應問題。

五、建立「民主人道的行政系統」(democratic-humanistic system)

行政不僅在應用進步的知識與技術，以達成機關的使命，而且也要使人員能滿足個人及社會的需要，從今以後不能再把人當機器看待，要以人

為中心，尊重人格、瞭解人性，以人人參與來激發人員「主人翁的事業觀念」，以積極激勵來代替「監督制裁」的管理方法，權力分享、人人負責，只有民主人道的行政系統才能完成機關的目標。

六、促進「創造革新人才的興起」(rise of innovative-creative men)

過去行政太重視一致性，工作多失之例行化與機械化，使得人員缺乏積極的創造精神，機關變得暮氣沉沉，今後要設法改革此一弊病，以積極獎勵及自由創造來鼓勵人員，使每一個人都能發揮其最高的聰明智慧。同時，在「企業型政府」普受重視的今天，政府的高層主管更應該具備企業家的創新、超越與追求卓越的精神，唯有如此，政府的施政品質才會提升，而行政學如何在這方面提供良好的理論與方法，則是行政學者所應努力的方向。

七、確定工作評價的新標準與新觀念

過去行政多以「利潤」(profit) 的大小及「成本」(cost) 的多寡作為工作評價的標準，因此「效率」就被認為是「投入與產出之間的合理比例」。其實衡量效率的高低不能只從成本著眼，應建立新的工作評價標準。一個製藥廠能賺錢並不算效率，應視其所製造的藥品對社會有無貢獻而定。同樣的，一個行政機關不能以沒有浪費為效率，要看它是否能有效的達成其任務。尤有進者，七〇年代以後，行政學界受到「新公共行政」的影響，開始重視行政的公平與正義，強調「公共性」，認為政府施政應以平等照顧社會大眾及增進全民福祉為最高目的。

八、管理及公共管理人員地位的提高

將來的世界將是一個「管理主義的社會」，因為將來的機關大權的實際掌握者，將是處理日常工作的管理人員，他們的專業知識與技術能力是推動工作的主要力量。

有人以為電腦大量使用，會減低了管理人員的重要性，其實不然，正因為電腦的使用，使管理的分析、判斷及適應更為複雜困難，所以使得管理人員的責任與地位更趨重要。

　　八〇年代以後，有不少公共行政學者將焦點放在「過程」與「手段」上，認為行政學應關切三個相關問題：⑴如何使公部門組織動起來？⑵如何讓公部門組織運作的績效更好？⑶如何研究出更好的方法，使其協助政府運作得更好？（孫本初，民 86：9）對於這三個問題的研究，乃逐漸形成行政學中的公共管理學派的「B 途徑」(the B-approach)，此一途徑傾向以取法企業的方法來提升公部門的服務品質（B 所代表的即為 business），甚至出現「新公共管理主義」(new public managerialism) 的名詞，凡此種皆代表管理及管理人員的地位提高（孫本初，民 86：9～11）。

　　今後管理的對象與業務將日趨專業化與變化性，公共管理人員將扮演重要的角色，他們的智慧、眼光、魄力與工作方法，將會使行政走上更新更好的康莊大道。

九、行政通才的培養

　　管理人才的功用固然很大，但他們皆係專才而非通才，組織的許多功能還有待通才來加以完成，像整體的計畫、決定、協調、領導、激勵與監督等，因為專家僅具有一部分的知識，往往知偏不知全，組織如無通才的領導，勢將陷於支離破碎的局面，所以專業化的管理人才雖然日趨重要，但通才的培養也是今後行政學的重要課題。如何使管理人才具備通才的能力？論者以為實施廣博的人文教育或可致之，此一教育的目的在使管理人才對社會文化、人群關係、領導才能等獲得瞭解，進而具備獨立思考及主動研究的能力，不再成為機械或制度的奴隸，可以有效的指導行政的實施，使之走向正確光明的方向。

十、行政理論與實務的結合

　　長久以來，行政學所建立的理論往往受到質疑，其中討論得最熱烈者為這些理論到底提供實務界哪些幫助？實務人員常對理論學家表示不滿：理論家只活在象牙塔裡閉門造車，他們所提出的理論無法符合實際世界的需要 (Denhardt, 1984: 179)，也有人認為：它可能是很好的理論，卻無法在實際中運作 (Harmon & Mayer, 1986: 61)；反之，理論學家也認為實務人員

只注重行政細節，而未能保持一種理論的概觀 (Denhardt, 1984: 3)，兩者之間的距離好像愈來愈遠。

　　嚴格言之，造成此一鴻溝的原因之一是，行政理論學家過分依賴「理性科學模式」(rational science model) 或實證研究，這一派的學者在六〇年代左右曾大領風騷，成為學術界的主流，他們認為經驗科學的方法論也可以適用於社會科學，獲取知識的唯一途徑是運用嚴格的自然科學方法來處理各種社會現象 (Denhardt, 1984: 154)，所以理論學家的角色只是創造知識與發現知識，至於知識如何應用，則非理論學家的興趣與責任 (Denhardt, 1984: 155)。對於公共行政學術界的影響也是如此，所以公共行政的理論學者認為理論只是作為社會控制的工具，並不需要考慮實務人員的利益與興趣，這樣的看法乃造成理論未能提供實踐的知識 (practical knowledge) 以幫助實務人員瞭解他們所處的環境 (Harmon and Mayer, 1986: 394)。

　　隨著時代巨輪的轉動，學術界也發展出一些新的途徑，希望能將理論與實務作較佳的結合，此等途徑可用「詮釋理論」(interpretive theory) 與「批判理論」(critical theory) 為代表。詮釋理論也可稱為行動理論 (action theory)，所謂行動是有意識及意向的 (intentional)，而行為 (behavior) 則沒有（顏良恭，民 83：161），行動理論區分行動與行為，焦點集中於意向行動的詮釋，其焦點放在諸如規範、價值、意向、規則與實踐等對行動者所具的意義（這是實證論所有意忽略的），同時，行動理論也尋求去幫助社會行動者界定他們自身的情境，及改變情境的方式（顏良恭，民 83：161～162），這對理論實務的結合甚有助益。

　　至於批判理論則以哈伯馬斯 (Jürgen Habermas) 為代表，哈氏提出「認知興趣」(cognitive interest) 或知識構成興趣 (knowledge-constitutive interest) 的主張，以人類的社會文化生活為根據，發展出認識論的架構（顏良恭，民 83：167）。所謂認知興趣，即引導知識研究的基本生活興趣，它能決定學術研究的注意方向 (orientation)，從而構成知識的一個先決條件，也因為它結合了知識與生活，故認知興趣的目的就是要將知識落實到生活上，避

免將知識孤立化、絕對化（黃瑞祺，民 75：127）。

　　行政學的崇高理想是試圖將理論與實務結合，但過去的努力還未能完全達到此理想，國外學者在這方面已多有貢獻，而國內學者尚有待努力，對於此問題的研究或論述僅有少許數人，如吳瓊恩（民 81；民 83）、顏良恭（民 83）、江明修（民 86）等人，今後有待我學術界大力鑽研，為行政學的研究開放出更亮麗的花朵。

參考書目

《 中文部分 》

- 文大強（民 54 年），《人事管理學》，臺北：中華書局。
- 王世憲（民 56 年），《人事管理》，臺北：臺灣商務印書館。
- 王培顥（民 68 年），《最新政府審計全書》，臺北：作者自印。
- 王蜀光（民 57 年），〈行政組織中授權之研究〉，政大公共行政研究所碩士論文。
- 王肇嘉（民 63 年），《應用政府審計》，臺北：作者自印。
- 王德馨（民 54 年），《現代人事管理》，臺北：三民書局。
- 王德馨（民 61 年），《現代工商管理》，臺北：三民書局。
- 丘昌泰（民 84 年），《公共政策》，臺北：巨流圖書公司。
- 司徒達賢（民 70 年），《組織診斷與組織發展》，臺北：商略印書館。
- 左潞生（民 53 年），《行政學概要》，臺北：三民書局。
- 朱志宏（民 68 年），《公共政策概論》，臺北：三民書局。
- 朱承武（民 69 年），《現代管理科學》，臺北：學生書局。
- 朱榮欽（民 65 年），〈組織氣候之研究——臺北市政府之個案分析〉，政大公共行政研究所碩士論文。
- 江明修（民 82 年），《非營利組織領導行為之研究》，臺北：行政院國科會。
- 江明修（民 86 年），《公共行政學——理論與社會實踐》，臺北：五南圖書公司。
- 江岷欽、林鍾沂（民 84 年），《公共組織理論》，臺北：國立空中大學。
- 江岷欽（民 82 年），《組織分析》，臺北：五南圖書公司。
- 江岷欽（民 84 年 a），〈美國公共組織的公共性〉，《美國月刊》，第 10 卷第 10 期。
- 江岷欽（民 84 年 b），〈全方面品質管理與公共組織〉，《研考雙月刊》。

- 江炳倫（民 62 年），《政治學論叢》，臺北：作者自印。
- 江清馦（民 58 年），〈目標管理之研究〉，政大公共行政研究所碩士論文。
- 江瑞清（民 84 年），〈再造工程與品質管理的關係〉，《品質管制月刊》。
- 汝明麗譯（民 84 年），《全面品質管理》，臺北：智勝文化公司。
- 沙亦群譯（民 65 年），《意識型態與社會變遷》，臺北：巨流圖書公司。
- 伍錦霖（民 66 年），《機關組織中分部化理論之研究》，臺北：嘉新文化基金會。
- 李中興（民 82 年），〈柯林頓的政府改革計畫〉，《美國月刊》，第 8 卷第 12 期。
- 李序僧（民 63 年），《行為科學與管理心理》，臺北：作者自印。
- 李序僧（民 67 年），《工業心理學》，臺北：大中國圖書公司。
- 李茂興、李慕華、林宗鴻譯（民 83 年），Robbins, S. P. 原著，《組織行為》，臺北：揚智文化公司。
- 李金桐（民 67 年），《財政學》，臺北：五南圖書公司。
- 李長貴（民 64 年），《組織社會心理學》，臺北：中華書局。
- 李宛琦（民 84 年），〈論全面品質管理 (TQM) 對行政機關服務提升之啟示〉，《人事月刊》，第 20 卷第 5 期。
- 李美枝（民 69 年），《社會心理學》，臺北：大洋出版社。
- 李清祥（民 67 年），〈感受性訓練之研究──組織發展的一項技術〉，政大公共行政研究所碩士論文。
- 李傳政（民 84 年），〈由全面品質經營看行政革新〉，《研考雙月刊》。
- 吳再居（民 73 年），〈官僚化與組織效能關係之研究〉，中興公共政策研究所碩士論文。
- 吳　定（民 68 年），〈組織發展理論與實用技術之探討〉，《中國行政》，第 29 期。
- 吳　定（民 72 年），《機關管理》，臺北：中華出版社。
- 吳　定（民 73 年 a），《公共行政論叢》，臺北：天一圖書公司。

□ 吳　定（民 73 年 b），《組織理論發展與技術》，臺北：天一圖書公司。

□ 吳　定、張潤書、陳德禹、賴維堯（民 83 年），《行政學㈠》，臺北：國立空中大學。

□ 吳　定、張潤書、陳德禹、賴維堯（民 85 年），《行政學㈡》，臺北：國立空中大學。

□ 吳英明（民 85 年），《公私部門協力關係之研究——兼論都市發展與公私部門聯合開發》，高雄：麗文文化事業公司。

□ 吳洋德譯（民 62 年），Schein, E. 原著，《組織心理學》，臺北：協志出版社。

□ 吳秉恩（民 75 年），《組織行為學》，臺北：華泰書局。

□ 吳焰修（民 76 年），〈組織文化之研究——理論與應用之探討〉，政大公共行政研究所碩士論文。

□ 吳挽瀾（民 70 年），《行政學新論》，臺北：幼獅文化事業公司。

□ 吳堯峰（民 65 年），《現代管理淺釋》，臺中：瑞城書局。

□ 吳堯峰（民 71 年），〈政府機關生產力之提高與衡量——公共行政新課題〉，《張金鑑先生八秩榮慶論文集》，臺北：聯經出版社。

□ 吳堯峰（民 84 年），〈組織再造工程之理論與實務〉，《人力發展月刊》，第 18 期。

□ 吳瓊恩（民 81 年），《行政學範圍與方法》，臺北：五南圖書公司。

□ 吳瓊恩（民 85 年），《行政學》，臺北：三民書局。

□ 吳瓊恩、張瓊玲（民 83 年），〈二十一世紀公共行政發展趨勢之探討——理論重建與實務反思〉，《中山社會科學學報》，高雄：中山大學。

□ 吳育南（民 82 年），〈韋伯論理性官僚的弔詭〉，東海公共行政研究所碩士論文。

□ 何永福、楊安國（民 84 年），《人力資源策略管理》，臺北：三民書局。

□ 何沙崙（民 63 年），〈機關組織內部衝突之研究〉，政大公共行政研究所碩士論文。

□ 何清儒（民 59 年），《人事管理》，臺北：臺灣商務印書館。

- 邱康夫（民 66 年 a），《企業組織設計》，臺北：徐氏基金會。
- 邱康夫（民 66 年 b），《近代企業組織與管理》，臺北：徐氏基金會。
- 邢祖援（民 69 年），《計畫理論與實務》，臺北：幼獅文化事業公司。
- 呂錦珍譯（民 85 年），Spendolini, M. J. 原著，《標竿學習》，臺北：天下文化出版公司。
- 余朝權等譯（民 72 年），《組織理論——整合結構與行為》，臺北：聯經出版社。
- 考試院譯（民 45 年），《公務員的徵選》，臺北：考試院。
- 林文山（民 63 年），《設計計畫預算制度》，臺北：華欣文化事業中心。
- 林水波、張世賢（民 71 年），《公共政策》，臺北：五南圖書公司。
- 林水波（民 79 年），《公共政策論衡》，臺北：作者自印。
- 林長宏（民 84 年），〈行政機關採全面品質管理之研究〉，政大公共行政研究所碩士論文。
- 林紀東（民 54 年），《現代公務員概論》，臺北：政大公企中心。
- 林紀東（民 63 年），《行政法新論》，臺北：作者自印。
- 林彩華（民 85 年），Hammer, M. & Stanton, S. A. 原著，《改造企業——確保成功的指導原則》，臺北：牛頓出版公司。
- 林欽榮（民 72 年），《管理心理學》，臺北：五南圖書公司。
- 林欽榮（民 80 年），《組織行為》，臺北：前程企管公司。
- 林欽榮（民 86 年），《人力資源管理》，臺北：前程企管公司。
- 林榮模（民 65 年），《霍桑研究及其影響》，臺北：天一書局。
- 林運祥（民 59 年），《目標管理》，臺北：行政院研考會。
- 林錦勝譯（民 58 年），McGregor, D. 原著，《企業的人性面》，臺北：協志出版公司。
- 林鍾沂（民 80 年 a），《公共事務設計與執行》，臺北：幼獅文化事業公司。
- 林鍾沂譯（民 80 年 b），《公共政策與批判理論》，臺北：遠流圖書公司。
- 林鍾沂（民 83 年），《政策分析的理論與實踐》，臺北：瑞興書局。

□ 林鍾沂、賴維堯、夏學理、施能傑（民 84 年），《行政學入門》，臺北：國立空中大學。

□ 林靈宏譯（民 83 年），Stears R. M. 原著，《組織行為學導論》，臺北：五南圖書公司。

□ 金耀基譯（民 55 年），Riggs, F. 原著，《行政生態學》，臺北：臺灣商務印書館。

□ 金耀基（民 69 年），《從傳統到現代》，臺北：時報出版公司。

□ 周儀彰（民 61 年），《預算論》，臺北：作者自印。

□ 侯伯烈、陳可粵（民 70 年），《財務行政》，臺北：臺灣商務印書館。

□ 侯　暢（民 60 年），《行政學通論》，臺北：華岡書局。

□ 馬傑明（民 74 年），《組織層級化的探討》，臺北：嵩山出版社。

□ 茹管廷（民 50 年），《行政學概要》，臺北：正中書局。

□ 郁曉如（民 62 年），〈服務機關與企業機關之比較研究〉，政大公共行政研究所碩士論文。

□ 姚正中（民 72 年），《政府會計理論與實務》，臺北：作者自印。

□ 徐有守（民 63 年），《行政的現代化》，臺北：臺灣商務印書館。

□ 徐有守（民 67 年），〈行政現代化〉，《政策科學與研究工作理論方法與實務論文集》，臺北：作者自印。

□ 徐有守（民 85 年），《考銓新論》，臺北：臺灣商務印書館。

□ 徐道鄰譯（民 40 年），Fayol, H. 原著，《費堯管理術》，臺北：華國出版社。

□ 徐道鄰譯（民 41 年），Urwick, L. & Brech, E. F. L. 原著，《科學管理史》，臺北：華國出版社。

□ 徐緝昌（民 65 年），〈參與管理之研究〉，政大公共行政研究所碩士論文。

□ 孫本初（民 81 年），〈組織發展在管理教育上的地位及其未來趨勢〉，《人事月刊》，第 15 卷第 2 期。

□ 孫本初（民 83 年 a），《非營利組織管理之研究》，臺北：臺北市政府研究發展考核委員會。

□ 孫本初（民 83 年 b），《非營利組織的經營管理——以臺北市政府登記有案之社會福利慈善事業為對象》，臺北：臺北市政府研考會。

□ 孫本初（民 84 年 a），〈學習型組織的內涵與運用〉，《空大行政學報》，第 3 期。

□ 孫本初（民 84 年 b），〈美國聯邦政府全面品質管理評審標準之概述〉，《研考雙月刊》。

□ 孫本初（民 86 年），《公共管理》，臺北：時英書局。

□ 梁漱溟（民 57 年），《東西文化及其哲學》，臺北：虹橋書局。

□ 梁漱溟（民 66 年），《中國文化要義》，臺北：向學出版社。

□ 梁偉康、陳洪濤（民 84 年），《再服務機構推行全面品質管理》，香港：集賢社。

□ 項退結（民 60 年），《中國民族性之研究》，臺北：臺灣商務印書館。

□ 張文虎（民 68 年），〈改進我國高級公務人員訓練之芻議〉，《研究發展得獎作品輯》，第八輯，臺北：行政院人事行政局。

□ 張火燦（民 85 年），《策略性人力資源管理》，臺北：揚智文化事業公司。

□ 張世杰譯（民 86 年），Denhardt, R. B. 原著，《公共組織理論》，臺北：五南圖書公司。

□ 張世賢（民 75 年），《公共政策析論》，臺北：五南圖書公司。

□ 張金鑑（民 55 年），《行政學研究》，臺北：臺灣商務印書館。

□ 張金鑑（民 58 年），《各國人事制度概要》，臺北：三民書局。

□ 張金鑑（民 62 年 a），《人事行政學》，臺北：政大公企中心。

□ 張金鑑（民 62 年 b），《行政學典範》，臺北：作者自印。

□ 張金鑑（民 68 年），《行政學典範（重訂版）》，臺北：中國行政學會。

□ 張金鑑（民 71 年），《行政學新論》，臺北：三民書局。

□ 張金鑑（民 74 年），《管理學新論》，臺北：五南圖書公司。

□ 張承漢（民 66 年），《組織原理》，臺北：臺灣開明書店。

□ 張潤書（民 71、72 年），《行政學（上）（下）》，臺北：中華出版社。

□ 張潤書（編譯）（民 74 年），《組織行為與管理》，臺北：五南圖書公司。

□ 張則堯（民 54 年），《財務行政》，臺北：政大公企中心。

□ 張則堯（民 69 年），《財政學原理》，臺北：作者自印。

□ 張春興、楊國樞（民 69 年），《心理學》，臺北：三民書局。

□ 張鍾潛（民 72 年），〈管理資訊系統與決策支援系統〉，《政策規劃的理論與實務》，臺北：行政院研考會。

□ 張鴻春（民 73 年），《政府會計》，臺北：三民書局。

□ 張彝鼎（民 54 年），《行政學概論》，臺北：政大公企中心。

□ 張麗娟（民 65 年），〈動機與滿足理論之研究——對我國行政機關人員之調查分析〉，政大公共行政研究所碩士論文。

□ 郭俊次（民 71 年），《團體動態與組織行為》，臺北：臺灣商務印書館。

□ 郭俊次（民 72 年），《組織設計學》，臺北：臺灣商務印書館。

□ 郭俊次（民 86 年），《行政發展學》，臺北：台揚管理顧問公司。

□ 郭進隆譯（民 83 年），Senge, P. 原著，《第五項修練——學習型組織的藝術與實務》，臺北：天下文化出版公司。

□ 陳少廷（民 57 年），《現代行為科學》，臺北：臺灣商務印書館。

□ 陳千玉譯（民 85 年），Schein, E. H. 原著，《組織文化與領導》，臺北：五南圖書公司。

□ 陳庚金（民 61 年 a），《我國現行公務人員任用制度之研究》，臺北：嘉新文化基金會。

□ 陳庚金（民 61 年 b），《目標管理概念與實務》，臺北：行政院研考會。

□ 陳庚金（民 65 年），《行為科學及其在管理上的應用》，臺北：五南圖書公司。

□ 陳庚金（民 68 年），《人群關係與管理》，臺北：五南圖書公司。

□ 陳金貴（民 80 年），〈公共行政研究主題之發展趨勢〉，《行政學報》，第 23 期。

□ 陳金貴（民 82 年），〈美國非營利組織之分析〉，《行政學報》，第 25 期。

□ 陳金貴（民 83 年 a），〈全面品質管理在公共部門的應用〉，第一屆公共行政

與政策學術研討會。

□ 陳金貴（民 83 年 b），《美國非營利組織的人力資源管理》，臺北：瑞興書局。

□ 陳明裕（民 85 年），《人力資源管理實務》，臺北：元裕管理顧問公司。

□ 陳明漢（民 81 年），《人力資源管理》，臺北：聯經出版事業公司。

□ 陳秋帆譯（民 61 年），幸田一男原著，《經營組織的體質與改善》，臺北：新太出版社。

□ 陳健嗣（民 63 年），〈韋伯的理念型──一個提示性的分析〉，政大公共行政研究所碩士論文。

□ 陳義勝（民 69 年），《組織行為》，臺北：華泰書局。

□ 陳慧芬（民 82 年），〈從組織文化的觀點探討組織中的領導行為〉，政大公共行政研究所碩士論文。

□ 陳顯章（民 57 年），〈行政監督方法之研究〉，政大公共行政研究所碩士論文。

□ 陳靜民譯（民 53 年），Pfiffner, John M. & Sherwood, Frank P. 原著，《現代行政組織理論》，香港：中文大學。

□ 陳德禹（民 82 年），《行政管理》，臺北：三民書局。

□ 陳曉林（民 76 年），《學術巨人與理性困境──韋伯、巴柏、哈柏瑪斯》，臺北：時報文化出版公司。

□ 許士軍（民 61 年 a），〈有關黎史二氏（組織氣候）尺度在我國適用之試行性之探討〉，《政大學報》，第 26 期。

□ 許士軍（民 61 年 b），〈組織氣候與行為動機〉，《企業與經濟》，第 5 期。

□ 許士軍（民 71 年），《管理學》，臺北：東華書局。

□ 許世雨等譯（民 86 年），Robbins, S. P. & De Cenzo, A. 原著，《人力資源管理》，臺北：五南圖書公司。

□ 許世雨（民 81 年），〈非營利部門對公共行政之影響〉，政大公共行政研究所碩士論文。

□ 許卓司（民 58 年），〈機關組織與人員之融合〉，政大公共行政研究所碩士論文。

- 許是祥譯（民 70 年），Hodgetts, R. M. 原著，《企業管理——理論、程序、實務》，臺北：中華企管公司。
- 許南雄（民 85 年），《銓敘制度概論》，臺北：商鼎文化出版社。
- 許新枝（民 66 年），《行政學與行政問題》，臺北：幼獅文化事業公司。
- 許濱松（民 70 年），《激勵管理與人力發展的有效運用》，臺北：七友出版社。
- 許濱松（民 71 年），《人事制度》，臺北：中華出版社。
- 華力進（民 69 年），《行為主義評介》，臺北：經世書局。
- 莫永榮（民 86 年），〈行政機關實施再造工程之研究——美國「國家績效評估報告」的啟示〉，政大公共行政研究所碩士論文。
- 梅嶙高（民 54 年），《人事行政》，臺北：明道出版社。
- 馮靜如（民 70 年），〈中國行政現代化——形式主義問題之探討〉，政大公共行政研究所碩士論文。
- 國立編譯館（民 62 年），Koontz, H. & O'Donnell, C. 原著，《管理學》，臺北：正中書局。
- 曾仕強（民 70 年），《中國管理哲學》，臺北：東大圖書公司。
- 曾仕強、劉君政（民 72 年），《中國的經權管理》，臺北：國家出版社。
- 曾仕強（民 74 年），《中國的經營觀念》，臺北：經濟日報社。
- 曾仕強（民 76 年），《現代化的中國式管理》，臺北：經濟日報社。
- 曾德宜（民 85 年），〈我國公務人員退休撫卹制度之研究〉，政大公共行政研究所碩士論文。
- 傅肅良（民 70 年），《人事心理學》，臺北：三民書局。
- 傅肅良（民 72 年 a），《行政管理學》，臺北：三民書局。
- 傅肅良（民 72 年 b），《人事管理》，臺北：三民書局。
- 傅肅良（民 83 年），《人事行政學》，臺北：三民書局。
- 傅振焜譯（民 83 年），Drucker, P. 原著，《後資本主義社會》，臺北：時報文化出版公司。
- 湯淑貞（民 66 年），《管理心理學》，臺北：三民書局。

- 湯絢章（民 62 年），《現代行政管理學》，臺北：作者自印。
- 溫明村（民 57 年），〈中國預算制度改進之研究〉，政大公共行政研究所碩士論文。
- 彭文賢（民 69 年），《系統研究法的組織理論之分析》，臺北：聯經出版事業公司。
- 彭文賢（民 72 年 a），《行政生態學》，臺北：中華出版社。
- 彭文賢（民 72 年 b），《組織原理》，臺北：三民書局。
- 彭文賢（民 85 年），《組織結構》，臺北：三民書局。
- 彭昌盛（民 82 年），〈轉換型領導及其應用之研究〉，政大公共行政研究所碩士論文。
- 彭康鎮（民 70 年），〈機關組織衝突管理之研究〉，政大公共行政研究所碩士論文。
- 程永杰（民 60 年），《工作分析與簡化》，臺北：政大公企中心。
- 董樹藩（民 66 年），《現代行政管理學》，臺北：黎明文化事業公司。
- 葉長明（民 84 年），〈軍公教人員退撫制度改革之研究〉，《考銓季刊》，第 2 期。
- 葉　彬（民 60 年），《行政管理科學》，臺北：正中書局。
- 葉維銓（民 78 年），〈管理知識系統淺釋〉，《行政資訊論文集》，臺北：行政院研究發展考核委員會。
- 黃瑞祺（民 75 年），《批判理論與現代社會學》，臺北：巨流出版公司。
- 黃臺生、黃新福（民 85 年），〈邁向二十一世紀的公共管理──組織設計的新原則〉，《行政管理論文集》，第十輯，臺北：銓敘部。
- 黃英忠（民 86 年），《人力資源管理》，臺北：三民書局。
- 黃商戊（民 66 年），〈專案組織之研究〉，政大公共行政研究所碩士論文。
- 黃靖武（民 68 年），〈組織分化與整合之研究〉，政大公共行政研究所碩士論文。
- 黃新福（民 81 年），〈危機管理之研究〉，政大公共行政研究所碩士論文。

- 黃曙曜譯（民 83 年），Jun, J. S. 原著，《公共行政——設計與問題解決》，臺北：五南圖書公司。
- 黃囑莉、李茂興譯（民 79 年），Robbins, S. P. 原著，《組織行為——管理心理學理論與實務》，臺北：揚智文化事業公司。
- 《雲五社會科學大辭典》（第七冊）（民 60 年），臺北：臺灣商務印書館。
- 雷飛龍譯（民 54 年），Simon, H. 等原著，《行政學》，臺北：正中書局。
- 詹中原（民 81 年），〈行政管理資訊系統之理論與實務〉，《銓敘與公保》，第 1 卷第 7 期。
- 詹中原（民 82 年），《民營化政策——公共行政理論與實務分析》，臺北：五南圖書公司。
- 詹中原（民 85 年），〈公共行政與新政府運動〉，《公務人員月刊》，第 3 期。
- 楊幼蘭譯（民 83 年），Hammer, M. & Champy, J. 原著，《改造企業——再生策略藍本》，臺北：牛頓出版公司。
- 楊國樞、張春興（民 60 年），《心理學》，臺北：三民書局。
- 賈景華（民 64 年），〈非正式組織之研究〉，政大公共行政研究所碩士論文。
- 管歐（民 67 年），《現代行政學》，臺北：永大書局。
- 劉一忠（民 61 年），〈系統分析簡介〉，《中國行政》，第 19 期。
- 劉永憲（民 69 年），《財務行政》，臺北：作者自印。
- 劉向上（民 67 年），〈從權變途徑論領導型態〉，政大公共行政研究所碩士論文。
- 劉向上譯（民 75 年），Peter, L. J. et al. 原著，《彼得原理》，臺北：志文出版社。
- 劉君業譯（民 77 年），Leavitt, H. J. 原著，《管理心理學》，臺北：遠流出版社。
- 劉坤億（民 85 年），〈官僚體制革新之研究——企業型官僚體制理論及其評估〉，政大公共行政研究所碩士論文。
- 劉陶福（民 67 年），《審計正要》，臺北：作者自印。

□ 劉毓玲譯（民 82 年），Osborne, D. & Gaebler, T. 原著，《新政府運動》，臺北：天下文化出版公司。

□ 蔡良文（民 95 年），《人事行政學——論現行考銓制度》，臺北：五南圖書公司。

□ 蔡寅方（民 57 年），〈行政領導之研究〉，政大公共行政研究所碩士論文。

□ 蔡麟筆譯（民 69 年），Filley, A. C., House, R. J., Ken, S. 原著，《管理程序與組織行為》，臺北：國立編譯館。

□ 蔣麗君（民 78 年），〈現代官僚體制的民主控制〉，文大政治研究所碩士論文。

□ 潘文章（民 73 年），《組織發展——理論、方法、實務》，臺北：三民書局。

□ 鄭金倉（民 63 年），〈賽蒙學說述評〉，政大公共行政研究所碩士論文。

□ 鄭進源（民 72 年），〈事業部制組織型態之研究〉，政大公共行政研究所碩士論文。

□ 鄭玉波（民 78 年），《民法總則》，臺北：三民書局。

□ 鄭樂平（民 81 年），《科層制》，臺北：桂冠圖書公司。

□ 歐陽勛（民 68 年），〈行政管理與國家現代化〉，《行政管理研究資料㈠》，臺北：財政部財稅人員訓練所。

□ 盧偉斯（民 84 年），〈組織學習概念的發展與義辯〉，《公共行政的知識議題與新趨勢（上冊）》，張家洋主編，編者自印發行。

□ 盧偉斯（民 85 年 a），〈組織學習的理論性探究〉，政大公共行政研究所博士論文。

□ 盧偉斯（民 85 年 b），〈組織學習的原理與實際〉，《人事月刊》，第 23 卷第 4 期。

□ 盧偉斯（民 85 年 c），〈學習型組織的組織論——Senge, P. 第五項修煉的解讀與補充〉，《考銓季刊》，第 8 期。

□ 盧偉斯（民 85 年 d），〈組織學習的干預理論——行動理論的探討〉，《空大行政學報》，第 6 期。

□ 盧建旭（民 84 年），〈公共企業精神——公共企業家的角色與批判〉，《空大行

政學報》，第 4 期。

- 賴盛世（民 62 年），〈行政計劃障礙因素之研究〉，政大公共行政研究所碩士論文。

- 鍾振華譯（民 63 年），Tead, O. 原著，《管理的藝術》，臺北：巨流圖書公司。

- 鍾起岱（民 84 年），〈為未來作準備——談政府改造之動力與翻新〉，《人力發展月刊》，第 22 期。

- 繆全吉主編（民 67 年），《行政革新研究專輯》，臺北：聯經出版事業公司。

- 戴久永（民 84 年），〈企業改造與改善〉，《品質管制月刊》，六月號。

- 戴金龍（民 85 年），〈我國大眾捷運系統營運組織民營化之研究〉，政大公共行政研究所碩士論文。

- 謝相慶（民 67 年），〈組織設計的權變理論之分析〉，政大公共行政研究所碩士論文。

- 龍冠海（民 56 年），《社會學》，臺北：三民書局。

- 顏良恭（民 83 年），《典範概念與公共行政理論——科學哲學的應用與反省》，臺北：時英出版社。

- 蕭武桐（民 84 年），《行政倫理》，臺北：國立空中大學。

- 蘇伯顯（民 61 年），《領導與組織》，臺北：國家書局。

- 蘇伯顯（民 72 年），《企劃與管理》，臺北：中華出版社。

- 羅慎平譯（民 83 年），Dunleavy, P. & O'Leary, B. 原著，《國家論——自由民主政治學》，臺北：五南圖書公司。

- 羅耀宗（民 72 年），〈日本下一個生產力重點——辦公室自動化〉，《臺電月刊》，第 343 期。

- 龔平邦（民 61 年），《組織行為管理》，臺北：三民書局。

- 龔平邦（民 66 年），《組織發展》，臺北：正中書局。

- 龔平邦（民 67 年），《現代管理學》，臺北：三民書局。

- 龔平邦（民 80 年），《管理學》，臺北：三民書局。

- 嚴愈政譯（民 62 年），Peter, L. J. 原著，《彼得原理》，臺北：人人書局。

《　英文部分　》

☐ Ackoff, R. L. (1972), "A Note on Systems Science." *Interface*, August.

☐ Adams, J. S. & Freedman, S. (1976), "Equity Theory Revisited: Comments and Annotated Bibliography," in Berkowits, L. (ed.), *Advances in Experimental Social Psychology*. N.Y.: Academic Press.

☐ Albers, H. H. (1969), *Principle of Management: A Modern Approach*, 3rd ed. N.Y.: John Wiley & Sons.

☐ Alderfer, C. P. (1969), "An Emperical Test of A New Theory of Human Needs." *Organizational Behavior and Human Performance*, 4 (1).

☐ Alderfer, C. P. (1972), *Existence, Relatedness, and Growth: Human Needs in Organizational Settings*. N.Y.: The Free Press.

☐ Allen, L. A. (1958), *Management and Organization*. N.Y.: McGraw-Hill.

☐ Allport, G. W. (1937), *Personality*. N.Y.: Henry, Holt.

☐ Almond, G. & Coleman, J. (eds.) (1960), *The Politics of Developing Area*. Princeton, N.Y.: Princeton University Press.

☐ Ansoff, G. I. (1991), "Strategic Management in A Historical Perspective," in Hussey, D. E. (ed.), *International Review of Strategic management*.

☐ Appleby, P. B. (1949), *Policy and Administration*. Alabama: The University of Alabama Press.

☐ Appleby, P. B. (1952), *Morality and Administration*. Baton Rouge, La.: University of Louisiana Press.

☐ Argyris, C. & Bakke, E. W. (1954), *Organization Structure and Dynamics*. New Haven, Ct.: Labor and Management Center, Yale University.

☐ Argyris, C. (1957), *Personality and Organization: The Conflict between System and the Individual*. N.Y.: Harper Bros.

☐ Argyris, C. (1964), *Integrating the Individual and the Organization*. N.Y.: John

Wiley & Sons.

□ Argyris, C. (1970), *Intervention Theory and Method: A Behavioral Science View*. Reading, Ma.: Addison-Wesley.

□ Argyris, C. (1971), *Management and Organizational Development*. N.Y.: McGraw-Hill.

□ Argyris, C. & Schon, D. A. (1974), *Theory in Practice: Increasing Professional Effectiveness*. San Francisco: Jossey-Bass.

□ Argyris, C. (1976a), *Increasing Leadership Effectiveness*. N.Y.: Wiley-Interscience.

□ Argyris, C. (1976b), "Theories of Action that Inhibit Individual Learning." *American Psychologist*, 39.

□ Argyris, C. & Schon, D. A. (1978), *Organizational Learning: A Theory of Action Perspective*. Reading, Ma.: Addison-Wesley.

□ Argyris, C. (1983), *Reasoning, Learning, and Action: Individual and Organizational*. San Francisco: Jossey-Bass.

□ Argyris, C. & Putnam, R. & Smith, D. M. (1985a), *Action Science: Concepts, Methods, and Skills for Research and Intervention*. San Francisco: Jossey-Bass.

□ Argyris, C. (1985b), *Strategy, Change and Defensive Routines*. Boston: Pitman.

□ Argyris, C. (1990), *Overcoming Organizational Defenses: Facilitating Organizational Learning*. Boston: Allyn and Bacon.

□ Argyris, C. (1992), *On Organization Learning*. Cambridge: Blackwell.

□ Armstrong, M. (1992), *Human Resource Management: Strategy and Action*. London: Kogan Page.

□ Baler, R. J. (1972), *Administrative Theory and Public Administration*. London: Hutchinson University Library.

□ Barnard, C. I. (1938), *The Functions of the Executive*. Cambridge, Mass.: Harvard University Press.

□ Bass, B. M. (1985), *Leadership and Performance beyond Expectations*. N.Y.:

The Free Press.

☐ Bass, B. M. (1990), *Bass and Stogdill's Handbook of Leadership: Theory, Research, and Managerial Applications*, 3rd ed. N.Y.: The Free Press.

☐ Baum, H. S. (1987), *The Invisible Bureaucracy: The Unconscious in Organization Problem Solving*. N.Y.: Oxford University Press.

☐ Beckhard, R. (1969), *Organization Development: Strategies and Models*. Reading, Mass.: Addison-Wesley.

☐ Bendix, R. & Weber, M. (1960), *An Intellectual Portrait*. Berkeley, Ca.: University of California Press.

☐ Bennet, J. K. & O'Brien, M. J. (1994), "The Building Blocks of Learning Organization." *Training*, 31 (6).

☐ Bennis, W. G. (1966), *Changing Organizations*. N.Y.: McGraw-Hill.

☐ Bennis, W. G. (1969), *Organization Development: Its Nature, Origins, and Prospects*. Reading, Mass.: Addision-Wesley.

☐ Bennis, W. G. (1970), *American Bureaucracy*. N.Y.: Aldine.

☐ Bennis, W. G. (1973), *Beyond Bureaucracy*. San Francisco: Jossey-Bass.

☐ Bennis, W. G. & Benne, K. D. & Chin, R. (eds.) (1961), *The Planning of Change: Readings in the Behavioral Sciences*. N.Y.: Holt, Rinehart and Winston.

☐ Berelson, B. & Steiner, G. A. (1964), *Human Behavior: An Inventory of Scientific Findings*. N.Y.: Brace & World, Inc.

☐ Bernstein, R. J. (1978), *The Restructuring of Social and Political Theory*. Philadelphia: The University of Pennsylvania Press.

☐ Blake, R. R. & Mouton, J. S. (1964), *The Managerial Grid: Key Orientations for Achieving Production Through People*. Houston, Tex.: Gulf Publishing Co.

☐ Blau, P. M. & Scott, W. R. (1962), *Formal Organizations*. San Francisco: Chandler Publishing Co.

☐ Bonner, H. (1959), *Group Dynamics: Principles and Applications*. N.Y.: The

Ronald Press Co.

☐ Boulding, K. E. (1956), "General Systems Theory: The Skeleton of Science." *Management Science*, April.

☐ Bozeman, B. (1987), *All Organizations Are Public*. San Francisco: Jossey-Bass.

☐ Bozeman, B. & Straussman, J. D. (1990), *Public Management Strategies: Guidelines for Managerial Effectiveness*. San Francisco: Jossey-Bass.

☐ Brech, E. F. L. (1969), *Organization*. London: Longmans, Green and Co.

☐ Brooks, H. (1984), *Public-Private Partnership: New Opportunities for Meeting Social Needs*. N.Y.: Harper and Row.

☐ Brown, L. A. (1954), *The Social Psychology of Industry*. Baltimore: Penguin Book.

☐ Buhler, P. (1995), "Are You a Transformational Leadership?" *Supervision*, 56 (9).

☐ Burke, W. W. (1982), *Organization Development: Principles and Practice*. Boston: Little, Brown and Co.

☐ Burke, W. & Schmidt, W. (1971), "Management and Organization Development." *Personnel Administration*, 34.

☐ Burns, J. M. (1978), *Leadership*. N.Y.: Harper and Row.

☐ Burns, T. & Morgan, G. (1979), *Sociological Paradigms and Organizational Analysis*. London: Heinemann.

☐ Caiden, G. E. (1969), *Administrative Reform*. Chicago: Aldine.

☐ Caiden, G. E. & Siedentopf, H. (eds.) (1990), *Strategies for Administrative Reform*. Lexington, Mass.: Lexington Books.

☐ Caiden, G. E. (1991), *Administrative Reform Comes of Age*. N.Y.: Walter de Gruyter.

☐ Caiden, G. E. (1994), "Administration Reform: American Style." *Public Administration Review*, 54 (2).

☐ Cangelosi, V. E. & Dill, W. R. (1965), "Organizational Learning: Observations Toward a Theory." *Administration Science Quarterly*, 10 (2).

☐ Cangelosi, V. E. & Vstlopio, J. R. (1994), "Holism: A Philosophy of Organizational Leadership For the Future." *Leadership Quarterly*, 5 (4/3).

☐ Carlson, D. S. & Perre, P. L. (1995), "Institutionalization of Organizational Ethics through Transformational Leadership." *Journal of Business Ethics*, 14 (10).

☐ Cartwright, D. (ed.) (1957), *Studies in Social Power*. Ann Arbor, Michigan: University of Michigan Press.

☐ Cartwright, D. & Alvin, Z. (eds.) (1960), *Group Dynamics: Research and Theory*, 2nd ed. N.Y.: Harper & Row.

☐ Caudle, S. (1994), "Reengineering Strategies and Issues." *Public Productivity & Management*, 18 (2).

☐ Cenzo, O. A. & Robbins, S. T. (1994), *Human Resource Management: Concepts and Practices*, 4th ed. N.Y.: John Wiley & Sons, Inc.

☐ Chandler, R. C. & Plano, J. C. (1982), *The Public Administration Dictionary*. N.Y.: John Wiley & Sons.

☐ Chapman, B. (1970), *The Higher Civil Service in Britain*. London: Constable & Co.

☐ Charlesworth, J. (ed.) (1968), *Theory and Practice in Public Administration: Scope, Objectives and Methods*. Philadelphia: American Academy of Political and Social Science.

☐ Cohen, S. & Eimicke, W. (1995), *The New Effective Public Manager*. San Francisco: Jossey-Bass.

☐ Connor, T. (1993), *The Nonprofit Management Handbook: Operating Policies and Procedures*. N.Y.: John Wiley and Sons.

☐ Coser, L. A. (1956), *The Functions of Social Conflict*. N.Y.: The Free Press.

☐ Crenson, M. A. (1971), "Contract, Love, and Character Building," in Marini, F. (ed.), *Toward a New Public Administration: The Minnowbrook Perspective*. N.Y.: Chandler.

☐ Crozier, M. (1964), *The Bureaucratic Phenomenon*. Chicago: University of

Chicago Press.

☐ Crozier, M. & Huntington, S. P. & Watanuki, J. (1975), *The Crisis of Democracy*. N.Y.: New York University Press.

☐ Cummings, T. G. & Huse, E. F. (1989), *Organization Development and Change*. St. Paul, Minn.: West Publishing.

☐ Cyert, R. M. & March, J. G. (1963), *A Behavioral Theory of the Firm*. Englewood Cliffs, N.J.: Prentice-Hall.

☐ Dahl, R. A. (1991), *Modern Political Analysis*, 5th ed. Englewood Cliffs, N.J.: Prentice-Hall, Inc.

☐ Dalby, M. T. & Werthman, M. S. (eds.) (1971), *Bureaucracy in Historical Perspective*. Glenview, Ill.: Scott Foresman & Co.

☐ Dalton, M. (1964), *Men Who Manage*. N.Y.: John Wiley & Sons.

☐ Davis, K. (1967, 1972), *Human Relations at Work*, 2nd, 4th ed. N.Y.: McGraw-Hill.

☐ Deal, T. E. & Kennedy, A. A. (1982), *Corporate Culture: The Rites and Rituals of Corporate Life*. Reading, Ma.: Addison-Wesley.

☐ Denhardt, R. B. (1984), *Theories of Public Organization*. Monterey, Ca.: Brooks/ Cole.

☐ Denhardt, R. B. (1991), *Public Administration: An Action Orientation*, 2nd ed. Belmont, Ca.: Wadsworth.

☐ Denhardt, R. B. (1993a), *The Pursuit of Significance: Strategies for Managerial Success in Public Organizations*. Belmont, Ca.: Wadsworth.

☐ Denhardt, R. B. (1993b), *Theories of Public Organization*, 2nd ed. Monterey, Ca.: Brooks/Cole.

☐ Denhardt, R. B. & Hammond, B. R. (1993c), *Public Administration in Action: Readings, Profiles and Cases*. Belmont, Ca.: Wadsworth.

☐ Denhardt, R. B. (1995), *Public Administration: An Action Orientation*, 2nd ed. Belmont, Ca.: Wadsworth.

☐ Denison, D. R. (1990), *Culture and Organizational Corporate Effectiveness*. N.Y.: John Wiley & Sons.

☐ Dessler, G. (1976), *Organization and Management: A Contingency Approach*. Englewood Cliffs, N.J.: Prentice-Hall.

☐ Dilulio, J. J. & Sirianni, C. & Kettl, D. F. (1993), *Improving Government Performance*. Washington, D.C.: The Brookings Institution.

☐ Dimock, M. E. & Dimock, G. O. (1963), *Public Administration*, 4th ed. N.Y.: Rinehart.

☐ Doig, J. W. & Hargrove, E. C. (eds.) (1987), *Leadership and Innovation*. Baltimore: The Johns Hopkins University Press.

☐ Downs, A. (1966), *Inside Bureaucracy*. Boston: Little, Brown.

☐ Drucker, P. F. (1954), *The Practice of Management*. N.Y.: Harper & Row.

☐ Drucker, P. F. (1985), *Innovation and Entrepreneurship: Practice and Principles*. N.Y.: Harper Collins.

☐ Drucker, P. F. (1990), *Managing the Non-Profit Organization: Practices and Principles*. N.Y.: Harper Collins.

☐ Dubin, R. (1961), *Human Relations in Administration*, 2nd ed. Englewood Cliffs, N.J.: Prentice-Hall, Inc.

☐ Dutton, J. E. (1986), "The Processing of Crisis and Non-Crisis Strategic Issues." *Journal of Management Studies*, 23 (5).

☐ Dunn, W. N. & Fozouni, B. (1976), *Toward a Critical Administrative Processess*. N.Y.: The Free Press.

☐ Dunn, W. N. (1994), *Public Policy Analysis: An Introduction*. Englewood Cliffs, N.J.: Prentice-Hall.

☐ Dye, T. R. (1975), *Understanding Public Policy*. Englewood Cliffs, N.J.: Prentice-Hall.

☐ Easton, D. (1965), *A Framework for Political Analysis*. 臺北：虹橋書店。

□ Easton, D. (1967), "The Current Meaning of 'Behavioralism'," in Charlesworth, J. C. (ed.), *Contemporary Political Analysis*. N.Y.: The Free Press.

□ Etzioni, A. (1961), *A Comparative Analysis of Complex Organizations*. N.Y.: The Free Press.

□ Etzioni, A. (1964), *Modern Organizations*. Englewood Cliffs, N.J.: Prentice-Hall Press.

□ Evan, W. M. (1993), *Organization Theory: Research and Design*. N.Y.: Macmillan.

□ Fayol, A. (1949), *General and Industrial Administration*. London: Pitman and Sons.

□ Fiedler, F. E. (1967), *A Theory of Leadership Effectiveness*. N.Y.: McGraw-Hill.

□ Finer, H. A. (1949), *The Theory and Practice of Modern Government*. London: Pitman and Sons.

□ Fink, S. (1986), *Crisis Management: Planning for Inevitable*. N.Y.: American Management Association.

□ Fiol, C. M. & Lyles, M. A. (1985), "Organizational Learning." *Academy of Management Review*, 10 (4).

□ French, Jr. J. R. & Raven, B. (1956), "The Basis of Social Power," in Cartwright, D. (ed.), *Group Dynamics*. Ann Arbor, Michigan: University of Michigan Press.

□ French, W. L. & Bell, C. H. (1973, 1995), *Organization Development*, 1st, 5th ed. New Jersey: A Simon & Schuster Co.

□ French, W. L. (1994), *Human Resources Management*, 3rd ed. Boston: Houghton Mifflin Co.

□ Frederickson, H. G. (1980), *New Public Administration*. Alabama: The University of Alabama Press.

□ Frederickson, H. G. (1991), "Toward a Theory of the Public for Public Administration." *Administration and Society*, 3 (4).

□ Frederickson, H. G. (1992), "Finding the Public in Public Administration," in Denhardt, R. B. & Stewart, W. H. (eds.), *Executive Leadership in the Public*

Service.

□ Galagan, P. A. (1991), "The Learning Organization Made Plain: An Interview with Peter Senge." *Training and Development*, 45 (10).

□ Gardner, J. W. (1965), *Self-Renewal: The Individual and the Innovative Society*. N.Y.: Harper & Row.

□ Gardner, J. W. (1990), *On Leadership*. N.Y.: The Free Press.

□ Garvery, G. (1993), *Facing The Bureaucracy*. San Francisco: Jossey-Bass.

□ Garvin, D. A. (1993), "Building a Learning Organization." *Harvard Business Review*, 71 (4).

□ Gaus, J. M. (1947), *Reflection on Public Administration*. Tuscaloosa, Alabama: University of Alabama Press.

□ Gaus, J. M. (1950), "Trends in the Theory of Public Administration." *Public Administration Review*, 10.

□ Gelatt, J. P. (1992), *Managing Nonprofit Organizations in the 21st Century*. Phoenix, Arizona: The Oryx Press.

□ George, Jr. C. S. (1972), *The History of Management Thought*. Englewood Cliffs, N.J.: Prentice-Hall.

□ Gidorn, B. & Kramer, R. M. & Salamon, L. M. (eds.) (1992), *Government and the Third Sector*. San Francisco: Jossey-Bass.

□ Gioia, D. A. (1986), "Symbols, Scripts and Sense-Making," in Sims, Jr. P. H. & Gioia, D. A. (eds.), *The Thinking Organization*. San Francisco: Jossey-Bass.

□ Gilder, G. (1975), "Public Sector Productivity." *Public Productivity Review*, 1 (1).

□ Gluck, W. F. (1980), *Management*. Hinsdale, Illinois: Dryden.

□ Golembiewski, R. T. (1976), *Men, Management, and Morality*. N.Y.: McGraw-Hill.

□ Golembiewski, R. T. (1977), *Public Administration as a Developing Discipline*. N.Y.: Marcel Dekker.

□ Goodnow, F. J. (1900), *Politics and Administration*. N.Y.: Macmillan.

- Gore, Al. (1993), *From Red Tape to Results: A Government That Works Better and Costs Less*. Washington, D.C.: USGPO.

- Griffenhagen, E. O. & Associates (1948), *Report on Classification and Compensation of Position in the Service of the Commonwealth of Virginia*, Richmond, Va.: Civil Service Commission of Virginia.

- Gulick, L. & Urwick, L. (1937), *Papers on the Science of Administration*. N.Y.: Institute of Public Administration.

- Haiman, T. (1962), *Professional Management: Theory and Practice*. Boston: Houghton Mifflin Co.

- Halachimi, A. (1996), "Business Process Reengineering in the Public Sector: Trying to Get Another Frog to Fly?" *National Performance Review*, Summer.

- Ham, C. & Hill, M. (1993), *The Policy Process in the Modern Capitalist State*. Sussex: Harvester Press.

- Hammer, M. & Champy, J. (1993), *Reengineering the Corporation: A Manifesto for Business Revolution*. N.Y.: Harper Collins.

- Hanke, S. H. (ed.) (1987), *Privatization and Development*. San Francisco: Institute for Contemporary Study Press.

- Harmon, M. M. (1981), *Action Theory for Public Administration*. N.Y.: Longman.

- Harmon, M. M. & Mayer, R. T. (1986), *Organization Theory for Public Administration*. Boston: Little, Brown.

- Harrison, A. A. (1972), *Psychology as a Social Science*. Monterey, Ca.: Brooks/Cole.

- Hayes, R. E. (1985), "Corporate Crisis Management as Adaptive Control," in Andriole, S. J. (ed.), *Corporate Crisis Management*. Princeton, N.J.: Petrocelli Books.

- Heckscher, C. & Donnellon, A. (1994), *The Post-Bureaucracy Organization, and Other Strategies*. New Delhi: Sage Publication, Inc.

☐ Hedberg, Bo. L. T. (1981), "How Organizations Learn and Unlearn," in Nystrom, P. C. & Starbuck, W. H. (ed.), *Handbook of Organizational Design*. London: Oxford University Press.

☐ Held, P. (1980), *Introduction to Critical Theory: Horkheimer to Habermas*. Berkeley, Ca.: University of California Press.

☐ Henry, N. (1989), *Public Administration and Public Affairs*, 4th ed. Englewood Cliffs, N.J.: Prentice-Hall.

☐ Hermann, C. F. (1972), "Some Issues in the Study of International Crisis," in Hermann, C. F. (ed.), *International Crisis: Insight from Behavioral Research*. N.Y.: The Free Press.

☐ Herzberg, F. (1966), *Work and the Nature of Man*. Cleveland, Ohio: The World Publishing Co.

☐ Herzberg, F. (1974), "Wise Old Tuck." *Harvard Business Review*, Sept.

☐ Hill, L. B. (ed.) (1992), *The State of Public Bureaucracy*. N.Y.: Sharpe, Inc.

☐ Hodgetts, R. M. (1982), *Management: Theory, Process and Practice*. N.Y.: The Dryden Press.

☐ Hodgetts, R. M. & Altman, S. (1979), *Organizational Behavior*. Philadelphia: W. B. Saunders Co.

☐ Hodgetts, R. M. & Luthans, F. & Lee, S. M. (1994), "New Paradigm Organizations: From Total Quality to Learning to World-Class." *Organizational Dynamics*, 22 (3).

☐ Homans, G. C. (1950), *The Human Group*. N.Y.: Harcourt, Brace & World, Inc.

☐ Hopkins, B. R. (1987), *The Law of Tax-Exempt Organization*, 5th ed. N.Y.: John Wiley & Sons.

☐ House, R. J. (1971), "A Path-Goal Theory of Leader Effectiveness." *Administration Science Quarterly*, 16.

☐ Hummel, R. P. (1994), *The Bureaucratic Experience: A Critique of Life in the*

Modern Organization, 4th ed. N.Y.: St. Martin's Press.

☐ Ivancevich, J. M. & Szilagyi, Jr. A. D. & Wallace, Jr. M. J. (1977), *Organizational Behavior and Performance*. Santa Monica, Ca.: Goodyear Publishing Co.

☐ Jarrett, D. (1982), *The Electronic Office: A Management Guide to the Office of the Future*. London: Gower Publishing Co.

☐ Jashapara, A. (1993), "The Competitive Leaning Organization: A Quest for Holy Grail." *Management Decision*, 31 (8).

☐ Jones, M. R. (ed.) (1955), *Nebraska Symposium on Motivation*. Lincoln, Nebraska: University of Nebraska Press.

☐ Jun, J. S. (1986), *Public Administration: Design and Problem Solving*. N.Y.: Macmillan.

☐ Jun, J. S. (1994), *Philosophy of Administration*. Seoul, Korea: Daeyoung Moonhwa International.

☐ Kast, F. E. & Rosenzweig, J. E. (1974, 1985), *Organization and Management*, 2nd, 4th ed. N.Y.: McGraw-Hill.

☐ Katz, D. & Kahn, R. L. (1966), *The Social Psychology of Organizations*. N.Y.: John Wiley & Sons.

☐ Katzell, R. & Yankelovich, D. (1975), *Work, Productivity and Job Satisfaction*. N.Y.: New York University Press.

☐ Kay, B. R. & Palmer, S. (1961), *The Challenge of Supervision*. N.Y.: McGraw-Hill.

☐ Keen, P. G. W. (1981), "Value Analysis: Justifying Decision Support Systems." *MIS Quarterly*, March.

☐ Kennedy, L. W. (1991), *Quality Management in the Nonprofit World*. San Francisco: Jossey-Bass.

☐ Kim, S. & Wolff, W. (1994), "Improving Government Performance: Public Management Reform and the National Performance Review." *Public Productivity & Management Review*, 9–12.

□ Koehler, J. W. (1996), *Quality Government: Developing and Implementing TQM*. Delray: St. Lucie.

□ Koontz H. & O'Donnell, C. (1968), *Principles of Management*, 4th ed. N.Y.: McGraw-Hill.

□ Kuhn, T. S. (1970), *The Structure of Scientific Revolutions*, 2nd ed. Chicago: The University of Chicago Press.

□ Lane, F. S. (eds.) (1990), *Current Issues in Public Administration*, 4th ed. N.Y.: St. Martin's Press.

□ Lawrence, P. R. & Lorsch, W. (1967), *Organization and Environment*. Cambridge, Mass.: Harvard University Press.

□ Leavitt, H. J. (ed.) (1963), *The Social Science of Organizations*. Englewood Cliffs, N.J.: Prentice-Hall.

□ Leavitt, H. J. (1964), *Managerial Psychology*, 2nd ed. Chicago: The University of Chicago Press.

□ Lee, S. M. & Luthans, F. & Hodgetss, R. M. (1992), "Total Quality Management: Implication for Central and Eastern Europe." *Organizational Dynamics*, 20 (4).

□ Lelley, J. (1974), *Organizational Behavior*, Rev. ed. Homewood, Ill.: Richard D. Irwin.

□ Lepawsky, A. (1960), *Administration*. N.Y.: Knopf.

□ Levine, M. J. (1990), *Privatization of Government: The Delivery of Public Goods and Services by Private Means*. Alexandria, Va.: International Personnel Management Association.

□ Levitan, D. M. (1944), "Political Ends and Means." *Public Administration Review*, 38.

□ Lewis, E. (1984), *Public Entrepreneurship: Toward a Theory of Bureaucratic Political Power*. Bloomington, Ind.: Indiana University Press.

□ Likert, R. (1961), *New Patterns of Management*. N.Y.: McGraw-Hill.

- Likert, R. (1967), *The Human Organization*. N.Y.: McGraw-Hill.

- Likert, R. & Likert, J. G. (1976), *New Ways of Managing Conflict*. N.Y.: McGraw-Hill.

- Lindblom, C. E. (1959), "The Science of Mudding Through." *Public Administration Review*, 19.

- Lindblom, C. E. (1965), *The Intelligence of Democracy: Decision Making Trough Partisan Mutual Adjustment*. N.Y.: The Free Press.

- Linden, R. (1993), "Business Process Reengineering: Newest Fad, or Revolution in Government?" *Public Management*.

- Linden, R. (1994), *Seamless Government: A Practical Guide to Reengineering in the Public Sector*. San Francisco: Jossey-Bass.

- Lippitt, G. L. (1969), *Organization Renewal*. N.Y.: Appleton-Centery Crofts.

- Litterer, J. A. (1965), *The Analysis of Organizations*. N.Y.: John Wiley & Sons.

- Litwin, G. L. & Stringh, Jr. R. A. (1968), *Motivation and Organizational Climate*. Boston: Harvard University Press.

- Lohman, R. A. (1992), *The Commons: New Perspectives on Nonprofit Organizations and Voluntary Action*. San Francisco: Jossey-Bass.

- Luthans, F. (1973), *Organizational Behavior*. N.Y.: McGraw-Hill.

- Luthans, F. (1976), *Introduction to Management: A Contingency Approach*. N.Y.: McGraw-Hill.

- Lynn, N. B. & Wildavsky, A. (1990), *Public Administration: The State of the Principle*. Chatham, N.J.: Chatham House.

- March, J. & Simon, H. A. (1958), *Organizations*. N.Y.: John Wiley & Sons.

- March, J. (ed.) (1965), *Handbook of Organizations*. Chicago: Rand McNally & Co.

- Marini, F. (ed.) (1971), *Toward a New Public Administration: the Minnowbrook Perspective*. N.Y.: Chandler Publishing Co.

- Marx, F. M. (ed.) (1946), *Elements of Public Administration*. Englewood Cliffs,

N.J.: Prentice-Hall.

☐ Maslow, A. H. (1943), "A Theory of Human Motivation." *Psychological Review*.

☐ Maslow, A. H. (1954), *Motivation and Personality*. N.Y.: Harper & Row.

☐ Mayo, E. (1933), *The Human Problems of an Industrial Civilization*. N.Y.: Macmillan Co.

☐ Mechling, J. (1994), "Reengineering Government: Is There a 'There' There?" *Public Productivity & Management Review*, 18 (2).

☐ McClelland, D. C. (1970), "The Two Faces of Power." *Journal of International Affairs*, 24 (4).

☐ McConkey, D. D. (1965), *How to Manage by Result*. N.Y.: American Management Association.

☐ McFarland, D. E. (1970), *Management: Principles and Practices*, 3rd ed. N.Y.: Macmillan.

☐ McGill, M. E. & Slocum, Jr. J. W. & Lei, D. (1992), "Management Practices in Learning Organizations." *Organizational Dynamics*, 21 (1).

☐ McGill, M. E. (1994), "The New Learning Strategy: Anything, Anywhere." *Organizational Dynamics*, 23 (2).

☐ McGill, M. E. & Slocum, Jr. J. W. (1993), "Unlearning the Organization." *Organizational Dynamics*, 22 (2).

☐ McGregor, D. (1960), *The Human Side of Enterprise*. N.Y.: McGraw-Hill.

☐ Metcalf, H. O. & Urwick, L. (ed.) (1941), *Dynamic Administration: The Collected Papers of Mary Parker Follett*. N.Y.: Harper and Row.

☐ Merton, R. et al. (1952), *Reader in Bureaucracy*. N.Y.: The Free Press.

☐ Merton, R. (1957), *Social Theory and Social Structure*. N.Y.: The Free Press.

☐ Michels, R. (1949), *Political Parties*. Glencoe, Ill.: The Free Press.

☐ Milakovich, M. E. (1995), "Improving Customer Service in Government." *The Public Manager*, 24 (3).

☐ Mintzberg, H. (1979), *The Structuring of Organization*. Englewood Cliffs, N.J.: Prentice-Hall.

☐ Mintzberg, H. (1989), *Mintzberg On Management: Inside Our Strange World of Organizations*. N.Y.: The Free Press.

☐ Mitroff, I. I. (1988), "Crisis Management: Cutting through the Confusion." *Sloan Management Review*, Winter.

☐ Moe, R. C. (1987), "Exploring the Limits of Privatization." *Public Administration Review*, 47.

☐ Mooney, J. D. & Reiley, A. C. (1947), *Principles of Organization*. N.Y.: Harper & Row.

☐ Morgan, D. R. & England, R. E. (1988), "The Two-Face of Privatization." *Public Administration Review*, 48.

☐ Morgan, G. (1986), *Images of Organization*. Beverly Hills, Ca.: Sage Publications.

☐ Morgan, G. (1989), *Creative Organization Theory*. Newbury Park, Ca.: Jossey-Bass.

☐ Morgan, G. & Murgatroyd, S. (1994), *Total Quality Management in the Public Sector: An International Perspective*. Philadelphia: Open University Press.

☐ Mosher, F. C. (1968), *Democracy and the Public Service*. N.Y.: Oxford University Press.

☐ Mosher, F. C. (1975), *American Public Administration: Past, Present, Future*. University Ala.: University of Alabama Press.

☐ Murdick, R. G. & Ross, J. E. (1971), *Introduction to Management Information System*. Englewood Cliffs, N.J.: Prentice-Hall.

☐ Naisbitt, J. & Aburdene, P. (1985), *Re-inventing the Corporation: Transforming Your Job and Your Company for the New Information Society*. N.Y.: Harper and Row.

☐ Nelson, D. (1980), *Frederick W. Taylor and the Rise of Scientific Management*.

Madison, Wisconsin: University of Wisconsin Press.

☐ Newman, W. H. et al. (1972), *The Process of Management: Concepts, Behavior, and Practice*, 3rd ed. Englewood Cliffs, N.J.: Prentice-Hall.

☐ Neuner, J. W. et al. (1972), *Administrative Office Management*, 6th ed. Cincinnati, Ohio: South-Western.

☐ Nigro, F. A. (1965), *Public Personnel Administration*. N.Y.: Holt.

☐ Nigro, F. A. & Nigro, L. G. (1980), *Modern Public Administration*, 5th ed. N.Y.: Harper & Row.

☐ Niskamen, Jr. W. A. (1971), *Bureaucracy and Representative Government*. Chicago: Aldine-Atherton.

☐ Nunamker, J. F. Jr. & Weber, E. S. & Chen, M. (1989), "Organizational Crisis Management Systems: Planning for Intelligent Action." *Journal of Management Information Systems*.

☐ Odiorne, G. S. (1965), *Management by Objectives*. N.Y.: Pitman Co.

☐ Omachonu, V. K. & Ross, J. E. (1995), *Principles of Total Quality*. London: Kogan Page.

☐ Osborne, D. & Gaebler, T. (1992), *Reinventing Government: How the Entrepreneurial Spirit Is Transforming the Public Sector*. N.Y.: Penguin Books.

☐ Ostrom, V. (1974), *The Intellectual Crisis in American Government: How the Entrepreneurial Spirit is Transforming the Public Sector from Schoolhouse to State House*. City Hall to Pentagon. Reading, Ma.: Addison-Wesley.

☐ Ostrom, V. & Ostrom, E. (1971), "Public Choice: A Different Approach to the Study of Public Administration." *Public Administration Review*, 31.

☐ Ostrom, V. (1989), *The Intellectual Crisis in American Public Administration*. Tuscaloosa, Alabama: The University of Alabama Press.

☐ Ott, J. S. (1989), *The Organizational Culture Perspective*. Pacific Grove, Ca.: Brooks/Cole.

☐ Ott, J. S. & Sharfritz, J. M. & Hyde, A. C. (1991), *Public Management: The Essential Readings*. Chicago: Nelson-Hall.

☐ Ouchi, W. (1981), *Theory Z*. Reading. Ma.: Addison-Wesley.

☐ Parkinson, C. N. (1957), *Parkinson's Law*. N.Y.: Ballantine.

☐ Parsons, T. (1937), *The Structure of Social Action*. N.Y.: McGraw-Hill.

☐ Parsons, T. (1951), *The Social System*. N.Y.: The Free Press.

☐ Parsons, T. (1960), *Structure and Process in Modern Society*. N.Y.: The Free Press.

☐ Parsons, T. (1967), *Sociological Theory and Modern Society*. N.Y.: The Free Press.

☐ Perrow, C. (1986), *Complex Organizations: A Critical Essay*, 3rd ed. N.Y.: Random House.

☐ Perry, J. L. & Kraemer, K. L. (1983), *Public Management: Public and Private Perspectives*. California: Mayfield.

☐ Peter, G. (1994), *Benchmarking Customer Service*. London: Pitman.

☐ Peter, L. W. et al. (1975), *Behavior in Organization*. N.Y.: McGraw-Hill.

☐ Pettigrew, A. M. (1979), "On Studying Organizational Cultures." *Administrative Science Quarterly*, 24 (December).

☐ Pfiffner, J. M. & Persthus, R. V. (1955), *Public Administration*. N.Y.: Ronald.

☐ Pfiffner, J. M. & Sherwood, F. T. (1960), *Administrative Organization*. Englewood Cliffs, N.J.: Prentice-Hall.

☐ Popper, M. & Zakkai, E. (1994), "Transactional, Charismatic and Transformational Leadership: Conditions Conduction to Their Predominance." *Leadership & Organization Development Journal*, 15 (6).

☐ Porter, L. W. & Lawler III, E. E. (1968), *Managerial Attitudes and Performance*. Homewood, Ill.: Richard D. Irwin.

☐ Power, M. (1990), "Modernism, Postmodernism and Organizations," in Hssard,

J. & Pym, D. (eds.), *The Theory and Philosophy of Organization: Critical Issue and New Perspectives*. N.Y.: Routledge.

☐ Pressman, S. (1994), "Reengineering the Corporation: A Manifesto for Business Revolution." *Challenge*, 37 (6).

☐ Presthus, R. V. (1962), *The Organizational Society*. N.Y.: Random House.

☐ Quinn, R. E. & McGrath, M. R. (1985), "The Transformation of Organizational Culture: A Competing Value Perspective," in P. J. Frost et al. (eds.), *Organization Culture*. Beverly Hills, Ca.: Sage.

☐ Rabin, J. & Bowman, J. S. (ed.) (1984), *Politics and Administration*. N.Y.: Marcerl Dekker.

☐ Rainey, H. G. (1991), *Understanding and Managing Public Organization*. San Francisco: Jossey-Bass.

☐ Ram'ee, J. (1987a), "Crisis Management: Looking for the Warning Signs." *Management Solution*.

☐ Ram'ee, J. (1987b), "Managing in a Crisis." *Management Solution*.

☐ Ram'ee, J. (1987c), "Corporate Crisis: The Aftermath." *Management Solution*.

☐ Ranson, S. (1994), *Management for the Public Domain: Enabling The Learning Society*. N.Y.: St. Martin's.

☐ Rainey, A. (1971), *Governing: A Brief Introduction to Political Science*. N.Y.: Holt, Rinehart, and Winston.

☐ Rawls, J. (1969), *A Theory of Justice*. Cambridge, Mass.: Harvard University Press.

☐ Reilly, A. H. (1987), "Are Organizations Ready for Crisis? A Managerial Scorecard." *Columbia Journal of World Business*.

☐ Reimann, B. C. & Weiner, Y. (1988), "Corporate Culture: Avoiding the Elitist Trap." *Business Horizons*, 31 (2).

☐ Riggs, F. W. (1961), *The Ecology of Public Administration*. Bombay, London, and N.Y.: Asia Publishing House.

□ Riggs, F. W. (1962), "Trends in the Comparatice Study of Public Administration." *International Review of Administration Science*, 28 (1).

□ Riggs, F. W. (1964), *Administration in Developing Countries, The Theory of Prismatic Society*. Boston: Houghton Mifflin Co.

□ Riggs, F. W. (1970), *Frontiers of Development Administration*. Durham, N.C.: Duke University Press.

□ Riggs, F. W. (1973), *Prismatic Society Revisited*. Morristown, N.J.: General Learning Press.

□ Rluse, J. (1993), "Directories of Democracy and Bureaucracy: A Current Review." *Public Administration Review*, 55 (6).

□ Roethlisberger, F. J. & Dickson, W. J. (1939), *Management and the Worker*. Cambridge, Mass.: Harvard University Press.

□ Rosenbloom, D. H. (1989), *Public Administration: Understanding Management, Politics, and Law in the Public Sector*, 2nd ed. N.Y.: McGraw-Hill.

□ Rosenbloom, D. H. (1993), *Public Administration: Understanding Management, Politics, and Law in the Public Sector*, 3rd ed. Englewood Cliffs, N.J.: Prentice-Hall.

□ Rosenthal, U. & Charles, M. T. & Hart, P. (1989), "Coping with Crises: The Management of Disasters, Riots and Terrorism." *Public Administration*, 69.

□ Rourke, F. E. (1984), *Bureaucracy, Politics, and Public Policy*, 3rd ed. Boston: Little, Brown, and Co.

□ Roy, R. H. (1965), *The Administrative Process*. Baltimore: The John Hopkins Press.

□ Rubenstein, A. H. & Haberstron C. J. (eds.) (1966), *Some Theories of Organizations*. Homewood, Ill.: Richard D. Irwin.

□ Sayles, L. R. (1964), *Managerial Behavior*. N.Y.: McGraw-Hill.

□ Salamon, L. M. (ed.) (1985), *Partnership in Public Service: Government and the Nonprofit Sector in Theory and Practice*. Washington, D.C.: Urban Institute.

□ Salamon, L. M. (1987), *Beyond Privatization: The Tools of Government Action*. Washington, D.C.: The Urban Institute Press.

□ Salamon, L. M. (1992), *America's Nonprofit Sector: A Prime*. N.Y.: The Foundation Center.

□ Salamon, L. M. (1994), "The Rise of The Nonprofit Sector." *Foreign Affair*, 73 (4).

□ Savas, E. S. (1985), *Privatizing the Public Sector: How to Shrink Government*. N.J.: Chatham House.

□ Savas, E. S. (1987), *Privatization: The Key to Better Government*. Chatham, N.J.: Chatham, House.

□ Scanlon, B. (1973), *Principle of Management and Organizational Behavior*. N.Y.: John Wiley & Sons.

□ Schein, E. H. (1965), *Organizational Psychology*. Englewood Cliffs, N.J.: Prentice-Hall.

□ Schein, E. H. (1985), *Organizational Culture and Leadership: A Dynamic View*. San Francisco: Jossey-Bass.

□ Schlesinger, A. M. (1958), *The Coming of New Deal*. Boston: Houghton Mifflin Co.

□ Schmidt, W. H. & Finnigen, F. P. (1993), *T Q Manager: A Practical Guide for Managing in a Total Quality Organization*. San Francisco: Jossey-Bass.

□ Schneider, M. & Teske, P & Mintrom, M. (1995), *Public Entrepreneurs: Agents for Change in American Government*. Princeton, N.J.: Princeton University Press.

□ Schonberger, R. J. (1992), "Total Quality Management Cuts a Broad Swath: Through Manufacturing and Beyond." *Organizational Dynamics*, 20 (4).

□ Scott, W. G. (1967), *Organization Theory: A Behavioral Analysis for*

Management. Homewood, Ill.: Richard D. Irwin.

☐ Scott, W. G. & Haiman, T. (1970), *Management in Modern Organization*. Homewood, Ill.: Richard D. Irwin.

☐ Scott, W. G. & Mitchell, T. R. & Birnbaum, P. H. (1981), *Organization Theory: A Structural and Behavioral Analysis*, 4th ed. Homewood, Ill.: Richard D. Irwin.

☐ Scott, W. R. (1987), *Organizations: Rational, Natural, and Open Systems*, 2nd ed. Englewood Cliffs, N.J.: Prentice-Hall.

☐ Scott, M. S. (1971), *Management Decision Support System: Computer-Based Support for Decision-Making*. Cambridge, Massachusetts: Division of Research, Harvard University Press.

☐ Selznick, P. (1948), "Foundations of the Theory of Organization." *American Sociological Review*, Feb.

☐ Selznick, P. (1957), *Leadership in Administration*. N.Y.: Harper & Row, Publisher, Incorporated.

☐ Senge, P. M. (1990), *The Fifth Discipline: The Art and Practice of the Learning Organization*. N.Y.: Doubleday.

☐ Senge, P. M. (1992a), "Building Learning Organizations." *Journal of Quality and Participation*, 15 (2).

☐ Senge, P. M. (1992b), "Mental Models." *Planning Review*, 20 (2).

☐ Senge, P. M. (1993), "Transforming the Practice of Management." *Human Resource Development Quarterly*, 4 (1).

☐ Sethia, N. K. & Von Glinow, M. A. (1985), "Arriving at Four Cultures by Managing the Award System," in R. H. Kilmann, M. J. Saxon & R. Serpa (eds.), *Gaining Control of the Corporate Culture*. San Francisco, Ca.: Jossey-Bass.

☐ Shakansky, I. (1975), *Public Administration: Policy Making in Government Agencies*, 3rd ed. Chicago: Rand & McNally Co.

☐ Sharfritz, J. & Ott, J. S. (1996), *Classics of Organization Theory*, 4th ed.

Orlando, Fl.: Harcourt Brace & Co.

☐ Sharte, C. L. (1956), *Executive Performance and Leadership*. Englewood Cliffs, N.J.: Prentice-Hall.

☐ Shull, Jr. F. A. & Delbecq, A. L. & Cummings, L. L. (1970), *Organizational Decision-Making*. N.Y.: McGraw-Hill.

☐ Siffin, W. J. (ed.) (1957), *Toward the Comparative Study of Public Administration*. Bloomington, Ind.: Indiana University Press.

☐ Siffin, W. J. (1991), "The Problem of Development Administration," in Ali Farazmand (ed.), *Handbook of Comparative and Development Public Administration*. N.Y.: Marcel Dekker.

☐ Sikula, A. F. (1976), *Personnel Administration and Human Resources Management*. N.Y.: John Wiley & Sons.

☐ Sill, D. L. (ed.) (1968), *International Encyclopedia of the Social Science*, 15. N.Y.: Macmillan.

☐ Silverman, D. (1971), *The Theory of Organizations*. N.Y.: Basic Books, Inc.

☐ Simon, H. A. & Smithburg, D. W. & Thompson, V. A. (1950), *Public Administration*. N.Y.: Alfred A. Knopf.

☐ Simon, H. A. (1953), "Birth of an Organization: The Economic Cooperation Administration." *Public Administration Review*, 13 (4).

☐ Simon, H. A. (1957), *Administrative Behavior: A Study of Decision Making Processes in Administrative Organization*, 2nd ed. N.Y.: Macmillan.

☐ Simon, H. A. (1964), "The Proverbs of Public Administration." *Public Administration Review*, 6 (4).

☐ Simon, H. A. (1992), "The Proverbs of Administration," in Shafritz, J. & Hyde, A. C. (eds.), *Classic of Public Administration*, 3rd ed. Pacific Grove, Ca.: Brooks/ Cole.

☐ Sisk, H. L. (1969), *Principles of Management*. Cincinnati, Ohio: South-Western.

- Skinner, B. F. (1969), *Contingencies of Reinforcement*. N.Y.: Appleton-Century Crofts.

- Stagner, R. (1948), *Psychology of Personality*. N.Y.: McGraw-Hill.

- Stahl, O. G. (1958), "The Network of Authority." *The Public Administration Review*, 18 (1).

- Stahl, O. G. (1962), *Public Personnel Administration*, 5th ed. N.Y.: Harper & Row.

- Stever, J. (1988), *The End of Public Administration: Problem of the Profession in the Post-Progressive Era*. N.Y.: Transnational.

- Stillman, R. J. (1988), *Public Administration: Concepts and Cases*. Boston: Houghton Mifflins Co.

- Stillman, R. J. (1991), *Preface to Public Administration: A Search for Themes and Direction*. N.Y.: St. Martin's.

- Stogdill, R. M. (1948), "Personal Factors Associated with Leadership: A Survey of the Literature." *Journal of Psychology*, 25.

- Stogdill, R. M. (1950), "Leadership, Membership, and Organization." *Psychological Bulletin*, 47 (1).

- Strauss, G. & Sayles, L. R. (1972), *Personnel: The Human Problems of Management*, 3rd ed. Englewood Cliffs, N.J.: Prentice-Hall.

- Sutermeister, R. A. (1963), *People and Productivity*. N.Y.: McGraw-Hill.

- Tannenbaum, R. & Massarik, F. (1957), "Leadership: A Frame of Reference." *Management Science*, Oct.

- Taylor, F. W. (1911), *Principles of Scientific Management*. N.Y.: Harper Bros.

- Tead, O. (1945), *Democracy Administration*. N.Y.: Association Press.

- Tead, O. (1951), *The Art of Leadership*. N.Y.: McGraw-Hill.

- Terry, G. R. (1962), *Principles of Management*, 4th ed. Homewood, Ill.: Richard D. Irwin.

□ Thierouf, R. J. (1982), *Decision Support System for Effective Planning and Control*. Englewood Cliffs, N.J.: Prentice-Hall.

□ Thompson, J. (1967), *Organizations in Action*. N.Y.: McGraw-Hill.

□ Thompson, V. A. (1961), *Modern Organization*. N.Y.: Alfred A. Knopf, Inc.

□ Tunstall, M. D. (1985), *Intelligence: Policy and Process*. Boulder, Co.: Westview Press.

□ Ulrich, D. & Van Glinow, M. A. V. & Jick, T. (1993), "High-Impact Learning: Building and Diffusing Learning Capabililty." *Organizational Dynamics*, 22 (2).

□ Uris, A. (1955), *Developing Your Executive Skill*. N.Y.: McGraw-Hill.

□ Urwick, L. F. (1947), *The Elements of Administration*, 2nd ed. London: Pitman.

□ Van Dersal, W. R. (1962), *The Successful Supervision in Government and Business*. N.Y.: Harper & Row.

□ Von Bertalanffy, L. (1951), "General Systems Theory: A New Approach to Limits of Science." *Human Biology*, Dec.

□ Vroom, V. H. (1964), *Work and Motivation*. N.Y.: John Wiley & Sons.

□ Vierck, R. K. (1981), "Decision Support System: A MIS Manager's Perspective." *MIS Quarterly*, December.

□ Waldo, D. (1948), *The Administration State, A Study of the Political Theory of American Public Administration*. N.Y.: The Ronald Press.

□ Waldo, D. (1952), "The Development of a Theory of Public Administration." *American Political Science Review*.

□ Waldo, D. (1968), "Scope of the Theory of Public Administration," in Charlesworth, J. C. (ed.), *Theory and Practice of Public Administration: Scope, Objectives, and Methods*. Philadelphia: American Academy of Political and Social Science.

□ Waldo, D. (1971), *Public Administration in a Time of Turbulence*. N.Y.: Chandler Publishing Co.

- Waldo, D. (1978), "Organization Theory: Revisiting the Elephant." *Organization Theory for Public Administration*, 38 (4).

- Waldo, D. (1981), *The Enterprise of Public Administration*. N.Y.: Chandler and Sharp Publishers, Inc.

- Waldo, D. (1986), "Bureaucracy and Democracy: Reconciling the Irreconcilable," in F. S. Lane (ed.), *Current Issues in Public Administration*. N.Y.: St. Martin's.

- Waldo, D. (1987), "What is Public Administration?" in Shafritz, J. M. & Hyde, A. C. (eds.), *Classics of Public Administration*, 2nd ed. Pacific Grove, Ca.: Brooks/ Cole.

- Webber, R. A. (1975), *Management: Basic Elements of Managing Organizations*. Homewood, Ill.: Richard D. Irwin.

- Weber, M. (1947), *The Theory of Social and Economic Organization*. Translated by Henderson, A. M. & Parsons, T. N.Y.: The Free Press.

- Weber, M. (1978), *Economy and Society*. Ca.: The Regents of the University of California.

- White, L. D. (1926, 2nd ed.) (1939, 3rd ed.) (1948, 4th ed.) (1955), *Introduction to the Study of Public Administration*. N.Y.: The Ronald Press.

- White, Jr. O. F. (1971), "Social Change and Administrative Adaptation," in Marini, F. (ed.), *Toward a New Public Administration: The Minnowbrook Perspective*. N.Y.: Chandler.

- Wildavsky, A. (1984), *The Politics of the Budgetary Process*, 4th ed. Boston: Little Brown.

- Willoughby, W. F. (1927), *Principles of Public Administration*. Washington, D.C.: The Brookings Institution.

- Wilson, W. (1887), "The Study of Administration." *Political Science Quarterly*, 2.

- Wolf, W. B. (1962), *The Management of Personnel*. Belmont, Ca.: Wadsworth.

- Wolf, T. (1990), *Management a Nonprofit Organization*. N.Y.: Prentice-Hall.

- Wren, D. A. (1979), *The Evolution of Management Thought*. N.Y.: John Wiley & Sons.

- Young, R. (1992), *Implementing Total Quality Management*. London: Pitman.

- Young, S. (1966), *Management: A System Analysis*. Chicago: Scott, Foreman and Co.

- Zander, A. (1993), *Making Boards Effective: The Dynamics of Nonprofit Governing Boards*. San Francisco: Jossey-Bass.

- Zeithaml, V. A. & Parasuraman, A. & Barry, L. L. (1990), *Delivering Quality Service: Balancing Customer Perception and Expectations*. N.Y.: The Free Press.

- Zimmermann, U. (1994), "Exploring the Non-profit Motive." *Public Administration Review*, 54 (4).

行政學　　　　　　　　　　　　　　　　林淑馨／著

　　本書分為兩篇,「基礎概念篇」除了行政學基礎概念的介紹外,主要是整理行政學理論的發展與學說內容,從傳統理論到新公共管理、新公共服務。「運作管理篇」包含現代政府體系、人事行政、行政組織、公共政策、行政溝通、行政資訊管理、行政領導,甚至到行政革新與政府再造、行政系統與環境的互動。每章另闢「行政櫥窗」單元,介紹近年來重要的政府相關政策或行政運作。

政治學（五版）　　　　　　　　　　　　薩孟武／著

　　本書是以統治權為中心觀念,採國法學的寫作方式,共分為五章:一是行使統治權的團體——國家論;二是行使統治權的形式——政體權;三是行使統治權的機構——機關論;四是國民如何參加統治權的行使——參政權論;五是統治權活動的動力——政黨論。書中論及政治制度及各種學說,均舉以敷暢厥旨,並旁徵博引各家之言,進而批判其優劣,是研究政治學之重要經典著作。

國家圖書館出版品預行編目資料

行政學／張潤書著.——五版二刷.——臺北市:三民,
2024
　　面；　　公分
參考書目：面
ISBN 978-957-14-6703-0　（平裝）
1.行政學

572　　　　　　　　　　　　　　　108013955

行政學

作　　者│張潤書
創 辦 人│劉振強
發 行 人│劉仲傑
出 版 者│三民書局股份有限公司 (成立於 1953 年)

三民網路書店
https://www.sanmin.com.tw

地　　址│臺北市復興北路 386 號　　（復北門市）　(02)2500–6600
　　　　　臺北市重慶南路一段 61 號 (重南門市)　(02)2361–7511
出版日期│初版一刷 1988 年 4 月
　　　　　　　⋮
　　　　　五版一刷 2020 年 5 月
　　　　　五版二刷 2024 年 8 月
書籍編號│S570360
I S B N│978-957-14-6703-0